帮考网 注册会计师考试点石成金系列丛书

会计

“会说话”的CPA视频互动教辅

帮考网 组织编写

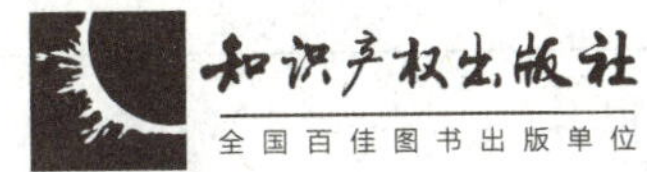

图书在版编目（CIP）数据

会计 / 帮考网组织编写 . — 北京：知识产权出版社，2019.7
（注册会计师考试点石成金系列丛书）
ISBN 978-7-5130-6338-8

Ⅰ. ①会… Ⅱ. ①帮… Ⅲ. ①会计学—资格考试—自学参考资料 Ⅳ. ① F230

中国版本图书馆 CIP 数据核字 (2019) 第 122622 号

内容提要：

本书依据《2019 年注册会计师专业阶段考试大纲》及统编教材组织编写。全书共三十章，各章内容由四部分组成：（1）总体概况。以近三年高频考点以及最新考试大纲为基础，分析题型题量及分值分布，把握考查方向，并充分利用大数据工具，给出学习建议。（2）知识框架。对各知识点进行梳理，提炼出系统、简明的框架体系，作为学习的总体依据。（3）考点精讲。详细讲解知识点，并在关键词处进行提示或标注，针对各个考点列举典型真题作为例题，展示考点的常见考核方式。整理学霸笔记，归纳总结核心考点。（4）历年真题演练。通过历年真题练习检测学习效果，提供真题的参考答案，并一一给出了专业解析，为考生提供清晰的解题思路，帮助考生全面了解考试难易程度和应试技巧，提高分析判断和应用知识解决实际问题的能力。

责任编辑：尹　娟　　　　**责任印制**：刘译文

注册会计师考试点石成金系列丛书
ZHUCE KUAIJISHI KAOSHI DIANSHICHENGJIN XILIE CONGSHU
会计
KUAIJI

帮考网　组织编写

出版发行：知识产权出版社有限责任公司　　网　址：http://www.ipph.cn
电　话：010-82004826　　http://www.laichushu.com
社　址：北京市海淀区气象路 50 号院　　邮　编：100081
责编电话：010-82000860 转 8702　　责编邮箱：yinjuan@cnipr.com
发行电话：010-82000860 转 8101　　发行传真：010-82000893
印　刷：三河市国英印务有限公司　　经　销：各大网上书店、新华书店及相关专业书店
开　本：787mm × 1092mm　1/16　　印　张：32.25
版　次：2019 年 7 月第 1 版　　印　次：2019 年 7 月第 1 次印刷
字　数：660 千字　　定　价：88.00 元
ISBN 978-7-5130-6338-8

前言

知识无价，但时间有限，选取什么样的辅导资料才能更精准地抓住考点？如何才能高效地备考？

为了帮助更多学员通过注册会计师（简称 CPA）考试，帮考网 CPA 研究院依据《2019 年注册会计师专业阶段考试大纲》及官方教材，结合特有的人工智能教学体系，打造了一套完整的教辅用书。

全书各章节内容均由四部分组成：

1. 总体概况：以近三年考点、最新考纲为基础，评估题型题量及分值分布，从整体上把握考核方向。并充分利用大数据工具，分析过往考生的学习曲线，给出学习建议。

2. 知识框架：对各章节知识点进行梳理，归纳出系统、简明的框架体系，作为学习的总体依据。

3. 考点精解。

（1）考点讲解：详细讲解知识点，并在关键词处标注提示。

（2）经典例题：针对各个考点加入例题演示，展现考点的常见考核形式。

（3）学霸总结：整理历年学霸笔记，深入总结核心考点。

扫码听课：为提高学习效果，帮助考生更好地理解考点，本书中考点都配有二维码，扫描后即可观看对应考点的视频讲解。

4. 历年真题演练：通过历年真题检测学习效果，在提供真题的参考答案之外，还结合考试特点，对解题思路和方法进行深入分析。

科技改变世界，考证改变命运，帮考网为考试而生。从 2005 年成立至今，帮考网一直致力于人工智能教学体系的研发。十四年来，积累了数亿条考生学习数据，通过大数据、人工智能、自适应等技术，分析考生的学习行为，为每个考生提供有针对性的个性化学习方案，实现人工智能与“学、练、管、测、评”闭环的融合。由于各项技术的不断突破，帮考网 2016 年 12 月被认定为国家级高新技术企业，再一次得到国家的认可。个性化学习方案的背后，有着先进的科技保驾护航。

本书旨在帮助所有奋斗在“注册会计师考试”路上的考生顺利通过考试。对于书中的疏漏、错误之处，恳请读者指正。

帮考网

目录 Contents

备考指南及学习引导

一、题型、题量及分值

1. 考试时间

根据中国注册会计师协会（以下简称“注协”）（Certified Public Accountant，CPA）《关于在部分考区安排2019年注册会计师全国统一考试专业阶段会计科目两场考试的通告》，北京、上海和深圳等63个考区安排两场会计科目考试，考试时间分别为：2019年10月20日（周日）的上午：08:30～11:30和下午：13:30～16:30。其他考生一律按《2019年注册会计师全国统一考试报名简章》的规定执行，即会计科目考试时间为：2019年10月20日（周日）上午08:30～11:30。

63个考区分别为：蚌埠、北京、常德、成都、大连、东莞、东营、佛山、福州、广州、贵阳、桂林、海口、杭州、合肥、鹤壁、济南、济宁、焦作、晋城、晋中、昆明、兰州、临沂、柳州、洛阳、绵阳、南昌、南京、南宁、宁德、青岛、泉州、厦门、商丘、上海、深圳、沈阳、苏州、太原、泰安、泰州、天津、潍坊、乌鲁木齐、芜湖、武汉、西安、西宁、忻州、新乡、许昌、运城、长春、长沙、镇江、郑州、中山、重庆、株洲、驻马店、淄博、遵义。

2. 考试题型、题量及分值分布

题 型	题量及分值	总分值
单项选择题	12题×2分/题	24
多项选择题	10题×2分/题	20
计算分析题	2题×10分/题	20
综合题	2题×18分/题	36
合 计	26	100

说明：

（1）英文附加分：“计算分析题”中的第1题，如果用英文作答，全部正确可以加5分，即卷面满分为105分。

（2）根据历年标准，及格分数线为60分（具体以注协官方信息为准）。

二、近三年考点、平均分值、知识难度

章 节	涉及考点	近三年平均分值	学习难度
第一章 总论	会计基本假设；会计信息质量要求	2	★
第二章 会计政策、会计估计及其变更和差错更正	会计政策和会计估计及其变更的区分；追溯调整法和未来适用法的应用；前期差错及其更正的会计处理	4	★

（续表）

章 节	涉及考点	近三年平均分值	学习难度
第三章　存货	存货成本的构成及初始计量；存货的期末计量、存货跌价准备的计算	3	★
第四章　固定资产	固定资产入账价值的计算；固定资产的后续支出；固定资产折旧的范围；高危行业计提安全生产费的会计处理	3	★★
第五章　无形资产	自行研发无形资产的会计处理；土地使用权的会计处理	2	★
第六章　投资性房地产	投资性房地产后续计量的会计处理；投资性房地产转换的会计处理	4	★★
第七章　长期股权投资与合营安排	长期股权投资的初始计量；长期股权投资权益法核算的会计处理；长期股权投资核算方法转换的会计处理；共同经营和合营企业的判断	8	★★★
第八章　资产减值	资产减值的范围等相关规定；固定资产、资产组、商誉的减值处理	2	★
第九章　负债	—	0	★
第十章　职工薪酬	累积带薪缺勤、利润分享计划、非货币性福利的会计处理；辞退福利的确认与计量；设定受益计划的会计处理	5	★★
第十一章　借款费用	借款费用的范围	1	★
第十二章　股份支付	以权益结算的股份支付的会计处理；限制性股票的会计处理	5	★★
第十三章　或有事项	或有事项的概念；或有事项各具体应用的会计处理	3	★
第十四章　金融工具	以公允价值计量且其变动计入当期损益的金融资产投资收益的计算；金融负债与权益工具的区分；金融资产转移	5	★★★
第十五章　所有者权益	其他综合收益的确认与计量；所有者权益的资本性项目、直接计入所有者权益的利得或损失；接受大股东捐赠的会计处理	2	★
第十六章　收入、费用和利润	收入的确认与计量及会计处理；利润的构成	6	★★★
第十七章　政府补助	政府补助的范围；与资产相关的政府补助的会计处理；与收益相关的政府补助的会计处理	5	★★
第十八章　非货币性资产交换	非货币性资产交换的认定；换入资产入账价值的计算；换出资产对当期损益的影响	2	★

（续表）

章　节	涉及考点	近三年平均分值	学习难度
第十九章　债务重组	债务重组的会计处理；债务重组利得和损失的计算、重组收益确认时间	2	★
第二十章　所得税	资产与负债账面价值、计税基础、暂时性差异、递延所得税费用的计算；应交所得税、所得税费用的计算及会计分录	12	★★★
第二十一章　外币折算	外币交易的会计处理；外币报表折算汇率的选择；外币报表折算差额的计算及处理	2	★
第二十二章　租赁	最低租赁付款额的构成；未确认融资费用分摊率的选择；承租人经营租赁、融资租赁的会计处理	2	★
第二十三章　财务报告	资产负债表项目流动性的判断、列报金额的计算；营业利润的计算；现金流量类别的判断、各项金额的计算；关联方的判断；报告分部的确定；中期财务报告的表述、中期财务报告附注应当披露的内容	8	★★
第二十四章　资产负债表日后事项	调整事项与非调整事项的判断；调整事项影响报告年度损益金额的计算；调整事项的会计处理	4	★
第二十五章　持有待售的非流动资产、处置组和终止经营	持有待售资产的会计处理；持有待售资产的列报金额；终止经营的判断	3	★★
第二十六章　企业合并	企业合并涉及或有对价的处理；反向购买的会计处理	5	★★★
第二十七章　合并财务报表	购买日的确定；合并成本、合并商誉的计算；合并财务报表中调整分录、抵销分录的编制；出售部分投资，丧失控制权、不丧失控制权的会计处理	12	★★★
第二十八章　每股收益	基本每股收益的计算；稀释每股收益的计算	2	★
第二十九章　公允价值计量	估值技术；输入值	2	★
第三十章　政府及民间非营利组织会计	事业单位财政拨款收支业务的财务会计和预算会计处理	3	★

三、命题特点及趋势

《会计》是CPA考试中的核心科目，是学习《审计》《财务成本管理》《税法》的基础，理解和记忆难度比较大，可以说是CPA考试过程中的一座大山。

近年来，《会计》科目的命题特点总结如下：

（1）客观题：近三年的客观题均为单选题和多选题，每题均为 4 个选项。客观题考查范围广，重点与非重点都有可能涉及，要求考生对教材有全面认识。

单选题只有一个正确答案，以小计算类型的题目居多，也可考查一些概念性的内容和相关的会计处理原则。

多选题有 2 个及以上正确答案，多选、少选和错选均不得分，以文字表述题目居多，一部分考题是对知识点的直接还原，一部分是对会计处理的考核。

（2）主观题：近三年均为 2 个计算分析题和 2 个综合题。考题大多都是会计实务案例，要求对知识点有一定的综合运用能力。

计算分析题题干文字数量相对较少，考核内容比较单一，侧重于单一知识点的考核，如投资性房地产、职工薪酬、所得税等，但有的计算分析题有一定难度。

综合题题干文字数量较多，其中一个题目涉及多个知识点，但是相互之间关联性不强，遇到不会做的一小问，可以考虑先跳过。另外一题涉及多个相关知识点，知识点之间有比较强的关联性且与实务紧密相连，重点考核考生的综合知识运用能力和实务操作能力，考生应注意掌握知识点，不要去死记硬背。由于每题涉及许多知识点，考生很难从头到尾将每一个小问的分数都拿到手，只能在有限的时间内，尽量拿到自己掌握知识点的分数。

（3）从会计考试的趋势来看，会计分 2 场考试，多套题目，覆盖面广，考核全面。只要列入考试大纲的内容，都可能在题目中有所体现，这就要求考生全面掌握教材的内容。

在考核基础知识的同时，注重热点，突出重点。虽然考题覆盖面广，但考试重点十分突出。如“金融工具”“收入”“长期股权投资”“企业合并”“财务报告”“所得税”“差错更正”等是每年的必考的知识点。

四、2019 年教材变化

章 节	主要变化
第一章 总论	按照新收入准则修改“收入确认条件”的相关表述
第二章 会计政策、会计估计及其变更和差错更正	（1）删除“企业应当披露的重要会计政策”内容中“收入的确认”及“合同收入与费用的确认”的相关内容 （2）删除“会计政策变更的概述”中“对初次发生的或不重要的交易或者事项采用新的会计政策”知识点的举例内容
第七章 长期股权投资与合营安排	（1）增加非同一控制下企业合并中购买方以发行权益性证券作为合并对价的相关会计处理 （2）增加合营安排中关于“单独主体”的相关表述
第十四章 金融工具	（1）大量修改了文字表述，调整了部分知识点位置 （2）金融资产的转移进行了重新编写，进行了知识点的丰富
第十六章 收入、费用和利润	修改了“营业利润”的计算公式

章　节	主要变化
第二十三章　财务报告	（1）根据最新财务报表格式修改相关报表项目 （2）按照新报表格式重新编写“资产负债表的填列方法”及“利润表的填列方法”相关知识点内容
第二十六章　企业合并	（1）修改“企业合并的界定”的相关表述 （2）增加“非同一控制下企业合并中的或有对价确认为金融资产的，其公允价值变动不得计入其他综合收益”的表述 （3）修改反向购买的例题，非 100% 控股反向购买的情形中，计算虚拟增发股数及合并成本时，均不考虑少数股权因素
第二十七章　合并财务报表	（1）根据最新财务报表格式修改相关报表项目 （2）删除“专项储备”和“一般风险准备”报表项目
第三十章　政府及民间非营利组织会计	（1）增加“单位以合同完成进度确认事业收入时”合同完成进度的确认方法 （2）增加“事业单位对于因开展专业业务活动及其辅助活动取得的非同级财政拨款收入”的分类
其他剩余章节	内容无实质性变化

五、学习方法及建议

1. 制定完整的考试复习计划

虽然说“计划赶不上变化”，但是，制定一个适合自己的复习计划可以事半功倍，帮助您更轻松地通过考试。首先确定今年打算通过几科，然后根据自身实际的空余时间，制定详细计划，这个月学几章，这一周要学会哪些知识点等。虽然计划有时无法保证执行，但是它至少会让你意识到自己的学习完成度，而不至于让自己的复习进度处于来回往复的状态。

第一阶段：基础学习。

首先，通过阅读教材、听老师课程，建立整本教材的知识框架（切忌只看不做，一定亲自动手去做知识框架），记忆相关会计处理原则。

其次，对于已经理解的知识点，通过做习题进行巩固。不理解的知识点，先听课进行理解，掌握相关会计处理原则后，再去做题。如果刚听完课，没有理解知识点就去做题，如一个单选小计算做 10 分钟，浪费时间。相反的，如果只听课不做题，那是纸上谈兵，是不能通过会计考试的。

近几年主观题考核方式发生一定变化，倾向于会计原则的描述及职业判断，淡化会计分录的考核。考生不单要会做分录，还要掌握相关会计处理原则的描述，根据相关理论，结合题目资料，作出相应的职业判断，避免在考试中只会写分录，而不能变通的情况。

最后，学习是一个不断重复记忆的过程，会计需要理解，也需要记忆。刚开始时，我们要频繁的复习之前学过的内容，慢慢地知识点就会形成潜意识，考前一翻书，基本都能回忆起来。

第二阶段：重难点复习。

通过考生自己建立的知识框架和学习笔记，逐步回忆哪些知识点还没有掌握，有针对性地去复习，逐步把自己的笔记变薄。对于重要知识点，务必投入更多精力，进行专题训练，达到知识点的融会贯通。

第三阶段：考前冲刺。

首先，做整套的模拟试题，合理分配各类型题目的做题用时，培养考感。其次，在做模拟题的基础上，务必利用自己的笔记，对知识点进行复习，查漏补缺。

2. 学习方法建议

在学习比较难的章节时，一些考生可能会丧失信心，选择放弃，或者怀疑自己。其实这是完全不必要的，课程一遍听不懂可以再听一遍。部分章节，如长期股权投资、企业合并、合并财务报表、金融工具、收入、所得税等，占到会计考试中一半以上分数，所以一定要学透。这些章节内容多且知识点较系统，最好是利用大块的时间去复习。

对于一些小章节，如存货、固定资产、无形资产等，相对简单，可以利用零散时间来复习，而对于租赁、外币折算这些分值不高但是难度相对较大的章节，考生可以放在最后复习，做到先主后次，心中有数。

3. 考试时间的合理分配

会计科目考试题量不大，但是题干较长，文字阅读量、输入量很大，大部分考生时间并不够用，我们只有提前准备，合理分配时间，才能更有效地应对考试。

第一，考前要熟悉机考系统，选择常用的输入法，熟练使用复制题干、重点标注等功能。

第二，不经常使用电脑的考生，在平时练习主观题时，尽量在Word中答题，提高输入速度。

第三，根据历年考生的经验，客观题用时一般在40~50分钟，每个计算题用时20分钟左右，每个综合题用时45分钟左右。

六、帮考寄语

学习的道路崎岖难行，但请相信，在这其中你并非只会遇到苦楚，也将获得甜美成就。愿本书与你相伴，为你的考试披荆斩棘。

考点精解与真题演练

第一章 总论

本章总体概况

题型及分值	（1）本章以客观题形式考核 （2）近三年平均分值 2 分
近三年考点	（1）会计基本假设 （2）会计信息质量要求
学习引导	先掌握本章的基本概念，本章习题与后续章节有关，建议先学习完本书内容后，再进行题目练习；重点掌握会计信息质量的要求，关注重要性、实质重于形式、谨慎性等原则；会计的基本假设
本年教材变化	按照新收入准则修改“收入确认条件”的相关表述

本章知识框架

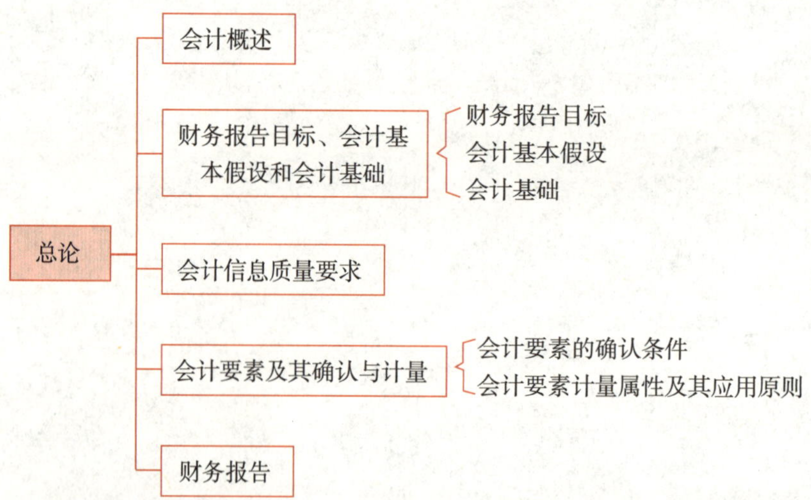

本章考点精解

第一节 会计概述

【考点1】会计概述★

1. 会计的定义

会计是以货币为主要计量单位，反映和监督一个单位经济活动的一种经济管理工作。

2. 会计的作用

（1）提供决策有用的信息，提高企业透明度，规范企业行为。

（2）加强经营管理，提高经济效益，促进企业可持续发展。

（3）考核企业管理层经济责任的履行情况。

3. 企业会计准则体系

中国现行企业会计准则体系由基本准则、具体准则、应用指南和解释组成。

第二节 财务报告目标、会计基本假设和会计基础

【考点2】财务报告目标★

我国关于财务报告目标的规定：

（1）向财务报告使用者提供与企业财务状况、经营成果和现金流量等有关的会计信息。

（2）反映企业管理层受托责任履行情况，有助于财务会计报告使用者作出经济决策。

【提示】我国对财务报告目标的界定，兼顾了决策有用观和受托责任观。

【考点3】会计基本假设★★

会计基本假设是企业会计确认、计量和报告的前提。

项目	内 容	关注事项
会计主体	企业会计确认、计量和报告的空间范围	一般来说，法律主体必然是会计主体，但会计主体不一定是法律主体。例如，企业的分公司不是法律主体，企业的子公司是法律主体，但他们都是会计主体
持续经营	指在可以预见的将来，企业将会按当前的规模和状态继续经营下去，不会停业，也不会大规模削减业务	持续经营是会计分期的前提
会计分期	指将一个企业持续经营的生产经营活动划分为一个个连续的、间隔相同的期间	由于会计分期，才产生了当期与以前期间、以后期间的差别，才使不同类型的会计主体有了记账的基准，进而出现了折旧、摊销等会计处理方法
货币计量	指会计主体在财务会计确认、计量和报告时以货币计量，反映会计主体的生产经营活动	业务收支以人民币以外的货币为主的企业，可以选定某种外币作为记账本位币，但是编报的财务报告应折算为人民币

【考点4】会计基础★

1. 权责发生制

（1）凡是当期已经实现的收入和已经发生或应当负担的费用，无论款项是否实际收到或支出，都应当在利润表中作为当期的收入和费用确认。

（2）凡是不属于当期的收入和费用，即使款项已经在当期收付，也不能在利润表中作为当期的收入和费用。

【提示】企业会计的确认、计量和报告应当以权责发生制为基础。

2. 收付实现制

以收到或支付现金的时点作为确认收入和费用的依据。

第三节 会计信息质量要求

【考点5】会计信息质量要求★★★

项目	内 容	关注事项
可靠性	要求企业应当以实际发生的交易或事项为依据进行确认、计量和报告，如实反映符合确认和计量要求的各项会计要素及其他相关信息，保证会计信息真实可靠、内容完整	真实性是可靠性的核心标志
相关性	要求企业提供的会计信息应当与财务报告使用者经济决策相关，能够帮助财务报告使用者对企业过去、现在或者未来的情况作出评价或者预测	相关性是以可靠性为基础的
可理解性	要求企业提供的会计信息应清晰明了，便于财务报告使用者理解和使用	例如，在财务报告附注中披露相关信息
可比性	（1）横向可比：不同企业相同期间发生的相同或相似的交易或者事项，确保会计信息口径一致、相互可比 （2）纵向可比：同一企业不同时期发生的相同或相似的交易或事项，应采用一致的会计政策，不得随意变更	只要符合会计准则的规定，口径一致，就具有可比性
实质重于形式	要求企业按照交易或事项的经济实质进行会计确认、计量和报告，而不应仅以交易或者事项的法律形式为依据	常应用于融资租赁、控制的判断等
谨慎性	要求企业进行会计确认、计量和报告时应当保持应有的谨慎，不应高估资产和收益、低估负债和费用	常应用于计提减值准备、确认预计负债等
重要性	要求企业提供的会计信息应当反映与企业财务状况、经营成果和现金流量有关的所有重要交易或者事项	该信息是否影响财务报告使用者的决策
及时性	要求企业对于已经发生的交易或事项应当及时确认、计量和报告，不得提前或者延后	对相关性和可靠性起着制约作用

【例题1·多选】下列做法中，违背会计信息质量可比性要求的有（　　）。

A. 投资性房地产的后续计量由公允价值模式改为成本模式

B. 因预计发生年度亏损，将以前年度计提的坏账准备全部转回

C. 因增加投资，使原投资比例由20%上升到60%而对被投资单位实施控制，将长期股权投资由权益法核算改为以成本法核算

D. 因本期利润减少，将固定资产的折旧方法由双倍余额递减法变更为年限平均法

【答案】ABD

【解析】只要符合会计准则的规定，口径一致，就具有可比性。选项ABD的会计处理不符合会计准则的规定，因此违背会计信息质量可比性要求。

【例题2·单选】下列各项会计信息质量要求中，对相关性和可靠性起着制约作用的是（　　）。

A. 及时性　　B. 谨慎性　　C. 重要性　　D. 实质重于形式

【答案】A

【解析】即使是可靠、相关的会计信息，如果不及时提供，就失去了时效性，对于使用者的效率就大大降低，甚至不再具有实际意义。

【学霸总结】

1. 体现实质重于形式原则的常见事项

（1）将发行的附有强制付息义务的优先股确认为负债；

（2）将附有追索权的商业承兑汇票贴现确认为质押借款；

（3）承租人将融资租入固定资产确认为本企业的固定资产；

（4）将企业未持有权益但能够控制的结构化主体纳入合并范围；

（5）企业在销售某商品的同时又与客户约定，以固定的价格或成本加合理回报的方式进行回购的，不确认出售资产的损益。

2. 体现谨慎性原则的常见事项

（1）要求企业对发生减值的资产计提资产减值准备；

（2）对售出商品可能发生的保修义务等确认预计负债；

（3）采用双倍余额递减法、年数总和法等加速折旧方法计提折旧；

（4）或有事项：①对于或有负债，在经济利益很可能流出企业时可以确认为预计负债；②对于因预计负债引起的第三方补偿，在经济利益基本确定可以流入企业时才可以确认为一项资产；

（5）所得税会计：①可抵扣暂时性差异，只有未来很可能取得足够的应纳税所得额时，才能确认递延所得税资产；②只要发生应纳税暂时性差异，就应当确认递延所得税负债。

第四节　会计要素及其确认与计量

【考点6】会计要素的确认★★

1. 会计六要素

会计要素按照其性质分为资产、负债、所有者权益（侧重于反映企业的财务状况）；

收入、费用和利润（侧重于反映企业的经营成果）。

项目	特征	确认条件	关注事项
资产	（1）预期会给企业带来经济利益 （2）由企业拥有或控制的资源 （3）由企业过去的交易和事项形成的	（1）与该资源相关的经济利益很可能流入企业 （2）该资源的成本或价值能可靠地计量	盘亏的物资，筹建期间的开办费不属于资产
负债	（1）企业承担的现时义务 （2）预期会导致经济利益流出企业 （3）由企业过去的交易和事项形成的	（1）与该义务相关的经济利益很可能流出企业 （2）未来流出的经济利益的金额能够可靠地计量	潜在义务不能确认为负债
所有者权益	所有者权益，是指企业资产扣除负债后，由所有者享有的剩余权益	所有者权益的确认主要取决于资产和负债的确认	—
收入	（1）企业在日常活动中形成的 （2）与所有者投入资本无关的经济利益总流入 （3）会导致所有者权益的增加	（1）企业应当在履行了合同中的履约义务，即在客户取得相关商品控制权时确认收入 （2）取得商品控制权，是指能够主导该商品的使用并从中获得几乎全部的经济利益	日常活动，总流入
费用	（1）企业在日常活动中形成的 （2）与向所有者分配利润无关的经济利益总流出 （3）会导致所有者权益的减少	（1）与费用相关的经济利益应当很可能流出企业 （2）经济利益流出会导致资产的减少或者负债的增加 （3）经济利益的流出金额能够可靠计量	日常活动，总流出
利润	利润，是指企业在一定会计期间的经营成果	利润的确认主要依赖于收入、费用、利得和损失的确认	—

【提示】资产的"账面余额""账面净值""账面价值"是不同的概念：

（1）账面余额：是指某账户的"账面实际余额"。

（2）账面净值：是指"该资产的账面余额－折旧和摊销"的金额。

（3）账面价值：是指"该资产的账面余额－折旧和摊销－减值准备"的金额。

不涉及企业合并时，所有者权益＝净资产；但控股合并财务报表中，净资产＝归属于母公司的所有者权益＋少数股东权益。

2. 利得和损失

（1）利得指由企业非日常活动所形成的、会导致所有者权益增加的、与所有者投入资本无关的经济利益的流入。分为直接计入所有者权益的利得（其他综合收益等）和直接计入当期损益的利得（营业外收入等）。

（2）损失指由企业非日常活动所发生的、会导致所有者权益减少的，与向所有者利润分配无关的经济利益的流出。分为直接计入所有者权益的损失（其他综合收益等）和直接计入当期损益的损失（营业外支出等）。

【考点7】会计要素计量属性及其应用原则★

1. 会计要素计量属性

计量属性	概 念	关注事项
历史成本	（1）资产按照实际取得时支付的现金或支付对价的公允价值计量 （2）负债按照因承担现时义务而实际收到的款项或者资产的金额计量	取得资产时是按取得时的公允价值计量
重置成本	（1）资产按照现在购买相同或相似资产所需支付的现金计量 （2）负债按照现在偿付该项债务所需支付的现金计量	盘盈的存货等实物资产采用重置成本计量
可变现净值	资产按照其预计售价减去该资产至完工时估计将要发生的成本、估计的销售费用、相关税费后的金额计量	存货期末按成本与可变现净值孰低计量
现值	（1）资产按照预计未来使用和处置的净现金流入的折现金额计量 （2）负债按照预计未来需要偿还的净现金流出量的折现金额计量	融资租赁的出租、承租
公允价值	市场参与者在计量日发生的有序交易中，出售一项资产所能收到或者转移一项负债所支付的价格	以公允价值计量的金融资产等

2. 计量属性的应用原则

企业在对会计要素进行计量时，一般应当采用历史成本。特殊情况下，为了提高会计信息质量，实现财务报告目标，企业会计准则允许采用重置成本、可变现净值、现值、公允价值计量的，应当保证所确定的会计要素金额能够取得并可靠计量，如果这些金额无法取得或者可靠地计量，则不允许采用其他计量属性。

【提示】常见资产、负债的计量属性：

（1）按照公允价值后续计量：交易性金融资产、其他债权投资、其他权益工具投资、投资性房地产（公允价值模式）、交易性金融负债、应付职工薪酬（现金结算的股份支付）、衍生工具等；

（2）按照摊余成本后续计量：债权投资、贷款、应收款项、绝大部分负债；

（3）按照成本与可变现净值孰低进行期末计量：存货；

（4）按照账面价值与可收回金额孰低进行期末计量：固定资产（在建工程）、无形资产（研发支出）、投资性房地产（成本模式）、长期股权投资、商誉等。

【例题1·多选】下列各项中，属于应计入损益的利得的有（　　）。

A. 处置固定资产产生的净收益

B. 重组债务形成的债务重组收益

C. 将存货转换为以公允价值模式计量的投资性房地产，转换日公允价值大于存货账面价值的差额

D. 对联营企业投资的初始投资成本小于应享有投资时联营企业可辨认净资产公允价值份额的差额

【答案】ABD

【解析】选项 C，将存货转换为以公允价值模式计量的投资性房地产，转换日公允价值大于存货账面价值的差额确认为其他综合收益，计入所有者权益。

【例题 2 · 多选】下列各项有关资产和负债的计量属性的说法中，正确的有（　　）。

A. 取得资产时是按取得时的公允价值计量

B. 企业盘盈的固定资产应按照重置成本计量

C. 存货的期末以可变现净值计量

D. 企业融资性质购入的资产，应以未来应付的金额计量

【答案】AB

【解析】存货的期末以成本和可变现净值孰低计量，选项 C 错误；企业融资性质购入的资产，应以未来应付的金额的现值计量，选项 D 错误。

历年真题演练

一、单项选择题

1.（2017 年）甲公司在编制 2×17 年度财务报表时，发现 2×16 年度某项管理用无形资产未摊销，应摊销金额 20 万元，甲公司将该 20 万元补记的摊销额计入了 2×17 年度的管理费用。甲公司 2×16 年和 2×17 年实现的净利润分别为 20000 万元和 18000 万元。不考虑其他因素，甲公司上述会计处理体现的会计信息质量要求是（　　）。

A. 重要性　　B. 相关性

C. 可比性　　D. 及时性

2.（2017 年）甲公司销售乙产品，同时对售后 3 年内因产品质量问题承担免费保修义务，有关产品更换或修理至达到正常使用状态的支出由甲公司负担。2×16 年，甲公司共销售乙产品 1000 件，根据历史经验估计，因履行售后保修承诺预计将发生的支出为 600 万元，甲公司确认了销售费用，同时确认为预计负债。甲公司该会计处理体现的会计信息质量要求是(　　)。

A. 可比性　　B. 谨慎性

C. 及时性　　D. 实质重于形式

3.（2016 年）甲公司 2×14 年 12 月 20 日与乙公司签订商品销售合同。合同约定：甲公司应于 2×15 年 5 月 20 日前将合同标的商品运抵乙公司并经验收，在商品运抵乙公司前灭失、毁损、价值变动等风险由甲公司承担。甲公司该项合同中所售商品为库存 W 商品，2×14 年 12 月 30 日，甲公司根据合同向乙公司开具了增值税专用发票并于当日确认了商品销售收入。W 商品于 2×15 年 5 月 10 日运抵乙公司验收合格。对于甲公司 2×14 年 W 商品销售收入确认的恰当性判断，除考虑与会计准则规定的收入确认条件的符合性以外，还应考虑可能违背的会计基本假设是（　　）。

A. 会计主体　　B. 会计分期

C. 持续经营　　D. 货币计量

4.（2014 年）下列各项中，体现实质重于形式这一会计信息质量要求的是（　　）。

A. 确认预计负债

B. 对应收账款计提坏账准备

C. 对外公布财务报表时提供可比信息

D. 将融资租入固定资产视为自有资产入账

二、多项选择题

1.（2015 年）下列各项交易事项的会计处理中，体现实质重于形式原则的有（　　）。

A. 将发行的附有强制付息义务的优先股确认为

负债

B. 将附有追索权的商业承兑汇票出售确认为质押贷款

C. 承租人将融资租入固定资产确认为本企业的固定资产

D. 将企业未持有权益但能够控制的结构化主体纳入合并范围

2.（2014年）下列交易事项中，能够引起资产和所有者权益同时发生增减变动的有（　　）。

A. 分配股票股利

B. 接受现金捐赠

C. 财产清查中固定资产盘盈

D. 以银行存款支付原材料采购价款

历年真题演练答案及解析

一、单项选择题

1.【答案】A

【解析】由于补记金额相对于2×16年和2×17年实现的净利润而言，对其整体影响不大，作为不重大的前期差错处理，在2×17年确认为当期管理费用，体现的是重要性原则。

2.【答案】B

【解析】谨慎性要求不高估资产和收入，不低估负债和费用，甲公司确认预计负债和销售费用体现了不低估负债和费用。

3.【答案】B

【解析】在会计分期假设下，企业应当划分会计期间，分期结算账目和分期编制财务报表。

4.【答案】D

【解析】融资租入固定资产视同自有资产核算，符合会计信息质量要求的实质重于形式原则，其他选项不符合。

二、多项选择题

1.【答案】ABCD

【解析】选项A，因为是强制付息义务，符合负债定义；选项B，附有追索权，风险没有转移，不能确认出售；选项C，融资租赁，承租人能够控制该资产的绝大部分经济流入等，符合资产定义；选项D，实质是能够控制，故ABCD均表述正确。

2.【答案】BC

【解析】选项A，属于所有者权益内部结转，不影响资产；选项D，属于资产内部增减变动，不影响所有者权益。

第二章 会计政策、会计估计及其变更和差错更正

本章总体概况

题型及分值	（1）本章以客观题形式考核 （2）近三年平均分值4分
近三年考点	（1）会计政策和会计估计及其变更的区分 （2）追溯调整法和未来适用法的应用 （3）前期差错更正的会计处理
学习引导	本章综合性较强，主要提供一个会计处理的方法，考核的内容属于后续章节，建议放在“财务报告”之后学习，重点掌握会计政策变更和会计估计变更的划分，熟悉各类常见经济业务；会计差错更正的处理方法等
本年教材变化	（1）删除“企业应当披露的重要会计政策”内容中“收入的确认”及“合同收入与费用的确认”的相关内容 （2）删除“会计政策变更的概述”中“对初次发生的或不重要的交易或者事项采用新的会计政策”知识点的举例内容 （3）修改部分教材例题

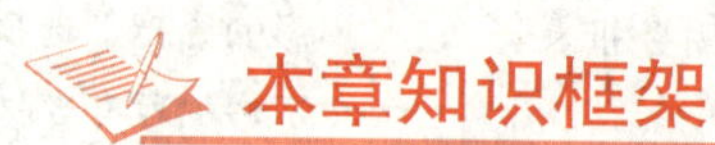

本章知识框架

- 会计政策、会计估计及其变更和差错更正
  - 会计政策及其变更的概述
  - 会计估计及其变更的概述
  - 会计政策和会计估计及其变更的划分
  - 会计政策和会计估计变更的会计处理
    - 会计政策变更的会计处理及披露
    - 会计估计变更的会计处理及披露
  - 前期差错及其更正

本章考点精解

第一节　会计政策及其变更的概述

【考点8】会计政策及其变更的概述★★

1. 会计政策概述

会计政策，指企业在会计确认、计量和报告中所采用的原则、基础和会计处理方法。

项　目	内　容
会计原则	指按照企业会计准则规定的、适合企业会计核算的具体会计原则。如《企业会计准则第13号——或有事项》规定的预计负债的确认条件
会计基础	指为了将会计原则应用于交易或者事项而采用的基础，如计量基础（即计量属性），包括历史成本、重置成本、可变现净值、现值和公允价值等
会计处理方法	指企业在会计核算中按照法律、行政法规或者国家统一的会计制度等规定采用或者选择的、适合于本企业的具体会计处理方法。如企业发出存货的计价方法等
【提示】企业应当披露重要的会计政策，不具有重要性的会计政策可以不予披露	

2. 会计政策变更的概述

会计政策变更，是指企业对相同的交易或者事项由原来采用的会计政策改用另一会计政策的行为。为保证会计信息的可比性，企业采用的会计政策，在每一个会计期间和前后各期应当保持一致，不得随意变更。

项　目	内　容	示　例
会计政策变更的条件	（1）法律、行政法规或者国家统一的会计制度等要求变更（法定变更） （2）会计政策变更能够提供更可靠、更相关的会计信息	如果企业能够对投资性房地产的公允价值作出合理估计，其后续计量方法可以由成本模式变更为公允价值模式
不属于会计政策变更的情形	（1）本期发生的交易或者事项与以前相比具有本质差别而采用新的会计政策 （2）对初次发生的或不重要的交易或者事项采用新的会计政策	（1）将自用办公楼改为出租，不属于会计政策变更，是因为新业务而采用新的会计政策 （2）将低值易耗品的摊销方法由一次摊销法改为五五摊销法，对损益影响不大，属于不重要事项，不属于会计政策变更

第二节 会计估计及其变更的概述

【考点9】会计估计及其变更的概述★★

1. 会计估计的概述

会计估计，是指企业对结果不确定的交易或者事项以最近可利用的信息为基础所作的判断。

【提示】进行会计估计并不会削弱会计确认和计量的可靠性。

2. 会计估计变更的概述

会计估计变更，是指由于资产和负债的当前状况及预期经济利益和义务发生了变化，从而对资产或负债的账面价值或者资产的定期消耗金额进行调整。

项 目	内 容	举 例
会计估计变更的情形	（1）赖以进行估计的基础发生了变化 （2）取得了新的信息、积累了更多的经验	（1）固定资产折旧方法、使用年限、净残值的变更 （2）无形资产摊销方法、使用年限、净残值的变更 （3）坏账准备计提比例的变更 （4）存货可变现净值估计的变更等

【学霸总结】

会计估计变更，并不意味着以前期间会计估计是错误的，只是由于情况发生变化，或者掌握了新的信息，积累了更多的经验，使得变更会计估计能够更好地反映企业的财务状况和经营成果。

如果以前期间的会计估计是错误的，则属于前期差错，按照差错更正的方法进行处理。

第三节 会计政策和会计估计及其变更的划分

【考点10】会计政策和会计估计及其变更的划分★★★

1. 会计政策变更

会计政策变更，以会计确认、计量基础、列报项目是否发生变更作为判断基础；一般情况下，会计确认、计量基础、列报项目发生变更，其相应的变更是会计政策变更。

2. 会计估计变更

根据会计确认、计量基础和列报项目所选择的、为取得与资产负债表项目有关的金额或数值（如预计使用寿命、净残值等）所采用的处理方法是会计估计，其相应的变更是会计估计变更。

【学霸总结】

常见的会计政策变更和会计估计变更总结如下，会计估计变更容易理解，应重点记忆，答题时可使用排除法。

项 目	具体事项举例
会计政策变更	（1）发出存货计价方法的变更 （2）投资性房地产后续计量由成本模式变更为公允价值模式 （3）商品流通企业的采购费用由计入销售费用改为计入存货成本
会计政策变更	（4）分期付款取得的固定资产／无形资产入账价值由购买价款改为购买价款的现值计价 （5）将内部研发项目开发阶段的支出由计入当期损益改为符合规定条件的确认为无形资产 （6）对合营企业投资由比例合并改为权益法核算
会计估计变更	（1）各项资产公允价值金额的确定 （2）固定资产／无形资产的使用年限、净残值、折旧（摊销）方法的变更 （3）坏账准备计提比例的变更 （4）因或有事项确认的预计负债根据最新证据进行金额的调整 （5）存货可变现净值的确定

第四节 会计政策和会计估计变更的会计处理

【考点 11】会计政策变更的会计处理及披露★★

1. 追溯调整法

追溯调整法，是指对某项交易或事项变更会计政策，视同该项交易或事项初次发生时即采用变更后的会计政策，并以此对财务报表相关项目进行调整的方法。

追溯调整法通常由以下步骤构成：

（1）计算会计政策变更的累积影响数；

（2）编制相关项目的调整分录（追溯调整账务）；

（3）调整列报前期最早期初财务报表相关项目及其金额（追溯调整报表）；

（4）财务报表附注中说明。

其中，累积影响数，是指按照变更后的会计政策对以前各期追溯计算的列报前期最早期初留存收益应有金额与现有金额之间的差额。即变更年度所有者权益变动表中“上年金额”栏目“盈余公积”和“未分配利润”项目的调整金额，如下表所示：

项 目	上年金额		本年金额	
……	盈余公积	未分配利润	盈余公积	未分配利润
一、上年年末余额	—	—	—	—
加：会计政策变更	☆☆☆	☆☆☆	—	—
前期差错更正	—	—	—	—
二、本年年初余额	—	—	—	—
……	—	—	—	—

【例题1·计算】甲公司20×5年1月1日以500万元的价格从股票市场购入A股票（假设不考虑交易费用），市价一直高于购入成本。公司采用成本与市价孰低法对购入股票进行计量。公司从20×7年1月1日起对其以交易为目的的购入的股票由成本与市价孰低法改为公允价值计量，按照交易性金融资产进行核算。A股票20×5年12月31日的公允价值为600万元，20×6年12月31日的公允价值为800万元。假设甲公司所得税税率为25%，公司按净利润的10%提取法定盈余公积。公司发行普通股5000万股，未发行任何稀释性潜在普通股。

要求：根据上述资料，不考虑其他因素，简述甲公司20×7年该如何账务处理？

【答案】

（1）改变交易性金融资产计量方法后的累积影响数为75万元，计算如下：

甲公司20×7年12月31日的比较财务报表列报前期最早期初为20×6年1月1日。在20×5年12月31日按公允价值计量的账面价值为600万元，按成本与市价孰低计量的账面价值为500万元，两者的所得税影响为25万元，两者差异的税后净影响额为75万元，即为累积影响数。

（2）编制有关项目的调整分录：

①对20×5年有关事项的调整分录：

借：交易性金融资产——公允价值变动	100	
贷：盈余公积	7.5	
利润分配——未分配利润		67.5
递延所得税负债		25

②对20×6年有关事项的调整分录：

借：交易性金融资产——公允价值变动	200	
贷：盈余公积		15
利润分配——未分配利润		135
递延所得税负债		50

（3）财务报表调整和重述

甲公司在列报20×7年财务报表时，应调整20×7年资产负债表有关项目的年初余额、利润表有关项目的上年金额及所有者权益变动表有关项目的上年金额和本年金额。

①资产负债表项目的调整：调增交易性金融资产年初余额300万元；调增递延所得税负债年初余额75万元；调增盈余公积年初余额22.5万元；调增未分配利润年初余额202.5万元。

②利润表项目的调整：调增公允价值变动收益上年金额200万元；调增所得税费用上年金额50万元；调增净利润上年金额150万元；调增基本每股收益上年金额0.03（150/5000）元。

③所有者权益变动表项目的调整：调增会计政策变更项目中盈余公积上年金额7.5万元，未分配利润上年金额67.5万元，所有者权益合计上年金额75万元。

调增会计政策变更项目中盈余公积本年金额15万元，未分配利润本年金额135万元，所有者权益合计本年金额150万元。

2. 未来适用法

未来适用法，是指将变更后的会计政策应用于变更日及以后发生的交易或者事项，或者在会计估计变更当期和未来期间确认会计估计变更影响数的方法。

【提示】在未来适用法下，不需要计算会计政策变更产生的累积影响数，也无需重新编制以前年度的财务报表。

【例题2·计算】甲公司发出存货按先进先出法计价。2×17年1月1日将发出存货由先进先出法改为月末一次加权平均法。2×17年年初A材料账面余额等于80000元，数量为100千克。2×17年1月10日、20日分别购入A材料200千克，单价分别为700元、850元，1月25日领用A材料400千克。甲公司用未来适用法对该项会计政策变更进行会计处理。

要求：不考虑其他因素，计算甲公司2×17年1月31日A材料的账面余额。

【答案】单位成本 =（80000+200×700+200×850）÷（100+200+200）=780（元/千克）；2×17年1月31日A材料的账面余额 =（100+200+200−400）×780=78000（元）。

3. 会计政策变更处理方法的选择

（1）国家有规定的，按照国家有关规定执行。

（2）国家没有规定且能够追溯调整的，采用追溯调整法处理（追溯到可追溯的最早期间）。

（3）不能追溯调整的，应当采用未来适用法处理。

4. 会计政策变更的披露

企业应当在附注中披露与会计政策变更有关的下列信息：

（1）会计政策变更的性质、内容和原因。

（2）当期和各个列报前期财务报表中受影响的项目名称和调整金额。

（3）无法进行追溯调整的，说明该事实和原因以及开始应用变更后的会计政策的时点、具体情况。

【考点12】会计估计变更的会计处理及披露★★

1. 企业对会计估计变更应当采用未来适用法处理

（1）会计估计变更仅影响变更当期的，其影响数应当在变更当期予以确认。

（2）会计估计变更既影响变更当期又影响未来期间的，其影响数应当在变更当期和未来期间予以确认。例如，固定资产的使用年限、折旧方法的变更。

（3）难以对某项变更区分为会计政策变更或会计估计变更的，应当将其作为会计估计变更处理。

【例题1·计算】甲公司2×14年12月31日购入一台管理用设备，初始入账价值为10万元，原估计使用年限为10年，预计净残值为0万元，按双倍余额递减法计提折旧。由于固定资产所含经济利益预期消耗方式的改变，甲公司于2×17年1月1日将设备的折旧方法改为年限平均法，将设备的预计使用年限由原来的10年改为6年，预计净残值仍为0万元。甲公司适用的所得税税率为25%。

要求：

（1）计算上述设备2×15年、2×16年应计提的折旧额。

（2）计算上述设备2×17年应计提的折旧额。

（3）计算上述会计估计变更对2×17年净利润的影响。

【答案】

（1）设备2×15年的折旧额 =10×2/10=2（万元）；2×16年的折旧额 =（10−2）×2/10=1.6（万元）。

（2）设备2×17年计提的折旧额 =（10−2−1.6）÷（6−2）=1.6（万元）。

（3）按原会计估计，设备2×17年计提的折旧额 =（10−2−1.6）×2/10=1.28（万元），上述会计估计变更使2×17年净利润减少额 =（1.6−1.28）×（1−25%）=0.24（万元）。

【例题2·多选】下列情形中，应采用未来适用法进行会计处理的有（　　）。

A. 当期期初会计政策变更，对以前各期累积影响数不切实可行

B. 固定资产的预期使用年限发生了变更

C. 根据新获取的资料，对预计负债的金额进行了重新估计

D. 难以对某项变更区分为会计政策变更或会计估计变更

【答案】ABCD

【解析】固定资产折旧方法、预计使用年限和净残值的变更都属于会计估计变更；根据新获取的资料，对预计负债的金额进行了重新估计也属于会计估计变更；应采用未来适用法处理。企业难以对某项变更区分会计政策变更或会计估计变更的，应当将其作为会计估计变更，采用未来适用法处理。

2. 会计估计变更的披露

企业应当在附注中披露与会计估计变更有关的下列信息：

（1）会计估计变更的内容和原因。

（2）会计估计变更对当期和未来期间的影响数。

（3）会计估计变更的影响数不能确定的，披露这一事实和原因。

第五节　前期差错及其更正

【考点13】前期差错及其更正★★★

1. 前期差错概述

（1）前期差错，是指由于没有运用或错误运用下列两种信息，而对前期财务报表造成省略或错报。

① 编报前期财务报表时预期能够取得并加以考虑的可靠信息。

② 前期财务报告批准报出时能够取得的可靠信息。

（2）前期差错通常包括：计算错误、应用会计政策错误、疏忽或曲解事实、舞弊产生的影响、固定资产的盘盈等。

2. 前期差错更正的会计处理

前期差错的重要程度，应根据差错的性质和金额加以具体判断。如果该差错足以影响财务报表使用者对企业财务状况、经营成果和现金流量做出正确判断，则为重要的前期差错；否则，为不重要的前期差错。

项　目	会计处理
不重要前期差错	（1）采用未来适用法 （2）不需要调整财务报表相关项目的期初数，但应当调整发现当期与前期相同的相关项目（影响损益的，直接计入本期；不影响损益的，计入对应的项目）
重要的前期差错	（1）采用追溯重述法更正，但确定前期差错影响数不切实可行的除外 （2）确定前期差错影响数不切实可行的，可以从可追溯重述的最早期间开始调整留存收益的期初余额，也可以采用未来适用法 （3）对于年度资产负债表日至财务报告批准报出日之间发现的报告年度的会计差错及报告年度前不重要的前期差错，应按照《企业会计准则第29号——资产负债表日后事项》的规定进行处理
追溯重述法	是指在发现前期差错时，视同该项前期差错从未发生过，从而对财务报表相关项目进行更正的方法

3. 前期差错更正的披露

企业应当在附注中披露与前期差错更正有关的下列信息：

（1）前期差错的性质。

（2）各个列报前期财务报表中受影响的项目名称和更正金额。

（3）无法进行追溯重述的，说明该事实和原因以及对前期差错开始进行更正的时点、具体更正情况。

【学霸总结】

（1）会计政策变更需要对以前年度的累积影响数进行追溯调整，通过“利润分配——未分配利润”科目核算；前期差错更正需要对以前年度的差错进行追溯重述，通过“以前年度损益调整”科目核算。

（2）对以前年度损益进行追溯调整或追溯重述的，应当重新计算各列报期间的每股收益。

（3）在计算调整会计政策变更当期期初留存收益时，不应当考虑由于以前期间净利润的变化而需要分派的股利。

（4）在追溯调整法下，需要计算会计政策变更产生的累积影响数，追溯调整以前年度的财务报表；在未来适用法下，不需要计算会计政策变更产生的累积影响数，也无需追溯调整以前年度的财务报表。

（5）在以后期间的财务报表中，不需要重复披露在以前期间已披露的会计政策变更、会计估计变更、差错更正的信息。

历年真题演练

一、单项选择题

1.（2016年）甲公司2×15年2月购置了一栋办公楼，预计使用寿命40年，为此，该公司2×15年4月30日发布公告称：经公司董事会审议通过《关于公司固定资产折旧年限会计估计变更的议案》。决定调整公司房屋建筑物的预计使用寿命，从原定的20～30年调整为20～40年。不考虑其他因素。下列关于甲公司对该公告所述折旧年限调整会计处理的表述中，正确的是（　　）。

A. 对房屋建筑物折旧年限的变更应当作为会计政策变更并进行追溯调整

B. 对房屋建筑物折旧年限变更作为会计估计变更并应当从2×15年1月1日起开始未来适用法处理

C. 对2×15年2月新购置的办公楼按照新的会计估计40年折旧不属于会计估计变更

D. 对因2×15年2月新购置办公楼折旧年限的确定导致对原有房屋建筑物折旧年限的变更应当作为重大会计差错进行追溯重述

2.（2016年）甲公司2×12年10月为乙公司的银行贷款提供担保。银行、甲公司、乙公司三方订的合同约定：（1）贷款本金为4200万元，自2×12年12月21日起2年，年利率6%；（2）乙公司以房产为该项贷款提供抵押担保；（3）甲公司为该贷款提供连带责任担保。2×14年12月22日，该项贷款逾期未付，银行要求甲公司履行担保责任。2×14年

12月30日，甲公司、乙公司与贷款银行经协商签订补充协议，约定将乙公司的担保房产变现用以偿付该贷款本息。该房产预计处置价款可以覆盖贷款本息，甲公司在其2×14年财务报表中未确认相关预计负债。2×15年5月，因乙公司该房产出售过程中出现未预料到的纠纷导致无法出售，银行向法院提起诉讼，判决甲公司履行担保责任。经庭外协商，甲公司需于2×15年7月和2×16年1月分两次等额支付乙公司所欠借款本息，同时获得对乙公司的追偿权，但无法预计能否取得。不考虑其他因素，甲公司对需履行的担保责任应进行的会计处理是（　　）。

A. 作为2×15年事项将需支付的担保款计入2×15年财务报表

B. 作为会计政策变更将需支付的担保款追溯调整2×14年财务报表

C. 作为重大会计差错更正将需支付的担保款追溯重述2×14年财务报表

D. 作为新发生事项，将需支付的担保款分别计入2×15年和2×16年财务报表

3.（2014年）甲公司为某集团母公司，其与控股子公司（乙公司）会计处理存在差异的下列事项中，在编制合并财务报表时，应当作为会计政策予以统一的是（　　）。

A. 甲公司产品保修费用的计提比例为售价的3%，乙公司为售价的1%

B. 甲公司对机器设备的折旧年限按不少于10年确定，乙公司为不少于15年

C. 甲公司对投资性房地产采用成本模式进行后续计量，乙公司采用公允价值模式

D. 甲公司对1年以内应收款项计提坏账准备的比例为期末余额的5%，乙公司为期末余额的10%

二、多项选择题

1.（2018年）下列各项中，可能调整年度所有者权益变动表中“本年年初余额”的交易或事项有（　　）。

A. 会计政策变更

B. 前期差错更正

C. 因处置股权导致对被投资单位的后续计量由成本法转为权益法

D. 同一控制下企业合并

2.（2017年改编）甲公司专门从事大型设备制造与销售，设立后即召开董事会会议，确定有关会计政策和会计估计事项。下列各项关于甲公司董事会确定的事项中，属于会计政策的有（　　）。

A. 对合营企业投资采用权益法核算

B. 投资性房地产采用公允价值模式进行后续计量

C. 按照生产设备预计生产能力确定固定资产的使用寿命

D. 融资租入的固定资产作为甲公司的固定资产进行核算

3.（2015年）下列情形中，根据会计准则规定，应当重述比较期间财务报表的有（　　）。

A. 本年发现重要的前期差错

B. 因部分处置对联营企业投资将剩余长期股权投资转变为采用公允价值计量的金融资产

C. 发生同一控制下企业合并，自最终控制方取得被投资单位60%股权

D. 购买日后12个月内对上年非同一控制下企业合并中取得的可辨认资产、负债暂时确定的价值进行调整

4.（2015年）甲公司20×4年经董事会决议作出的下列变更中，属于会计估计变更的有（　　）。

A. 将发出存货的计价方法由移动加权平均法改为先进先出法

B. 改变离职后福利核算方法，按照新的会计准则有关设定受益计划的规定进行追溯

C. 因车流量不均衡，将高速公路收费权的摊销方法由年限平均法改为车流量法

D. 因市场条件变化，将某项采用公允价值计量的金融资产的公允价值确定方法由第一层级转变为第二层级

5.（2015年改编）下列各项中属于会计政策变更的有（　　）。

A. 按新的控制定义调整合并财务报表合并范围

B. 会计准则修订要求将不具有控制、共同控制和重大影响的权益性投资由长期股权投资转为以公允价值计量且其变动计入其他综合收益的

金融资产

C. 公允价值计量使用的估值技术由市场法变更为收益法

D. 因处置部分股权投资丧失了对子公司的控制导致长期股权投资的后续计量方法由成本法转变为权益法

三、计算分析题

1.（2016年）甲股份有限公司（以下简称"甲公司"）2×15年更换年审会计师事务所，新任注册会计师在对其2×15年度财务报表进行审计时，对以下事项的会计处理存在质疑：

（1）自2×14年开始，甲公司每年年末均按照职工工资总额的10%计提相应资金计入应付职工薪酬，计提该资金的目的在于解决后续拟实施员工持股计划的资金来源，但有关计提金额并不对应于每一在职员工。甲公司计划于2×18年实施员工持股计划，以2×14年至2×17年四年间计提的资金在二级市场购买本公司股票，授予员工持股计划范围内的管理人员，员工持股计划范围内的员工与原计提时在职员工范围很可能不同。如员工持股计划未实施，员工无权取得该部分计入职工薪酬的提取金额。该计划下，甲公司2×14年计提了3000万元。2×15年年末，甲公司按照当年年度应予计提的金额进行了以下会计处理：

借：管理费用　　3600

　　贷：应付职工薪酬　　3600

（2）为调整产品结构，去除冗余产能，2×15年甲公司推出一项鼓励员工提前离职的计划。该计划范围内涉及的员工共有1000人，平均距离退休年龄还有5年。甲公司董事会于10月20日通过决议，该计划范围内的员工如果申请提前离职，甲公司将每人一次性地支付补偿款30万元。根据计划公布后与员工达成的协议，其中800人会申请离职。截至2×15年12月31日，该计划仍在进行当中。甲公司进行了以下会计处理：

借：长期待摊费用　　24000

　　贷：预计负债　　24000

借：营业外支出　　4800

　　贷：长期待摊费用　　4800

（3）2×15年甲公司销售快速增长，对当年度业绩起到了决定性作用。根据甲公司当年制定并开始实施的利润分享计划，销售部门员工可以分享当年度净利润的3%作为奖励。2×16年2月10日，根据确定的2×15年年度利润，董事会按照利润分享计划，决议发放给销售部门员工奖励620万元。甲公司于当日进行了以下会计处理：

借：利润分配——未分配利润　620

　　贷：应付职工薪酬　　620

其他有关资料：

甲公司按照净利润的10%提取法定盈余公积，不计提任意盈余公积。不考虑所得税等相关税费因素的影响。甲公司2×15年年度报告于2×16年3月20日对外报出。

要求：

判断甲公司对事项（1）至事项（3）的会计处理是否正确并说明理由；对于不正确的会计处理，编制更正的会计分录（无需通过"以前年度损益调整"科目，不考虑当期盈余公积的计提）。

四、综合题

1.（2017年节选）甲公司为境内上市公司，2×16年度，甲公司经注册会计师审计前的净利润为35000万元。其2×16年度财务报告于2×17年4月25日经董事会批准对外报出。注册会计师在对甲公司2×16年度财务报表审计时，对下列有关交易或事项的会计处理提出质疑：

（4）2×16年10月8日，经甲公司董事会批准，将以成本模式进行后续计量的出租房产的预计使用年限由50年变更为60年，并从2×16年1月1日开始按新的预计使用年限计提折旧。该出租房产的原价为50000万元，甲公司对该出租房产采用年限平均法计提折旧，预计净残值为0，截至2×15年12月31日已计提10年折旧。2×16年，甲公司的会计处理如下：

借：其他业务成本　　800

　　贷：投资性房地产累计折旧　　800

其他相关资料：

第一，假定注册会计师对质疑事项提出的调整建议得到甲公司接受。

第二，本题不考虑所得税等相关税费以及其他因素。

要求：

对注册会计师质疑的交易或事项，分别判断甲公司的会计处理是否正确，并说明理由；对不正确的会计处理，编制更正的会计分录（无需通过“以前年度损益调整”或“利润分配—未分配利润”科目，直接使用相关会计科目，也无需编制提取盈余公积、结转利润分配的会计分录）。

历年真题演练答案及解析

一、单项选择题

1.【答案】C

【解析】固定资产折旧年限的改变属于会计估计变更，选项A不正确；会计估计变更按照未来适用法处理，应在变更当期及以后期间确认，选项B不正确；固定资产折旧年限的改变不作为前期差错更正处理，选项D不正确。

2.【答案】A

【解析】选项A，直接将需支付的担保款计入2×15年财务报表。

3.【答案】C

【解析】选项ABD，属于会计估计；选项C，属于会计政策。

二、多项选择题

1.【答案】ABCD

【解析】会计政策变更需要追溯调整，前期差错更正需要进行追溯重述，长期股权投资后续计量由成本法转为权益法需要追溯调整，同一控制下企业合并需要重述比较期间财务报表，以上均可能调整年度所有者权益变动表中“本年年初余额”。

2.【答案】ABD

【解析】改变固定资产的使用寿命，属于会计估计，选项C不正确。

3.【答案】ACD

【解析】选项B，直接作为当期事项处理。

4.【答案】CD

【解析】选项A和B属于会计政策变更。

5.【答案】AB

【解析】选项C，属于会计估计变更；选项D，由于处置股权导致的核算方法的改变，属于新的事项，不属于会计政策变更。

三、计算分析题

1.【答案及解析】

事项（1）：甲公司该项会计处理不正确。

理由：该部分金额不是针对特定员工需要对象化支付的费用，即不是当期为了获取员工服务实际发生的费用，准则规定不能予以计提。涉及员工持股计划拟授予员工股份，应当根据其授予条件等分析是获取的哪些期间的职工服务，并将与股份支付相关的费用计入相应期间。

更正分录：

借：应付职工薪酬　　6600

　贷：盈余公积　　300

　　利润分配——未分配利润　　2700

　　管理费用　　3600

事项（2）：公司该项交易的会计处理不正确。

理由：该项计划原则上应属于会计准则规定的辞退福利，有关一次性支付的辞退补偿金额应于计划确定时作为应付职工薪酬，相关估计应支付的金额全部计入当期损益，而不能在不同年度间分期摊销。

更正分录：

借：管理费用　　24000

　贷：应付职工薪酬　　24000

借：预计负债　　24000

　贷：长期待摊费用　　24000

借：长期待摊费用　　4800

　贷：营业外支出　　4800

事项（3）：甲公司该项会计处理不正确。

理由：利润分享计划下员工应分享的部分应作为职工薪酬并计入有关成本费用，因涉及的是销售部门，甲公司应计入2×15年销售费用。

借：销售费用　　620

　　贷：利润分配——未分配利润　　620

四、综合题

1.【答案及解析】

事项（4）：甲公司的会计处理不正确。

理由：预计使用年限的变更属于会计估计变更，采用未来适用法，不需要进行追溯。

2×16年前9个月计提折旧的金额=50000÷50÷12×9=750（万元）；

2×16年后3个月计提折旧的金额=（50000−50000÷50×10−50000÷50÷12×9）÷（60×12−10×12−9）×3=199.24（万元）；

2×16年共需要计提折旧=750+199.24=949.24（万元）；少计提折旧=949.24−800=149.24（万元）。

更正分录如下：

借：其他业务成本　　149.24

　　贷：投资性房地产累计折旧　　149.24

第三章　存货

本章总体概况

题型及分值	（1）本章主要为客观题；作为基础知识，也可与其他内容结合，在主观题中出现 （2）近三年平均分值 3 分
近三年考点	（1）存货成本的构成及初始计量 （2）存货的期末计量、存货跌价准备的计算
学习引导	本章内容比较简单，属于基础性章节，重点掌握存货的确认，判断企业购入的资产是否属于存货；存货的初始计量，掌握哪些支出应计入存货成本；存货跌价准备的确认和计量
本年教材变化	内容无实质变化

本章知识框架

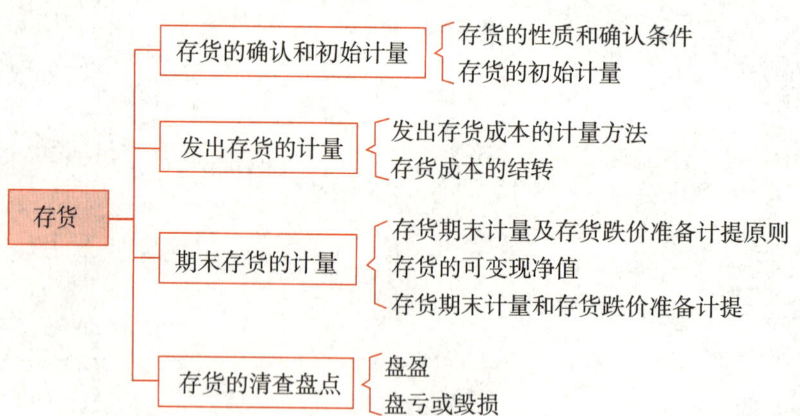

本章考点精解

第一节 存货的确认和初始计量

【考点 14】存货的概念及确认条件★

存货，是指企业在日常活动中持有以备出售的产成品或商品、处在生产过程中的在产品、在生产过程或提供劳务过程中耗用的材料、物料等。

存货在符合定义情况下，同时满足下列条件，才能予以确认：

（1）与该存货有关的经济利益很可能流入企业。

（2）该存货的成本能够可靠地计量。

【提示】存货最基本的特征是"出售或消耗"，主要包括：原材料、在产品、半成品、产成品、商品、周转材料、在途物资、发出商品等。

【例题 1 · 多选】下列各项中，企业应作为存货核算的有（　　）。

A. 购入周转使用的包装物　　B. 房地产开发企业用于在建商品房的土地使用权

C. 为自建生产线购入的材料　　D. 接受外来原材料加工制造的代制品

【答案】ABD

【解析】选项 C，应作为"工程物资"核算，不属于存货。

【例题 2 · 单选】甲公司为木地板生产企业，2016 年 12 月 1 日接受乙公司委托，加工木地板一批，当日收到乙公司原材料 50 万元，已办理入库手续，截至 2016 年 12 月 31 日全部加工完成，尚未交付给乙公司。加工该批木地板甲公司共发生人工费用 10 万元，辅助材料费用 2 万元。假设不考虑相关税费，甲公司当月无其他业务，则甲公司当月存货的增加额为（　　）万元。

A. 50　　B. 10　　C. 12　　D. 62

【答案】C

【解析】企业接受外来原材料的代制品和为外单位加工修理的代修品，制造完成或修理验收入库后，应作为存货核算（即企业为加工或修理产品发生的材料、人工费等作为企业存货）。甲公司当月存货的增加额 =10+2=12（万元），选项 C 正确。

【考点 15】存货的初始计量★★★

存货应当按照成本进行初始计量。存货成本包括采购成本、加工成本和使存货达到目前场所和状态所发生的其他成本。

取得方式	成本构成
外购取得	（1）购买价款：不含商业折扣 （2）相关税费：关税、不能抵扣的增值税、运输费、装卸费、保险费等 （3）其他：采购过程中的仓储费、运输途中的合理损耗、入库前的挑选整理费等
加工取得	（1）材料成本：外购材料的实际成本 （2）直接人工：直接从事生产的工人的职工薪酬 （3）制造费用：生产部门的相关间接费用（车间管理人员的职工薪酬、折旧、办公费、劳保费、车间固定资产修理费、季节性和修理期间的停工损失等）

（续表）

取得方式	成本构成
其他方式取得	（1）盘盈：按照重置成本作为入账价值 （2）投资者投入：以投资合同或协议约定的价格作为入账价值；合同约定价值不公允的，以公允价值作为入账价值 （3）提供劳务：提供劳务人员的直接人工、其他直接、间接费用

【提示】委托加工应税消费品，由受托方代收代缴的消费税应区分情况进行处理：①消费税可抵扣的（收回后高于计税价格销售或连续加工应税消费品），消费税不计入存货成本；②消费税不能抵扣的（收回后不高于计税价格销售或连续加工“非”应税消费品），消费税计入存货成本。

【学霸总结】

（1）企业取得的各种资产，分属不同的类别，不都属于企业的存货：

①“工程物资”属于为购建固定资产而储备的各种物资，不属于日常经营活动，不确认为存货。

②“发出商品”的风险和报酬并未转移，属于企业的存货。

③企业接受外来原材料的代制品和为外单位加工修理的代修品，制造完成或修理验收入库后，应作为存货核算（即企业为加工或修理产品发生的材料、人工费等作为企业的存货）。

④房地产开发企业购入的用于建造商品房的土地使用权、建造的商品房属于企业的存货。

⑤“委托代销商品”在尚未完成销售时，仍属于企业的存货。

⑥“受托代销商品”中，如果是收取手续费方式代销的，不属于企业的存货；如果视同买断，则作为企业的存货核算。

（2）存货加工过程中的损失应区别处理：

①非正常消耗的直接材料、直接人工和制造费用（如超定额的废品损失、自然灾害造成的损失等）直接计入当期损益，不计入存货成本。

②正常标准的废品损失、季节性停工和修理期间的停工损失应计入存货成本。

（3）采购和加工过程中的仓储费用的区别处理：

①存货在采购的过程中发生的仓储费用，应计入存货的采购成本。

②存货在生产过程中为达到下一个生产阶段所必需的仓储费用（如在制酒过程中，为达到下一工序必要的储藏），应计入存货成本。

③存货采购入库后或产品入库后的仓储费用，直接计入当期损益，不计入存货成本。

（4）企业采购用于广告营销活动的特定商品，向客户预付货款未取得商品时，应作为预付账款进行会计处理，待取得相关商品时计入当期损益（销售费用），企业取得广告营销性质的服务比照该原则进行处理。例如，企业制作的印有公司LOGO的宣传品，虽然和存货的性质类似，但是不能作为企业的存货。

（5）商品流通企业在采购商品过程中发生的运输费、装卸费、保险费以及其他可归属于存货采购成本的费用的处理，有三种方法：

①计入存货采购成本。

②先进行归集，期末进行分摊，已售商品的进货费用计入当期损益，未售商品的进货费用计入期末存货成本。

③金额较小的，可以在发生时直接计入当期损益。

【例题 1 · 单选】甲企业为增值税一般纳税人。本月购进原材料 200 公斤，取得增值税专用发票注明价款为 10000 元，增值税为 1600 元；发生的保险费为 500 元，入库前的挑选整理费用为 100 元；验收入库时发现数量短缺 10%，经查属于运输途中合理损耗。甲企业该批原材料实际单位成本为每公斤（　　）元。

A. 50　　B. 53　　C. 67.78　　D. 58.89

【答案】D

【解析】购入原材料的实际总成本 =10000+500+100=10600（元），实际入库数量 =200×（1−10%）=180（公斤），实际单位成本 =10600÷180=58.89（元 / 公斤）。

【例题 2 · 单选】甲工厂为增值税一般纳税人。本月购进原材料 500 公斤，取得增值税专用发票注明价款为 10000 元，增值税为 1600 元；发生的保险费为 500 元，入库前的挑选整理费用为 100 元；验收入库时发现运输途中合理损耗 1000 元，非合理损耗 600 元。该批原材料实际成本为（　　）元。

A. 10600　　B. 10000　　C. 11000　　D. 11600

【答案】B

【解析】合理损耗已经包含在价款中，购入原材料的实际总成本 =10000+500+100−600=10000（元）。

【例题 3 · 单选】2019 年 1 月 1 日，甲公司为产品展览会定制了一批印刷有公司 LOGO 的优盘 10000 个，当月到货入库，并收到的增值税专用发票上注明的金额 50 万元，增值税税额 8 万元，货款已经支付。不考虑其他因素，甲公司的会计处理中，正确的是（　　）。

A. 确认库存商品 50 万元　　B. 确认当期销售费用 50 万元

C. 确认当期销售成本 50 万元　　D. 确认当期销售费用 58 万元

【答案】B

【解析】企业采购用于广告营销活动的特定商品，向客户预付货款未取得商品时，应作为预付账款进行会计处理，待取得相关商品时计入当期损益（销售费用）。

【例题 4 · 多选】甲公司为我国北方一家污水处理高新技术企业，经营污水处理及相关设备的生产业务，2017 年发生以下业务：2017 年 1 月因天气寒冷，无法正常生产经营，造成停工损失 100 万元；当年发生超过定额标准的废品损失 30 万元；当年为研发新产品支付研发人员薪酬 500 万元；支付产成品仓库租赁费 50 万元。不考虑其他因素，下列各项正确的有（　　）。

A. 停工损失 100 万元应计入存货成本

B. 超过定额标准的废品损失 30 万元应计入当期损益

C. 研发新产品支付研发人员薪酬 500 万元应计入存货成本

D. 产成品仓库租赁费 50 万元应计入当期损益

【答案】ABD

【解析】选项 A：季节性停工损失应计入存货成本；选项 B：超过定额标准的废品损失应计入当期损益；选项 C：研发人员的薪酬，应区分资本化和费用化部分，资本化的部分，计入产品成本；费用化的部分，计入当期损益；选项 D：产成品仓库租赁费，计入当期损益。选项 ABD 正确。

【例题5·多选】甲酒厂为增值税一般纳税人，仓储部门2017年3月发生以下支出：前往外地采购高粱，租赁个人李某房屋用于暂存高粱，支付不含税价款2万元并取得合法票据；支付公司内A仓库保管人员工资1万元，A仓库用于储存采购的高粱；支付B仓库保管人员工资2万元，B仓库用于储存生产过程中发酵的酒糟；支付C仓库保管人员工资4万元，C仓库用于储存包装完成的白酒。不考虑其他因素，下列应计入存货成本的有（　　）。

A.支付个人李某房租2万元　　B.A仓库保管人员工资1万元

C.B仓库保管人员工资2万元　　D.C仓库保管人员工资4万元

【答案】AC

【解析】采购和加工过程中的仓储费用：（1）存货在采购的过程中发生的仓储费用，应计入存货的采购成本；（2）存货在生产过程中为达到下一个生产阶段所必需的仓储费用（如在制酒过程中，为达到下一工序必要的储藏），应计入存货成本；（3）存货采购入库后或产品入库后的仓储费用，直接计入当期损益，不计入存货成本。选项AC正确。

第二节　发出存货的计量

【考点16】发出存货成本的计量方法★★

企业在确定发出存货的成本时，可以采用先进先出法、移动加权平均法、月末一次加权平均法和个别计价法等方法。企业不得采用后进先出法确定发出存货的成本。

1. 先进先出法

先进先出法，是指假定“先入库的存货先发出”，并根据这种假定的实物流转次序确定发出存货成本的一种方法。

2. 移动加权平均法

移动加权平均法，是指在每次收货以后，立即根据库存存货数量和总成本，计算出新的平均单位成本的一种计算方法。

（1）存货的移动平均单位成本=（本次进货之前库存存货的实际成本+本次进货的实际成本）÷（本次进货之前库存存货数量+本次进货的数量）

（2）本次发出存货成本=本次发出存货的数量 × 本次发货前存货的移动平均单位成本

（3）本月月末存货成本=月末存货数量 × 月末存货单位成本

3. 月末一次加权平均法

（1）存货单位成本=[月初库存存货的实际成本+∑（本月某批进货的实际单位成本 × 本月某批进货的数量）]÷(月初库存存货数量+∑本月各批进货数量）

（2）本月发出存货的成本=本月发出存货的数量 × 存货单位成本

（3）本月月末库存存货成本=月末库存存货的数量 × 存货单位成本

4. 个别计价法

个别计价法，是指假设存货的成本流转与实物流转完全一致，分别按购入和生产时所确定的单位成本计算各批发出存货和期末存货成本。

【提示】无论采取哪一种计价方法，以下等式均成立：

（1）月末存货数量=月初存货数量+本月购入存货数量−本月发出存货数量；

（2）月末存货实际成本＝月初存货实际成本＋本月购入存货实际成本－本月发出存货实际成本。

四种存货发出的计价方法各有其特点，如下表所示。

计量方法	优　点	缺　点	提　示
先进先出法	可以随时结转成本	如果存货收发业务较多且存货单价不稳定时，其工作量较大	在物价持续上升时，期末存货成本接近于市价，而发出成本偏低，会高估企业当年利润和库存存货价值
移动加权平均法	及时了解存货成本的结存情况	计算工作量较大，对收发货频繁的企业不适用	每次进货都要重新计算一次存货的成本
月末一次加权平均法	简化成本计算工作	平时无法提供发出和结存存货的单价及金额，不利于存货的日常管理与控制	只在月末一次计算加权平均单价
个别计价法	成本计算准确、符合实际情况	存货收发频繁的情况下，发出成本分辨的工作量较大	假设存货的成本流转与实物流转完全一致，逐一确认存货的成本

【考点17】存货成本的结转★

1. 对外销售商品、材料的会计处理

借：主营业务成本 / 其他业务成本

　　存货跌价准备

　　贷：库存商品 / 原材料

2. 包装物的会计处理

用　途	会计处理
生产领用包装物	借：制造费用等 　　贷：周转材料——包装物
出借包装物、随产品出售不单独计价的包装物	借：销售费用 　　贷：周转材料——包装物
出租包装物、随产品出售单独计价的包装物	借：其他业务成本 　　贷：周转材料——包装物 【提示】出租的包装物形成“其他业务收入”

【例题1·单选】甲商场为增值税一般纳税人，采用先进先出法计量发出A商品的成本。2019年1月1日，甲商场库存300件A商品账面余额为3000元，未计提跌价准备。1月3日购入A商品200件，取得增值税专用发票，不含增值税价款2000元，支付运输费用200元。1月15日购入A商品100件，取得增值税专用发票，不含增值税价款1100元，支付运输费用100元。1月20日销售A产品400件，则甲商场应结转销售成本（　　）元。

A. 4000　　B. 4100　　C. 4200　　D. 4400

【答案】B

【解析】甲商场应结转销售成本＝3000+（2000+200）÷200×100=4100（元）。

【例题2·单选】甲机械加工厂1月1日有A产品200件，每件成本是100元；1月15日入库100件，每件成本是110元；1月18日销售出库200件；1月25日入库50件，每件成本120元。假设甲工厂存货的发出采用移动加权平均法，则1月18日销售A产品的成本为（　　）元。

A. 2000　　B. 21000　　C. 20666　　D. 22000

【答案】C

【解析】发货前的加权平均成本 =（200×100+100×110）/（200+100）=103.33（元），1月18日销售A产品的成本 =103.33×200=20666（元）。

【例题3·单选】甲商场存货的发出采用月末一次加权平均法，2017年6月1日库存A商品100件，每件成本是10元；6月15日购入100件，每件成本是10.5元；6月18日销售150件；6月25日购入300件，每件成本11元；6月30日销售200件。假设不考虑其他因素，甲商场6月30日库存A商品（　　）元。

A. 1620　　B. 1634　　C. 1650　　D. 1605

【答案】D

【解析】本月A商品的单价 =（100×10+100×10.5+300×11）/（100+100+300）=10.7（元），甲商场6月30日库存A商品 =（100+100+300−350）×10.7=1605（元）。

第三节　期末存货的计量

【考点18】存货期末计量及存货跌价准备计提原则★★

资产负债表日，存货应当按照成本与可变现净值孰低计量。

（1）当存货成本≤可变现净值时，存货按成本计量（不需要进行账务处理）。

（2）当存货成本>可变现净值时，存货按可变现净值计量，同时按照差额计提存货跌价准备，计入当期损益（资产减值损失）。

【考点19】存货的可变现净值★★★

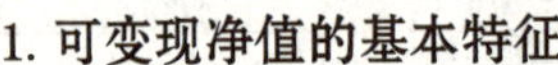

1. 可变现净值的基本特征

（1）确定存货可变现净值的前提是企业在进行日常活动。

（2）可变现净值为存货的预计未来净现金流入（售价或合同价 - 预计加工成本、相关税费等支出）。

（3）不同存货可变现净值的构成不同。

① 直接出售的存货（产成品、半成品、原材料等）：可变现净值 = 存货自身的售价 - 存货自身的销售税费等；

② 需要经过加工的材料存货：可变现净值 = 最终产品的售价 - 最终产品的销售税费 - 至完工时估计将要发生的成本。

2. 确定存货的可变现净值时应考虑的因素

（1）确定存货的可变现净值应当以取得确凿证据为基础。

① 存货成本的确凿证据：存货的采购成本、加工成本和其他成本及以其他方式取得存货成本的证据。

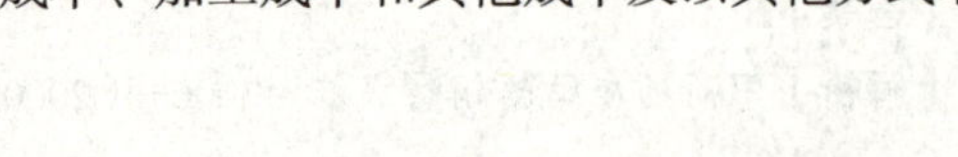

② 存货可变现净值的确凿证据：指对确定存货的可变现净值有直接影响的确凿证明，如产成品或商品的市场销售价格、与产成品或商品相同或类似商品的市场销售价格、销货方提供的有关资料和生产成本资料等。

（2）确定存货的可变现净值应当考虑持有存货的目的。

（3）确定存货的可变现净值应当考虑资产负债表日后事项等的影响。

资产负债表日至财务报告批准报出日之间存货售价发生波动的，如有确凿证据表明其对资产负债表日存货已经存在的情况提供了新的或进一步的证据，则在确定存货可变现净值时应当予以考虑，否则，不应予以考虑。

【考点 20】存货期末计量和存货跌价准备计提★★★

1. 存货的减值迹象

（1）存货存在下列情形之一的，通常表明存货的可变现净值低于成本（需要计提减值）。

① 该存货的市场价格持续下跌，并且在可预见的未来无回升的希望；

② 企业使用该项原材料生产的产品的成本大于产品的销售价格；

③ 企业因产品更新换代，原有库存原材料已不适应新产品的需要，而该原材料的市场价格又低于其账面成本；

④ 因企业所提供的商品或劳务过时或消费者偏好改变而使市场的需求发生变化，导致市场价格逐渐下跌；

⑤ 其他足以证明该项存货实质上已经发生减值的情形。

（2）存货存在下列情形之一的，通常表明存货的可变现净值为零（需要全额计提减值）。

① 已霉烂变质的存货；

② 已过期且无转让价值的存货；

③ 生产中已不再需要，并且已无使用价值和转让价值的存货；

④ 其他足以证明已无使用价值和转让价值的存货。

2. 存货的期末计量

（1）对于用于出售的商品、用于出售的材料，当发生减值迹象时，应当进行减值测试，按照成本与可变现净值孰低计量。

（2）对于为生产产品而持有的材料，应当先判断该最终产品是否发生减值。

① 如果最终产品未减值，材料按照成本计量（材料无需减值测试）。

② 如果最终产品发生减值，材料应当进行减值测试（按照成本与可变现净值孰低计量）。

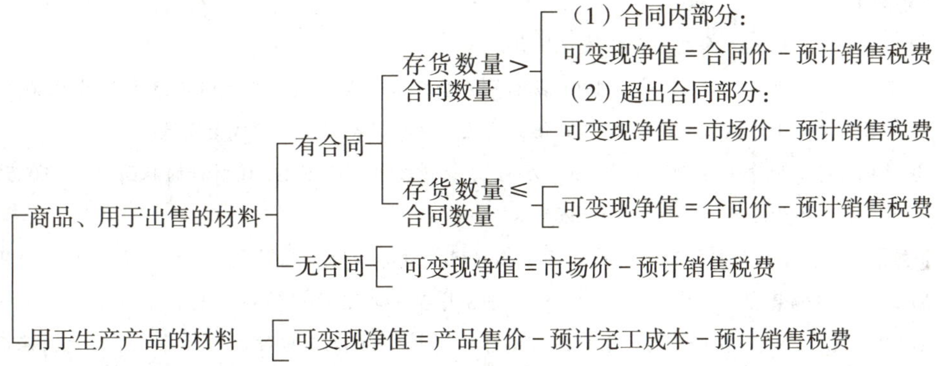

【提示】同一项存货中，一部分有合同价格、其他部分不存在合同价格的，应当分别确定其可变现净值，并与其相对应的成本进行比较，分别确定存货跌价准备的计提或转回的金额，由此计提的存货跌价准备不得相互抵销（视同两种存货来处理）。

3. 计提存货跌价准备的方法

（1）企业通常应当按照单个存货项目计提存货跌价准备。

（2）对于数量繁多、单价较低的存货，可以按照存货类别计提存货跌价准备。

（3）与在同一地区生产和销售的产品系列相关、具有相同或类似最终用途或目的，且难以与其他项目分开计量的存货，可以合并计提存货跌价准备。

4. 存货跌价准备计提与转回的处理

事　项	账务处理	
计提跌价准备	（1）企业应在资产负债表日，比较存货成本与可变现净值，计算出应计提的存货跌价准备金额 （2）然后与已计提金额进行比较，若应计提金额大于已计提金额，应予补提；反之，应当转回	借：资产减值损失 贷：存货跌价准备
转回跌价准备	（1）当以前减记存货价值的影响因素已经消失，减记的金额应当予以恢复，并在原已计提的存货跌价准备金额内转回并计入当期损益 （2）转回的金额以存货跌价准备金额冲减至零为限	借：存货跌价准备 贷：资产减值损失

5. 存货跌价准备的结转

企业计提了存货跌价准备，如果其中有部分存货已经销售或转让，则企业在结转销售成本时，应同时按比例结转对其已计提的存货跌价准备。

借：主营业务成本 / 其他业务成本

　　存货跌价准备

　　贷：库存商品 / 原材料

【例题 1 · 计算】20×7 年 12 月 31 日，甲公司库存原材料的账面成本为 60 万元（未发生减值），可用于生产一台 A 型机器，该材料市场销售价格总额为 55 万元，如果销售该材料，将发生销售费用 5 万元。由于该原材料的市场销售价格下降，生产的 A 型机器的市场销售价格总额由 150 万元下降为 135 万元，将该材料加工成 A 型机器尚需投入 80 万元。估计销售 A 型机器的销售费用及税金为 5 万元。

要求：确定 20×7 年 12 月 31 日该材料的账面价值、应计提的跌价准备。

【答案】

（1）第一步，确定 A 型机器是否发生减值。

A 型机器的可变现净值 =135−5=130（万元），A 型机器的成本 =60+80=140（万元），发生了减值。

（2）第二步，由于 A 型机器发生了减值，因此该原材料也需要进行减值测试。

该材料的可变现净值 =135−80−5=50（万元），材料成本 =60 万元，该材料的账面价值 =50 万元。

（3）应计提跌价准备 =60−50=10（万元）。

【例题 2 · 单选】甲公司期末存货采用成本与可变现净值孰低法计量。2×17 年 9 月 20 日甲公司与 M 公司签订销售合同：由甲公司于 2×18 年 3 月 3 日向 M 公司销售 A 材料 1000 吨，销售价格为每吨 1.2 万元。2×17 年 12 月 31 日甲公司库存 A 材料 1200 吨，单位成本为每吨 1 万元，账面成本为 1200 万元，市场销售价格为每吨 0.95 万元，预计销售税费每吨 0.05 万元。假定 2×17 年年初，A 材料未计提存货跌价准备，不考虑其他因素，2×17 年 12 月 31 日 A 材料应计提的存货跌价准备的金额为（　　）万元。

A. 1180　　B. 20　　C. 0　　D. 180

【答案】B

【解析】销售合同约定数量 1000 吨，其可变现净值 =1000×1.2−1000×0.05=1150（万元），大于其成本 1000 万元（1000×1），未发生减值；超过合同部分的可变现净值 =200×0.95−200×0.05=180（万元），其成本 =200×1=200（万元），发生减值，应计提存货跌价准备 =200−180=20（万元）。

【学霸总结】

（1）确定用于生产产品的材料的可变现净值时，应以“该最终产品的售价 − 预计完工成本 − 最终产品的预计销售费用”来确定。在考试中，一般会给出材料的预计售价等干扰因素。

（2）“期末存货成本 − 期末存货可变现净值”计算出来的是期末存货跌价准备应有的余额，减去期初存货跌价准备余额后，得出本期应计提或转回的存货跌价准备金额。

第四节　存货的清查盘点

【考点 21】存货盘盈、盘亏或毁损的处理★★

企业应设置“待处理财产损溢”科目，核算企业清查的各种存货损溢，该科目应在期末结账前处理完毕，期末处理后，“待处理财产损溢”科目应无余额。

类别	盘　盈	盘　亏
发生时	借：原材料 / 库存商品 　贷：待处理财产损溢	借：待处理财产损溢 　贷：原材料 / 库存商品
批准后	借：待处理财产损溢 　贷：管理费用	借：管理费用（收发计量差错和管理不善造成的净损失） 　其他应收款等（责任人、保险公司赔偿） 　贷：待处理财产损溢 借：营业外支出（自然灾害等非常原因造成的净损失） 　贷：待处理财产损溢
【提示】因非正常原因（如管理不善）导致的存货盘亏或毁损，按规定不能抵扣的增值税进项税额应当予以转出；因自然灾害、收发计量差错造成外购存货的盘亏，其进项税额不需要转出		

【例题·单选】甲企业为增值税一般纳税人，2019 年 12 月 31 日的盘点结果如下：因自然灾害毁损一批外购原材料，材料成本为 20000 元，增值税税额为 3200 元；因仓库管理不善造成外购原材料毁损，材料成本 10000 元，增值税税额为 1600 元，收到责任人赔偿 1000 元；盘盈易耗品一批，经确认的重置成本为 500 元。假定上述业务均已经过批准，则该业务对当期营业利润的影响额为（　　）元。

A. 10600　　B. 10100　　C. 30100　　D. 33300

【答案】B

【解析】对当期营业利润的影响额 =10000+1600−1000−500=10100（元），选项 B 正确。因管理不善造成存货毁损的，对应的进项税额应当转出，形成净损失 10600 元（10000+1600−1000），计入管理费用；盘盈存货按照重置成本入账，应冲减管理费用500元；因自然灾害造成的存货毁损应计入营业外支出20000元（进项税额无需转出），不影响营业利润。

历年真题演练

一、单项选择题

1.（2018年）A公司主要从事X产品的生产和销售，生产X产品使用的主要材料Y材料全部从外部购入，20×7年12月31日，在A公司财务报表中库存Y材料的成本为5600万元，若将全部库存Y材料加工成X产品，A公司估计还需发生成本1800万元。预计加工而成的X产品售价总额为7000万元，预计的销售费用及相关税费总额为300万元，若将库存Y材料全部予以出售，其市场价格为5000万元。假定A公司持有Y材料的目的系用于X产品的生产，不考虑其他因素，A公司在对Y材料进行期末计算时确定的可变现净值是（　　）。

A.5000万元　　B.4900万元

C.7000万元　　D.5600万元

2.（2017年）下列各项中，应当计入存货成本的是（　　）。

A. 季节性停工损失

B. 超定额的废品损失

C. 新产品研发人员的薪酬

D. 采购材料入库后的储存费用

3.（2017年改编）甲公司为增值税一般纳税人。2×19年1月1日，甲公司库存原材料的账面余额为2500万元，账面价值为2000万元；当年购入原材料增值税专用发票注明的价款为3000万元，增值税进项税额为480万元，当年领用原材料按先进先出法计算发出的成本为2800万元（不含存货跌价准备）；当年末原材料的成本大于其可变现净值，两者差额为300万元。不考虑其他因素。甲公司2×19年12月31日原材料的账面价值是（　　）万元。

A.2200　　B.2400

C.2680　　D.2980

4.（2016年）2×15年12月31日，甲公司向乙公司订购的印有甲公司标志、为促销宣传准备的卡通毛绒玩具到货并收到相关购货发票，50万元货款已经支付。该卡通毛绒玩具将按计划于2×16年1月向客户及潜在客户派发，不考虑相关税费及其他因素。下列关于甲公司2×15年对订购卡通毛绒玩具所发生支出的会计处理中，正确的是（　　）。

A. 确认为库存商品

B. 确认为当期管理费用

C. 确认为当期销售成本

D. 确认为当期销售费用

5.（2016年）甲公司2×15年末持有乙原材料100件，成本为每件5.3万元，每件乙原材料可加工为一件丙产品，加工过程中需发生的费用为每件0.8万元，销售过程中估计需发生运输费用为每件0.2万元，2×15年12月31日，乙原材料的市场价格为每件5.1万元，丙产品的市场价格为每件6万元，乙原材料持有期间未计提跌价准备，不考虑其他因素，甲公司2×15年末对原材料应计提的存货跌价准备是（　　）万元。

A.0　　B.30

C.10　　D.20

6.（2014年）甲公司为制造企业，其在日常经营活动中发生的下列费用或损失，应当计入存货成本的是（　　）。

A. 仓库保管人员的工资

B. 季节性停工期间发生的制造费用

C. 未使用管理用固定资产计提的折旧

D. 采购运输过程中因自然灾害发生的损失

7.（2014年）20×3年年末，甲公司库存A原材料账面余额为200万元，数量为10吨。该原材料全部用于生产按照合同约定向乙公司销售的10件B产品。合同约定：甲公司应于20×4年5月1日前向乙公司发出10件B产品，每件售价为30万元（不含增值税）。将A原材料加工成B产品尚需发生加工成本110万元，预计销售每件B产品尚需发生相关税费0.5万元。20×3年年末，市场上A原材料每吨售价为18万元，预计销售每吨A原材料尚需发生相关税费0.2万元。20×3年年初，A原材料未计提存货跌价准备。不考虑其他因素，甲公司20×3年12月31日对A原材料应计提的存货跌价准备是（　　）。

A.5万元　　B.10万元

C.15万元　　D.20万元

二、多项选择题

1.（2012年）下列各项中，应计入制造企业存货成本的有（　　）。

A. 进口原材料支付的关税

B. 采购原材料发生的运输费

C. 自然灾害造成的原材料净损失

D. 用于生产产品的固定资产修理期间的停工损失

历年真题演练答案及解析

一、单项选择题

1.【答案】B

【解析】生产X产品的成本=5600+1800=7400（万元），X产品的可变现净值=7000−300=6700（万元），X产品发生减值，因此Y材料应当进行减值测试。Y材料的可变现净值=（7000−300）−1800=4900（万元）。

2.【答案】A

【解析】选项B，超定额的废品损失，计入当期损益，不影响存货成本；选项C，新产品研发人员的薪酬，应区分资本化和费用化；资本化的部分，计入产品成本；费用化的部分，计入当期损益；选项D，采购材料入库后的储存费用，计入到当期损益，不影响存货的成本。

3.【答案】B

【解析】期末产品的账面成本=2500+3000−2800=2700（万元），成本大于可变现净值，差额为300万元，其可变现净值=2700−300=2400（万元），期末存货按照成本与可变现净值孰低进行计量，因此，账面价值为2400万元，选项B正确。

4.【答案】D

【解析】企业采购用于广告营销活动的特定商品，向客户预付货款未取得商品时，应作为预付账款进行会计处理，待取得相关商品时计入当期损益（销售费用）。企业取得广告营销性质的服务比照该原则进行处理。

5.【答案】B

【解析】每件丙产品的可变现净值=6−0.2=5.8（万元），每件丙产品的成本=5.3+0.8=6.1（万元），乙原材料专门生产的产品发生了减值，因此表明乙原材料应按其可变现净值计量。每件乙原材料的可变现净值=6−0.8−0.2=5（万元），每件乙原材料的成本为5.3万元，因此乙原材料应该计提减值金额=（5.3−5）×100=30（万元）。

6.【答案】B

【解析】仓库保管人员的工资计入管理费用，不影响存货成本；制造费用是一项间接生产成本，影响存货成本，选项B正确；未使用管理用固定资产计提的折旧计入管理费用，不影响存货成本；采购运输过程中因自然灾害发生的损失计入营业外支出，不影响存货成本。

7.【答案】C

【解析】B产品的可变现净值=（30−0.5）×10=295（万元），B产品的成本=200+110=310（万元），B产品发生减值，故A原材料发生减值；A原材料的可变现净值=（30−0.5）×10−110=185（万元）；甲公司20×3年12月31日对A原材料应计提的存货跌价准备=200−185=15（万元）。

二、多项选择题

1.【答案】ABD

【解析】选项C应计入营业外支出。

第四章 固定资产

本章总体概况

题型及分值	（1）本章主要为客观题；作为基础知识，也可与其他内容结合，在主观题中出现 （2）近三年平均分值3分
近三年考点	（1）固定资产入账价值的计算 （2）固定资产的后续支出 （3）固定资产折旧的范围 （4）高危行业计提安全生产费的会计处理
学习引导	本章属于基础性章节，难度不大，重点掌握固定资产的初始计量，主要确定初始成本、安全生产费的处理；固定资产的后续计量，重点是折旧的范围、折旧方法的选择和金额计算；固定资产的后续支出，重点是改良支出、普通的修理支出的账务处理；固定资产处置的会计处理，区分出售、到期报废、非正常报废
本年教材变化	修改本章涉及的增值税税率、部分例题时间，其他无实质性变化

本章知识框架

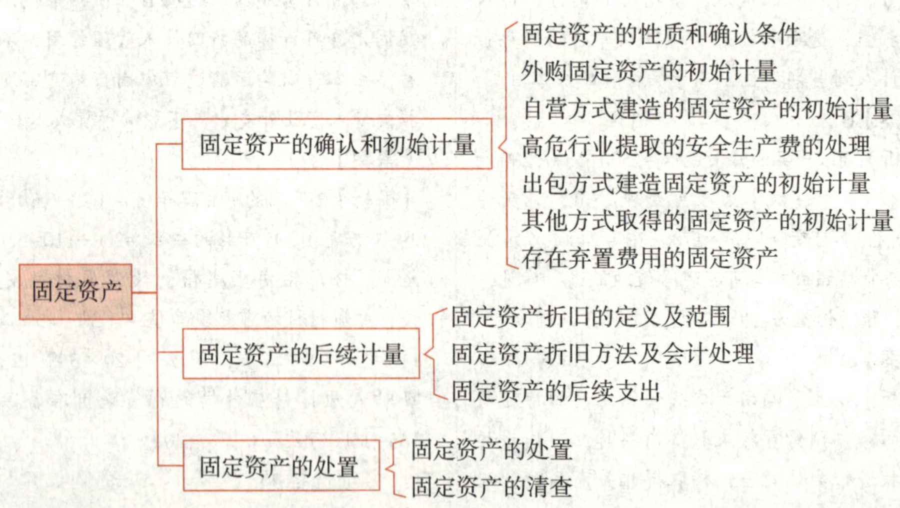

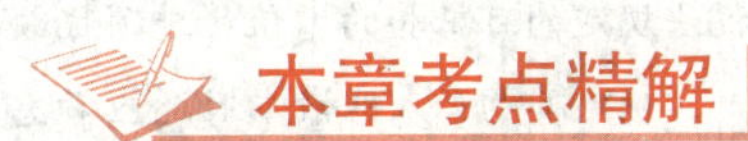

本章考点精解

第一节 固定资产的确认和初始计量

【考点22】固定资产的性质和确认条件★★

固定资产，是指同时具有下列特征的有形资产：

（1）为生产商品、提供劳务、出租或经营管理而持有的。

（2）使用寿命超过一个会计年度。

固定资产同时满足下列条件，才能予以确认：

（1）与该固定资产有关的经济利益很可能流入企业。

（2）该固定资产的成本能够可靠地计量。

【学霸总结】

理解固定资产的定义时，应注意以下事项：

（1）区别于存货：持有存货的主要目的为出售，存货的周转期间一般小于1个会计期间。

（2）区别于投资性房地产：已经营出租的房屋建筑物属于投资性房地产，不属于固定资产。

（3）部分设备虽然不能直接给企业带来经济利益，但是有助于减少经济利益的流出，如环保设备等，也属于固定资产。

（4）用于经营出租的固定资产属于企业的资产，用于融资租赁的固定资产不属于企业的资产。

（5）固定资产的各组成部分，如果各自具有不同的使用寿命或者以不同的方式为企业提供经济利益，由此适用不同的折旧率或折旧方法的，企业应将其各组成部分确认为单项固定资产，如飞机的引擎、高价周转件等。

【考点23】外购固定资产的初始计量★★★

1. 外购固定资产的成本

企业外购固定资产的成本，是指企业购建某项固定资产达到预定可使用状态前所发生的一切合理、必要的支出。主要包括：

（1）购买价款。

（2）相关税费（如关税、契税、车辆购置税、运输装卸费、安装成本和专业人员服务费等）。

不需要安装	需要安装	
	购入时	达到预定用途时
借：固定资产 应交税费——应交增值税（进项税额） 贷：银行存款等	借：在建工程 应交税费——应交增值税（进项税额） 贷：银行存款/应付职工薪酬等	借：固定资产 贷：在建工程

【提示】相关税费中不包括税法规定的可抵扣的增值税进项税额。

对于特殊行业的特定固定资产，确定其初始入账成本时还应考虑弃置费用。

区分专业人员服务费和员工培训费：①专业人员服务费，属于固定资产达到预定使用状态的必要支出，计入固定资产的成本中；②员工培训费，是员工掌握固定资产使用方法而进行的培训，属于固定资产达到预定使用状态后的支出，直接计入当期损益。

【例题1·单选】20×8年9月1日，甲公司购入一台需要安装的生产用机器设备，取得的增值税专用发票上注明的金额为500万元，增值税税额为80万元，取得运输公司开具的增值税专用发票上注明的金额为10万元，税额1万元，以上款项已通过银行存款支付；支付专业人员服务费10万元，操作该设备的员工培训费10万元；设备于12月31日安装完成并达到可使用状态。假定不考虑其他相关税费，甲公司为增值税一般纳税人，甲公司该设备的初始入账价值为（　　）万元。

A. 520　　B. 601　　C. 530　　D. 611

【答案】A

【解析】员工培训费10万元应计入当期损益，甲公司该设备的初始入账价值=500+10+10=520（万元）。

2. 外购固定资产的特殊考虑

（1）以一笔款项购入多项没有单独标价的固定资产，应按各项固定资产公允价值的比例（即构成比例）对总成本进行分配，计算确定各单项固定资产的成本。

××设备的成本=实际总成本×（××设备的公允价值÷Σ购入资产公允价值）

（2）购买固定资产的价款超过正常信用条件延期支付，实质上具有融资性质的，固定资产的成本以购买价款的现值为基础确定。

实际支付的价款与购买价款的现值之间的差额，应当在信用期间内采用实际利率法进行摊销，摊销金额除满足借款费用资本化条件的应当计入固定资产成本外，均应当在信用期间内确认为财务费用，计入当期损益。

①购入时：

借：在建工程/固定资产（购买价款的现值，即未付的本金）

　　未确认融资费用（未付的利息总额）

　　贷：长期应付款（各期支付的价款之和，未付的本息和）

②分摊未确认融资费用：

借：在建工程/财务费用

　　贷：未确认融资费用

【提示】①“长期应付款”科目余额，反映未来应付本金和利息之和。

②“未确认融资费用”科目余额，反映未来应付利息，是“长期应付款”的备抵科目。

③期初/期末长期应付款的账面价值（应付本金余额）=期初/期末长期应付款的账面余额－期初/期末未确认融资费用的余额。

或：期末长期应付款的账面价值（应付本金余额）=期初长期应付款的账面价值（应付本金余额）+本期确认的利息费用－本期偿还的长期应付款（偿还的本息和）。

④未确认融资费用摊销金额=长期应付款的账面价值（应付本金余额）×实际利率。

⑤长期应付款的账面价值（应付本金余额）在资产负债表中通过下列两个项目列报。

a.“一年内到期的非流动负债”项目=未来一年内偿还的长期应付款（本息和）－未来一年内未确认融资费用摊销额。

b.“长期应付款”项目 = 期末长期应付款的账面价值 –“一年内到期的非流动负债”项目金额。

【例题 2 · 单选】20×7 年 1 月 31 日，甲公司购入 A、B 两台不需要安装的生产用机器设备，支付设备价款 450 万元，运输费 20 万元，以上款项已通过银行支付；已知 A 设备的市场价格为 200 万元，B 设备的市场价格为 300 万元。假定不考虑相关税费，则 A 设备的初始入账价值为（　　）万元。

A. 200　　B. 220　　C. 208　　D. 188

【答案】D

【解析】A 设备的成本 =（450+20）×[200÷（200+300）]=188（万元）。

【例题 3 · 计算】2×17 年 1 月 1 日，甲公司从乙公司购入一台需要安装的特大型设备。甲公司采用分期付款方式支付货款。该设备价款共计 400 万元，在 2×17 年至 2×20 年，每年 12 月 31 日支付 100 万元。2×17 年 1 月 1 日，设备运抵甲公司，2×17 年 12 月 31 日，设备达到预定可使用状态，发生安装费 100 万元；以上款项均用银行存款支付。

其他资料：甲公司适用的年折现率为 10%，已知（P/A，10%，4）=3.1700，不考虑其他相关税费。

要求：

（1）计算甲公司该设备的初始入账价值并编制 2×17 年的与该业务相关的会计分录。

（2）编制甲公司 2×18 年分摊未确认融资费用的会计分录。

【答案】

（1）甲公司分期支付货款，具有融资性质，应以各期付款的现值为基础确认固定资产的初始入账价值。购买价款的现值 =100×（P/A，10%，4）=100×3.17=317（万元）。

①2×17 年 1 月 1 日甲公司的账务处理如下：

借：在建工程　　317
　　未确认融资费用　　83
　　贷：长期应付款　　400

②2×17 年 12 月 31 日应摊销未确认融资费用 =317×10%=31.7（万元），2×17 年 1 月 1 日至 2×17 年 12 月 31 日为设备的安装期间，未确认融资费用的摊销额符合资本化条件，计入固定资产成本。

借：在建工程　　31.7
　　贷：未确认融资费用　　31.7

借：长期应付款　　100
　　贷：银行存款　　100

借：在建工程　　100
　　贷：银行存款　　100

借：固定资产　　448.7
　　贷：在建工程　　448.7

（2）2×18 年 1 月 1 日至 2×18 年 12 月 31 日，该设备已经达到预定可使用状态，未确认融资费用的摊销额不再符合资本化条件，应计入当期损益。未确认融资费用摊销金额 =[300–（83–31.7）]×10%=24.87（万元）；或：未确认融资费用摊销金额 =（317+31.7–100）×10%=24.87（万元）。

借：财务费用　　24.87
　　贷：未确认融资费用　　24.87

借：长期应付款　　　　　　　　　　100

　　贷：银行存款　　　　　　　　　　100

【考点24】自营方式建造的固定资产的初始计量★★

（1）企业为建造固定资产准备的各种物资应当按照实际支付的买价、运输费、保险费等作为实际成本，通过“工程物资”进行核算。

借：工程物资

　　应交税费——应交增值税（进项税额）

　　贷：银行存款等

（2）企业领用的工程物资、原材料或库存商品，应按其实际成本转入所建工程成本。应负担的职工薪酬、辅助生产部门提供的水、电、运输等劳务、其他必要支出等，也应计入所建工程项目的成本。符合资本化条件的借款费用，按照《企业会计准则第17号——借款费用》的有关规定处理。

借：在建工程

　　贷：工程物资/应付职工薪酬/银行存款等

　　　　原材料/库存商品（领用本企业商品）

【提示】如果是自建不动产，外购的工程物资的进项税额当月可以抵扣60%，在第13个月再抵扣40%；领用的企业之前购入的原材料，当月转出对应进项税额的40%，在第13个月再进行抵扣。

【注意】官方教材收录截至2018年12月31日的政策，从2019年4月1日起，与不动产相关的增值税进项税额可一次性进行抵扣。

（3）工程完工后，达到可使用状态，转入固定资产。剩余的工程物资，如转作本企业存货的，按其实际成本进行结转。

（4）盘盈、盘亏、报废、毁损的工程物资，减去残料价值以及保险公司、过失人赔偿后的净额，按如下情况处理。

项　目	盘亏、报废、毁损	盘　盈
建设期间	借：在建工程（净损失） 　　贷：工程物资	借：工程物资 　　贷：在建工程（净收益）
工程完工后	借：营业外支出（净损失） 　　贷：工程物资	借：工程物资 　　贷：营业外收入（净收益）
【提示】非常原因造成的工程物资的盘亏、报废、毁损，直接计入“营业外支出”		

（5）所建造的固定资产已达到预定可使用状态，但尚未办理竣工结算的，应当自达到预定可使用状态之日起，根据工程预算、造价或者工程实际成本等，按暂估价值转入固定资产，并按规定计提折旧。待办理竣工决算手续后，再调整原来的暂估价值，但不需要调整原已计提的折旧额。

【例题·多选】下列各项中，应计入在建工程成本的有（　　）。

A. 领用本企业的库存商品

B. 工程完工后发生的工程物资盘亏净损失

C. 工程建设期间专门借款的利息支出

D. 工程建设期间发生的工程物资盘盈净收益

【答案】ACD

【解析】工程建设期间的盘点差异形成的净损益计入“在建工程”，工程完工后的盘点差异形成的净损益计入“营业外收入/营业外支出”。

【考点 25】高危行业提取的安全生产费的处理★★

项　目		账务处理
提取安全费用时		借：生产成本/制造费用等 　　贷：专项储备
使用安全费用时	费用性支出	借：专项储备 　　贷：银行存款等
	形成固定资产的： （1）达到可使用状态时，确认为固定资产，同时，全额确认累计折旧，并冲减专项储备 （2）以后期间不再计提折旧	借：在建工程 　　应交税费——应交增值税（进项税额） 　　贷：银行存款/应付职工薪酬等 借：固定资产 　　贷：在建工程 借：专项储备 　　贷：累计折旧
【提示】“专项储备”科目期末余额在资产负债表所有者权益项目下“其他综合收益”和“盈余公积”之间增设“专项储备”项目反映		

【例题·单选】甲公司是一家煤炭开采企业，依据开采的原煤产量按月提取安全生产费，提取标准为每吨 10 元，2×17 年 1 月 31 日，甲公司“专项储备——安全生产费”余额为 1000 万元，2×17 年 2 月原煤产量为 10 万吨，当月购入一台不需要安装的安全防护设备，不含税价款为 240 万元，2×17 年 3 月原煤产量为 20 万吨，当月支付安全生产检查费 20 万元。甲公司类似设备的预计使用年限为 10 年，采用直线法计提折旧，不考虑净残值。假定不考虑其他因素，则甲公司 2×17 年 3 月 31 日“专项储备——安全生产费”余额为（　　）万元。

A. 1060　　B. 1040　　C. 1278　　D. 1280

【答案】B

【解析】购入的安全专用设备成本一次性冲减“专项储备——安全生产费”的余额，并按照相同金额计提折旧；支付的安全生产检查费冲减“专项储备——安全生产费”的余额；则 2017 年 3 月 31 日的余额 =1000+（10+20）×10−240−20=1040（万元）。

【考点 26】出包方式建造固定资产的初始计量★★

企业出包方式建造固定资产，其成本由建造该项固定资产达到预定可使用状态前所发生的必要支出构成。主要包括以下几方面：

（1）建筑、安装工程支出，主要由建造承包商核算，发包企业按照结算工程款计入成本。

（2）待摊支出，是指建设期间发生的，不能直接计入某项固定资产价值，而应由所建造固定资产共同负担的相关费用。主要包括为建造工程发生的管理费、可行性研究费、临时设施费、公证费、监理费、应负担的税金、符合资本化条件的借款费用、建设期间发生的工程物资盘亏、报废及毁损净损失，以及负荷联合试车费等。

① 待摊支出分配率 = 累计发生的待摊支出 /（建筑工程支出 + 安装工程支出 + 在安装设备支出）×100%

② ×× 工程应分配的待摊支出 =×× 工程的建筑、安装、设备支出合计 × 待摊支出分配率

【学霸总结】

（1）企业为建造固定资产取得土地使用权而缴纳的土地出让金应当确认为“无形资产”，不计入在建工程的成本。不动产建造期间，土地使用权的摊销额应计入在建工程的成本。

（2）房地产开发企业为建造商品房取得土地使用权而缴纳的土地出让金计入开发产品的成本，作为“存货”核算。

【考点 27】其他方式取得的固定资产的初始计量★

（1）投资者投入的固定资产，按照投资合同或协议约定的价值确定；合同或协议约定价值不公允的，以固定资产的公允价值入账。

（2）非货币性资产交换、债务重组和企业合并等方式取得的，应当分别按照非货币性资产交换、债务重组和企业合并准则的有关规定确定。

（3）盘盈的固定资产，按重置成本计量，作为前期差错更正处理，通过“以前年度损益调整”核算。

【考点 28】存在弃置费用的固定资产★★

对于特殊行业的特定固定资产，确定其初始成本时，还应考虑弃置费用。

（1）确定成本时，企业应当按照弃置费用的现值计入相关固定资产成本。

借：固定资产

　　贷：在建工程（实际发生的建造成本）

　　　　预计负债（弃置费用现值）

（2）每期期末，按照预计负债期初的摊余成本和实际利率计算利息，并计入当期财务费用。

借：财务费用（每期期初预计负债的摊余成本 × 实际利率）

　　贷：预计负债

（3）使用期满，按实际支付的弃置费用，冲减预计负债。

借：预计负债（实际支付的弃置费用）

　　贷：银行存款

【提示】一般工商企业的固定资产发生的报废清理费用，不属于弃置费用，应当在发生时作为固定资产处置费用处理。

根据解释公告第 6 号的规定：由于技术进步、法律要求或市场环境变化等原因，特定固定资产的履行弃置义务可能会发生支出金额、预计弃置时点、折现率等的变动，从而引起原确认的预计负债的变动。此时，应按照以下原则调整该固定资产的成本：

（1）对于预计负债的减少，以该固定资产账面价值为限扣减固定资产成本，如果预计负债的减少额超过该固定资产账面价值，超出部分确认为当期损益。

（2）对于预计负债的增加，增加该固定资产的成本。

【例题·多选】甲公司 2×16 年 12 月 31 日建造完成核电站核反应堆并交付使用，建造成本为 200000 万元，预计使用寿命 40 年。该核反应堆将会对当地的生态环境产生一定的影响，根据法律规定，企业应在该项设施使用期满后将其拆除，并对造成的污染进行整治，预计发生弃置费用 20000 万元，假定适用的折现率为 10%，（P/F，10%，40）=0.0221，则下列表述中正确的有（　　）。

A. 甲公司核反应堆的入账价值为 200442 万元

B. 甲公司 2×17 年末预计负债的列报金额为 486.2 万元

C. 甲公司 2×17 年应确认财务费用 44.2 万元

D. 甲公司确认核反应堆的成本时无需考虑预计的弃置费用

【答案】ABC

【解析】确认的预计负债 =20000×（P/F，10%，40）=20000×0.0221=442（万元），2×17 年确认财务费用 =442×10%=44.2 万元，2×17 年末预计负债的列报金额 =442+44.2=486.2（万元）；核反应堆的入账价值 =200000+442=200442（万元）；选项 ABC 正确。

第二节　固定资产的后续计量

【考点 29】固定资产折旧的定义及范围★★

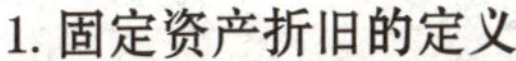

1. 固定资产折旧的定义

折旧，是指在固定资产的使用寿命内，按照确定的方法对应计折旧额进行的系统分摊。

应计折旧额 = 固定资产原价 - 预计净残值 - 累计减值准备

2. 影响固定资产折旧的因素

影响固定资产折旧的因素主要有以下几个方面：

（1）固定资产原价，指固定资产的入账成本。

（2）固定资产的使用寿命，指企业使用固定资产的预计期间。

（3）预计净残值，企业预计使用寿命终了从该项资产处置所得扣除处置费用后的金额。

（4）固定资产减值准备，指固定资产已计提的减值准备的累计金额。

3. 固定资产的折旧范围

在确定计提折旧的范围时应注意以下几点：

（1）企业应当对所有固定资产计提折旧，除了已提足折旧仍继续使用的固定资产、单独计价入账的土地以外。

（2）固定资产按月计提折旧。当月增加的固定资产，当月不计提折旧，从下月起计提折旧；当月减少的固定资产，当月仍计提折旧，从下月起不计提折旧。

（3）固定资产提足折旧后，不论能否继续使用，均不再计提折旧，提前报废的固定资产也不再补提折旧。

（4）已达到预定可使用状态但尚未办理竣工决算的固定资产，应当按照估计价值确定其成本，并计提折旧；待办理竣工决算后再按实际成本调整原来的暂估价值，但不需要调整原已计提的折旧额。

（5）处于更新改造过程中的固定资产，应将其账面价值转入在建工程，不再计提折旧。更新改造项目达到预定可使用状态转为固定资产后，再按重新确定的折旧方法和该项固定资产尚可使用寿命计提折旧。

（6）固定资产在定期大修理期间，照样计提折旧。

【学霸总结】

不计提折旧的资产

（1）已提足折旧仍继续使用的固定资产、提前报废的固定资产
（2）处于更新改造过程中的固定资产
（3）单独计价入账的土地
（4）经营租赁租入、融资租赁租出的固定资产
（5）以公允价值计量模式进行后续计量的投资性房地产
（6）划归为持有待售的固定资产

【考点30】固定资产折旧方法及会计处理★★★

1. 固定资产的折旧方法

折旧方法	计提基础	计算方法	提　示
年限平均法	原值－预计净残值	年折旧率＝（1－预计净残值率）÷预计使用年限 月折旧额＝原值×（1－预计净残值率）÷12=（原值－预计净残值）÷预计使用年限÷12	未计提减值的前提下，每年计提折旧额相等
工作量法	原值－预计净残值	单位工作量折旧额＝（原值－预计净残值）÷总工作量 月折旧额＝月工作量×单位工作量折旧额	计提折旧额与工作量有关
双倍余额递减法	年初账面净值	年折旧率=2÷预计使用年限 最后两年之前：年折旧额＝年初账面净值×年折旧率 最后两年：改为年限平均法计提折旧	每年计提折旧额递减（最后两年相等）
年数总和法	原值－预计净残值	年折旧率＝尚可使用年限÷预计使用寿命年数总和 年折旧额＝（原值－预计净残值）×年折旧率	每年计提折旧额递减

【提示】企业不应以包括使用固定资产在内的经济活动产生的收入为基础计提折旧。

在计提减值准备后，应调整固定资产计提折旧的基础，并在剩余使用寿命内按照调整后的基础计提折旧。

双倍余额递减法和年数总和法，在计算年度的折旧额时，是按照固定资产投入使用后的完整年度为基础，而不是以会计年度为基础。

【例题·计算】甲公司自建的A设备于2016年6月30日达到预定使用状态，共发生成本100万元，预计该设备可使用10年，净残值为0，不考虑其他因素。

要求：

计算2017年度A设备应计提的折旧额（分别按照年限平均法、双倍余额递减法、年数总和法）。

【答案】

（1）年限平均法：未发生减值时每年折旧额相等，2017年应计折旧额=100÷10=10（万元）。

（2）双倍余额递减法：第1年折旧额=100×2/10=20（万元），第2年折旧额=80×2/10=16（万元），2017年应计折旧额=20×1/2+16×1/2=18（万元）。

（3）年数总和法：第1年折旧额=100×10/55=18.18（万元），第2年折旧额=100×9/55=16.36（万元），2017年应计折旧额=18.18×1/2+16.36×1/2=17.27（万元）。

2. 固定资产折旧的会计处理

借：制造费用（生产车间计提折旧）
　　管理费用（管理部门、未使用的固定资产计提折旧）
　　销售费用（专设销售部门计提折旧）
　　其他业务成本（出租固定资产计提折旧）
　　研发支出（研发无形资产时使用固定资产计提折旧）
　　在建工程（在建工程中使用固定资产计提折旧）
　　贷：累计折旧

3. 固定资产使用寿命、预计净残值和折旧方法的复核

（1）企业至少应当于每年年度终了，对固定资产的使用寿命、预计净残值和折旧方法进行复核。

（2）如有确凿证据表明，使用寿命、预计净残值的预计数与原先估计数有差异的，应当调整固定资产使用寿命、预计净残值；与固定资产有关的经济利益预期消耗方式有重大改变，应当改变固定资产折旧方法。

（3）固定资产使用寿命、预计净残值和折旧方法的改变应当作为会计估计变更，企业应以改变时点固定资产的账面价值（原值－累计折旧－固定资产减值准备）作为以后期间计提折旧的基数。

【考点31】固定资产的后续支出★★★

<table>
<tr><th colspan="2">资本化支出</th><th>费用化支出</th></tr>
<tr><td>更新改造开始</td><td>借：在建工程
　　累计折旧
　　固定资产减值准备
　　贷：固定资产</td><td rowspan="4">借：管理费用（行政管理部门的固定资产）
　　销售费用（销售部门的固定资产）
　　贷：原材料
　　　　应付职工薪酬
　　　　银行存款等</td></tr>
<tr><td>发生后续支出</td><td>借：在建工程
　　贷：应付职工薪酬、原材料等</td></tr>
<tr><td>替换原部件</td><td>借：营业外支出（替换部件的账面价值）
　　贷：在建工程</td></tr>
<tr><td>达到预定可使用状态</td><td>借：固定资产
　　贷：在建工程</td></tr>
</table>

（续表）

资本化支出	费用化支出
【提示】被替换部分的账面价值：指构成产品实体的重要组成部分，如飞机的引擎、轮船的发动机，不包含替换下来的废料等不重要部分	
更新改造完工并达到预定可使用状态时，按重新确定的使用寿命、预计净残值和折旧方法计提折旧	
经营租入固定资产发生的改良支出，符合资本化条件的，应通过“长期待摊费用”科目核算，并在剩余租赁期与尚可使用年限中较短的期间内，采用合理的方法进行摊销	

第三节 固定资产的处置

【考点32】固定资产的处置★★

1. 固定资产的终止确认条件

固定资产满足下列条件之一的，应当予以终止确认：

（1）该固定资产处于处置状态。包括固定资产的出售、转让、报废或毁损、对外投资、非货币性资产交换、债务重组等。

（2）该固定资产预期通过使用或处置不能产生经济利益。

2. 固定资产终止确认的会计处理

固定资产终止确认一般经过以下几个步骤：

（1）划归为持有待售类别的，按照持有待售非流动资产、处置组的相关章内容进行会计处理。

（2）未划归为持有待售类别而出售、转让的，通过“固定资产清理”科目归集所发生的损益，其产生的利得或损失转入“资产处置损益”科目，计入当期损益。

（3）固定资产因报废毁损等原因而终止确认的，通过“固定资产清理”科目归集所发生的损益，其产生的利得或损失计入营业外收入或营业外支出。

项目		账务处理
固定资产转入清理		借：固定资产清理 累计折旧 固定资产减值准备 贷：固定资产
发生的清理费用		借：固定资产清理 贷：银行存款
出售收入、残料、保险赔偿等		借：银行存款／原材料／其他应收款等 贷：固定资产清理 应交税费——应交增值税（销项税额）（对外销售时产生）
清理净损益的处理	正常出售、转让	借：资产处置损益（或相反会计分录） 贷：固定资产清理
	正常报废	借：营业外支出——非流动资产报废 贷：固定资产清理
	非正常原因造成的报废	借：营业外支出——非常损失 贷：固定资产清理

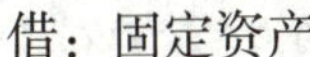

【考点33】固定资产的清查★

1. 盘盈

盘盈的固定资产，作为前期差错处理。在按管理权限报经批准前，应通过“以前年度损益调整”科目核算。

借：固定资产

　　贷：以前年度损益调整

借：以前年度损益调整

　　贷：盈余公积

　　　　利润分配——未分配利润

2. 盘亏

按盘亏固定资产的账面价值，借记“待处理财产损溢——待处理固定资产损溢”科目，期末经批准后，计入营业外支出。

【例题·多选】下列各项中，影响企业利润总额的有（　　）。

A. 因管理不善造成的存货盘亏净损失　　B. 期末盘盈的固定资产

C. 期末盘亏的固定资产　　D. 工程建设期间盘亏的工程物资

【答案】AC

【解析】选项A，管理不善造成的存货盘亏净损失计入管理费用；选项B，期末盘盈的固定资产属于前期差错，通过“以前年度损益调整”核算；选项C，期末盘亏的固定资产计入营业外支出；选项D，工程建设期间工程物资的盘亏计入在建工程。选项AC正确。

【学霸总结】

项　目	盘　亏	盘　盈
存货	计量差错、管理不善：计入“管理费用”	计量差错、管理不善：计入“管理费用”
工程物资	（1）建设期间：计入“在建工程” （2）完工后：计入“营业外支出”	（1）建设期间：冲减“在建工程” （2）完工后：计入“营业外收入”
固定资产	计入“营业外支出”	属于前期差错，通过“以前年度损益调整”，最终调整留存收益
【提示】上述资产中，因自然灾害等意外净损失，全部都计入“营业外支出”		

历年真题演练

一、单项选择题

1.（2017年改编）甲公司2×19年取得一项固定资产，与取得该资产相关的支出包括：（1）支付购买价款300万元、增值税进项税额48元，另支付购入过程中运输费8万元、相关增值税进项税额0.8万元；（2）为使固定资产符合甲公司特定用途，购入后甲公司对其进行了改造。改造过程中领用本公司原材料6万元，相关增值税0.96万元，发生职工薪酬3万元。甲公司为增值税一般纳税人。不考虑其他因素，甲公司该固定资产的入账价值是（　　）万元。

A. 317　　B. 317.80

C. 317.96　　D. 366.76

2.（2016年改编）甲公司为增值税一般纳税人。2×19年2月，甲公司对一条生产线进行改造，该生产线改造时的账面价值为3500万元。其中，拆除原冷却装置部分的账面价值为500万元。生产线改造过程中发生以下费用或支出：（1）购买新的冷却装置1200万元，增值税税额192万元；（2）在资本化期间内发生专门借款利息80万元；（3）生产线改造过程中发生人工费用320万元；（4）领用库存原材料200万元，增值税税额32万元；（5）外购工程物资400万元（全部用于该生产线），增值税税额64万元。该改造工程于2×19年12月达到预定可使用状态。不考虑其他因素，下列各项关于甲公司对该生产线改造达到预定可使用状态结转固定资产时确定的入账价值中，正确的是（　　）万元。

A. 4000　　B. 5488

C. 5200　　D. 5700

二、多项选择题

1.（2017年）甲公司为境内上市公司，2×16年3月10日为筹集生产线建设资金，通过定向增发本公司股票募集资金30000万元。生产线建造工程于2×16年4月1日开工，至2×16年10月31日，募集资金已全部投入。为补充资金缺口，11月1日，甲公司以一般借款（甲公司仅有一笔年利率为6%的一般借款）补充生产线建设资金3000万元。建造过程中，甲公司领用本公司原材料一批，成本为1000万元。至2×16年12月31日，该生产线建造工程仍在进行当中。不考虑税费及其他因素，下列各项甲公司2×16年所发生的支出中，应当资本化并计入所建造生产线成本的有（　　）。

A. 领用本公司原材料1000万元

B. 使用募集资金支出30000万元

C. 使用一般借款资金支出3000万元

D.2×16年11月1日至年底占用一般借款所发生的利息

2.（2015年改编）下列关于固定资产折旧会计处理的表述中，正确的有（　　）。

A. 处于季节性修理过程中的固定资产在修理期间应当停止计提折旧

B. 自用固定资产转为成本模式后续计量的投资性房地产后仍应当计提折旧

C. 与固定资产有关的经济利益预期消耗方式发生重大改变的，应当调整折旧方法

D. 已达到预定可使用状态尚未办理竣工决算的固定资产应当按暂估价值计提折旧

3.（2014年）甲公司以出包方式建造厂房，建造过程中发生的下列支出中，应计入所建造固定资产成本的有（　　）。

A. 支付给第三方监理公司的监理费

B. 为取得土地使用权而缴纳的土地出让金

C. 建造期间进行试生产发生的负荷联合试车费用

D. 季节性因素暂停建造期间外币专门借款的汇兑损益

4.（2014年）下列资产中，不需要计提折旧的有（　　）。

A. 已划分为持有待售的固定资产

B. 以公允价值模式进行后续计量的已出租厂房

C. 因产品市场不景气尚未投入使用的外购机器设备

D. 已经完工投入使用但尚未办理竣工决算的自建厂房

三、综合题

（2015年节选）甲股份有限公司（以下简称甲公司）20×4年发生了以下交易事项：甲公司为资源开采型企业，按照国家有关规定需计提安全生产费用，当年计提安全生产费用800万元，用已计提的安全生产费购置安全生产设备200万元。

要求：

编制甲公司20×4年有关交易事项的会计分录。

历年真题演练答案及解析

一、单项选择题

1.【答案】A

【解析】固定资产入账价值 =300+8+6+3=317（万元）。

2.【答案】C

【解析】该生产线改造达到预定可使用状态结转固定资产时确定的入账价值 =3500−500+1200+80+320+200+400=5200（万元）。

二、多项选择题

1.【答案】ABCD

【解析】在建工程领用的原材料、专门用于在建工程而募集的资金、补充生产线建设资金占用的一般借款以及 2×16 年 11 月 1 日至年底占用一般借款所发生的利息都应当资本化计入在建工程成本。选项 ABCD 都正确。

2.【答案】BCD

【解析】处于季节性修理过程中的固定资产在修理期间应该继续计提折旧，选项 A 错误。

3.【答案】ACD

【解析】选项 B，为取得土地使用权而缴纳的土地出让金应当确认为无形资产。

4.【答案】AB

【解析】尚未使用的固定资产、已经完工投入使用但尚未办理竣工决算的自建厂房需要计提折旧。

三、综合题

【答案及解析】

借：生产成本　800

　贷：专项储备——安全生产费　800

借：固定资产　200

　贷：银行存款等　200

借：专项储备——安全生产费　200

　贷：累计折旧　200

第五章 无形资产

本章总体概况

题型及分值	（1）本章以客观题为主；作为基础知识，也可与其他内容结合，在主观题中出现 （2）近三年平均分值 2 分
近三年考点	（1）自行研发无形资产的会计处理 （2）土地使用权的会计处理
学习引导	本章内容比较简单，属于基础性章节，重点掌握无形资产的初始计量，关注土地使用权的处理；自行研发无形资产的相关处理，注意与所得税章节的联系；无形资产的处置
本年教材变化	内容无实质变化

本章知识框架

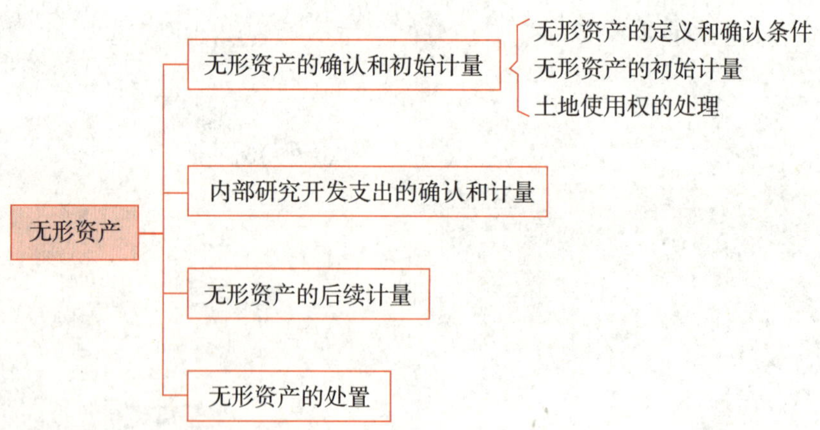

第一节 无形资产的确认和初始计量

【考点34】无形资产的定义和确认条件★★

1. 无形资产的定义和内容

无形资产，是指企业拥有或者控制的没有实物形态的可辨认的非货币性资产。其主要包括：专利权、非专利技术、商标权、著作权、土地使用权、特许权等。

【提示】某些无形资产的存在有赖于实物载体。例如，计算机控制的机械工具，没有特定计算机软件时，就不能运行，则说明该软件是构成相关硬件不可缺少的组成部分，则该软件应作为固定资产核算（如果不是相关硬件不可缺少的组成部分，则该软件应作为无形资产核算）。

2. 无形资产的确认条件

在符合无形资产定义的前提下，同时满足下列条件时，才能予以确认：

（1）与该无形资产有关的经济利益很可能流入企业；

（2）该无形资产的成本能够可靠地计量。

【考点35】无形资产的初始计量★★

1. 外购的无形资产成本

（1）企业外购无形资产的成本，主要包括购买价款、相关税费、直接归属于使该项资产达到预定用途所发生的其他支出。

其他支出，包括使无形资产达到预定用途所发生的专业服务费用、测试无形资产是否能够正常发挥作用的费用等。不包括下列内容：

① 为引入新产品进行宣传发生的广告费、管理费用、其他间接费用；

② 无形资产达到预定用途后所发生的其他支出。

【提示】相关税费中不包括税法规定的可抵扣的增值税进项税额。

（2）购买无形资产的价款超过正常信用条件延期支付，实质上具有融资性质的，无形资产的初始成本以购买价款的现值为基础确定。实际支付的价款与购买价款的现值之间的差额作为未确认融资费用，在付款期间内按照实际利率法确认为利息费用。

【提示】该处理方法和延期付款购买固定资产相同，请参照固定资产的相关账务处理。

2. 其他方式取得的无形资产成本

（1）投资者投入的无形资产，按照投资合同或协议约定的价值确定；合同或协议约定价值不公允的，以无形资产的公允价值入账。

（2）非货币性资产交换、债务重组和企业合并等方式取得的，应当分别按照非货币性资产交换、债务重组和企业合并准则的有关规定确定。

【考点36】土地使用权的处理★★★

企业取得的土地使用权，通常应按取得的价款和相关税费确认为无形资产。根据不同的企业、不同的业务情况，应该分别进行会计处理。

用　途	房地产开发企业	非房地产开发企业
用于经营出租	投资性房地产	投资性房地产
用于增值后转让	存货	
建造对外出售的房屋建筑物	存货（计入房屋建筑物成本）	—
外购房屋建筑物	（1）支付的价款可以合理分配，应按照合理的方法进行分配，分别作为固定资产和无形资产核算 （2）支付的价款确实不能合理分配，全部作为固定资产核算	
购入自用	无形资产	无形资产

【例题1·单选】下列关于无形资产初始计量的表述中，正确的是（　　）。

A. 通过非货币性资产交换取得的无形资产，应当以其公允价值入账

B. 通过政府补助取得的无形资产，应当按照公允价值计量；公允价值不能可靠取得的，按照账面价值计量

C. 企业外购的无形资产，通常应当按照取得时所支付的价款和相关税费确认为无形资产

D. 投资者投入的无形资产，应当按照投资合同或协议约定的价值确定无形资产的成本

【答案】C

【解析】通过非货币性资产交换取得的无形资产，应区分是否具有商业实质分别处理，选项A错误；通过政府补助取得的无形资产，应当按照公允价值计量；公允价值不能可靠取得的，按照名义金额1元计量，选项B错误；投资者投入的无形资产，应当按照投资合同或协议约定的价值确定无形资产的取得成本，如果投资合同或协议约定价值不公允的，应按无形资产的公允价值作为无形资产初始成本入账，选项D错误。

【例题2·单选】下列项目应作为无形资产核算的是（　　）。

A. 对外出租的土地使用权　　B. 吸收合并取得的商誉

C. 处于研究阶段的研发项目　　D. 企业注册的商标权

【答案】D

【解析】选项A，应作为"投资性房地产"核算，不属于无形资产；选项B，不具有可辨认性，不属于无形资产；选项C，正处于研究阶段，是否可以研发成功并不确定，不属于无形资产。

【例题3·单选】2×17年1月1日，甲公司购买一项商标权，由于资金周转紧张，与对方达成协议，采用分期付款的方式支付款项。该项商标权总计为1000万元，2×17年起，每年年末付款200万元，5年付清。另支付专业人员服务费10万元，于购入商标权日支付。假定银行同期贷款年利率为5%，不考虑除上述以外的其他相关税费，（P/A，5%，5）=4.3295。该商标权的入账价值为（　　）万元。

A. 1000　　B. 1010　　C. 865.9　　D. 875.9

【答案】D

【解析】分期付款方式购进的无形资产，实质上具有融资性质，该项资产的入账价值应以购买价款的现值为基础计算确定，即，无形资产的初始入账价值＝购买价款的现值＋相关税费＋使无形资产达到预定用途的直接费用＝200×4.3295+10=875.9（万元）。

【例题4·单选】甲公司以1000万元的价格从产权交易中心竞价获得一项专利权，另支付相关税费100万元。为推广由该专利权生产的产品，甲公司发生宣传广告费用30万元、展览费20万元。该专利权预计使用5年，预计净残值为零，采用直线法摊销。不考虑增值税等其他因素，甲公司竞

价取得专利权的入账价值是（　　）万元。

A. 1000　　B. 1100　　C. 1130　　D. 1150

【答案】B

【解析】外购的无形资产，其成本包括购买价款、相关税费以及直接归属于使该项资产达到预定用途所发生的其他支出。下列各项不包括在无形资产的初始成本中：（1）为引入新产品进行宣传发生的广告费、管理费用及其他间接费用；（2）无形资产已经达到预定用途以后发生的费用。无形资产的入账价值 =1000+100=1100（万元）。

【例题 5 · 多选】下列各项关于土地使用权的会计处理中，正确的有（　　）。

A. 经营出租的土地使用权应确认为投资性房地产

B. 房地产开发企业为建造商品房购入的土地使用权确认为存货

C. 土地使用权在地上建筑物达到预定可使用状态时与地上建筑物一并确认为固定资产

D. 为建造固定资产购入的土地使用权在建设期间的摊销额计入在建工程的成本

【答案】ABD

【解析】选项 C，企业取得的土地使用权一般确认为无形资产。土地使用权用于自行开发建造厂房等地上建筑物时，土地使用权的账面价值不与地上建筑物合并确认为固定资产，而仍作为无形资产进行核算。

【学霸总结】

（1）商誉的存在无法与企业自身分离，不具有可辨认性，不属于无形资产。

（2）客户关系、人力资源等，由于企业无法控制其未来能带来的经济利益，不符合无形资产的定义，不应将其确认为无形资产。

（3）企业内部产生的品牌、报刊名、刊头、客户名单和实质上类似项目的支出，由于不能与企业整个业务开发成本区分开来，成本无法可靠地计量，因此不作为无形资产确认。

（4）土地使用权用于自行开发建造厂房等地上建筑物时，土地使用权仍作为无形资产核算，土地使用权与地上建筑物分别进行摊销和计提折旧（土地使用权建造期间的摊销计入“在建工程”）。

第二节　内部研究开发支出的确认和计量

【考点 37】内部研究开发费用的确认和计量★★★

1. 内部研究开发费用的确认

（1）研究阶段：有关支出在发生时，应当予以费用化计入当期损益（管理费用）。

（2）开发阶段：符合资本化条件的资本化，不符合资本化条件的费用化计入当期损益（管理费用）。

（3）无法划分研究阶段和开发阶段的，在发生时费用化，直接计入当期损益（管理费用）。

【提示】对同一项无形资产在开发过程中达到资本化条件之前已经费用化计入当期损益的支出，不再进行调整。

2. 内部研究开发费用的计量

内部开发无形资产的成本，仅包括在满足资本化条件的时点至无形资产达到预定用途前发生的支出总和。

（1）可直接归属于该资产的成本包括：开发该无形资产耗费的材料、劳务成本、注册费、资本化的利息支出、达到预定用途前所发生的其他费用。

（2）不包括：①其他销售费用、管理费用等间接费用；②无形资产达到预定用途前发生的可辨认的无效和初始运作损失；③为运行该无形资产发生的培训费支出等。

3. 内部研究开发费用的会计处理

项目	资本化支出	费用化支出
发生支出	借：研发支出——资本化支出 贷：银行存款/应付职工薪酬等	借：研发支出——费用化支出 贷：银行存款/应付职工薪酬等
结转时点	达到预定用途时结转： 借：无形资产 贷：研发支出——资本化支出	每期期末结转： 借：管理费用 贷：研发支出——费用化支出

【例题1·单选】甲公司2×16年3月1日开始自行研发一项新技术，3月至8月发生的各项研究、调查等费用共计200万元；9月1日进入开发阶段，支付开发人员工资260万元，福利费40万元，其他相关费用50万元，假设开发阶段支出有50%满足资本化条件。2×17年1月31日，该项新技术开发成功，并于2×17年2月10日依法申请了专利，为运行该项资产发生的人员培训费8万元，支付注册费5万元，当日达到预定可使用状态。甲公司自行研发的该项无形资产的入账价值为（　　）万元。

A. 555　　B. 355　　C. 180　　D. 175

【答案】C

【解析】自行研发的无形资产在研究阶段的支出全部费用化，计入当期损益（管理费用）；开发阶段支出满足资本化条件的，确认为无形资产，不满足资本化条件的计入当期损益（管理费用）。在无形资产获得成功并依法申请专利时，要将发生的注册费、聘请律师费等费用，计入无形资产成本。无形资产在达到预定用途后发生的后续支出，如培训支出，确认为费用。无形资产的入账价值=（260+40+50）×50%+5=180（万元）。

【例题2·多选】下列关于内部研发无形资产的处理中，说法不正确的有（　　）。

A. 研究阶段发生的支出，符合资本化条件的计入无形资产的成本

B. 对于同一项无形资产达到资本化条件前已经费用化计入当期损益的支出应进行调整，在达到可使用状态时计入无形资产的成本

C. 如果无法区分研究阶段的支出与开发阶段的支出，应将其所发生支出全部费用化，计入当期损益

D. 研发无形资产达到使用状态时发生的注册费计入当期损益

【答案】ABD

【解析】选项A，企业研发无形资产分为研究阶段和开发阶段，研究阶段发生的支出应全部费用化，计入当期损益；选项B，对于同一项无形资产在开发过程中达到资本化条件之前已经费用化计入当期损益的支出不再进行调整；选项D，研发无形资产达到使用状态时发生的注册费计入无形资产成本。

第三节 无形资产的后续计量

【考点38】无形资产的后续计量★★★

使用寿命有限的无形资产		使用寿命不确定的无形资产
摊销期限	当月增加的，当月开始摊销；当月减少的，当月不摊销	（1）不需要摊销 （2）应在每个会计期间进行减值测试 （3）每个会计期间对使用寿命进行复核；如果有证据表明其使用寿命是有限的，应当估计其使用寿命，按使用寿命有限的无形资产处理（该变更为会计估计变更）
摊销方法	与预期经济利益的消耗方式有关，可采用直线法、产量法等，但不一定必须是直线法	
净残值	（1）一般情况下为零 （2）除非第三方承诺使用结束时购买该资产或根据市场信息预计残值可能存在	
预计使用寿命	根据预计使用期限、法定权利等因素预计	
会计处理	摊销计入制造费用、管理费用、销售费用等	

每年年度终了，应对无形资产的使用寿命及摊销方法进行复核，如有证据表明其与之前估计的不同，应当改变其使用寿命和摊销方法（按照会计估计变更处理）。

一般情况下，企业不应以包括使用无形资产在内的经济活动产生的收入为基础进行摊销，但是，下列极其有限的情况除外：

（1）企业根据合同约定确定无形资产固有的根本性限制条款的，当该条款为因使用无形资产而应取得的固定的收入总额时，取得的收入可以成为摊销的合理基础。如企业获得勘探开采黄金的特许权，且合同明确规定该特许权在销售黄金的收入总额达到某固定的金额时失效。

（2）有确凿的证据表明收入的金额和无形资产经济利益的消耗是高度相关的。例如，企业采用车流量法对高速公路经营权进行摊销的，不属于以包括使用无形资产在内的经济活动产生的收入为基础的摊销方法。

【提示】无形资产摊销期限的确定：

（1）无形资产如果源自于合同性权利或其他法定权利，其使用寿命按照合同性权利或其他法定权利规定的期限和企业使用资产的预计期限较短者确定。

（2）如果合同性权利或其他法定权利能够在到期时因续约等延续，则仅当有证据表明企业续约不需要付出重大成本时，续约期才能包括在使用寿命的估计当中。

持有待售的无形资产不进行摊销，按照账面价值与公允价值减去处置费用后的净额孰低进行计量。

【例题·多选】下列无形资产的会计处理中，说法正确的有（　　）。

A. 如果有证据表明其使用寿命是有限的，应当估计其使用寿命，并视为会计政策变更处理

B. 使用寿命不确定的无形资产应当在每个会计期间进行减值测试

C. 使用寿命不确定的无形资产应当采用直线法按10年进行摊销

D. 无形资产有关的经济利益的预期消耗方式发生改变的，应当改变无形资产的摊销方法

【答案】BD

【解析】如果有证据表明其使用寿命是有限的，应当估计其使用寿命，并视为会计估计变更处理，选项A错误；使用寿命不确定的无形资产，在持有期间不需要摊销，而是在每个会计期间进行减值测试；选项B正确，选项C错误；无形资产有关的经济利益的预期消耗方式发生改变的，应当改变无形资产的摊销方法，选项D正确。

第四节　无形资产的处置

【考点39】无形资产的处置★★

类别	处理原则	会计处理
出售	将取得的价款与该无形资产账面价值及相关税费的差额计入资产处置损益	借：银行存款 　　无形资产减值准备 　　累计摊销 　　贷：无形资产 　　　　应交税费——应交增值税（销项税额） 　　　　资产处置损益（差额，可能在借方）
出租	确认使用权转让收入；将发生的相关费用计入其他业务成本	借：银行存款 　　贷：其他业务收入 　　　　应交税费——应交增值税（销项税额） 借：其他业务成本 　　贷：累计摊销等
报废	无形资产预期不能为企业带来未来经济利益，应将该无形资产的账面价值予以转销	借：营业外支出 　　累计摊销 　　无形资产减值准备 　　贷：无形资产

【例题·多选】2×17年7月2日，甲公司将其拥有的商标权对外出售，取得价款500万元，相关处置费用为50万元。该商标权系2×13年1月份购入，成本为500万元，预计使用年限为10年，采用直线法摊销，无残值，至出售时未计提相关减值准备。不考虑增值税等其他因素的影响，则该商标权对甲公司2×17年度营业利润的影响为（　　）万元。

A. 175　　B. 150　　C. 25　　D. 225

【答案】B

【解析】2×17年该商标权应计提的摊销额=500÷10×6/12=25（万元），2×17年出售时商标权账面价值=500−500÷10×4.5=275（万元）；因出售该商标权计入资产处置损益的金额=（500−50）−275=175（万元）；故该商标权对甲公司2×17年度营业利润的影响=175−25=150（万元）。

历年真题演练

一、单项选择题

1.（2017 年）甲公司 2×16 年 1 月开始研发一项新技术，2×17 年 1 月进入开发阶段，2×17 年 12 月 31 日完成开发并申请了专利。该项目 2×16 年发生研究费用 600 万元，截至 2×17 年末累计发生研发费用 1600 万元，其中符合资本化条件的金额为 1000 万元，按照税法规定，研发支出可按实际支出的 150% 税前抵扣。不考虑其他因素，下列各项关于甲公司上述研发项目会计处理的表述中，正确的是（　　）。

A. 将研发项目发生的研究费用确认为长期待摊费用

B. 实际发生的研发费用与其可予税前抵扣金额的差额确认递延所得税资产

C. 自符合资本化条件起至达到预定用途时所发生的研发费用资本化计入无形资产

D. 研发项目在达到预定用途后，将所发生全部研究和开发费用可予以税前抵扣金额的所得税影响额确认为所得税费用

2.（2016 年）长江公司为一家多元化经营的综合性集团公司，不考虑其他因素，其纳入合并范围的下列子公司对所持有土地使用权的会计处理中，不符合会计准则规定的是（　　）。

A. 子公司甲为房地产开发企业，将土地使用权取得成本计入所建造商品房成本

B. 子公司丁将用作办公用房的外购房屋价款按照房屋建筑物和土地使用权的相对公允价值分别确认为固定资产和无形资产，采用不同的年限计提折旧或摊销

C. 子公司乙将取得的用于建造厂房的土地使用权在建造期间的摊销计入当期管理费用

D. 子公司丙将持有的土地使用权对外出租，租赁期开始日停止摊销并转为采用公允价值进行后续计量的投资性房地产

3.（2015 年）下列各项关于无形资产会计处理的表述中，正确的是（　　）。

A. 自行研究开发的无形资产在尚未达到预定用途前无需考虑减值

B. 使用寿命不确定的无形资产在持有过程中不应摊销也不考虑减值

C. 同一控制下企业合并中，合并方应确认被合并方在该项交易前未确认的无形资产

D. 非同一控制下企业合并中，购买方应确认被购买方在该项交易前未确认但可单独辨认且公允价值能够可靠计量的无形资产

4.（2014 年）下列各项中，制造企业应确认为无形资产的是（　　）。

A. 自创的商誉

B. 企业合并产生的商誉

C. 内部研究开发项目研究阶段发生的支出

D. 以缴纳土地出让金方式取得的土地使用权

二、多项选择题

1.（2014 年）20×2 年 1 月 1 日，甲公司从乙公司购入一项无形资产，由于资金周转紧张，甲公司与乙公司协议以分期付款方式支付款项。协议约定：该无形资产作价 2000 万元，甲公司每年年末付款 400 万元，分 5 年付清。假定银行同期贷款利率为 5%，5 年期 5% 利率的年金现值系数为 4.3295。不考虑其他因素，下列甲公司与该无形资产相关的会计处理中，正确的有（　　）。

A. 20×2 年财务费用增加 86.59 万元

B. 20×3 年财务费用增加 70.92 万元

C. 20×2 年 1 月 1 日确认无形资产 2000 万元

D. 20×2 年 12 月 31 日长期应付款列报为 2000 万元

历年真题演练答案及解析

一、单项选择题

1.【答案】C

【解析】企业内部研究和开发无形资产，应将研究阶段与开发阶段分别进行核算。研究阶段的支出应计入当期损益（管理费用）；开发阶段的支出满足资本化条件时计入无形资产的成本，选项C正确。

2.【答案】C

【解析】厂房建造期间的土地使用权摊销应计入厂房成本，不计入当期管理费用。

3.【答案】D

【解析】选项A，尚未达到预定用途的无形资产，由于其价值具有较大的不确定性，应当每年进行测试；选项B，使用寿命不确定的无形资产在持有期间无需进行摊销，但至少在每年年末进行减值测试；选项C，同一控制下不需要确认此金额。

4.【答案】D

【解析】自创的商誉、企业合并产生的商誉，以及开发项目研究阶段发生的支出，不符合无形资产的定义，不确认为无形资产。

二、多项选择题

1.【答案】AB

【解析】20×2年财务费用增=400×4.3295×5%=1731.8×5%=86.59（万元），选项A正确；20×3年财务费用增加=（1731.8+86.59−400）×5%=70.92（万元），选项B正确；20×2年1月1日确认无形资产=400×4.3295=1731.8（万元），选项C错误；20×3年未确认融资费用摊销额为70.92万元，20×3年应付本金减少额=400−70.92=329.08（万元），该部分金额应在20×2年12月31日资产负债表中“一年内到期的非流动负债”项目反映，20×2年12月31日长期应付款列报=（1731.8+86.59−400）−329.08=1089.31（万元），选项D错误。

第六章 投资性房地产

本章总体概况

题型及分值	（1）本章考核客观题和主观题 （2）近三年平均分值 4 分
近三年考点	（1）投资性房地产后续计量的会计处理 （2）投资性房地产转换的会计处理
学习引导	本章内容比较简单，属于基础性章节，重点掌握投资性房地产的后续计量，关注公允价值模式的处理，成本模式变更为公允价值模式的账务处理；投资性房地产与非投资性房地产的转换，关注转换日的确定，不同转换形式的会计处理；投资性房地产的处置，关注处置的会计处理，处置损益的计算
本年教材变化	内容无实质变化

本章知识框架

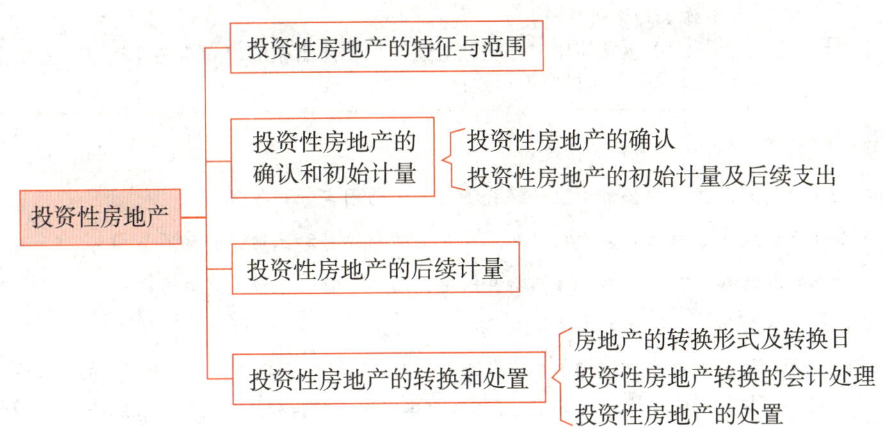

第一节 投资性房地产的特征与范围

【考点 40】投资性房地产的定义及范围★★

1. 投资性房地产的定义

投资性房地产，是指为赚取租金或资本增值，或两者兼有而持有的房地产。

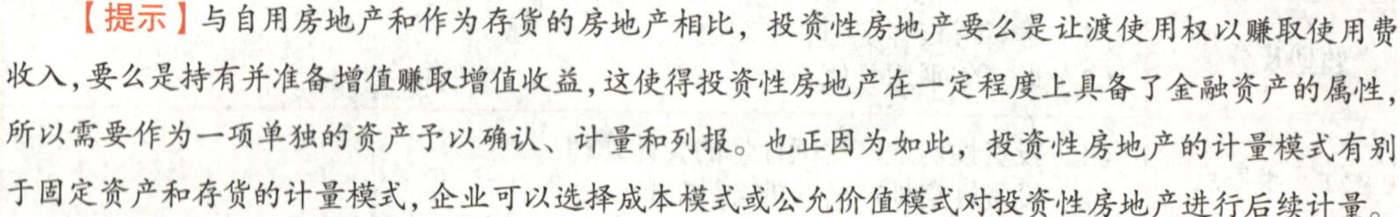

【提示】与自用房地产和作为存货的房地产相比，投资性房地产要么是让渡使用权以赚取使用费收入，要么是持有并准备增值赚取增值收益，这使得投资性房地产在一定程度上具备了金融资产的属性，所以需要作为一项单独的资产予以确认、计量和列报。也正因为如此，投资性房地产的计量模式有别于固定资产和存货的计量模式，企业可以选择成本模式或公允价值模式对投资性房地产进行后续计量。

2. 投资性房地产的范围

范　围	关注事项
已出租的土地使用权	企业计划用于出租、租入后再转租的土地使用权，不属于此类
持有并准备增值后转让的土地使用权	实务中比较少见
已出租的建筑物	（1）企业拥有产权，以经营租赁方式出租 （2）企业董事会或类似机构作出正式书面决议，明确表明将用于经营出租且持有意图短期内不再发生变化的空置建筑物或在建建筑物，即使尚未签订租赁协议，也可视为投资性房地产 （3）已出租的投资性房地产租赁期满，暂时空置但继续用于出租的，仍作为投资性房地产 （4）土地使用权连同地上建筑物整体出租的，建筑物和相应的土地使用权均应转为投资性房地产

【提示】不属于投资性房地产的情况：

（1）企业自用的厂房、办公楼等生产经营场所，作为固定资产核算。

（2）房地产开发企业销售的、为销售而正在开发的商品房和土地，作为存货核算。

（3）企业以经营租赁方式租入再转租给其他单位的建筑物。

（4）按照国家有关规定闲置的土地。

企业将建筑物出租，按租赁协议向承租人提供的相关辅助服务在整个协议中不重大的（如企业将办公楼出租并向承租人提供保安、维修等辅助服务），应当将该建筑物确认为投资性房地产。

在实务中，存在某项房地产部分自用或作为存货出售、部分用于赚取租金或资本增值的情形。如果不同用途的部分能够单独计量和出售的，应当分别确认为固定资产、无形资产、存货和投资性房地产。

【例题·多选】甲公司涉及的下列业务中，应作为投资性房地产核算的有（　　）。

A. 甲公司以经营租赁方式租入一栋写字楼，然后转租给乙公司使用

B. 甲公司董事会作出书面决议，将一栋空置厂房用于经营出租且持有意图短期内不会改变

C. 甲公司将办公楼出租给乙公司，并向乙公司提供日常保安、维修等服务

D. 甲公司收回租赁到期的厂房，暂时空置，但董事会决议该厂房继续用于出租

【答案】BCD

【解析】选项A，企业以经营租赁方式租入再转租给其他单位的建筑物不属于投资性房地产。选项B，对企业持有以备经营出租的空置建筑物或在建建筑物，如董事会或类似机构作出书面决议，明确表明将其用于经营出租且持有意图短期内不再发生变化的，即使尚未签订租赁协议，也应视为投资性房地产。选项C，企业将建筑物出租，按租赁协议向承租人提供的相关辅助服务在整个协议中不重大的，如企业将办公楼出租并向承租人提供保安、维修等辅助服务，应当将该建筑物确认为投资性房地产。选项D，已出租的投资性房地产租赁期满，暂时空置但继续用于出租的，仍作为投资性房地产核算。选项BCD正确。

第二节 投资性房地产的确认和初始计量

【考点41】投资性房地产的确认★★

1. 投资性房地产的确认条件

投资性房地产只有在符合定义的前提下，同时满足下列条件的，才能予以确认：

（1）与该投资性房地产相关的经济利益很可能流入企业。

（2）该投资性房地产的成本能够可靠地计量。

2. 投资性房地产的确认时点

项 目	内 容
已出租的土地使用权 已出租的建筑物	（1）一般情况下，为租赁期开始日 （2）空置建筑物，董事会或类似权力机构的书面决议日
持有并准备增值后转让的土地使用权	企业将自用土地使用权停止自用，准备增值后转让的日期

【考点42】投资性房地产的初始计量及后续支出★★

1. 投资性房地产的初始计量

投资性房地产按成本进行初始计量：

（1）外购初始成本 = 购买价款 + 相关税费 + 可直接归属的其他支出。

（2）自建初始成本 = 土地开发费 + 建筑安装成本 + 其他费用 + 分摊的间接费用等。

【提示】投资性房地产的初始计量和固定资产类似，可以对比学习。

2. 与投资性房地产有关的后续支出

项 目	资本化后续支出	费用化后续支出
发生维修支出	借：投资性房地产——在建 　贷：投资性房地产（按照账面价值结转）	借：其他业务成本 　贷：银行存款
改扩建完成	借：投资性房地产 　贷：投资性房地产——在建	

（续表）

项　目	资本化后续支出	费用化后续支出
【提示】公允价值模式和成本模式的明细科目不同，具体的改良支出和固定资产类似 成本模式下，再开发期间不计提折旧或摊销		

【例题·单选】甲公司为房地产开发企业，2×17 年 1 月 1 日将一栋全新的写字楼对外出租，租赁期为 3 年，年租金 180 万元，每年末收取；写字楼成本为 5000 万元，预计使用年限为 40 年，净残值为 0，按照直线法计提折旧；7 月 1 日对写字楼进行日常维护，发生支出 10 万元；12 月 31 日，该写字楼评估的市价为 5200 万元。甲公司对投资性房地产采用公允价值模式进行后续计量。假设不考虑税费等其他因素，上述交易事项中，对甲公司 2×17 年末相关报表项目的影响中，正确的是（　　）。

A. 投资性房地产项目增加金额为 5210 万元　　B. 营业利润项目增加 370 万元

C. 营业成本项目增加 135 万元　　D. 公允价值变动损益项目增加 325 万元

【答案】B

【解析】投资性房地产日常维护支出不符合资本化条件，应计入当期损益（其他业务成本），投资性房地产按照公允价值模式进行后续计量，不计提折旧，期末公允价值和账面价值的变动记入公允价值变动损益。所以投资性房地产期末列示金额为 5200 万元；当期营业成本 10 万元；公允价值变动损益 200 万元；当期营业利润 =180−10+200=370（万元），选项 B 正确。

第三节　投资性房地产的后续计量

【考点 43】投资性房地产后续计量★★★

1. 投资性房地产后续计量原则

投资性房地产的后续计量有成本模式和公允价值模式两种。

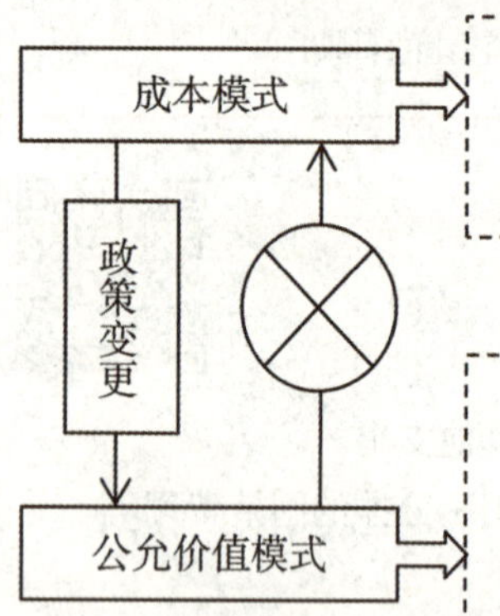

（1）通常情况下采用成本模式计量
（2）按照固定资产、无形资产的方法计提折旧或摊销、减值准备

（1）投资性房地产所在地有活跃的房地产交易市场
（2）企业能够对投资性房地产的公允价值作出合理的估计

（1）同一企业只能采用一种模式对所有投资性房地产进行后续计量，**不得同时采用两种计量模式**
（2）计量方法一经确定，不得随意变更

2. 投资性房地产后续计量的会计处理

业务类型	成本模式	公允价值模式
科目设置	（1）投资性房地产 （2）投资性房地产累计折旧（摊销） （3）投资性房地产减值准备	（1）投资性房地产——成本 （2）投资性房地产——公允价值变动

（续表）

业务类型	成本模式	公允价值模式
取得时	借：投资性房地产 　　贷：银行存款	借：投资性房地产——成本 　　贷：银行存款
收租金 / 计提折旧（摊销）	借：银行存款 　　贷：其他业务收入 借：其他业务成本 　　贷：投资性房地产累计折旧（摊销）	借：银行存款 　　贷：其他业务收入 【提示】不折旧、不摊销、不减值
期末计量	进行减值测试，发生减值时： 借：资产减值损失 　　贷：投资性房地产减值准备 【提示】计提减值后不允许转回	公允价值变动时： 借：投资性房地产——公允价值变动 　　贷：公允价值变动损益 　　（可能相反分录）
后续计量模式的变更	借：投资性房地产——成本（转换日的公允价值） 　　投资性房地产减值准备 　　投资性房地产累计折旧（摊销） 　　贷：投资性房地产 　　　　盈余公积（倒挤，可借可贷） 　　　　利润分配——未分配利润（倒挤，可借可贷）	

【例题 1·单选】下列关于投资性房地产后续计量模式变更的会计处理，说法正确的是（　　）。

A. 公允价值模式变更为成本模式的，公允价值和账面价值的差额调整期初留存收益

B. 成本模式变更为公允价值模式的，公允价值和账面价值的借方差额计入“公允价值变动损益”

C. 成本模式变更为公允价值模式的，公允价值和账面价值的贷方差额计入“其他综合收益”

D. 成本模式变更为公允价值模式的，公允价值和账面价值的差额调整期初留存收益

【答案】D

【解析】成本模式变更为公允价值模式的，按照公允价值确认转换金额，差额调整留存收益；而且公允价值模式不能变更为成本模式，选项 ABC 错误。

【例题 2·多选】甲企业采用公允价值模式对投资性房地产进行后续计量。2×17 年 1 月 1 日甲企业购入一幢建筑物直接用于出租，租期 3 年，每年租金收入为 200 万元。该建筑物的购买价格为 1000 万元，另发生相关税费 100 万元，上述款项均以银行存款支付。该建筑物预计使用年限为 20 年，预计净残值为 100 万元，采用年限平均法计提折旧。2×17 年 12 月 31 日，该建筑物的公允价值为 800 万元。假定不考虑其他因素，下列表述中正确的有（　　）。

A. 2×17 年该项投资性房地产应计提折旧 50 万元

B. 2×17 年该项投资性房地产减少当期营业利润 100 万元

C. 2×17 年该项投资性房地产确认公允价值变动收益为 −300 万元

D. 2×17 年年末该项投资性房地产的列报金额为 800 万元

【答案】BCD

【解析】选项 A，采用公允价值模式计量的投资性房地产不计提折旧或摊销；选项 B，2×17 年该投资性房地产增加营业利润的金额 =200+（800−1100）=−100（万元）；选项 C，2×17 年确认公允价值变动收益 =800−（1000+100）=−300（万元）；选项 D，2×17 年年末该项投资性房地产按其公允价值列报 800 万元，选项 BCD 正确。

第四节 投资性房地产的转换和处置

【考点44】房地产的转换形式及转换日★★

转换形式		转换日
"投"转"非"	(1)投资性房地产开始自用，转为固定资产、无形资产	房地产达到自用状态，企业开始将其用于生产商品、提供劳务、经营管理的日期
	(2)投资性房地产开始对外销售(房开企业)，转为存货	租赁期届满，董事会或类似机构作出书面决议明确表明将其重新开发用于对外销售的日期
"非"转"投"	(1)作为存货的房地产，改用于出租	租赁期开始日
	(2)自用建筑物停止自用，改用于出租	
	(3)自用土地使用权停止自用，改用于赚取租金或资本增值	租赁期开始日或打算用于资本增值之日

【考点45】投资性房地产转换的会计处理★★★

类　别	成本模式	公允价值模式
投资性房地产→自用(销售)房地产	借：固定资产/无形资产/开发产品 投资性房地产累计折旧(摊销) 投资性房地产减值准备 贷：投资性房地产 累计折旧/累计摊销 固定资产减值准备/无形资产减值准备 【提示】按照账面价值结转，原值对原值、折旧(摊销)对折旧(摊销)、减值对减值	借：固定资产/无形资产(公允价值) 公允价值变动损益(借方差额) 贷：投资性房地产——成本 ——公允价值变动 公允价值变动损益(贷方差额)
自用(销售)房地产→投资性房地产	借：投资性房地产 累计折旧/累计摊销 固定资产减值准备/无形资产减值准备 贷：固定资产/无形资产/开发产品 投资性房地产累计折旧(摊销) 投资性房地产减值准备 【提示】按照账面价值结转，原值对原值、折旧(摊销)对折旧(摊销)、减值对减值	借：投资性房地产——成本(公允价值) 累计折旧/累计摊销 固定资产减值准备/无形资产减值准备 公允价值变动损益(借方差额) 贷：固定资产/无形资产/开发产品 其他综合收益(贷方差额) 【提示】处置时，将其他综合收益转入当期损益(其他业务成本)

【例题1·单选】2×17年9月30日，甲公司董事会决定收回租赁期届满的办公楼作为自用。该办公楼于2×14年9月30日出租给乙公司使用，租期为3年，年租金为200万元。出租日该写字楼账面原值为6000万元，预计尚可使用年限为30年，已计提固定资产折旧3000万元，预计净残值为零，采用直线法计提折旧。甲公司的投资性房地产采用成本模式计量。假定不考虑相关税费及其他因素，下列关于收回办公楼的表述中，不正确的是(　　)。

A. 2×17年9月30日为转换日

B. 2×17 年 9 月 30 日冲减投资性房地产的原值 6000 万元

C. 2×17 年 9 月 30 日确认固定资产的账面价值为 2700 万元

D. 2×17 年 9 月 30 日确认累计折旧 300 万元，并冲减投资性房地产累计折旧 300 万元

【答案】D

【解析】2×14 年 9 月 30 日已计提折旧 3000 万元，至 2×17 年 9 月 30 日：

共计提折旧金额 =3000 +（6000−3000）÷30×3=3300（万元）。

借：固定资产　　6000

　　投资性房地产累计折旧　　3300

　　贷：投资性房地产　　6000

　　　　累计折旧　　3300

【例题 2 · 多选】甲公司 2×14 年 12 月 31 日购入一栋办公楼，实际取得成本为 6000 万元。该办公楼预计使用年限为 20 年，预计净残值为零，采用年限平均法计提折旧。2×17 年 6 月 30 日，甲公司将该办公楼租赁给乙公司，租赁期开始日为 2×17 年 7 月 1 日，租期 3 年，年租金 600 万元，每年末支付租金。甲公司对投资性房地产采用公允价值模式进行后续计量，2×17 年 7 月 1 日公允价值为 5600 万元，2×17 年 12 月 31 日公允价值为 5400 万元。假定不考虑增值税等其他因素，甲公司上述交易或事项会计处理的表述中，正确的有（　　）。

A. 出租办公楼应于 2×17 年计提折旧 300 万元

B. 出租办公楼应于租赁期开始日确认其他综合收益 350 万元

C. 出租办公楼应于租赁期开始日按其原价 6000 万元确认为投资性房地产

D. 因出租办公楼影响 2×17 年营业利润的金额为 100 万元

【答案】BD

【解析】选项 A，采用公允价值模式计量的投资性房地产不计提折旧，2×17 年该办公楼应计提折旧的金额 =6000÷20×6/12=150（万元）；选项 B，应计入其他综合收益的金额 =5600−[6000−6000÷20×2.5]=350（万元）；选项 C，出租办公楼应于租赁期开始日按其公允价值 5600 万元确认为投资性房地产；选项 D，出租办公楼影响 2×17 年的利润 =600×6/12+（5400−5600）=100（万元），选项 BD 正确。

【考点 46】投资性房地产的处置★★

成本模式	公允价值模式
借：银行存款 　贷：其他业务收入 　　应交税费——应交增值税（销项税额） 借：其他业务成本（倒挤） 　投资性房地产累计折旧（摊销） 　投资性房地产减值准备 　贷：投资性房地产	借：银行存款 　贷：其他业务收入 　　应交税费——应交增值税（销项税额） 借：其他业务成本 　贷：投资性房地产——成本 　　　　——公允价值变动（可能在借方） 借：公允价值变动损益（可能在贷方） 　其他综合收益 　贷：其他业务成本

【学霸总结】

（1）在成本模式下，“投资性房地产”和“非投资性房地产”之间转换不产生差额。公允价值模式下会出现差额（公允价值－账面价值）。

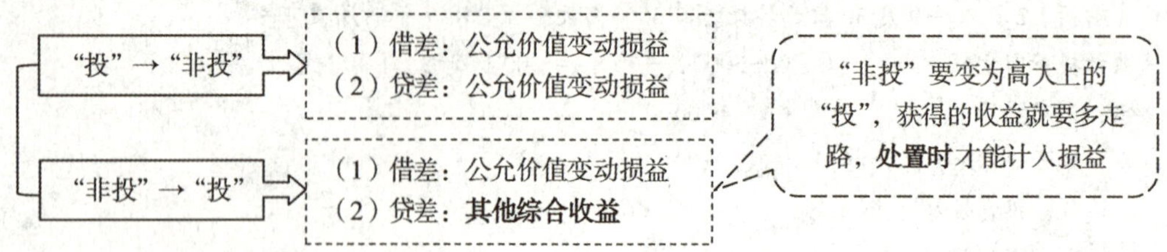

（2）公允价值模式计量下，处置投资性房地产取得的收入计入“其他业务收入”，账面价值转入“其他业务成本”；原持有期间累计公允价值变动损益转入“其他业务成本”，既不影响营业利润，也不影响净利润；原其他综合收益转入“其他业务成本”，既影响营业利润，也影响净利润。

①处置时点对损益影响＝处置时的公允价值－处置时的账面价值＋转换时形成的其他综合收益

②处置当年对损益的影响＝处置时点对损益影响＋当年确认的租金收入＋当年确认的公允价值变动损益－当年的其他费用化支出

③持有当年对损益的影响＝当年确认的租金收入＋当年确认的公允价值变动损益－当年的其他费用化支出－当年转换前计提的折旧或摊销（如果是期中转换的）

一、单项选择题

1.（2016年）下列各项有关投资性房地产会计处理的表述中，正确的是（　　）。

A. 以成本模式后续计量的投资性房地产转换为存货，存货应按转换日的公允价值计量，公允价值大于原账面价值的差额确认为其他综合收益

B. 以成本模式后续计量的投资性房地产转换为自用固定资产，自用固定资产应按转换日的公允价值计量，公允价值小于原账面价值的差额确认为当期损益

C. 以存货转换为以公允价值模式后续计量的投资性房地产，投资性房地产应按转换日的公允价值计量，公允价值小于存货账面价值的差额确认为当期损益

D. 以公允价值模式后续计量的投资性房地产转换为自用固定资产，自用固定资产应按转换日的公允价值计量，公允价值大于账面价值的差额确认为其他综合收益

二、多项选择题

1.（2015年改编）下列资产分类或转换的会计处理方法中，符合会计准则规定的有（　　）。

A. 将投资性房地产的后续计量由公允价值模式转为成本模式

B. 对子公司失去控制或重大影响导致将长期股权投资转换为以摊余成本计量的金融资产

C. 因企业改变管理金融资产的业务模式导致债权投资转为其他债权投资

D. 因签订不可撤销的出售协议，将对联营企业投资终止采用权益法并作为持有待售资产列报

三、综合题

1.（2018 年节选）A 公司适用的企业所得税税率为 25%，经当地税务机关批准，A 公司自 20×1 年 2 月取得第一笔生产经营收入所属纳税年度起，享受“三免三减半”的税收优惠政策，即 20×1 年至 20×3 年免交企业所得税，20×4 年至 20×6 年减半，按照 12.5% 的税率交纳企业所得税。A 公司 20×3 年至 20×7 年有关会计处理与税收处理不一致的交易或事项如下：

（2）A 公司拥有一栋五层高的 B 楼房，用于本公司行政管理部门办公。迁往新建的办公楼后，A 公司 20×7 年 1 月 1 日与甲公司签订租赁协议，将 B 楼房租赁给甲公司使用。租赁合同约定，租赁期为 3 年，租赁期开始日为 20×7 年 1 月 1 日，年租金为 240 万元，于每月末分期支付。B 楼房转换为投资性房地产前采用年限平均法计提折旧，预计使用 50 年，预计无净残值；转换为投资性房地产后采用公允价值模式进行后续计量。转换日，B 楼房原价为 800 万元，已计提折旧为 400 万元，公允价值为 1300 万元。20×7 年 12 月 31 日，B 楼房的公允价值为 1500 万元。税法规定，企业的各项资产以历史成本为基础计量；固定资产按照年限平均法计提的折旧准予在税前扣除。假定税法规定的 B 楼房使用年限及净残值与其转换为投资性房地产前的会计规定相同。

其他资料如下：

第一，20×7 年度，A 公司实现利润总额 4500 万元。

第二，20×3 年初，A 公司递延所得税资产和递延所得税负债无余额，无未确认递延所得税资产的可抵扣暂时性差异的可抵扣亏损，除上面所述外，A 公司 20×3 年至 20×7 年无其他会计处理与税收处理不一致的交易或事项。

第三，20×3 年至 20×7 年各年末，A 公司均有确凿证据表明未来期间很可能获得足够的应纳税所得额用来抵扣可抵扣暂时性差异。

第四，不考虑除所得税以外的其他税费及其他因素。

要求：

根据资料（2），编制 A 公司 20×7 年与 B 楼房转换为投资性房地产及其后续公允价值变动相关的会计分录。

2.（2017 年节选）甲公司为境内上市公司，2×16 年度，甲公司经注册会计师审计前的净利润为 35000 万元。其 2×16 年度财务报告于 2×17 年 4 月 25 日经董事会批准对外报出。注册会计师在对甲公司 2×16 年度财务报表审计时，对下列有关交易或事项的会计处理提出质疑：

（3）甲公司自 2×16 年 1 月 1 日起将一项尚可用 40 年的出租土地使用权转为自用并计划在该土地使用权上建造厂房。转换日，该土地使用权的公允价值为 2000 万元，账面价值为 1800 万元，截至 2×16 年 12 月 31 日，甲公司为建造厂房实际发生除土地使用权外的支出 1800 万元，均以银行存款支付。该土地使用权于 2×06 年 1 月 1 日取得，成本为 950 万元，预计可用 50 年，取得后立即出租给其他单位。甲公司对该出租土地使用权采用公允模式进行后续计量。2×16 年，甲公司的会计处理如下：

借：在建工程　3800

　贷：投资性房地产——成本　950

　　　　　　　　——公允价值变动　850

　　银行存款　1800

　　公允价值变动损益　200

其他相关资料：

第一，假定注册会计师对质疑事项提出的调整建议得到甲公司接受。

第二，本题不考虑所得税等相关税费以及其他因素。

要求：

对注册会计师质疑的交易或事项，分别判断甲公司的会计处理是否正确，并说明理由；对不正确的会计处理，编制更正的会计分录（无需通过“以前年度损益调整”或“利润分配——未分配利润”科目，直接使用相关会计科目，也无需编制提取盈余公积、结转利润分配的会计分录）。

3.（2015年节选）甲股份有限公司（以下简称“甲公司”）20×4年发生了以下交易事项：

（1）2月1日，与其他方签订租赁合同，将本公司一栋原自用现已闲置的办公楼对外出租，年租金为120万元，自当日起租。甲公司该办公楼原价1000万元，至起租日累计折旧400万元，未计提减值。甲公司对投资性房地产采用公允价值模式进行后续计量，出租日根据同类资产的市场状况估计其公允价值为2000万元。12月31日，该办公大楼的公允价值为2080万元，甲公司已一次性收取第一年租金120万元。

要求：

编制甲公司20×4年有关交易事项的会计分录。

4.（2014年节选）甲公司为房地产开发企业，对投资性房地产采用公允价值模式进行后续计量。

（1）20×6年1月1日，甲公司以30000万元总价款购买了一栋已达到预定可使用状态的公寓。该公寓总面积为1万平方米，每平方米单价为3万元，预计使用寿命为50年，预计净残值为零。甲公司计划将该公寓用于对外出租。

（2）20×6年，甲公司出租上述公寓实现租金收入750万元，发生费用支出（不含折旧）150万元。由于市场发生变化，甲公司出售了部分公寓，出售面积占总面积的20%，取得收入6300万元，所出售公寓于20×6年12月31日办理了房产过户手续。20×6年12月31日，该公寓的公允价值为每平方米3.15万元。

其他资料：

甲公司所有收入与支出均以银行存款结算。不考虑除所得税外其他相关税费。

要求：

编制甲公司20×6年1月1日、12月31日与投资性房地产的购买、公允价值变动、出租、出售相关的会计分录。

历年真题演练答案及解析

一、单项选择题

1.【答案】C

【解析】采用成本模式计量的投资性房地产转为非投资性房地产，应当将该房地产转换前的账面价值作为转换后的入账价值，选项A和B错误；采用公允价值模式计量的投资性房地产转换为自用房地产时，应当以其转换当日的公允价值作为自用房地产的入账价值，公允价值与原账面价值的差额计入当期损益（公允价值变动损益），选项D错误。

二、多项选择题

1.【答案】CD

【解析】选项A，投资性房地产不能由公允价值模式转为成本模式；选项B，股权投资不是以收取合同现金流为目标，因此不能划分为以摊余成本计量的金融资产。

三、综合题

1.【答案及解析】

借：投资性房地产——成本　1300

　　累计折旧　400

　　贷：固定资产　800

　　　　其他综合收益　900

借：其他综合收益　225

　　贷：递延所得税负债　225

（900×25%）

借：投资性房地产——公允价值变动　200

（1500−1300）

　　贷：公允价值变动损益　200

借：所得税费用　54

　　贷：递延所得税负债　54

【提示】20×7年12月31日B楼房账面价值为1500万元，计税基础=800−400−800/50=384（万元），应纳税暂时性差异余额=1500−384=1116（万元），递延所得税负债余额=

1116×25%=279（万元），应确认递延所得税负债=279-225=54（万元）。

2.【答案及解析】

事项（3）：甲公司会计处理不正确。

理由：出租土地使用权转为自用，应确认为无形资产（2000万元）；建造期间土地使用权的摊销额50万元（2000÷40）应计入工程成本。

更正分录：

借：无形资产　2000

　贷：在建工程　1950

　　累计摊销　50

3.【答案及解析】

①2月1日

借：投资性房地产——成本　2000

　累计折旧　400

　贷：固定资产　1000

　　其他综合收益　1400

② 12月31日

借：投资性房地产——公允价值变动　80

（2080-2000）

　贷：公允价值变动损益　80

借：银行存款　120

　贷：其他业务收入　110

　　预收账款　10

4.【答案及解析】

（1）20×6年1月1日，甲公司以30000万元购买公寓：

借：投资性房地产——成本　30000

　贷：银行存款　30000

（2）甲公司确认租金收入和成本：

借：银行存款　750

　贷：其他业务收入　750

借：其他业务成本　150

　贷：银行存款　150

（3）甲公司12月31日出售投资性房地产的会计分录如下：

借：银行存款　6300

　贷：其他业务收入　6300

借：其他业务成本　6000

　贷：投资性房地产——成本　6000

(30000×20%)

（4）20×6年12月31日，公寓的公允价值上升至31500万元，增值1500万元。

借：投资性房地产——公允价值变动　1200

(1500×80%)

　贷：公允价值变动损益　1200

【提示】也可以先确认全部的公允价值变动1500万元，然后再处置其中的20%（需要将公允价值变动损益的20%部分结转到其他业务成本中）。

第七章 长期股权投资与合营安排

题型及分值	（1）本章考核客观题和主观题；长期股权投资可以与金融工具、企业合并、合并财务报表结合命制主观题；合营安排的内容，主要考核客观题 （2）近三年平均分值 8 分
近三年考点	（1）长期股权投资的初始计量 （2）长期股权投资权益法核算的会计处理 （3）长期股权投资核算方法转换的会计处理 （4）共同经营和合营企业的判断
学习引导	本章涉及金融工具的相关基础知识，建议学完金融工具的内容后，再学习本章。本章不仅自身的考核分值高，而且作为合并财务报表的基础，与合并财务报表结合为每年综合题必考知识点，重点掌握不同方式取得的长期股权投资的初始计量；长期股权投资权益法核算的会计处理；股权投资转换的会计处理；共同经营和合营企业的判断及会计处理
本年教材变化	（1）增加非同一控制下企业合并中购买方以发行权益性证券作为合并对价的相关会计处理 （2）增加合营安排中关于“单独主体”的相关表述 （3）其他内容无实质性变化

本章知识框架

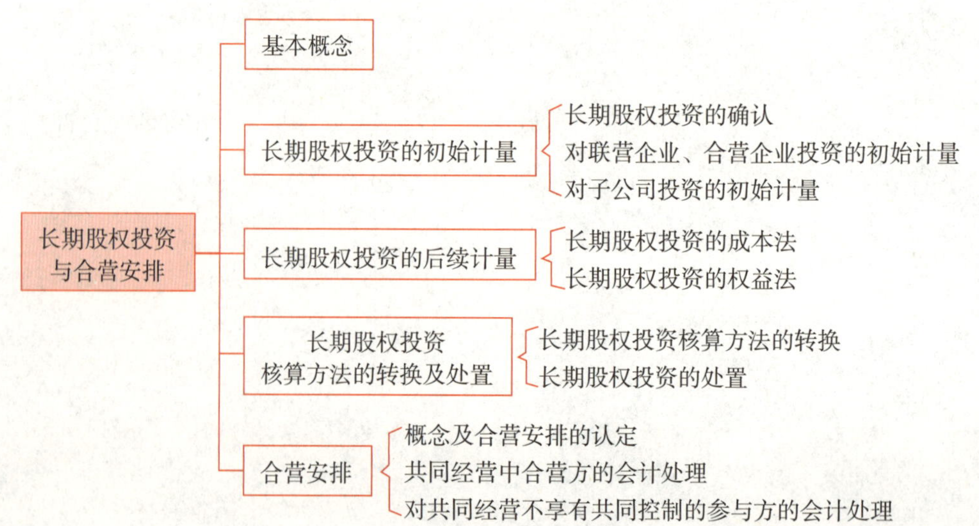

第一节 基本概念

【考点 47】股权投资的基本概念★

1. 股权投资

在大的范畴上，股权投资属于金融工具。企业会计准则将股权投资区分为按照金融工具确认计量准则核算和按照长期股权投资准则核算两种情况。

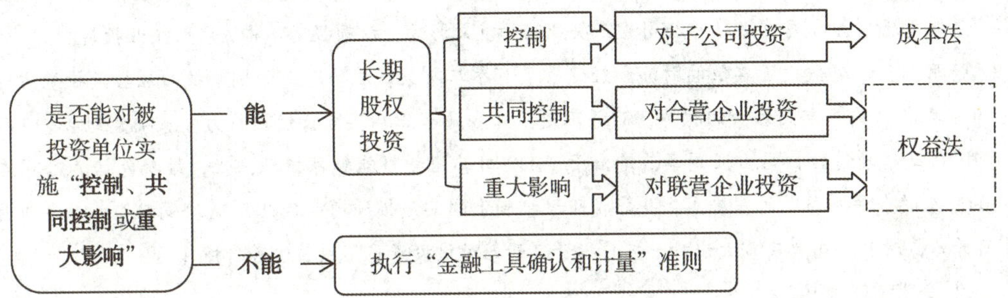

2. 联营企业投资

联营企业投资，是指投资方能够对被投资单位施加重大影响的股权投资。

重大影响，是指投资方对被投资单位的财务和生产经营决策有参与决策的权力，但并不能控制或与其他方一起共同控制这些政策的制定。常见的重大影响事项体现为以下方面：

（1）在被投资单位的董事会或类似权力机构中派有代表；

（2）参与被投资单位财务和经营政策制定过程，包括股利分配政策等的制定；

（3）与被投资单位之间发生重要交易；

（4）向被投资单位派出管理人员；

（5）向被投资单位提供关键技术资料。

【提示】在评估投资方对被投资单位是否具有重大影响时，应当考虑潜在表决权的影响（如发行的可转债、认股权证）。

“对被投资单位的财务和经营政策有参与决策的权力”的判断核心应当是投资方是否具备参与并施加重大影响的权力，而并不是投资方是否正在实际行使该权力。

【例题·计算】2×17 年 1 月 1 日，A 公司取得 B 公司 20% 的股权。B 公司章程规定：公司的财务和生产经营决策由董事会制定，以简单多数表决权通过；公司的合并、分立，增减资等事项需经股东会表决通过方可实施。B 公司董事会成员共 5 人，按照投资协议约定，A 公司派出王某担任 B 公司董事。

情形一：王某担任董事后，除为数不多的几次提出供董事会讨论和决策的议案外，其他情况下很少提出意见，仅代表 A 公司提供表决意见。

情形二：其他董事会成员经常在王某缺席情况下，提议召开董事会并作出决策。为财务核算及管理需要，A 公司曾向 B 公司索要财务报表，但遭到 B 公司拒绝。王某的提议基本上未提交到董事会正式议案中，且在董事会讨论过程中，王某的意见和建议均被否决。

情形三：由于王某身体健康原因，未能及时到岗。A公司根据投资前对B公司的尽职调查认为，B公司现有董事管理经验丰富，具备决策独立性，维护包括A公司在内的股东的合法利益。因此王某在2×17年10月10日起才到B公司出任董事。

要求：逐项分析上述三种情形，简要说明A公司是否对B公司构成重大影响？

【答案】

情形一：A公司在取得B公司的股权后，根据投资协议约定，派出王某担任B公司董事，参与B公司的财务和生产经营决策，按照准则规定，应当认为A公司对B公司具有重大影响，该投资应作为长期股权投资核算。

情形二：从王某的提议未实际被讨论、其意见和建议被否决，获取B公司财务报表的要求被拒绝等事实来看，A公司无法对B公司生产决策施加重大影响，该项投资不构成联营企业投资。

情形三："对被投资单位的财务和经营政策有参与决策的权力"，的判断核心应当是投资方是否具备参与并施加重大影响的权力，而并不是投资方是否正在实际行使该权力。王某直到2×17年10月10日起才到B公司出任董事，是出于"B公司其他董事能够保持独立性，维护包括A公司在内的股东的合法利益"的基础上，并非受阻于机制上的实质性障碍。因此，A公司从2×17年1月1日开始，对B公司具有重大影响，应自投资日开始对该投资采用权益法进行核算。

3. 合营企业投资

合营企业投资，是指投资方持有的对构成合营企业的合营安排的投资。投资方应当首先看是否构成合营安排，其次再看有关合营安排是否构成合营企业。

4. 对子公司投资

对子公司的投资，是指投资方持有的能够对被投资单位施加控制的股权投资。控制的界定及判断请见合并财务报表章节的相关介绍。

第二节　长期股权投资的初始计量

【考点48】长期股权投资的确认★★

1. 对子公司投资的确认

对子公司投资应于合并日（或购买日）确认，合并日（或购买日）为取得控制权的日期。对于合并日（或购买日）的判断，满足以下有关条件的，通常可认为实现了控制权的转移：

（1）企业合并合同或协议已获股东大会通过；

（2）企业合并事项需要经过国家有关主管部门审批的，已获得批准；

（3）参与合并各方已办理了必要的财产权转移手续；

（4）合并方或购买方已支付了合并价款的大部分（一般应超过50%），并且有能力、有计划支付剩余款项；

（5）合并方或购买方实际上已经控制了被合并方或被购买方的财务和经营政策，并享有相应的利益、承担相应的风险。

【提示】在满足上述条件后，如果被投资企业尚未进行工商变更和股权登记手续，但后续的工商登记及股东登记程序为程序性的，对交易本身不构成实质性障碍的，可以认为取得控制权的日期为该项交易的合并日（或购买日）。

判断控制时，要看对被投资单位的回报产生重大影响的活动的权力（如商品或劳务的销售及购买、资产的购买与处置、研究开发活动、投资与融资等日常经营活动），企业在持续经营活动中，涉及合并、分立、解散、清算等均为相对较为特殊事项，这些事项发生时，有关决策需董事会一致通过，并不影响投资方对被投资方日常经营相关活动的控制能力。

2. 对联营企业、合营企业投资的确认

企业会计准则体系中对于联营企业、合营企业投资的确认没有非常明确的规定，原则上在有关股权投资在属于投资方的资产时确认。实务中，对于联营企业、合营企业等投资的持有一般会参照对子公司长期股权投资的确认条件进行。

【考点 49】对联营企业、合营企业投资的初始计量★★★

取得方式	初始投资成本
支付现金	实际支付的购买价款 + 直接相关费用、税金 + 其他必要支出
发行权益性证券	发行权益性证券的公允价值 【提示】为发行权益性证券支付给有关证券承销机构的手续费、佣金等与权益性证券发行直接相关的费用，冲减资本公积，不足冲减的，应依次冲减盈余公积和未分配利润
债务重组 非货币性资产交换	按《企业会计准则第 12 号——债务重组》《企业会计准则第 7 号——非货币性资产交换》等相关准则规定处理
【提示】支付价款中包含的被投资单位已宣告但尚未发放的现金股利或利润应单独作为应收项目	

【例题·计算】20×8 年 4 月 1 日，A 公司通过增发 1000 万股本公司普通股（每股面值 1 元）取得 B 公司 20% 的股权。A 公司向证券承销机构等支付了 200 万元的佣金和手续费，该 1000 万股股份的公允价值为 3500 万元。为取得股权，支付某律所法律服务费 30 万元。取得股权投资时，B 公司已宣告但尚未发放 20×8 年现金股利为 100 万元（按持有股份比例享有）。假定 A 公司取得该部分股权后，能够对 B 公司的财务和生产经营决策施加重大影响。

【答案】编制 A 公司取得上述股权投资的会计分录。

借：长期股权投资　　3510（3500−100×20%+30）
　　应收股利　　20（100×20%）
　　贷：股本　　1000（1000×1）
　　　　资本公积——股本溢价　　2500（3500−1000）
　　　　银行存款　　30

借：资本公积——股本溢价　　200
　　贷：银行存款　　200

【考点 50】对子公司投资的初始计量★★★

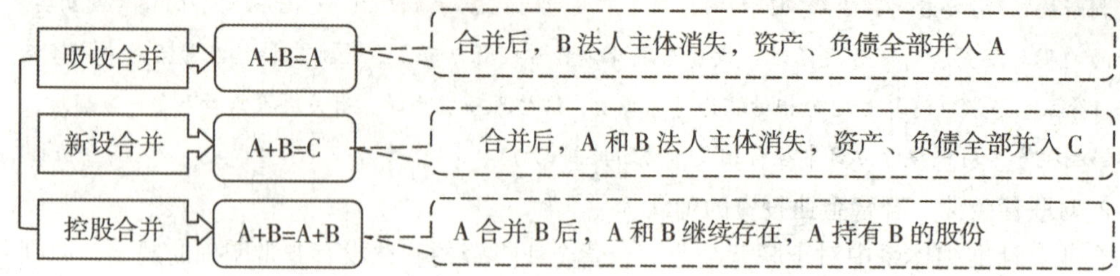

1. 同一控制下控股合并形成的对子公司的长期股权投资

同一控制下的企业合并，是指参与合并的企业在合并前后均受同一方或相同的多方最终控制且该控制并非暂时性的 。

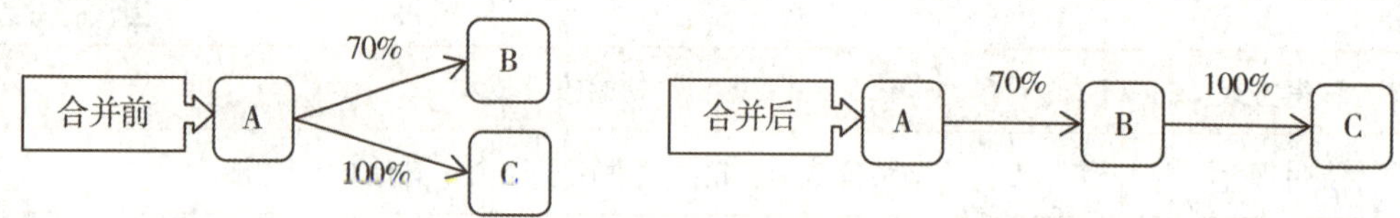

（1）会计处理总原则。

① 长期股权投资的初始确认金额，应按照取得的被合并方账面净资产的份额确认。

② 被合并方的账面净资产是从最终控制方的角度，被合并方自其被最终控制方开始控制时开始，其所持有的资产、负债对于最终控制方而言的价值持续计算至合并日的账面价值。

a. 如果被合并方是集团内部新设的，被合并方的账面净资产为：按照被合并方设立时净资产账面价值持续计算到合并日的金额。

b. 如果被合并方是从集团外部购买的，被合并方的账面净资产为：按照被合并方购买日净资产的公允价值持续计算到合并日的金额。

③ 在企业合并中，合并方发生的审计、法律服务、评估咨询等中介费用以及其他相关管理费用，应当于发生时计入当期损益（管理费用）。

④ 合并对价中包含的已宣告但尚未发放的现金股利或利润应单独作为应收项目处理。

（2）具体的会计处理。

① 以支付现金、转让非现金资产、承担债务作为合并对价。

借：长期股权投资（取得被合并方所有者权益在最终控制方合并财务报表中账面价值的份额 + 最终控制方取得被合并方时形成的商誉）

　　应收股利（已宣告但尚未发放的现金股利或利润）

　　贷：银行存款 / 相关资产 / 相关负债等（付出资产、承担负债的账面价值）

　　　　资本公积——资本溢价 / 资本公积——股本溢价（倒挤差额，可能在借方，资本公积不足冲减的，依次冲减盈余公积、未分配利润）

借：管理费用（合并方发生的审计、法律服务、评估咨询等中介费用）

　　贷：银行存款

② 合并方以发行权益性证券作为合并对价。

借：长期股权投资（取得被合并方所有者权益在最终控制方合并财务报表中账面价值的份额 + 最终控制方取得被合并方时形成的商誉）

　应收股利（已宣告但尚未发放的现金股利或利润）

　贷：股本（股票面值）

　　资本公积——股本溢价（倒挤差额，可能在借方，资本公积不足冲减的，依次冲减盈余公积、未分配利润）

> 该分录可以分两部来理解，综合以后得到上述结果：
>
> （1）发行股份取得价款：
>
> 借：银行存款（发行股份的数量 × 每股公允价值）
>
> 　贷：股本（发行股份的数量 × 面值 1 元）
>
> 　　资本公积——股本溢价（差额）
>
> （2）使用取得的价款进行企业合并：
>
> 借：长期股权投资（长期股权投资的初始成本）
>
> 　贷：银行存款（发行股份的公允价值）
>
> 　　资本公积——股本溢价（长期股权投资初始成本与付出对价部分的差额）

借：资本公积——股本溢价（权益性证券发行费用、支付券商的手续费、佣金）

　贷：银行存款

借：管理费用（合并方发生的审计、法律服务、评估咨询等中介费用）

　贷：银行存款

③ 通过多次交换交易，分步取得股权最终形成同一控制下控股合并（个别财务报表的处理）。

a. 在合并日，根据合并后取得被合并方所有者权益在最终控制方合并财务报表中的账面价值的份额为基础，确定长期股权投资的初始投资成本（可能包括最终控制方收购被合并方时形成的商誉）。

b. “初始投资成本”与“达到合并前原股权投资账面价值加上合并日为取得新的股份所支付对价的账面价值之和”的差额，调整资本公积（资本溢价或股本溢价），资本公积不足冲减的，依次冲减盈余公积、未分配利润。

【提示】同一控制下企业合并，不产生新的资产和负债；以非现金资产进行投资的，不确认非现金资产的处置损益（按照账面价值结转）。

原最终控制方取得被合并方时确认的商誉（被合并方是从集团外部购入时才会产生商誉），应作为合并方取得的一项资产确认（但并不产生新的商誉）。

同一控制下企业合并中，在商誉未发生减值的情况下，不同母公司编制合并财务报表时，合并财务报表上反映商誉的金额是相同的。（如 A 公司和 B 公司属于同一集团，A 公司从本集团外部购入 C 公司 80% 股权，合并报表中产生商誉 20 万元。1 年后，B 公司购入 A 公司所持有的 C 公司 60% 股权，B 公司编制合并报表时列示的商誉仍为 20 万元）。

为发行权益性证券支付给有关证券承销机构的手续费、佣金等与权益性证券发行直接相关的费用，冲减资本公积，不足冲减的，应依次冲减盈余公积和未分配利润。

为发行权益性证券发生的广告费、路演费、上市酒会费等费用，应当计入当期损益。

在合并日，被合并方净资产的账面价值为负数的，长期股权投资成本按零确定，同时在备查簿中予以登记。

【例题1·计算】20×7年1月1日，A公司与甲公司投资设立C公司，A公司以人民币3000万元、甲公司以人民币1000万元出资，A公司持有C公司75%股权并能够对其实施控制。20×7年1月1日至20×7年12月31日，C公司实现的净利润为1000万元，无其他所有者权益变动。

20×8年1月1日，A公司的子公司B公司以人民币2000万元、库存商品一批作为对价，购入A公司所持C公司75%的股权，该批库存商品的账面价值为2000万元，公允价值2500万元。当日B公司“资本公积——资本溢价”的余额为1000万元。B公司另支付中介机构评估费用50万元，法律咨询费50万元。

其他资料：不考虑相关税费及其他因素。

要求：计算B公司取得C公司股权的初始投资成本，并编制相关会计分录。

【答案】

C公司在最终控制方A公司的合并报表上所有者权益的账面价值=3000+1000+1000=5000(万元)。

初始投资成本=5000×75%=3750（万元），支付的评估费、法律咨询费直接计入管理费用。

借：长期股权投资	3750	
资本公积——资本溢价	250	
贷：银行存款		2000
库存商品		2000
借：管理费用	100	
贷：银行存款		100

【例题2·计算】20×7年1月1日，A公司以银行存款6000万元从集团外部购入B公司80%的股权（形成非同一控制下企业合并），购买日B公司可辨认净资产的公允价值为7000万元，账面价值为6500万元。

20×7年1月1日至20×7年12月31日，B公司账面实现的净利润为1200万元，按照公允价值持续计算的净利润为1000万元，无其他所有者权益变动。

20×8年1月1日，A公司的子公司C公司以其成本为10000万元，已摊销1500万元，评估价值为10000万元的土地使用权作为对价取得A公司所持有的B公司80%的股权。当日，C公司账面所有者权益项目为：股本10000万元，资本公积1000万元，盈余公积240万元，未分配利润800万元。

其他资料：不考虑相关税费及其他因素。

要求：计算C公司取得B公司股权的初始投资成本，并编制相关会计分录。

【答案】

B公司和C公司受A公司最终控制，该合并属于同一控制下企业合并。B公司属于A公司从集团外部购入，其在最终控制方A公司的合并报表上所有者权益的账面价值应当按照购买日的公允价值持续计算。

A公司购买B公司时形成的商誉=6000−7000×80%=400（万元）。

20×8年1月1日，B公司的账面所有者权益=7000+1000=8000（万元）。

C公司取得B公司股权的初始投资成本=8000×80%+400=6800（万元）。

该初始成本 6800 万元与所支付对价账面价值 8500 万元（10000-1500）之间的差额应当调整资本公积，资本公积余额不足冲减的，应当依次冲减盈余公积和未分配利润。

同一控制下企业合并，作为对价的非现金资产按账面价值结转，不确认非现金资产的处置损益。

借：长期股权投资　　6800
　　累计摊销　　1500
　　资本公积——股本溢价　　1000
　　盈余公积　　240
　　利润分配——未分配利润　　460
　　贷：无形资产　　10000

【例题 3 · 计算】P 公司为 A 公司的母公司。2×15 年 1 月 1 日，P 公司从集团外部取得 C 公司 80% 股权（非同一控制企业合并），实际支付款项 4200 万元，购买日 C 公司可辨认净资产公允价值为 5000 万元，账面价值为 3500 万元，差额因一项无形资产导致。当日该无形资产公允价值为 2000 万元，账面价值为 500 万元，剩余使用年限为 10 年，采用直线法摊销，无残值。除此之外 C 公司其他可辨认资产、负债的公允价值与账面价值相等。2×15 年 1 月 1 日至 2×16 年 12 月 31 日，C 公司账面净利润为 1500 万元，无其他所有者权益变动。

2×17 年 1 月 1 日，A 公司购入 P 公司所持有 C 公司的 80% 股权（同一控制企业合并）。

要求：计算 A 公司取得 C 公司股权的初始投资成本。

【答案】

至 2×16 年 12 月 31 日，C 公司按购买日公允价值持续计算的净利润 =1500-（2000-500）÷10×2=1200（万元）。

至 2×16 年 12 月 31 日，C 公司按购买日公允价值持续计算的净资产价值 =5000+1200=6200（万元）。

A 公司购入 C 公司的初始投资成本 =6200×80%+ 商誉（4200-5000×80%）=5160（万元）。

2. 非同一控制下控股合并形成的对子公司的长期股权投资

（1）会计处理总原则。

① 购买方应当按照确定的企业合并成本（购买方付出的资产、发生或承担的负债、发行的权益性证券的公允价值之和）作为长期股权投资的初始投资成本。

② 购买方发生的审计、法律服务、评估咨询等中介费用及其他相关管理费用，应当于发生时计入当期损益（管理费用）。

③ 合并成本中包含的已宣告但尚未发放的现金股利或利润应单独作为应收项目处理。

（2）具体的会计处理。

① 一次性交易实现的控股合并。

借：长期股权投资（合并成本，付出对价的公允价值之和）
　　应收股利（已宣告但尚未发放的现金股利或利润）
　　贷：主营业务收入 / 其他业务收入（存货、投资性房地产等公允价值）
　　　　相关资产（固定资产、无形资产、金融资产等账面价值）
　　　　资产处置损益 / 投资收益等（固定资产、无形资产、金融资产等处置损益，可能在借方）
　　　　股本（发行股票的面值）
　　　　资本公积——股本溢价（发行股票的公允价值 - 股票面值）

借：管理费用（合并方发生的审计、法律服务、评估咨询等中介费用）
　　贷：银行存款
借：资本公积——股本溢价（支付给券商的手续费、佣金）
　　贷：银行存款

② 对价为非货币性资产的，公允价值和账面价值的差额分别进行处理（和出售资产相同）。

项　目	会计处理
存货	（1）按公允价值确认“主营业务收入 / 其他业务收入” （2）按账面价值确认“主营业务成本 / 其他业务成本”
固定资产 / 无形资产	差额计入“资产处置损益”
投资性房地产	（1）按公允价值确认“其他业务收入” （2）按账面价值确认“其他业务成本” （3）原公允价值计量模式下的“公允价值变动损益”“其他综合收益”，一并转入“其他业务成本”
交易性金融资产	差额计入“投资收益”
其他债权投资	（1）差额计入“投资收益” （2）原持有期间形成的“其他综合收益”，一并转入“投资收益”
其他权益工具投资	（1）差额计入“留存收益” （2）原持有期间形成的“其他综合收益”，一并转入“留存收益”

【例题 4 · 计算】甲公司和乙公司无任何关联方关系。甲公司 2×17 年 4 月 1 日与 P 公司签订协议，甲公司以一组资产换取 P 公司持有的乙公司 60% 的股权，对乙公司实施控制。付出资产明细如下：一批库存商品的公允价值为 3000 万元，相关的增值税税额为 480 万元，账面成本 2400 万元。一台设备账面原价 1000 万元、累计折旧 300 万元，该设备的公允价值为 1200 万元。甲公司另支付审计评估费用 100 万元，取得投资时，乙公司已经宣告尚未发放 2×16 年的股利 1000 万元（按持股比例享有）。

其他资料：不考虑除存货以外其他资产的税费及其他因素。

要求：编制该业务相关的会计分录。

【答案】

借：长期股权投资　　4080
　　应收股利　　600（1000×60%）
　　贷：主营业务收入　　3000
　　　　应交税费——应交增值税（销项税额）　　480
　　　　固定资产清理　　700
　　　　资产处置损益　　500（1200−700）
借：主营业务成本　　2400
　　贷：库存商品　　2400
借：固定资产清理　　700
　　累计折旧　　300
　　贷：固定资产　　1000
借：管理费用　　100
　　贷：银行存款　　100

【例题5·计算】2×16年1月1日，A公司通过增发1000万股本公司普通股（每股面值1元）取得无关联关系的B公司80%的股权，该股票的市价为5元/股。为增发该部分股份，A公司向证券承销机构支付了200万元的佣金和手续费；另外，A公司支付审计、法律评估等费用100万元。当日，B公司可辨认净资产的公允价值为4500万元，账面价值为4000万元。

要求：不考虑其他因素，编制上述业务的会计分录。

【答案】

A公司和B公司合并前无关联方关系，为非同一控制下企业合并，合并成本为付出对价的公允价值5000万元（1000×5），支付的佣金手续费冲减股票发行溢价收入，评估法律费用计入当期损益。

借：长期股权投资　　5000
　贷：股本　　1000（1000×1）
　　资本公积——股本溢价　　4000
借：资本公积——股本溢价　　200
　贷：银行存款　　200
借：管理费用　　100
　贷：银行存款　　100

③通过多次交换交易，分步取得股权最终形成非同一控制下控股合并（个别财务报表中）。

a.原投资采用权益法核算：购买日长期股权投资的初始成本=原投资的账面价值+新增对价的公允价值。

b.原投资属于公允价值计量的金融资产：购买日长期股权投资的初始成本=原投资的公允价值+新增对价的公允价值。

【提示】本处作为了解，详细内容参见“第四节——公允价值计量或权益法转换为成本法的核算”。

3.一项交易中同时涉及自最终控制方购买股权形成控制及自其他外部独立第三方购买股权

某些股权交易中，合并方除自最终控制方取得集团内企业的股权外，还会涉及自外部独立第三方购买被合并方进一步的股权。

（1）一般认为，自集团内取得的股权能够形成控制的，相关股权投资成本的确定按照同一控制下企业合并的有关规定处理；

（2）而自外部独立第三方取得的股权则视为在取得对被投资单位的控制权，形成同一控制下企业合并后少数股权的购买，该部分少数股权的购买不管与形成同一控制下企业合并的交易是否同时进行，在与同一控制下企业合并不构成一揽子交易的情况下，有关股权投资成本即应按照实际支付的购买价款确定。

【学霸总结】

事　项	“同控”合并	“非同控”合并
初始计量	按照享有被合并方所有者权益的账面价值（相对于最终控制方而言）的份额，计量长期股权投资；如果被合并方是从外部购入的，考虑购入时的商誉	按合并成本（付出对价的公允价值之和），计量长期股权投资

（续表）

事　项	“同控”合并	“非同控”合并
现金股利或利润	合并成本中包含的已宣告但尚未发放的现金股利或利润应单独作为应收项目	
“初始成本”与支付对价的差额	计入资本公积；借方差额不足冲减的，依次冲减盈余公积、未分配利润	—
支付对价公允价值和账面价值的差额	—	视同处置相关资产，进行相应的会计处理
审计、评估等费用	应当于发生时计入当期损益（管理费用）	
发行权益性证券的直接相关费用	冲减资本公积，不足冲减的，应依次冲减盈余公积和未分配利润	
发行债务性证券的直接相关费用	计入债务性证券的初始确认金额（“应付债券——利息调整”）	

第三节　长期股权投资的后续计量

【考点51】长期股权投资的成本法★★★

项　目	内　容
适用范围	适用于企业持有的、能够对被投资单位实施控制的长期股权投资
初始计量	“长期股权投资”反映取得时的成本，详见“对子公司投资的初始计量”的内容
被投资单位宣告发放现金股利或利润	借：应收股利（按持股比例计算的应享有的股利或利润） 　贷：投资收益 【提示】计算应享有的股利或利润时，不区分持股前或持股后被投资单位实现净利润的分配 子公司将未分配的利润或盈余公积转增股本（实收资本），投资方没有获取收取现金股利或者利润的权利，不确认相应的投资收益
计提减值	借：资产减值损失 　贷：长期股权投资减值准备

【例题·计算】20×7年6月20日，甲公司以1500万元购入无关联关系的乙公司80%的股权，支付中介机构审计咨询费用50万元，取得投资当日，按照投资份额享有的乙公司已宣告但尚未发放的20×6年现金股利50万元。甲公司取得该部分股权后，能够有权利主导乙公司的相关活动并获得可变回报。20×8年5月30日，乙公司宣告分派20×7年现金股利100万元，甲公司按照其持有比例确定可分回80万元。

要求：不考虑相关税费等其他因素，编制上述业务的会计分录。

【答案】

借：长期股权投资　　1450

　　应收股利　　50

　贷：银行存款　　1500

借：管理费用　　　　　　　　50
　　贷：银行存款　　　　　　　　50
借：应收股利　　　　　　　　80
　　贷：投资收益　　　　　　　　80

【考点52】长期股权投资的权益法★★★

1. 权益法核算的基本步骤及内容

项　目	内　容
定义	指投资以初始投资成本计量后，在投资持有期间，根据被投资单位所有者权益的变动，投资企业按应享有（或应分担）被投资企业所有者权益的份额调整其投资账面价值
适用范围	适用于企业持有的对合营企业投资、联营企业投资
科目设置	“长期股权投资——投资成本”（投资时点的成本及对初始投资成本的调整） “长期股权投资——损益调整”（持有期间被投资单位净损益及利润分配的变动） “长期股权投资——其他综合收益”（持有期间被投资单位其他综合收益的变动） “长期股权投资——其他权益变动”（持有期间被投资单位除净利润和其他综合收益以外其他所有者权益的变动）
初始投资成本的调整	比较取得投资时的投资成本与应享有被投资单位可辨认净资产公允价值份额（取得投资时的成本，详见“对联营企业、合营企业投资的初始计量”的内容）： （1）取得投资时的投资成本＞应享有被投资单位可辨认净资产公允价值的份额，不进行调整 【提示】该部分差额本质上是所取得股权份额相对应的商誉，商誉与企业整体相关，不能在个别报表中确认，包含在长期股权投资中 （2）取得投资时的投资成本＜应享有被投资单位可辨认净资产公允价值份额，应当调整增加长期股权投资的账面价值，并计入取得投资当期的营业外收入 借：长期股权投资——投资成本（差额） 　　贷：营业外收入
持有期间	（1）按照持股比例计算享有的（或应分担的）被投资企业实现净损益的金额 借：长期股权投资——损益调整 　　贷：投资收益（亏损做相反分录） （2）按照持股比例计算享有的被投资单位宣告发放的现金股利或利润 借：应收股利（按持股比例计算的应享有的股利或利润） 　　贷：长期股权投资——损益调整 （3）按照持股比例计算享有的被投资单位其他综合收益变动 借：长期股权投资——其他综合收益 　　贷：其他综合收益（或相反分录） （4）按照持股比例计算享有的被投资单位除净损益、分配利润、其他综合收益变动以外所有者权益的变动 借：长期股权投资——其他权益变动 　　贷：资本公积——其他资本公积（或相反分录） 【提示】被投资单位发放股票股利的，投资方不做会计处理，但应备查登记股数

（续表）

项　目	内　容
超额亏损的确认	（1）冲减长期股权投资的账面价值（减至零为限） （2）冲减长期应收款（实质上的净投资，如长期应收款等长期债权，不包括销售商品、提供劳务形成的长期债权） （3）确认预计负债（需要承担亏损弥补义务的预计金额） （4）备查登记（仍有应分担的投资损失） 借：投资收益 　　贷：长期股权投资——损益调整 　　　　长期应收款 　　　　预计负债 【提示】在发生超额亏损时，依次按照上述顺序确认应承担的损失；在确认了有关的投资损失以后，被投资单位以后期间实现盈利的，应依次按以上相反顺序分别予以恢复，同时确认投资收益
计提减值	借：资产减值损失 　　贷：长期股权投资减值准备

2. 被投资单位实现净利润或发生净亏损的调整

投资方在确认应享有（或应分担）被投资单位的净利润或净亏损时，在被投资单位账面净利润的基础上，应考虑以下因素的影响进行适当调整。

（1）被投资单位的会计政策与会计期间。

双方采用的会计政策及会计期间不一致的，应按投资企业的会计政策及会计期间对被投资单位的财务报表进行调整。

（2）投资时资产和负债的公允价值与账面价值的差额对被投资方净利润的影响。

以取得投资时被投资单位固定资产、无形资产、存货等的公允价值为基础，调整计提的折旧（摊销）、结转的成本、以公允价值为基础计算的资产减值准备等对被投资单位净利润的影响。

项　目	投资时被投资方公允价值与账面价值不相等
存货	调整后的净利润 = 调整前净利润 –[（投资时点存货的公允价值 – 账面价值）× 当期出售比例]×（1–25%）
固定资产 无形资产	调整后的净利润 = 调整前净利润 –[（投资时点公允价值 / 尚可使用年限 – 账面原值 / 预计使用年限）]×（当期折旧、摊销月份数 /12）×（1–25%） 或：调整后的净利润 = 调整前净利润 –[（投资时点公允价值 – 账面价值）/ 尚可使用年限]×（当期折旧、摊销月份数 /12）×（1–25%）
被投资方对相关的资产计提了减值	应当以投资时资产的公允价值为基础确定应计提的减值损失，并据以调整被投资单位的净利润

【提示】在实务中，符合下列条件之一的，可以以被投资单位账面净利润为基础计算投资收益：①投资企业无法合理确定取得投资时被投资单位各项可辨认资产等的公允价值；②投资时被投资单位可辨认净资产的公允价值与其账面价值相比，两者的差额不具重要性；③其他原因导致无法取得

对被投资单位净利润进行调整所需资料。

【例题 1 · 计算】甲公司于 2018 年 1 月 10 日购入乙公司 40% 的股份，购买价款为 4000 万元，并自取得投资之日起派人参与乙公司的财务和生产经营决策。取得投资当日，乙公司可辨认净资产公允价值为 9000 万元，除存货、固定资产项目外，乙公司其他资产、负债的公允价值与账面价值相同。其中存货账面价值 750 万元，公允价值 1050 万元；固定资产账面价值 1800 万元，公允价值 2400 万元，甲公司取得投资后剩余使用年限为 16 年。

假定乙公司于 2018 年实现净利润 900 万元，其中在甲公司取得投资时的账面存货有 80% 对外出售。甲公司与乙公司的会计年度及采用的会计政策相同。固定资产按年限平均法（直线法）提取折旧，预计净残值均为 0。假定甲、乙公司间未发生任何内部交易，不考虑所得税影响。

要求：

计算甲公司 2018 年应确认的投资收益并编制相关会计分录。

【答案】

甲公司在确定其应享有的投资收益时，应在乙公司实现净利润的基础上，根据取得投资时乙公司有关资产的账面价值与其公允价值差额的影响进行调整。

存货账面价值与公允价值的差额应调减的利润 =（1050−750）×80%=840−600=240（万元）；固定资产公允价值与账面价值差额应调整增加的折旧额 =2400÷16−1800÷16=37.5（万元）；调整后的净利润 =900−240−37.5=622.5（万元）；甲公司应享有份额 =622.5×40%=249（万元）。

借：长期股权投资——损益调整　　249

　贷：投资收益　　249

（3）未实现内部交易损益的调整。

投资企业（包括其纳入合并范围的子公司）与联营企业及合营企业之间发生的未实现内部交易损益按照持股比例计算归属于投资企业的部分应当予以抵销，在此基础上确认投资收益。

分别顺流交易和逆流交易进行处理：逆流交易，是指联营企业或合营企业向投资企业出售资产；顺流交易，是指投资企业向其联营企业或合营企业出售（投出）资产。

个别报表中处理原则

（1）抵销归属于投资企业的（按投资比例抵销）未实现的内部交易损益

（2）第一年减去，第二年实现时加回来

（3）存货通过对外销售实现，固定（无形）资产通过计提折旧（摊销）实现

合并报表中处理原则

如果投资企业编制合并财务报表（被投资企业不纳入合并范围，有其他子公司，需要编制合并财务报表），合并报表中“多什么项目、抵什么项目，资产对应资产、损益对应损益”

【提示】如果产生未实现内部交易损失，属于所转让资产发生减值损失的，有关的未实现内部交易损失不应予以抵销，应由减值资产全额承担（超出部分，需要调整抵销）。

投资方与联营、合营企业之间发生的投出或出售资产的交易，如果“构成业务”，则不需要抵销（即全额确认损益）。

① 逆流交易中销售存货的会计处理。

项 目	个别报表	合并报表
例如：A 投资 B，持股 20% 且有重大影响，B 将成本 60 万元的商品以 100 万元销售给 A 作为存货；A 当年对外销售 40%，第二年对外销售 60%。B 当年实现账面净利润 320 万元，第二年实现账面净利润 300 万元。A 需要编制合并财务报表，不考虑所得税及其他因素		
第 1 年	（1）未实现内部交易损益 =（100−60）×（1−40%）=24（万元） （2）调整后净利润 =320−24=296（万元） （3）确认投资收益 =296×20%=59.2（万元） 借：长期股权投资——损益调整 59.2 贷：投资收益 59.2	A 是购入方，合并报表中存货金额多，应予以抵销；资产对资产，对应调整长期股权投资的账面价值；调整金额 = 期末未实现的内部交易损益 × 持股比例 =24×20%=4.8（万元） 借：长期股权投资 4.8 贷：存货 4.8
第 2 年	（1）调整后净利润 =300+24=324（万元） （2）确认投资收益 =324×20%=64.8（万元） 借：长期股权投资——损益调整 64.8 贷：投资收益 64.8	因 A 已将上述存货全部出售，合并报表中无多余项目，最终调整结果为 0 万元

② 逆流交易中购入方作为固定资产的会计处理。

项 目	个别报表	合并报表
例如：A 投资 B，持股 20% 且有重大影响，B 将成本 60 万元的商品以 100 万元销售给 A 作为固定资产使用，预计使用年限 10 年，无残值，按年限平均法计提折旧，当年计提折旧 6 个月。B 当年实现账面净利润 320 万元，第二年实现净利润 300 万元。A 需要编制合并财务报表，不考虑所得税及其他因素		
第 1 年	（1）未实现内部交易损益 =（100−60）−（100−60）÷10×6/12=38（万元） （2）调整后净利润 =320−38=282（万元） （3）确认投资收益 =282×20%=56.4（万元） 借：长期股权投资——损益调整 56.4 贷：投资收益 56.4	A 是购入方，固定资产多，应予以抵销；资产对资产，对应调整长期股权投资的账面价值，调整金额 = 期末未实现的内部交易损益 × 持股比例 =38×20%=7.6（万元） 借：长期股权投资 7.6 贷：固定资产 7.6
第 2 年	（1）本年实现上年的未实现损益 =（100−60）÷10=4（万元） （2）调整后净利润 =300+4=304（万元） （3）确认投资收益 =304×20%=60.8（万元） 借：长期股权投资——损益调整 60.8 贷：投资收益 60.8	A 本年实现损益 4 万元，期末未实现交易损益为 34 万元（40−2−4 或 38−4），最终调整结果 =34×20%=6.8（万元） 借：长期股权投资 6.8 贷：固定资产 6.8

③ 顺流交易中销售存货的会计处理。

项 目	个别报表（和逆流处理相同）	合并报表
例如：A 投资 B，持股 20% 且有重大影响，A 将成本 60 万元的商品以 100 万元销售给 B 作为存货；B 当年对外销售 40%，第二年对外销售 60%。B 当年实现账面净利润 320 万元，第二年实现净利润 300 万元。A 需要编制合并财务报表，不考虑所得税及其他因素		

（续表）

项 目	个别报表（和逆流处理相同）	合并报表
第1年	（1）未实现内部交易损益 =（100-60）×（1-40%）=24（万元） （2）调整后净利润 =320-24=296（万元） （3）确认投资收益 =296×20%=59.2（万元） 借：长期股权投资——损益调整 59.2 贷：投资收益 59.2	A是销售方，营业收入和营业成本金额多，应予以抵销；损益对损益，对应调整投资收益 借：营业收入 20（100×20%） 贷：营业成本 12（60×20%） 投资收益 8 【提示】无论B当年对外出售的比例，合并报表中均应全额调整
第2年	（1）调整后净利润 =300+24=324（万元） （2）确认投资收益 =324×20%=64.8（万元） 借：长期股权投资——损益调整 64.8 贷：投资收益 64.8	A是销售方，涉及需要调整的损益已经在上年度调整完毕，所以合并报表中无需调整

④顺流交易中购入方作为固定资产的会计处理。

项 目	个别报表（和逆流处理相同）	合并报表
例如：A投资B，持股20%且有重大影响，A将成本60万元的商品以100万元销售给B作为固定资产使用，预计使用年限10年，无残值，按年限平均法计提折旧，当年计提折旧6个月。B当年实现账面净利润320万元，第二年实现净利润300万元。A需要编制合并财务报表，不考虑所得税及其他因素		
第1年	（1）未实现内部交易损益 =（100-60）-（100-60）÷10×6/12=38（万元） （2）调整后净利润 =320-38=282（万元） （3）确认投资收益 =282×20%=56.4（万元） 借：长期股权投资——损益调整 56.4 贷：投资收益 56.4	A是销售方，营业收入和营业成本金额多，应予以抵销；损益对损益，对应调整投资收益 借：营业收入 20（100×20%） 贷：营业成本 12（60×20%） 投资收益 8 【提示】无论B当年是否计提折旧，合并报表中均应全额调整
第2年	（1）本年实现上年的未实现损益=(100-60)÷10=4（万元） （2）调整后净利润 =300+4=304（万元） （3）确认投资收益 =304×20%=60.8（万元） 借：长期股权投资——损益调整 60.8 贷：投资收益 60.8	A是销售方，涉及需要调整的损益已经在上年度调整完毕，所以合并报表中无需调整

（4）潜在表决权所对应的权益份额不予考虑。

在评估投资方对被投资单位是否具有重大影响时，应当考虑潜在表决权的影响；但在确定应享有的被投资单位实现的净损益、其他综合收益和其他所有者权益变动的份额时，潜在表决权所对应的权益份额不应予以考虑。

（5）剔除不属于投资企业的净损益。

在确认应享有（或应分担）的被投资单位净利润（或亏损）额时，法规或章程规定不属于投资企业的净损益应当予以剔除后计算。例如，被投资单位发行了分类为权益的可累积优先股等类似的权益工具，无论被投资单位是否宣告分配优先股股利，投资方计算应享有被投资单位的净利润时，均应将归属于其他投资方的累计优先股股利予以扣除。

【例题2·单选】甲公司于2×17年1月1日取得乙公司20%有表决权的股份，能够对乙公司施加重大影响。当日，乙公司一批A产品的公允价值为1000万元，账面价值700万元，除此之外其他可辨认资产、负债公允价值与账面价值相等，至2×17年12月31日，乙公司将A产品的60%对外出售。2×17年8月，乙公司将其成本为600万元（未计提存货跌价准备）的B商品以1000万元的价格出售给甲公司，甲公司将取得的商品作为存货，至2×17年12月31日，甲公司将B商品的60%对外出售。2×17年乙公司实现净利润3200万元，不考虑所得税等因素。甲公司2×17年个别财务报表应确认的投资收益为（　　）万元。

A. 580　　B. 548　　C. 572　　D. 590

【答案】C

【解析】（1）投资时点公允价值与账面价值不一致的A产品，针对出售的60%部分调整减少的净利润=（1000−700）×60%=180（万元）；（2）内部交易B商品针对未出售的40%部分，未实现的内部交易损益调整减少的净利润=（1000−600）×（1−60%）=160（万元）。甲公司个别财务报表应确认的投资收益=（3200−160−180）×20%=572（万元）。

【例题3·单选】A公司持有甲公司20%的有表决权的股份，能够对甲公司施加重大影响。20×6年10月25日A公司将一批账面余额300万元的商品，以260万元的价格销售给甲公司（甲公司仍然作为存货进行后续核算），假设交易损失中有30万元是由于存货减值造成的。至20×6年末资产负债表日，该批存货已经对外销售了30%。A公司在对甲公司初始投资时，甲公司各项可辨认的净资产账面价值与公允价值一致，两者之前未发生内部交易。假设甲公司20×6年净利润为2000万元，不考虑所得税和其他因素。A公司因该项投资20×6年应该确认的投资收益为（　　）万元。

A. 398.6　　B. 400　　C. 401.4　　D. 394.4

【答案】C

【解析】该项内部交易损失为40万元，其中30万元是减值造成的，因而应该全额确认减值损失，无需对净利润进行调整；另外商品已经对外出售30%，所以未实现的内部交易损益为−10×70%=−7（万元）。A公司20×6年应确认的投资收益为=[2000−（−7）]×20%=401.4（万元），选项C正确。

【例题4·计算】2×15年1月2日，甲、乙、丙公司分别以银行存款1000万元、2000万元和2000万元出资设立A公司，分别持有A公司20%、40%、40%的股权。甲公司对A公司具有重大影响。A公司2×15年实现净利润4000万元，以公允价值计量且其变动计入其他综合收益的非交易性权益工具投资公允价值上升1000万元，无其他所有者权益变动。

2×16年1月1日，经甲、乙、丙公司协商，乙公司对A公司增资4000万元，增资后A公司净资产为14000万元，甲、乙、丙公司分别持有A公司15%、50%、35%的股权。相关手续于当日完成，甲公司仍能够对A公司施加重大影响。A公司2×16年实现净利润5000万元，宣告分配并发放现金股利1000万元，以公允价值计量且其变动计入其他综合收益的非交易性权益工具投资公允价值下降600万元，无其他所有者权益变动。

假定甲公司与A公司适用的会计政策、会计期间相同，双方在当期及以前期间未发生其他内部交易。不考虑相关税费等其他因素影响。

要求：

编制甲公司2×15年、2×16年与A公司股权投资有关的会计分录。

【答案】

（1）2×15年1月2日

借：长期股权投资——投资成本　　1000

　　贷：银行存款　　1000

（2）2×15年A公司实现净利润

借：长期股权投资——损益调整　　800（4000×20%）

　　贷：投资收益　　800

（3）2×15年A公司以公允价值计量且其变动计入其他综合收益的金融资产公允价值变动

借：长期股权投资——其他综合收益　　200（1000×20%）

　　贷：其他综合收益　　200

（4）2×16年1月1日

乙公司增资前，A公司净资产账面价值为10000万元（1000+2000+2000+4000+1000），甲公司应享有A公司权益的份额为2000万元（10000×20%）；乙公司单方面增资后，A公司的净资产为14000万元，甲公司应享有A公司权益的份额为2100万元（14000×15%）。甲公司享有的权益增加100万元。

借：长期股权投资——其他权益变动　　100

　　贷：资本公积——其他资本公积　　100

（5）2×16年A公司实现净利润

借：长期股权投资——损益调整　　750（5000×15%）

　　贷：投资收益　　750

（6）2×16年A公司宣告分配并发放现金股利

借：应收股利　　150（1000×15%）

　　贷：长期股权投资——损益调整　　150

借：银行存款　　150

　　贷：应收股利　　150

（7）2×16年A公司以公允价值计量且其变动计入其他综合收益的金融资产公允价值变动：

借：其他综合收益　　90（600×15%）

　　贷：长期股权投资——其他综合收益　　90

【例题5·计算】2×18年1月1日，A公司和B公司各出资50%共同出资设立C公司，C公司为A公司和B公司的合营企业。2×18年6月30日，A公司以机器设备、B公司以现金增资200万元，增资后仍各自持股50%。A公司出资的设备公允价值200万元，账面价值140万元（原值200万元，累计折旧60万元），预计尚可使用10年，无残值，按年限平均法计提折旧。C公司当年实现账面净利润320万元。假设A需要编制合并财务报表，不考虑所得税及其他因素。

要求：

编制A公司2×18年上述业务的相关会计分录（包括个别报表和合并报表）。

【答案】

（1）A公司个别报表投资时：

借：长期股权投资——投资成本　　200

　　贷：固定资产清理　　140

　　　　资产处置损益　　60

借：固定资产清理　　　　　　　　　　140
　　累计折旧　　　　　　　　60
　　贷：固定资产　　　　　　　　200

（2）年末时：

未实现内部交易损益 =（200−140）−（200−140）÷10×6/12=57（万元）；调整后净利润 = 320−57=263（万元）；确认投资收益 =263×50%=131.5（万元）

借：长期股权投资——损益调整　131.5
　　贷：投资收益　　　　　　131.5

（3）A 公司合并报表中：

A 是投资（销售）方，资产处置收益金额多，应予以抵销；损益对损益，对应调整投资收益。

借：资产处置收益　　　　　　30（60×50%）
　　贷：投资收益　　　　　　30

3. 合营方向合营企业投出或出售非货币性资产产生损益的处理

（1）符合下列情况之一的，合营方不应确认该类交易的损益（按照账面价值确认）：

① 与投出非货币性资产所有权有关的重大风险和报酬没有转移给合营企业。

② 投出非货币性资产的损益无法可靠计量。

③ 投出非货币性资产交易不具有商业实质。

（2）合营方转移了与投出非货币性资产所有权有关的重大风险和报酬并且投出资产留给合营企业使用的，应在该项交易中确认属于合营企业其他合营方的利得和损失（即抵销属于自己应享有份额的利得和损失）。

【提示】交易表明投出或出售非货币性资产发生减值损失的，合营方应当全额确认该部分损失。

该交易参照顺流交易进行会计处理（视同先投资，然后再出售该资产），区分投资方个别财务报表和合并财务报表分别进行处理。

（3）在投出非货币性资产的过程中，合营方除了取得合营企业的长期股权投资外还取得了其他货币性或非货币性资产的，应当确认该项交易中与所取得其他货币性、非货币性资产相关的损益。

【例题 6·计算】A 公司和 B 公司于 20×8 年 6 月 30 日共同出资 1600 万元设立 C 公司，各持有 C 公司注册资本的 50%，C 公司为 A 公司、B 公司的合营企业。A 公司以其一台大型设备出资，出资时该设备的原价为 1200 万元，累计折旧为 600 万元，公允价值为 1000 万元，未计提减值，投资时该设备尚可使用年限为 10 年，采用年限平均法计提折旧，无残值。B 公司以 600 万元的现金出资，另支付 A 公司 200 万元现金。

假定：C 公司 20×8 年 7 ~ 12 月实现净利润 1000 万元；A 公司有子公司，需要编制合并财务报表，不考虑相关税费及其他因素的影响。

要求：

编制 A 公司 20×8 年相关业务的会计分录，如果合并报表需要调整，编制该调整分录。

【答案】

（1）A 公司个别报表投资时：

借：长期股权投资——投资成本　　　800
　　银行存款　　　　　　　　　　　200
　　贷：固定资产清理　　　　　　　　600
　　　　资产处置损益　　　　　　　　400

借：固定资产清理　　　　　600
　　累计折旧　　　　　　　600
　贷：固定资产　　　　　　　1200

（2）年末时：

该设备的处置利得400万元；其中，A公司收取200万元现金实现的利得=400×200/1000=80（万元）；投资时固定资产未实现内部交易损益=400-80=320（万元），期末未实现内部交易损益=320-320÷10×6/12=304（万元）；确认投资收益=（1000-304）×50%=348（万元）。

借：长期股权投资——损益调整　348
　贷：投资收益　　　　　　　348

（3）A公司合并报表中：

A是投资（销售）方，资产处置收益金额多，应予以抵销；损益对损益，对应调整投资收益。

借：资产处置收益　　　　　160（320×50%）
　贷：投资收益　　　　　　　160

【学霸总结】

1. 区分净资产与可辨认净资产

（1）净资产（所有者权益）的账面价值=账面所有者权益

（2）可辨认净资产账面价值=净资产（所有者权益）的账面价值-商誉

（3）可辨认净资产公允价值=可辨认净资产账面价值±存货、固定资产等评估增值或减值。

2. 权益法和成本法核算的区别

项 目	成本法	权益法
取得投资时	（1）同控：投资成本为享有被投资单位所有者权益账面价值的份额 （2）非同控：投资成本为取得投资时付出对价的公允价值 （3）和投资相关的初始费用（审计、法律咨询等）计入管理费用	（1）投资成本为取得投资时付出对价的公允价值和相关初始费用之和 （2）初始投资成本＜应享有被投资单位可辨认净资产公允价值份额，调整长期股权投资的账面价值，并确认营业外收入；反之，不调整
	【提示】包含已宣告未发放的现金股利，单独确认为“应收股利”	
被投资单位实现盈利或亏损	—	借：长期股权投资——损益调整 　贷：投资收益（或相反分录）
宣告发放现金股利或利润	借：应收股利 　贷：投资收益	借：应收股利 　贷：长期股权投资——损益调整
	【提示】宣告发放股票股利，无需处理，备查登记股数	
被投资单位其他综合收益变动	—	借：长期股权投资——其他综合收益 　贷：其他综合收益（或相反分录）
被投资方所有者权益其他变动	—	借：长期股权投资——其他权益变动 　贷：资本公积——其他资本公积 （或相反分录）

（续表）

项 目	成本法	权益法
发生减值	借：资产减值损失 　　贷：长期股权投资减值准备	

3.“投资时点公允价和账面价值差额”和“内部交易”对净利润调整的区别（经常考核）

项 目	投资时点公允价和账面价值差额	内部交易
处理原则	不区分当期或后续期间，一直减去	当期减去未实现损益，以后实现加回
存货	调整后的净利润＝调整前净利润－[（投资时点存货的公允价值－账面价值）×当期出售比例]×（1-25%）	（1）当期：调整后的净利润＝调整前净利润－（内部交易售价－账面价值）×（1－当期对外出售比例）×（1-25%） （2）以后：调整后的净利润＝调整前净利润＋（内部交易售价－账面价值）×当期对外出售比例×（1-25%）
固定资产 无形资产	调整后的净利润＝调整前净利润－[（投资时点公允价值/尚可使用年限－账面原值/预计使用年限）]×（当期折旧、摊销月份数/12）×（1-25%） 或： 调整后的净利润＝调整前净利润－[（投资时点公允价值－账面价值）/尚可使用年限]×（当期折旧、摊销月份数/12）×（1-25%）	（1）当期：调整后的净利润＝调整前净利润－[（内部交易售价－账面价值）－（内部交易售价－账面价值）/尚可使用年限×（当期折旧、摊销月份数/12）]×（1-25%） （2）以后：调整后的净利润＝调整前净利润＋[（内部交易售价－账面价值）/尚可使用年限×（当期折旧、摊销月份数/12）]×（1-25%）

第四节　长期股权投资核算方法的转换及处置

【考点53】长期股权投资核算方法的转换★★★

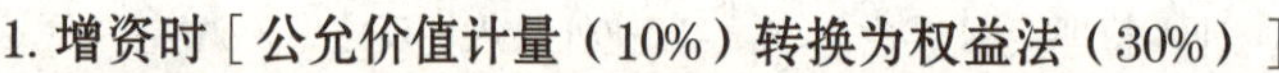
1. 增资时［公允价值计量（10%）转换为权益法（30%）］

项 目	内 容
个别报表	（1）长期股权投资初始投资成本＝原投资的公允价值＋新增投资成本的公允价值 （2）视同处置原投资，与原投资相关的其他综合收益转入留存收益 （3）比较：初始投资成本＜应享有被投资单位可辨认净资产公允价值的份额，差额调增初始投资成本，并确认营业外收入；反之，不进行调整 借：长期股权投资——投资成本（原投资的公允价值＋新增投资成本的公允价值） 　　贷：其他权益工具投资/交易性金融资产（原投资的账面价值） 　　　　银行存货/其他资产等（新增投资成本的公允价值） 　　　　留存收益/投资收益（可能在借方，原投资的公允价值－原投资的账面价值） 借：其他综合收益 　　贷：留存收益（可能做相反分录）
合并报表	不形成控制，无合并报表

2. 增资时［公允价值计量（10%）转换为成本法（60%）］

项　目	内　容
个别报表	（1）同一控制 ①长期股权投资的初始投资成本 = 按照被投资方所有者权益在最终控制方的账面价值 × 总持股比例 + 原最终控制方的购买商誉 ②“初始投资成本”与“达到合并前原股权投资账面价值 + 合并日为取得新的股份所支付对价的账面价值”的差额，调整资本公积（资本溢价或股本溢价），资本公积不足冲减的，依次冲减盈余公积、未分配利润 ③与原投资相关的其他综合收益暂不结转，处置时按比例或全部结转 借：长期股权投资（被投资方的账面价值 × 总持股比例 + 原最终控制方的购买商誉） 　　资本公积——股本溢价（可能在贷方） 　　贷：其他权益工具投资 / 交易性金融资产（原投资的账面价值） 　　　　银行存款 / 其他资产等（新增投资成本的账面价值）
	（2）非同一控制 ①长期股权投资初始投资成本 = 原投资的公允价值 + 新增投资成本的公允价值 ②视同处置原投资，与原投资相关的其他综合收益转入留存收益 借：长期股权投资（原投资的公允价值 + 新增投资成本的公允价值） 　　贷：其他权益工具投资 / 交易性金融资产（原投资的账面价值） 　　　　银行存款 / 其他资产等（新增投资成本的公允价值） 　　　　留存收益 / 投资收益（可能在借方，原投资的公允价值 - 原投资的账面价值） 借：其他综合收益 　　贷：留存收益（可能做相反分录）
合并报表	（1）同一控制：视同参加合并的各方在最终控制方开始控制时即以目前的状态进行调整，并调整相关比较期间财务报表相关项目（了解） （2）非同一控制：个别报表原投资已经按公允价值重新计量，所以无需调整

3. 增资时［权益法（30%）转换为成本法（60%）］

项　目	内　容
个别报表	（1）同一控制 ①长期股权投资的初始投资成本 = 按照被投资方所有者权益在最终控制方的账面价值 × 总持股比例 + 原最终控制方的购买商誉 ②“初始投资成本”与“达到合并前原股权投资账面价值 + 合并日为取得新的股份所支付对价的账面价值”的差额，调整资本公积（资本溢价或股本溢价），资本公积不足冲减的，依次冲减盈余公积、未分配利润 借：长期股权投资（被投资方的账面价值 × 总持股比例 + 原最终控制方的购买商誉） 　　资本公积——股本溢价（可能在贷方） 　　贷：长期股权投资（原投资的账面价值） 　　　　银行存款 / 其他资产等（新增投资成本的账面价值）
	（2）非同一控制 长期股权投资初始投资成本 = 原投资的账面价值 + 新增投资成本的公允价值 借：长期股权投资（原投资的账面价值 + 新增投资成本的公允价值） 　　贷：长期股权投资（原投资的账面价值） 　　　　银行存款 / 其他资产等（新增投资成本的公允价值） 【提示】无论同控和非同控，与原投资相关的其他综合收益、资本公积等暂不结转，处置时按比例或全部结转

（续表）

项 目	内 容
合并报表	（1）同一控制：视同参加合并的各方在最终控制方开始控制时即以目前的状态进行调整，并调整相关比较财务报表相关项目（了解） （2）非同一控制 ①对于原股权投资，按照在购买日的公允价值进行重新计量，差额计入当期投资收益 ②企业合并成本 = 原投资在购买日的公允价值 + 新支付对价的公允价值 ③与原投资相关的其他综合收益、资本公积，应转入投资收益或留存收益 借：长期股权投资（原投资的公允价值） 　　贷：长期股权投资（原投资的账面价值） 　　　　投资收益（差额） 借：其他综合收益 / 资本公积——其他资本公积（原投资相关的其他综合收益等） 　　贷：投资收益（可以转损益的部分） 　　　　留存收益（不能转入损益的其他综合收益）

4. 减资时［成本法（60%）转换为权益法（30%）］

项 目	内 容
个别报表	（1）终止确认处置部分的长期股权投资 借：银行存款 　　贷：长期股权投资（出售部分的账面价值） 　　　　投资收益（差额，可能在借方） （2）追溯调整，按照剩余持股比例视同从取得投资时点即采用权益法核算，将其调整到权益法核算的结果 ①按照剩余持股比例，对投资时点商誉进行追溯调整（正商誉不处理，负商誉调整） 借：长期股权投资——投资成本 　　贷：盈余公积、利润分配——未分配利润（投资当年转换的，调整营业外收入） ②按照剩余持股比例，确认取得投资后到处置投资时所有者权益的变动 借：长期股权投资——损益调整（被投资方累计净损益变动 × 剩余持股比例） 　　贷：盈余公积（以前年度累计的净损益变动 × 剩余持股比例 ×10%） 　　　　利润分配——未分配利润（以前年度累计的净损益变动 × 剩余持股比例 ×90%） 　　　　投资收益（当年年初至处置时点的净损益变动 × 剩余持股比例） 借：长期股权投资——其他综合收益（累计其他综合收益变动 × 剩余持股比例） 　　贷：其他综合收益 借：长期股权投资——其他权益变动（累计其他权益变动 × 剩余持股比例） 　　贷：资本公积——其他资本公积 【提示】调整留存收益和投资收益时，应自被投资方实现的净损益中扣除已发放或已宣告发放的现金股利或利润
合并报表	（1）处理原则：视同该投资全部出售，然后又新购入剩余比例部分的投资 （2）合并报表处置当期的投资收益 =[（处置股权取得的对价 + 剩余股权公允价值）- 原有子公司自购买日开始持续计算的可辨认净资产 × 原持股比例]- 商誉 + 其他综合收益、其他所有者权益变动 × 原持股比例 【提示】合并报表中计算投资收益应考虑正商誉的影响，不考虑负商誉的影响 （3）调整步骤 ①对剩余持股比例的投资，由账面价值调整到公允价值，差额计入投资收益 借：长期股权投资（剩余股权公允价值）

（续表）

项　目	内　容
合并报表	贷：长期股权投资（剩余股权账面价值） 投资收益（差额） ②对个别报表中处置部分的投资收益的归属期间进行调整 借：投资收益（替代长期股权投资）（累计所有者权益变动 × 处置股权比例） 贷：未分配利润（以前年度累计净损益 × 处置股权比例） 投资收益（当年年初至处置时点的净损益变动 × 处置股权比例） 其他综合收益（累计其他综合收益 × 处置股权比例） 资本公积（其他资本公积）（累计其他权益变动 × 处置股权比例） ③将合并报表中相关的其他综合收益、资本公积转入投资收益（不能转损益的除外） 借：其他综合收益（累计其他综合收益 × 原股权比例） 资本公积（其他资本公积）（累计其他权益变动 × 原股权比例） 贷：投资收益 【提示】不能转入损益的其他综合收益：①被投资单位重新计量设定受益计划净负债或净资产变动而产生的其他综合收益；②被投资单位以公允价值计量且其变动计入其他综合收益的金融资产（权益工具）产生的其他综合收益

5. 减资时［成本法（60%）转换为公允价值计量（10%）］

项　目	内　容
个别报表	（1）确认有关股权的处置损益 借：银行存款（处置价款） 贷：长期股权投资（出售股权的账面价值） 投资收益（差额，可能在借方） （2）剩余股权转为交易性金融资产 / 其他权益工具投资核算 借：其他权益工具投资 / 交易性金融资产（剩余股权的公允价值） 贷：长期股权投资（剩余股权的账面价值） 投资收益（差额，可能在借方）
合并报表	（1）合并报表处置当期的投资收益 =[（处置股权取得的对价 + 剩余股权公允价值）- 原有子公司自购买日开始持续计算的可辨认净资产 × 原持股比例]- 商誉 + 其他综合收益、其他所有者权益变动 × 原持股比例 【提示】合并报表中计算投资收益应考虑正商誉的影响，不考虑负商誉的影响 （2）调整步骤 ①对个别报表中处置部分的投资收益的归属期间进行调整 借：投资收益（替代长期股权投资）（累计所有者权益变动 × 原股权比例） 贷：未分配利润（以前年度累计净损益 × 原股权比例） 投资收益（当年年初至处置时点的净损益变动 × 原股权比例） 其他综合收益（累计其他综合收益 × 原股权比例） 资本公积（其他资本公积）（累计其他权益变动 × 原股权比例） ②将合并报表中相关的其他综合收益、资本公积转入投资收益（不能转损益的除外） 借：其他综合收益（累计其他综合收益 × 原股权比例） 资本公积（其他资本公积）（累计其他权益变动 × 原股权比例） 贷：投资收益

6. 减资时［权益法（30%）转换为公允价值计量（10%）］

项　目	内　容
个别报表	（1）确认有关股权的处置损益 借：银行存款 　　贷：长期股权投资（出售股权的账面价值） 　　　　投资收益（差额，可能在借方） （2）剩余股权转为交易性金融资产 / 其他权益工具投资核算 借：其他权益工具投资 / 交易性金融资产（剩余股权的公允价值） 　　贷：长期股权投资（剩余股权的账面价值） 　　　　投资收益（差额，可能在借方） （3）结转与原投资相关的其他综合收益、其他资本公积等（不能转入损益的除外） 借：其他综合收益 / 资本公积——其他资本公积 　　贷：投资收益（可能做相反分录） 【提示】应视同处置原投资，然后购入新投资进行核算
合并报表	无合并报表

【例题 1 · 计算】2×16 年 1 月 1 日，甲公司以 3000 万元现金取得乙公司 60% 的股权，能够对乙公司实施控制；当日，乙公司可辨认净资产公允价值为 4500 万元（公允价值与账面价值相同）。2×17 年 10 月 1 日，甲公司出售持有乙公司 40% 的股权，获得价款 3600 万元，甲公司对乙公司持股比例下降为 20%，对乙公司丧失控制权但仍具有重大影响。2×16 年 1 月 1 日至 2×17 年 10 月 1 日期间，乙公司实现净利润 2500 万元（其中 2×16 年 1 月 1 日至 2×16 年 12 月 31 日期间实现净利润 2000 万元），其他综合收益变动 300 万元（可转入损益），除上述两项外其他所有者权益变动 200 万元。

假定乙公司一直未进行利润分配，也未发生相关的交易或事项。甲公司按净利润的 10% 提取法定盈余公积，不考虑相关税费等其他因素影响。

要求：

计算处置该投资时合并报表中确认的投资收益；并编制甲公司个别报表和合并报表中处置该股权的会计分录。

【答案】

（1）确认个别报表的处置损益 =3600−3000×（60%−20%）/60%=1600（万元）。

借：银行存款　　　　　　　　　　3600（处置价款）

　　贷：长期股权投资　　　　　　　　2000（处置部分的账面价值）

　　　　投资收益　　　　　　　　　　1600

（2）剩余股权的初始投资成本 1000 万元＞享有原投资时点可辨认净资产公允价值 900（4500×20%），不需要调整长期股权投资的初始投资成本。

（3）对剩余股权视同自取得投资时即采用权益法核算进行调整。

借：长期股权投资——损益调整　　　　500（累计净损益 2500×20%）

　　长期股权投资——其他综合收益　　60（累计其他综合收益 300×20%）

　　长期股权投资——其他权益变动　　40（累计其他权益变动 200×20%）

贷：盈余公积　　　　　　　　　　　　40（以前年度净损益 2000×20%×10%）

利润分配——未分配利润　　　　　　360（以前年度净损益 2000×20%×90%）

投资收益　　　　　　　　　　　　　100（当期净损益 500×20%）

其他综合收益　　　　　　　　　　　60（累计其他综合收益 300×20%）

资本公积——其他资本公积　　　　　40（累计其他权益变动 200×20%）

（4）取得投资时的商誉 =3000-4500×60%=300（万元）；合并报表中的处置投资收益 =（3600+3600÷40%×20%）-[（4500+2500+300+200）×60%+300]+（300+200）×60%=900（万元），当期实现净损益确认的投资收益 =500×60%=300（万元），合计为 1200 万元；个别报表中已经确认 1700 万元投资收益，应做以下调整分录：

①调整剩余股权的账面价值到公允价值：

借：长期股权投资　　　　　　　　　1800（3600÷40%×20%）剩余股权公允价值

贷：长期股权投资　　　　　　　　1600（1000+500+100）剩余股权账面价值

投资收益　　　　　　　　　　　200

②对个别报表中处置股权收益的归属期间进行调整：

借：投资收益（替代长期股权投资）　1200（累计所有者权益变动 3000×40%）

贷：未分配利润　　　　　　　　　800（以前年度净损益 2000×40%）

投资收益　　　　　　　　　　　200（当期净损益 500×40%）

其他综合收益　　　　　　　　　120（累计其他综合收益 300×40%）

资本公积——其他资本公积　　　80（累计其他权益变动 200×40%）

③将累计的其他综合收益、资本公积转入当期损益：

借：其他综合收益　　　　　　　　　180（个报调整 60+ 合报调整 120）

资本公积——其他资本公积　　　　120（个报调整 40+ 合报调整 80）

贷：投资收益　　　　　　　　　　300

【例题 2·计算】P 公司是一家集团化的上市公司，与股权投资相关的业务如下：

（1）P 公司于 20×8 年 1 月以 2000 万元取得 S 上市公司 5% 的股权，对 S 公司不具有重大影响，P 公司将其分类为以公允价值计量且其变动计入当期损益的金融资产。20×9 年 1 月 1 日，P 公司又斥资 25000 万元自 A 公司取得 S 公司 50% 的股权。P 公司原持有 S 公司 5% 的股权于 20×8 年 12 月 31 日的公允价值为 2500 万元（与 20×9 年 1 月 1 日的公允价值相等），累计计入公允价值变动损益的金额为 500 万元。P 公司与 A 公司不存在任何关联方关系。

（2）P 公司于 20×8 年 1 月以 1200 万元取得 T 公司 20% 的股权，并能对 T 公司施加重大影响，采用权益法核算该项股权投资，投资当日 T 公司可辨认净资产的公允价值为 5000 万元（与账面价值相等）。20×9 年 1 月 1 日，P 公司又斥资 3000 万元自 B 公司取得 T 公司另外 40% 的股权，当日原 20% 股权公允价值为 1500 万元。T 公司可辨认净资产的公允价值为 6000 万元，账面价值为 5500 万元。20×8 年 T 公司实现净利润 400 万元，其他综合收益增加 100 万元（可转入损益），无其他所有者权益变动，按净利润的 10% 提取盈余公积。P 公司与 B 公司不存在任何关联方关系。

（3）20×8 年 1 月 1 日，P 公司以银行存款 200 万元购入 R 公司 10% 的有表决权的股份，P 公司将其指定为以公允价值计量且其变动计入其他综合收益的金融资产。20×8 年 12 月 31 日，该股票公允价值为250万元。20×9年3月1日，P公司又以600万元的价格从R公司其他股东处取得R公司20%的股权，至此持股比例达到30%，对R公司具有重大影响。当日原持有的股权投资的公允价值为300万元，R公司可辨认净资产公允价值总额为2800万元。

假定不考虑所得税及其他相关因素的影响，P公司按照10%计提盈余公积。

要求：

（1）简要说明P公司取得S公司的50%的股权后该如何核算，并编制相关的会计分录。

（2）简要说明P公司取得T公司的40%的股权后该如何核算；并编制P公司持有20%股权投资及取得40%投资时的相关会计分录（包括个别报表和合并报表）；计算合并成本、商誉的金额。

（3）编制P公司取得R公司股权的相关会计分录。

【答案】

（1）P公司是通过分步购买最终达到对S公司控制，因P公司与A公司不存在任何关联方关系，故形成非同一控制下企业合并。

借：长期股权投资　　　　27500（2500+25000）
　　贷：交易性金融资产——成本　　　　2000
　　　　　　　　　　——公允价值变动　　500
　　　　银行存款　　　　25000

（2）P公司是通过分步购买最终达到对T公司控制，因P公司与B公司不存在任何关联方关系，故形成非同一控制下企业合并。

①取得20%投资时，投资成本1200万元＞应享有T公司可辨认净资产的份额1000万元，无需调整：

借：长期股权投资——投资成本　　　　1200
　　贷：银行存款　　　　1200
借：长期股权投资——损益调整　　　　80（400×20%）
　　贷：投资收益　　　　80
借：长期股权投资——其他综合收益　　　　20（100×20%）
　　贷：其他综合收益　　　　20

②取得40%投资时，个别报表：

借：长期股权投资　　　　4300（1300+3000）
　　贷：长期股权投资——投资成本　　　　1200
　　　　　　　　　　——损益调整　　　　80
　　　　　　　　　　——其他综合收益　　　　20
　　　　银行存款　　　　3000

③取得40%投资时，合并报表调整：

借：长期股权投资　　　　200（1500−1300）
　　贷：投资收益　　　　200
借：其他综合收益　　　　20
　　贷：投资收益　　　　20

④ 企业合并成本 =1500+3000=4500（万元）；商誉 =4500−6000×60%=900（万元）。

（3）①P 公司取得 R 公司 10% 股权：

借：其他权益工具投资——成本　　200

　贷：银行存款　　200

借：其他权益工具投资——公允价值变动　　50

　贷：其他综合收益　　50

②20×9 年 3 月 1 日追加投资 20% 时：

借：长期股权投资——投资成本　　900（600+300）

　贷：其他权益工具投资——成本　　200

　　　　——公允价值变动　　50

　　盈余公积　　5[（300−250）×10%]

　　利润分配——未分配利润　　45[（300−250）×90%]

　　银行存款　　600

借：其他综合收益　　50

　贷：盈余公积　　5[（300−250）×10%]

　　利润分配——未分配利润　　45[（300−250）×90%]

③追加投资时，初始投资成本 900 万元＞投资时应享有被投资单位可辨认净资产公允价值 840 万元（2800×30%），不调整初始投资成本。

【例题 3 · 计算】A 公司持有 B 公司 30% 的有表决权股份，能够对 B 公司施加重大影响。20×8 年 10 月 1 日，A 公司将该投资的 50% 出售给 C 公司，取得价款 180 万元。A 公司持有 B 公司剩余 15% 股权，无法再对 B 公司施加重大影响，转为以公允价值计量且其变动计入当期损益的金融资产。股权出售日，剩余股权的公允价值为 180 万元。20×8 年 10 月 1 日，原长期股权投资的账面价值为 320 万元，其中投资成本 260 万元，损益调整为 30 万元，其他综合收益为 20 万元（可转入损益），除上述以外的其他所有者权益变动为 10 万元。不考虑相关税费等其他因素影响。

要求：

编制上述处理股权的会计分录。

【答案】

（1）确认有关股权投资的处置损益：

借：银行存款　　180

　贷：长期股权投资——投资成本　　130（260×50%）

　　　　——损益调整　　15（30×50%）

　　　　——其他权益变动　　5（10×50%）

　　　　——其他综合收益　　10（20×50%）

　　投资收益　　20

（2）剩余股权当日公允价值为 180 万元，账面价值为 160 万元，差额计入当期投资收益：

借：交易性金融资产——成本　　180

　贷：长期股权投资——投资成本　　130（260×50%）

　　　　——损益调整　　15（30×50%）

——其他权益变动　　5（10×50%）

——其他综合收益　　10（20×50%）

投资收益　　20

（3）由于终止采用权益法核算，将原确认的相关其他综合收益、其他资本公积全部转入投资收益：

借：其他综合收益　　20

资本公积——其他资本公积　　10

贷：投资收益　　30

【考点54】长期股权投资的处置★

出售所得价款与长期股权投资账面价值之间的差额，确认为处置损益。

投资方处置权益法核算的长期股权投资，原计入“其他综合收益”“资本公积——其他资本公积”的金额转入当期投资收益（不能结转损益的除外）。

（1）全部处置：全部转入当期投资收益。

（2）部分处置：剩余股权仍采用权益法核算的，按照比例结转；终止采用权益法的，全部结转。

【学霸总结】

（1）在非同控中，个别报表的企业增资、减资引起的计量方法变更，总结如下图所示。

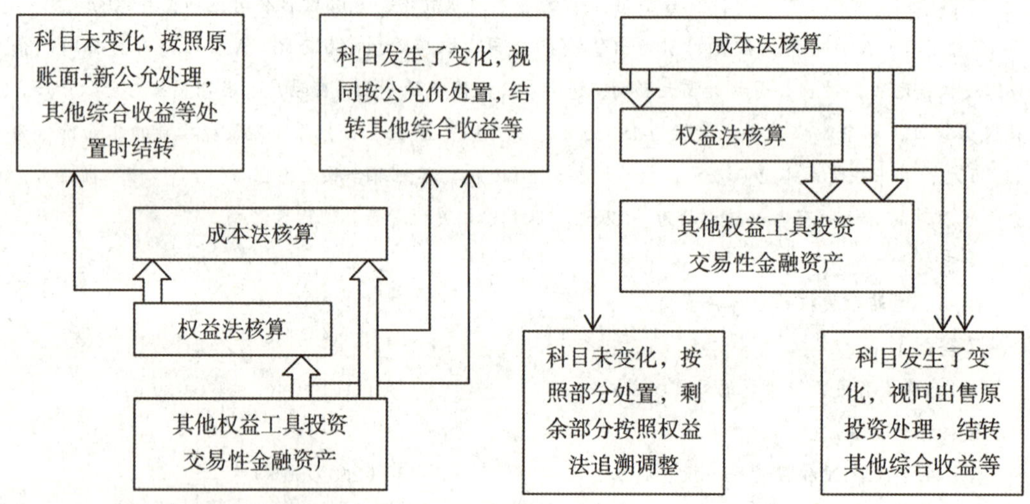

（2）不能结转损益的其他综合收益。

① 重新计量设定受益计划净负债或净资产导致的变动计入其他综合收益，不能重分类进入损益。

② 在初始确认时指定为以公允价值计量且其变动计入其他综合收益的非交易性权益工具投资，其公允价值变动计入其他综合收益；在终止确认时不能重分类进入损益（应转入留存收益）。

③ 投资单位按照权益法核算因被投资单位发生上述事项导致的权益变动，投资企业

按持股比例计算确认的该部分其他综合收益，不能重分类进入损益。

④ 企业自身信用风险公允价值变动。

第五节　合营安排

【考点 55】概念及合营安排的认定★★

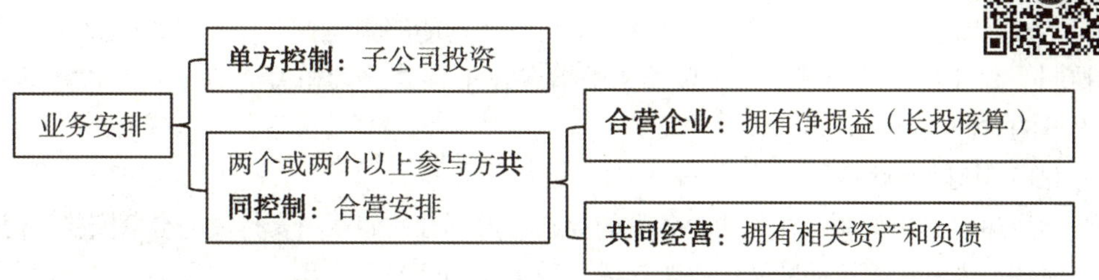

1. 合营安排的概念及认定

合营安排是指一项由两个或两个以上的参与方共同控制的安排。

2. 共同控制及其判断原则

共同控制，是指按照相关约定对某项安排所共有的控制，并且该安排的相关活动必须经过分享控制权的参与方一致同意后才能决策。

（1）集体控制，所有参与方或一组参与方必须一致行动才能决定某安排的相关活动。

① 集体控制不是单独一方控制。

例如，D 安排所有重大决策需要 50% 以上表决权通过方可做出，A 占 60%、B 占 30%、C 占 10%；则 A 能够单独控制 D，不属于集体控制。

② 集体控制，指的是那些既能联合起来控制该安排，又使得参与方数量最少的一个或几个参与方组合（很可能不止一个），如下图所示。

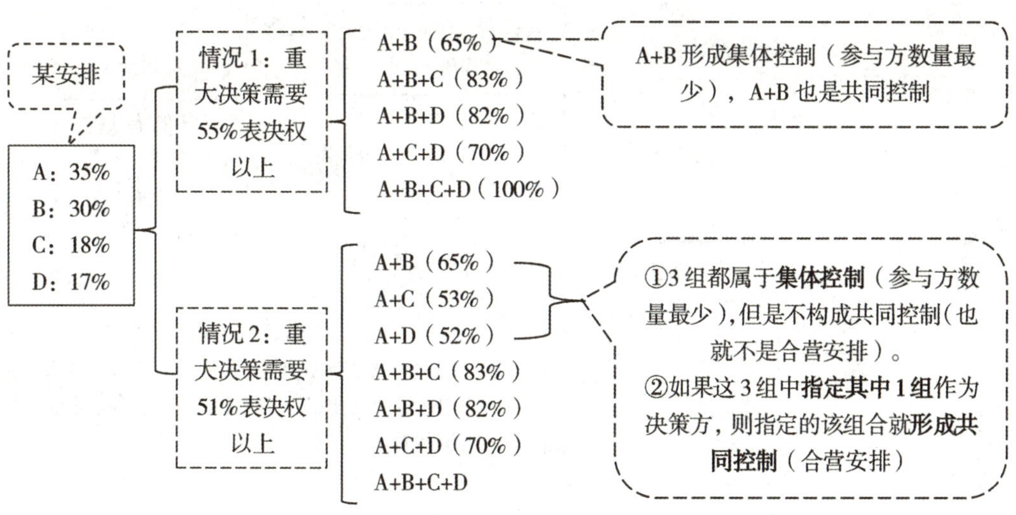

（2）相关活动的决策。

① 当且仅当相关活动的决策要求集体控制该安排的参与方一致同意时，才存在共同控制。

如上图情况 1 所示，只要 A 和 B 意见一致，就可以达成一致同意，无须 C、D 都一致同意（因为 C、D 不是集体控制该安排的参与方），A 和 B 具有共同控制权。

② 若存在多种参与方的组合形式均能满足最低表决权比例要求的情形，则该安排就不是合营安排；除非相关约定明确指出需要其中哪些参与方一致同意才能就相关活动做出决策。

如上图情况 2 所示，虽然 A+B、A+C、A+D 均能够集体控制该安排，但是不构成共同控制（除非直接指定其中一个）；如果指定 A+B 能够决策相关活动，则 A 和 B 具有对该安排的共同控制权。

（3）其他影响因素。

① 争议解决机制：相关约定条款的存在一般不会妨碍某项安排成为合营安排。但是，如果在各方未就相关活动的重大决策达成一致意见的情况下，其中一方具备“一票通过权”或者潜在表决权等特殊权力，则需要仔细分析，很可能具有特殊权力的一方实质上具备控制权，不构成合营安排。

② 仅享有保护性权利的参与方不享有共同控制（没有进行决策的权力）。

③ 一项安排的不同活动可能分别由不同的参与方或参与方组合主导。

④ 综合评估多项相关协议。

3. 合营安排中的不同参与方

只要两个或两个以上的参与方对该安排实施共同控制，一项安排就可以被认定为合营安排，并不要求所有参与方都对该安排享有共同控制。对合营安排享有共同控制的参与方（分享控制权的参与方）被称为“合营方”；对合营安排不享有共同控制的参与方被称为“非合营方”。

4. 合营安排的分类

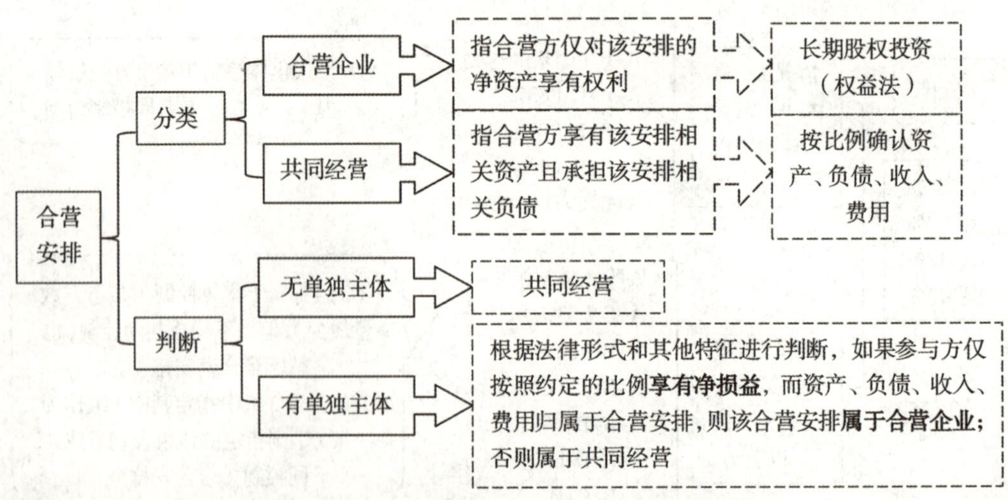

【考点 56】共同经营中合营方的会计处理★

1. **一般会计处理原则**

（1）确认单独所持有或承担的资产、负债、收入、费用。

（2）确认按比例享有或承担的共同经营中的资产、负债、收入、费用。

2. **合营方向共同经营投出或者出售不构成业务的资产的会计处理**

合营方向共同经营投出或出售不构成业务的资产等，在共同经营将相关资产出售给第三方或相关资产消耗之前，应当仅确认归属于共同经营其他参与方的利得或损失。如果投出或出售的资产发生符合《企业会计准则第 8 号——资产减值》等规定的资产减值损失的，合营方应当全额确认该损失。（与内部交易中顺流交易的会计处理类似）。

3. **合营方自共同经营购买不构成业务的资产的会计处理**

合营方自共同经营购买不构成业务的资产等，在将该资产等出售给第三方之前，不应当确认因该交易产生的损益中该合营方应享有的部分（与内部交易中逆流交易的会计处理类似）。

4. **合营方取得构成业务的共同经营的利益份额的会计处理**

企业应当按照企业合并准则的相关规定判断该共同经营是否构成业务。该处理原则不仅适用于收购现有的构成业务的共同经营中的利益份额，也适用于与其他参与方一起设立共同经营，且由于有其他参与方注入既存业务，使共同经营设立时即构成业务。

【考点 57】对共同经营不享有共同控制的参与方的会计处理原则★

对共同经营不享有共同控制的参与方（非合营方），如果享有该共同经营相关资产且承担该共同经营相关负债的，比照合营方进行会计处理。

否则，应当按照相关企业会计准则的规定对其利益份额进行会计处理，例如：

（1）如果该参与方对于合营安排的净资产享有权利并且具有重大影响，则按照长期股权投资准则等相关规定进行会计处理；

（2）如果该参与方对于合营安排的净资产享有权利并且无重大影响，则按照金融工具确认和计量准则等相关规定进行会计处理。

【学霸总结】

（1）共同控制是合营安排的前提，但是并不要求所有参与方都能实施共同控制。

（2）两个以上参与方组合能够集体控制某项安排的，该安排不构成共同控制，除非相关约定明确指出需要其中哪些参与方一致同意才能就相关活动做出决策。

（3）合营安排为共同经营的，参与方对资产、负债、收入、费用享有权力和承担义务；合营安排为合营企业的，参与方对有关的净资产享有权利。

（4）当合营安排未通过单独主体达成时，该合营安排为共同经营；如果通过单独主体达成，一般情况下为合营企业，但需要具体分析。

【例题·单选】甲公司、乙公司、丙公司共同设立 A 企业，投资协议规定，A 企业相关活动的决策至少需要 70% 以上表决权通过才能实施。假定甲公司、乙公司、丙公司任意两方均可达成一致意见，但是三方不能达成一致意见。下列项目中属于共同控制的是（　　）。

A. 甲公司、乙公司、丙公司在该 A 企业中拥有的表决权分别为 50%、35% 和 15%

B. 甲公司、乙公司、丙公司在该A企业中拥有的表决权分别为50%、25%和25%

C. 甲公司、乙公司、丙公司在该A企业中拥有的表决权分别为80%、10%和10%

D. 甲公司、乙公司、丙公司在该A企业中拥有的表决权分别为33%、33%和34%

【答案】A

【解析】选项A，甲公司和乙公司是能够集体控制A企业的唯一组合，属于共同控制；选项B，甲公司和乙公司、甲公司和丙公司是能够集体控制A企业的两个组合，如果存在两个或两个以上的参与方组合能够集体控制某项安排的，不构成共同控制；选项C，甲公司可以单独对A企业实施控制，不属于共同控制范围；选项D，任意两个投资者持股比例都达不到70%，不属于共同控制。

历年真题演练

一、单项选择题

1.（2018年）下列各项交易产生的费用中，不应计入相关资产成本或负债初始确认金额的是（　　）。

A. 外购无形资产发生的交易费用

B. 承租人在融资租赁中发生的初始直接费用

C. 合并方在非同一控制下的企业合并中发生的中介费用

D. 发行以摊余成本计量的公司债券时发生的交易费用

2.（2017年）乙公司为丙公司和丁公司共同投资设立。2×17年1月1日，乙公司增资扩股，甲公司出资450万元取得乙公司30%股权并能够对其施加重大影响。甲公司投资日，乙公司可辨认净资产的公允价值和账面价值为1600万元。2×17年，乙公司实现净利润900万元，其他综合收益增加120万元。甲公司拟长期持有对乙公司的投资。甲公司适用的所得税税率为25%。不考虑其他因素，下列各项关于甲公司2×17年对乙公司投资相关会计处理的表述中，正确的是（　　）。

A. 按照实际出资金额确定对乙公司投资的投资成本

B. 将按持股比例计算应享有乙公司其他综合收益变动的份额确认为投资收益

C. 投资时将实际出资金额与享有乙公司可辨认净资产份额之间的差额确认为其他综合收益

D. 对乙公司投资年末账面价值与计税基础不同产生的应纳税暂时性差异，不应确认递延所得税负债

3.（2015年）下列关于合营安排的表述中，正确的是（　　）。

A. 合营安排为共同经营的，参与方对合营安排有关的净资产享有权利

B. 合营安排中参与方对合营安排提供担保的，该合营安排为共同经营

C. 两个参与方组合能够集体控制某项安排的，该安排构成合营安排

D. 当合营安排未通过单独主体达成时，该合营安排为共同经营

4.（2014年）20×4年2月1日，甲公司以增发1000万股本公司普通股股票和一台大型设备为对价，取得乙公司25%股权。其中，所发行普通股面值为每股1元，公允价值为每股10元。为增发股份，甲公司向证券承销机构等支付佣金和手续费400万元。用作对价的设备账面价值为1000万元，公允价值为1200万元。当日，乙公司可辨认净资产公允价值为40000万元。假定甲公司能够对乙公司施加重大影响。不考虑其他因素，甲公司该项长期股权投资的初始投资成本是（　　）万元。

A.10000　　B.11000

C.11200　　D.11600

二、多项选择题

1.（2017年）甲公司为境内上市的非投资性主体，其持有其他企业股权或权益的情况如下：

（1）持有乙公司30%的股权并能对其施加重

大影响；（2）持有丙公司 50% 股权并能与丙公司的另一投资方共同控制丙公司；（3）持有丁公司 5% 股权但对丁公司不具有控制、共同控制和重大影响；（4）持有戊结构化主体的权益并能对其施加重大影响。下列各项关于甲公司持有其他企业股权或权益会计处理的表述中，正确的有（ ）。

A. 甲公司对乙公司的投资采用权益法进行后续计量

B. 甲公司对丙公司的投资采用成本法进行后续计量

C. 甲公司对丁公司的投资采用公允价值进行后续计量

D. 甲公司对戊公司的投资采用公允价值进行后续计量

2.（2016 年改编）甲公司 2×13 年 7 月以 860 万元取得 100 万股乙公司股票，占乙公司发行在外的股份的 0.5%，作为以公允价值计量且其变动计入当期损益的金融资产，乙公司股票在 2×13 年年末市场价为 10.2 元 / 股；2×14 年 4 月 1 日，甲公司又出资 17000 万元购买乙公司 15% 的股价，甲公司有权向乙公司施加重大影响，当日乙公司股票价格为 9 元 / 股；2×15 年 5 月，乙公司经股东大会批准进行重大资产重组（接受其他股东增资），甲公司在该项重大资产重组后持有乙公司的原比例下降为 10%，但仍能向乙公司董事会派出董事并对乙公司施加重大影响。不考虑其他因素，下列关于因持有乙公司股权期间对甲公司利润的影响表述中，正确的有（ ）。

A. 2×14 年持有乙公司 15.5% 股权应享有乙公司利润的份额影响 2×14 年的利润总额

B. 2×14 年增持股份时，所持 100 万股乙公司股票公允价值与账面价值的差额影响 2×14 年的利润总额

C. 2×13 年持有乙公司股权公允价值相对于取得成本的变动额影响 2×13 年的利润总额

D. 2×15 年因重大资产重组，相应享有乙公司净资产份额的变动额影响 2×15 年的利润总额

3.（2014 年改编）下列各项交易费用中，应当于发生时直接计入当期损益的有（ ）。

A. 与取得交易性金融资产相关的交易费用

B. 同一控制下企业合并中发生的审计费用

C. 取得一项以摊余成本计量的金融资产发生的交易费用

D. 非同一控制下企业合并中发生的资产评估费用

三、计算分析题

1.（2015 年节选）甲股份有限公司（以下简称“甲公司”）20×4 年发生了以下交易事项：

（4）7 月 1 日，甲公司以一项对子公司股权投资换取丙公司 30% 股权，甲公司对该子公司股权投资的账面价值为 2800 万元，双方协商确定的公允价值为 3600 万元。当日，甲公司即向丙公司董事会派出成员参与其生产经营决策。购买日，丙公司可辨认净资产公允价值为 15000 万元，账面价值为 12000 万元，公允价值与账面价值的差额源自一项土地使用权增值，该项土地使用权在丙公司的账面价值为 3000 万元，未计提减值，预计未来仍可使用 30 年，预计净残值为零，采用直线法摊销。

丙公司 20×4 年个别财务报表中实现净利润 2400 万元，有关损益在年度当中均衡实现。自甲公司取得对丙公司股权之日起，丙公司原持有的一项其他权益工具投资至年末公允价值上升 60 万元。

其他有关资料：不考虑相关税费及其他因素。

要求：

编制甲公司 20×4 年有关交易事项的会计分录。

四、综合题

1.（2018 年节选）A 公司为一上市集团公司，持有甲公司 80% 股权，对其具有控制权；持有乙公司 30% 股权，能对其实施重大影响。20×6 年及 20×7 年发生的相关交易或事项如下：

（2）20×6 年 7 月 13 日，乙公司将成本为 400 万元的商品以 500 万元的价格出售给 A 公司，货物已交付，款项已收取，A 公司将上述购入的商品向集团外单位出售，其中 50% 商品在 20×6 年售完，其余 50% 商品的在 20×7 年售完。在乙公司个别财务报表上，20×6 年度实际的净利润为 3000 万元；20×7 年度实际的净利润为 3500 万元。

其他有关资料:

第一，本题所涉销售或购买的价格是公允的，20×6年以前，A公司与子公司及子公司相互之间无集团内部交易，A公司及其子公司与联营企业无关联方交易。

第二，A公司及其子公司按照净利润的10%计提法定盈利公积，不计提任意盈余公积。

第三，A公司及其子公司，联营企业在其个别财务报表中已按照企业会计准则的规定对上述交易或事项分别进行了会计处理。

第四，不考虑税费及其他因素。

要求:

根据资料(2)计算A公司在20×6年和20×7年个别财务报表中应确认的投资收益。

2.（2017年节选）甲公司为境内上市公司并且是增值税一般纳税人。2×15年和2×16年，甲公司发生的有关交易或事项如下:

（1）2×15年6月30日，甲公司以2400万元购入乙公司26%股权，能够对乙公司施加重大影响，采用权益法核算；款项通过银行转账支付，股权过户登记手续于当日办理完成。当日，乙公司可辨认净资产公允价值为10000万元，各项可辨认资产、负债的公允价值与其账面价值相同。2×15年9月30日，甲公司出售其生产的丙产品给乙公司，增值税专用发票上注明的销售价款2000万元，增值税税额320万元。截至2×15年12月31日，乙公司已对外出售所购丙产品的50%。甲公司生产该批丙产品的成本为1300万元。

（2）2×15年11月20日，甲公司与丁公司签订购买乙公司股权的协议，该协议约定，以2×15年10月31日经评估确定的乙公司可辨认净资产公允价值14800万元为基础，甲公司以4800万元购买丁公司持有的乙公司30%股权。上述协议分别经交易各方内部决策机构批准，并于2×15年12月31日经监管机构核准。2×16年1月1日，交易各方办理了乙公司股权过户登记手续。当日，甲公司向乙公司董事会进行改组，改组后的董事会由9名董事组成，其中甲公司派出6名。按乙公司章程规定，所有重大的经营、财务和分配等事项经董事会成员三分之二及以上表决通过后实施。

2×16年1月1日，乙公司账面所有者权益构成为：实收资本10000万元、资本公积1200万元、盈余公积800万元、其他综合收益700万元、未分配利润500万元；乙公司可辨认净资产的公允价值为15000万元，除一块土地使用权增值1800万元外（该土地使用权属于乙公司办公用房所占土地，尚可使用30年，预计无残值，按直线法摊销），其他各项可辨认资产、负债的公允价值与其账面价值相同，甲公司原持有乙公司26%股权的公允价值为3900万元；甲公司购买乙公司30%股权的公允价值为4800万元。

（3）2×15年，乙公司按其净资产账面价值计算实现的净利润为2200万元，其中7至12月实现的净利润为1200万元；2×15年7至12月其他综合收益增加700万元。2×16年，乙公司于2×15年向甲公司购买的丙产品已全部实现对外销售。2×16年，乙公司按其净资产账面价值计算实现的净利润为2500万元，其他综合收益增加650万元。

其他有关资料:

第一，甲公司适用的所得税税率为25%，甲公司购入乙公司股权按照实际成本作为计税基础，甲公司预计未来有足够的应纳税所得额用以抵扣可抵扣暂时性差异。乙公司各项资产、负债按照取得时的成本作为计税基础，涉及企业合并的，以购买日（或合并日）的账面价值作为计税基础，其中因企业合并产生的商誉于处置合并相关资产时可税前扣除。甲公司拟长期持有乙公司股权。

第二，甲公司投资乙公司前，甲公司、乙公司、丁公司之前不存在关联方关系。

第三，乙公司除实现净利润、其他综合收益外，无其他权益变动事项；乙公司按其实现净利润的10%计提法定盈余公积，没有进行其他分配。

第四，本题不考虑除所得税以外的其他相关税费以及其他因素。

要求:

（1）计算2×15年12月31日甲公司持有的

乙公司股权在其个别财务报表中列报的长期股权投资金额，编制甲公司取得及持有乙公司投资相关的会计分录。

（2）计算甲公司持有乙公司股权在其 2×15 年合并财务报表中列报投资收益的金额，编制相关调整分录。

（3）判断甲公司增持乙公司 30% 股权的交易类型，并说明理由；确定甲公司对乙公司的企业合并成本，如判断属于非同一控制下企业合并的，计算应予确认的商誉金额；判断乙公司应于何时纳入甲公司合并财务报表范围，并说明理由。

历年真题演练答案及解析

一、单项选择题

1.【答案】C

【解析】合并方在非同一控制下的企业合并中发生的中介费用应计入管理费用。

2.【答案】D

【解析】长期股权投资的初始投资成本为 450 万元，初始投资成本小于乙公司净资产份额 480 万元（1600×30%）的差额，调整初始投资成本记入“长期股权投资——投资成本”科目，同时计入营业外收入，即乙公司投资的投资成本金额为 480 万元，选项 AC 不正确；按持股比例计算其应享有乙公司其他综合收益的份额，应该确认为其他综合收益，选项 B 不正确；因该长期股权投资拟长期持有，故不确认递延所得税，选项 D 正确。

3.【答案】D

【解析】合营安排为合营企业的，参与方对合营安排有关的净资产享有权利，选项 A 错误；参与方为合营安排提供担保（或提供担保的承诺）的行为本身并不直接导致一项安排被分类为共同经营，选项 B 错误；集体控制该安排是指既能联合起来控制该安排，又使得参与方数量最少的一个或几个参与方组合，选项 C 错误。

4.【答案】C

【解析】甲公司该项长期股权投资的初始投资成本 =1000×10+1200=11200（万元），11200 ＞ 10000（40000×25%），不调整长期股权投资的初始投资成本。佣金和手续费 400 万元冲减发行溢价收入。

二、多项选择题

1.【答案】AC

【解析】甲公司持丙公司 50% 股权，能够共同控制丙公司，采用权益法核算，选项 B 不正确；甲公司持有戊公司结构化主体的权益，并能够对其施加重大影响，采用权益法核算，选项 D 不正确。

2.【答案】ABC

【解析】选项 D，2×15 年因重大资产重组，相应享有乙公司净资产份额的变动计入资本公积，不影响利润。

3.【答案】ABD

【解析】选项 A，交易费用计入投资收益借方；选项 B 和 D，相关费用计入管理费用；选项 C，交易费用计入以摊余成本计量的金融资产的成本。

三、计算分析题

1.【答案及解析】

借：长期股权投资——投资成本　　3600
　贷：长期股权投资　　2800
　　　投资收益　　800

借：长期股权投资——投资成本　　900
　　（15000×30%-3600）
　贷：营业外收入　　900

借：长期股权投资——损益调整　　345
　［（2400×6/12-3000/30×6/12）×30%］
　贷：投资收益　　345

借：长期股权投资——其他综合收益　　18
　　（60×30%）
　贷：其他综合收益　　18

四、综合题

1.【答案及解析】

A公司20×6年个别报表中应确认投资收益=[3000-（500-400）×（1-50%）]×30%=885（万元）；

A公司20×7年个别报表中应确认投资收益=[3500+（500-400）×50%]×30%=1065（万元）。

2.【答案及解析】

（1）2×15年甲公司持有的乙公司股权在其个别报表中列示的长期股权投资金额=2400+（10000×26%-2400）+[1200-（2000-1300）×50%×（1-25%）]×26%+700×26%=3025.7（万元）。

借：长期股权投资——投资成本　2400

　　贷：银行存款　2400

初始投资成本2400万元小于应享有乙公司投资时点可辨认净资产公允价值份额2600（10000×26%）万元，需要调整长期股权投资的初始投资成本。

借：长期股权投资——投资成本　200

　　贷：营业外收入　200

子公司调整后的净利润=1200-（2000-1300）×（1-50%）×（1-25%）=937.5（万元）。

借：长期股权投资——损益调整　243.75

（937.5×26%）

　　贷：投资收益　243.75

借：长期股权投资——其他综合收益 182

（700×26%）

　　贷：其他综合收益　182

（2）甲公司在其2×15年合并财务报表中列报投资收益的金额=243.75+（2000-1300）×26%=425.75（万元）。

借：营业收入　520（2000×26%）

　　贷：营业成本　338（1300×26%）

　　　　投资收益　182

（3）甲公司增持乙公司30%股权，属于通过多次交易分步取得股权，最终形成非同一控制下企业合并。

理由：甲公司增持乙公司30%股权后，持股比例为56%，同时在乙公司的董事会中派出6名董事，按乙公司章程规定，所有重大的经营、财务和分配等事项经董事会成员三分之二及以上表决通过后实施，且甲公司投资乙公司前，甲公司、乙公司、丁公司之前不存在关联方关系，所以属于通过多次交易分步取得股权，最终形成非同一控制下企业合并。

合并成本=3900+4800=8700（万元）；商誉=8700-（15000-1800×25%）×56%=552（万元）。

甲公司应在2×16年1月1日将乙公司纳入合并范围。

理由：2×16年1月1日，交易各方办理了乙公司股权过户登记手续，同时对乙公司的董事会进行重组实际取得控制权。

第八章 资产减值

本章总体概况

题型及分值	（1）本章主要考核客观题 （2）近三年平均分值 2 分
近三年考点	（1）资产减值的范围等相关规定 （2）固定资产、资产组、商誉的减值处理
学习引导	学习本章过程中，重点关注每年必须进行减值测试的资产范围；资产可收回金额的确定；资产组的认定及其减值测试；商誉减值测试的会计处理
本年教材变化	内容无实质变化

本章知识框架

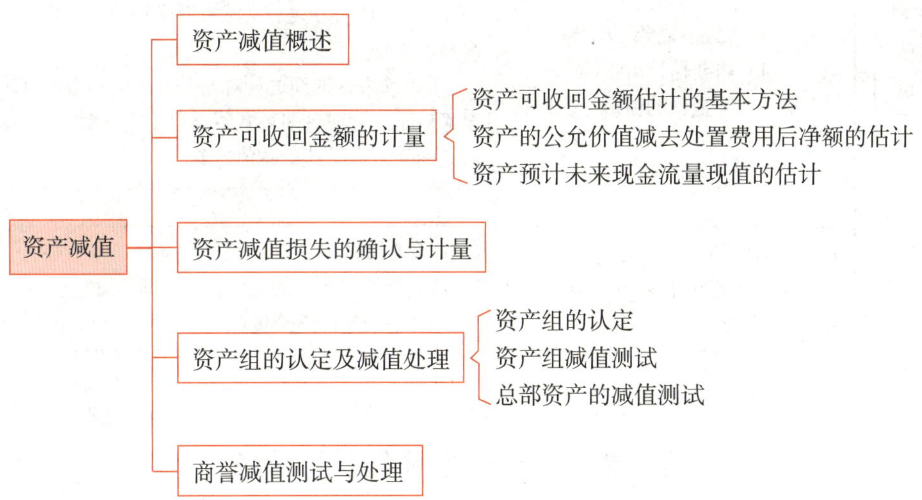

第一节 资产减值概述

【考点58】资产减值概述★★

1. 资产减值的范围

资产减值，是指资产的可收回金额低于其账面价值。资产发生了减值，应当确认资产减值损失，并把资产的账面价值减记至可收回金额。

本章涉及的资产减值对象主要包括以下资产：①长期股权投资；②采用成本模式后续计量的投资性房地产；③固定资产；④无形资产；⑤生产性生物资产；⑥商誉；⑦探明石油天然气矿区权益和井及相关设施等。

2. 资产减值迹象的判断与测试

（1）资产减值迹象的原则：公允价值下降；未来现金流量现值下降。

（2）企业应当区分资产的性质，在发生减值迹象或每年年末进行减值测试，具体如图所示。

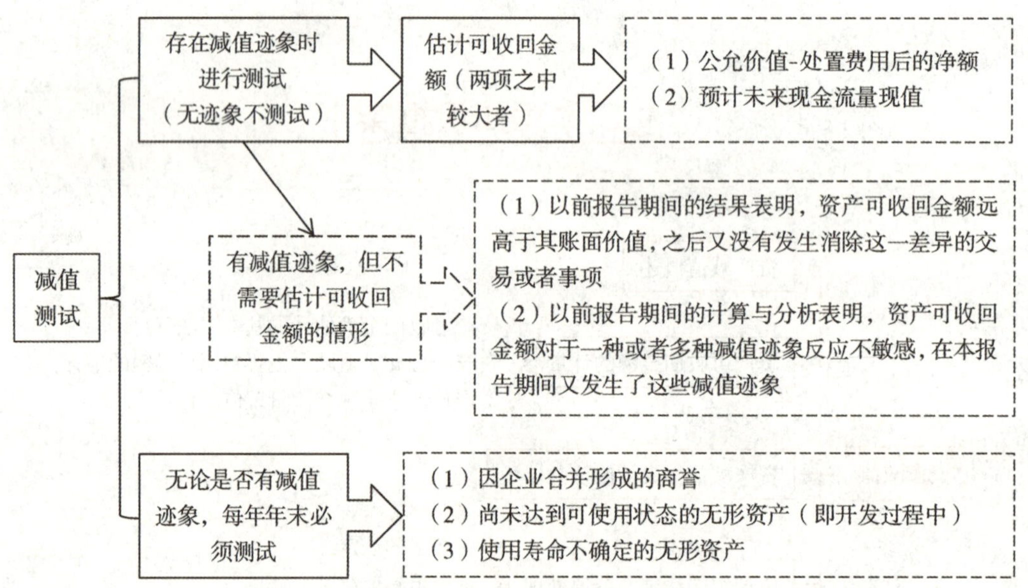

第二节 资产可收回金额的计量

【考点59】资产可收回金额估计的基本方法★

1. 资产的可收回金额（取以下两项较高者）

（1）资产的公允价值减去处置费用后的净额（假设目前销售）。

（2）资产预计未来现金流量的现值（假设继续持有）。

2. 估计资产的可收回金额时的特殊情况（不需要同时估计的情形）

（1）资产的公允价值减去处置费用后的净额与资产预计未来现金流量的现值，只要有一项超过了资产的账面价值，就表明资产没有发生减值，无需再估计另一项的金额。

（2）没有确凿证据或者理由表明，资产预计未来现金流量现值显著高于其公允价值减去处置费用后净额的，可以将资产的公允价值减去处置费用后的净额视为资产的可收回金额。

（3）资产的公允价值减去处置费用后的净额如果无法可靠估计的，应当以该资产预计未来现金流量的现值作为其可收回金额。

【考点 60】资产的公允价值减去处置费用后净额的估计★★★

公允价值减去处置费用后的净额，反映的是资产如果被出售或者处置时可以收回的净现金收入。

【提示】处置费用是指可以直接归属于资产处置的增量成本，包括与资产处置有关的法律费用、相关税费、搬运费以及为使资产达到可销售状态所发生的直接费用等（不包括财务费用和所得税费用）。

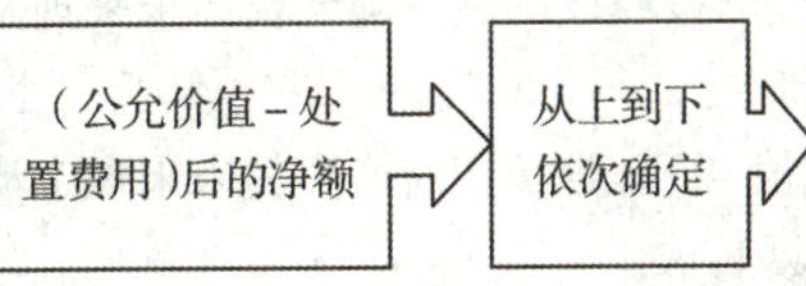

（1）公平交易中：资产的销售协议价格－处置费用
（2）无协议但存在活跃市场：市场价格－处置费用
（3）无协议、无活跃市场，以可获取的最佳信息为基础，双方自愿进行公平交易愿意提供的交易价格－处置费用

【考点 61】资产预计未来现金流量现值的估计★★★

预计资产未来现金流量的现值，应当综合考虑以下因素：①资产的预计未来现金流量；②资产的使用寿命；③折现率。

1. 资产未来现金流量的预计

（1）预计资产未来现金流量的基础。

预计现金流量最多涵盖 5 年，企业管理层如能证明更长的期间是合理的，可以涵盖更长的期间。

（2）资产预计未来现金流量的内容。

① 资产持续使用过程中预计产生的现金流入。

② 为实现资产持续使用产生现金流入所必需的预计现金流出。

③ 资产使用寿命结束时，处置资产所收到或者支付的净现金流量。

【提示】对于在建工程、开发过程中的无形资产等，企业在预计其未来现金流量时，应当包括预期为使该类资产达到预定可使用（或者可销售）状态而发生的全部现金流出数。

（3）预计资产未来现金流量应当考虑的因素。

① 以资产的当前状况为基础预计未来现金流量（不应当包括与将来可能会发生的、尚未作出承诺的重组事项、与资产改良有关的预计未来现金流量）。

② 预计资产未来现金流量不应当包括筹资活动和所得税收付产生的现金流量。

③ 对通货膨胀因素的考虑应当和折现率相一致。

④ 内部转移价格应当予以调整。

（4）预计资产未来现金流量的方法。

① 传统法：使用单一的未来每期预计现金流量和单一的折现率计算资产未来现金流量的现值。

② 期望现金流量法：根据每期现金流量期望值进行预计，每期现金流量期望值按照各种可能情况下的现金流量与其发生概率加权计算。

2. 折现率的预计

折现率应当是反映当前市场货币时间价值和资产特定风险的税前利率，是企业在购置或者投资资产时所要求的必要报酬率。

折现率应当首先以该资产的市场利率为依据。如果没有市场利率，可以使用替代利率。企业通常应当使用单一的折现率（特殊情况下企业可以在未来各不同期间采用不同的折现率）。

3. 资产未来现金流量现值的预计

将该资产的预计未来现金流量按照预计的折现率在预计的使用寿命内折现确定。

4. 外币未来现金流量及其现值的预计

企业使用资产所收到的未来现金流量是外币时，应当按照以下顺序确定资产未来现金流量的现值（先折现→再折算→再比较→确定是否减值）：

（1）以外币（结算货币）表示的未来现金流量现值 = Σ [该资产所产生的未来现金流量（结算货币）× 该结算货币适用的折现率的折现系数]。

（2）以记账本位币表示的资产未来现金流量的现值 = 以外币（结算货币）表示的未来现金流量现值 × 计算资产未来现金流量现值当日的即期汇率。

（3）以记账本位币表示的资产未来现金流量的现值与资产公允价值减去处置费用后的净额相比较，较高者为其可收回金额，比较该资产的账面价值，以确定减值损失的金额。

【例题 1 · 单选】2×18 年 12 月 31 日，A 公司自行建造的一项固定资产尚未完工，其账面价值为 350 万元，预计至完工达到可使用状态仍需要支出 30 万元，该在建工程以前未计提减值准备。由于该固定资产所生产的产品价格持续下滑，A 公司对该在建工程进行减值测试：扣除继续建造所需投入因素预计的未来现金流量的现值为 280 万元，未扣除继续建造所需投入因素预计的未来现金流量的现值为 295 万元。2×18 年 12 月 31 日，该在建工程的市场出售价格减去相关费用后的净额为 250 万元。不考虑其他因素。则 A 公司 2×18 年年末对该在建工程应确认的减值损失金额是（　　）万元。

A. 55　　B. 70　　C. 85　　D. 100

【答案】B

【解析】对于在建工程、开发过程中的无形资产等，企业在预计其未来现金流量时，应当包括预期为使该类资产达到预定可使用（或者可销售）状态而发生的全部现金流出数，即确定该项目的可收回金额为 280 万元，所以该在建工程应确认的减值损失 =350−280=70（万元）。

【例题 2 · 单选】企业在计量资产可收回金额时，下列各项中，不属于资产预计未来现金流量的是（　　）。

A. 为维持资产正常运转发生的现金流出　　B. 资产持续使用过程中产生的现金流入

C. 未来年度为改良资产发生的现金流出　　D. 未来年度因实施已承诺重组减少的现金流出

【答案】C

【解析】预计未来现金流量应以资产的当前状况为基础，而不能考虑未来年度改良的现金流出。

【例题 3·多选】下列各项关于资产预计未来现金流量及其现值的表述中，不正确的有（　　）。

A. 企业不应当考虑未来年度因实施已承诺重组减少的现金流出对预计未来现金流量的影响

B. 对于在建工程，企业在计算其未来现金流量时，不应当包括预期为使其达到预定可使用状态而发生的全部现金支出

C. 未来现金流量为外币的情况下，应当以该资产所产生的未来现金流量的记账本位币为基础预计其未来现金流量，并按照该货币使用的折现率计算资产的现值

D. 折现率应当是反映当前市场货币时间价值和资产特定风险的税后利率

【答案】ABCD

【解析】已承诺的重组支出需要考虑，尚未作出承诺的重组事项不需要考虑，选项 A 错误；对于在建工程，企业在计算其未来现金流量时，应当包括预期为使其达到预定可使用状态而发生的全部现金支出，选项 B 错误；未来现金流量为外币的情况下，应当以该资产所产生的未来现金流量的结算货币为基础预计其未来现金流量，并按照该货币使用的折现率计算资产的现值，选项 C 错误；折现率应当是反映当前市场货币时间价值和资产特定风险的税前利率，选项 D 错误。

第三节　资产减值损失的确认与计量

【考点 62】资产减值损失确认与计量

1. 资产减值损失确认与计量的一般原则

（1）企业在对资产进行减值测试后，如果资产的可收回金额低于其账面价值的，应当将资产的账面价值减记至可收回金额，差额确认为资产减值损失，计入当期损益；同时，计提相应的资产减值准备。

（2）资产减值损失确认后，减值资产的折旧或者摊销费用应当在未来期间作相应调整，以使该资产在剩余使用寿命内，系统地分摊调整后的资产账面价值（扣除预计净残值）。

（3）资产减值损失一经确认，在以后会计期间不得转回。以前期间计提的资产减值准备，需要等到资产处置时才可转出。

2. 资产减值损失的账务处理

借：资产减值损失

　　贷：××资产减值准备

【例题 1·单选】2×18 年 6 月 10 日，A 公司（增值税一般纳税人）购入一台不需要安装的生产设备，支付价款 100 万元，增值税税额 16 万元，购入后即达到预定可使用状态。该设备的预计使用寿命为 10 年，预计净残值为 10 万元，按照年限平均法计提折旧。2×19 年 12 月因出现减值迹象，对该设备进行减值测试，预计该设备的公允价值为 65 万元，处置费用为 5 万元；如果继续使用，预计未来使用及处置产生现金流量的现值为 55 万元。假定设备计提减值准备后尚可使用 5 年，预计净残值为 0 万元，按照年限平均法计提折旧。该生产设备 2×20 年应计提的折旧额为（　　）万元。

A. 12　　B. 10　　C. 11　　D. 7.06

【答案】A

【解析】该生产设备2×19年12月31日计提减值准备前的账面价值=100-（100-10）÷10×1.5=86.5（万元），可收回金额为60万元（65-5），计提减值准备后的账面价值为60万元。2×20年该生产设备应计提的折旧额=60÷5=12（万元）。

【例题2·多选】依据《企业会计准则第8号——资产减值》的有关规定，下列说法中正确的有（　　）。

A. 资产减值损失一经确认，在以后会计期间不得转回

B. 只有存在减值迹象时，才需要对相关资产进行减值测试

C. 分摊资产组的减值损失时，首先应抵减分摊至资产组中商誉的账面价值

D. 资产的折旧或者摊销费用的确定与资产是否计提减值准备无关

【答案】AC

【解析】资产减值准则规范的资产，减值损失一经确认，在以后会计期间不得转回，而存货准则、金融工具准则规范的资产，计提减值后可以转回，选项A正确；使用寿命不确定的无形资产、企业合并过程中形成的商誉、开发过程中尚未达到使用状态的无形资产，每年末必须进行减值测试，选项B错误；资产减值损失确认后，减值资产的折旧或者摊销费用应当在未来期间作相应调整，以使该资产在剩余使用寿命内，系统地分摊调整后的资产账面价值（扣除预计净残值），选项D错误。

【学霸总结】

资产减值准则中规范的资产，其减值损失一经确认，在以后会计期间不得转回（处置时才能转出）；但根据存货准则、金融工具准则确定的资产减值，在以后期间可以转回。

第四节　资产组的认定及减值处理

【考点63】资产组的认定★★

有迹象表明一项资产可能发生减值的，企业应当以单项资产为基础估计其可收回金额。但是，在企业难以对单项资产的可收回金额进行估计的情况下，应当以该资产所属的资产组为基础确定资产组的可收回金额。

资产组，是指企业可以认定的最小资产组合，其产生的现金流入应当基本上独立于其他资产或资产组产生的现金流入。

（1）资产组能否独立产生现金流入是认定资产组的最关键因素。

例如，某矿业公司拥有一个煤矿，与煤矿的生产和运输相配套，建有一条专用铁路。该铁路除非报废出售，其在持续使用中，难以脱离煤矿相关的其他资产而产生单独的现金流入，因此，企业难以对专用铁路的可收回金额进行单独估计，专用铁路和煤矿其他相关资产必须结合在一起，成为一个资产组，以估计该资产组的可收回金额。

（2）资产组的认定，应当考虑企业管理层管理生产经营活动的方式（如是按照生产线、业务种类还是按照地区或者区域等）和对资产的持续使用或者处置的决策方式等。

例如，MM家具制造有限公司有A和B两个生产车间，A车间专门生产家具部件，生产完后由B车间负责组装并对外销售，该企业对A车间和B车间资产的使用和处置等决策是一体的，在这种情况下，A车间和B车间通常应当认定为一个资产组。

（3）资产组一经确定后，在各个会计期间应当保持一致，不得随意变更。

【考点 64】资产组减值测试★★★

步 骤	内 容
原则	资产组减值损失 = 资产组的账面价值 - 资产组的可收回金额
账面价值	（1）资产组账面价值的确定基础应当与其可收回金额的确定方式相一致（包括可直接归属于资产组与可以合理和一致地分摊至资产组的资产账面价值） （2）通常不应当包括已确认负债的账面价值（但如不考虑该负债金额就无法确定资产组可收回金额的除外）
可收回金额	“公允价值 - 处置费用后的净额”与“预计未来现金流量的现值”孰高确定
资产组减值的会计处理	（1）首先，抵减分摊至资产组中商誉的账面价值 （2）然后，根据资产组中除商誉之外的其他各项资产的账面价值所占比重，按比例抵减其他各项资产的账面价值 【提示】抵减后的各资产的账面价值不得低于以下三者之中最高者，因此未分摊完的金额，应按照其他资产的账面价值比例进行二次分摊：①该资产的公允价值减去处置费用后的净额（如可确定）；②该资产预计未来现金流量的现值（如可确定）；③零

【例题 1 · 多选】下列各项关于资产组认定及减值处理的表述中，正确的有（　　）。

A. 主要现金流入是否独立于其他资产或资产组是认定资产组的依据

B. 资产组账面价值的确定基础应当与其可收回金额的确定方式一致

C. 资产组的认定与企业管理层对生产经营活动的管理或者监控方式密切相关

D. 资产组一经确定后，在各个会计期间应当保持一致，不得随意变更

【答案】ABCD

【解析】上述全部正确。

【例题 2 · 计算】MN 公司在某山区经营一座有色金属矿山，根据规定，公司在矿山完成开采后应当将该地区恢复原貌。因此，就应确认一项预计负债，并计入矿山成本。

20×7 年 12 月 31 日，随着开采进展，公司发现矿山中的有色金属储量远低于预期，因此，公司对该矿山进行了减值测试。考虑到矿山的现金流量状况，整座矿山被认定为一个资产组。该资产组在 20×7 年年末的账面价值为 1000 万元，其中包括为恢复山体原貌而计入该资产组的恢复义务的账面价值 300 万元。

矿山（资产组）如于 20×7 年 12 月 31 日对外出售，买方愿意出价 820 万元（包括恢复山体原貌成本，即已经扣减这一成本因素），预计处置费用为 20 万元，因此该矿山的公允价值减去处置费用后的净额为 800 万元。

未包括环境恢复费用的矿山的预计未来现金流量的现值为 1300 万元，未来恢复费用的现值为 600 万元。

要求：

对该矿山进行减值测试，确认是否需要计提减值准备。

【答案】

（1）资产组的账面价值为 1000 万元，扣除恢复义务后的账面价值金额为 700（1000-300）万元；

（2）资产组的公允价值减去处置费用后的净额为800万元（不含预计负债）；

（3）资产组的预计未来现金流现值为1300万元，扣除恢复费用后的金额为700（1300-600）万元；

（4）资产组的可收回金额为800万元，即该资产组未发生减值，不需要计提减值准备。

【例题3·计算】XYZ公司有一条甲生产线，该生产线生产光学器材，由A、B、C三部机器构成，成本分别为400000元、600000元、1000000元。使用年限为10年，净残值为零，以年限平均法计提折旧。各机器均无法单独产生现金流量，但整条生产线构成完整的产销单位，属于一个资产组。

2005年甲生产线所生产的光学产品有替代产品上市，到年底，导致公司光学产品的销路锐减40%，因此，对甲生产线进行减值测试。

2005年12月31日，A、B、C三部机器的账面价值分别为200000元、300000元、500000元。估计A机器的公允价值减去处置费用后的净额为150000元，B、C机器都无法合理估计其公允价值减去处置费用后的净额以及未来现金流量的现值。

整条生产线预计尚可使用5年。经估计其未来5年的现金流量及其恰当的折现率后，得到该生产线预计未来现金流量的现值为600000元。由于公司无法合理估计生产线的公允价值减去处置费用后的净额，公司以该生产线预计未来现金流量的现值为其可收回金额。

要求：计算各资产应计提的减值准备，编制会计分录。

【答案】

项　目	机器A	机器B	机器C	整个生产线（资产组）
账面价值	200000	300000	500000	1000000
可收回金额				600000
减值损失				400000
减值损失分摊比例	20%	30%	50%	
分摊减值损失	50000★	120000	200000	370000
分摊后账面价值	150000	180000	300000	
尚未分摊的减值损失				30000
二次分摊比例		37.50%	62.50%	
二次分摊减值损失		11250	18750	30000
二次分摊后应确认减值损失总额	50000	131250	218750	400000
二次分摊后账面价值	150000	168750	281250	600000

★按照分摊比例，机器A应当分摊减值损失80000元（400000×20%），但由于机器A的公允价值减去处置费用后的净额为150000元，因此，机器A最多只能确认减值损失50000（200000-150000）元，未能分摊的减值损失30000元（80000-50000），应当在机器B和机器C之间进行再分摊。

借：资产减值损失——机器A　　50000

　　　　　　　——机器B　　131250

　　　　　　　——机器C　　218750

　贷：固定资产减值准备——机器A　　50000

　　　　　　　　　——机器B　　131250

　　　　　　　　　——机器C　　218750

【考点 65】总部资产的减值测试★★

总部资产的显著特征是难以脱离其他资产或者资产组来产生独立的现金流入，而且其账面价值难以完全归属于某一资产组（如集团或事业部的办公楼、电子数据处理设备、研发中心等）。

总部资产通常难以单独进行减值测试，需要结合其他相关资产组或者资产组组合进行。

资产组组合，是指由若干个资产组组成的最小资产组组合，包括资产组或者资产组组合，以及按合理方法分摊的总部资产部分。

在资产负债表日，如果有迹象表明某项总部资产可能发生减值的，企业应当计算确定该总部资产所归属的资产组或者资产组组合的可收回金额，然后将其与相应的账面价值相比较，据以判断是否需要确认减值损失。

【提示】若各个资产组的使用寿命不同，在将总部资产分摊至各资产组时，应以使用寿命作为权数，对各资产组的账面价值进行加权，按照加权后账面价值比例计算应分担的总部资产的金额。

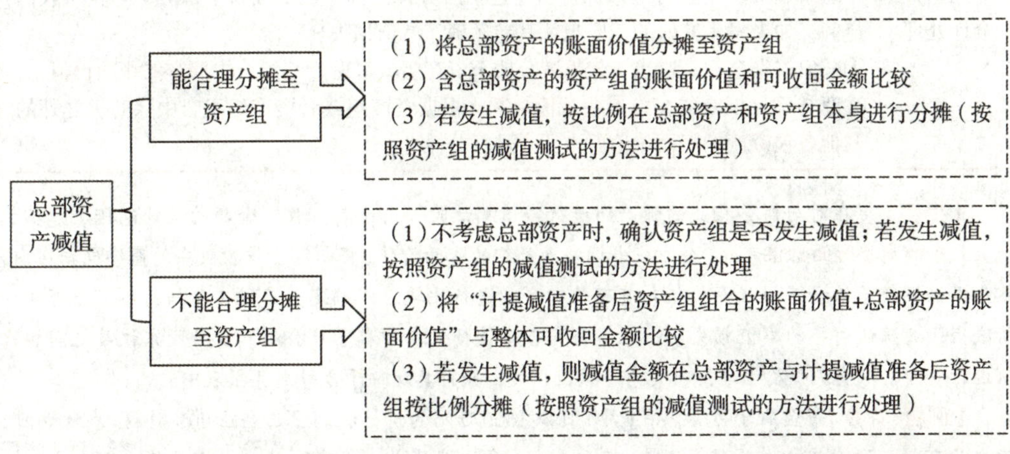

【例题·单选】甲企业拥有A、B、C、D四家分公司，这四家分公司的经营活动由一个总部负责运作。由于A、B、C、D四家分公司均能产生独立于其他分公司的现金流入，甲企业将其确认为四个资产组。总部办公大楼的账面价值为2000万元，能够按照该四个资产组账面价值的比例进行合理分摊，A、B、C、D四个资产组的账面价值分别为100万元、120万元、200万元、280万元，使用寿命分别为8年、20年、20年、10年。假定不考虑其他因素，下列说法中不正确的是（　　）。

A. 应分摊至A资产组的总部资产的账面价值为160万元

B. 应分摊至B资产组的总部资产的账面价值为480万元

C. 应分摊至C资产组的总部资产的账面价值为800万元

D. 应分摊至D资产组的总部资产的账面价值为800万元

【答案】D

【解析】A、B、C、D四个资产组按照使用寿命加权后的账面价值分别为800万元（100×8）、2400万元（120×20）、4000万元（200×20）、2800万元（280×10），总计加权账面价值为10000万元；A、B、C、D应分摊的总部资产价值分别为160万元（2000×800/10000）、480万元（2000×2400/10000）、800万元（2000×4000/10000）、560万元（2000×2800/10000），选项D错误。

第五节 商誉减值测试与处理

【考点66】商誉减值测试与处理★★★

项 目	内 容
基本要求	（1）企业合并所形成的商誉，至少应当在每年年度终了时进行减值测试 （2）由于商誉难以独立产生现金流量，商誉应当结合与其相关的资产组或者资产组组合进行减值测试
方法与会计处理	（1）首先，对不包含商誉的资产组或者资产组组合进行减值测试，计算可收回金额，并与相关账面价值相比较，确认相应的减值损失 （2）其次，再对包含商誉的资产组或者资产组组合进行减值测试，比较这些相关资产组或者资产组组合的账面价值（包括所分摊的商誉的账面价值部分）与其可收回金额，如果发生减值的，应当就其差额确认减值损失 ①减值损失金额，应当首先抵减分摊至资产组或者资产组组合中商誉的账面价值 ②商誉不足抵减的，将剩余减值金额，根据资产组或者资产组组合中除商誉之外的其他各项资产的账面价值所占比重进行分摊

【提示】①在对与商誉相关的资产组进行减值测试时，由于其可收回金额的预计包括了归属于少数股东的商誉账面价值部分，企业应当调整资产组的账面价值，将归属于少数股东的商誉包括在内，然后根据调整后的资产组账面价值与其可收回金额进行比较，以确定资产组（包括商誉）是否发生了减值；②确认商誉的减值损失后，应当将商誉减值损失在归属于母公司和少数股东权益之间按比例进行分摊，以确认归属于母公司的商誉减值损失，并将其反映于合并财务报表中。

【例题·计算】甲企业于20×7年1月1日以1600万元的价格收购了乙企业80%股权。在收购日，乙企业可辨认资产的公允价值为1500万元（为一条生产线），没有负债和或有负债。甲企业在其合并财务报表中确认商誉400（1600−1500×80%）万元。假定乙企业的所有资产被认定为一个资产组。在20×7年末，甲企业确定该资产组的可收回金额为1000万元，可辨认净资产的账面价值为1350万元。

要求：计算商誉应计提的减值准备，并编制相关会计分录。

【答案】

（1）由于乙企业作为一个单独的资产组的可收回金额1000万元中，包括归属于少数股东权益在商誉价值中享有的部分。因此，须对资产组账面价值进行调整，使其包括归属于少数股东权益的商誉的价值100万元［（1600/80%−1500）×20%］，调整后资产组的账面价值为1850（1350+400+100）万元，应确认减值850万元，应当首先冲减商誉的账面价值，再将剩余部分分摊至资产组中的其他资产。

（2）计算后，商誉计提减值准备500万元，但是归属于甲企业持有的股权部分为400（500×80%）万元；其他资产确认减值350万元。

借：资产减值损失——商誉　　400

　　贷：商誉——商誉减值准备　　400

借：资产减值损失——固定资产　　350

　　贷：固定资产——固定资产减值准备　　350

注意：合并报表中使用报表项目“固定资产——固定资产减值准备、商誉——商誉减值准备”，个别报表中使用会计科目“固定资产减值准备、商誉减值准备”。

历年真题演练

一、单项选择题

1.（2015年）下列关于固定资产减值的表述中，符合会计准则规定的是（　　）。

A. 预计固定资产未来现金流量应当考虑与所得税收付的相关的现金流量

B. 在确定固定资产未来现金流量现值时，应当考虑将来可能发生与改良有关的预计现金流量的影响

C. 固定资产的公允价值减去处置费用后的净额高于其账面价值，但预计未来现金流量现值低于其账面价值的，应当计提减值

D. 单项固定资产本身的可收回金额难以有效估计的，应当以其所在的资产组为基础确定可收回金额

二、多项选择题

1.（2017年）2×16年年末，甲公司某项资产组（均为非金融长期资产）存在减值迹象，经减值测试，预计资产组的未来现金流量现值为4000万元、公允价值减去处置费用后的净额为3900万元；该资产组资产的账面价值为5500万元，其中商誉的账面价值为300万元。2×17年年末，该资产组的账面价值为3800万元，预计未来现金流量现值为5600万元、公允价值减去处置费用后的净额为5000万元。该资产组2×16年前未计提减值准备。不考虑其他因素。下列各项关于甲公司对该资产组减值会计处理的表述中，正确的有（　　）。

A. 2×17年年末资产组的账面价值为3800万元

B. 2×16年年末应计提资产组减值准备1500万元

C. 2×17年年末资产组中商誉的账面价值为300万元

D. 2×16年年末应对资产组包含的商誉计提300万元的减值准备

2.（2016年）下列关于商誉会计处理的表述中，正确的有（　　）。

A. 商誉应当结合与其相关的资产组或资产组组合进行减值测试

B. 与商誉相关的资产组或资产组组合发生的减值损失首先抵减分摊至资产组或资产组组合中商誉的账面价值

C. 商誉于资产负债表日不存在减值迹象的，无需对其进行减值测试

D. 与商誉相关的资产组或资产组组合存在减值迹象的，首先对不包含商誉的资产组或资产组组合进行减值测试

3.（2014年）下列各项中，无论是否有确凿证据表明资产存在减值迹象，均应至少于每年年末进行减值测试的有（　　）。

A. 对联营企业的长期股权投资

B. 使用寿命不确定的专有技术

C. 非同一控制下企业合并产生的商誉

D. 尚未达到预定用途的无形资产

历年真题演练答案及解析

一、单项选择题

1.【答案】D

【解析】选项A，预计固定资产未来现金流量不应考虑与所得税收付相关的现金流量；选项B，在确定固定资产未来现金流量现值时，不需要考虑与改良有关的预计现金流量；选项C，

固定资产的公允价值减去处置费用后的净额与资产预计未来现金流量的现值，只要有一项超过了资产的账面价值，就表明资产没有发生减值，不需再估计另一项金额。

二、多项选择题

1.【答案】ABD

【解析】2×16 年计提减值前，该资产组包含商誉的账面价值是 5500 万元，现金流量现值为 4000 万元，公允价值减去处置费用后的净额为 3900 万元，可收回金额为 4000 万元，2×16 年年末应确认的减值金额 =5500−4000=1500（万元），冲减商誉的金额为 300 万元，减值后商誉的账面价值为 0，资产组中其他资产减值 1200 万元，合计减值准备金额为 1500 万元；选项 B 正确；商誉减值后不可以转回，2×17 年年末资产组中商誉的账面价值为 0，故 C 错误，选项 D 正确；2×17 年年末资产组的账面价值为 3800 万元，可收回金额 5600 万元，资产组没有发生减值，但该资产减值不可转回，因此 2×17 年年末资产组账面价值仍为 3800 万元，选项 A 正确。

2.【答案】ABD

【解析】选项 C，资产负债表日，无论是否有确凿证据表明商誉存在减值迹象，均应至少于每年年末对商誉进行减值测试。

3.【答案】BCD

【解析】使用寿命不确定的无形资产和因企业合并所形成的商誉，无论是否存在减值迹象，每年都应当进行减值测试。另外，对于尚未达到预定用途的无形资产，由于其价值具有较大的不确定性，也应当每年进行减值测试。

第九章 负债

本章总体概况

题型及分值	（1）本章主要考核客观题 （2）近三年未考核
近三年考点	关注公司债券的处理
学习引导	本章内容比较简单，关注公司债券账面价值的计算；可转换公司债券的会计处理
本年教材变化	内容无实质变化

本章知识框架

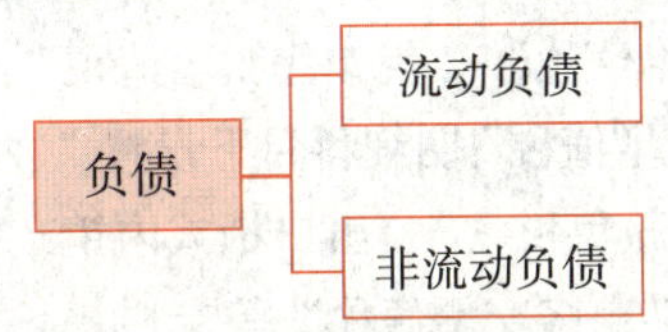

本章考点精解

第一节 流动负债

【考点 67】流动负债★

1. 短期借款

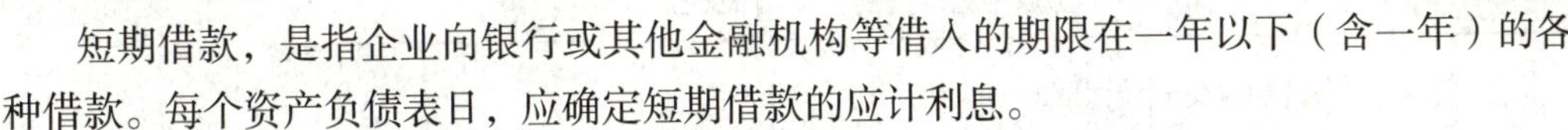

短期借款，是指企业向银行或其他金融机构等借入的期限在一年以下（含一年）的各种借款。每个资产负债表日，应确定短期借款的应计利息。

借：财务费用 / 利息支出（金融企业）

　　贷：银行存款 / 应付利息

2. 应付票据

（1）带息应付票据：期末对尚未支付的应付票据计提利息，计入当期财务费用。

（2）不带息应付票据：其面值就是票据到期时的应付金额。

（3）应付票据到期，企业无力支付票款时：

① 商业承兑汇票：将“应付票据”转入“应付账款”科目，如果重新签发新的票据以清偿原应付票据的，再从“应付账款”科目转入“应付票据”科目。

② 银行承兑汇票：将“应付票据”转入“短期借款”科目。

3. 应付账款

（1）应付账款，一般按应付金额入账，而不按到期应付金额的现值入账。

（2）如果购入的资产在形成一笔应付账款时附带有现金折扣，应付账款按发票上记载的应付总额（即不扣除现金折扣）记账，获得的现金折扣冲减财务费用。

4. 预收账款

预收账款不多的企业，也可以不设置“预收账款”科目，直接记入“应收账款”科目的贷方。

5. 应交税费

应交税费，包括企业依法应交纳的增值税、消费税、企业所得税、资源税、土地增值税、城市维护建设税、房产税、土地使用税、车船税、教育费附加、矿产资源补偿费等税费，以及在上缴国家之前，由企业代扣代缴的个人所得税等。

（1）增值税。

一般纳税企业应当在“应交税费”科目下设置以下二级科目：“应交增值税”“未交增值税”“预缴增值税”“待抵扣进项税额”“待认证进项税额”“待转销项税额”“简易计税”“转让金融商品应交增值税”“代扣代缴增值税”等。

其中，“应交税费——应交增值税”明细科目下设置“进项税额”“销项税额抵减”“已交税金”“转出未交增值税”“减免税款”“出口抵减内销产品应纳税额”“销项税额”“出口退税”“进项税额转出”“转出多交增值税”等专栏。

小规模纳税企业发生的应税行为适用简易计税方法计税，在购买商品时，其支付的增值税税额应计入相关成本费用。

① 销售业务的会计处理。

项　目	内　容
一般纳税人企业	借：应收账款等 　贷：主营业务收入 　　应交税费——应交增值税（销项税额） 　　应交税费——简易计税（简易计税方法计算的增值税税额）
小规模纳税人企业	借：应收账款等 　贷：主营业务收入 　　应交税费——应交增值税

② 视同销售的会计处理。

按照增值税有关规定，对于企业将自产、委托加工或购买的货物分配给股东或投资者；将自产、委托加工的货物用于集体福利或个人消费等行为，视同销售货物，需计算交纳增值税。

③ 购进业务、进项税额抵扣情况发生变化的会计处理。

项 目	内 容
进项税额可以抵扣	借：库存商品等 应交税费——应交增值税（进项税额）（当月已认证的可抵扣进项税额） 应交税费——待认证进项税额（当月未认证的可抵扣进项税额） 贷：银行存款等
分次抵扣进项税额（购入不动产或不动产在建工程）	借：固定资产 / 工程物资等 应交税费——应交增值税（进项税额）（当期可抵扣进项税额的 60%） 应交税费——待抵扣进项税额（第 13 个月可以抵扣 40%） 贷：银行存款等 借：应交税费——应交增值税（进项税额）（第 13 个月实际抵扣 40% 时） 贷：应交税费——待抵扣进项税额
进项税额不得抵扣	借：库存商品等（进项税额计入成本费用） 贷：银行存款等 【提示】一般纳税人购进货物、加工修理修配劳务、服务、无形资产或不动产，用于简易计税方法计税项目、免征增值税项目、集体福利或个人消费等，其进项税额不得从销项税额中抵扣
发生非正常损失等，导致已抵扣的进项税额不能再抵扣	借：待处理财产损溢（发生非正常损失） 应付职工薪酬等（外购货物用于职工福利） 贷：应交税费——应交增值税（进项税额转出）
已全额抵扣进项税额的货物或服务等转用于不动产在建工程	借：应交税费——待抵扣进项税额（已抵扣进项税额的 40%） 贷：应交税费——应交增值税（进项税额转出） 借：应交税费——应交增值税（进项税额）（第 13 个月实际抵扣 40% 时） 贷：应交税费——待抵扣进项税额

【注意】教材收录截至 2018 年 12 月 31 日的政策，从 2019 年 4 月 1 日起，与不动产相关的增值税进项税额可一次性进行抵扣。

④ 差额征税的会计处理。

项 目	内 容
净额法确认收入	借：银行存款（收到的总款项） 贷：主营业务收入 [（收到的款项 - 支付给第三方的款项）/（1+ 增值税税率）] 应交税费——应交增值税（销项税额）（主营业务收入 × 增值税税率） 应付账款（应支付给第三方的款项）
总额法确认收入	借：银行存款（收到的总款项） 贷：主营业务收入 [收到的款项 /（1+ 增值税税率）] 应交税费——应交增值税（销项税额）（主营业务收入 × 增值税税率） 借：主营业务成本（差额） 应交税费——应交增值税（销项税额抵减）（允许扣除销售额而减少的销项税额） 贷：应付账款（应支付给第三方的款项）

⑤ 转出多交增值税和未交增值税的会计处理。

a. 月份终了，企业计算出当月应交未交的增值税，借记“应交税费——应交增值税（转出未交增值税）”，贷记“应交税费——未交增值税”。

b. 当月多交的增值税，借记“应交税费——未交增值税”，贷记“应交税费——应交增值税（转出多交增值税）”。

⑥ 交纳增值税的会计处理。

a. 企业当月交纳当月的增值税，借记“应交税费——应交增值税（已交税金）”（小规模纳税人应借记“应交税费——应交增值税”），贷记“银行存款”。

b. 当月交纳以前各期未交的增值税，借记“应交税费——未交增值税”，贷记“银行存款”。

c. 企业预缴增值税，借记“应交税费——预交增值税”，贷记“银行存款”。月末，企业应将“预交增值税”明细科目余额转入“未交增值税”明细科目，借记“应交税费——未交增值税”，贷记“应交税费——预交增值税”。

⑦ 增值税税控系统专用设备和技术维护费用抵减增值税额的会计处理。

按增值税有关规定，初次购买增值税税控系统专用设备支付的费用及缴纳的技术维护费允许在增值税应纳税额中全额抵减。

a. 企业购入增值税税控系统专用设备、发生技术维护费，按实际支付或应付的金额，借记“固定资产”“管理费用”，贷记“银行存款”“应付账款”等。

b. 按规定抵减的增值税应纳税额，借记“应交税费——应交增值税（减免税款）”（小规模纳税人借记“应交税费——应交增值税”），贷记“管理费用”科目。

（2）消费税。

① 产品销售的会计处理。

a. 企业对外销售产品应交纳的消费税，记入“税金及附加”科目。

b. 在建工程领用自产产品（应税消费品），应交纳的消费税计入在建工程成本。

② 委托加工应税消费品的会计处理。

a. 委托方将收回的应税消费品，以不高于受托方的计税价格出售的，为直接出售，不再缴纳消费税，将受托方代收代缴的消费税计入成本。

b. 委托方将收回的应税消费品，以高于受托方的计税价格出售的，不属于直接出售，需缴纳消费税，在计税时准予扣除受托方已代收代缴的消费税，将受托方代收代缴的消费税借记“应交税费——应交消费税”。

c. 委托方将收回的应税消费品，用于连续生产应税消费品按规定准予抵扣的消费税，不计入存货成本，应记入“应交税费——应交消费税”的借方，用以抵减最终完工产品销售时缴纳的消费税。

③ 进出口产品的会计处理。

需要交纳消费税的进口消费品，其交纳的消费税应计入该进口消费品的成本，借记“固定资产”“材料采购”等，贷记“银行存款”等。

（3）其他应交税费。

① 资源税、房产税、土地使用税、车船税、城市维护建设税、教育费附加，借记“税金及附加”，贷记“应交税费——资源税、房产税、土地使用税、车船税、城市维护建设税、教育费附加”。

② 土地增值税，转让的国有土地使用权与其地上建筑物及其附着物一并在“固定资

产”或“在建工程”科目核算的，转让时应交纳的土地增值税，借记“固定资产清理”，贷记“应交税费——应交土地增值税”。

③所得税，借记“所得税费用”，贷记“应交税费——应交所得税”。

④印花税，借记“税金及附加”，贷记“银行存款”，不通过“应交税费”科目核算。

⑤耕地占用税，借记“在建工程”，贷记“银行存款”，不通过“应交税费”科目核算。

【提示】上市公司按照税法规定需补缴以前年度税款的，如果属于前期差错，应按照会计差错的规定处理，调整以前年度会计报表相关项目；否则，应计入补缴税款当期的损益。

6. 应付股利

应付股利，是指企业经股东大会或类似机构审议批准分配的现金股利或利润。在实际支付前，按应支付的现金股利或利润，借记“利润分配”，贷记“应付股利”。

企业董事会或类似机构通过的利润分配方案中拟分配的现金股利或利润，不应确认为负债，但应在附注中披露。

7. 其他应付款

其他应付款，是指应付、暂收其他单位或个人的款项，如应付经营租入固定资产租金、应付租入包装物租金等。

第二节 非流动负债

【考点68】非流动负债★★★

1. 长期借款

项 目	内 容
借入长期借款	借：银行存款（收到的总款项） 长期借款——利息调整（差额） 贷：长期借款——本金（借款本金）
资产负债表日	借：在建工程 / 制造费用 / 财务费用等（长期借款的期初摊余成本 × 实际利率） 贷：应付利息（长期借款的本金 × 合同利率） 长期借款——利息调整（差额） 【提示】到期一次还本付息的长期借款，利息通过“长期借款——应计利息”核算
归还长期借款	借：在建工程 / 制造费用 / 财务费用等（差额，实际为最后一期的利息费用） 长期借款——本金（借款本金） 贷：银行存款（实际偿还的款项） 长期借款——利息调整（转销剩余的利息调整金额）

2. 公司债券

（1）一般公司债券。

企业发行的超过一年期以上的债券（包括企业发行的归类为金融负债的优先股、永续债等），构成了企业的长期负债。

项　目	内　容
发行债券时	借：银行存款等（实际收到的价款） 　　应付债券——利息调整（差额，可能在贷方） 　　贷：应付债券——面值（债券的面值） 【提示】初始发行费用计入应付债券的初始成本，反映在“应付债券——利息调整”中
后续计量	借：在建工程 / 制造费用 / 财务费用等（应付债券的期初摊余成本 × 实际利率） 　　贷：应付利息（债券面值 × 票面利率） 　　　　应付债券——利息调整（差额，可能在借方） 【提示】到期一次还本付息的债券，利息通过“应付债券——应计利息”核算 计算最后一期的利息费用时，先转销剩余“应付债券——利息调整”的金额，然后根据其和“应付利息”的差额，确认为利息费用（避免小数尾差） 期初 / 期末应付债券摊余成本 = 应付债券面值 - 期初 / 期末“应付债券——利息调整”余额 或：期末应付债券摊余成本 = 期初应付债券摊余成本 + 本期确认的利息费用 - 本期计算的应付利息（不包括“应付债券——应计利息”）
到期偿还本息	借：应付债券——面值（债券的面值） 　　　　　　——应计利息（到期一次支付利息） 　　应付利息（分期付息的最后一期利息） 　　贷：银行存款

（2）可转换公司债券。

企业发行的可转换公司债券属于复合金融工具，应当在初始确认时将其包含的负债成分和权益成分进行分拆，分别确认为金融负债和权益工具。

项　目	内　容
初始计量	（1）负债成分的初始金额 = 负债成分的未来现金流量现值（按照没有附带转换条件的债券市场利率折现） （2）权益成分的初始金额 = 发行价格总额 - 负债成分的初始金额 （3）分摊交易费用：按照负债成分和权益成分的公允价值比例分摊，计入各自初始成本 借：银行存款（发行总价款） 　　贷：应付债券——可转换公司债券（面值） 　　　　　　　　——可转换公司债券（利息调整）（面值 - 负债成分初始金额，可能在借方） 　　　　其他权益工具（权益成分的公允价值） 【提示】分摊交易费用后，减少了应付债券的初始确认金额
转换前	（1）负债成分，按照一般债券的方法进行会计处理 （2）权益成分，不做会计处理
转换股份	借：应付债券——可转换公司债券（面值、利息调整）（转换部分应付债券的账面余额） 　　其他权益工具（转换部分权益成分的公允价值） 　　贷：股本（股票面值 × 转换的股数） 　　　　资本公积——股本溢价（差额） 【提示】做题时请注意，转换时尚未支付的利息，是否可以转换为普通股

【例题1·单选】甲公司于2×18年1月1日发行3年期，每年1月1日付息、到期一次还本的公司债券，债券面值为2000万元，票面年利率为5%，实际年利率为6%，发行价格为1946.5万元，按实际利率法确认利息费用。该债券2×19年度确认的利息费用为（　　）万元。

A. 117.8　　B. 120　　C. 100　　D. 116.79

【答案】A

【解析】该债券2×18年度确认的利息费用=1946.5×6%=116.79（万元），2×19年度确认的利息费用=（1946.5+116.79−2000×5%）×6%=117.8（万元）。

【例题2·单选】P公司2×15年1月1日发行3年期可转换公司债券，实际发行价款10000万元，其中负债成分的公允价值为9000万元。假定发行债券时另支付发行费用30万元。甲公司发行债券时应确认的“应付债券”的金额为（　　）万元。

A. 9970　　B. 10000　　C. 8970　　D. 8973

【答案】D

【解析】发行费用应在负债成分和权益成分之间按公允价值比例分摊；负债成分应承担的发行费用=30×9000÷10000=27（万元），应确认的“应付债券”的金额=9000−27=8973（万元）。

【例题3·单选】甲公司2×15年1月1日按每份面值100元发行了200万份可转换公司债券，发行价格为20000万元，无发行费用。该债券期限为3年，票面年利率为5%，利息于每年12月31日支付。债券发行一年后可转换为普通股，债券持有人若在当期付息前转换股票的，应按照债券面值和应付利息之和除以转股价，计算转股股数。该公司发行债券时，二级市场上与之类似但没有转股权的债券的市场年利率为9%。假设2×17年1月1日全部债券持有者将其转换为股票，转股价格为每股10元，每股面值1元，（P/A，9%，3）=2.5313，（P/F，9%，3）=0.7722。则转股时增加的甲公司资本公积的金额是（　　）万元。

A. 19266.46　　B. 18593.08　　C. 17266.46　　D. 19291.16

【答案】D

【解析】2×15年债券的期初摊余成本=20000×0.7722+20000×5%×2.5313=17975.3（万元），权益成分的公允价值=20000−17975.3=2024.7（万元）。2×15年12月31日债券的摊余成本=17975.3×（1+9%）−20000×5%=18593.08（万元），2×16年12月31日债券的摊余成本=18593.08×（1+9%）−20000×5%=19266.46（万元），2×17年1月1日转股时增加的资本公积=19266.46+2024.7−20000÷10×1=19291.16（万元）。

【例题4·计算】甲公司经批准于20×7年1月1日按面值发行5年期一次还本、按年付息的可转换公司债券2000万元，款项已收存银行，债券票面年利率为6%，利息于每年1月1日支付。债券发行1年后可转换为普通股股票，债券持有人若在当期付息前转换股票的，应按照债券面值和应付利息之和除以转股价，计算转股股数。初始转股价为每股10元，股票面值为每股1元。假定20×8年1月1日债券持有人将持有的可转换公司债券全部转换为普通股股票。

其他资料：甲公司发行可转换公司债券时二级市场上与之类似的没有附带转换权的债券市场利率为9%，已知（P/F，9%，5）=0.6499；（P/A，9%，5）=3.8897。

要求：

编制甲公司发行债券、债券转股的相关会计分录。

【答案】

可转换公司债券负债成分的公允价值=2000×0.6499+2000×6%×3.8897=1766.56（万元）；

可转换公司债券权益成分的公允价值=2000−1766.56=233.44（万元）。

（1）20×7年1月1日发行可转换公司债券时

借：银行存款　　2000

　　应付债券——可转换公司债券（利息调整）　　233.44

　　贷：应付债券——可转换公司债券（面值）　　2000

　　　　其他权益工具　　233.44

（2）20×7年12月31日确认利息费用

借：财务费用等　　158.99（1766.56×9%）

　　贷：应付利息　　120

　　　　应付债券——可转换公司债券（利息调整）　　38.99

（3）20×8年1月1日转换的股份数＝（2000+120）÷10=212（万股）

借：应付债券——可转换公司债券（面值）　　2000

　　应付利息　　120

　　其他权益工具　　233.44

　　贷：股本　　212

　　　　应付债券——可转换公司债券（利息调整）　　194.45（233.44−38.99）

　　　　资本公积——股本溢价　　1946.99

3. 长期应付款

长期应付款，是指企业除长期借款和应付债券以外的其他各种长期应付款项，包括应付融资租入固定资产的租赁费（参见租赁章节的内容）、以分期付款方式购入固定资产发生的应付款项等（参见固定资产章节的内容）。

一、单项选择题

1.（2013年）甲公司20×2年1月1日发行1000万份可转换公司债券，每份面值为100元、每份发行价格100.5元，可转换公司债券发行2年后，每份可转换公司债券可以转换4股普通股（每股面值1元）。甲公司发行该可转换公司债券确认的负债初始计量金额为100150万元。20×3年12月31日，与该可转换公司债券相关负债的账面价值为100050万元。20×4年1月2日，该可转换公司债券全部转换为甲公司股份。甲公司因可转换公司债券的转换应确认的资本公积（股本溢价）是（　　）万元。

A. 350　　B. 400

C. 96050　　D. 96400

二、综合题

1.（2014年节选）甲公司20×8年发生的部分交易事项如下：

20×8年7月1日，甲公司发行5年期可转换债券100万份，每份面值100元，票面年利率5%，利息在每年6月30日支付（第一次支付在20×9年6月30日）。可转换债券持有人有权在期满时按每份债券的面值换5股股票的比例将债券转换为甲公司普通股股票。在可转换债券发行日，甲公司如果发行同样期限的不附转换权的公司债券，则需要支付年利率为8%的市场利率。

其他资料：（P/A，5%，5）=4.3295；（P/A，8%，5）=3.9927；（P/F，5%，5）=0.7835；（P/F，8%，5）=0.6806。

要求：

根据资料，说明甲公司对可转换公司债券应进行的会计处理，编制甲公司20×8年与可转换公司债券相关的会计分录，计算20×8年12月31日与可转换公司债券相关负债的账面价值。

历年真题演练答案及解析

一、单项选择题

1.【答案】D

【解析】甲公司因可转换公司债券的转换应确认的资本公积（股本溢价）的金额=100050+（1000×100.5−100150）−1000×4=96400（万元）。

二、综合题

1.【答案及解析】

甲公司对可转换公司债券应进行的会计处理：该可转换公司债券初始确认时应区分负债成分和权益成分，并确认利息费用。可转换公司债券负债成分的公允价值=10000×0.6806+（10000×5%）×3.9927=8802.35（万元）；可转换公司债券权益成分公允价值=10000−8802.35=1197.65（万元）。

借：银行存款　10000

　应付债券——可转换公司债券（利息调整）　1197.65

　贷：应付债券——可转换公司债券（面值）　10000

　　其他权益工具　1197.65

借：财务费用　352.09

（8802.35×8%×1/2）

　贷：应付债券——利息调整　102.09

　　应付利息　250

（10000×5%×1/2）

负债成分在20×8年12月31日的账面价值=10000−1197.65+102.09=8904.44（万元）。

第十章 职工薪酬

本章总体概况

题型及分值	(1)本章可以考核客观题和主观题 (2)近三年平均分值 5 分
近三年考点	(1)累积带薪缺勤、利润分享计划、非货币性福利的会计处理 (2)辞退福利的确认与计量 (3)设定受益计划的会计处理
学习引导	本章比较简单，属于基础内容，重点掌握短期薪酬的会计处理，关注非货币性福利、累积带薪缺勤、利润分享计划的账务处理原则；辞退福利的会计处理；离职后福利的会计处理，关注设定受益计划的账务处理原则
本年教材变化	内容无实质变化

本章知识框架

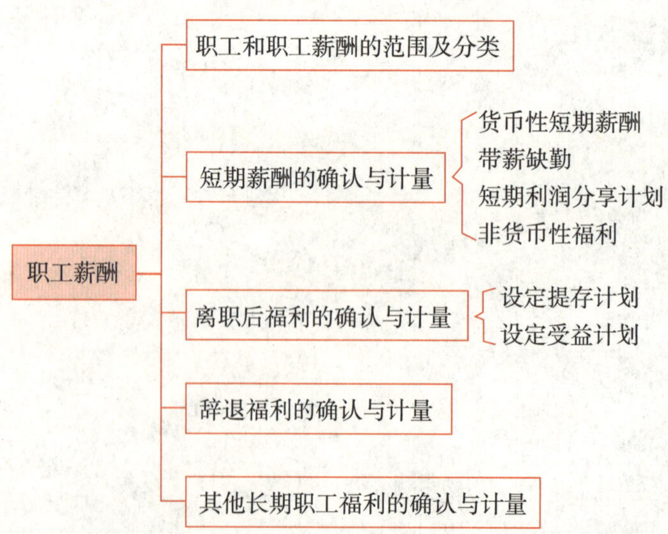

本章考点精解

第一节 职工和职工薪酬的范围及分类

【考点 69】职工、职工薪酬的概念及分类★

1. 职工的范围

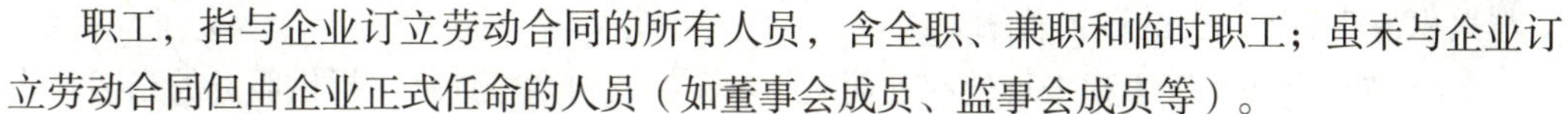

职工，指与企业订立劳动合同的所有人员，含全职、兼职和临时职工；虽未与企业订立劳动合同但由企业正式任命的人员（如董事会成员、监事会成员等）。

2. 职工薪酬

职工薪酬，指企业为获得职工提供的服务或终止劳动合同关系而给予的各种形式的报酬。企业提供给职工配偶、子女、受赡养人、已故员工遗属及其他受益人等的福利，也属于职工薪酬。

职工薪酬包含短期薪酬、离职后福利、辞退福利、其他长期职工福利。

第二节 短期薪酬的确认与计量

短期薪酬，是指企业预期在职工提供相关服务的年度报告期间结束后十二个月内将全部予以支付的职工薪酬，不包括因解除与职工的劳动关系给予的补偿（属于辞退福利）。主要包括以下内容：

（1）工资、奖金、津贴和补贴（短期奖金计划属于本项目，长期奖金计划属于其他长期职工福利）。

（2）职工福利费。

（3）医疗、工伤、生育保险费（养老和失业保险属于离职后福利）。

（4）住房公积金、工会经费、职工教育经费。

（5）短期带薪缺勤、短期利润分享计划、非货币性福利、其他短期薪酬。

【考点 70】货币性短期薪酬★★

主要包括：工资、奖金、津贴和补贴、福利费、医疗、工伤、生育保险费、住房公积金、工会经费、职工教育经费等。

项　目	内　容
计算金额	（1）工资、奖金等根据职工提供服务情况和工资标准计算确定 （2）三险一金、两项经费根据规定的计提基础和计提比例计算 （3）职工福利费应当在实际发生时根据实际发生额确认（不进行预提）
根据受益对象计提费用	借：生产成本 / 制造费用 / 管理费用 / 销售费用 / 在建工程 / 研发支出等 　贷：应付职工薪酬——工资、福利费、社会保险费、住房公积金、工会经费等
实际发放	借：应付职工薪酬 　贷：银行存款等

【考点71】带薪缺勤★★★

带薪缺勤，指企业对各种原因产生的缺勤进行补偿，如年休假、病假、短期伤残假、婚假、产假、丧假、探亲假等。带薪缺勤应当分为累计带薪缺勤和非累积带薪缺勤两类。

1. 累积带薪缺勤

累积带薪缺勤，是指带薪权利可以结转下期的带薪缺勤，本期尚未用完的带薪缺勤权利可以在未来期间使用。

（1）确认时点：在职工提供了服务从而增加了其未来享有的带薪缺勤权利的期间，确认与累积带薪缺勤相关的职工薪酬。

（2）确认金额：以累积未行使权利而增加的预期支付金额计量（提供服务的当期确认成本费用，并确认相应的负债金额）。

【提示】在职工离开企业时，对于未行使的累积带薪缺勤，有权获得现金支付的，企业应当确认企业必须支付的、职工全部累积未使用权利的金额。

【例题·计算】P公司共有1000名职工，公司实行累积带薪缺勤制度，每个职工每年可享受10个工作日带薪年假，未使用的年假只能向后结转一个日历年度，超过1年未使用的权利作废，在职工离开公司时不能获得现金支付；职工年假首先从当年可享受的权利中扣除，再从上年结转的余额中扣除。2×17年12月31日，每个职工当年平均未使用年假为5天。根据过去的经验，A公司预计2×18年有950名职工将享受不超过10天的年假，剩余50名职工每人将平均享受13天年假，假定这50名职工全部为管理人员，该公司平均每名职工每个工作日工资为600元。

2×18年12月31日，上述50名员工有40名享受了13天年假，并随同正常工资以银行存款支付。另有10名只享受了10天年假。不考虑其他因素。

要求：

（1）计算2×17年12月31日应确认的因累积带薪缺勤计入当期费用的金额，并编制会计分录。

（2）计算2×18年12月31日因10名只享受了10天年假应冲减费用的金额，并编制会计分录。

【答案】

（1）2×17年12月31日，由于职工累积未使用的带薪年假权利而导致的预期支付的金额=50×（13−10）×600=90000（元）。

借：管理费用　　90000
　贷：应付职工薪酬——累积带薪缺勤　　90000

（2）2×18年，未使用的权利只能结转一年，超过1年未使用的权利将作废，应冲减费用的金额=10人×3天×600元=18000（元）。

借：应付职工薪酬——累积带薪缺勤　　72000（40人×3天×600）
　贷：银行存款　　72000

借：应付职工薪酬——累积带薪缺勤　　18000（10人×3天×600）
　贷：管理费用　　18000

2. 非累积带薪缺勤

非累积带薪缺勤，指带薪权利不能结转下期的带薪缺勤，本期尚未用完的带薪缺勤权利将予以取消，并且职工离开企业时也无权获得现金支付。

（1）确认时点：企业在职工实际发生缺勤的会计期间确认与非累积带薪缺勤相关的职工薪酬。

（2）确认金额：发生缺勤的当期，视同正常出勤计算职工薪酬的金额，不需要做额外的账务处理。

【考点 72】短期利润分享计划★★

短期利润分享计划同时满足下列条件的，企业应当确认相关的应付职工薪酬，并根据受益对象计入当期损益或相关资产成本：

（1）企业因过去事项导致现在具有支付职工薪酬的法定义务。

（2）因利润分享计划所产生的应付职工薪酬义务能够可靠估计。属于下列三种情形之一的，视为义务金额能够可靠估计：①在财务报告批准报出之前企业已确定应支付的薪酬金额；②该利润分享计划的正式条款中包括确定薪酬金额的方式；③过去的惯例为企业确定推定义务金额提供了明显证据。

【例题 1·单选】A 公司是一家电器销售企业。2×18 年 1 月，A 公司为鼓励销售人员提高业绩，制订并实施了一项利润分享计划。该计划规定，如果公司全年的净利润达到 1000 万元以上，公司销售人员将可以分享超过 1000 万元净利润部分的 3% 作为额外报酬。A 公司 2×18 年度实现净利润为 1200 万元。不考虑其他因素，A 公司 2×18 度应向职工支付的利润分享计划金额为（　　）万元。

A. 6　　　　B. 36　　　　C. 30　　　　D. 0

【答案】A

【解析】A 公司 2014 年度应支付的利润分享计划金额 =（1200−1000）×3%=6（万元）。

借：销售费用　　　　6

　贷：应付职工薪酬——利润分享计划　　　　6

【例题 2·计算】P 公司有一项利润分享计划，规定将其 2×17 年税前利润的指定比例支付给在 2×17 年 7 月 1 日至 2×18 年 6 月 30 日为 P 公司提供服务的管理人员，该奖金于 2×18 年 6 月 30 日支付。如果 P 公司在 2×17 年 7 月 1 日至 2×18 年 6 月 30 日期间没有职工离职，则当年的利润分享支付总额为税前利润的 3%。（1）2×17 年 P 公司实现年度的税前利润为 1000 万元人民币，P 公司估计职工离职将使支付额降低至税前利润的 2.5%。（2）2×18 年 6 月 30 日，P 公司的职工离职使其支付的利润分享金额为 2×17 年度税前利润的 2.8%。

要求：

计算 P 公司 2×17 年、2×18 年因该利润分享计划计入费用的额金额，并编制会计分录。

【答案】

（1）尽管支付额是按照 2×17 年税前利润的 3% 计量，但是支付的对象是在 2×17 年 7 月 1 日至 2×18 年 6 月 30 日为 P 公司提供服务的管理人员。因此，P 公司在 2×17 年应按照税前利润的 50% 确认负债和成本及费用，金额 =1000×2.5%×50%=12.5（万元）。余下的利润分享金额，连同针对估计金额与实际支付金额之间的差额作出的调整额，在 2×18 年予以确认。

借：管理费用　　　　12.5

　贷：应付职工薪酬——利润分享计划　　　　12.5

（2）2×18 年 6 月 30 日，P 公司的职工离职使其支付的利润分享金额为 2×17 年年度税前利润的 2.8%，应确认负债和成本及费用的金额 =1000×2.8%−12.5=15.5（万元）。

借：管理费用　　　　15.5

　贷：应付职工薪酬——利润分享计划　　　　15.5

【考点73】非货币性福利★★★

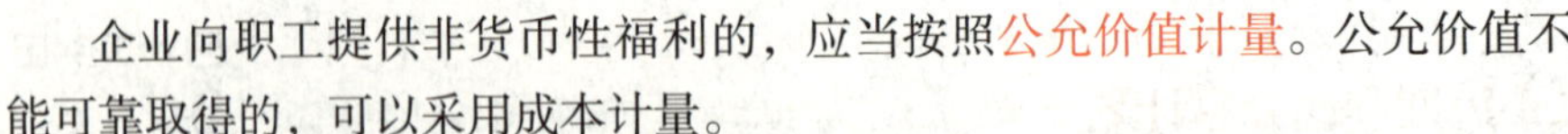

企业向职工提供非货币性福利的，应当按照公允价值计量。公允价值不能可靠取得的，可以采用成本计量。

1. 以自产产品或外购商品发放给职工作为福利

项　目	以自产产品发放给职工作为福利	以外购商品发放给职工作为福利
处理原则	（1）按照该产品的公允价值和相关税费计入成本费用，并确认应付职工薪酬 （2）实际发放时，视同销售该产品	（1）按照该商品的公允价值和相关税费计入成本费用，并确认应付职工薪酬 （2）实际发放时，按照商品的成本结转
购入时	—	借：库存商品等 　应交税费——应交增值税（进项税额） 　贷：银行存款
决定发放时	借：生产成本/制造费用/管理费用等 　贷：应付职工薪酬——非货币性福利	借：生产成本/制造费用/管理费用等 　贷：应付职工薪酬——非货币性福利
实际发放时	借：应付职工薪酬——非货币性福利 　贷：主营业务收入 　　应交税费——应交增值税（销项税额） 借：主营业务成本 　贷：库存商品	借：应付职工薪酬——非货币性福利 　贷：库存商品等 　　应交税费——应交增值税（进项税额转出）

2. 将拥有的房屋等资产无偿提供给职工使用或租赁住房等资产供职工无偿使用

（1）企业将拥有的房屋等资产无偿提供给职工使用的，应当根据受益对象，确认当期损益或相关资产成本，同时确认应付职工薪酬。

借：管理费用/生产成本等

　贷：应付职工薪酬——非货币性福利

借：应付职工薪酬——非货币性福利

　贷：累计折旧

（2）租赁住房等资产供职工无偿使用的，应当根据受益对象，将每期应付的租金计入相关资产成本或当期损益，并确认应付职工薪酬。

借：管理费用/生产成本等

　贷：应付职工薪酬——非货币性福利

借：应付职工薪酬——非货币性福利

　贷：其他应付款

3. 向职工提供企业支付了补贴的商品或服务

以提供包含补贴的住房为例，企业在出售住房等资产时，应当将此类资产的公允价值与其内部售价之间的差额（即相当于企业补贴的金额）分别情况处理：

（1）如果出售住房的合同或协议中规定了职工在购得住房后至少应当提供服务的年限，且如果职工提前离开则应退回部分差价，企业应当将该项差额作为长期待摊费用处理，并在合同或协议规定的服务年限内平均摊销，根据受益对象分别计入相关资产成本或当期损益。

①出售住房时：

借：银行存款（向职工收取的款项）

　　长期待摊费用（企业补贴的金额）

　　贷：固定资产

②出售住房后，每年摊销：

借：生产成本/管理费用等

　　贷：应付职工薪酬——非货币性福利

借：应付职工薪酬——非货币性福利

　　贷：长期待摊费用

（2）如果出售住房的合同或协议中未规定职工在购得住房后必须服务的年限，企业应当将该项差额计入出售住房当期相关资产成本或当期损益，并确认应付职工薪酬。

借：银行存款（向职工收取的款项）

　　生产成本/管理费用等（企业补贴的金额）

　　贷：应付职工薪酬

借：应付职工薪酬

　　贷：固定资产

【例题·计算】 2×18年6月，P公司购买了10套全新的别墅拟以优惠价格向高级管理人员出售。别墅平均每套购买价为200万元，向高管出售的价格为每套100万元，截至6月30日，10名高管人员全部购买了该别墅。不考虑相关税费及其他因素。（1）假定售房协议规定，高管在取得住房后必须在公司服务10年，否则在离职时须退回购买差价。（2）假定售房协议未规定高管在公司服务的期限。

要求：

分别根据两种情况，确认2×18年应计入费用的金额，并编制该业务的相关会计分录。

【答案】

（1）该别墅的售价200万元与购买价格100万元的差额，应当在服务期限10年内平均摊销，计入各期费用与职工薪酬。2×18年确认金额=（200−100）×10÷10×6/12=50（万元）。

借：银行存款　　1000

　　长期待摊费用　　1000

　　贷：固定资产　　2000

借：管理费用　　50

　　贷：应付职工薪酬——非货币性福利　　50

借：应付职工薪酬——非货币性福利　　50

　　贷：长期待摊费用　　50

（2）该别墅的售价200万元与购买价格100万元的差额，应当计入当期费用，并确认应付职工薪酬。

借：银行存款　　1000

　　管理费用　　1000[（200−100）×10]

　　贷：应付职工薪酬　　2000

借：应付职工薪酬　　2000

　　贷：固定资产　　2000

第三节 离职后福利的确认与计量

离职后福利，是指企业为获得职工提供的服务而在职工退休或与企业解除劳动关系后，提供的各种形式的报酬和福利，属于短期薪酬和辞退福利的除外。

【考点74】设定提存计划★

设定提存计划，指向独立的基金缴存固定费用后，企业不再承担进一步支付义务的离职后福利计划（如养老保险、失业保险，风险实质上要由职工来承担）。

企业应在资产负债表日确认为换取职工在会计期间内为企业提供的服务而应付给设定提存计划的提存金，并作为一项费用计入当期损益或相关资产成本。

借：管理费用等

　　贷：应付职工薪酬

借：应付职工薪酬

　　贷：银行存款

【考点75】设定受益计划★★★

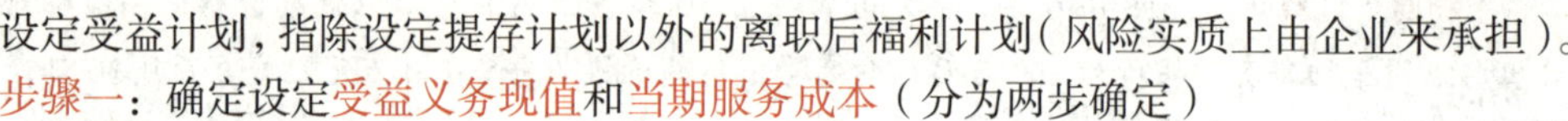

设定受益计划，指除设定提存计划以外的离职后福利计划（风险实质上由企业来承担）。

步骤一：确定设定受益义务现值和当期服务成本（分为两步确定）

（1）根据预期累计福利单位法（假设服务1年为1个福利单位），采用无偏且相互一致的精算假设对有关人口统计变量（如职工离职率和死亡率）和财务变量（如未来薪金和医疗费用的增加）等作出估计，计量设定受益计划所产生的义务（确定每个福利单位的金额），并确定相关义务的归属期间。

（2）根据资产负债表日与设定受益计划义务期限和币种相匹配的国债或活跃市场上的高质量公司债券的市场收益率确定折现率，将设定受益计划所产生的义务予以折现，以确定设定受益计划义务的现值和当期服务成本。

①设定受益义务的现值：是指企业在不扣除任何计划资产的情况下，为履行当期和以前期间职工服务产生的义务所需的预期未来支付额的现值（该义务产生的应付职工薪酬的余额）。

②当期服务成本：是指因职工当期提供服务所导致的设定受益义务现值的增加额。

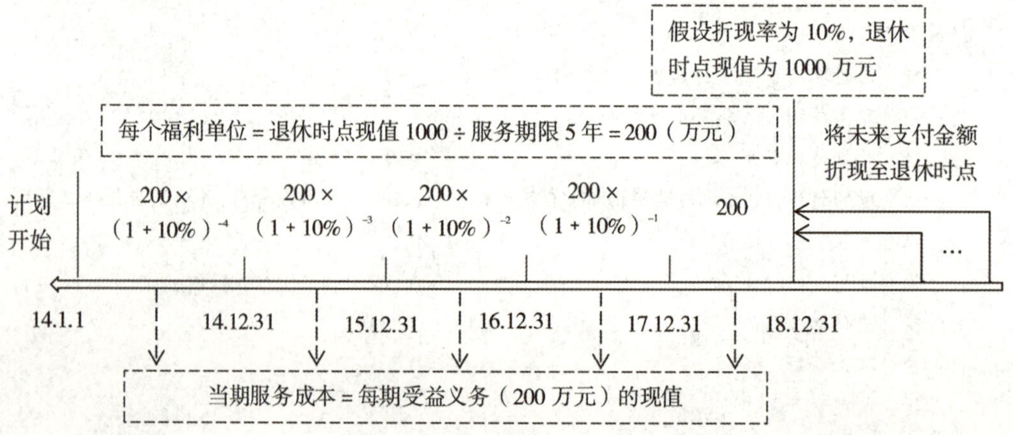

【例题 1 · 计算】甲企业在 2×14 年 1 月 1 日设立了一项设定受益计划，并于当日开始实施。该设定受益计划规定甲企业向所有在职员工提供统筹外补充退休金，这些职工在退休后每年可以额外获得一定数额的退休金，直至去世。

假定符合计划的职工为 100 人，当前平均年龄为 55 岁，退休年龄为 60 岁，还可以为公司服务 5 年，退休前无人离职，甲企业根据生命周期表对死亡率进行精算，并考虑退休补贴的增长率等因素，假定适用的折现率为 10%，将退休后补贴折现到退休时点的现值为 6550 万元。

要求：不考虑其他因素，计算应计入每期的服务成本及计入职工薪酬的金额，并编制会计分录。

【答案】

职工为企业服务的 5 年中，归属于每年的福利为 1310 万元（6550 ÷ 5），当期服务成本即为归属于当年福利的现值，具体计算如下表所示。

年 度	2×14 年	2×15 年	2×16 年	2×17 年	2×18 年
福利归属于当年	1310	1310	1310	1310	1310
累计福利	1310	2620	3930	5240	6550
期初义务	0	890	1960	3240	4760
利息（10%）	0	89=890×10%	196=1960×10%	324=3240×10%	476=4760×10%
当期服务成本	890=1310/（1+10%）^{4}	980=1310/（1+10%）^{3}	1080=1310/（1+10%）^{2}	1190=1310/（1+10%）	1310
期末义务	890	1959=890+89+980	3236=1960+196+1080	4754=3240+324+1190	6546=4760+476+1310
注：（1）期初义务，是归属于以前年度的设定受益义务的现值 （2）当期服务成本，是归属于当年的设定受益义务的现值 （3）期末义务，是归属于当年和以前年度的设定受益义务的现值					

2×14 年末的会计处理如下：

借：管理费用 / 制造费用 / 生产成本等（当期服务成本）　890

　　贷：应付职工薪酬　890

2×15 年末的会计处理如下：

借：管理费用 / 制造费用 / 生产成本等（当期服务成本）　980

　　贷：应付职工薪酬　980

借：财务费用　89

　　贷：应付职工薪酬　89

以后各年，以此类推。

步骤二：确定设定受益计划净负债或净资产

设定受益计划存在资产的，企业应当将设定受益计划义务的现值减去设定受益计划资产公允价值所形成的赤字或盈余确认为一项设定受益计划净负债或净资产。

步骤三：确定应当计入当期损益的金额

设定受益计划中应确认的计入当期损益的金额 = 服务成本（当期服务成本、过去服务成本、结算利得或损失）+ 设定受益净负债或净资产的利息净额。

（1）当期服务成本，指因职工当期服务导致的设定受益义务现值的增加额（属于当年福利的现值）。

（2）过去服务成本，指设定受益计划修改所导致的与以前期间职工服务相关的设定受益计划义务现值的增加或减少（无需调整期初，直接在当期确认）。

（3）结算利得和损失，设定受益计划结算利得或损失是下列两项的差额：①在结算日确定的设定受益计划义务现值（结算部分的应付职工薪酬的余额）；②结算价格，包括转移的计划资产的公允价值和企业直接发生的与结算相关的支付（实际支付对价）。

借：管理费用（结算损失，利得在贷方）

　　应付职工薪酬（受益计划义务的现值）

　　贷：银行存款 / 其他资产等

（4）设定受益计划净负债或净资产的利息净额 = 设定受益计划净负债或净资产 × 折现率。

步骤四：确定应当计入其他综合收益的金额

设定受益净负债或净资产的重新计量应当计入其他综合收益，且在后续期间不应重分类计入损益，但是企业可以在权益范围内转移这些在其他综合收益中确认的金额。

重新计量设定受益计划净负债或净资产所产生的变动包括下列部分：①精算利得和损失（死亡率、离职率、折现率等变动）；②计划资产回报（不包含利息部分）；③资产上限影响的变动（不包含利息部分）。

【例题 2 · 单选】P 公司有一项设定受益计划已经执行了若干年，年折现率为 10%。2×17 年年初设定受益计划义务现值 120 万元，年初设定受益计划资产现值 120 万元，当期服务成本 20 万元，当期福利支付 15 万元，本期提缴 10 万元，重新计量设定受益计划义务精算损失 10 万元，重新计量设定受益计划资产精算利得 7 万元。2×17 年有关设定受益计划的会计处理表述正确的有（　　）。

A. 2×17 年年末确定设定受益计划义务的现值为 147 万元

B. 2×17 年年末设定受益计划资产公允价值为 134 万元

C. 2×17 年年末设定受益计划净负债为 13 万元

D. 2×17 年年末计入其他综合收益科目借方的金额为 3 万元

【答案】ABCD

【解析】2×17 年年末确定设定受益计划义务的现值 = 年初设定受益计划义务现值 120+ 设定受益计划义务的利息费用 12（120×10%）+ 当期服务成本 20+ 过去服务成本 0- 当期福利支付 15- 设定受益计划结算 0+ 义务精算损失 10=147（万元）；2×17 年年末设定受益计划资产公允价值 = 年初设定受益计划资产的公允价值 120+ 设定受益计划资产的利息收入 12（120×10%）+ 本期提缴 10- 当期福利支付 15- 设定受益计划结算 0+ 资产精算利得 7=134（万元）；2×17 年年末设定受益计划净负债 =147-134=13（万元）；2×17 年年末计入其他综合收益科目借方金额 = 重新计量设定受益计划义务精算损失 10- 重新计量设定受益计划资产精算利得 7=3（万元）。

第四节 辞退福利的确认与计量

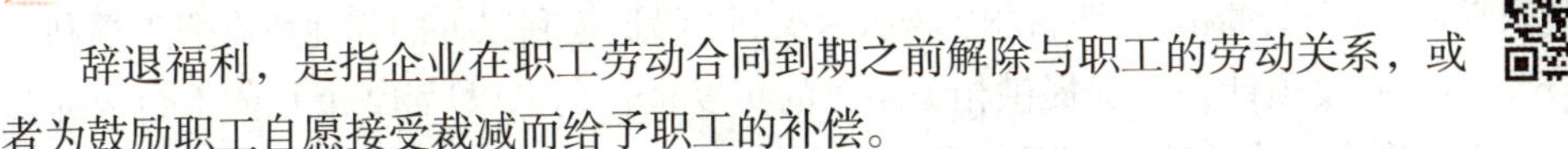

【考点76】辞退福利的确认和计量★★★

辞退福利，是指企业在职工劳动合同到期之前解除与职工的劳动关系，或者为鼓励职工自愿接受裁减而给予职工的补偿。

（1）企业向职工提供辞退福利，应当在以下两者孰早日确认辞退福利产生的职工薪酬负债，并计入当期损益：

①企业不能单方面撤回因解除劳动关系计划或裁减建议所提供的辞退福利时。

②企业确认与涉及支付辞退福利的重组相关的成本费用时。

（2）同时存在下列情况时，表明企业承担了重组义务：

①有详细、正式的重组计划，包括重组涉及的业务、主要地点、需要补偿的员工人数及其岗位性质、预计重组支出、计划实施时间等。

②该重组计划已对外公告。

【提示】由于被辞退的职工不再为企业带来未来经济利益，均应当于辞退计划满足负债确认条件的当期一次计入费用（管理费用），不计入资产成本。

对于企业实施的职工内部退休计划，由于这部分职工不再为企业带来经济利益，企业应当比照辞退福利处理。在内退计划符合本准则规定的确认条件时，按照内退计划规定，将自职工停止提供服务日至正常退休日期间、企业拟支付的内退人员工资和缴纳的社会保险费等，确认为预计负债（应付职工薪酬），一次计入当期管理费用。

（3）辞退福利的计量：

①对于职工没有选择权的辞退计划，应当根据计划条款规定拟解除劳动关系的职工数量、每一职位的辞退补偿等计提应付职工薪酬。

②对于自愿接受裁减的建议，因接受裁减的职工数量不确定，企业应当根据《企业会计准则第13号——或有事项》规定，预计将会接受裁减建议的职工数量，根据预计的职工数量和每一职位的辞退补偿等计提应付职工薪酬。

【提示】对于实质性辞退工作在一年内实施完毕，但补偿款项超过一年支付的辞退计划，企业应当选择恰当的折现率，以折现后的金额计量应计入当期损益的辞退福利金额。

（4）辞退福利的会计处理：

借：管理费用

　　贷：应付职工薪酬——辞退福利

借：应付职工薪酬——辞退福利

　　贷：银行存款

第五节　其他长期职工福利的确认和计量

【考点77】其他长期职工福利的确认和计量★

其他长期职工福利，指除短期薪酬、离职后福利、辞退福利以外的其他所有职工福利。包括以下各项（假设预计在职工提供相关服务的年度报告期末以后12个月内不会全部结算）：长期带薪缺勤，如其他长期服务福利、长期残疾福利、长期利润分享计划、长期奖金计划，以及递延酬劳等。

（1）符合设定提存计划条件的，应当按照设定提存计划的有关规定进行会计处理。

（2）符合设定受益计划条件的，企业应当按照设定受益计划的有关规定，确认和计量其他长期职工福利净负债或净资产。

（3）在报告期末，企业应当将其他长期职工福利产生的职工薪酬成本确认为下列组成部分：①服务成本；②其他长期职工福利净负债或净资产的利息净额；③重新计量其他长期职工福利净负债或净资产所产生的变动。

【提示】为了简化相关会计处理，上述项目的总净额应计入当期损益或相关资产成本。

【例题·多选】2×16年年初甲公司为其管理人员设定了一项递延年金计划：将当年利润的6%作为奖金，但要三年后（2×18年年末）才向仍然在职的员工发放。甲公司在2×16年年初预计3年后企业为此计划的支出为600万元。甲公司选取同期同币种的国债收益率作为折现率，2×16年年初的折现率为5%，2×16年年末的折现率变更为4%。假定不考虑死亡率和离职率等因素，下列说法中正确的有（　　）。

A. 甲公司在2×16年年末应确认的精算损失为3.5万元

B. 甲公司在2×16年年末因精算损失应计入其他综合收益

C. 甲公司在2×16年确认的当期服务成本为181.41万元

D. 甲公司在2×16年年末的设定受益义务现值184.91万元

【答案】ACD

【解析】按照预期累计福利单位法，归属于2×16年的福利=600÷3=200（万元），企业在2×16年初预计的当期服务成本=200÷（1+5%）^{2}=181.41（万元）；至2×16年年末，折现率变为4%，2×16年年末的设定受益义务现值=200÷（1+4%）^{2}=184.91（万元），两者之间的差额应作为精算损失=184.91−181.41=3.5（万元）；选项ACD正确。该递延年金计划属于其他长期职工福利，所确认的职工薪酬应计入当期损益，选项B错误。

历年真题演练

一、单项选择题

1.（2018年）下列各项因设定受益计划产生的职工薪酬成本中，除非计入资产成本，应当计入其他综合收益的是（　　）。

A. 精算利得和损失

B. 结算利得或损失

C. 资产上限影响的利息

D. 计划资产的利息收益

2.（2016年）甲公司发生的下列交易或事项中，相关会计处理将影响发生当年净利润的是（　　）。

A. 因重新计算设定受益计划净负债产生的保险精算收益

B. 因联营企业其他投资方单方增资导致应享有联营企业净资产份额的变动

C. 根据确定的利润分享计划，基于当年度实现利润计算确定应支付给职工的利润分享款

D. 将自用房屋转为采用公允价值进行后续计量的投资性房地产时，公允价值大于账面价值的差额

3.（2015年）下列各项有关职工薪酬的会计处理中，正确的是（　　）。

A. 与设定受益计划相关的当期服务成本应计入当期损益

B. 因重新计量设定受益计划净负债产生的精算损失应计入当期损益

C. 与设定受益计划负债相关的利息费用应计入其他综合收益

D. 与设定受益计划相关的过去服务成本应计入期初留存收益

二、多项选择题

1.（2017年）2×17年，甲公司发生与职工薪酬有关的交易或事项如下：（1）以甲公司生产的产品作为福利发放给职工，该产品的生产成本为1500万元，市场价格为1800万元；（2）为职工交纳200万元的"五险一金"；（3）根据职工入职期限，分别可以享受5至15天的年休假，当年未用完的带薪休假权利予以取消。甲公司职工平均日工资为120元/人；（4）对管理人员实施2×17年度的利润分享计划，按当年度利润实现情况，相关管理人员可分享利润500万元。不考虑其他因素，下列各项关于甲公司2×17年与职工薪酬有关会计处理的表述中，正确的有（　　）。

A. 对于职工未享受的休假权利无需进行会计处理

B. 管理人员应分享的利润确认为当期费用和计入损益

C. 以产品作为福利发放给职工按产品的生产成本计入相关成本费用

D. 为职工交纳的"五险一金"按照职工所在岗位分别确认为相关成本费用

三、计算分析题

1.（2017年改编）甲股份有限公司（以下简称"甲公司"）2×19年发生的与职工薪酬相关的事项如下：

（1）4月10日，甲公司董事会通过决议，以本公司自产产品作为奖品，对乙车间全体员工超额完成一季度生产任务进行奖励，每名员工奖励一件产品。该车间员工总数为200人，其中车间管理人员30人，一线生产工人170人，发放给员工的本公司产品市场售价为3000元/件，成本为1800元/件。4月20日，200件产品发放完毕。

（2）甲公司共有2000名员工，从2×19年1月1日起，该公司实行累积带薪休假制度，规定每名职工每年可享受7个工作日带薪休假，未使用的年休假可向后结转1个年度，超过期限未使用的作废，员工离职时也不能取得现金支付。2×19年12月31日，每名职工当年平均未使用带薪休假为2天。根据过去的经验并预期该经验将继续适用，甲公司预计2×20年有1800名员工将享受不超过7天带薪休假，剩余200名员工每人将平均享受8.5天休假，该200名员工中150名为销售部门人员，50名为总部管理人员。甲公司平均每名员工每个工作日工资为400元。甲公司职工年休假以后进先出为基础，即有关休假首先从当年可享受的权利中扣除。

（3）甲公司正在开发丙研发项目，2×19年共发生项目研发人员工资200万元，其中自2×19年1月1日研发开始至6月30日期间发生的研发人员工资120万元属于费用化支出，7月1日至11月30日研发项目达到预定用途前发生的研发人员工资80万元属于资本化支出。有关工资以银行存款支付。

（4）2×19年12月20日，甲公司董事会做出决议，拟关闭设在某地区的一分公司，并对该分公司员工进行补偿，方案为：对因尚未达到法定退休年龄提前离开公司的员工给予一次性离职补偿30万元，另外自其达到法定退休年

龄后，按照每月1000元的标准给予退休后补偿。涉及员工80人、每人30万元的一次性补偿2400万元已于12月26日支付。每月1000元的退休后补偿将于2×20年1月1日起陆续发放，根据精算结果，甲公司估计该补偿义务的现值为1200万元。

其他有关资料：

甲公司为增值税一般纳税人，适用的增值税税率为16%。本题不考虑其他因素。

要求：

就甲公司2×19年发生的与职工薪酬有关的事项，逐项说明其应进行的会计处理并编制相关会计分录。

2.（2016年）甲股份有限公司（以下简称“甲公司”）2×15年更换年审会计师事务所，新任注册会计师在对其2×15年度财务报表进行审计时，对以下事项的会计处理存在质疑：

（1）自2×14年开始，甲公司每年年末均按照职工工资总额的10%计提相应资金计入应付职工薪酬，计提该资金的目的在于解决后续拟实施员工持股计划的资金来源，但有关计提金额并不对应于每一在职员工。甲公司计划于2×18年实施员工持股计划，以2×14年至2×17年四年间计提的资金在二级市场购买本公司股票，授予员工持股计划范围内的管理人员，员工持股计划范围内的员工与原计提时在职员工范围很可能不同。例如，员工持股计划未能实施，员工无权取得该部分计入职工薪酬的提取金额。该计划下，甲公司2×14年计提了3000万元。2×15年年末，甲公司当年度应予计提的金额进行了以下会计处理：

借：管理费用　　3600

　　贷：应付职工薪酬　　3600

（2）为调整产品结构，去除冗余产能，2×15年甲公司推出一项鼓励员工提前离职的计划。该计划范围内涉及的员工共有1000人，平均距离退休年龄还有5年。甲公司董事会于10月20日通过决议，该计划范围内的员工如果申请提前离职，甲公司将每人一次性地支付补偿款30万元。根据计划公布后与员工达成的协议，其中800人会申请离职。截至2×15年12月31日，该计划仍在进行当中。甲公司进行了以下会计处理：

借：长期待摊费用　　24000

　　贷：预计负债　　24000

借：营业外支出　　4800

　　贷：长期待摊费用　　4800

（3）2×15年甲公司销售快速增长，对当年年度业绩起到了决定性作用。根据甲公司当年制定并开始实施的利润分享计划，销售部门员工可以分享当年年度净利润的3%作为奖励。2×16年2月10日，根据确定的2×15年年度利润，董事会按照利润分享计划，决议发放给销售部门员工奖励620万元。甲公司于当日进行了以下会计处理：

借：利润分配——未分配利润　　620

　　贷：应付职工薪酬　　620

其他有关资料：

甲公司按照净利润的10%提取法定盈余公积，不计提任意盈余公积。不考虑所得税等相关税费因素的影响。甲公司2×15年年度报告于2×16年3月20日对外报出。

要求：

判断甲公司对事项（1）至事项（3）的会计处理是否正确并说明理由；对于不正确的会计处理，编制更正的会计录（无需通过“以前年度损益调整”科目，不考虑当期盈余公积的计提）。

四、综合题

1.（2014年节选）甲公司为上市公司，内审部门在审核公司及下属子公司20×2年度财务报表时，对以下交易或事项的会计处理提出质疑：

（3）20×1年12月20日，甲公司与10名公司高级管理人员分别签订商品房销售合同。合同约定，甲公司将自行开发的10套房屋以每套600万元的优惠价格销售给10名高级管理人员；高级管理人员自取得房屋所有权后必须在甲公司工作5年，如果在工作未满5年的情况下离职，需根据服务期限补交款项。20×2年6月25日，甲公司收到10名高级管理人员支付的款项6000万元。20×2年6月30日，甲公司与10名高级管理人员办理完毕上述房屋产权过户手续。上述房屋成本为每套420万元，市场价格为每套800万元。

甲公司对上述交易或事项的会计处理为：

借：银行存款　　6000

　贷：主营业务收入　　6000

借：主营业务成本　　4200

　贷：开发产品　　4200

要求：

判断甲公司的会计处理是否正确，并说明理由，如果甲公司的会计处理不正确，编制更正甲公司20×2年年度财务报表的会计分录（编制更正分录时可以使用报表项目）。

历年真题演练答案及解析

一、单项选择题

1.【答案】A

【解析】设定受益计划应计入其他综合收益的部分包括：（1）精算利得和损失；（2）计划资产回报，扣除包括在设定受益计划净负债或净资产的利息净额中的金额；（3）资产上限影响的变动，扣除包括在设定受益计划净负债或净资产的利息净额中的金额。选项BCD应计入当期损益。

2.【答案】C

【解析】选项A，计入其他综合收益；选项B，计入资本公积；选项C，计入管理费用；选项D，计入其他综合收益。故选项C正确。

3.【答案】A

【解析】选项B，应该计入其他综合收益；选项C，应该计入当期损益；选项D，应该计入当期成本或损益。

二、多项选择题

1.【答案】ABD

【解析】以产品作为福利发放给职工，应当按照产品的公允价值和相关税费计入相关成本费用，选项C不正确。

三、计算分析题

1.【答案及解析】

事项（1）：甲公司应将发放给员工的本企业产品视同销售，并作为对员工的薪酬处理。

借：生产成本　　59.16

　　制造费用　　10.44

　贷：应付职工薪酬　　69.6

借：应付职工薪酬　　69.6

　贷：主营业务收入　　60

　　　应交税费——应交增值税（销项税额）　　9.6

借：主营业务成本　　36

　贷：存货（库存商品）　　36

事项（2）：甲公司应将由于职工累积未使用的带薪年休假权利而导致预期将支付的工资在2×19年确认为费用。

借：销售费用　　9

　　[（8.5−7）×150×400÷10000]

　　管理费用　　3

　　[（8.5−7）×50×400÷10000]

　贷：应付职工薪酬　　12

事项（3）：甲公司为进行研发项目发生的研发人员工资应当按照内部研究开发无形资产的有关条件判断其中应予资本化或费用化的部分，并确认为应付职工薪酬。

借：研发支出——费用化支出　　120

　　　　　　——资本化支出　　80

　贷：应付职工薪酬　　200

借：管理费用　　120

　贷：研发支出——费用化支出　　120

借：无形资产　　80

　贷：研发支出——资本化支出　　80

借：应付职工薪酬　　200

　贷：银行存款　　200

事项（4）：甲公司向员工支付每人30万元的补偿款为辞退福利，应于发生时计入当期损益。对于员工在达到退休年龄后所支付的补偿款，虽然其于退休后支付，但由于该补偿与部分员工因分公司关闭离开公司有关，因此该退休后补偿也应于发生时计入当期损益。

借：管理费用　　3600
　　贷：应付职工薪酬　　3600
借：应付职工薪酬　　2400
　　贷：银行存款　　2400

2.【答案及解析】

事项（1）：甲公司该项会计处理不正确。

理由：该部分金额不是针对特定员工需要对象化支付的费用，即不是当期为了获取员工服务实际发生的费用，准则规定不能予以计提。涉及员工持股计划拟授予员工股份，应当根据其授予条件等分析是获取的哪些期间的职工服务，并将与股份支付相关的费用计入相应期间。

借：应付职工薪酬　　6600
　　贷：盈余公积　　300
　　　　利润分配——未分配利润　　2700
　　　　管理费用　　3600

事项（2）：甲公司该项交易的会计处理不正确。

理由：该项计划原则上应属于会计准则规定的辞退福利，有关一次性支付的辞退补偿金额应于计划确定时作为应付职工薪酬，相关估计应支付的金额全部计入当期损益，而不能在不同年度间分期摊销。

借：管理费用　　24000
　　贷：应付职工薪酬　　24000
借：预计负债　　24000
　　贷：长期待摊费用　　24000
借：长期待摊费用　　4800
　　贷：营业外支出　　4800

事项（3）：甲公司该项会计处理不正确。

理由：利润分享计划下员工应分享的部分应作为职工薪酬并计入有关成本费用，因涉及的是销售部门，甲公司应计入 2×15 年销售费用。

借：销售费用　　620
　　贷：利润分配——未分配利润　　620

四、综合题

1.【答案及解析】

资料（3）会计处理不正确。

理由：该项业务系向职工提供企业承担了补贴的住房且合同规定了获得住房职工至少应提供服务的年限的业务，应按市场价确认收入，市场价与售价的差额计入长期待摊费用，在职工提供服务年限内平均摊销。

借：长期待摊费用　　2000
　　贷：营业收入（或主营业务收入）　　2000
借：管理费用　　200
　　贷：应付职工薪酬　　200
借：应付职工薪酬　　200
　　贷：长期待摊费用　　200

第十一章 借款费用

本章总体概况

题型及分值	（1）本章主要考核客观题；也可与应付债券、外币折算等结合，考核主观题 （2）近三年平均分值 2 分
近三年考点	（1）借款费用的范围 （2）专门借款利息资本化金额的计算
学习引导	本章比较简单，计算量较大，做题时注意细节，重点掌握借款费用资本化期间的确定（开始资本化、暂停资本化、停止资本化）；一般借款、专门借款利息费用资本化金额的计算
本年教材变化	内容无实质变化

本章知识框架

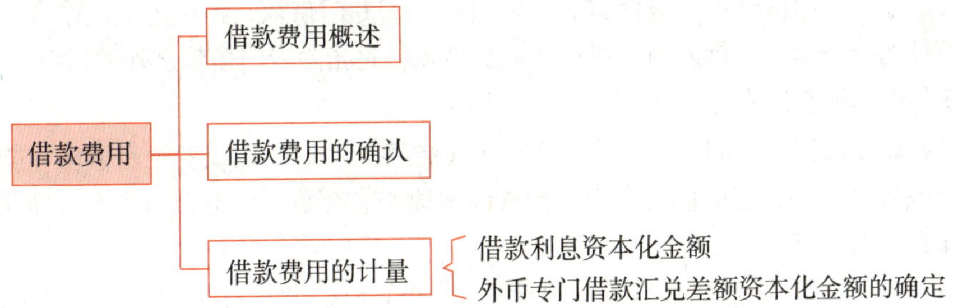

第一节 借款费用概述

【考点78】借款费用及借款的范围★★

1. 借款费用的范围

借款费用，是企业因借入资金所付出的代价。具体包括：①因借款而发生的利息；②因借款而发生的折价或溢价的摊销；③因外币借款而发生的汇兑差额；④因借款而发生的辅助费用。

【提示】发行债券产生的折价或溢价本身不属于借款费用，摊销时才属于借款费用。

实质上，因借款而发生的辅助费用本身不属于借款费用（应计入借款成本），摊销时才属于借款费用（但是在考试时，一般认为辅助费用属于借款费用）。

承租人融资租赁过程中，发生的融资费用（未确认融资费用的摊销额）也属于借款费用。

【例题·多选】下列各项中，属于借款费用的有（　　）。

A. 发行股票的手续费、佣金

B. 承租人融资租赁过程中，发生的融资费用

C. 企业发行债券产生溢价

D. 因外币借款所发生的汇兑差额

【答案】BD

【解析】借款费用是企业因借入资金所付出的代价，包括借款利息、折价或者溢价的摊销、辅助费用、因外币借款而发生的汇兑差额、承租人融资租赁过程中发生的融资费用等，选项BD正确，选项C错误；发行股票的手续费，是权益性融资费用，不属于借款费用，选项A错误。

2. 借款的范围

借款，分为专门借款和一般借款。具体包括：①专门借款，是指为购建或者生产符合资本化条件的资产而专门借入的款项；②一般借款，是指除专门借款之外的借款。

3. 符合资本化条件的资产

指需要经过相当长时间［通常为1年以上（含年）］的购建或者生产活动才能达到预定可使用或者可销售状态的固定资产、投资性房地产、存货、建造合同成本、确认为无形资产的开发支出等资产。

【提示】在实务中，如果由于人为或故意等非正常因素导致资产的购建或者生产时间相当长的，该资产不属于符合资本化条件的资产。

第二节 借款费用的确认

【考点79】借款费用的确认★★★

1. 借款费用的确认原则

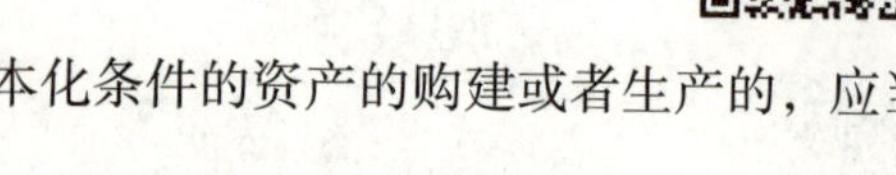

企业发生的借款费用，可直接归属于符合资本化条件的资产的购建或者生产的，应当予以资本化，计入符合资本化条件的资产成本。

其他借款费用，应当在发生时根据其发生额，计入当期损益（财务费用）。

2. 资本化的期间

企业只有发生在资本化期间内的有关借款费用，才允许资本化；否则，应当费用化计入当期损益。

借款费用资本化期间，是指从借款费用开始资本化时点到停止资本化时点的期间，但不包括借款费用暂停资本化的期间。

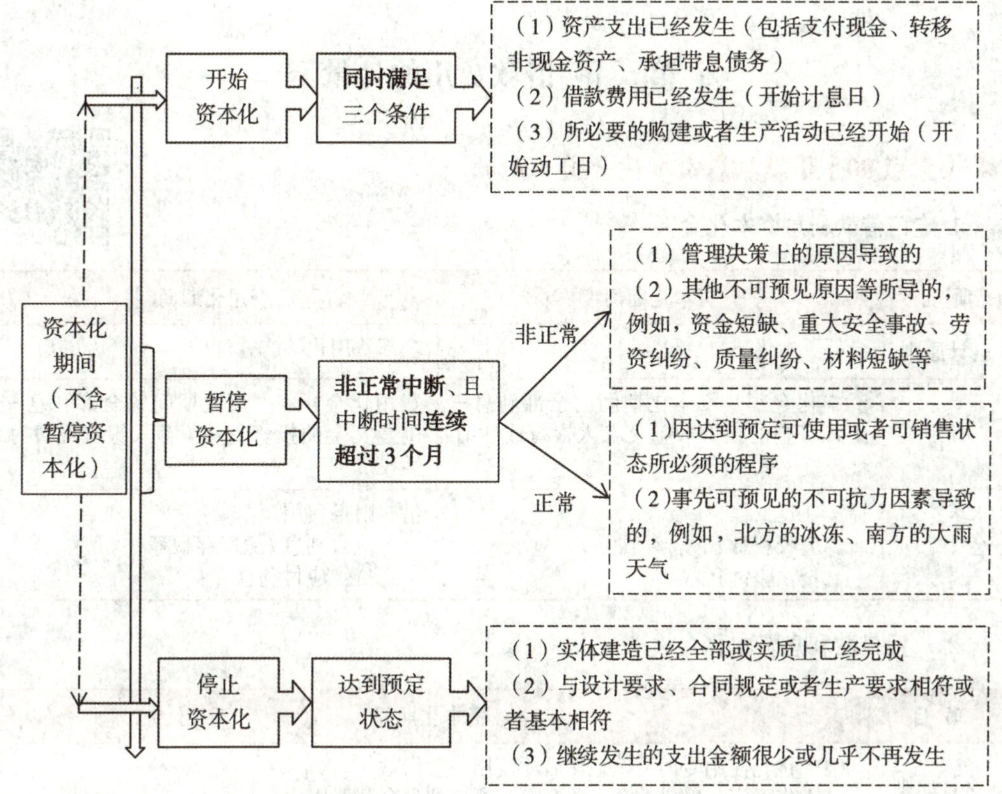

【提示】针对分别建造、分别完工的资产，如果完工部分能够独立使用或销售，完工部分借款费用应当停止资本化。如果等到整体完工后才可使用或者对外销售的，应当在该资产整体完工时方可停止借款费用的资本化。

【例题1·单选】2×13年4月1日，甲公司购入为建造办公楼的工程物资，货款尚未支付；2×13年5月1日，自银行取得的专门借款支付了工程物资款；5月10日开始施工，5月20日因发生特大洪水而暂停施工，7月1日复工建设。甲公司该笔借款费用开始资本化的时点为（　　）。

A. 2×13年4月1日　　B. 2×13年5月1日

C. 2×13年5月10日　　D. 2×13年7月1日

【答案】C

【解析】借款费用开始资本化必须同时满足以下三个条件：①资产支出已经发生；②借款费用已经发生；③为使资产达到预定可使用或者可销售状态所必要的购建或者生产活动已经开始。所以开始资本化时点为2×13年5月10日。

【例题2·多选】所购建固定资产达到预定可使用状态是指，资产已经达到购买方或建造方预定可使用状态。其判断标准包括（　　）。

A. 固定资产的实体建造（包括安装）工作已经全部完成或者实质上已经完成

B. 购建的固定资产与设计要求或合同要求相符或基本相符，极个别不相符不影响其正常使用

C. 继续发生在所购建固定资产上的支出金额很少或几乎不再发生

D. 所购建固定资产试生产结果表明资产能够正常生产出合格产品时，或试运行结果表明能够正常运转

【答案】ABCD

【解析】所购建固定资产达到预定可使用状态是指资产已经达到购买方或建造方预定的可使用状态。

第三节　借款费用的计量

【考点80】借款利息资本化金额★★★

1. 专门借款利息资本化金额

项　目	资本化期间	费用化期间
会计原则	全部资本化	全部费用化
计量	资本化金额 = 资本化期间的全部利息 − 闲置资金的投资收益（存入银行或暂时性投资）	费用化金额 = 费用化期间的全部利息 − 闲置资金的投资收益（存入银行或暂时性投资）
会计处理	借：在建工程 　　应收利息 / 银行存款等 　　贷：应付利息	借：财务费用 　　应收利息 / 银行存款等 　　贷：应付利息

2. 一般借款利息资本化金额

项　目	资本化期间
会计原则	（1）优先使用专门借款，然后才使用一般借款 （2）先确定一般借款资本化金额，剩余利息全部费用化
确认金额	（1）资本化金额 = 累计资产支出的加权平均数（超过专门借款部分）× 所占用一般借款的资本化率 ①资产支出的加权平均数 = Σ（每笔资产支出金额 × 该笔资产支出在当期所占用的天数 / 当期天数） ②所占用一般借款的资本化率（加权平均利率）= 所占用一般借款当期实际利息之和 ÷ 所占用一般借款本金加权平均数 （2）费用化金额 = 资本化期间全部一般借款利息费用 − 资本化金额
会计处理	借：在建工程（资本化金额） 　　财务费用（费用化金额） 　　贷：应付利息
【提示】每一会计期间的利息资本化金额，不应当超过当期相关借款实际发生的利息金额 若资产支出加权平均数是按季度计算的，则资本化率也是季度利率，而不是年利率；若资产支出加权平均数是按年计算的，则资本化率应是年利率（两者不影响计算资本化金额的结果） 计算累计资产支出加权平均数时，考虑资产支出在当期占用的天数时需要剔除暂停的资本化期间，而计算一般借款资本化率不需要剔除暂停资本化期间	

【例题1·计算】甲公司筹建一栋厂房，于20×7年3月1日符合开始资本化条件，预计20×9年8月31日完工。甲公司借入专门借款和一般借款，从20×8年1月1日开始占用一般借款（专门借款全部已占用），20×8年1月1日支出900万元，3月1日支出800万元。但由于工程质量纠纷，9月1日至12月31日工程停工。该工程于20×9年8月31日完工达到可使用状态。

要求：

分别计算20×8年、20×9年一般借款累计资产支出的加权平均数。

【答案】

9月1日至12月31日因工程质量纠纷停工4个月（连续超过3个月），暂停资本化；

20×8年一般借款累计资产支出加权平均数=900×（12−4）/12+800×（10−4）/12=1000（万元）；

20×9年一般借款累计资产支出加权平均数=1700×8/12=1133.33（万元）。

【例题2·计算】甲公司建造一栋办公楼，资本化期间为2×17年1月1日至2×18年3月31日，甲公司为建造办公楼发生有关一般借款有两笔，分别为：2×17年5月1日借款200万元，借款期限为3年，年利率为6%，利息按年支付；2×17年8月1日借款500万元，借款期限为5年，年利率为8%，利息按年支付。

要求：

不考虑其他因素，分别计算2×17年一般借款的年资本化率、第三季度、第四季度资本化率。

【答案】

（1）2×17年资本化率=（200×6%×8/12+500×8%×5/12）÷（200×8/12+500×5/12）×100%=7.22%；

（2）第三季度资本化率=（200×6%×3/12+500×8%×2/12）÷（200×3/3+500×2/3）×100%=1.81%；

（3）第四季度资本化率=（200×6%×3/12+500×8%×3/12）÷（200×3/3+500×3/3）×100%=1.86%。

【例题3·计算】甲公司为了扩大生产规模，采用出包方式建造生产厂房一栋。20×8年7月1日，为建造生产厂房从银行借入三年期的专门借款3000万元，年利率为7.2%，于每季度末支付借款利息。当日，该工程已开工，以银行存款支付工程款1900万元。暂时闲置的专门借款在银行的存款年利率为1.2%。10月1日，借入1年期的一般借款300万元，年利率为4.8%，利息于每季度末支付。10月1日，甲公司与施工单位发生纠纷，工程暂时停工。11月1日，甲公司与施工单位达成谅解协议，工程恢复施工，以银行存款支付工程款1250万元。12月1日，借入1年期的一般借款600万元，年利率为6%，利息于每季度末支付。12月1日，以银行存款支付工程款1100万元。假定工程支出超过专门借款时占用一般借款；仍不足的，占用自有资金。

要求：

（1）计算甲公司20×8年第三季度专门借款利息支出资本化金额；

（2）计算甲公司20×8年第四季度专门借款利息支出资本化金额；

（3）计算甲公司20×8年第四季度一般借款利息支出资本化金额。

【答案】

（1）第三季度专门借款利息支出=3000×7.2%×3/12=54（万元），暂时闲置专门借款的存款利息收入=1100×1.2%×3/12=3.30（万元），专门借款利息支出资本化金额=54−3.30=50.70（万元）；

（2）第四季度专门借款利息支出=3000×7.2%×3/12=54（万元），暂时闲置专门借款的存款利息收入=1100×1.2%×1/12=1.10（万元），专门借款利息支出资本化金额=54−1.10=52.90（万元）；

（3）①按年计算一般借款资本化金额：

占用一般借款工程支出的累计支出加权平均数=（1250−1100）×2/12+750×1/12=87.50（万元）。

一般借款平均资本化率=（300×4.8%×3/12+600×6%×1/12）÷（300×3/12+600×1/12）=5.28%。

一般借款利息支出资本化金额=87.50×5.28%=4.62（万元）。

② 按季度计算一般借款资本化金额：

占用一般借款工程支出的累计支出加权平均数 =（1250−1100）×2/3+750×1/3=350（万元）。

一般借款平均资本化率 =（300×4.8%×3/12+600×6%×1/12）÷（300×3/3+600×1/3）=1.32%。

④ 一般借款利息支出资本化金额 =350×1.32%=4.62（万元）。

【考点 81】外币专门借款汇兑差额资本化金额的确定★★

（1）外币专门借款本金及其利息的汇兑差额，符合资本化条件的应当计入资产的成本。

（2）外币一般借款本金及其利息所产生的汇兑差额，全部计入当期损益（财务费用）。

历年真题演练

一、单项选择题

1.（2018 年）20×6 年 3 月 5 日，A 公司开工建设一栋办公大楼，工期预计为 1.5 年。为筹集办公大楼后续建设所需要的资金，A 公司于 20×7 年 1 月 1 日向银行专门借款 5000 万元，借款期限为 2 年，年利率为 7%（与实际利率相同），借款利息按年支付。20×7 年 4 月 1 日、20×7 年 6 月 1 日、20×7 年 9 月 1 日，A 公司使用专门借款分别支付工程进度款 2000 万元、1500 万元、1500 万元。借款资金闲置期间专门用于短期理财，共获得理财收益 60 万元。办公大楼于 20×7 年 10 月 1 日完工，达到预计可使用状态。不考虑其他因素，A 公司 20×7 年度应预计资本化的利息金额是（　　）万元。

A. 262.50　　B. 202.50

C. 350.00　　D. 290.00

2.（2018 年）下列各项中，不属于借款费用的是（　　）。

A. 外币借款发生的汇兑收益

B. 承租人融资租赁发生的融资费用

C. 以咨询费的名义向银行支付的借款利息

D. 发行股票支付的承销商佣金及手续费

3.（2013 年）甲公司建造一条生产线，该工程预计工期为两年，建造活动自 20×4 年 7 月 1 日开始，当日预付承包商建造工程款 3000 万元。9 月 30 日，追加支付工程进度款 2000 万元。甲公司该生产线建造工程占用借款包括：（1）20×4 年 6 月 1 日借入的三年期专门借款 4000 万元，年利率 6%；（2）20×4 年 1 月 1 日借入的两年期一般借款 3000 万元，年利率 7%，甲公司将闲置部分专门借款投资货币市场基金，月收益率为 0.6%，不考虑其他因素。20×4 年甲公司应予资本化的利息费用是（　　）万元。

A. 119.50　　B. 122.50

C. 137.50　　D. 139.50

二、综合题

1.（2014 年）甲股份有限公司（以下简称“甲公司”）拟自建一条生产线，与该生产线建造相关的情况如下：

（1）20×2 年 1 月 2 日，甲公司发行公司债券，专门筹集生产线建设资金。该公司债券为 3 年期分期付息、到期还本债券，面值为 3000 万元，票面年利率为 5%，发行价格为 3069.75 万元，另在发行过程中支付中介机构佣金 150 万元，实际募集资金净额为 2919.75 万元。

（2）甲公司除上述所发行公司债券外，还存在两笔流动资金借款：一笔于 20×1 年 10 月 1 日借入，本金为 2000 万元，年利率为 6%，期限 2 年；另一笔于 20×1 年 12 月 1 日借入，本金为 3000 万元，年利率为 7%，期限 18 个月。

（3）生产线建造工程于 20×2 年 1 月 2 日开工，采用外包方式进行，预计工期 1 年。有关建造支出情况如下：20×2 年 1 月 2 日，支付建造商 1000 万元；20×2 年 5 月 1 日，支付建造商 1600 万元；20×2 年 8 月 1 日，支付建造商 1400 万元。

（4）20×2年9月1日，生产线建造工程出现人员伤亡事故，被当地安监部门责令停工整改，至20×2年12月底整改完毕。工程于20×3年1月1日恢复建造，当日向建造商支付工程款1200万元。

建造工程于20×3年3月31日完成，并经有关部门验收，试生产出合格产品。为帮助职工正确操作使用新建生产线，甲公司自20×3年3月31日起对一线员工进行培训，至4月30日结束，共发生培训费用120万元。该生产线自20×3年5月1日起实际投入使用。

（5）甲公司将闲置专门借款资金投资固定收益理财产品，月收益率为0.5%。

其他资料：

本题中不考虑所得税等相关税费及其他因素。

（P/A，5%，3）=2.7232，（P/A，6%，3）=2.6730，（P/A，7%，3）=2.6243

（P/F，5%，3）=0.8638，（P/F，6%，3）=0.8396，（P/F，7%，3）=0.8163

要求：

（1）确定甲公司生产线建造工程借款费用的资本化期间，并说明理由。

（2）计算甲公司发行公司债券的实际利率，并对发行债券进行会计处理。

（3）分别计算甲公司20×2年专门借款、一般借款利息应予资本化的金额，并对生产线建造工程进行会计处理。

（4）分别计算甲公司20×3年专门借款、一般借款利息应予资本化的金额，并对生产线建造工程进行会计处理，编制结转固定资产的会计分录。

历年真题演练答案及解析

一、单项选择题

1.【答案】B

【解析】A公司20×7年度应预计资本化的利息金额=5000×7%×9/12−60=202.5（万元）。

2.【答案】D

【解析】选项D，企业发生的权益性融资费用，不属于借款费用。

3.【答案】A

【解析】应予资本化的利息费用=（4000×6%×6/12−1000×0.6%×3）+1000×7%×3/12=119.5（万元）。

二、综合题

1.【答案及解析】

（1）资本化期间有两段：20×2年1月2日至20×2年8月31日（9月1日至12月31日期间暂停）；20×3年1月1日至20×3年3月31日。

理由：20×2年1月2日资产支出发生、借款费用发生、有关建造活动开始，符合借款费用开始资本化的条件，9月1日至12月31日期间因事故（非正常中断）停工且连续超过3个月，应暂停资本化；20×3年3月31日试生产出合格产品，已达到预定可使用状态，应停止借款费用资本化。

（2）通过内插法确定实际利率为6%，当i=6%时，应付债券的初始入账金额=3000×5%×（P/A，6%，3）+3000×（P/F，6%，3）=3000×0.8396+150×2.673=2919.75（万元）。

借：银行存款　　　　　　2919.75

　　应付债券——利息调整　　80.25

　　贷：应付债券——面值　　　3000

（3）应付债券20×2年利息=2919.75×6%=175.19（万元），20×2年用于短期投资取得的收益=（2919.75−1000）×0.5%×4+（2919.75−1000−1600）×0.5%×3=43.19（万元），专门借款利息资本化金额=2919.75×6%×8/12−43.19=73.60（万元）；

一般借款平均资本化率=（2000×6%+3000×7%）÷（2000×12/12+3000×12/12）=6.6%，至20×2年8月1日占用一般借款=1000+1600+1400−2919.75=1080.25（万元），一般借款利息资本

化金额 =1080.25×1/12×6.6%=5.94（万元）。

借：在建工程　　4000

　　贷：银行存款　　4000

20×2 年一般借款利息费用总额 =2000×6%+3000×7%=330（万元），一般借款费用化金额 =330−5.94=324.06（万元）。专门借款费用化金额 =2919.75×6%×4/12=58.4（万元）。

借：在建工程　　79.54（73.60+5.94）

　　财务费用　　382.46（58.4+324.06）

　　应收利息　　43.19

　　贷：应付利息　　480（3000×5%+330）

　　　　应付债券——利息调整　　25.19

（175.19−150）

（4）20×3 年专门借款利息资本化金额 =（2919.75+25.19）×6%×3/12=44.17（万元）；20×3 年第一季度累计支出加权平均数 =（1000+1600+1400+1200−2919.75）×3/12=570.06（万元）；第一季度一般借款利息支出资本化金额 =570.06×6.6%=37.62（万元）；

20×3 年借款费用资本化金额 =44.17+37.62=81.79（万元）。

借：在建工程　　1200

　　贷：银行存款　　1200

借：在建工程　　44.17

　　贷：应付利息　　37.50

（3000×5%×3/12）

　　　　应付债券——利息调整　　6.67

借：在建工程　　37.62

　　财务费用　　44.88

[（2000×6%+3000×7%）×3/12−37.62]

　　贷：应付利息　　82.5

[（2000×6%+3000×7%）×3/12]

借：固定资产　　5361.33

（4000+79.54+1200+44.17+37.62）

　　贷：在建工程　　5361.33

第十二章　股份支付

本章总体概况

题型及分值	（1）本章可以考核客观题和主观题 （2）近三年平均分值 2 分
近三年考点	以权益结算的股份支付的会计处理
学习引导	本章不属于常见业务，理解有一定难度，近年考试减少，但是属于重点章节，不能忽视。重点掌握股份支付的类型的区分；以权益结算的股份支付、以现金结算的股份支付的会计处理原则；集团股份支付类型的区分及会计处理原则；限制性股票的账务处理原则
本年教材变化	内容无实质变化

本章知识框架

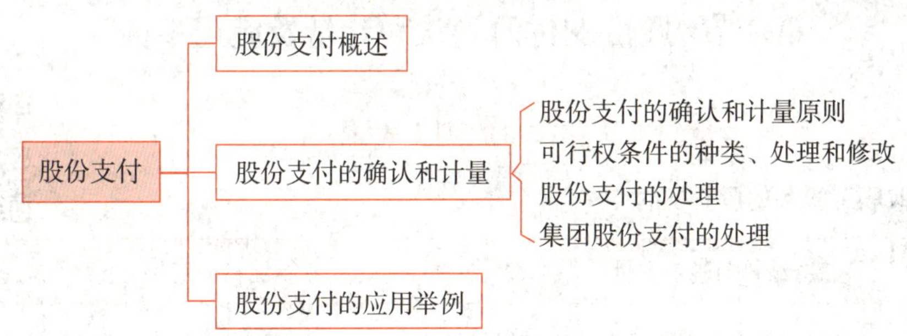

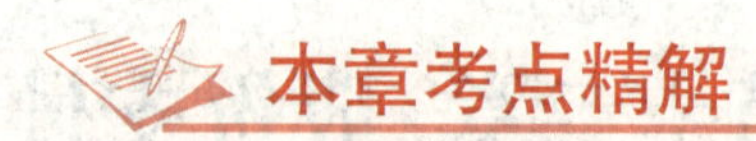

第一节 股份支付概述

【考点 82】股份支付概述★

1. 股份支付的基本概念

股份支付，是指企业为获取职工和其他方提供服务而授予权益工具或者承担以权益工具为基础确定的负债的交易。

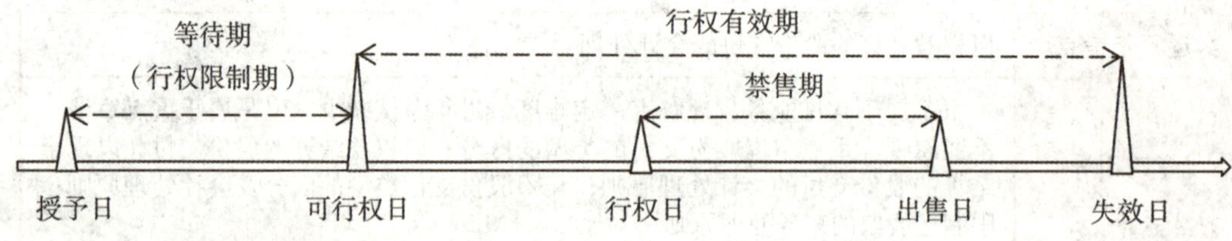

2. 股份支付的类别

股份支付分为以权益结算的股份支付和以现金结算的股份支付。

（1）以权益结算的股份支付，是指企业为获取服务而以股份（如限制性股票）或其他权益工具（如股票期权）作为对价进行结算的交易；

（2）以现金结算的股份支付，是指企业为获取服务而承担的以股份或其他权益工具为基础计算的交付现金或其他资产义务的交易（如模拟股票和现金股票增值权）。

第二节 股份支付的确认和计量及应用举例

【考点 83】股份支付的确认和计量原则★★★

1. 换取职工服务的股份支付

<table>
<tr><th>项目</th><th>权益结算的股份支付</th><th>现金结算的股份支付</th></tr>
<tr><td rowspan="3">有等待期</td><td colspan="2">（1）确定权益工具数量：企业应在等待期内的每个资产负债表日，按照可行权权益工具数量的最佳估计确定</td></tr>
<tr><td>（2）确定权益工具单价：按照权益工具在授予日的公允价值（始终不变）确定</td><td>（2）确定权益工具单价：按照权益工具在资产负债表日的公允价值（随时变动）确定</td></tr>
<tr><td colspan="2">（3）确定总金额 = 权益工具数量 × 权益工具单价</td></tr>
</table>

（续表）

项目	权益结算的股份支付	现金结算的股份支付
有等待期	（4）按照受益对象计入相关资产成本或当期费用，同时计入“资本公积——其他资本公积”	（4）按照受益对象计入相关资产成本或当期费用，同时计入负债（应付职工薪酬）
	（5）可行权日之后，不再确认后续变动	（5）在结算前的每个资产负债表日和结算日，对负债（应付职工薪酬）的公允价值重新计量，并将其变动计入当期损益（公允价值变动损益）
无等待期	无等待期，即授予日立即可行权	
	按照权益工具的公允价值，将取得的服务计入相关资产成本或当期费用，同时计入“资本公积——股本溢价”	（1）按照企业承担负债的公允价值（以权益工具为基础计算的公允价值）计入相关资产成本或费用，同时计入负债（应付职工薪酬） （2）在结算前的每个资产负债表日和结算日，对负债（应付职工薪酬）的公允价值重新计量，并将其变动计入当期损益（公允价值变动损益）
【提示】在极少数情况下，授予权益工具的公允价值无法可靠计量。在这种情况下，企业应当以内在价值（股票的公允价值 - 协议约定的支付价格）计量该权益工具		

2. 对于换取其他方服务的股份支付

（1）应当按照其他方服务在取得日的公允价值，将取得的服务计入相关资产成本或费用。

（2）如果其他方服务的公允价值不能可靠计量，但权益工具的公允价值能够可靠计量，应当按照权益工具在取得服务日的公允价值，将取得的服务计入相关资产成本或费用。

【考点 84】可行权条件的种类、处理、修改★★

1. 可行权条件的种类

可行权条件，是指能够确定企业是否得到职工或其他方提供的服务，且该服务使职工或其他方具有获取股份支付协议规定的权益工具或现金等权利的条件；反之，为非可行权条件。可行权条件，包括服务期限条件和业绩条件。

（1）服务期限条件：是指职工或其他方完成规定服务期限才可行权的条件（如连续服务 3 年）。

（2）业绩条件：是指职工或其他方完成规定服务期限且企业已达到特定业绩目标才可行权的条件。具体包括市场条件和非市场条件。

① 市场条件：指行权价格、可行权条件及行权可能性与权益工具的市场价格相关的业绩条件，如最低股价增长率、股东报酬率等（与市场大环境相关）；

② 非市场条件：除市场条件之外的其他业绩条件，如最低盈利目标、最低销售目标、利润率等。

2. **可行权条件的处理**

（1）企业在确定权益工具在授予日的公允价值时，应当考虑股份支付协议中规定的市场条件和非可行权条件的影响，不需要考虑非市场条件的影响。

（2）但是，市场条件和非可行权条件是否得到满足，不影响企业对预计可行权情况的估计，当预期满足服务期限条件和非市场条件时，就应当确认已取得的服务和相关的成本费用。

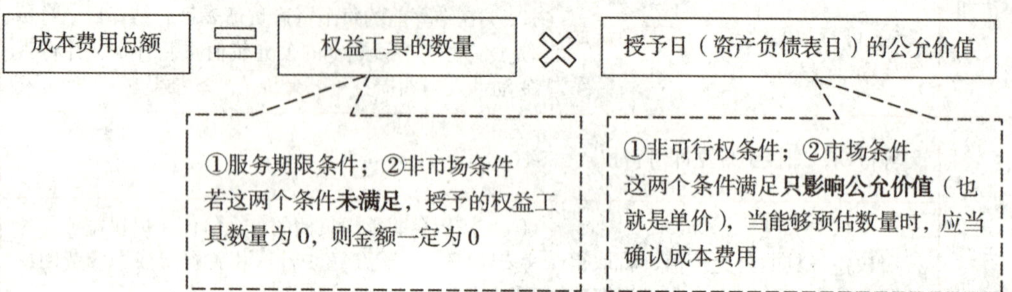

【例题1·计算】20×7年1月，为奖励并激励高管，上市公司A公司与其管理层成员签署股份支付协议，规定如果管理层成员在其后3年都在公司中任职服务，并且公司股价每年均提高10%以上，管理层成员即可以低于市价的价格购买一定数量的本公司股票。

同时作为协议的补充，公司把全体管理层成员的年薪提高了50000元，但公司将这部分年薪按月存入公司专门建立的内部基金，3年后，管理层成员可用属于其个人的部分抵减未来行权时支付的购买股票款项。如果管理层成员决定退出这项基金，可随时全额提取。

A公司以期权定价模型估计授予的此项期权在授予日的公允价值为600万元。在授予日，A公司估计3年内管理层离职的比例为10%；第二年年末，A公司调整其估计离职率为5%；到第三年年末，公司实际离职率为6%。

在第一年中，公司股价提高了10.5%，第二年提高了11%，第三年提高了6%。公司在第一年、第二年年末均预计下年能实现当年股价增长10%以上的目标。

要求：计算A公司各年应计入费用的金额。

【答案】

如果不同时满足服务3年和公司股价年增长10%以上的要求，管理层成员就无权行使其股票期权，因此两者都属于可行权条件，其中服务满3年是一项服务期限条件，10%的股价增长要求是一项市场条件。虽然公司要求管理层成员将部分薪金存入统一账户保管，但不影响其可行权，因此统一账户条款是非可行权条件。

第一年末应确认的服务费用为=600×（1−10%）×1/3=180（万元）；

第二年末应确认的服务费用为=600×（1−5%）×2/3−180=200（万元）；

第三年末应确认的服务费用为=600×（1−6%）×3/3−180−200=184（万元）。

提示：94%的管理层成员满足了市场条件之外的全部可行权条件。尽管股价年增长10%以上的市场条件未得到满足，A公司在每年的年末也均应确认收到的管理层提供的服务，并相应确认费用。

3. **可行权条件的修改**

项　目	修改类型	会计处理
有利于职工的修改	增加授予权益工具的公允价值	按照权益工具公允价值的增加，相应地确认取得服务的增加

（续表）

<table>
<tr><th>项　目</th><th>修改类型</th><th>会计处理</th></tr>
<tr><td rowspan="2">有利于职工的修改</td><td>增加授予权益工具的数量</td><td>按照增加后的权益工具数量确认取得服务的增加</td></tr>
<tr><td>修改可行权条件（缩短等待期等）</td><td>应当考虑修改后的可行权条件</td></tr>
<tr><td rowspan="3">不利于职工的修改</td><td>减少授予权益工具公允价值</td><td>不应考虑权益工具公允价值的减少</td></tr>
<tr><td>减少授予权益工具的数量</td><td>应当将减少部分作为加速可行权处理，立即确认原本应在剩余等待期内确认的金额</td></tr>
<tr><td>修改可行权条件，如延长等待期</td><td>不应考虑修改后的可行权条件</td></tr>
<tr><td>在等待期内取消或结算（未满足可行权条件的除外）</td><td colspan="2">（1）应作为加速可行权处理，立即确认原本应在剩余等待期内确认的金额
（2）在取消或结算时支付给职工的所有款项均应作为权益的回购处理，回购支付的金额高于该权益工具在回购日公允价值的部分，计入当期费用
借：资本公积——其他资本公积
　　管理费用
　　贷：银行存款</td></tr>
<tr><td colspan="3">【提示】如果修改后对职工来说有好处，则按照修改后的处理，要保护职工权益；如果对于职工来说是坏事，则要按修改前或者加速可行权来处理，对企业来说是谨慎性反映
如果未满足服务期限条件或者非市场的业绩条件（权益工具的数量为零），应冲销以前确认的相关费用
如果未满足市场条件或非可行权条件，但是满足服务期限条件和非市场条件，应确认成本费用，不可以冲回以前已确认成本费用。原确认的其他资本公积转入“资本公积——股本溢价”</td></tr>
</table>

【例题2·计算】P公司为一家上市公司，2×16年7月1日P公司向其50名管理人员每人授予10万股股票期权，管理人员从2×16年7月1日起连续服务3年，可以4元/股购买10万股P公司股票。P公司估计该期权在2×16年7月1日的公允价值为6元。2×16年年末，有5名管理人员离职，P公司估计未来还将有5名管理人员离职；2×17年年末，又有5名管理人员离开公司，公司估计未来没有人员离开。

要求：

（1）计算2×16年应确认费用的金额。

（2）假设2×17年年末，P公司修改行权价格，导致该期权的公允价值变更为12元，计算2×17年应确认费用的金额。

（3）假设2×17年年末，P公司将授予数量由10万股改为15万股，计算2×17年应确认费用的金额。

（4）假设2×17年年末，P公司将连续服务3年修改为2年，计算2×17年应确认费用的金额。

（5）综合（2）（3）（4）三项假设，计算2×17年应确认费用的金额。

（6）假设2×17年年末，P公司修改行权价格，导致该期权的公允价值变更为5元，计算2×17年应确认费用的金额。

（7）假设2×17年年末，P公司将授予数量由10万股改为5万股，计算2×17年应确认费用的金额。

（8）假设2×17年年末，P公司将连续服务3年修改为4年，计算2×17年应确认费用的金额。

【答案】

（1）应确认费用的金额=（50−5−5）×10×6×6/36=400（万元）；

（2）应确认费用的金额=（50−5−5−0）×10×12×18/36−400=2000（万元）；

（3）应确认费用的金额 =（50−5−5−0）×15×6×18/36−400=1400（万元）；

（4）应确认费用的金额 =（50−5−5−0）×10×6×18/24−400=1400（万元）；

（5）应确认费用的金额 =（50−5−5−0）×15×12×18/24−400=5000（万元）；

（6）应确认费用的金额 =（50−5−5−0）×10×6×18/36−400=800（万元）；

（7）应确认费用的金额 =（50−5−5−0）×5×6×18/36+（50−5−5−0）×5×6×36/36−400=1400（万元）；

（8）应确认费用的金额 =（50−5−5−0）×10×6×18/36−400=800（万元）。

【考点 85】股份支付的处理★★★

1. 授予后立即可行权的股份支付

项　目	权益结算的股份支付	现金结算的股份支付
授予日	按授予日权益工具的公允价值计量 借：管理费用等 　　贷：资本公积——股本溢价	按授予日企业承担负债的公允价值计量（即授予日以权益工具为基础计算的金额） 借：管理费用等 　　贷：应付职工薪酬
可行权日之后	（1）每个资产负债表日不做处理 （2）实际行权时 借：银行存款 　　贷：股本 　　　　资本公积——股本溢价（倒挤）	（1）对负债的公允价值进行重新计量 借：公允价值变动损益 　　贷：应付职工薪酬（或相反方向） （2）实际行权时 借：应付职工薪酬 　　贷：银行存款

2. 授予后不能立即行权的股份支付

项　目	权益结算的股份支付	现金结算的股份支付
授予日	不做处理	不做处理
等待期内每个资产负债表日	（1）本期期末累计应确认的成本费用（资本公积的期末余额）= 预计行权数量（行权人数 × 每人行权数量）× 授予日权益工具的公允价值 × 已过的等待期 / 预计总的等待期 （2）本期确认成本费用 = 本期期末累计应确认的成本费用 − 前期已经确认的成本费用总额（资本公积的期初余额）	（1）本期期末累计应确认的成本费用（应付职工薪酬的期末余额）= 预计行权数量（行权人数 × 每人行权数量）× 资产负债表日权益工具的公允价值 × 已过的等待期 / 预计总的等待期 （2）本期确认成本费用 = 本期期末累计应确认的成本费用 − 前期已经确认的成本费用总额（应付职工薪酬的期初余额）
	借：管理费用等（应计入当期的成本费用） 　　贷：资本公积——其他资本公积	借：管理费用等（应计入当期的成本费用） 　　贷：应付职工薪酬
可行权日之后	（1）可行权日之后的每个资产负债表日不做处理（不调整已确认的费用） （2）实际行权时 借：银行存款 　　资本公积——其他资本公积（反向结转） 　　贷：股本 　　　　资本公积——股本溢价（倒挤金额）	（1）可行权日之后不再确认成本费用，负债（应付职工薪酬）公允价值的变动计入当期损益（公允价值变动损益） 借：公允价值变动损益 　　贷：应付职工薪酬（或相反方向） （2）实际行权时 借：应付职工薪酬 　　贷：银行存款

3. 回购股份进行职工期权激励

企业以回购股份形式奖励本企业职工的，属于权益结算的股份支付。

（1）企业回购股份时，应按回购股份的全部支出作为库存股处理，同时进行备查登记。

借：库存股

　　贷：银行存款（实际支付的款项）

（2）等待期内每个资产负债表日，按照权益结算的股份支付进行处理。

（3）在职工实际行权时，转销交付职工的库存股成本和等待期内资本公积累计金额，同时按照其差额调整资本公积——股本溢价。

借：银行存款（企业收到的价款）

　　资本公积——其他资本公积（等待期内资本公积累计确认的金额）

　　贷：库存股（注意不是回购的全部库存股，是实际交付给职工的库存股成本）

　　　　资本公积——股本溢价（倒挤差额）

【例题1·单选】2×16年1月1日，P公司向50名高管人员每人授予1万份股票期权，这些人员从被授予股票期权之日起连续服务满3年，即可按每股6元的价格购买P公司1万股普通股股票（每股面值1元）。该期权在授予日的公允价值为每份12元。2×18年10月20日，P公司从二级市场以每股15元的价格回购本公司普通股股票50万股，拟用于高管人员股权激励。在等待期内，P公司没有高管人员离职。2×18年12月31日，高管人员全部行权，当日P公司普通股市场价格为每股16元。2×18年12月31日，P公司因高管人员行权应确认的股本溢价为（　　）万元。

A. 100　　B. 150　　C. 250　　D. 850

【答案】B

【解析】行权时收到的款项=50×1×6=300（万元），冲减的“资本公积——其他资本公积”=50×1×12=600（万元），冲减的库存股=50×15=750（万元），行权应确认的股本溢价=300+600−750=150（万元）。

4. 限制性股票的会计处理

（1）实务中，上市公司实施限制性股票的股权激励安排中，以非公开发行方式向激励对象授予一定数量的公司股票，并规定锁定期和解锁期。

①在锁定期和解锁期内，不得上市流通及转让（如连续服务3年内）。

②达到解锁条件，可以解锁（服务期限届满后）。

③如果全部或部分股票未被解锁而失效或作废，由上市公司按照事先约定的价格立即进行回购。

（2）对于此类授予限制性股票的股权激励计划，向职工发行的限制性股票按有关规定履行了注册登记等增资手续的，上市公司应当根据收到职工缴纳的认股款确认股本和资本公积（股本溢价）；同时，就回购义务确认负债（作收购库存股处理）。

借：银行存款（职工缴纳的认股款）

　　贷：股本

　　　　资本公积——股本溢价（倒挤差额）

借：库存股（发行限制性股票的数量 × 回购价格）

　　贷：其他应付款——限制性股票回购义务

（3）等待期内的会计处理（按权益结算股份支付确认与计量原则处理）。

① 限制性股票分批解锁的，实际上相当于授予了若干个子计划，应当分别根据各子计划的可解锁数量的最佳估计在相应的等待期内确认与股份支付有关的成本费用。

② 权益工具（限制性股票）授予日的公允价值=授予日股票的公允价值-职工支付价格。

（4）分配现金股利的会计处理。

项 目	预计未来可解锁的部分	预计未来不可解锁的部分
处理原则	（1）视同正常股东分配股利（通过利润分配核算） （2）对于可撤销的股利，减少公司未来可能回购股份时的义务	（1）可撤销的部分（视同提前支付），减少未来回购股份的义务 （2）不可撤销的，直接计入管理费用
现金股利可撤销（即一旦未达到解锁条件，需要退回已收的现金股利）	（1）分配现金股利或利润时 借：利润分配——应付现金股利或利润 贷：应付股利——限制性股票股利 （2）同时 借：其他应付款——限制性股票回购义务 贷：库存股（分配的现金股利金额） （3）实际支付时 借：应付股利——限制性股票股利 贷：银行存款等	（1）分配现金股利或利润时 借：其他应付款——限制性股票回购义务 贷：应付股利——限制性股票股利 （2）实际支付时 借：应付股利——限制性股票股利 贷：银行存款等
现金股利不可撤销（即一旦未达到解锁条件，不需要退回已收的现金股利）	（1）分配现金股利或利润时 借：利润分配——应付现金股利或利润 贷：应付股利——限制性股票股利 （2）实际支付时 借：应付股利——限制性股票股利 贷：银行存款等	（1）分配现金股利或利润时 借：管理费用等 贷：应付股利——限制性股票股利 （2）实际支付时 借：应付股利——限制性股票股利 贷：银行存款等

（5）解锁日的会计处理。

项 目	会计处理
无需回购（达到解锁条件）	借：其他应付款——限制性股票回购义务（解锁股票对应负债的账面价值） 贷：库存股（解锁股票对应库存股对应的账面价值） 借：资本公积——其他资本公积（累计确认的资本公积） 贷：资本公积——股本溢价
需要回购（未达到解锁条件）	借：其他应付款——限制性股票回购义务 贷：银行存款等（应支付的金额） 借：股本 资本公积——股本溢价（倒挤金额） 贷：库存股（注销库存股对应的账面价值）

【例题2·计算】2×17年1月1日，甲公司与100名高管人员签订股权激励协议并经股东大会批准。协议约定：甲公司以每股6元的价格向100名高管人员每人授予15万份限制性股票，该限制性股票自股权激励协议签订之日起3年内分三期平均解锁，如果未达到解锁条件，甲公司将以每股6元的价格回购该股票，授予日该股票的公允价值每股价值12元。假定100名高管人员3年内没有人离开，且每年均满足可行权条件。不考虑其他条件。

要求：

（1）编制授予高管人员限制性股票时的会计分录。

（2）分别计算2×17年、2×18年、2×19年计入管理费用的金额。

【答案】

（1）授予时：

借：银行存款　　9000（100×15×6）

　贷：股本　　1500（100×15×1）

　　资本公积——股本溢价　　7500

借：库存股　　9000（100×15×6）

　贷：其他应付款——限制性股票回购义务　　9000

（2）该股份支付协议包括等待期分别为1年、2年和3年的三项股份支付安排（每份5万股）；

授予日权益工具（限制性股票）的公允价值=12-6=6（元）；

2×17年计入管理费用金额=100×5×6+100×5×6×1/2+100×5×6×1/3=5500（万元）；

2×18年计入管理费用金额=100×5×6+100×5×6×2/2+100×5×6×2/3-5500=2500（万元）；

2×19年计入管理费用金额=100×5×6+100×5×6×2/2+100×5×6×3/3-5500-2500=1000（万元）。

【例题3·计算】2×16年1月1日，甲公司与100名高管人员签订股权激励协议并经股东大会批准。协议约定：甲公司以每股6元的价格向100名高管人员每人授予10万份限制性股票，授予日该股票的公允价值每股价值12元。这些管理人员从2×16年1月1日起在甲公司连续服务满2年的，所授予股票将于2×18年1月1日全部解锁，如果未达到解锁条件，甲公司将以每股6元的价格回购该股票。

2×16年1月1日至2×18年1月1日期间，所授予股票不得上市流通或转让；限制性股票持有人享有同等分配权利，现金股利由公司代管，作为应付股利在解锁时向激励对象支付；对于未解锁的限制性股票，甲公司回购股票时应扣除激励对象已享有的该部分现金股利。

2×16年度，甲公司有5名管理人员离职，估计未来2年中离职的管理人员为5名，当年宣告发放现金股利为每股1元；2×17年度，又有4名管理人员离职，当年宣告发放现金股利为每股2元。

假定甲公司管理人员离职均发生在年末，不考虑其他因素。

要求：

（1）编制甲公司2×16年1月1日授予日的会计分录。

（2）编制甲公司等待期内各期确认管理费用和资本公积的会计分录。

（3）编制甲公司等待期内各期分配现金股利及股票回购的会计分录。

（4）编制甲公司解锁日的会计分录。

【答案】

（1）2×16年1月1日授予日：

借：银行存款　　6000（100×10×发行价6）

　贷：股本　　1000（100×10×1）

　　资本公积——股本溢价　　5000

借：库存股　　6000（100×10×回购价6）

　贷：其他应付款——限制性股票回购义务　　6000

（2）2×16年确认管理费用=（100-5-5）×10×（12-6）×1/2=2700（万元）；

借：管理费用　　2700

　贷：资本公积——其他资本公积　　2700

2×17 年确认管理费用 =（100-5-4）×10×（12-6）×2/2-2700=2760（万元）；

借：管理费用　　　　　　　　　　　　2760

　贷：资本公积——其他资本公积　　　　　　2760

（3）2×16 年分配现金股利、回购离职员工的股票：

① 预计未来可解锁部分（预计可解锁 90 人）：

借：利润分配——未分配利润　　　　　　900（90×10×1）

　贷：应付股利——限制性股票股利　　　　　900

借：其他应付款——限制性股票回购义务　　900

　贷：库存股　　　　　　　　　　　　　　　900

② 预计未来不可解锁部分（预计不可解锁 10 人）：

借：其他应付款——限制性股票回购义务　　100

　贷：应付股利——限制性股票股利　　　　　100（100×10×1- 可解锁 900）

③ 回购离职员工的股票（离职 5 人，进行股票回购）：

借：其他应付款——限制性股票回购义务　　250[5×10×（6- 现金股利 1）]

　应付股利——限制性股票股利　　　　　50（5×10× 现金股利 1）

　贷：银行存款　　　　　　　　　　　　　300（5×10× 回购价 6）

借：股本　　　　　　　　　　　　　　　50（5×10× 面值 1）

　资本公积——股本溢价　　　　　　　　250（差额）

　贷：库存股　　　　　　　　　　　　　　300（5×10× 回购价 6）

2×17 年分配现金股利、回购离职员工的股票：

① 预计未来可解锁部分（实际在职 91 人）：

借：利润分配——未分配利润　　　　　　1830

　贷：应付股利——限制性股票股利　　　　　1830[91×10×（本年 2+ 上年 1）-900]

借：其他应付款——限制性股票回购义务　　1830

　贷：库存股　　　　　　　　　　　　　　　1830

② 预计未来不可解锁部分（实际离职 9 人）：

借：其他应付款——限制性股票回购义务　　70

　贷：应付股利——限制性股票股利　　　　　70[（100- 已离职 5）× 本年 2- 可解锁 1830]

③ 回购离职员工的股票（本年离职 4 人，进行股票回购）：

借：其他应付款——限制性股票回购义务　　120[4×10×（6- 现金股利 3）]

　应付股利——限制性股票股利　　　　　120（4×10× 现金股利 3）

　贷：银行存款　　　　　　　　　　　　　240（4×10× 回购价 6）

借：股本　　　　　　　　　　　　　　　40（4×10× 面值 1）

　资本公积——股本溢价　　　　　　　　200（差额）

　贷：库存股　　　　　　　　　　　　　　240（4×10× 回购价 6）

（4）2×18 年 1 月 1 日解锁时：

借：其他应付款——限制性股票回购义务　2730

　贷：库存股　　　　　　　　　　　　　2730（6000-900-300-1830-240）

借：资本公积——其他资本公积　　　　　5460（2700+2760）

　贷：资本公积——股本溢价　　　　　　　5460

借：应付股利——限制性股票股利　　　　2730

　贷：银行存款　　　　　　　　　　　　　2730

【考点 86】集团股份支付的处理★★★

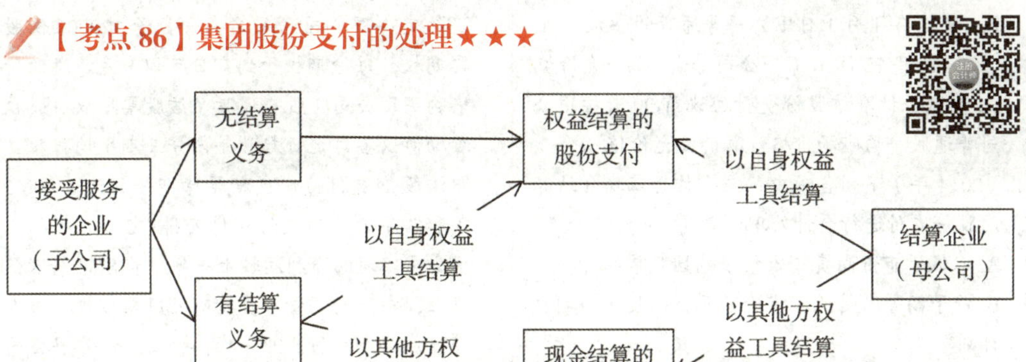

<table>
<tr><th>类 型</th><th>判断结果</th><th>结算企业（母公司）</th><th>接受服务企业（子公司）</th></tr>
<tr><td rowspan="2">母公司以自身权益工具结算，接受服务企业为子公司</td><td rowspan="2">母公司、子公司均为权益结算的股份支付</td><td>借：长期股权投资
　贷：资本公积——其他资本公积</td><td>借：管理费用等
　贷：资本公积——其他资本公积</td></tr>
<tr><td colspan="2">【提示】合并报表中，整体作为权益结算的股份支付，抵销母公司长期股权投资和子公司资本公积
借：资本公积（子公司）
　贷：长期股权投资（母公司）</td></tr>
<tr><td rowspan="2">母公司以非自身权益工具结算，接受服务企业为子公司</td><td rowspan="2">（1）母公司为现金结算的股份支付
（2）子公司权益结算的股份支付</td><td>借：长期股权投资
　贷：应付职工薪酬</td><td>借：管理费用等
　贷：资本公积——其他资本公积</td></tr>
<tr><td colspan="2">【提示】合并报表中，整体作为现金结算的股份支付，抵销母公司长期股权投资和子公司资本公积
借：资本公积（子公司）
　管理费用等（倒挤差额，可能在贷方）
　贷：长期股权投资（母公司）</td></tr>
</table>

一、单项选择题

1.（2017 年）2×16 年 1 月 1 日，甲公司经股东大会批准与其高管人员签订股份支付协议，协议约定：等待期为 2×16 年 1 月 1 日起两年，两年期满有关高管人员仍在甲公司工作且每年净资产收益率不低于 15% 的，高管人员每人可无偿取得 10 万股甲公司股票。甲公司普通股按董事会批准该股份支付协议前 20 天平均市场价格计算的公允价值为 20 元 / 股，授予日甲公司普通股的公允价值为 18 元 / 股。2×16 年 12 月 31 日，甲公司普通股的公允价值为 15 元 / 股。根据甲公司生产经营情况及市场价格波动等因素综合考虑，甲公司预计该股份支付行权日其普通股的公允价值为 24 元 / 股。不考虑其他因素，下列各项中，属于甲公司在计算 2×16 年因该股份支付确认费用时应使用的普通股的公允价值是（　　）。

A. 预计行权日甲公司普通股的公允价值

B. 2×16 年 1 月 1 日甲公司普通股的公允价值
C. 2×16 年 12 月 31 日甲公司普通股的公允价值
D. 董事会批准该股份支付协议前 20 天按甲公司普通股平均市场价格计算的公允价值

2.（2014 年）下列各项中，应当作为以现金结算的股份支付进行会计处理的是（　　）。

A. 以低于市价向员工出售限制性股票的计划
B. 授予高管人员低于市价购买公司股票的期权计划
C. 公司承诺达到业绩条件时向员工无对价定向发行股票的计划
D. 授予研发人员以预期股价相对于基准日股价的上涨幅度为基础支付奖励款的计划

二、多项选择题

1.（2013 年）甲公司为母公司，其所控制的企业集团内 20×3 年发生以下与股份支付相关的交易或事项：（1）甲公司与其子公司（乙公司）高管签订协议，授予乙公司高管 100 万份股票期权，待满足行权条件时，乙公司高管可以每股 4 元的价格自甲公司购买乙公司股票；（2）乙公司授予其研发人员 20 万份现金股票增值权，这些研发人员在乙公司连续服务 2 年，即可按照乙公司股价的增值幅度获得现金；（3）乙公司自市场回购本公司股票 100 万股，并与销售人员签订协议，如未来 3 年销售业绩达标，销售人员将无偿取得该部分股票；（4）乙公司向丁公司发行 500 万股本公司股票，作为支付丁公司为乙公司提供咨询服务的价款。不考虑其他因素，下列各项中，乙公司应当作为以权益结算的股份支付的有（　　）。

A. 乙公司高管与甲公司签订的股份支付协议
B. 乙公司与本公司销售人员签订的股份支付协议
C. 乙公司与本公司研发人员签订的股份支付协议
D. 乙公司以定向发行本公司股票取得咨询服务的协议

三、计算分析题

1.（2015 年）甲股份有限公司（以下简称“甲公司”）于 20×3 年开始对高管人员进行股权激励。

（1）20×3 年 1 月 2 日，甲公司与 50 名高管人员签订股权激励协议并经股东大会批准。协议约定：甲公司向每名高管授予 120000 份股票期权，每份期权于到期日可以 8 元 / 股的价格购买甲公司 1 股普通股。该股票期权自股权激励协议签订之日起 3 年内分三期平均行权，即该股份支付协议包括等待期分别为 1 年、2 年和 3 年的三项股份支付安排：20×3 年年末甲公司实现的净利润较上一年增长 8%（含 8%）以上，在职的高管人员持有的股票期权中每人可行权 40000 份；20×4 年年末，如果甲公司 20×3 年、20×4 年连续两年实现的净利润增长达到 8%（含 8%）以上，在职的高管人员持有的股票期权中每人可行权 40000 份；20×5 年年末，如果甲公司连续三年实现的净利润增长率达到 8%（含 8%）以上，则高管人员持有的剩余股票期权可以行权。当日甲公司估计授予高管人员的股票期权公允价值为 5 元 / 份。

（2）20×3 年，甲公司实现净利润 12000 万元，较 20×2 年增长 9%，预计股份支付剩余等待期内净利润仍能够以同等速度增长，20×3 年甲公司普通股平均市场价格为 12 元 / 股。20×3 年 12 月 31 日，甲公司授予的股票期权的公允价值为 4.5 元 / 份。20×3 年，与甲公司签订了股权激励协议的高管人员无离职，预计后续期间也不会离职。

（3）20×4 年，甲公司 50 名高管将至 20×3 年年末到期可行权股票期权全部行权。20×4 年，甲公司实现净利润 13200 万元，较 20×3 年增长 10%。20×4 年无高管离职，预计后续期间也不会离职。20×4 年 12 月 31 日，甲公司授予的股票期权的公允价值为 3.5 元 / 份。

其他相关资料：

甲公司 20×3 年 1 月 1 日发行在外普通股为 5000 万股，假定各报告期未发生其他影响发行在外普通股股数变动的事项，且公司不存在除普通股外其他权益工具。不考虑相关税费及其他因素。

要求：

（1）确定甲公司该项股份支付的授予日，计算甲公司 20×3 年、20×4 年就该股份支付应确定的费用金额，并编制相关会计分录。

（2）编制甲公司高管人员 20×4 年就该股份支付行权的会计分录。

历年真题演练答案及解析

一、单项选择题

1.【答案】B

【解析】企业应在等待期内的每个资产负债表日，以对可行权权益工具数量的最佳估计数为基础，按照权益工具在授予日的公允价值，将当期取得的服务计入相关资产成本或当期费用，同时计入资本公积中的其他资本公积。选项 B 正确。

2.【答案】D

【解析】选项 ABC，是企业为获取职工服务而以股份或其他权益工具作为对价进行结算的交易，属于以权益结算的股份支付；选项 D，是企业为获取服务而承担的以股份或其他权益工具为基础计算的交付现金义务的交易，属于以现金结算的股份支付。

二、多项选择题

1.【答案】ABD

【解析】母公司授予子公司激励对象股票期权，乙公司应当作为以权益结算的股份支付处理，选项 A 正确；乙公司回购本公司股票授予本公司销售人员和以定向发行本公司股票取得咨询服务，属于以权益结算的股份支付，选项 B 和 D 正确；授予本公司研发人员的现金股票增值权属于现金结算的股份支付，选项 C 错误。

三、计算分析题

1.【答案及解析】

（1）20×3 年 1 月 2 日为授予日：甲公司与高管人员当日签订股权激励计划议并经股东大会批准

20×3 年企业应确认的成本费用 =（50×40000×5×1/1+50×40000×5×1/2+50×40000×5×1/3）/ 10000=1833.33（万元）。

借：管理费用　　1833.33

　　贷：资本公积——其他资本公积　　1833.33

20×4 年企业应确认的成本费用 =（50×40000×5×1/1+50×40000×5×2/2+50×40000×5×2/3）/10000−1833.33=833.34（万元）。

借：管理费用　　833.34

　　贷：资本公积——其他资本公积　　833.34

（2）由于职工行权增加的股本 =50×40000/10000×1=200 万股；形成的股本溢价 =（50×40000×5×1/1+50×40000×8）/10000−200=2400（万元）。

借：银行存款　　1600

　　资本公积——其他资本公积　　1000

　　贷：股本　　200

　　　　资本公积——股本溢价　　2400

第十三章 或有事项

本章总体概况

题型及分值	（1）本章可以考核客观题，也可和其他内容结合，考核主观题 （2）近三年平均分值 2 分
近三年考点	（1）或有事项的概念 （2）或有事项各具体应用的会计处理
学习引导	或有事项的概述、列报等以考核客观题为主，或有事项的具体应用和资产负债表日后事项、差错更正等内容结合以考核主观题为主；重点掌握预计负债的计量原则；未决诉讼或仲裁、债务担保、产品质量保证、亏损合同的会计处理；重组义务中重组支出的判断、预计负债的计量与会计处理；或有负债、或有资产的列报原则
本年教材变化	内容无实质变化

本章知识框架

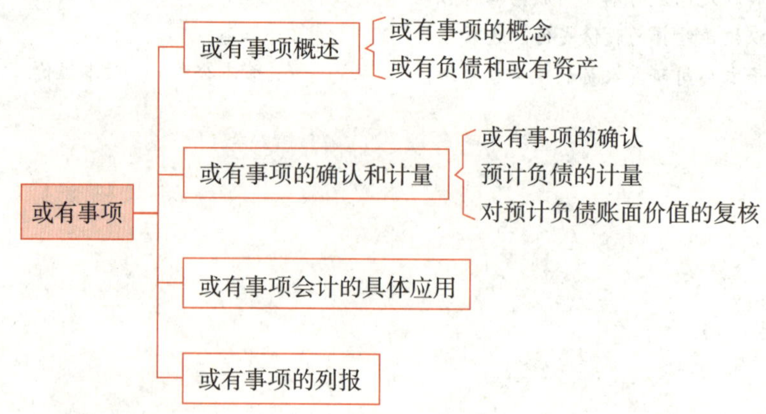

本章考点精解

第一节　或有事项概述

【考点 87】或有事项的概念★

或有事项，是指过去的交易或者事项形成的，其结果须由某些未来事项的发生或不发生才能决定的不确定事项。

常见或有事项有：未决诉讼或未决仲裁、债务担保、产品质量保证、亏损合同、重组义务等。

【提示】未来可能发生的自然灾害、交通事故、经营亏损等事项，都不属于或有事项。

结果具有不确定性，指结果是否发生具有不确定性；或者结果预计将会发生，但发生的具体时间或金额具有不确定性。

对固定资产计提折旧、对无形资产进行摊销不属于或有事项。

【例题·多选】下列事项中，属于或有事项的有（　　）。

A. 预计未来 2 年内将发生大额的经营亏损

B. 对售出商品提供符合既定标准的售后保证

C. 对无形资产进行摊销

D. 为子公司的贷款提供担保

【答案】BD

【解析】或有事项指过去发生的事项，选项 A 错误；无形资产摊销，其价值最终会转移到成本或费用中是确定的，因此不是或有事项，选项 C 错误。

【考点 88】或有负债和或有资产★★

（1）或有负债：①过去的交易或事项形成的潜在义务，其存在须通过未来不确定事项的发生或不发生予以证实；②过去的交易或事项形成的现时义务，履行该义务不是很可能导致经济利益流出企业或该义务的金额不能可靠计量。

（2）或有资产：指过去的交易或者事项形成的潜在资产，其存在须通过未来不确定事项的发生或不发生予以证实。

【提示】或有负债和或有资产不符合负债或资产的确认条件，因而不能在报表中予以确认，而应当进行相应的披露；或有事项在满足条件时，才能确认为资产或负债。

在非同一控制下企业合并中，或有负债虽然不符合负债确认条件，但只要其公允价值能够可靠计量，也应当在合并财务报表中予以确认。

【例题·多选】下列说法中，正确的有（　　）。

A. 或有负债可以确认为负债

B. 或有资产不满足资产的确认条件，企业不应确认或有资产

C. 或有事项满足负债确认条件时可以确认负债

D. 或有负债是指过去的交易或事项形成的现时义务

【答案】BC

【解析】或有负债不满足负债的确认条件，不应确认负债，选项 A 错误；或有负债可能是潜在义务也可能是现时义务，选项 D 错误。

第二节 或有事项的确认和计量

【考点 89】或有事项的确认★★

与或有事项有关的义务应当在同时符合以下三个条件，确认为预计负债：

（1）该义务是企业承担的现时义务；

（2）履行该义务很可能导致经济利益流出企业；

（3）该义务的金额能够可靠地计量。

可能性	概 率
基本确定	95% <发生的可能性< 100%
很可能	50% <发生的可能性≤ 95%
可能	5% <发生的可能性≤ 50%
极小可能	0% <发生的可能性≤ 5%

【考点 90】预计负债的计量★★★

或有事项的计量涉及两个问题：一是最佳估计数的确定；二是预期可获得补偿的处理。

1. 最佳估计数的确定

（1）所需支出存在一个连续范围，且各种结果发生的可能性相同：按中间值（上下限金额的平均数）确定。

（2）所需支出不存在一个连续范围（或虽然存在一个连续范围，但各种结果发生的可能性不相同）：

① 如果或有事项涉及单个项目，按最可能发生金额确定；

② 如果或有事项涉及多个项目，按各种可能结果及相关概率计算确定。

【例题 1 · 单选】20×8 年 12 月 1 日，甲企业因合同违约而涉及一桩诉讼案。根据企业的法律顾问判断，最终的判决很可能对甲企业不利。20×8 年 12 月 31 日，甲企业尚未接到法院的判决，据专业人士估计，赔偿金额可能是 80 万元至 100 万元之间的某一金额，而且这个区间内每个金额的可能性都大致相同。不考虑其他因素，甲企业应在 20×8 年 12 月 31 日的资产负债表中确认预计负债（　　）万元。

A. 80　　B. 100　　C. 0　　D. 90

【答案】D

【解析】甲企业应确认预计负债 =（80+100）÷2=90（万元）。

【例题 2 · 单选】甲股份有限公司是生产并销售 A 产品的企业，20×8 年度第一季度，共销售 A 产品 60000 件，销售收入为 36000 万元。根据公司的产品质量保证条款，该产品售出后一年内，如发生正常质量问题，公司将负责免费维修。根据以前年度的维修记录，如果发生较小的质量问题，发生的维修费用为销售收入的 1%；如果发生较大的质量问题，发生的维修费用为销售收入的 2%。根据公司技术部门的预测，本季度销售的产品中，80% 不会发生质量问题；15% 可能发生较小质量问题；5% 可能发生较大质量问题。不考虑其他因素，甲公司 20×8 年第一季度末应在资产负债表中确认的负债（　　）万元。

A. 54　　B. 90　　C. 0　　D. 36

【答案】B

【解析】甲公司应确认的负债金额 =36000×15%×1%+36000×5%×2%=90（万元）。

2. 预期可获得补偿的处理

企业清偿预计负债所需支出全部或部分预期由第三方补偿的，此补偿金额只有在基本确定能收到时，才能作为资产单独确认，确认的补偿金额不能超过所确认预计负债的金额。

【提示】或有事项确认为资产的前提条件是或有事项已经确认为负债。

或有事项确认为资产通过“其他应收款”核算，不能冲减预计负债的账面价值。

3. 预计负债的计量需要考虑的其他因素

企业在确定最佳估计数时，应当综合考虑与或有事项有关的风险、不确定性、货币时间价值和未来事项等因素（不应考虑预期处置相关资产形成的利得）。

【例题 3·单选】20×8 年 12 月 31 日，乙股份有限公司因或有事项而确认了一笔金额为 100 万元的负债（假定系赔偿支出）；同时，公司因该或有事项，基本确定可从甲股份有限公司获得 40 万元的赔偿。不考虑其他因素，下列表述中说法正确的是（　　）。

A. 乙公司应按照损失的净额 60 万元确认为预计负债

B. 乙公司可获得的补偿款 40 万元在实际收到时确认为其他应收款

C. 乙公司应单独确认预计负债 100 万元，并确认其他应收款 40 万元

D. 乙公司不应确认负债或资产，但应当在附注中进行披露

【答案】C

【解析】乙公司应分别确认一项金额为 100 万元的负债和一项金额为 40 万元的资产，而不能只确认一项金额为 60 万元的负债。

【例题 4·单选】2×18 年 6 月 1 日，P 公司为 A 公司储存保管的一批货物发生火灾，因赔偿金额未达成一致意见，A 公司 2×18 年 8 月 1 日提起诉讼。至 2×18 年 12 月 31 日，该诉讼尚未判决。P 公司估计很可能承担该项赔偿责任，需要赔偿 200 万元的可能性为 70%，需要赔偿 100 万元的可能性为 30%。P 公司基本确定能够从保险公司处获得赔偿 170 万元。2×18 年 12 月 31 日，P 公司对该起诉讼应确认的预计负债的金额为（　　）万元。

A. −20　　B. 170　　C. 0　　D. 200

【答案】D

【解析】或有事项只涉及单个项目的，按最可能发生金额确定，最可能发生的赔偿支出金额为 200 万元；甲公司基本确定能够从第三方获得补偿 170 万元，应确认其他应收款，不能冲减预计负债的账面价值。

4. 对预计负债账面价值的复核

企业应当在资产负债表日对预计负债的账面价值进行复核。有确凿证据表明该账面价值不能真实反映当前最佳估计数的，应当按照当前最佳估计数对该账面价值进行调整。

第三节 或有事项会计的具体应用

【考点 91】或有事项会计的具体应用★★★

1. 未决诉讼或未决仲裁

相关预计负债	与实际发生支出的差额
前期已合理计提	直接计入或冲减当期营业外支出
前期未合理计提	按照重大会计差错更正的方法进行处理
前期无法合理预计，未计提	在该损失实际发生的当期，直接计入营业外支出
资产负债表日至财务报告批准报出日之间发生的需要调整或说明的未决诉讼	按照资产负债表日后事项的有关规定进行会计处理
【提示】企业发生的诉讼费应计入“管理费用”	

【例题 1·多选】20×8 年 11 月 1 日，乙股份有限公司因合同违约而被丁公司起诉。20×8 年 12 月 31 日，公司尚未接到法院的判决。丁公司预计，如无特殊情况很可能在诉讼中获胜，假定丁公司估计将来很可能获得赔偿金额 190 万元。在咨询了公司的法律顾问后，乙公司认为最终的法律判决很可能对公司不利。假定乙公司预计将要支付的赔偿金额、诉讼费等费用为 160 万元至 200 万元之间的某一金额，而且这个区间内每个金额的可能性都大致相同，另需承担诉讼费为 3 万元。不考虑其他因素，下列说法中正确的有（　　）。

A. 丁公司应当确认或有资产 190 万元　　B. 丁公司应当在附注中披露或有资产 190 万元

C. 乙公司需要确认预计负债 183 万元　　D. 乙公司应计入营业外支出的金额为 180 万元

【答案】BCD

【解析】丁公司不应当确认或有资产，而应当在 20×8 年 12 月 31 日的报表附注中披露或有资产 190 万元，选项 A 错误，选项 B 正确；乙公司应在资产负债表中确认一项预计负债 =（160+200）÷2+3=183（万元），其中 180 万元计入营业外支出，3 万元计入管理费用，选项 CD 正确。

2. 债务担保

具体诉讼情况	担保企业的处理
被担保企业已被判决败诉的	应当按照法院判决的应承担的损失金额，确认为负债
一审败诉，被担保企业又上诉	应根据已有判决结果合理估计损失金额，确认为预计负债
法院尚未判决的	若败诉的可能性大于胜诉的可能性，且损失金额能够合理估计，应在资产负债表日根据预计损失金额确认为预计负债

3. 产品质量保证

企业应当在符合确认条件的情况下，于销售成立时确认预计负债，并对应计入销售费用。

（1）如果发现产品质量保证费用的实际发生额与预计数相差较大，应及时对预计比例进行调整。

（2）如果企业针对特定批次产品确认预计负债，则在保修期结束时（或产品质量保证期满后），应将“预计负债——产品质量保证”余额冲销，不留余额。

【例题2·单选】甲公司2×18年A、B产品的销售额分别为200万元和100万元。公司向购买者承诺提供产品售后免费2年的保修服务，预计保修期内将发生的保修费在销售额的2%至8%之间。2×18年实际发生保修费10万元。2×18年1月1日预计负债的年初数为8万元。不考虑其他因素，甲公司2×18年年末资产负债表“预计负债”项目的金额为（　　）万元。

A. 13　　B. 22　　C. 5　　D. 0

【答案】A

【解析】“预计负债”项目的金额=8+（200+100）×（2%+8%）÷2−10=13（万元）。

4. 亏损合同

预计负债的计量应当反映退出该合同的最低净成本：即履行该合同的成本与未履行该合同而发生的补偿或处罚两者之中的较低者。

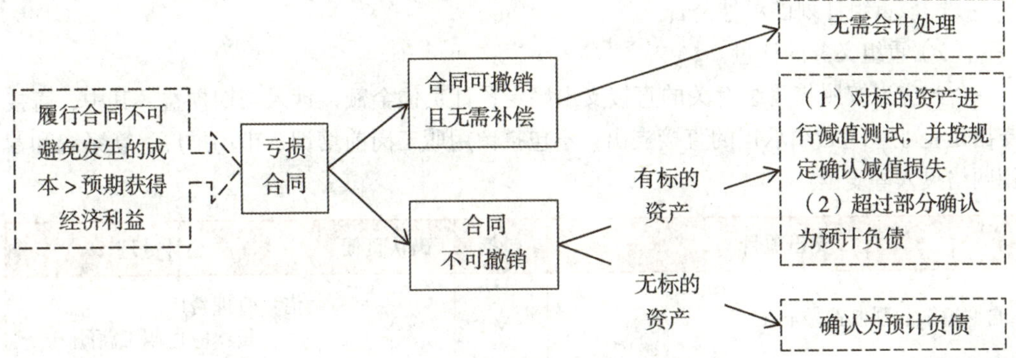

【例题3·计算】甲公司与乙公司于20×8年11月签订不可撤销合同，甲公司向乙公司销售A设备1台，合同价格100万元，该批设备在20×9年1月25日交货。至20×8年末甲公司生产A设备已发生的成本为20万元，由于原材料价格的上涨，预计至完工仍需要发生成本110万元。如果甲公司违约，将支付50万元的违约金。不考虑相关税费。

要求：

简要说明甲公司20×8年末对该待执行合同的会计处理方法，并编制会计分录。

【答案】

由于原材料价格的上涨，A产品预计完工成本为130万元，执行合同损失为30（130−100）万元；如果发生违约，将支付50万元违约金，甲公司应选择执行合同。

甲公司应对A产品计提减值准备20万元（已经发生的成本），同时确认预计负债10万元。

借：资产减值损失　　20
　　贷：存货跌价准备　　20

借：营业外支出　　10
　　贷：预计负债　　10

在产品生产出来后，将预计负债冲减成本：

借：预计负债　　10
　　贷：库存商品　　10

5. 重组义务

（1）重组义务的确认。

① 重组是指企业制定和控制的，将显著改变企业组织形式、经营范围或经营方式的计划实施行为。属于重组的事项主要包括：

a. 出售或终止企业的部分业务。

b. 对企业的组织结构进行较大调整。

c. 关闭企业的部分营业场所，或将营业活动由一个国家或地区迁移到其他国家或地区。

② 企业因重组而承担了重组义务，并且同时满足预计负债的三项确认条件，才能确认预计负债。

③ 同时存在下列情况，表明企业承担了重组义务：

a. 有详细、正式的重组计划，包括重组涉及的业务、主要地点、需要补偿的职工人数、预计重组支出、计划实施时间等。

b. 该重组计划已对外公告。

（2）重组义务的计量。

企业应当按照与重组有关的直接支出确定预计负债金额，计入当期损益。其中，直接支出是企业重组必须承担的直接支出，不包括留用职工岗前培训、市场推广、新系统和营销网络投入等支出。

<table>
<tr><th>支出项目</th><th>包括</th><th>确认负债</th><th>会计处理</th></tr>
<tr><td>自愿遣散、强制遣散职工</td><td>√</td><td>√</td><td>借：管理费用
贷：应付职工薪酬</td></tr>
<tr><td>不再使用厂房的租赁撤销费</td><td>√</td><td>√</td><td>借：营业外支出
贷：预计负债</td></tr>
<tr><td>转移设备、剩余职工再培训费、新员工招聘费、推广公司新形象的营销成本、对新营销网络的投资</td><td rowspan="2">×</td><td rowspan="2">×</td><td>实际发生时处理</td></tr>
<tr><td>厂房和设备的减值损失</td><td>借：资产减值损失
贷：固定资产减值准备</td></tr>
</table>

【例题4·单选】甲公司2×18年12月实施了一项关闭分公司计划。重组计划预计发生下列支出：因辞退员工将支付补偿款200万元；因撤销厂房租赁合同将支付违约金20万元；因将固定资产等转移至仓库将发生运输费5万元；因对留用员工进行培训将发生支出2万元；因推广新产品将发生广告费用100万元。2×18年12月31日，甲公司应确认的负债金额为（　　）万元。

A. 200　　B. 220　　C. 223　　D. 323

【答案】B

【解析】甲公司应确认的负债金额=200+20=220（万元）。

第四节 或有事项的列报

【考点 92】或有事项的列报★★

1. 预计负债的列报

因或有事项而确认的负债应与其他负债项目区别开来，单独反映；同时应在报表附注中披露：

（1）预计负债的种类、形成原因及经济利益流出不确定性的说明。

（2）各类预计负债的期初、期末余额和本期变动情况。

（3）与预计负债有关的预期补偿金额和本期已确认的预期补偿金额。

2. 或有负债的披露

除非或有负债极小可能导致经济利益流出企业，否则企业应当在附注中披露有关信息，具体包括：

（1）或有负债的种类及其形成原因，包括未决诉讼、未决仲裁、对外提供担保等形成的或有负债。

（2）经济利益流出不确定性的说明。

（3）或有负债预计产生的财务影响，以及获得补偿的可能性；无法预计的，应当说明原因。

【提示】在涉及未决诉讼、未决仲裁的情况下，按相关规定披露全部或部分信息预期对企业造成重大不利影响的，企业无须披露这些信息，但应当披露该未决诉讼、未决仲裁的性质，以及没有披露这些信息的事实和原因。

3. 或有资产的披露

企业通常不应当披露或有资产，但或有资产很可能会给企业带来经济利益的，应当披露其形成的原因、预计产生的财务影响等。

【学霸总结】

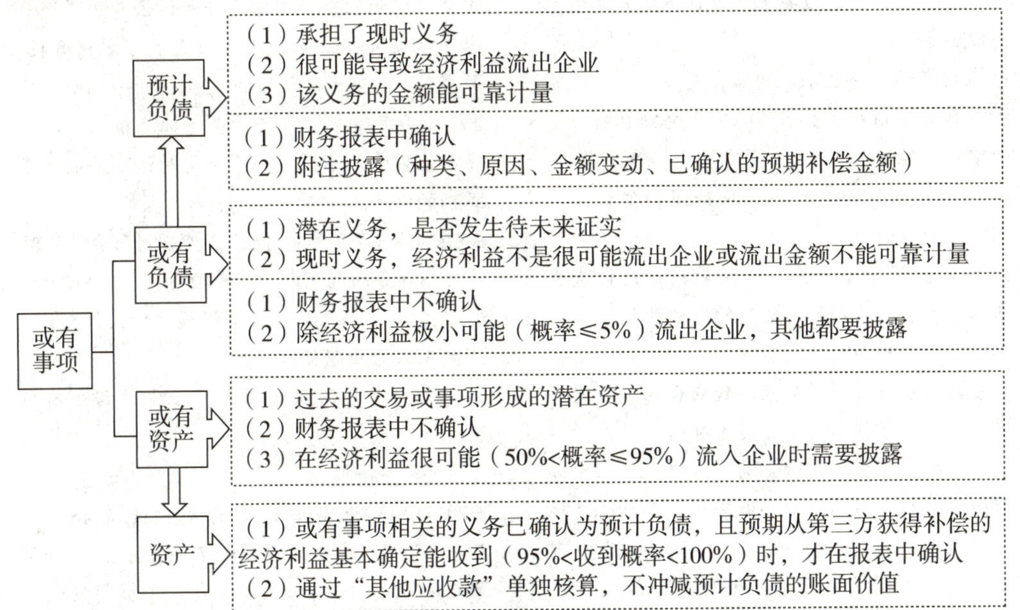

历年真题演练

一、单项选择题

1.（2015年）下列关于或有事项的表述中，正确的是（　　）。

A. 或有事项形成的预计负债是企业承担的现时义务

B. 或有事项形成的或有资产应当在很可能收到时予以确认

C. 预计负债应当与其相关的或有资产相抵后在资产负债表中以净额列报

D. 预计负债计量应考虑与其相关的或有资产预期处置产生的损益

2.（2012年）20×2年12月，经董事会批准，甲公司自20×3年1月1日起撤销某营销网点，该业务重组计划已对外公告。为实施该业务重组计划，甲公司预计发生以下支出或损失：因辞退职工将支付补偿款100万元，因撤销门店租赁合同将支付违约金20万元，因处置门店内设备将发生损失65万元，因将门店内库存存货运回公司本部将发生运输费5万元。该业务重组计划对甲公司20×2年度利润总额的影响金额为（　　）万元。

A. −120　　B. −165　　C. −185　　D. −190

3.（2012年）下列各项关于预计负债的表述中，正确的是（　　）。

A. 预计负债是企业承担的潜在义务

B. 与预计负债相关支出的时间或金额具有一定的不确定性

C. 预计负债计量应考虑未来期间相关资产预期处置利得的影响

D. 预计负债应按相关支出的最佳估计数减去基本确定能够收到的补偿后的净额计量

4.（2012年）20×2年12月1日，甲公司与乙公司签订一项不可撤销的产品销售合同，合同规定：甲公司于3个月后提交乙公司一批产品，合同价格（不含增值税）为500万元，如甲公司违约，将支付违约金100万元。至20×2年年末，甲公司为生产该产品已发生成本20万元，因原材料价格上涨，甲公司预计生产该产品的总成本为580万元。不考虑其他因素，20×2年12月31日，甲公司因该合同确认的预计负债为（　　）万元。

A. 20　　B. 60　　C. 80　　D. 100

二、多项选择题

1.（2018年）根据《企业会计准则第13号——或有事项》的规定，重组是指企业制定和控制的，将显著改变企业组织形式、经营范围或经营方式的计划实施行为。下列各项中，符合上述重组定义的交易或事项有（　　）。

A. 出售企业的部分业务

B. 对于组织结构进行较大调整

C. 营业活动从一个国家迁移到其他国家

D. 为扩大业务链条购买数家子公司

2.（2015年）20×4年1月1日，甲公司为乙公司的800万元债务提供50%担保，20×4年6月1日，乙公司因无力偿还到期债务被债权人起诉。至20×4年12月31日，法院尚未判决，但经咨询律师，甲公司认为有55%的可能性需要承担全部保证责任，赔偿400万元，并预计承担诉讼费用4万元；有45%的可能无须承担保证责任。20×5年2月10日，法院作出判决，甲公司需承担全部担保责任和诉讼费用。甲公司表示服从法院判决，于当日履行了担保责任，并支付了4万元的诉讼费。20×5年2月20日，20×4年度财务报告经董事会批准报出，不考虑其他因素，下列关于甲公司对该事件的处理正确的有（　　）。

A. 在20×5年实际支付担保款项时进行会计处理

B. 20×4年的利润表确认营业外支出400万元

C. 在20×4年的利润表中将预计的诉讼费用4万元确认为管理费用

D. 在20×4年的财务报表附注中披露或有负债400万元

三、计算分析题

1.（2017年节选）甲公司为境内上市公司，2×16年度财务报表于2×17年2月28日经董事会批准对外报出。2×16年，甲公司发生的有关交易或事项如下：

（1）甲公司历年来对所售乙产品实行"三包"服务，根据产品质量保证条款，乙产品出售后两年内如发生质量问题，甲公司将负责免费维修、调换等（不包括非正常损坏）。甲公司2×16年年初与"三包"服务相关的预计负债账面余额为60万元，当年实际发生"三包"服务费用45万元。按照以往惯例，较小质量问题发生的维修等费用为当期销售乙产品收入总额的0.5%；较大质量问题发生的维修等费用为当期销售乙产品收入总额的2%；严重质量问题发生的维修等费用为当期销售乙产品收入总额的1%。根据乙产品质量检测及理念发生"三包"服务等情况，甲公司预计2×16年度销售乙产品中的75%不会发生质量问题，20%可能发生较小质量问题，4%可能发生较大质量问题，1%可能发生严重质量问题。甲公司2×16年销售乙产品收入总额为50000万元。

本题不考虑相关税费及其他因素。

要求：

根据资料（1），说明甲公司因"三包"服务确认预计负债时确定最佳估计数的原则，计算甲公司2×16年应计提的产品"三包"服务费用；并计算甲公司2×16年12月31日与产品"三包"服务有关的预计负债年末余额。

2.（2009年）甲公司为一家家电生产企业，主要生产A、B、C三种家电产品。甲公司20×8年度有关事项如下：

（1）甲公司管理层于20×8年11月制定了一项业务重组计划。该业务重组计划的主要内容如下：从20×9年1月1日起关闭C产品生产线；从事C产品生产的员工共计250人，除部门主管及技术骨干等50人留用转入其他部门外，其他200人都将被辞退。根据被辞退员工的职位、工作年限等因素，甲公司将一次性给予被辞退员工不同标准的补偿，补偿支出共计800万元；C产品生产线关闭之日，租用的厂房将被腾空，撤销租赁合同并将其移交给出租方，用于C产品生产的固定资产等将转移至甲公司自己的仓库。上述业务重组计划已于20×8年12月2日经甲公司董事会批准，并于12月3日对外公告。20×8年12月31日，上述业务重组计划尚未实际实施，员工补偿及相关支出尚未支付。

为了实施上述业务重组计划，甲公司预计发生以下支出或损失：因辞退员工将支付补偿款800万元；因撤销厂房租赁合同将支付违约金25万元；因将用于C产品生产的固定资产等转移至仓库将发生运输费3万元；因对留用员工进行培训将发生支出1万元；因推广新款B产品将发生广告费用2500万元；因处置用于C产品生产的固定资产将发生减值损失150万元。

（2）20×8年12月15日，消费者因使用C产品造成财产损失向法院提起诉讼，要求甲公司赔偿损失560万元。12月31日，法院尚未对该案作出判决。在咨询法律顾问后，甲公司认为该案很可能败诉。根据专业人士的测算，甲公司的赔偿金额可能在450万元至550万元之间，而且上述区间内每个金额的可能性相同。

（3）20×8年12月25日，丙公司（为甲公司的子公司）向银行借款3200万元，期限为3年。经董事会批准，甲公司为丙公司的上述银行借款提供全额担保。12月31日，丙公司经营状况良好，预计不存在还款困难。

要求：

（1）根据资料（1），判断哪些是与甲公司业务重组有关的直接支出，并计算因重组义务应确认的预计负债金额。

（2）根据资料（1），计算甲公司因业务重组计划而减少20×8年度利润总额的金额，并编制相关会计分录。

（3）根据资料（2）和（3），判断甲公司是否应当将与这些或有事项相关的义务确认为预计负债。如确认，计算预计负债的最佳估计数，并编制相关会计分录；如不确认，说明理由。

历年真题演练答案及解析

一、单项选择题

1.【答案】A

【解析】选项B，或有事项确认为资产必须同时满足三个条件才可以；选项C，预计负债与或有资产不能相互抵销；选项D，不考虑处置时产生损益。

2.【答案】C

【解析】因辞退员工应支付的补偿100万元和因撤销门店租赁合同将支付的违约金20万元属于重组的直接支出，因门店内设备将发生损失65万元属于设备发生了减值，均影响甲公司的利润总额，所以该业务重组计划对甲公司20×2年度利润总额的影响金额=-100-20-65=-185（万元）。

3.【答案】B

【解析】预计负债是企业承担的现时义务，选项A错误；企业应当考虑可能影响履行现时义务所需金额的相关未来事项，但不应考虑与其处置相关资产形成的利得，选项C错误；预计负债应当按照履行相关现时义务所需支出的最佳估计数进行初始计量，选项D错误。

4.【答案】B

【解析】甲公司继续执行合同发生的损失=580-500=80（万元），如违约将支付违约金100万元并可能承担已发生成本20万元的损失，甲公司应继续执行合同，执行合同将发生的成本=580-20=560（万元），应确认预计负债=560-500=60（万元）。

二、多项选择题

1.【答案】ABC

【解析】属于重组的事项主要包括：（1）出售或终止企业的部分业务；（2）对企业的组织结构进行较大调整；（3）关闭企业的部分营业场所，或将营业活动由一个国家或地区迁移到其他国家或地区。

2.【答案】BC

【解析】选项A，应该在20×4年年末确认预计负债；选项D，应披露预计负债404万元。

三、计算分析题

1.【答案及解析】

（1）或有事项涉及多个项目，最佳估计数按照各种可能结果及相关概率计算确定。

2×16年应计提的产品“三包”服务费用=50000×0.5%×20%+50000×2%×4%+50000×1%×1%=95（万元）；甲公司2×16年12月31日与产品“三包”服务有关的预计负债的年末余额=60-45+95=110（万元）。

2.【答案及解析】

（1）因辞退员工将支付补偿800万元和因撤销厂房租赁合同将支付违约金25万元属于与重组有关的直接支出。因重组义务应确认的预计负债金额=800+25=825（万元）。

（2）因重组计划减少20×8年度利润总额=825+150=975（万元）。

借：营业外支出　　25
　贷：预计负债　　25
借：管理费用　　800
　贷：应付职工薪酬　　800
借：资产减值损失　　150
　贷：固定资产减值准备　　150

（3）资料（2）应确认预计负债。预计负债的最佳估计数=（450+550）÷2=500（万元）。

借：营业外支出　　500
　贷：预计负债　　500

资料（3）不应确认预计负债。

理由：此项不是很可能导致经济利益流出企业，不符合或有事项确认预计负债的条件。

第十四章 金融工具

本章总体概况

题型及分值	（1）本章可以考核客观题，也可独立考核主观题，或与其他内容结合命题 （2）近三年平均分值 7 分
近三年考点	（1）交易性金融资产、其他权益工具投资的会计处理 （2）金融负债与权益工具的区分 （3）金融资产转移 （4）被套期项目的范围
学习引导	本章属于非常重要的章节；重点掌握金融资产的分类；各类金融资产初始计量和后续计量的会计处理（初始投资成本的确定，摊余成本、利息收益的计算，后续公允价值变动、处置损益的处理等）；权益工具和金融负债的区分；各类套期的区分及基本会计处理原则
本年教材变化	（1）大量修改了文字表述，调整了部分知识点位置，但是没有实质性变化 （2）金融资产的转移进行了重新编写，丰富了知识点

本章知识框架

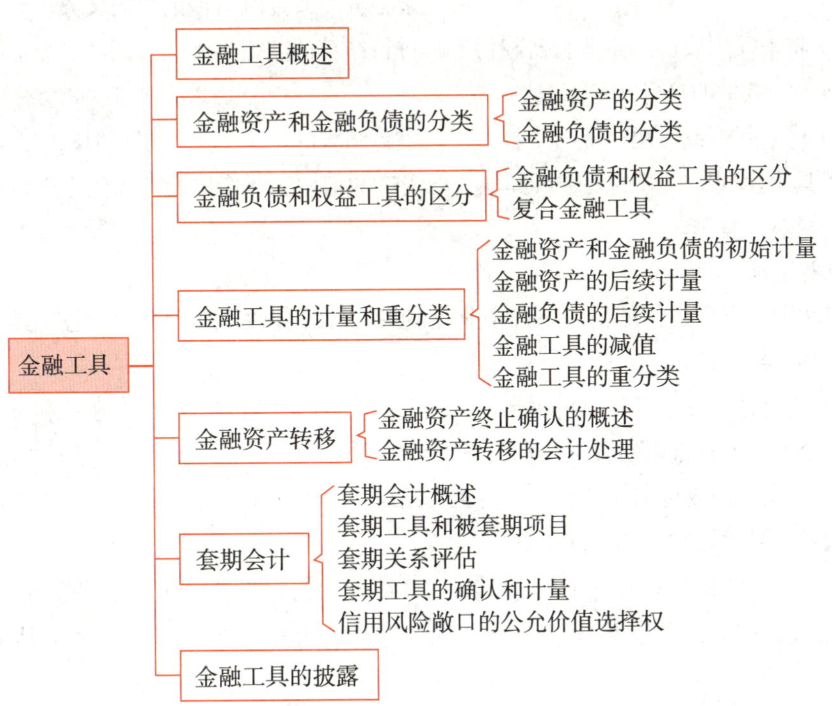

第一节　金融工具概述

【考点93】金融工具概述★

金融工具，是指形成一方的金融资产并形成其他方的金融负债或权益工具的合同。非合同的资产和负债不属于金融工具（如应交所得税）。

1. 金融资产

企业持有的现金、其他方的权益工具、符合下列条件之一的资产：

（1）从其他方收取现金或其他金融资产的合同权利（如应收账款、应收票据等）。

（2）在潜在有利条件下（可获得收益），与其他方交换金融资产或金融负债的合同权利（如企业持有的看涨期权、看跌期权等）。

（3）将来须用或可用企业自身权益工具进行结算的非衍生工具合同，且企业根据该合同将收到可变数量的自身权益工具。

（4）将来须用或可用企业自身权益工具进行结算的衍生工具合同，但以固定数量的自身权益工具交换固定金额的现金或其他金融资产的衍生工具合同除外。

2. 金融负债

企业符合下列条件之一的负债（金额固定，必须用现金或其他金融资产偿还）：

（1）向其他方交付现金或其他金融资产的合同义务。

（2）在潜在不利条件下，与其他方交换金融资产或金融负债的合同义务。

（3）将来须用或可用企业自身权益工具进行结算的非衍生工具合同，且企业根据该合同将交付可变数量的自身权益工具。

（4）将来须用或可用企业自身权益工具进行结算的衍生工具合同，但以固定数量的自身权益工具交换固定金额的现金或其他金融资产的衍生工具合同除外（固定数量换固定金额，属于权益工具）。

3. 权益工具

在同时满足下列条件的情况下，企业应当将发行的金融工具分类为权益工具（无需用现金或其他金融资产偿还）：

（1）该金融工具不包括交付现金或其他金融资产给其他方，或在潜在不利条件下与其他方交换金融资产或金融负债的合同义务。

（2）将来须用或可用企业自身权益工具结算的非衍生工具合同，不包括交付可变数量的自身权益工具进行结算的合同义务。

（3）将来须用或可用企业自身权益工具结算的衍生工具合同，企业只能通过以固定数量的自身权益工具交换固定金额的现金或其他金融资产结算该金融工具（如认股权证）。

4. 衍生工具

金融工具分为基础金融工具（如债券、股票等）和衍生工具（如期货、期权、互换合同等）。

衍生工具，是指属于金融工具准则范围并同时具备下列特征的金融工具或其他合同：

（1）其价值随特定利率、金融工具价格、商品价格、汇率、价格指数、费率指数、信用等级、信用指数或其他变量的变动而变动；变量为非金融变量的，该变量不应与合同的任何一方存在特定关系。

（2）不要求初始净投资，或者与对市场因素变化预期有类似反应的其他合同相比，要求较少的初始净投资。

（3）在未来某一日期结算。

【学霸总结】

（1）预付账款和预收账款不属于金融资产或金融负债，其未来收到或支付的经济利益为商品或服务。

（2）金融资产、金融负债、权益工具之间的关系如下图所示。

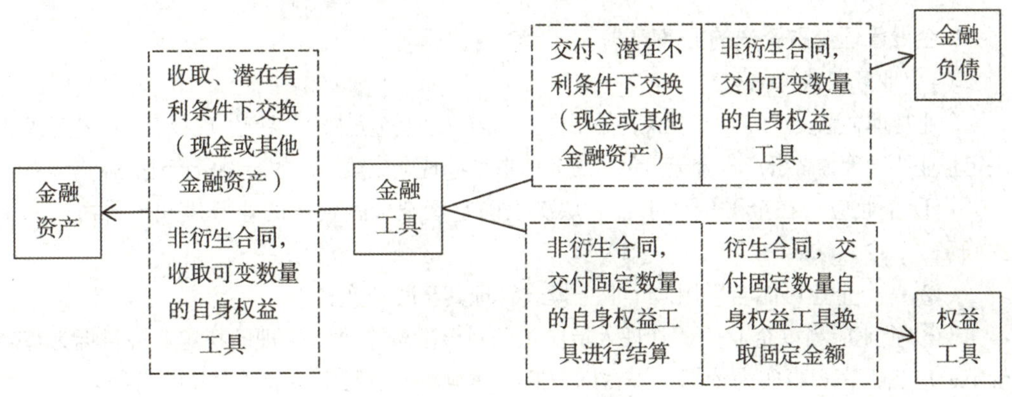

第二节 金融资产和金融负债的分类

【考点94】金融资产的分类★★★

企业应当根据其管理金融资产的业务模式和金融资产的合同现金流量特征，将其分为以下三类：①以摊余成本计量的金融资产；②以公允价值计量且其变动计入其他综合收益的金融资产；③以公允价值计量且其变动计入当期损益的金融资产。

金融资产分类决策图

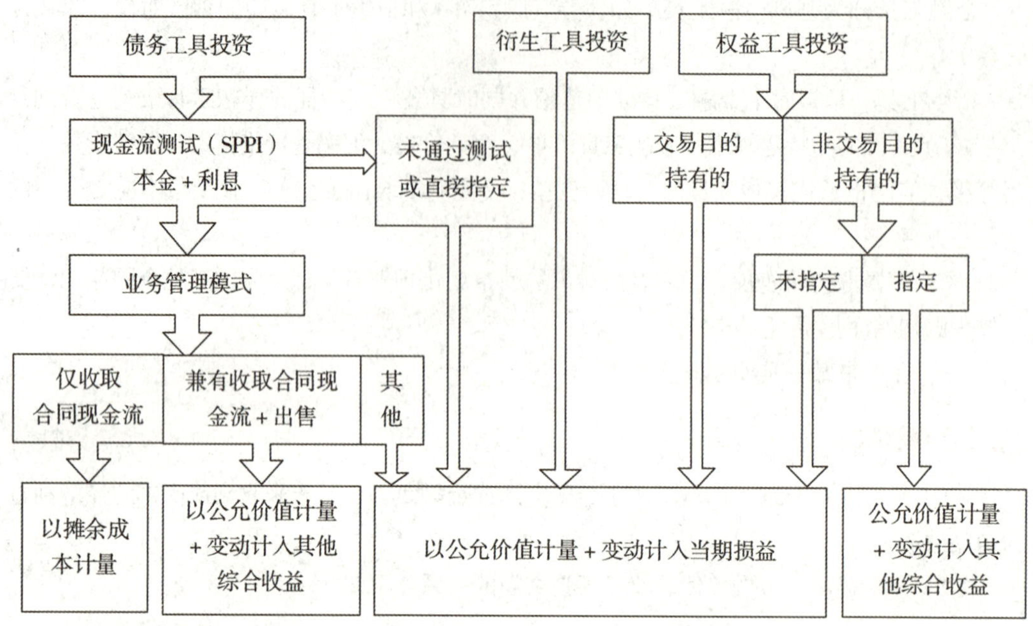

1. 企业管理金融资产的业务模式

（1）业务模式评估。

企业管理金融资产的业务模式，是指企业如何管理其金融资产以产生现金流量。业务模式决定企业所管理金融资产现金流量的来源是收取合同现金流量、出售金融资产还是两者兼有。

① 企业应当在金融资产组合的层次上确定管理金融资产的业务模式（无需按照单项确定）；

② 一个企业可能会采用多个业务模式管理其金融资产；

③ 企业应当以企业关键管理人员决定的对金融资产进行管理的特定业务目标为基础确定；应当以客观事实为依据，不得以按照合理预期不会发生的情形为基础确定。

（2）具体业务模式。

① 以收取合同现金流量为目标的业务模式。

在以收取合同现金流量为目标的业务模式下，企业管理金融资产旨在通过在金融资产存续期内收取合同付款来实现现金流量，而不是通过持有并出售金融资产产生整体回报。

② 以收取合同现金流量和出售金融资产为目标的业务模式。

在同时以收取合同现金流量和出售金融资产为目标的业务模式下，企业的关键管理人员认为收取合同现金流量和出售金融资产对于实现其管理目标而言都是不可或缺的。例如，企业的目标是管理日常流动性需求同时维持特定的收益率，或将金融资产的存续期与相关负债的存续期进行匹配。

③ 其他业务模式。

如果企业管理金融资产的业务模式，不是以收取合同现金流量为目标，也不是既以收取合同现金流量又出售金融资产来实现其目标，则该企业管理金融资产的业务模式是其他业务模式。

2. 金融资产的合同现金流量特征

金融资产的合同现金流量特征，是指金融工具合同约定的、反映相关金融资产经济特征的现金流量属性。

企业分类为以摊余成本计量的金融资产和以公允价值计量且其变动计入其他综合收益的金融资产，其合同现金流量特征应当与基本借贷安排相一致（相关金融资产在特定日期产生的合同现金流量仅为对本金和以未偿付本金金额为基础的利息的支付）。

（1）本金，是指金融资产在初始确认时的公允价值，本金金额可能因提前还款等原因在金融资产的存续期内发生变动。

（2）利息，包括对货币时间价值、相关的信用风险、以及其他基本借贷风险、成本和利润的对价。

【提示】利息仅包含反映同类债券市场利率计算的部分，如果包含了额外的杠杆系数、与被投资方的业绩进行挂钩等因素，则不符合基本借贷安排，不能通过现金流量测试。

例如，可转换公司债券的回报与发行人的权益价值挂钩，合同现金流量并非本金及未偿付本金金额之利息的支付，其反映的回报与基本借款安排不一致。

3. 金融资产的具体分类

分　类	条件判断	常见科目
以摊余成本计量的金融资产	同时符合下列条件： （1）管理金融资产的业务模式以收取合同现金流量为目标 （2）合同条款规定，在特定日期产生的现金流量，仅为对本金和以未偿付本金金额为基础的利息的支付	应收账款 债权投资
以公允价值计量且其变动计入其他综合收益的金融资产	同时符合下列条件： （1）管理金融资产的业务模式，兼有以收取合同现金流量和出售为目标 （2）合同条款规定，在特定日期产生的现金流量，仅为对本金和以未偿付本金金额为基础的利息的支付	其他债权投资
	【特殊分类】直接指定的非交易性权益工具投资	其他权益工具投资
以公允价值计量且其变动计入当期损益的金融资产	上述两类以外的金融资产（属于兜底的一类金融资产）	交易性金融资产

4. 金融资产的特殊分类

初始确认时，企业可基于单项非交易性权益工具投资，将其指定为以公允价值计量且其变动计入其他综合收益的金融资产。该指定一经做出，不得撤销。

（1）其公允价值的后续变动计入其他综合收益，不需计提减值准备。除获得的股利计入当期损益外，其他相关的利得和损失（包括汇兑损益）均应当计入其他综合收益，且后续不得转入当期损益。

（2）当金融资产终止确认时，之前计入其他综合收益的累计利得或损失应当从其他综合收益中转出，计入留存收益。

【提示】企业在非同一控制下的企业合并中确认的或有对价构成金融资产的，该金融资产应当分类为以公允价值计量且其变动计入当期损益的金融资产，不得指定为以公允价值计量且其变动计入其他综合收益的金融资产。

【考点95】金融负债的分类★

1. 除下列各项外，企业应当将金融负债分类为以摊余成本计量的金融负债

（1）以公允价值计量且其变动计入当期损益的金融负债。

（2）金融资产转移不符合终止确认条件或继续涉入被转移金融资产所形成的金融负债（按照本章第五节的规定进行计量）。

（3）部分财务担保合同，以及不属于以公允价值计量且其变动计入当期损益的金融负债的以低于市场利率贷款的贷款承诺。

【提示】企业在非同一控制下的企业合并中作为购买方确认的或有对价构成金融负债的，该金融负债应当按照以公允价值计量且其变动计入当期损益的金融负债进行处理。

2. 公允价值选择权

在初始确认时，为了提供更相关的会计信息，企业可以将一项金融资产、一项金融负债或者一组金融工具指定为以公允价值计量且其变动计入当期损益的金融资产或金融负债。

该指定应当满足下列条件之一：

（1）金融资产或金融负债能够消除或显著减少会计错配。

（2）根据正式书面文件载明的企业风险管理或投资策略，以公允价值为基础对金融负债组合或金融资产和金融负债组合进行管理和业绩评价，并在企业内部以此为基础向关键管理人员报告。

【例题·单选】2×18年1月1日，P公司以1000万元购入A公司当日发行的一般公司债券，期限为4年，面值为1000万元，票面年利率为4%，每年年末付息，到期一次还本。P公司购入该项债券投资后，拟长期持有，按期收取利息、到期收回本金，但如果未来市场利率大幅变动时，P公司不排除将该项债券投资出售以实现收益最大化。不考虑其他因素，则P公司应将该项金融资产划分为（　　）。

A. 以摊余成本计量的金融资产

B. 以公允价值计量且其变动计入其他综合收益的金融资产

C. 以公允价值计量且其变动计入当期损益的金融资产

D. 其他应收款

【答案】B

【解析】该项金融资产的合同现金流量为本金及未偿付本金为基础计算的利息，P公司管理该项金融资产的业务模式既以收取合同现金流量为目标，又有出售的动机，因此应划分为以公允价值计量且其变动计入其他综合收益的金融资产。

第三节 金融负债和权益工具区分

【考点96】金融负债和权益工具区分★★★

1. 金融负债和权益工具区分的总体要求

企业发行金融工具，应当按照该金融工具的合同条款及其所反映的经济实质而非法律形式，结合金融资产、金融负债和权益工具的定义，在初始确认时将该金融工具或其组成部分分类为金融资产、金融负债或权益工具。

2. 金融负债和权益工具区分的基本原则

<table>
<tr><th>条 件</th><th colspan="2">判 断</th><th>结 果</th><th>举 例</th></tr>
<tr><td rowspan="2">是否存在无条件地避免交付现金或其他金融资产的合同义务</td><td colspan="2">（1）必须赎回该金融工具
（2）有强制付息义务</td><td>金融负债</td><td>（1）必须进行偿还的债务
（2）按面值赎回、固定金额偿还的优先股等</td></tr>
<tr><td colspan="2">能够避免无条件的偿付</td><td>权益工具</td><td>（1）不可赎回的优先股（自主决定是否派息）
（2）永续债券（自主决定是否派息）</td></tr>
<tr><td rowspan="4">是否通过交付固定数量的自身权益工具结算</td><td rowspan="2">非衍生工具</td><td>交付可变数量</td><td>金融负债</td><td>以股票偿债（金额固定，所以数量可变）</td></tr>
<tr><td>交付固定数量</td><td>权益工具</td><td>由于数量固定，所以金额不固定</td></tr>
<tr><td rowspan="2">衍生工具</td><td>固定数量的权益工具交换固定金额的现金或其他金融资产</td><td>权益工具</td><td>每张认股权证有权以每股10元的价格购入普通股1股，如果购入100股，需支付1000元，视同企业发行普通股</td></tr>
<tr><td>其他方式</td><td>金融负债</td><td>如以普通股净额结算的股票期权</td></tr>
<tr><td colspan="5">【提示】判断一项金融工具是划分为权益工具或金融负债，不受以下因素的影响：
（1）以前实施分配的情况、未来实施分配的意向
（2）发行方清算时需以现金进行结算的约定不影响其分类为权益工具
（3）交付现金或其他金融资产能力的限制（监管部门批准等），不影响其分类为金融负债</td></tr>
</table>

【例题1·计算】甲公司2×18年发生了如下业务：

（1）发行了一项年利率为8%、无固定还款期限、可自主决定是否支付利息的不可累积永续债，其他合同条款如下（假定没有其他条款导致该工具分类为金融负债）：①该永续债嵌入了一项看涨期权，允许甲公司在发行第5年及之后以面值回购该永续债。②如果甲公司在第5年年末没有回购该永续债，则之后的票息率增加至12%（通常称为“票息递增”）。③该永续债票息在甲公司向其普通股股东支付股利时必须支付（即“股利推动机制”）。甲公司根据相应的议事机制能够自主决定普通股股利的支付；该公司发行该永续债之前多年来均支付普通股股利。

甲公司将该永续债确认为一项金融负债。

（2）按面值向非关联投资者发行永续票据，部分合同条款摘录如下：①该票据年利率8%，按年支付利息，甲公司可自主决定无限期递延支付利息。②甲公司可自主决定普通股股利的支付，但若甲公司支付普通股股利，则须将之前累计未偿付利息一并付清。③如果甲公司发生信用评级下降、实际控制人变更，必须以现金向永续票据投资人按面值回购所有票据，并付清累计未偿付利息。

甲公司将该永续票据确认为权益工具。

（3）向某商业银行借入可续期借款，部分合同条款摘录如下：①该借款期限为5年，到期后甲公司可不限次数自主选择续期或还款。②年利率8%，按年支付利息，甲公司可自主选择无限期递延支付利息，甲公司每次选择递延支付利息，未偿付利息的利率将上调50个基点，但调整后的年利率最高不超过10%。③如果甲公司发生处置主要经营性资产或清算的事项，必须以现金立即偿还借款本金及未偿付利息。

甲公司将该可续期借款确认为金融负债。

要求：假定不考虑其他因素，指出上述各项中金融负债和权益工具的区分是否存在不当之处，并简要说明理由。

【答案】

（1）将该永续债确认为金融负债存在不当之处。

理由：尽管甲公司多年来均支付普通股股利，但由于甲公司能够根据相应的议事机制自主决定普通股股利的支付，并进而影响永续债利息的支付，对甲公司而言，该永续债并未形成无条件支付现金或其他金融资产的合同义务；尽管甲公司有可能在第5年年末行使其回购权，但是甲公司并没有回购的合同义务，因此该永续债应整体被分类为权益工具。

（2）将该永续票据确认为权益工具存在不当之处。

理由：合同约定的投资人保护机制要求甲公司在发生信用评级下降或实际控制人变更的情况下，回购所有票据并付清累计未偿付利息，而这些事项均为甲公司无法自主决定或控制的未来不确定事项。因此，甲公司不能无条件地避免以交付现金形式承担未来赎回永续票据和偿付利息的义务。该永续票据应分类为金融负债。

（3）将该可续期借款确认为金融负债存在不当之处。

理由：甲公司可自主选择无限期递延偿付本金和利息，递延偿付利息导致的上调后年利率上限为10%，不会因利率畸高而迫使甲公司不得不偿付利息。合同约定的投资人保护机制要求甲公司在处置主要经营性资产时立即偿还本金和未偿付利息，该事项为甲公司可自主决定的事项。按企业会计准则规定，在发行方清算时需以现金进行结算的约定不影响上述可续期借款分类为权益工具。因此，甲公司应将该可续期借款分类为权益工具。

注：如果该借款的利息一直向上调整，这将会使得甲公司在经过若干次展期后，在未来需要偿付其无法承受的高额利息。这种经济上的压力将迫使甲公司不得不偿付借款本金。上述合同条款的存在间接地形成了甲公司不可避免地将要偿付本金的合同义务，应分类为金融负债。

【例题2·计算】甲公司与乙公司2×18年签订了如下合同：

（1）甲公司以100万元等值的自身权益工具偿还所欠乙公司债务。

（2）甲公司以100盎司黄金等值的自身权益工具偿还所欠乙公司债务。

（3）甲公司发行了名义金额人民币100元的优先股，合同条款规定甲公司在3年后将优先股强制转换为普通股，转股价格为转股日前一工作日的该普通股市价。

要求：假定不考虑其他因素，逐项判断上述金融工具应分类为金融负债或是权益工具。

【答案】

（1）甲公司需偿还的负债金额100万元是固定的，但甲公司需交付的自身权益工具的数量随着其权益工具市场价格的变动而变动，该金融工具应当划分为金融负债。

（2）甲公司需偿还的负债金额随黄金价格变动而变动，同时，甲公司需交付的自身权益工具的数量随着其权益工具市场价格的变动而变动，该金融工具应当划分为金融负债。

（3）转股价格是变动的，未来须交付的普通股数量是可变的，实质可视作甲公司将在3年后使用自身普通股并按其市价履行支付优先股每股人民币100元的义务，该金融工具应当划分为金融负债。

【例题3·计算】甲公司于2×13年2月1日向乙公司发行以自身普通股为标的的看涨期权。根据该期权合同，乙公司在2×14年1月31日（行权日）有权以每股102元的价格从甲公司购入普通股1000股。其他有关资料如下：①2×13年2月1日每股市价100元，期权的公允价值5000元；②2×13年12月31日每股市价104元，期权的公允价值3000元；③2×14年1月31日每股市价104元，期权的公允价值2000元。甲公司发行当日已收到款项并存入银行，不考虑其他因素。

要求：

（1）假设期权将以现金净额结算，编制甲公司该业务的会计分录。

（2）假设期权将以普通股净额结算（不足1股的用现金清偿），编制甲公司该业务的会计分录。

（3）假设期权到期将以普通股总额结算，编制甲公司该业务的会计分录。

【答案】

（1）该期权到期以现金净额结算，应分类为金融负债。

①2×13年2月1日，确认发行的看涨期权：

借：银行存款　　5000

　贷：衍生工具——看涨期权（类似交易性金融负债）　　5000

②2×13年12月31日，确认期权公允价值减少：

借：衍生工具——看涨期权　　2000

　贷：公允价值变动损益　　2000

③2×14年1月31日，确认期权公允价值减少：

借：衍生工具——看涨期权　　1000

　贷：公允价值变动损益　　1000

④乙公司行权，甲公司有义务向乙公司交付104000元（104×1000），并从乙公司收取102000元（102×1000），甲公司实际支付净额为2000元，反映看涨期权结算的账务处理如下：

借：衍生工具——看涨期权　　2000

　贷：银行存款　　2000

（2）该期权到期以普通股净额结算（可变数量的普通股），应分类为金融负债，行权前的处理同上。

2×14年1月31日乙公司行权，甲公司实际支付净额为2000元，交付普通股数量约为19（2000/104）股，余下的金额24元（2000-19×104）以现金支付。反映看涨期权结算的账务处理如下：

借：衍生工具——看涨期权　　2000

　贷：股本　　19

　　资本公积——股本溢价　　1957

　　银行存款　　24

（3）该期权到期以普通股总额结算（固定数量的普通股），应分类为权益工具。

①2×13年2月1日，确认发行的看涨期权：

借：银行存款　　5000

　贷：其他权益工具　　5000

②2×13年12月31日，由于该期权确认为权益工具，无需重新进行后续计量。

③2×14年1月31日乙公司行权，甲公司交付1000股本公司普通股，同时收取102000元现金。

借：银行存款　　102000

　　其他权益工具　　5000

　　贷：股本　　1000

　　　　资本公积——股本溢价　　106000

3. 以外币计价的配股权、期权或认股权证

一般情况下，如果企业的某项合同是通过固定金额的外币交换固定数量的自身权益工具进行结算（代表的是以企业记账本位币计价的可变金额），因此不符合“固定换固定”原则，应分类为金融负债。

【提示】但是，企业对全部现有同类别非衍生自身权益工具的持有方同比例发行配股权、期权或认股权证，使之有权按比例以固定金额的任何货币交换固定数量的该企业自身权益工具的，该类配股权、期权或认股权证应当分类为权益工具。

4. 或有结算条款

一般情况下，对于附有或有结算条款的金融工具，发行方不能无条件地避免交付现金、其他金融资产或以其他导致该工具成为金融负债的方式进行结算的，应当分类为金融负债。

【提示】但是，满足下列条件之一的，应当将其分类为权益工具：①约定的或有结算条款几乎不可能发生的；②只有在发行方清算时，才需以现金、其他金融资产进行结算；③特殊金融工具中分类为权益工具的可回售工具。

必须（不能无条件避免）进行偿付的确认金融负债，其他特殊的确认为权益工具。

5. 结算选择权

对于存在结算选择权的衍生工具（如合同规定发行方或持有方能选择以现金净额或以发行股份交换现金等方式进行结算的衍生工具），发行方应当将其确认为金融资产或金融负债。

【提示】一般确认为金融资产或金融负债，除非所有结算方式都可以确认为权益工具。

6. 合并财务报表中金融负债和权益工具的区分

在合并财务报表中对金融工具（或其组成部分）进行分类时，企业应考虑集团成员和金融工具的持有方之间达成的所有条款和条件，以确定集团作为一个整体是否由于该工具而承担了交付现金或其他金融资产的义务，或者承担了以其他导致该工具分类为金融负债的方式进行结算的义务。

7. 特殊金融工具的区分

（1）可回售工具。

指根据合同约定，持有方有权将该工具回售给发行方以获取现金或其他金融资产的权利，或者在未来某一不确定事项发生或者持有方死亡或退休时，自动回售给发行方的金融工具。

【提示】一般情况下归属为金融负债，但并非绝对，在满足一定条件时，属于权益工具。

（2）发行方仅在清算时才有义务向另一方按比例交付其净资产的金融工具。

符合金融负债定义，但同时具有下列特征的应当分类为权益工具：

①赋予持有方在企业清算时按比例份额获得该企业净资产的权利（享有净资产，类似普通股）；

②该工具所属的类别次于其他所有工具类别（偿还级别低于债权，类似普通股）；

③在次于其他所有类别的工具类别中，发行方对该类别中所有工具都应当在清算时承担按比例份额交付其净资产的同等合同义务（清算时才需要偿还，类似普通股）。

【提示】一般情况下归属为金融负债，在满足一定条件时，属于权益工具。

（3）特殊金融工具在母公司合并财务报表中的处理

子公司在个别财务报表中作为权益工具列报的特殊金融工具，在其母公司合并财务报表中对应的少数股东权益部分，应当分类为金融负债。

例如，甲公司控制乙公司，因此甲公司的合并财务报表包括乙公司。乙公司资本结构的一部分由可回售工具(其中一部分由甲公司持有，其余部分由其他外部投资者持有)组成，这些可回售工具在乙公司个别财务报表中符合权益分类的要求。甲公司在可回售工具中的权益在合并时抵销。对于其他外部投资者持有的乙公司发行的可回售工具，其在甲公司合并财务报表中不应作为少数股东权益列示，而应作为金融负债列示。

8. 发行金融工具的重分类

（1）权益工具重分类为金融负债。

以重分类日该工具的公允价值计量，重分类日权益工具的账面价值和金融负债的公允价值之间的差额确认为权益（资本公积——股本溢价）。

（2）金融负债重分类为权益工具。

以重分类日金融负债的账面价值计量。

9. 收益和库存股

项 目	金融负债	权益工具
利息、股利、利得或损失的处理	计入当期损益	（1）其发行、回购、出售或注销时，发行方应当作为权益的变动处理 （2）发行方不应当确认权益工具的公允价值变动（按照普通股理解） （3）发行方对权益工具持有方的分配应作利润分配处理
库存股	（1）回购自身权益工具（库存股）支付的对价和交易费用，应当减少所有者权益 （2）如果企业持有库存股之后又将其重新出售，反映的是不同所有者之间的转让，而非企业本身的利得或损失；故无论这些库存股的公允价值如何波动，企业应直接将支付或收取的任何对价在权益中确认，而不产生任何损益影响	

【考点97】复合金融工具★★★

企业发行的某些非衍生金融工具既含有负债成分，又含有权益成分，企业应当在初始确认时将负债和权益成分进行分拆。具体处理见“第九章负债”中的可转换公司债券的核算。

【提示】企业通过在到期日前赎回或回购而终止一项仍旧具有转换权的可转换工具时，应在交易日将赎回或回购所支付的价款及发生的交易费用分配至该工具的权益成分和负债成分。分配价款和交易费用的方法应与该工具发行时采用的分配方法一致。价款分配后，所产生的利得或损失应分别根据权益成分和负债成分所适用的会计原则进行处理，分配至权益成分的款项计入权益，与负债成分相关的利得或损失计入损益。

第四节　金融工具的计量和重分类

【考点98】金融资产和金融负债的初始计量★★★

<table>
<tr><th>项　目</th><th colspan="2">初始成本</th></tr>
<tr><td>以公允价值计量且其变动计入当期损益的金融资产和金融负债</td><td colspan="2">（1）初始成本＝公允价值
（2）交易费用计入当期损益（投资收益）</td></tr>
<tr><td>其他类别的金融资产和金融负债</td><td colspan="2">（1）初始成本＝公允价值 ± 交易费用（资产加，负债减）
（2）交易费用计入初始成本</td></tr>
<tr><td rowspan="2">公允价值与交易价格差额的处理</td><td>（1）公允价值是按照活跃市场上的报价或可观察输入值确定</td><td>差额确认为一项利得或损失（计入当期损益）</td></tr>
<tr><td>（2）公允价值按照其他方式确定</td><td>应予递延，后续摊销计入损益</td></tr>
<tr><td colspan="3">【提示】企业取得金融资产，所支付的价款中包含的已宣告但尚未发放的债券利息或现金股利，应当单独确认为应收项目（应收股利、应收利息）
交易费用，指可直接归属于购买、发行或处置金融工具的增量费用（企业没有发生购买、发行或处置相关金融工具的情形就不会发生的费用）</td></tr>
</table>

【考点99】金融资产的后续计量★★★

1. 金融资产的后续计量原则

企业应当对不同类别的金融资产，分别以摊余成本、以公允价值计量且其变动计入其他综合收益、以公允价值计量且其变动计入当期损益进行后续计量。

【提示】如果一项金融工具以前被确认为一项金融资产并以公允价值计量，而现在它的公允价值低于零，企业应将其确认为一项负债（如贷款承诺计提减值准备后的公允价值可能低于零）。

2. 以摊余成本计量的金融资产的会计处理

（1）实际利率。

① 实际利率法，是指计算金融资产或金融负债的摊余成本及将利息收入或利息费用分摊计入各会计期间的方法。

② 实际利率，是指将金融资产或金融负债在预计存续期的估计未来现金流量，折现为该金融资产账面余额或该金融负债摊余成本所使用的利率。

③ 经信用调整的实际利率，是指将购入或源生的已发生信用减值的金融资产在预计存续期的估计未来现金流量，折现为该金融资产摊余成本的利率。

（2）摊余成本。

金融资产或金融负债的摊余成本，应当以该金融资产或金融负债的初始确认金额经下列调整后的结果确定：①扣除已偿还的本金；②加上或减去采用实际利率法将该初始确认金额与到期日金额之间的差额进行摊销形成的累计摊销额；③扣除累计的信用减值准备（仅适用于金融资产）。

【提示】金融资产的账面余额，指未扣除累计的信用减值准备的金额。

金融资产的摊余成本可以简化为：

① 期末摊余成本＝初始确认金额－累计收到的本金＋累计确认的利息收益－累计应收利息－累计发生的信用减值准备。

② 期末摊余成本＝期初摊余成本－本期收到的本金＋本期确认的利息收益－本期应收利息－本期确认的信用减值准备。

（3）利息收入（按照实际利率法确认）。

<table>
<tr><th colspan="2">类　别</th><th>利息收入</th></tr>
<tr><td colspan="2">通常情形</td><td>利息收入＝金融资产的账面余额 × 实际利率</td></tr>
<tr><td rowspan="2">例外情形</td><td>对于购入或源生的已发生信用减值的金融资产</td><td>利息收入＝金融资产的摊余成本 × 经信用调整的实际利率</td></tr>
<tr><td>对于购入未发生信用减值、但后续期间已发生信用减值的金融资产</td><td>利息收入＝金融资产的摊余成本 × 实际利率
若该金融工具在后续期间因其信用风险有所改善而不再存在信用减值，并且这一改善在客观上可与应用上述规定之后发生的某一事件相联系，企业应当按“账面余额 × 实际利率”确定利息收入</td></tr>
<tr><td colspan="3">【提示】发生预期信用损失（不属于已发生信用减值），应按“账面余额 × 实际利率”确定利息收入
已发生信用减值的金融资产，通常包括下列可观察信息：债务人发生重大财务困难、债务人偿付利息或本金违约或逾期等、债务人很可能破产或进行其他财务重组等</td></tr>
</table>

（4）以摊余成本计量的金融资产的会计处理。

项　目	会计处理
初始计量	借：债权投资——成本（面值） 　　应收利息（已到付息期但尚未领取的利息） 　　债权投资——利息调整（差额，可能在贷方） 　　贷：银行存款等
后续计量	（1）确认利息 借：应收利息/债权投资——应计利息（到期一次还本付息）（面值 × 票面利率） 　　债权投资——利息调整（与购入时方向相反，金额倒挤） 　　贷：投资收益（期初账面余额 × 实际利率/期初摊余成本 × 实际利率） （2）收回本金或利息 借：银行存款等 　　贷：债权投资——成本（面值） 　　　　应收利息（分期付息时使用，每期利息） 　　　　债权投资——应计利息（到期一次还本付息时使用，每期利息 × 期数） （3）发生减值时 借：信用减值损失 　　贷：债权投资减值准备
出售投资	借：银行存款等 　　债权投资减值准备 　　贷：债权投资——成本、利息调整、应计利息 　　　　投资收益（差额，可能在借方）

【例题1·单选】2×15年1月1日，甲公司从二级市场购入乙公司分期付息、到期还本的债券12万张，以银行存款支付价款1050万元，另支付相关交易费用12万元。该债券系乙公司于2014年1月1日发行，每张债券面值为100元，期限为3年，票面年利率为5%，每年年末支付当年年度利息。甲公司拟持有该债券至到期日。甲公司持有乙公司债券至到期日累计应确认的投资收益是（　　）万元。

A. 120　　B. 258　　C. 270　　D. 318

【答案】B

【解析】溢价购入的债券时，应收利息减去溢价的差额计入投资收益；折价购入时，应收利息加上折价之和计入投资收益，累计确认的投资收益 = 折价（12×100−1062）+ 累计确认的应收利息（12×100×5%×2）=258（万元）。或者，累计确认的投资收益 = 总现金流入（12×100+12×100×5%×2）− 总现金流出（1062）=258（万元）。

【例题2·计算】甲公司于2×17年1月1日，购入乙公司于当日发行的债券100万张，支付价款9500万元，另支付手续费90万元。该债券期限为5年，每张面值为100元，票面年利率为6%，经测算的实际利率为7%，于每年12月31日支付当年利息。甲公司管理该金融资产的业务模式是以收取合同现金流量为目标，该金融资产的合同条款规定，在特定日期产生的现金流量，仅为对本金和以未偿付本金金额为基础的利息的支付。

2×17年12月31日，甲公司收到2×17年年度利息600万元。该金融工具的信用风险自初始确认后显著增加，甲公司按整个存续期确认预计信用减值准备30万元。当日市场年利率为6%。

2×18年12月31日，甲公司收到2×18年度利息600万元，因债务人发生重大财务困难，该金融资产已发生信用减值，甲公司按整个存续期确认预计信用减值准备余额150万元。当日市场年利率为7%。

2×20年1月1日，甲公司将上述债权全部出售，取得价款9850万元存入银行。

要求：

（1）判断甲公司取得乙公司债券时应划分的金融资产类别，说明理由，并编制甲公司取得乙公司债券时的会计分录。

（2）计算甲公司2×17年年度因持有乙公司债券应确认的利息收入，并编制相关会计分录。

（3）计算甲公司2×18年年度因持有乙公司债券应确认的利息收入，并编制相关会计分录。

（4）计算甲公司2×19年年度因持有乙公司债券应确认的利息收入，并编制相关会计分录。

（5）编制甲公司2×20年1月1日出售该债券的会计分录。

【答案】

（1）甲公司应将取得的乙公司债券划分为以摊余成本计量的金融资产。

理由：甲公司管理该金融资产的业务模式是以收取合同现金流量为目标，且该金融资产的合同条款规定，在特定日期产生的现金流量，仅为对本金和以未偿付本金金额为基础的利息的支付。

借：债权投资——成本　　10000（面值）
　贷：银行存款　　9590（价款9500+交易费用90）
　　债权投资——利息调整　　410（差额）

（2）2×17年应确认投资收益 =9590×7%=671.3(万元)。

借：应收利息　　600（面值10000×票面利率6%）
　债权投资——利息调整　　71.3（差额）
　贷：投资收益　　671.3

借：银行存款　　600
　贷：应收利息　　600

2×17 年应确认预期信用减值准备 =30−0=30（万元）。

借：信用减值损失　　　　　　　　　30

　　贷：债权投资减值准备　　　　　　　　30

（3）2×17 年 12 月 31 日账面余额 =9590+671.3−600=9661.3（万元），2×18 年应确认投资收益 =9661.3×7%=676.29(万元)。

借：应收利息　　　　　　　　　　　600（面值 10000× 票面利率 6%）

　　债权投资——利息调整　　　　　76.29（差额）

　　贷：投资收益　　　　　　　　　　　676.29

借：银行存款　　　　　　　　　　　600

　　贷：应收利息　　　　　　　　　　　600

2×18 年 12 月 31 日预期信用减值准备余额为 150 万元，当年确认预计信用损失 =150−30=120(万元)。

借：信用减值损失　　　　　　　　　120

　　贷：债权投资减值准备　　　　　　　120

（4）因发生信用减值，所以应以摊余成本为基础计算利息收入。

2×18 年 12 月 31 日账面余额 =9661.3+676.29−600=9737.59（万元）；摊余成本 =9737.59−150=9587.59(万元)；2×19 年 12 月 31 日应确认投资收益 =9587.59×7%=671.13(万元)。

借：应收利息　　　　　　　　　　　600（面值 10000× 票面利率 6%）

　　债权投资——利息调整　　　　　71.13（差额）

　　贷：投资收益　　　　　　　　　　　671.13

借：银行存款　　　　　　　　　　　600

　　贷：应收利息　　　　　　　　　　　600

（5）2×19 年 12 月 31 日账面余额 =9737.59+671.13−600=9808.72（万元）；

借：银行存款　　　　9850（实际收到价款）

　　债权投资——利息调整　　　　　191.28（410−71.3−76.29−71.13 或 10000−9808.72）

　　债权投资减值准备　　　　　　　150

　　贷：债权投资——成本　　　　　　　10000（面值）

　　　　投资收益　　　　　　　　　　　191.28（差额）

【例题 3 · 计算】A 公司 20×8 年 1 月 1 日购入 150 万份 B 公司于当日公开发行的 3 年期的到期一次还本付息的债券，款项已用银行存款支付，该债券每份面值 100 元，实际支付价款为 16100 万元，另支付交易费用 97.3 万元，票面利率为 6%。A 公司每年年末计提利息。A 公司管理该金融资产的业务模式是以收取合同现金流量为目标，除本金和利息外，不存在其他现金流量。20×9 年，由于 B 公司违反证券交易法规规定，导致其被责令停改，B 公司的信用风险增强。A 公司预计其收回 B 公司债券的现金流量低于应收取的合同现金流量，其预计现金流量的现值为 15200 万元。

其他资料：（P/F，3%，3）=0.9151；（P/A，3%，3）=2.8286。假定不考虑其他因素。

要求：

（1）判断 A 公司应将其取得的债券投资划分为哪类金融资产，说明理由。

（2）计算 A 公司取得债券投资的初始入账成本，并编制相关的会计分录。

（3）根据上述资料，编制 A 公司 20×8 年年末相关的会计分录。

（4）判断 20×9 年该债券投资是否发生了减值；如果发生减值，计算应计提减值准备的金额。

【答案】

（1）该债券投资划分为以摊余成本计量的金融资产。

理由：A公司管理该金融资产的业务模式是以收取合同现金流量为目标，且该债券的合同条款规定，在特定日期（每年年末和到期日）产生的现金流量，仅为本金和以未偿付本金金额为基础的利息支付。

（2）债券投资的初始入账成本 =16100+97.3=16197.3（万元）。

借：债权投资——成本　　15000（面值）

　　债权投资——利息调整　　1197.3（差额）

　　贷：银行存款　　16197.3（16100+97.3）

（3）假设实际利率为r，则应满足：（15000×6%×3+15000）×（P/F，r，3）=16197.3；

当r=3%时，（15000×6%×3+15000）×0.9151 ≈ 16197.3，因此，该债券的实际利率r=3%。

借：债权投资——应计利息　　900（15000×6%）

　　贷：投资收益　　485.92（16197.3×3%）

　　　　债权投资——利息调整　　414.08（差额）

（4）A公司对B公司债券投资发生了减值。

20×9年年末的账面余额 =（16197.3+900−414.08）+（16197.3+900−414.08）×3%=17183.72（万元），应计提的减值准备金额 =17183.72−15200=1983.72（万元）。

3. 以公允价值计量且其变动计入当期损益的金融资产的会计处理

项　目	会计处理
初始计量	借：交易性金融资产——成本（按照公允价值初始确认的金额） 　　应收股利/应收利息（已宣告但尚未发放的股利/已到付息期但尚未领取的利息） 　　投资收益（初始交易费用） 　　贷：银行存款等
持有期间	（1）资产负债表日确认公允价值变动 借：交易性金融资产——公允价值变动（资产负债表日公允价值－当日的账面价值） 　　贷：公允价值变动损益（公允价值下降做相反分录） （2）持有期间收取利息或者现金股利 借：应收股利/应收利息（宣告发放的现金股利/按"面值×票面利率"计算的利息） 　　贷：投资收益 （3）该类金融资产不计提减值准备
出售投资	出售所得的价款与其账面价值的差额计入投资收益 借：银行存款等（出售价款－手续费） 　　贷：交易性金融资产——成本 　　　　　　　　　　——公允价值变动（可借可贷） 　　　　投资收益（可借可贷，售价与账面价值的差额）

【例题4·单选】20×4年2月5日，甲公司以7元/股的价格购入乙公司股票100万股，支付手续费1.4万元。甲公司将该股票投资分类为交易性金融资产。20×4年12月31日，乙公司股票价格为9元/股。20×5年2月20日，乙公司分配现金股利，甲公司获得现金股利8万元；3月20日，甲公司以11.6元/股的价格将其持有的乙公司股票全部出售。不考虑其他因素，甲公司因持有乙公司股票在20×5年确认的投资收益是（　　）万元。

A. 260　　B. 268　　C. 466.6　　D. 468

【答案】B

【解析】投资收益 =8+（11.6−9）×100=268（万元）。

【例题 5 · 计算】甲公司 2×18 年 5 月 1 日自证券市场购入乙公司发行的股票 10 万股，共支付价款 86 万元，其中包括交易费用 1 万元，乙公司已宣告尚未发放的现金股利 5 万元，甲公司将购入的乙公司股票作为交易性金融资产核算。2×18 年 6 月 10 日，甲公司收到现金股利 5 万元。2×18 年 12 月 31 日，乙公司股票每股收盘价为 9 元。2×19 年 4 月 1 日，甲公司收到乙公司宣告发放的现金股利每股 1 元。2×19 年 4 月 20 日，甲公司出售该项交易性金融资产，收到价款 95 万元。不考虑其他因素。

要求：

（1）计算甲公司 2×18 年 5 月 1 日取得该项交易性金融资产的入账价值。

（2）计算甲公司出售该项交易性金融资产时确认的投资收益。

（3）计算甲公司从取得至出售该项交易性金融资产累计应确认的投资收益。

（4）编制甲公司从取得至出售该项交易性金融资产的会计分录。

【答案】

（1）取得时已宣告尚未发放的现金股利单独确认为应收股利，初始费用直接计入投资收益，不影响初始成本；2×18 年 5 月 1 日取得该项交易性金融资产的入账价值 =86−1−5=80(万元)。

（2）出售时的投资收益 =95−90（10×9）=5(万元)。

（3）取得时确认的投资收益为 −1 万元，持有期间取得的现金股利确认的投资收益 =10×1=10(万元)；出售时确认的投资收益 5 万元，累计应确认的投资收益 =−1+10+5=14(万元)。

（4）①2×18 年 5 月 1 日购入股票：

借：交易性金融资产——成本　　80

　　应收股利（已宣告未发放的股利）　　5

　　投资收益（交易费用）　　1

　贷：银行存款　　86

②2×18 年 6 月 10 日，甲公司收到现金股利 5 万元：

借：银行存款　　5

　贷：应收股利　　5

③2×18 年 12 月 31 日，确认股票价格变动：

借：交易性金融资产——公允价值变动　　10[90（10×9）−80]

　贷：公允价值变动损益　　10

④2×19 年 4 月 1 日，收到乙公司宣告发放的现金股利：

借：应收股利　　10（10×1）

　贷：投资收益　　10

借：银行存款　　10

　贷：应收股利　　10

⑤2×19 年 4 月 20 日，甲公司出售该项交易性金融资产：

借：银行存款　　95

　贷：交易性金融资产——成本　　80

　　　交易性金融资产——公允价值变动　　10

　　　投资收益　　5

4. 以公允价值计量且其变动计入其他综合收益的金融资产（债务工具）的会计处理

（1）以公允价值计量且其变动计入其他综合收益的金融资产（债务工具）所产生的所有利得或损失（除与套期会计有关外），除减值损失或利得和汇兑损益之外，均应当计入其他综合收益。

（2）采用实际利率法计算的该金融资产的利息应当计入当期损益（金额应当与视同其一直按摊余成本计量而计入各期损益的金额相等）。

（3）该金融资产终止确认时，之前计入其他综合收益的累计利得或损失应当从其他综合收益中转出，计入当期损益（投资收益）。

项　目	会计处理
初始计量	借：其他债权投资——成本（面值） 　　应收利息（已到付息期但尚未领取的利息） 　　贷：银行存款等 　　　　其他债权投资——利息调整（差额，包含了交易费用，可能在借方）
后续计量	（1）确认利息收益（与“债权投资”核算原理相同） 借：应收利息 / 其他债权投资——应计利息（面值 × 票面利率） 　　其他债权投资——利息调整（差额，可能在贷方） 　　贷：投资收益（期初账面余额 × 实际利率 / 或期初摊余成本 × 实际利率） （2）确认公允价值变动 借：其他债权投资——公允价值变动（公允价值 - 确认利息收益后的账面余额） 　　贷：其他综合收益——其他债权投资公允价值变动（可能做相反方向分录） （3）发生减值（不影响其账面价值，账面价值为期末的公允价值） 借：信用减值损失 　　贷：其他综合收益——信用减值准备
出售投资	（1）出售所得的价款与其账面价值的差额计入投资收益 借：银行存款等 　　贷：其他债权投资——成本、应计利息、利息调整、公允价值变动 　　　　投资收益（出售价款 - 账面价值，可能在借方） （2）将原计入其他综合收益的累计公允价值变动转入投资收益 借：其他综合收益——其他债权投资公允价值变动、信用减值准备 　　贷：投资收益（或相反的会计分录）

【例题 6 · 计算】2×17 年 1 月 1 日，A 公司购入 B 公司当日发行的一批 5 年期债券，面值 5000 万元，票面利率为 10%，每年年末支付利息，到期一次归还本金，实际支付价款为 4630 万元，另支付交易费用 9.52 万元。A 公司根据合同现金流量特征及管理该项金融资产的业务模式，将其划分为以公允价值计量且其变动计入其他综合收益的金融资产，初始确认时确定的实际利率为 12%。

2×17 年 12 月 31 日，该债券投资信用风险显著增加，但未发生信用减值，年末按整个存续期内确认预期信用减值准备余额 300 万元，当日该债券的公允价值为 4600 万元。

2×18 年 12 月 31 日，因债务人发生严重财务困难，该债券投资已发生信用减值，年末按整个存续期内确认预期信用减值准备余额 800 万元，当日该债券的公允价值为 4200 万元。

2×19 年 12 月 31 日该债券的公允价值为 4300 万元。

2×20 年 1 月 10 日，A 公司将上述投资对外出售，售价为 4310 万元。

要求：

（1）编制A公司2×17年购买债券时的会计分录。

（2）编制A公司2×17年12月31日该债券相关的会计分录，并计算其摊余成本的金额。

（3）编制A公司2×18年12月31日该债券相关的会计分录，并计算其摊余成本的金额。

（4）编制A公司2×19年12月31日该债券相关的会计分录，并计算其摊余成本的金额。

（5）编制A公司2×20年1月10日出售该债券投资的会计分录。

【答案】

（1）2×17年1月1日购入债券：

借：其他债权投资——成本　5000（面值）

　贷：其他债权投资——利息调整　360.48（差额）

　　银行存款　4639.52（4630+9.52）

（2）2×17年12月31日确认利息、公允价值变动、减值：

借：应收利息　500（5000×10%）

　其他债权投资——利息调整　56.74（差额）

　贷：投资收益　556.74（4639.52×12%）

借：银行存款　500

　贷：应收利息　500

账面余额=4639.52+56.74=4696.26（万元），确认公允价值变动=4600−4696.26=−96.26（万元）。

借：其他综合收益——其他债权投资公允价值变动　96.26

　贷：其他债权投资——公允价值变动　96.26

借：信用减值损失　300

　贷：其他综合收益——信用减值准备　300

2×17年12月31日的摊余成本=4696.26−300=4396.26（万元）。

（3）2×18年12月31日确认利息、公允价值变动、减值：

借：应收利息　500（5000×10%）

　其他债权投资——利息调整　63.55（差额）

　贷：投资收益　563.55（4696.26×12%）

借：银行存款　500

　贷：应收利息　500

账面余额=4696.26+63.55=4759.81（万元），累计公允价值变动=4200−4759.81=−559.81（万元），本期公允价值变动=−559.81−（−96.26）=−463.55（万元）。

借：其他综合收益——其他债权投资公允价值变动　463.55

　贷：其他债权投资——公允价值变动　463.55

借：信用减值损失　500（800−300）

　贷：其他综合收益——信用减值准备　500

2×18年12月31日的摊余成本=4759.81−800=3959.81（万元）。

（4）2×19年12月31日确认利息（发生减值后，使用摊余成本计算利息收益）、公允价值变动：

借：应收利息　500（5000×10%）

　贷：投资收益　475.18（3959.81×12%）

　　其他债权投资——利息调整　24.82（差额）

借：银行存款　　500
　　贷：应收利息　　500

账面余额=4759.81-24.82=4734.99（万元），累计公允价值变动=4300-4734.99=-434.99（万元），本期公允价值变动=-434.99-（-96.26）-（-463.55）=124.82（万元）。

借：其他债权投资——公允价值变动　　124.82
　　贷：其他综合收益——其他债权投资公允价值变动　　124.82

2×19年12月31日的摊余成本=4734.99-800=3934.99（万元）。

（5）2×20年1月10日出售该债券：

借：银行存款　　4310
　　其他债权投资——利息调整　　265.01（360.48-56.74-63.55+24.82）
　　其他债权投资——公允价值变动　　434.99（96.26+463.55-124.82）
　　贷：其他债权投资——成本　　5000
　　　　投资收益　　10

借：其他综合收益——信用减值准备　　800
　　贷：其他综合收益——其他债权投资公允价值变动　　434.99（96.26+463.55-124.82）
　　　　投资收益　　365.01

5. 以公允价值计量且其变动计入其他综合收益的金融资产（权益工具）的会计处理

（1）指定为以公允价值计量且其变动计入其他综合收益的非交易性权益工具投资所产生的所有利得或损失（除与套期会计有关外），除了获得的股利（明确代表投资成本部分收回的股利除外）计入当期损益外，其他均应当计入其他综合收益，且后续不得转入当期损益。

（2）企业只有在同时符合下列条件时，才能确认股利收入并计入当期损益：①企业收取股利的权利已经确立；②与股利相关的经济利益很可能流入企业；③股利的金额能够可靠计量。

（3）当其终止确认时，之前计入其他综合收益的累计利得或损失应当从其他综合收益中转出，计入留存收益。

项　目	会计处理
初始计量	借：其他权益工具投资——成本（公允价值与交易费用之和） 　　应收股利（已宣告发放但尚未领取的现金股利） 　　贷：银行存款等
后续计量	（1）确认现金股利收益 借：应收股利（被投资单位宣告发放的现金股利） 　　贷：投资收益 （2）资产负债表日确认公允价值变动 借：其他权益工具投资——公允价值变动（公允价值-当日的账面价值） 　　贷：其他综合收益（公允价值下降，做相反方向分录）
出售投资	（1）出售所得的价款与账面价值的差额计入留存收益 借：银行存款等 　　贷：其他权益工具投资——成本、公允价值变动 　　　　盈余公积[（出售价款-账面价值）×10%，可能在借方] 　　　　利润分配——未分配利润[（出售价款-账面价值）×90%，可能在借方] （2）将原计入其他综合收益的累计公允价值变动转入留存收益 借：其他综合收益 　　贷：盈余公积（金额×10%，可能在借方） 　　　　利润分配——未分配利润（金额×90%，可能在借方）

【例题7·单选】20×8年6月1日，甲公司支付价款850万元购入乙公司股票100万股，另支付交易费用5万元，占乙公司有表决权股份的1.5%，指定为以公允价值计量且其变动计入其他综合收益的金融资产核算。20×8年12月31日，该股票市场价格为每股9元。20×9年2月5日，乙公司宣告发放现金股利1000万元。20×9年8月21日，甲公司以每股8元的价格将乙公司股票全部转让。

（1）甲公司20×9年利润表中因该金融资产应确认的投资收益为（　　）万元。

A. 15　　B. −55　　C. −90　　D. −105

（2）甲公司出售乙公司股票应确认的投资收益为（　　）万元。

A. −55　　B. 0　　C. −100　　D. −105

【答案】（1）A；（2）B

【解析】甲公司20×9年利润表中因该金融资产应确认的投资收益=15（万元），相关会计分录如下：

（1）20×8年会计处理：

借：其他权益工具投资——成本　　855（850+5）
　贷：银行存款　　855
借：其他权益工具投资——公允价值变动　　45（100×9−855）
　贷：其他综合收益　　45

（2）20×9年会计处理，假定甲公司按照10%提取盈余公积：

借：应收股利　　15（1000×1.5%）
　贷：投资收益　　15
借：银行存款　　800（100×8）
　盈余公积　　10[（900−800）×10%]
　利润分配——未分配利润　　90[（900−800）×90%]
　贷：其他权益工具投资——成本　　855
　　其他权益工具投资——公允价值变动　　45
借：其他综合收益　　45
　贷：盈余公积　　4.5（45×10%）
　　利润分配——未分配利润　　40.5（45×90%）

【学霸总结】

各类金融资产的核算总结

项　目	摊余成本	公允计量+变动计入其他综合收益		公允计量+变动计入当期损益
		（债务工具）	（权益工具）	
初始计量	公允价值			
后续计量	摊余成本	公允价值		
公允价值变动	—	其他综合收益	其他综合收益	公允价值变动损益
利息/股利	当期损益（投资收益）			
信用减值	债权投资减值准备	其他综合收益	—	—

（续表）

各类金融资产的核算总结				
项 目	摊余成本	公允计量+变动计入其他综合收益		公允计量+变动计入当期损益
		（债务工具）	（权益工具）	
汇兑损益	当期损益	当期损益	其他综合收益	当期损益
处置差额	当期损益	当期损益	留存收益	当期损益
处置时结转	—	其他综合收益转投资收益	其他综合收益转留存收益	—

【学霸总结】

（1）在不考虑减值的情况下，债券随着到期日的临近，账面余额不断接近面值，到期日时点，账面余额等于债券面值。溢价购入的债券，通过初始成本不断减去每期的利息调整摊销额，从而接近债券面值（即每期的利息收益<应收利息）；反之，折价购入的债券，通过初始成本不断加上每期的利息调整摊销额，从而接近债券面值（即每期的利息收益>应收利息）。

（2）在计算整个投资持有期间的投资收益时，可以使用整个期间总的现金流入减去总的现金流出。

（3）以摊余成本计量的金融资产（债权投资）和以公允价值计量且其变动计入其他综合收益的金融资产（其他债权投资）的会计核算的区别与联系总结如下表所示。

核算步骤	债权投资	其他债权投资
初始计量	完全相同（公允价值+交易费用）	
确认利息收益	完全相同，计入投资收益（账面余额 × 实际利率；摊余成本 × 实际利率）	
确认公允价值变动	—	（1）累计公允价值变动余额=公允价值－账面余额 （2）本期确认的公允价值变动=本期末累计公允价值变动余额－上期末累计的公允价值变动余额 借：其他债权投资——公允价值变动 贷：其他综合收益（或相反分录）
确认信用减值损失	计提减值准备，影响其摊余成本和账面价值（摊余成本=账面价值） 借：信用减值损失 贷：债权投资减值准备	计提减值准备，影响其摊余成本，但是不影响账面价值（摊余成本≠账面价值，账面价值=公允价值） 借：信用减值损失 贷：其他综合收益——信用减值准备
出售投资	投资收益=处置价款－账面价值（摊余成本）	投资收益=处置价款－账面价值+转出的累计其他综合收益 或：投资收益=处置价款－（账面余额－累计信用减值准备）=处置价款－摊余成本

【考点 100】金融负债的后续计量★★

1. 金融负债后续计量原则

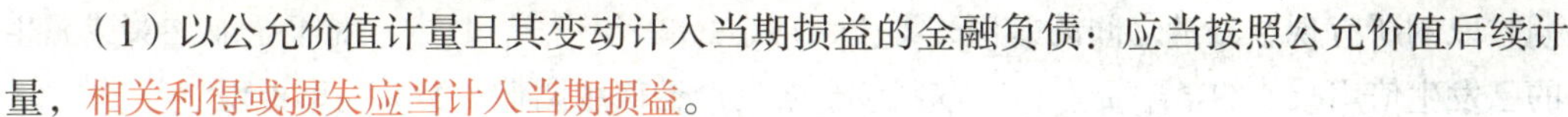

（1）以公允价值计量且其变动计入当期损益的金融负债：应当按照公允价值后续计量，相关利得或损失应当计入当期损益。

（2）金融资产转移不符合终止确认条件或继续涉入被转移金融资产所形成的金融负债：应当按照本章第五节相关规定进行计量。

（3）不属于指定为以公允价值计量且其变动计入当期损益的金融负债的财务担保合同或没有指定为以公允价值计量且其变动计入当期损益并将以低于市场利率贷款的贷款承诺：企业作为此类金融负债发行方的，应当在初始确认后按照损失准备金额及初始确认金额扣除依据《企业会计准则第 14 号——收入》相关规定所确定的累计摊销额后的余额孰高进行计量（不应低估负债）。

（4）上述金融负债以外的金融负债，应当按摊余成本后续计量。

2. 金融负债后续计量的会计处理

（1）对于按照公允价值进行后续计量的金融负债，其公允价值变动形成利得或损失（除与套期会计有关外），应当计入当期损益。

项　目	会计处理
初始计量	借：银行存款等 　　投资收益（初始交易费用） 　　贷：交易性金融负债——成本（按照公允价值初始确认的金额）
后续计量	（1）资产负债表日确认公允价值变动 借：交易性金融负债——公允价值变动 　　贷：公允价值变动损益（或相反的分录） （2）持有期间的利息 借：财务费用 　　贷：应付利息（按“面值 × 票面利率”计算的利息）
处置（偿还）时	借：交易性金融负债——成本 　　交易性金融负债——公允价值变动（可借可贷） 　　贷：银行存款等 　　　　公允价值变动损益（可借可贷）

（2）以摊余成本计量且不属于任何套期关系的一部分的金融负债所产生的利得或损失，应当在终止确认时计入当期损益或在按照实际利率法摊销时计入相关期间损益（参照应付债券的核算）。

【考点 101】金融工具减值★★

1. 金融工具减值概述

企业应当以预期信用损失为基础，对下列项目进行减值会计处理并确认损失准备：①以摊余成本计量的金融资产；②以公允价值计量且其变动计入其他综合收益的金融资产（债务工具）；③租赁应收款；④合同资产；⑤部分贷款承诺和财务担保合同。

预期信用损失，是指以发生违约的风险为权重的金融工具信用损失的加权平均值，如金额为1000万元，违约率3%，30%的违约损失率，则预期信用损失=1000×3%×30%=9（万元）。

信用损失，是指企业按照原实际利率折现的、根据合同应收的所有合同现金流量与预期收取的所有现金流量之间的差额，即全部现金短缺的现值。其中，对于企业购买或源生的已发生信用减值的金融资产，应按照该金融资产经信用调整的实际利率折现。

【提示】由于预期信用损失考虑付款的金额和时间分布，因此即使企业预计可以全额收款但收款时间晚于合同规定的到期期限，也会产生信用损失。

2. 金融工具减值的账务处理

<table>
<tr><th colspan="2">类　别</th><th>损失准备的计量</th><th>账务处理</th></tr>
<tr><td colspan="2">购买或源生的已发生信用减值</td><td>按照自初始确认后整个存续期内预期信用损失的金额计量</td><td rowspan="3">（1）将预期信用损失确认为减值准备
（2）将预期信用损失的变动金额（发生额）作为减值损失或利得计入当期损益</td></tr>
<tr><td rowspan="2">购买或源生的未发生信用减值</td><td>自初始确认后未显著增加</td><td>按照相当于该金融工具未来12个月内预期信用损失的金额计量</td></tr>
<tr><td>自初始确认后已显著增加</td><td>按照相当于该金融工具整个存续期内预期信用损失的金额计量</td></tr>
<tr><td colspan="4">【提示】判断风险是否显著增加时，考虑发生违约风险的变化（不考虑预期信用损失金额的变化）
通常情况下，如果逾期超过30日，则表明金融工具的信用风险已经显著增加
贸易应收账款、合同资产、租赁应收款可以采用简化方法，即按照相当于整个存续期内预期信用损失的金额计量
对于以公允价值计量且其变动计入其他综合收益的金融资产（债务工具），在其他综合收益中确认其损失准备（不影响其账面价值），并将减值损失或利得计入当期损益</td></tr>
</table>

【考点102】金融工具的重分类★★

1. 金融工具重分类的原则

（1）企业改变其管理金融资产的业务模式时，应当按照规定对所有受影响的相关金融资产进行重分类。

（2）企业对所有金融负债均不得进行重分类。

（3）企业对金融资产进行重分类，应当自重分类日起采用未来适用法进行相关会计处理，不得对以前已经确认的利得、损失（包括减值损失）或利息进行追溯调整。

【提示】金融资产的重分类，只是针对债务工具投资，权益工具投资不存在重分类。

（4）重分类日，是指导致企业对金融资产进行重分类的业务模式发生变更后的首个报告期间的第一天。例如，甲上市公司决定于2×17年3月22日改变某金融资产的业务模式，则重分类日为2×17年4月1日（即下一个季度会计期间的期初）；乙上市公司决定于2×17年10月15日改变某金融资产的业务模式，则重分类日为2×18年1月1日。

【提示】如果企业管理金融资产的业务模式没有发生变更，而金融资产的条款发生变更：①未导致金融资产终止确认时，不允许重分类；②导致金融资产终止确认的，终止确认原金融资产，确认一项新金融资产（不属于重分类）。

2. 金融资产重分类的计量

<table>
<tr><th colspan="2">重分类</th><th>计量原则</th><th>重分类日的会计处理</th></tr>
<tr><td rowspan="2">摊余成本计量</td><td>→公允价值计量+变动计入当期损益</td><td rowspan="2">（1）以重分类日的公允价值计量
（2）公允价值与原账面价值之间的差额转入当期损益/其他综合收益</td><td>借：交易性金融资产——成本（公允价值）
债权投资减值准备（累计减值准备）
贷：债权投资——成本、利息调整（账面余额）
公允价值变动损益（差额，可能在借方）</td></tr>
<tr><td>→公允价值计量+变动计入其他综合收益</td><td>借：其他债权投资——成本、利息调整（账面余额）
其他债权投资——公允价值变动(公允价值-账面余额)
债权投资减值准备（累计减值准备）
贷：债权投资——成本、利息调整（账面余额）
其他综合收益——信用减值准备（累计减值准备）
其他综合收益——其他债权投资公允价值变动
【提示】重分类不影响实际利率和预期信用损失的计量</td></tr>
<tr><td rowspan="2">公允价值计量+变动计入其他综合收益</td><td>→摊余成本计量</td><td>将之前累计公允价值变动转出，调整重分类日的公允价值，作为新的账面价值（视同该金融资产一直以摊余成本计量，冲减之前确认的累计公允价值变动）</td><td>借：债权投资——成本（面值）
债权投资——利息调整（利息调整的余额）
贷：其他债权投资——成本（面值）
其他债权投资——利息调整(利息调整的余额)
借：其他综合收益——其他债权投资公允价值变动
贷：其他债权投资——公允价值变动（累计公允价值变动，可能在借方）
借：其他综合收益——信用减值准备
贷：债权投资减值准备
【提示】重分类不影响实际利率和预期信用损失的计量</td></tr>
<tr><td>→公允价值计量+变动计入当期损益</td><td>（1）继续以公允价进行计量
（2）将之前计入其他综合收益的累计利得或损失转入当期损益</td><td>借：交易性金融资产——成本（公允价值）
贷：其他债权投资——面值、利息调整（账面余额）
其他债权投资——公允价值变动（累计公允价值变动，可能在借方）
借：其他综合收益——其他债权投资公允价值变动
其他综合收益——信用减值准备（累计减值准备）
贷：公允价值变动损益</td></tr>
<tr><td rowspan="2">公允价值计量+变动计入当期损益</td><td>→摊余成本计量</td><td>（1）以重分类日的公允价值作为新的账面余额
（2）根据重分类日的公允价值确定其实际利率</td><td>借：债权投资——成本（面值）
债权投资——利息调整（公允价值-面值）
贷：交易性金融资产——成本、公允价值变动
借：信用减值损失（重分类日进行预计）
贷：债权投资减值准备</td></tr>
<tr><td>→公允价值计量+变动计入其他综合收益</td><td>（1）继续以公允价值计量
（2）根据重分类日的公允价值确定其实际利率</td><td>借：其他债权投资——成本（面值）
其他债权投资——利息调整（公允价值-面值）
贷：交易性金融资产——成本、公允价值变动
借：信用减值损失（重分类日进行预计）
贷：其他综合收益——信用减值准备</td></tr>
</table>

第五节　金融资产转移

【考点103】金融资产终止确认的概述★★

1. 金融资产终止确认的一般原则

金融资产终止确认，是指企业将之前确认的金融资产从其资产负债表中予以转出。金融资产满足下列条件之一的，应当终止确认：

（1）收取该金融资产现金流量的合同权利终止。

（2）该金融资产已转移，且该转移满足本节关于终止确认的规定。

2. 金融资产终止确认的判断流程

本节关于终止确认的相关规定，适用于所有金融资产的终止确认。

企业在判断金融资产是否应当终止确认及在多大程度上终止确认时，应当遵循以下步骤。

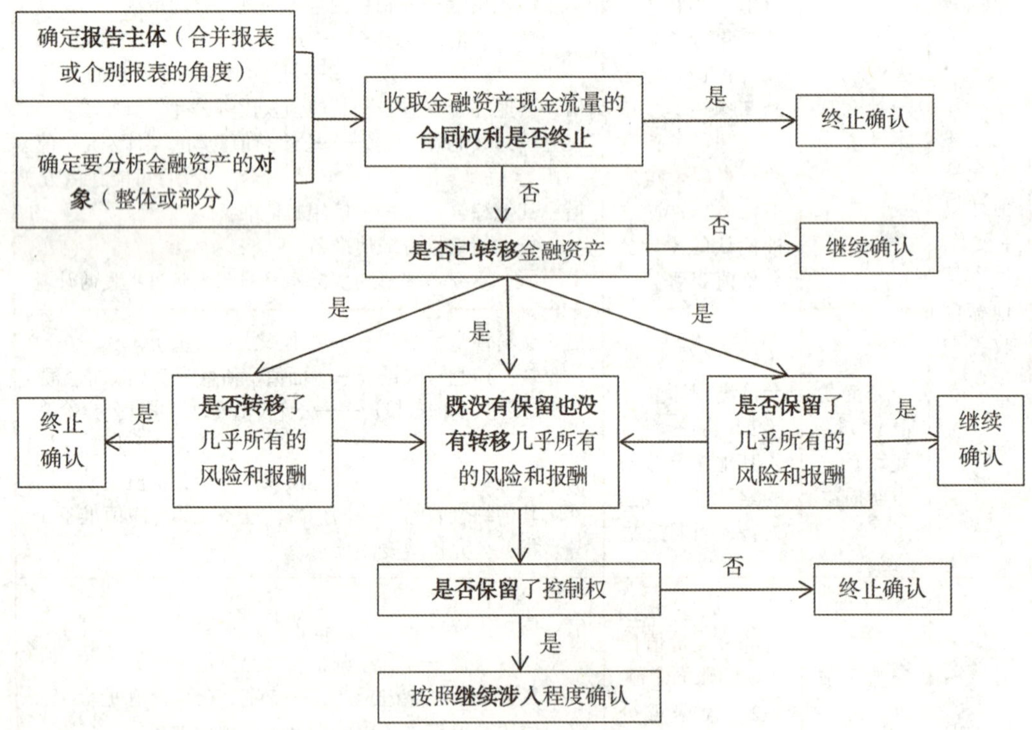

步骤一：确定适用金融资产终止确认规定的报告主体层面

企业（转出方）对金融资产转入方具有控制权的，除在该企业个别财务报表基础上适用本节规定外，在编制合并财务报表时，还应当按照合并财务报表的规定，在合并财务报表层面应用本节规定。

步骤二：确定金融资产是部分还是整体适用终止确认原则

（1）当且仅当金融资产（或一组金融资产，下同）的一部分满足下列三个条件之一时，终止确认的相关规定适用于该金融资产部分。

① 该金融资产部分仅包括金融资产所产生的特定可辨认现金流量，如企业就某债务工具与转入方签订一项利息剥离合同，合同规定转入方拥有获得该债务工具利息现金流量的权利，但无权获得该债务工具本金现金流量，则终止确认的规定适用于该债务工具的利息现金流量。

② 该金融资产部分仅包括与该金融资产所产生的全部现金流量完全成比例的现金流量部分，如企业就某债务工具与转入方签订转让合同，合同规定转入方拥有获得该债务工具全部现金流量 90%份额的权利，则终止确认的规定适用于这些现金流量的 90%。

③ 该金融资产部分仅包括与该金融资产所产生的特定可辨认现金流量完全成比例的现金流量部分，如企业就某债务工具与转入方签订转让合同，合同规定转入方拥有获得该债务工具利息现金流量 90%份额的权利，则终止确认的规定适用于该债务工具利息现金流量 90%部分。

（2）在除上述情况外的其他所有情况下，有关金融资产终止确认适用于金融资产的整体。

例如，企业转移了公允价值为 100 万元人民币的一组类似的固定期限贷款组合，约定向转入方支付贷款组合预期所产生的现金流量的前 90 万元人民币，企业保留了取得剩余现金流量的次级权益。因为最初 90 万元人民币的现金流量既可能来自贷款本金也可能来自利息，且无法辨认来自贷款组合中的哪些贷款，所以不是特定可辨认的现金流量，也不是该金融资产所产生的全部或部分现金流量的完全成比例的份额。在这种情况下，企业不能将终止确认的相关规定适用于该金融资产 90 万元人民币的部分，而应当适用于该金融资产的整体。

又如，企业转移了一组应收款项产生的现金流量 90%的权利，同时提供了一项担保以补偿转入方可能遭受的信用损失，最高担保额为应收款项本金金额的 8%。在这种情况下，由于存在担保，在发生信用损失的情况下，企业可能需要向转入方支付部分已经收到的企业自留的 10%的现金流量，以补偿对方就 90%现金流所遭受的损失，导致该组应收款项下实际合同现金流量的分类并非完全按 90%及 10%成比例分配，因此终止确认的相关规定适用于该组金融资产的整体。

步骤三：确定收取金融资产现金流量的合同权利是否终止

（1）收取金融资产现金流量的合同权利已经终止的，企业应当终止确认该金融资产。

（2）若收取金融资产的现金流量的合同权利没有终止，企业应当判断是否转移了金融资产，并根据以下有关金融资产转移的相关判断标准确定是否应当终止确认被转移金融资产。

步骤四：判断企业是否已转移金融资产

企业在判断是否已转移金融资产时，应分以下两种情形作进一步的判断：

（1）企业将收取金融资产现金流量的合同权利转移给其他方。

企业将收取金融资产现金流量的合同权利转移给其他方，表明该项金融资产发生了转移，通常表现为金融资产的合法出售或者金融资产现金流量权利的合法转移。

在这种情形下，转入方拥有了获取被转移金融资产所有未来现金流量的权利，转出方应进一步判断金融资产风险和报酬转移情况来确定是否应当终止确认被转移金融资产。

（2）企业保留了收取金融资产现金流量的合同权利，但承担了将收取的该现金流量支付给一个或多个最终收款方的合同义务（过手安排）。

例如，在某些情况下，银行可能负责收取所转移贷款的本金和利息并最终支付给收益权持有者，同时收取相应服务费。

当且仅当同时符合以下三个条件时，转出方才能按照金融资产转移的情形进行后续分析及处理，否则，被转移金融资产应予以继续确认：

① 企业（转出方）只有从该金融资产收到对等的现金流量时，才有义务将其支付给最终收款方；

② 转让合同规定禁止企业（转出方）出售或抵押该金融资产，但企业可以将其作为向最终收款方支付现金流量义务的保证；

③ 企业（转出方）有义务将代表最终收款方收取的所有现金流量及时划转给最终收款方，且无重大延误。

步骤五：分析所转移金融资产的风险和报酬转移情况

企业在判断金融资产转移是否导致金融资产终止确认时，应当评估其在多大程度上保留了金融资产所有权上的风险和报酬，并分别以以下情形进行处理：

（1）企业转移了金融资产所有权上几乎所有风险和报酬的，应当终止确认该金融资产，并将转移中产生或保留的权利和义务单独确认为资产或负债。

下列情况表明已将金融资产所有权上几乎所有风险和报酬转移给了转入方：

① 企业无条件出售金融资产。

② 企业出售金融资产，同时约定按回购日该金融资产的公允价值回购。

③ 企业出售金融资产，同时与转入方签订看跌期权合同（即转入方有权将该金融资产返售给企业）或看涨期权合同（即转出方有权回购该金融资产），且根据合同条款判断，该看跌期权或看涨期权为一项重大价外期权（行权的可能性很小）。

（2）企业保留了金融资产所有权上几乎所有风险和报酬的，应当继续确认该金融资产。

下列情况就表明企业保留了金融资产所有权上几乎所有风险和报酬：

① 企业出售金融资产并与转入方签订回购协议，协议规定企业将按照固定回购价格或是按照原售价加上合理的资金成本向转入方回购原被转移金融资产，或者与售出的金融资产相同或实质上相同的金融资产。

② 企业融出证券或进行证券出借。

③ 企业出售金融资产并附有将市场风险敞口转回给企业的总回报互换。

④ 企业出售短期应收款项或信贷资产，并且全额补偿转入方可能因被转移金融资产发生的信用损失。

⑤ 企业出售金融资产，同时与转入方签订看跌期权合同或看涨期权合同，且根据合同条款判断，该看跌期权或看涨期权为一项重大价内期权（行权的可能性很大）。

⑥ 采用附追索权方式出售金融资产。

（3）企业既没有转移也没有保留金融资产所有权上几乎所有的风险和报酬的，应当判断其是否保留了对金融资产的控制，根据是否保留了控制分别进行处理。

步骤六：分析企业是否保留了控制。

企业既没有转移也没有保留金融资产所有权上几乎所有的风险和报酬的，应当判断其是否保留了对金融资产的控制。

（1）如果没有保留对该金融资产的控制的，应当终止确认该金融资产。

企业在判断是否保留了对被转移金融资产的控制时，应当重点关注转入方出售被转移金融资产的实际能力。如果转入方有实际能力单方面决定将转入的金融资产整体出售给与其不相关的第三方，且没有额外条件对此项出售加以限制，则表明企业作为转出方未保留对被转移金融资产的控制；在除此之外的其他情况下，则应视为企业保留了对金融资产的控制。

（2）如果未放弃对该金融资产控制的，应当按照其继续涉入被转移金融资产的程度确认有关金融资产，并相应确认有关负债。

【考点104】金融资产转移的会计处理★★

1. 满足终止确认条件的金融资产转移的会计处理

（1）金融资产整体转移的会计处理。

金融资产整体转移满足终止确认条件的，应当将下列两项金额的差额计入当期损益：

金融资产转移损益＝因转移收到的对价－所转移金融资产的账面价值 ± 原直接计入所有者权益的公允价值变动累计利得或损失（可转入损益的部分）

因转移收到的对价＝因转移实际收到的价款＋新获得金融资产的公允价值＋因转移获得的服务资产的价值－新承担金融负债的公允价值－因转移承担的服务负债的公允价值

（2）金融资产部分转移的会计处理。

企业转移了金融资产的一部分，且该被转移部分满足终止确认条件的，应当将转移前金融资产整体的账面价值，在终止确认部分和继续确认部分之间，按照转移日各自的相对公允价值进行分摊，并将下列两项金额的差额计入当期损益：

①终止确认部分在终止确认日的账面价值。

②终止确认部分收到的对价（包括获得的所有新资产减去承担的所有新负债），与原计入其他综合收益的公允价值变动累计额中对应终止确认部分的金额之和。

【例题1·多选】2×18年1月1日，甲公司将持有的乙公司的债券出售给丙公司，价格为4950万元；同时签订了一项看涨期权合约，期权行权日为2×18年12月31日，行权价为5000万元，该期权的公允价值为150万元。假定甲公司预计行权日该债券的公允价值为4500万元。该债券于2×17年1月1日发行，甲公司持有该债券时已将其分类为以公允价值计量且其变动计入其他综合收益的金融资产，面值为4500万元，年利率为6%（等于实际利率），每年年末支付利息，2×17年12月31日该债券公允价值为4650万元。下列甲公司的会计处理中，正确的有（　　）。

A. 该看涨期权属于重大价外期权

B. 甲公司应当终止确认该债券

C. 出售时应确认投资收益600万元

D. 出售款项与账面价值的差额确认为留存收益300万元

【答案】ABC

【解析】由于期权的行权价（5000万元）大于预计该债券在行权日的公允价值（4500万元），预计甲公司在行权日不会重新购回该债券，该看涨期权属于重大价外期权。所以，在转让日债券所有权上的风险和报酬已经全部转移给丙公司，甲公司应当终止确认该债券。但同时，由于签订了看涨期权合约，获得了一项新的资产，应当按照在转让日的公允价值（150 万元）确认该期权。因转移收到的对价 5100（4950+150）万元与账面价值 4650 万元的差额 450 万元计入投资收益，将原计入所有者权益的公允价值变动利得 150（4650-4500）万元转入投资收益，即出售时应确认投资收益 600 万元，选项 ABC 正确。

2. 继续确认被转移金融资产的会计处理

（1）因资产转移而收到的对价，应当在收到时确认为一项金融负债。

（2）在后续会计期间，企业应当继续确认该金融资产产生的收入或利得及该金融负债产生的费用或损失。

【提示】该金融负债与被转移金融资产应当分别确认和计量，不得相互抵销。

【例题 2 · 计算】甲企业销售一批商品给乙企业，货已发出，增值税专用发票上注明的商品价款为 20 万元，增值税销项税额为 3.2 万元。当日收到乙企业签发的不带息商业承兑汇票一张，该票据的期限为 3 个月。相关销售商品收入符合收入确认条件。

（1）假设甲企业在该票据到期前向银行贴现，取得贴现价款 20 万元，银行不能向甲公司追偿。

（2）假设甲企业在该票据到期前向银行贴现，取得贴现价款 22 万元，在乙公司不能偿还货款时，银行有权向甲公司追偿。

要求：

不考虑其他条件，分别说明上述两个假设的会计处理方法，并编制会计分录。

【答案】

（1）银行不能向甲公司追偿，表明甲企业的应收票据贴现符合金融资产终止确认条件，应当终止确认。

借：银行存款　　20
　　财务费用　　3.2
　　贷：应收票据　　23.2

（2）在乙公司不能偿还货款时，银行有权向甲公司追偿，表明甲企业的应收票据贴现不符合金融资产终止确认条件，应将贴现所得确认为一项金融负债。

借：银行存款　　22
　　短期借款——利息调整　　1.2
　　贷：短期借款——成本　　23.2

注：短期借款贴现利率与实际利率差别较小，可以直接计入“财务费用”，不需要通过“短期借款——利息调整”核算。

3. 继续涉入被转移金融资产的会计处理

企业既没有转移也没有保留金融资产所有权上几乎所有风险和报酬，且保留了对该金融资产控制的，应当按照其继续涉入被转移金融资产的程度继续确认该被转移金融资产，并相应确认相关负债。

企业应当对因继续涉入被转移金融资产形成的有关资产确认相关收益，对继续涉入形成的有关负债确认相关费用。

【提示】如果所转移的金融资产以摊余成本计量，确认的相关负债不得指定为以公允价值计量且其变动计入当期损益。

企业通过对被转移金融资产提供担保方式继续涉入的，应当在转移日按照金融资产的账面价值和担保金额两者之中的较低者，按继续涉入的程度继续确认被转移资产，同时按照担保金额和担保合同的公允价值之和确认相关负债。

【例题 3 · 多选】甲银行与乙银行签订一笔贷款转让协议，由甲银行将其本金为 500 万元、年利率为 8%、贷款期限为 5 年的组合贷款出售给乙银行，售价为 480 万元，该贷款没有活跃的市场。双方约定，由甲银行为该笔贷款提供担保，担保金额为 100 万元，实际贷款损失超过担保金额的部分由乙银行承担。转移日，该笔贷款（包括担保）的公允价值为 500 万元，其中，担保的公允价值为 50 万元。甲银行没有保留对该笔贷款的管理服务权。下列说法中正确的有（　　）。

A. 甲银行应当终止确认该贷款

B. 甲银行应当按照 100 万元确认继续涉入形成的资产

C. 甲银行确认继续涉入形成的负债金额为 150 万元

D. 转移日甲银行应减少贷款 500 万元

【答案】BCD

【解析】甲银行由于对该笔转移的贷款提供了部分违约担保，既没有转移也没有保留该笔组合贷款所有权上几乎所有的风险和报酬，而且因为贷款没有活跃的市场，乙银行不具备出售该笔贷款的“实际能力”，导致甲银行也未放弃对该笔贷款的控制，甲银行应当按照继续涉入该笔贷款的程度确认有关资产和负债，选项 A 错误；由于转移日该笔贷款的账面价值为 500 万元，提供的财务担保金额为 100 万元，甲银行应当按照 100 万元确认继续涉入形成的资产，选项 B 正确；由于财务担保合同的公允价值为 50 万元，所以甲银行确认继续涉入形成的负债金额为 150 万元 (100+50)，选项 C 正确；转移日甲银行应转销贷款 500 万元（同时确认一项继续涉入资产 100 万元），选项 D 正确。

第六节 套期会计

【考点 105】套期会计概述★★

1. 套期的概念

套期，是指企业为管理外汇风险、利率风险、价格风险、信用风险等特定风险引起的风险敞口，指定金融工具为套期工具，以使套期工具的公允价值或现金流量变动，预期抵销被套期项目全部或部分公允价值或现金流量变动的风险管理活动（套期工具风险对冲被套期项目风险）。

2. 套期的分类

在套期会计中，套期可划分为公允价值套期、现金流量套期和境外经营净投资套期。

（1）公允价值套期。

公允价值套期，是指对已确认资产或负债（已在报表中确认的资产、负债）、尚未确认的确定承诺（已签订合同协议等，尚未在报表中体现），或上述项目组成部分的公允价值变动风险敞口进行的套期。

常见的公允价值套期的例子：

① 某企业签订一项以固定利率换浮动利率的利率互换合约，对其承担的固定利率负债的利率风险引起的公允价值变动风险敞口进行套期。

② 某石油公司签订一项6个月后以固定价格购买原油的合同(尚未确认的确定承诺)，为规避原油价格风险，该公司签订一项商品（原油）期货合约，对该确定承诺的价格风险引起的公允价值变动风险敞口进行套期。

③ 某企业购买一项期权合同，对持有的选择以公允价值计量且其变动计入其他综合收益的非交易性权益工具投资的证券价格风险引起的公允价值变动风险敞口进行套期。

（2）现金流量套期。

现金流量套期，是指对现金流量变动风险敞口进行的套期。该现金流量变动源于与已确认资产或负债、极可能发生的预期交易，或与上述项目组成部分有关的特定风险，且将影响企业的损益。

常见的现金流量套期的例子：

① 某企业签订一项以浮动利率换固定利率的利率互换合约，对其承担的浮动利率债务的利率风险引起的现金流量变动风险敞口进行套期。

② 某橡胶制品公司签订一项远期合同，对 3 个月后预期极可能发生的与购买橡胶相关的价格风险引起的现金流量变动风险敞口进行套期。

③ 某企业签订一项外汇远期合同，对以固定外币价格买入原材料的极可能发生的预期交易的外汇风险引起的现金流量变动风险敞口进行套期。

（3）境外经营净投资套期。

境外经营净投资套期，是指对境外经营净投资外汇风险敞口进行的套期。境外经营净投资，是指企业在境外经营净资产中的权益份额。

【提示】公允价值套期和现金流量套期适用不同的被套期项目：

被套期项目	公允价值套期	现金流量套期
已确认的资产或负债	√	√
尚未确认的确定承诺	√	—
尚未确认确定承诺的外汇风险	√	√
极可能发生的预期交易	—	√

3. 套期会计方法

套期会计方法，是指企业将套期工具和被套期项目产生的利得或损失在相同会计期间计入当期损益（或其他综合收益）以反映风险管理活动影响的方法。

【例题·单选】甲公司为一家酒精制造厂，生产经营需要大量的高梁，原材料价格波动会给公司经营造成一定的影响。为稳定公司经营，更好地规避未来一定时期内主要原材料价格涨跌给公司经营带来的风险，公司利用境内期货市场开展期货套期保值业务。甲公司于20×8年3月30日买入300吨高梁期货交易合约。如果满足运用套期保值的条件，则甲公司应将该买入期货合约分类为（　　）。

A. 公允价值套期　　B. 现金流量套期　　C. 境外经营净投资套期　　D. 金融负债

【答案】B

【解析】现金流量套期是指对现金流量变动风险敞口进行的套期，该现金流量变动源于极可能发生的预期交易且将影响企业的损益。则本题中对预期交易的套期应分类为现金流量套期。

【考点 106】套期工具和被套期项目★★

1. 套期工具

（1）符合条件的套期工具。

套期工具，是指企业为进行套期而指定的、其公允价值或现金流量变动预期可抵销被套期项目的公允价值或现金流量变动的金融工具。

企业可以作为套期工具的金融工具包括：

① 以公允价值计量且其变动计入当期损益的衍生工具，但签出期权除外。嵌入在混合合同中但未分拆的衍生工具不能作为单独的套期工具。

② 以公允价值计量且其变动计入当期损益的非衍生金融资产或非衍生金融负债，但指定为以公允价值计量且其变动计入当期损益、且其自身信用风险变动引起的公允价值变动计入其他综合收益的金融负债除外。

③ 对于外汇风险套期，企业可以将非衍生金融资产或非衍生金融负债的外汇风险成分指定为套期工具。

【提示】对于以公允价值计量且其变动计入其他综合收益的非交易性权益工具投资，因其公允价值变动不计入损益，也不能作为合格的套期工具。

企业自身权益工具不属于企业的金融资产或金融负债，不能作为套期工具。

（2）对套期工具的指定。

① 企业在确立套期关系时，应当将前述符合条件的金融工具整体指定为套期工具。但是，由于期权的时间价值、远期合同的远期要素和金融工具的外汇基差通常可以单独计量，为便于提高某些套期关系的有效性，允许企业在对套期工具进行指定时，做出例外处理。

a. 对于期权，可以将期权的内在价值和时间价值分开，只将期权的内在价值变动指定为套期工具。

b. 对于远期合同，可以将远期合同的远期要素和即期要素分开，只将即期要素的价值变动指定为套期工具。

c. 对于金融工具，可以将金融工具的外汇基差单独分拆，只将排除外汇基差后的金融工具指定为套期工具。

② 企业可以将套期工具的一定比例指定为套期工具，但不可以将套期工具剩余期限内某一时段的公允价值变动部分指定为套期工具。

③ 企业可以将两项或两项以上金融工具（或其一定比例）的组合指定为套期工具（包括组合内的金融工具形成风险头寸相互抵销的情形）。

（3）使用单一套期工具对多种风险进行套期。

例如，甲公司的记账本位币是人民币，其承担了一项 5 年期浮动利率的美元债务。甲公司与某金融机构签订一项交叉货币利率互换合同，使该互换合同的条款与该金融负债的条款相匹配，并将该互换合同指定为套期工具。根据该互换合同，甲企业可以定期收取按美元浮动利率计算确定的利息，同时支付按人民币固定利率计算确定的利息。甲公司使用该互换合同为对利率风险和外汇风险进行套期。

2. 被套期项目

（1）符合条件的被套期项目。

被套期项目，是指使企业面临公允价值或现金流量变动风险，且被指定为被套期对象的、能够可靠计量的项目。

企业可以将下列单个项目、项目组合或其组成部分指定为被套期项目：

①已确认资产或负债；

②尚未确认的确定承诺（指尚未在资产负债表中确认，已签订的合同或协议）；

③极可能发生的预期交易（尚未承诺但预期会发生的交易）；

④境外经营净投资；

⑤项目组成部分。项目组成部分，是指小于项目整体公允价值或现金流量变动的部分，它仅反映其所属项目整体面临的某些风险，或仅反映一定程度的风险（如对某项目的一定比例进行指定时）。

（2）汇总风险敞口。

企业可以将符合被套期项目条件的风险敞口与衍生工具组合形成的汇总风险敞口指定为被套期项目。

（3）被套期项目的组合。

当企业出于风险管理目的对一组项目进行组合管理、且组合中的每一个项目（包括其组成部分）单独都属于符合条件的被套期项目时，可以将该项目组合指定为被套期项目。

【考点107】套期关系评估★

1. 运用套期会计的条件

公允价值套期、现金流量套期或境外经营净投资套期同时满足下列条件的，才能运用套期会计方法进行处理：

（1）套期关系仅由符合条件的套期工具和被套期项目组成；

（2）在套期开始时，企业正式指定了套期工具和被套期项目，并准备了关于套期关系和企业从事套期的风险管理策略和风险管理目标的书面文件；

（3）套期关系符合套期有效性要求。

套期有效性，是指套期工具的公允价值或现金流量变动能够抵销被套期风险引起的被套期项目公允价值或现金流量变动的程度。

套期工具的公允价值或现金流量变动大于或小于被套期项目的公允价值或现金流量变动的部分为套期无效部分。

2. 套期关系再平衡

套期关系再平衡，是指对已经存在的套期关系中被套期项目或套期工具的数量进行调整，以使套期比率重新符合套期有效性要求。

基于其他目的对被套期项目或套期工具所指定的数量进行变动，不构成套期关系再平衡。

3. 套期关系的终止

企业发生下列情形之一的，应当终止运用套期会计：

（1）因风险管理目标发生变化，导致套期关系不再满足风险管理目标。

（2）套期工具已到期、被出售、合同终止或已行使。

（3）被套期项目与套期工具之间不再存在经济关系，或者被套期项目和套期工具经济关系产生的价值变动中，信用风险的影响开始占主导地位。

（4）套期关系不再满足运用套期会计方法的其他条件。

【提示】终止套期会计可能会影响套期关系的整体或其中一部分，在仅影响其中一部分时，剩余未受影响的部分仍适用套期会计。

【考点108】套期工具的确认和计量★★

1. 公允价值套期

类别	会计处理原则
套期工具	（1）一般情况下，产生的利得或损失应当计入当期损益 （2）对选择以公允价值计量且其变动计入其他综合收益的非交易性权益工具投资（或其组成部分）进行套期的，产生的利得或损失应当计入其他综合收益
被套期项目	处理原则：因被套期风险敞口形成的利得或损失应当计入当期损益，同时调整未以公允价值计量的已确认被套期项目的账面价值 （1）以公允价值计量且其变动计入其他综合收益的金融资产（债务工具） ①其因被套期风险敞口形成的利得或损失应当计入当期损益 ②其账面价值已经按公允价值计量，不需要调整 （2）以公允价值计量且其变动计入其他综合收益的金融资产（权益工具） ①其因被套期风险敞口形成的利得或损失应当计入其他综合收益 ②其账面价值已经按公允价值计量，不需要调整 （3）尚未确认的确定承诺 ①在套期关系指定后（尚未取得资产或负债）：因被套期风险引起的公允价值累计变动额应当确认为一项资产或负债，相关的利得或损失应当计入各相关期间损益 ②取得资产或承担负债时：应当调整该资产或负债的初始确认金额

【例题1·计算】2×17年1月1日，甲公司为规避所持有铜存货公允价值变动风险，与某金融机构签订了一项铜期货合同，并将其指定为对2×17年前两个月铜存货的商品价格变化引起的公允价值变动风险的套期工具。假设套期工具与被套期项目因铜价变化引起的公允价值变动一致，且不考虑期货市场中每日无负债结算制度的影响。2×17年1月1日，铜期货合同的公允价值为零，被套期项目（铜存货）的账面价值和成本均为100万元，公允价值为110万元。2×17年1月31日，铜期货合同公允价值上涨了2.5万元，铜存货的公允价值下降了2.5万元。2×17年2月28日，铜期货合同公允价值下降了1.5万元，铜存货的公允价值上升了1.5万元。当日，甲公司将铜存货以109万元的价格出售，并将铜期货合同结算。

甲公司通过分析发现，铜存货与铜期货合同存在经济关系，且经济关系产生的价值变动中信用风险不占主导地位，套期比率也反映了套期的实际数量，符合套期有效性要求。假定不考虑商品销售相关的增值税及其他因素。

要求：编制甲公司上述业务的会计分录。

【答案】

（1）2×17年1月1日，指定铜存货为被套期项目：

借：被套期项目——库存商品铜　　100

　　贷：库存商品——铜　　100

2×17年1月1日，被指定为套期工具的铜期货合同的公允价值为零，因此无账务处理。

（2）2×17年1月31日，确认套期工具、被套期项目的公允价值变动：

借：套期工具——铜期货合同　　2.5

　　贷：套期损益　　2.5

借：套期损益　　　　　　　　　　　　　　2.5

　　贷：被套期项目——库存商品铜　　　　　　　　2.5

（3）2×17 年 2 月 28 日，确认套期工具、被套期项目的公允价值变动：

借：套期损益　　　　　　　　　　　　　　1.5

　　贷：套期工具——铜期货合同　　　　　　　　1.5

借：被套期项目——库存商品铜　　　　　　1.5

　　贷：套期损益　　　　　　　　　　　　　　1.5

（4）2×17 年 2 月 28 日，确认铜存货销售收入，结转铜存货销售成本，结算铜期货合同：

借：银行存款　　　　　　　　　　　　　　109

　　贷：主营业务收入　　　　　　　　　　　　109

借：主营业务成本　　　　　　　　　　　　99

　　贷：被套期项目——库存商品铜　　　　　　　99

借：银行存款　　　　　　　　　　　　　　1

　　贷：套期工具——铜期货合同　　　　　　　　1

注：由于甲公司采用套期进行风险管理，规避了铜存货公允价值变动风险，因此其铜存货公允价值下降没有对预期毛利 10 万元（即 110 万元 -100 万元）产生不利影响。同时，甲公司运用公允价值套期会计将套期工具与被套期项目的公允价值变动计入相同会计期间的损益，消除了因企业风险管理活动可能导致的损益波动。

2. 现金流量套期

（1）现金流量套期满足运用套期会计方法条件的，应当按照下列规定处理：

类　别		会计处理原则
套期工具产生的利得或损失	套期有效的部分	（1）作为现金流量套期储备，应当计入其他综合收益 （2）现金流量套期储备的金额，应当按照下列两项的绝对额中较低者确定： ①套期工具自套期开始的累计利得或损失 ②被套期项目自套期开始的预计未来现金流量现值的累计变动额
	套期无效的部分	计入当期损益（即扣除计入其他综合收益后的其他利得或损失）

（2）现金流量套期储备的金额（计入其他综合收益的套期有效部分），应当按照下列规定处理：

① 被套期项目为预期交易，且该预期交易使企业随后确认一项非金融资产或非金融负债的，或者非金融资产或非金融负债的预期交易形成一项适用于公允价值套期会计的确定承诺时，企业应当将原在其他综合收益中确认的现金流量套期储备金额转出，计入该资产或负债的初始确认金额。

② 其他现金流量套期，企业应当在被套期的预期现金流量影响损益的相同期间，将原在其他综合收益中确认的现金流量套期储备金额转出，计入当期损益。

【提示】如果在其他综合收益中确认的现金流量套期储备金额是一项损失，且该损失全部或部分预计在未来会计期间不能弥补的，企业应当在预计不能弥补时，将预计不能弥补的部分从其他综合收益中转出，计入当期损益。

（3）当企业对现金流量套期终止运用套期会计时，在其他综合收益中确认的累计现金流量套期储备金额，应当按照下列规定进行处理：

① 被套期的预期未来现金流量预期仍然会发生的，累计现金流量套期储备的金额应当予以保留，并按照前述现金流量套期储备的后续处理规定进行会计处理。

② 被套期的未来现金流量预期不再发生的，累计现金流量套期储备的金额应当从其他综合收益中转出，计入当期损益。

【例题2·计算】2×17年1月1日，P公司预期在2×17年2月28日销售一批商品X，数量为100吨，预期售价为110万元。为规避该预期销售中与商品价格有关的现金流量变动风险，P公司于2×17年1月1日与某金融机构签订了一项商品期货合同，将于2×17年2月28日以总价110万元的价格销售100吨商品X，且将其指定为对该预期商品销售的套期工具。商品期货合同的标的资产与被套期预期销售商品在数量、质次、价格变动和产地等方面相同，并且商品期货合同的结算日和预期商品销售日均为2×17年2月28日。

2×17年1月1日，商品期货合同的公允价值为零。2×17年1月31日，商品期货合同的公允价值上涨了2.5万元，预期销售价格下降了2.5万元。2×17年2月28日，商品期货合同的公允价值上涨了1万元，商品销售价格下降了1万元。当日，P公司将商品X出售，并结算了商品期货合同。

假定P公司认为该套期符合套期有效性的条件，且商品期货合约自套期开始的累计利得或损失与被套期项目自套期开始因商品价格变动引起未来现金流量现值的累计变动额一致。不考虑期货市场每日无负债结算制度的影响。不考虑商品销售相关的增值税及其他因素。

要求：编制P公司上述套期业务的会计处理分录。

【答案】

（1）2×17年1月1日，P公司不作账务处理。

（2）套期工具自套期开始的累计利得或损失与被套期项目自套期开始的预计未来现金流量现值的累计变动额一致，因此将套期工具公允价值变动作为现金流量套期储备计入其他综合收益。

2×17年1月31日，确认现金流量套期储备：

借：套期工具——商品期货合同　　2.5

　贷：其他综合收益——套期储备　　2.5

（3）2×17年2月28日，确认现金流量套期储备：

借：套期工具——商品期货合同　　1

　贷：其他综合收益——套期储备　　1

（4）确认商品X的销售收入，确认套期工具的结算，将现金流量套期储备金额转出、计入当期收入：

借：银行存款　　106.5

　贷：主营业务收入　　106.5

借：银行存款　　3.5

　贷：套期工具——商品期货合同　　3.5

借：其他综合收益——套期储备　　3.5

　贷：主营业务收入　　3.5

3. 境外经营净投资套期

对境外经营净投资的套期，包括对作为净投资的一部分进行会计处理的货币性项目的套期，应当按照类似于现金流量套期会计的规定处理。

【考点 109】信用风险敞口的公允价值选择权★

在被套期风险敞口未按与信用衍生工具相同的基础进行计量的情况下，将会产生会计错配。为解决这一问题，并允许企业在一定程度上反映其信用风险管理活动，企业可以选择以公允价值计量且其变动计入当期损益的方式计量被套期风险敞口的套期会计替代方法。

第七节 金融工具的披露

【考点 110】金融工具的披露★

企业应当披露编制财务报表时对金融工具所采用的重要会计政策、计量基础和与理解财务报表相关的其他会计政策等信息。

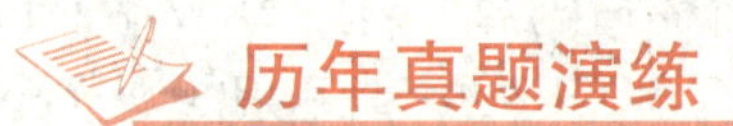

历年真题演练

一、单项选择题

1.（2017 年）2×17 年 1 月 1 日，甲公司经批准发行 10 亿元优先股。发行合同规定：（1）期限 5 年，前 5 年票面年利率固定为 6%；从第 6 年起，每 5 年重置一次利率，重置利率为基准利率加上 2%，最高不超过 9%；（2）如果甲公司连续 3 年不分派优先股股利，投资者有权决定是否回售；（3）甲公司可根据相应的议事机制决定是否派发优先股股利（非累计），但如果分配普通股股利，则必须先支付优先股股利；（4）如果因甲公司不能控制的原因导致控股股东发生变更的，甲公司必须按面值赎回该优先股。不考虑其他因素，下列各项关于甲公司上述发行优先股合同设定的条件会导致该优先股不能分类为所有者权益的因素是（　　）。

A. 5 年重置利率

B. 股利推动机制

C. 甲公司控股股东变更

D. 投资者有回售优先股的决定权

2.（2016 年）2×15 年 6 月，甲公司与乙公司签订股权转让框架协议，协议约定将甲公司持有的丁公司 20% 的股权转让给乙公司，总价款为 7 亿元，乙公司分为三次支付。2×15 年支付了第一笔款项 2 亿元。为了保证乙公司的利益，甲公司于 2×15 年 11 月将其持有的丁公司的 5% 股权过户给乙公司，但乙公司暂时并不拥有与该 5% 股权对应的表决权和利润分配权。假定甲公司、乙公司不存在关联方关系，不考虑其他因素。下列关于甲公司对该股权转让于 2×15 年会计处理的表述中，正确的是（　　）。

A. 将实际收到的价款确认为负债

B. 将实际收到价款与所对应的 5% 股权投资账面价值的差额确认为股权转让损益

C. 将甲公司与乙公司签订的股权转让协议作为或有事项在财务报表附注中披露

D. 将转让总价款与对丁公司 20% 股权投资账面价值的差额确认为股权转让损益，未收到的转让款确认为应收款项

二、多项选择题

1.（2018 年）下列各项中，能够作为公允价值套期的被套期项目有（　　）。

A. 已确认的负债

B. 尚未确认的确定承诺

C. 已确认资产的组成部分

D. 极可能发生的预期交易

2.（2018 年）下列各项中，应当计入发生当期损益的有（　　）。

A. 以现金结算的股份支付形成的负债在结算前

资产负债表日公允价值变动

B. 将分类为权益工具的金融工具重分类为金融负债时公允价值与账面价值的差额

C. 以摊余成本计量的金融资产重分类为以公允价值计量且其变动计入当期损益的金融资产时公允价值与原账面价值的差额

D. 自用房地产转换为采用公允价值模式计量的投资性房地产时公允价值小于原账面价值的差额

3.（2017 年）下列各项中，不属于金融负债的有（　　）。

A. 按照销售合同的约定预收的销货款

B. 按照产品质量保证承诺预计的保修费

C. 按照采购合同的约定应支付的设备款

D. 按照劳动合同的约定应支付职工的工资

三、计算分析题

1.（2018 年）20×7 年 7 月 10 日，A 公司与甲公司签订股权转让合同，以 2600 万元的价格受让甲公司所持乙公司 2% 股权。同日，A 公司向甲公司支付股权转让款 2600 万元；乙公司的股东变更手续办理完成。受让乙公司股权后，A 公司将其指定为以公允价值计量且其变动计入其他综合收益的金融资产。

20×7 年 8 月 5 日，A 公司从二级市场购入丙公司发行在外的股票 100 万股（占丙公司发行在外有表决权股份的 1%），支付价款 2200 万元，另支付交易费用 1 万元。根据丙公司股票的合同现金流量特征及管理丙公司股票的业务模式，A 公司持购入的丙公司股票作为以公允价值计量且其变动计入当期损益的金融资产核算。

20×7 年 12 月 31 日，A 公司所持上述乙公司股权的公允价值为 2800 万元，所持上述丙公司股票的公允价值为 2700 万元。

20×8 年 5 月 6 日，乙公司股东会批准利润分配方案，向全体股东共计分配现金股利 600 万元，20×8 年 7 月 12 日，A 公司收到乙公司分配的股利 10 万元。

20×8 年 12 月 31 日，A 公司所持上述乙公司股权的公允价值为 3200 万元。所持上述丙公司股票的公允价值为 2400 万元。

20×9 年 9 月 6 日，A 公司将所持乙公司 2% 股权予以转让，取得款项 3300 万元，20×9 年 12 月 4 日，A 公司将所持上述丙公司股票全部出售，取得款项 2450 万元。

其他有关资料：

（1）A 公司对乙公司和丙公司不具有控制、共同控制或重大影响。（2）A 公司按实际净利润的 10% 计提法定盈余公积，不计提任意盈余公积。（3）不考虑税费及其他因素。

要求：

（1）根据上述资料，编制 A 公司与购入、持有及处置乙公司股权相关的全部会计记录。

（2）根据上述资料，编制 A 公司与购入、持有处置丙公司股权相关的全部会计记录。

（3）根据上述资料，计算 A 公司处置所持乙公司股权及丙公司股票对其 20×9 年度净利润和 20×9 年 12 月 31 日所有者权益的影响。

历年真题演练答案及解析

一、单项选择题

1.【答案】C

【解析】如果因甲公司不能控制的原因导致控股股东发生变更的，甲公司必须按面值赎回该优先股，属于或有结算条款，该事项可能发生也可能不发生，甲公司不能无条件地避免赎回优先股的义务，因此，应划分为金融负债。

2.【答案】A

【解析】因乙公司暂时并不拥有与该 5% 股权对应的表决权和利润分配权，表明该 5% 股权的风险和报酬依然保留在甲公司，甲公司不能对该 5% 股权进行终止确认；收到的款项作为预收款项，选项 A 正确。

二、多项选择题

1.【答案】ABC

【解析】企业可以将下列单个项目、项目组合或其组成部分指定为被套期项目：（1）已确认资产或负债；（2）尚未确认的确定承诺。选项 ABC 正确。

2.【答案】ACD

【解析】选项 A，以现金结算的股份支付形成的负债在结算前资产负债表日公允价值变动计入公允价值变动损益；选项 B，将分类为权益工具的金融工具重分类为金融负债时公允价值与账面价值的差额计入资本公积——股本溢价，不影响损益；选项 C，以摊余成本计量的金融资重分类为以公允价值计量且其变动计入当期损益的金融资产时公允价值与原账面价值的差额计入公允价值变动损益；选项 D，自用房地产转换为采用公允价值模式计量的投资性房地产时公允价值小于原账面价值的差额计入公允价值变动损益。

3.【答案】ABD

【解析】金融负债是指以现金进行偿还的合同义务，所以选项 AB 不属于金融负债；职工工资在应付职工薪酬准则规范，不遵循金融工具准则，不属于金融负债。

三、计算分析题

1.【答案及解析】

（1）20×7 年 7 月 10 日

借：其他权益工具投资——成本　2600

　贷：银行存款　2600

20×7 年 12 月 31 日

借：其他权益工具——公允价值变动 200

　贷：其他综合收益　200

20×8 年 5 月 6 日

借：应收股利　10

　贷：投资收益　10

20×8 年 7 月 2 日

借：银行存款　10

　贷：应收股利　10

20×8 年 12 月 31 日

借：其他权益工具投资——公允价值变动　400

　贷：其他综合收益　400

20×9 年 9 月 5 日

借：银行存款　3300

　贷：其他权益工具投资——成本　2600

　　——公允价值变动　600

　　盈余公积　10

　　利润分配——未分配利润　90

借：其他综合收益　600

　贷：盈余公积　60

　　利润分配——未分配利润　540

（2）20×7 年 8 月 5 日

借：交易性金融资产——成本　2200

　投资收益　1

　贷：银行存款　2201

20×7 年 12 月 31 日

借：交易性金融资产——公允价值变动　500

　贷：公允价值变动损益　500

20×8 年 12 月 31 日

借：公允价值变动损益　300

　贷：交易性金融资产——公允价值变动　300

20×9 年 12 月 4 日

借：银行存款　2450

　贷：交易性金融资产——成本　2200

　　——公允价值变动　200

　　投资收益　50

（3）对 20×9 年净利润的影响金额为 50 万元，对所有者权益的影响金额 =100+50=150（万元）。

第十五章　所有者权益

本章总体概况

题型及分值	（1）本章主要考核客观题 （2）近三年平均分值 2 分左右
近三年考点	（1）其他综合收益的确认与计量 （2）直接计入所有者权益的利得或损失 （3）接受大股东捐赠的会计处理
学习引导	学习其他章节内容时，也间接涉及本章，可以结合学习；重点掌握引起资本公积变动的具体事项，熟悉相关会计核算；常见的计入其他综合收益的事项，区分以后是否可以转入损益；其他权益工具的核算
本年教材变化	内容无实质变化

本章知识框架

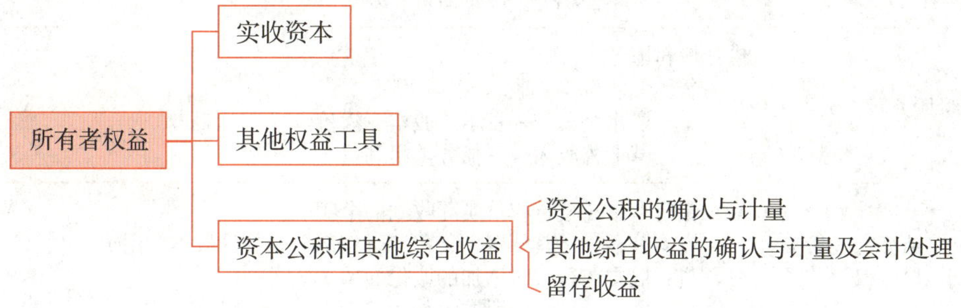

第一节 实收资本

【考点 111】实收资本★

1. 实收资本确认和计量的基本要求

企业应设“实收资本”科目，股份有限公司为“股本”。

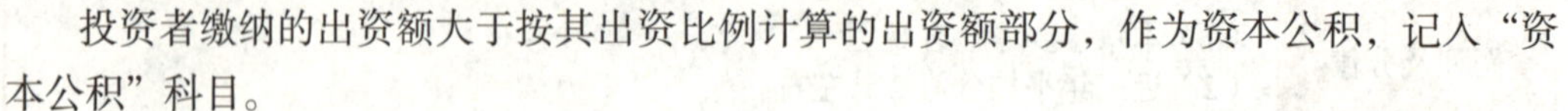

投资者缴纳的出资额大于按其出资比例计算的出资额部分，作为资本公积，记入“资本公积”科目。

2. 实收资本增减变动的会计处理

（1）企业增加实收资本（股本）的处理。

变动类型	会计处理
所有者投入	借：银行存款 / 固定资产等 贷：实收资本（股本） 资本公积——资本（股本）溢价
资本公积、盈余公积转增资本（股本）	借：资本公积——资本（股本）溢价 / 盈余公积 贷：实收资本（股本）
发放股票股利	借：利润分配——转作股本的股利 贷：股本
可转换公司债券行权	借：应付债券——可转换公司债券 其他权益工具——其他资本公积（权益成分的金额） 贷：股本（转换的股份面值总额） 资本公积——股本溢价（差额）
重组债务转为资本	借：应付账款 贷：实收资本（股本） 资本公积——资本（股本）溢价 营业外收入——债务重组利得
以权益结算的股份支付行权	借：银行存款（按行权价实际收到的金额） 资本公积——其他资本公积（行权部分累计的成本费用） 贷：股本（行权时增加的股份面值） 资本公积——股本溢价（差额）
【提示】资本公积、盈余公积转增资本，发放股票股利，都不影响所有者权益总额	

（2）企业减少实收资本（股本）的处理。

变动类型	会计处理
减少注册资本	借：实收资本（或股本） 贷：银行存款等

（续表）

<table>
<tr><th colspan="2">变动类型</th><th>会计处理</th></tr>
<tr><td rowspan="3">股份有限公司回购本企业股票</td><td>回购股份时</td><td>借：库存股
　　贷：银行存款</td></tr>
<tr><td>注销股份时</td><td>借：股本（注销股票的面值）
　　贷：库存股
　　　　资本公积——股本溢价（差额，可能在借方）
注：如果是借方差额，应当冲减资本公积——股本溢价，不足冲减的，依次冲减盈余公积、未分配利润</td></tr>
<tr><td colspan="2">【提示】企业回购本公司股票形成的库存股，作为所有者权益的减项处理</td></tr>
</table>

【例题·多选】甲公司 2×18 年 12 月 31 日所有者权益为：股本 3000 万元（面值为 1 元），资本公积 5000 万元（其中，股本溢价 3000 万元），盈余公积 1000 万元，未分配利润 500 万元。经董事会批准以每股 20 元回购本公司股票 200 万股并注销。关于回购股票，下列会计处理正确的有（　　）。

A. 回购股票时，企业库存股的入账金额是 4000 万元

B. 注销回购库存股时，企业股本减少的金额是 4000 万元

C. 注销回购库存股时，"资本公积——股本溢价"科目的金额是 3800 万元

D. 企业注销库存股不影响企业的所有者权益总额

【答案】AD

【解析】企业回购股票，应按实际支付的金额 4000 万元作为库存股的入账金额，选项 A 正确；注销库存股时，应按股票面值和注销股数计算的股票面值总额 200 万元计入股本，选项 B 错误；注销库存股时冲销的资本公积应以"资本公积——股本溢价"的金额 3000 万元为限，不足冲减的，冲减留存收益，选项 C 错误；企业注销库存股是企业所有者权益内部的变动，不影响所有者权益总额，选项 D 正确。

第二节　其他权益工具

【考点 112】其他权益工具★

1. 其他权益工具会计处理的基本原则

企业发行的金融工具应当按照金融工具准则进行初始确认和计量。

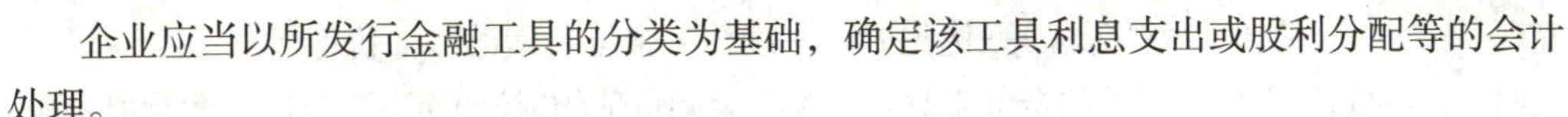

企业应当以所发行金融工具的分类为基础，确定该工具利息支出或股利分配等的会计处理。

（1）对于归类为权益工具的金融工具。

无论其名称中是否包含"债"，其利息支出或股利分配都应当作为发行企业的利润分配，其回购、注销等作为权益的变动处理。

（2）对于归类为金融负债的金融工具。

无论其名称中是否包含"股"，其利息支出或股利分配原则上按照借款费用进行处理，其回购或赎回产生的利得或损失等计入当期损益。

（3）企业（发行方）发行金融工具，其发生的手续费、佣金等交易费用。

① 如分类为债务工具且以摊余成本计量的，应当计入所发行工具的初始计量金额；

② 如分类为权益工具的，应当从权益（其他权益工具）中扣除。

2. 科目设置及账务处理

发行方对于归类为金融负债的金融工具在“应付债券”科目核算；对于需要拆分且形成衍生金融负债或衍生金融资产的（看涨期权等）在“衍生工具”科目核算；对于归类为权益工具的金融工具在所有者权益类科目中设置“其他权益工具”科目核算。

（1）发行方发行的金融工具归类为金融负债并以摊余成本计量。

① 初始计量。

借：银行存款

贷：应付债券——优先股、永续债（面值）

应付债券——优先股、永续债（利息调整）（可能在借方）

② 在该工具存续期间，计提利息并按照摊余成本后续计量的规定进行会计处理。

（2）发行方发行的金融工具归类为权益工具。

① 初始计量。

借：银行存款（应按实际收到的金额）

贷：其他权益工具——优先股、永续债

② 在存续期间分派股利（或利息）的，作为利润分配处理。

借：利润分配——应付优先股股利、应付永续债利息等

贷：应付股利——优先股股利、永续债利息等

（3）发行方发行的金融工具为复合金融工具。

借：银行存款（实际收到的金额）

贷：应付债券——优先股、永续债（金融工具的面值）

应付债券——优先股、永续债（利息调整）（负债成分的公允价值－金融工具的面值）

其他权益工具——优先股、永续债（实际收到的金额－负债成分的公允价值）

【提示】发生的交易费用，应在负债成分和权益成分之间按照各自占总发行价款的比例进行分摊。

（4）金融负债与权益工具的重分类。

① 原归类为金融负债的金融工具重分类为权益工具的，在重分类日按照账面价值入账。

借：应付债券——优先股、永续债等（面值）

应付债券——优先股、永续债等（利息调整）（可能在贷方）

贷：其他权益工具——优先股、永续债（金融负债的账面价值）

② 原归类为权益工具的金融工具重分类为金融负债的，按照重分类日的公允价值入账。

借：其他权益工具——优先股、永续债（金融工具的账面价值）

贷：应付债券——优先股、永续债等（面值）

应付债券——优先股、永续债等（利息调整）（账面价值－面值，可在借方）

资本公积——资本（股本）溢价（公允价值－账面价值，可能在借方）

（5）发行方按合同条款约定赎回所发行的除普通股以外的分类为权益工具的金融工具。

① 回购时。

借：库存股——其他权益工具

贷：银行存款等

② 注销时，库存股与其他权益工具的差额，计入资本公积——股本溢价；如果是借方差额，应当冲减资本公积——股本溢价，不足冲减的，依次冲减盈余公积、未分配利润。

借：其他权益工具

贷：库存股——其他权益工具

资本公积——股本溢价（差额，可能在借方）

（6）发行方按合同条款约定赎回所发行的分类为金融负债的金融工具。

按该工具赎回日的账面价值，借记“应付债券”等科目，按赎回价格，贷记“银行存款”等科目，按其差额，借记或贷记“财务费用”科目。

（7）发行方按合同条款约定将发行的除普通股以外的金融工具转换为普通股。

借：应付债券、其他权益工具等（均为账面价值）

贷：实收资本（股本）

资本公积——资本（股本）溢价（差额）

第三节　资本公积和其他综合收益

【考点 113】资本公积的确认与计量★★

资本公积，是企业收到投资者的超出其在企业注册资本（或股本）中所占份额的投资，以及直接计入所有者权益的利得和损失等。

1. 资本溢价或股本溢价的会计处理

（1）资本溢价。

投资者投入的资本中按其投资比例计算的出资额部分，应记入“实收资本”科目，其他部分记入“资本公积——资本溢价”科目。

（2）股本溢价。

企业发行股票取得的收入，相当于股票面值的部分记入“股本”科目，超过股票面值的溢价部分在扣除发行手续费、佣金等发行费用后，记入“资本公积——股本溢价”科目。

【提示】上市公司收到的由其控股股东或其他原非流通股股东根据股改承诺为补足当期利润而支付的现金，应作为权益性交易记入“资本公积——股本溢价”科目。

企业接受控股股东（或控股股东的子公司）或非控股股东（或非控股股东的子公司）直接或间接代为偿债、债务豁免、捐赠，经济实质表明属于控股股东或非控股股东对企业的资本性投入，应当将相关的利得记入“资本公积——股本溢价”科目。

2. 其他资本公积的会计处理

（1）以权益结算的股份支付。

① 在等待期内的每个资产负债表日，应按确定的金额。

借：管理费用等

贷：资本公积——其他资本公积

② 在行权日，应按实际行权的权益工具数量计算确定的金额。

借：银行存款（按行权价收取的金额）

　　资本公积——其他资本公积（行权部分等待期累计确定的金额）

　　贷：股本（增加股份的面值）

　　　　资本公积——股本溢价（差额）

（2）采用权益法核算的长期股权投资。

① 被投资单位除净损益、其他综合收益、利润分配以外的所有者权益的其他变动，投资方按持股比例计算应享有的份额。

借：长期股权投资——其他权益变动

　　贷：资本公积——其他资本公积（或相反分录）

② 处置采用权益法核算的长期股权投资。

借：资本公积——其他资本公积

　　贷：投资收益（或相反分录）

【考点 114】其他综合收益的确认与计量及会计处理★★★

1. 以后会计期间不能重分类进损益的其他综合收益项目

（1）重新计量设定受益计划净负债或净资产导致的变动计入其他综合收益，不能重分类进入损益。

（2）在初始确认时指定为以公允价值计量且其变动计入其他综合收益的非交易性权益工具投资，其公允价值变动计入其他综合收益；在终止确认时不能重分类进损益（应转入留存收益）。

（3）按照权益法核算的长期股权投资，因被投资单位发生上述事项导致的其他综合收益变动，投资单位按持股比例确认的应享有的份额，在处置该投资时不能重分类进入损益。

2. 以后会计期间满足规定条件时将重分类进损益的其他综合收益项目

（1）以公允价值计量且其变动计入其他综合收益的债权类投资，其公允价值变动计入其他综合收益；在终止确认时，之前计入其他综合收益的累计利得或损失应当从其他综合收益中转出，计入当期损益。

（2）按照金融工具准则规定，对金融资产重分类按规定可以将原计入其他综合收益的利得或损失转入当期损益的部分。

（3）处置采用权益法核算的长期股权投资（可转入损益的部分）。

借：其他综合收益

　　贷：投资收益（或相反分录）

（4）存货或自用房地产转换为公允价值模式计量的投资性房地产，其公允价值大于账面价值的差额计入其他综合收益；处置时，将其他综合收益转入当期损益（其他业务成本）。

借：投资性房地产——成本（转换日的公允价值）

　　贷：固定资产 / 开发产品等（存货或自用房地产的账面价值）

　　　　其他综合收益（差额）

借：其他综合收益

　　贷：其他业务成本

（5）现金流量套期工具产生的利得或损失中属于有效套期的部分，确认为其他综合收益。

（6）外币财务报表折算差额。

企业在处置境外经营的当期，将已列入合并财务报表所有者权益的外币报表折算差额中与该境外经营相关部分（全部或部分比例），自其他综合收益项目转入处置当期损益。

【考点115】留存收益★

1. 盈余公积

（1）盈余公积的基本概念。

① 根据《中华人民共和国公司法》等有关法规的规定，企业当年实现的净利润，一般应当按照如下顺序进行分配：提取法定公积金；提取任意公积金；向投资者分配利润或股利。

② 企业提取盈余公积主要可以用于：弥补亏损；转增资本；扩大企业生产经营。

（2）盈余公积的确认和计量。

① 提取盈余公积。

借：利润分配——提取法定盈余公积、提取任意盈余公积

　　贷：盈余公积——法定盈余公积、任意盈余公积

② 用盈余公积弥补亏损、转增资本、派送新股。

借：盈余公积

　　贷：利润分配——盈余公积补亏

　　　　实收资本（股本）

2. 未分配利润

未分配利润，是企业留待以后年度进行分配的结存利润，也是企业所有者权益的组成部分。未分配利润通过“利润分配”科目进行核算，“利润分配”科目应当分别“提取法定盈余公积”“提取任意盈余公积”“应付现金股利或利润”“转作股本的股利”“盈余公积补亏”和“未分配利润”等进行明细核算。

（1）分配股利或利润。

① 经股东大会或类似机构决议，分配给股东或投资者的现金股利或利润。

借：利润分配——应付现金股利或利润

　　贷：应付股利

② 经股东大会或类似机构决议，分配给股东的股票股利，应在办理增资手续后。

借：利润分配——转作股本的股利

　　贷：股本

（2）弥补亏损的会计处理。

企业以当年实现的利润弥补以前年度亏损时，不需要进行专门的会计处理。企业应将当年实现的利润自“本年利润”科目转入“利润分配——未分配利润”科目的贷方，其贷方发生额与“利润分配——未分配利润”的借方余额自然抵补。

历年真题演练

一、单项选择题

1.（2017年）甲公司为境内上市公司。2×17年，甲公司发生的导致其净资产变动的交易或事项如下：（1）接受其大股东捐赠500万元；（2）当年将作为存货的商品房改为出租，甲公司对投资性房地产采用公允价值模式进行后续计量。转换日，商品房的公允价值大于其账面价值800万元；（3）按照持股比例计算应享有联营企业其他综合收益变动份额3500万元；（4）现金流量套期工具产生的利得中属于有效套期部分的金额120万元。下列各项关于甲公司上述交易或事项产生的净资产变动在以后期间不能转入损益的是（　　）。

A. 接受大股东捐赠

B. 商品房改为出租时公允价值大于其账面价值的差额

C. 现金流量套期工具产生的利得中属于有效套期的部分

D. 按照持股比例计算应享有联营企业其他综合收益变动份额

2.（2013年）企业发生的下列交易或事项中，不会引起当期资本公积（资本溢价）发生变动的是（　　）。

A. 以资本公积转增股本

B. 根据董事会决议，每2股缩为1股

C. 授予员工股票期权在等待期内确认相关费用

D. 同一控制下企业合并中取得被合并方净资产份额小于所支付对价账面价值

二、多项选择题

1.（2018年）A公司20×7年度因相关交易或事项产生以下其他综合收益：（1）以公允价值计量且其变动计入其他综合收益的债务工具投资因公允价值变动形成其他综合收益3200万元；（2）按照应享有联营企业重新计量设定受益计划净负债变动的价值相应确认其他综合收益500万元；（3）对子公司的外币报表进行折算产生的其他综合收益1400万元；（4）指定为以公允价值计量且其变动计入当期损益的金融负债因企业自身信用风险的变动形成其他综合收益300万元。不考虑其他因素，上述其他综合收益在相关资产处置或负债终止确认时不应重分类计入当期损益的有（　　）。

A. 对子公司的外币财务报表进行折算产生的其他综合收益

B. 按照应享有联营企业重新计量设定受益计划净负债变动的份额应确认其他综合收益

C. 指定为以公允价值计量且其变动计入当期损益的金融负债因企业自身信用风险的变动形成的其他综合收益

D. 以公允价值计量且其变动计入其他综合收益的债务工具投资因公允价值变动形成的其他综合收益

2.（2016年）甲公司2×15年发生下列交易或事项：（1）以账面价值为18200万元的土地使用权作为对价，取得同一集团内乙公司100%股权，合并日乙公司净资产在最终控制方合并报表中的账面价值为12000万元；（2）为解决现金困难，控股股东代甲公司缴纳税款4000万元；（3）为补助甲公司当期研发投入，取得与收益相关的政府补助6000万元；（4）控股股东将自身持有的甲公司2%股权赠予甲公司10名管理人员并立即行权。不考虑其他因素，与甲公司有关的交易或事项中，会引起其2×15年所有者权益中资本性项目发生变动的有（　　）。

A. 大股东代为缴纳税款

B. 取得与收益相关的政府补助

C. 控股股东对管理人员的股份赠予

D. 同一控制下企业合并取得乙公司股权

历年真题演练答案及解析

一、单项选择题

1.【答案】A

【解析】选项A，接受大股东捐赠，在取得时记入“资本公积——股本溢价（资本溢价）”科目，在以后期间不能转入损益。

2.【答案】C

【解析】选项C，股份支付在等待期内借记相关费用，贷方记入“资本公积——其他资本公积”科目。

二、多项选择题

1.【答案】BC

【解析】选项B，重新计量设定受益计划相关的其他综合收益以后期间不可以结转至损益；选项C，指定为以公允价值计量且其变动计入当期损益的金融负债因企业自身信用风险的变动形成的其他综合收益以后期间应转入留存收益。

2.【答案】ACD

【解析】选项B，取得与收益相关的政府补助，不影响所有者权益中资本性项目的金额。

第十六章　收入、费用和利润

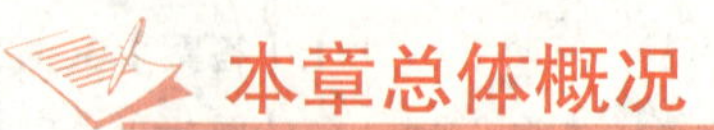

题型及分值	（1）本章可以独立考核客观题和主观题，也可以与其他内容结合命题 （2）近三年平均分值 8 分
近三年考点	（1）收入的确认与计量及会计处理 （2）利润的构成
学习引导	重点掌握收入的确认和计量，把握教材例题，理解收入确认和计量的五步法；合同履约成本与合同取得成本的构成、摊销及减值；特定交易的会计处理原则；利润的核算，注意处置固定资产、无形资产等对营业利润的影响
本年教材变化	修改了“营业利润”的计算公式

本章知识框架

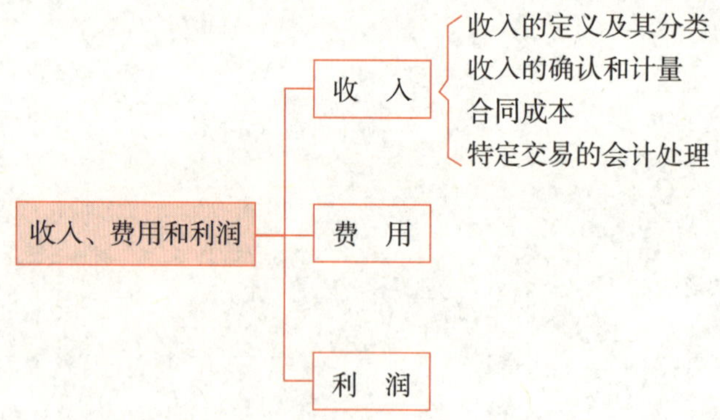

本章考点精解

第一节 收入

收入，是指企业在日常活动中形成的、会导致所有者权益增加的、与所有者投入资本无关的经济利益的总流入。

本章不涉及企业对外出租资产收取的租金（《企业会计准则第 21 号——租赁》规范）、进行债权投资收取的利息（《企业会计准则第 22 号——金融工具确认和计量》规范）、进行股权投资取得的现金股利（《企业会计准则第 2 号——长期股权投资》规范）、保险合同取得的保费收入（《企业会计准则第 25 号——原保险合同》规范）等。

【提示】企业以存货换取客户的存货、固定资产、无形资产以及长期股权投资等（即换出存货），按照本章进行会计处理。其他非货币性资产交换，按照非货币性资产交换准则进行会计处理。

【考点 116】收入的确认和计量★★★

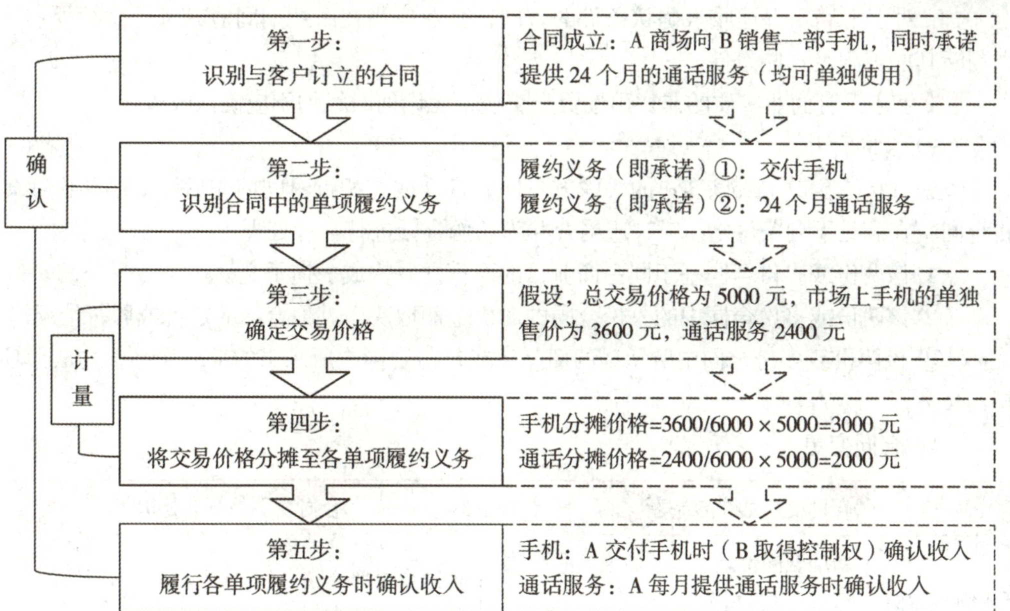

1. 识别与客户订立的合同

本节所称合同，是指双方或多方之间订立有法律约束力的权利义务的协议，包括书面形式、口头形式及其他可验证的形式（如隐含于商业惯例或企业以往的习惯做法中等）。

（1）收入确认的原则。

企业应当在履行了合同中的履约义务，即在客户取得相关商品控制权时确认收入。

取得商品控制权，是指能够主导该商品的使用并从中获得几乎全部的经济利益，也包括有能力阻止其他方主导该商品的使用并从中获得经济利益。

（2）收入确认的前提条件。

① 企业与客户之间的合同同时满足下列条件的，应当在客户取得相关商品控制权时确认收入：

a. 合同各方已批准该合同并承诺将履行各自义务。

b. 合同明确了合同各方与所转让的商品（或提供的服务）相关的权利和义务。

c. 该合同有明确的与所转让的商品相关的支付条款。

d. 该合同具有商业实质，即履行该合同将改变企业未来现金流量的风险、时间分布或金额。

e. 企业因向客户转让商品而有权取得的对价很可能收回。

② 对于不能同时满足上述收入确认的五个条件的合同：

a. 一般情况下，应当将已收取的对价作为负债进行会计处理。

b. 当企业不再负有向客户转让商品的剩余义务（如合同已完成或取消），且已向客户收取的对价（包括全部或部分对价）无需退回时，才能将已收取的对价确认为收入。

③ 合同的后续评估。

a. 对于在合同开始日即满足上述收入确认条件的合同，企业在后续期间无需对其进行重新评估，除非有迹象表明相关事实和情况发生重大变化。

b. 对于不满足上述收入确认条件的合同，企业应当在后续期间对其进行持续评估，以判断其能否满足这些条件。

【提示】没有商业实质的非货币性资产交换，无论何时，均不应确认收入。

（3）合同合并。

企业与同一客户（或该客户的关联方）同时订立或在相近时间内先后订立的两份或多份合同，在满足下列条件之一时，应当合并为一份合同进行会计处理：

① 该两份或多份合同基于同一商业目的而订立并构成一揽子交易。

② 该两份或多份合同中的一份合同的对价金额取决于其他合同的定价或履行情况。

③ 该两份或多份合同中所承诺的商品（或每份合同中所承诺的部分商品）构成单项履约义务。

（4）合同变更。

<table>
<tr><th colspan="2">合同变更的内容判断</th><th>合同变更的会计处理</th></tr>
<tr><td rowspan="2">合同变更增加了可明确区分的商品及合同价款</td><td>新增合同价款反映了新增商品单独售价</td><td>合同变更部分作为单独合同进行会计处理</td></tr>
<tr><td>（1）新增合同价款不能反映新增商品单独售价
（2）已转让商品与未转让商品之间可明确区分</td><td>（1）视为原合同终止
（2）同时，将原合同未履约部分与合同变更部分合并为新合同进行会计处理</td></tr>
<tr><td colspan="2">已转让商品与未转让商品之间不可明确区分</td><td>（1）将合同变更部分作为原合同的组成部分
（2）在合同变更日重新计算履约进度，并调整当期收入和相应成本等</td></tr>
</table>

【例题1·多选】2×18年1月1日，甲公司与乙公司签订合同，将一项专利技术授权给乙公司使用，双方协议约定，甲公司每年收取特许权使用费400万元，按季度收取特许权使用费。合同签订日，符合收入确认条件。2×18年乙公司财务状况良好，每季度向甲公司提交经营报告和支付特许权使用费。但自2×19年，乙公司经营出现困难，财务状况下滑，因此当年只支付了第一季度的特许权使用费，后三个季度均只支付了一半的特许权使用费。2×20年财务状况进一步恶化，信用风险加剧。根据上述资料，甲公司进行的下列会计处理中，正确的有（　　）。

A. 2×18年需要确认特许权使用费收入

B. 2×19年第一季度收到的特许权使用费100万元应确认收入

C. 2×20年对已有的应收款项是否发生减值继续进行评估

D. 2×20年确认收入的同时借记“应收账款”科目

【答案】ABC

【解析】该合同在合同开始日满足收入确认的前提条件，2×18年按照约定的特许权使用费确认收入。2×19乙公司的信用风险升高，甲公司在确认收入的同时，按照金融资产减值的要求对乙公司的应收账款进行减值测试。2×20年，由于乙公司的财务状况恶化，信用风险显著升高，“企业因向客户转让商品而有权取得的对价很可能收回”这一条件不再满足，因此，甲公司不再确认特许权使用费收入，同时对现有应收款项是否发生减值继续进行评估，选项ABC正确，选项D错误。

【例题2·多选】甲公司向乙公司销售一栋建筑物，合同价款为1000万元，成本为600万元，乙公司在合同开始日即取得了该建筑物的控制权。根据合同约定，乙公司在合同开始日支付保证金50万元，剩余950万元由乙公司的经营收益进行偿还，如果乙公司违约，甲公司可重新拥有该建筑物，即使收回的建筑物不能涵盖所欠款项的总额，甲公司也不能向乙公司索取进一步的赔偿。乙公司计划在该建筑物内开设一家快捷酒店，在该建筑物所在的地区，快捷酒店面临激烈的竞争，但乙公司缺乏快捷酒店行业的经营经验。不考虑其他因素，下列说法中不正确的有（　　）。

A. 在合同开始日，甲公司应当确认1000万元收入，并结转全部成本

B. 在合同开始日，甲公司应当确认50万元收入，并按比例结转成本

C. 甲公司确认收入后，根据乙公司的经营情况，考虑对应收账款确认减值损失

D. 甲公司应将收到的50万元确认为一项负债，不确认收入

【答案】ABC

【解析】乙公司以经营收益偿还甲公司的欠款，除此之外并无其他的经济来源，乙公司也未对该笔欠款设定任何担保。如果乙公司违约，甲公司虽然可重新拥有该建筑物，但即使收回的建筑物不能涵盖所欠款项的总额，甲公司也不能向乙公司索取进一步的赔偿。因此，甲公司对乙公司还款的能力和意图存在疑虑，该合同不满足合同价款很可能收回的条件。甲公司应当将收到的50万元确认为一项负债。选项ABC错误，选项D正确。

【例题3·多选】甲公司是一家汽车租赁公司，2×18年1月1日，甲公司与乙公司签订合同，每天为乙公司的员工提供班车服务，服务费20万元/年，合同期限3年，市场上同类服务的价格为20万元/年。2×19年12月31日，双方进行了合同变更，将2×20年的服务费调整为18万元，同时以78万元的总价款（不含2×20年）将合同期限延长5年。此时市场上同类服务的价格为18万元/年，预计未来几年市场价格不会出现大幅波动。不考虑其他因素，甲公司的下列会计处理表述中，不正确的有（　　）。

A. 甲公司将该合同变更部分作为单独合同进行会计处理

B. 2×18年和2×19年，每年确认收入20万元

C. 2×20 年确认的收入为 18 万元

D. 2×21 年确认的收入为 15.6 万元

【答案】ACD

【解析】合同变更日，新增的 5 年班车服务的价格不能反映合同变更时的单独售价，在剩余合同期间需提供的服务与已提供的服务是可明确区分的，甲公司应当将该合同变更作为原合同终止，同时将原合同中未履约的部分与合同变更合部分并为一份新合同进行会计处理，选项 A 错误；新合同对价 =78+18=96（万元），合同期限为 6 年，每年确认的收入 =96÷6=16（万元），选项 CD 错误。

【例题 4 · 多选】甲公司与乙公司签订合同，合同约定：甲公司以 100 元 / 件的价格向乙公司交付 120 件 A 产品，交货期间为 6 个月，在交付每件产品时乙公司即取得该产品的控制权。3 个月后，乙公司修改合同，额外增加 30 件 A 产品，价格为 95 元 / 件，变更合同时，市场上 A 产品的售价为 95 元 / 件，甲公司已经向乙公司交付了 60 件 A 产品。不考虑其他因素，甲公司下列会计处理的表述中正确的有（　　）。

A. 合同变更前，已经交付的 60 件 A 产品按照 100 元 / 件确定交易价格

B. 合同变更后，原合同剩余的 60 件 A 产品按照 100 元 / 件确定交易价格

C. 新增加的 30 件 A 产品，按照 98.33 元 / 件确定交易价格

D. 新增加的 30 件 A 产品，按照 95 元 / 件确定交易价格

【答案】ABD

【解析】新增的 A 产品 30 件，合同价格反映了其单独售价，应单独作为一份合同处理。原合同 120 件均按照 100 元 / 件确定交易价格，新合同 30 件按照 95 元 / 件确定交易价格，选项 ABD 正确。

【例题 5 · 多选】甲公司与乙公司签订一项固定造价建造合同，合同约定，从 2×17 年 1 月 1 日起，甲公司为乙公司建造一幢办公楼，合同总金额为 1200 万元，工期两年。预计总成本为 800 万元。截至 2×17 年 12 月 31 日，甲公司实际发生合同成本 200 万元。2×18 年 1 月 1 日，双方同意更改办公楼的通风设计，合同价格和预计总成本分别增加 50 万元和 30 万元。假定该建造服务属于在某一时段内履行的履约义务，且根据累计发生的合同成本占合同预计总成本的比例确认履约进度。不考虑其他因素，甲公司下列会计处理正确的有（　　）。

A. 2×17 年年底，甲公司应确认收入 300 万元

B. 2×18 年 1 月 1 日，甲公司应将合同变更作为原合同终止及新合同订立进行会计处理

C. 2×18 年 1 月 1 日，甲公司应将合同变更作为单独合同进行会计处理

D. 2×18 年 1 月 1 日，甲公司应额外确认收入 1.25 万元

【答案】AD

【解析】选项 A，截至 2×17 年 12 月 31 日，甲公司实际发生合同成本 200 万元，履约进度为 200÷800×100%=25%，甲公司在 2×17 年应确认收入 300 万元（1200×25%），选项 A 正确；因变更的通风设计不可明确区分，拟提供的剩余服务与已提供的服务不可明确区分，甲公司应将合同变更作为原合同的组成部分进行会计处理，选项 BC 错误；合同变更日，甲公司重新估计的履约进度为 200/（800+30）×100%=24.10%，应额外确认收入金额 =（1200+50）×24.10%-300=1.25（万元）。

2. 识别合同中的单项履约义务

（1）履约义务，是指合同中企业向客户转让可明确区分商品的承诺。

企业为履行合同而应开展的初始活动，通常不构成履约义务，除非该活动向客户转让

了承诺的商品。

（2）企业应当将下列向客户转让商品的承诺作为单项履约义务：

<table>
<tr><th colspan="2">项　目</th><th>判　断</th></tr>
<tr><td rowspan="2">（1）企业向客户转让可明确区分的商品的承诺</td><td rowspan="2">同时满足</td><td>①合同中的各项商品可明确区分
客户能够从该商品本身或者从该商品与其他易于获得的资源一起使用中受益（可以单独出售、转让等，通常表现为企业可以单独出售该商品）</td></tr>
<tr><td>②合同中的各项承诺可明确区分
下列情况表明，合同中的各项承诺不可明确区分：
a. 企业需提供重大的服务以将该商品与合同中承诺的其他商品进行整合，形成合同约定的某个或某些组合产出转让给客户
b. 该商品将对合同中承诺的其他商品予以重大修改或定制
c. 该商品与合同中承诺的其他商品具有高度关联性</td></tr>
<tr><td colspan="3">（2）企业向客户转让一系列实质相同且转让模式相同的、可明确区分商品的承诺（即使这些商品或服务可以明确区分，仍应将这一系列的商品或服务作为单项履约义务）</td></tr>
</table>

例如，甲公司与乙公司签订合同，向其销售一批产品，并负责将该批产品运送至乙公司指定的地点，甲公司承担相关的运输费用。假定销售该产品属于在某一时点履行的履约义务，且控制权在出库时转移给乙公司。

本例中，甲公司向乙公司销售产品，并负责运输。该批产品在出库时，控制权转移给乙公司。在此之后，甲公司为将产品运送至乙公司指定的地点而发生的运输活动，属于为乙公司提供了一项运输服务。如果该运输服务构成单项履约义务，且甲公司是运输服务的主要责任人。甲公司应当按照分摊至该运输服务的交易价格确认收入。

例如，甲公司与乙公司签订合同，向其销售一批产品，并负责将该批产品运送至乙公司指定的地点，甲公司承担相关的运输费用。假定销售该产品属于在某一时点履行的履约义务，且控制权在送达乙公司指定地点时转移给乙公司。

本例中，甲公司向乙公司销售产品，并负责运输。该批产品在送达乙公司指定地点时，控制权转移给乙公司。由于甲公司的运输活动是在产品的控制权转移给客户之前发生的，因此不构成单项履约义务，而是甲公司为履行合同发生的必要活动。

【例题 6 · 计算】P 公司为一大型多元化业务公司，2×18 年发生以下业务：

（1）向客户甲销售一台生产的设备并负责安装服务。合同约定设备价款 500 万元，安装服务 100 万元，设备销售与设备安装服务均可以进行单独销售。

（2）向客户乙转让一项软件许可证、实施安装服务。合同明确规定，作为安装服务的一部分，软件将作重大定制以增添重要的新功能，从而使软件能够与客户使用的其他定制软件应用程序相对接。

（3）向客户丙提供长期保洁服务，满足企业向客户转让一系列实质相同且转让模式相同的、可明确区分商品的承诺。合同期限为一年，打包价格为 100 万元，合同内容包括保洁服务 40 万元，保安服务 40 万元、办公设备维修服务 10 万元、绿植养护 10 万元。

（4）向客户丁销售一辆汽车，车辆价款 50 万元，另承诺提供 3 年质保，并另外延长 3 年质保服务，一次性收取 5 万元。按照国家规定，对于同类车型提供 1 年质保。

（5）向客户戊建造一栋办公楼，签订了一份建造合同。合同约定：公司负责项目的整体管理，合同总价款 1000 万元，其中，场地清理、地基构建 100 万元，建筑水泥、钢筋等材料 500 万元，建筑架构 300 万元，设备安装等 100 万元。

要求：不考虑其他因素，逐项指出 P 公司向客户提供了几项履约义务，并说明理由。

【答案】

（1）向客户甲提供两项履约义务。

理由：设备销售、设备安装服务均可以进行单独销售（商品可明确区分），相互之间并无高度关联（承诺可明确区分），因此属于两项履约义务。

（2）向客户乙提供了一项履约义务。

理由：作为安装服务的一部分，软件将作重大定制以增添重要的新功能，从而使软件能够与客户使用的其他定制软件应用程序相对接，说明软件许可证与定制安装服务不可明确区分，应将软件许可证与定制安装服务一起确认为单项履约义务。

（3）向客户丙提供了一项履约义务。

理由：企业向客户转让一系列实质相同且转让模式相同的、可明确区分商品的承诺，即使这些商品或服务可以明确区分，仍应将这一系列的商品或服务作为单项履约义务。

（4）向客户丁提供了两项履约义务。

理由：企业在向客户丁提供符合国家规定的 1 年质保以外，又提供了 5 年的延保服务，构成一项额外的服务，属于一项单项履约义务，另外销售汽车也构成一项履约义务。

（5）向客户戊提供了一项履约义务。

理由：向客户戊提供的各项服务虽然可明确区分，但是 P 公司需提供重大的服务以将合同中的各项商品进行整合，形成合同约定的组合产出（办公楼）转让给客户，因此属于单项履约义务。

3. 确定交易价格

交易价格，是指企业因向客户转让商品而预期有权收取的对价金额。企业代第三方收取的款项（如增值税）以及企业预期将退还给客户的款项，应当作为负债进行会计处理，不计入交易价格。

确定交易价格时，需要考虑可变对价、非现金对价、重大融资成分、应付客户对价等情况的影响。

（1）可变对价。

① 识别可变对价。

企业与客户的合同中约定的对价金额可能会因折扣、价格折让、返利、退款、奖励积分、激励措施、业绩奖金、索赔等因素而变化。此外，根据一项或多项或有事项的发生而收取不同对价金额的合同，也属于可变对价的情形。

② 可变对价最佳估计数的确定。

企业应当按照期望值或最可能发生金额确定可变对价的最佳估计数。

a. 期望值法：期望值是按照各种可能发生的对价金额及相关概率计算确定的金额。当合同可能产生多个结果时，通常按照期望值估计可变对价金额。

b. 最可能发生金额法：是一系列可能发生的对价金额中最可能发生的单一金额。当合同仅有两个可能结果时，通常按照最可能发生金额估计可变对价金额。

③ 计入交易价格的可变对价金额的限制。

计入交易价格的可变对价金额应该满足限制条件，即包含可变对价的交易价格，应当不超过在相关不确定性消除时，累计已确认的收入极可能不会发生重大转回的金额。

每一资产负债表日，企业应当重新估计应计入交易价格的可变对价金额，包括重新评估将估计的可变对价计入交易价格是否受到限制，以如实反映报告期末存在的情况及报告期内发生的情况变化。

（2）合同中存在的重大融资成分。

合同中存在重大融资成分的，企业应当按照假定客户在取得商品控制权时即以现金支付的应付金额（现销价格）确定交易价格。交易价格与合同对价之间的差额，应当在合同期间内采用实际利率法摊销。

下列情况表明，企业与客户之间的合同未包含重大融资成分：

① 客户就商品支付了预付款，且可以自行决定这些商品的转让时间；

② 客户承诺支付的对价中有相当大的部分是可变的，该对价金额或付款时间取决于某一未来事项是否发生，且该事项实质上不受客户或企业控制（如按照实际销量收取的特许权使用费）；

③ 合同承诺的对价金额与现销价格之间的差额是由于向客户或企业提供融资利益以外的其他原因所导致的，且这一差额与产生该差额的原因是相称的。

【提示】为简化实务操作，如果在合同开始日，企业预计客户取得商品控制权与客户支付价款间隔不超过一年的，可以不考虑合同中存在的重大融资成分。

（3）非现金对价。

非现金对价包括实物资产、无形资产、股权、客户提供的广告服务等。

企业应当按照非现金对价在合同开始日的公允价值确定交易价格。非现金对价公允价值不能合理估计的，企业应当参照其承诺向客户转让商品的单独售价间接确定交易价格。

① 合同开始日后，非现金对价的公允价值因对价形式以外的原因而发生变动的，应当作为可变对价，按照与计入交易价格的可变对价金额的限制条件相关的规定进行处理。

② 合同开始日后，非现金对价的公允价值因对价形式本身的原因（如股票对价本身的公允价值变动）而发生变动的，该变动金额不应计入交易价格。

（4）应付客户对价。

企业存在应付客户对价的，应当将该应付对价冲减交易价格，并在确认相关收入与支付（或承诺支付）客户对价二者孰晚的时点冲减当期收入，但应付客户对价是为了自客户取得其他可明确区分商品的除外。

企业应付客户对价是为了向客户取得其他可明确区分商品的，应当采用与企业其他采购相一致的方式确认所购买的商品。

① 企业应付客户对价超过向客户取得可明确区分商品公允价值的，超过金额应当冲减交易价格。

② 向客户取得的可明确区分商品公允价值不能合理估计的，企业应当将应付客户对价全额冲减交易价格。

【例题 7 · 单选】20×8 年 1 月 1 日，甲公司为乙公司提供为期 1 年的咨询服务，合同总金额 28 万元，其中固定金额 24 万元，其余 4 万元按照乙公司的满意程度等因素计算后作为奖金。非常满意时奖金为 4 万元，比较满意时奖金为 2 万元，不满意时奖金为 0 万元；甲公司根据过去的经验等情况作出估计，认为乙公司非常满意的概率为 40%，比较满意的概率为 50%，不满意的概率为 10%。不考虑其他因素，甲公司20×8年1月1日应计入交易价格的金额为（　　）万元。

A. 24　　B. 26　　C. 26.6　　D. 28

【答案】C

【解析】可变对价的最佳估计数 =0×10%+2×50%+4×40%=2.6（万元），计入交易价格的金额=24+2.6=26.6（万元）。

【例题8·多选】甲公司是一家专门提供股票或基金等资产管理服务的企业。20×8年10月1日，甲公司与乙公司签订合同，为其一只股票型基金提供资产管理服务，合同期限是4年。合同约定，甲公司所能获得的报酬包括两部分：（1）每季度末按该基金净值的1.5%收取管理费，该管理费不会因基金净值的后续变化而调整或被要求退回；（2）该基金若是4年内累计回报超过15%，则超额回报部分的30%作为业绩奖励给予甲公司。20×8年末，该基金的净值为5亿元，甲公司重新估计相关因素后，认定影响本季度管理费用收入的不确定性因素已消除。假定不考虑其他因素，甲公司进行的下列会计处理，正确的是（　　）。

A. 管理费收入和业绩奖励均属于可变对价　　B. 20×8年末确认业绩奖励收入1.5亿元

C. 20×8年末确认管理费收入750万元　　D. 20×8年不确认业绩奖励收入

【答案】ACD

【解析】甲公司在该项合同中收取的管理费和业绩奖励均按照期末基金净值的一定比例收取，均为可变对价，选项A正确；在合同开始日，甲公司无法对其能够收取的管理费和业绩奖励进行估计，不满足累计已确认的收入金额极可能不会发生重大转回的条件，20×8年年末，影响该季度管理费收入金额的不确定性已经消除，甲公司确认管理费收入750万元(5亿元 ×1.5%)，选项C正确；业绩奖励仍然会受到基金未来累计回报的影响，有关将可变对价计入交易价格的限制条件仍然没有得到满足，不确认业绩奖励收入。

【例题9·计算】20×7年1月1日，甲公司采用分期收款方式向乙公司销售一套无需安装的大型设备，合同约定的销售价格为2000万元（不含增值税），设备已经交付，乙公司分5次于每年12月31日等额支付货款（每年400万元），该大型设备成本为1500万元。市场上同款大型设备的销售价格为1600万元。

已知：（P/A，7%，5）=4.1002，（P/A，8%，5）=3.9927；不考虑增值税等其他因素。

要求：

编制甲公司20×7年、20×8年上述业务的会计分录。

【答案】

合同中存在重大融资成分的，应当按照现销价格确定交易价格。交易价格与合同对价之间的差额，应当在合同期间内采用实际利率法摊销。根据本例的资料，甲公司应当确认的销售收入为1600万元。

400×（P/A，r，5）=1600（万元）；

当r=7%时，400×4.1002=1640.08＞1600万元；当r=8%时，400×3.9927=1597.08＜1600万元；

利用插值法：（1640.08−1600）/（7%−r）=（1640.08−1597.08）/（7%−8%），得出r=7.93%；

（1）20×7年1月1日销售实现时：

借：长期应收款　　2000

　贷：主营业务收入　　1600

　　　未实现融资收益　　400

借：主营业务成本　　1500

　贷：库存商品　　1500

（2）20×7 年 12 月 31 日，收取货款，确认融资收益时：

未实现融资收益摊销额（融资收益）=1600×7.93%=126.88（万元）；

借：银行存款　　400

　　贷：长期应收款　　400

借：未实现融资收益　　126.88

　　贷：财务费用　　126.88

（3）20×8 年 12 月 31 日，收取货款，确认融资收益时：

未实现融资收益摊销额（融资收益）=[1600+126.88−400]×7.93%=105.22（万元）；

借：银行存款　　400

　　贷：长期应收款　　400

借：未实现融资收益　　105.22

　　贷：财务费用　　105.22

【例题 10 · 多选】甲企业为客户生产一台专用设备。双方约定，如果甲企业能够在 30 天内交货，则可以额外获得 1000 股客户的股票作为奖励。合同开始日，该股票的价格为每股 5 元；由于缺乏执行类似合同的经验，当日，甲企业估计该 1000 股股票的公允价值计入交易价格将不满足累计已确认的收入极可能不会发生重大转回的限制条件。合同开始日之后的第 25 天，企业将该设备交付给客户，从而获得了 1000 股股票，该股票在此时的价格为每股 6 元。假定企业将该股票作为以公允价值计量且其变动计入当期损益的金融资产。不考虑其他因素，下列说法中正确的有（　　）。

A. 合同开始日，甲企业应该按照股票的公允价值 5000 元计入交易价格

B. 甲企业在交付设备时，应该按照合同开始日股票的公允价值 5000 元计入交易价格

C. 甲企业在交付设备时，将取得股票的公允价值 6000 元计入交易价格

D. 甲企业应将股票的公允价值变动 1000 元计入公允价值变动损益

【答案】BD

【解析】合同开始日，甲企业估计该 1000 股股票的公允价值计入交易价格将不满足累计已确认的收入极可能不会发生重大转回的限制条件，不应将其公允价值 5000 元计入交易价格，选项 A 错误；交付设备时，甲企业应当将股票（非现金对价）在合同开始日的公允价值 5000 元计入交易价格确认为收入，因对价形式原因而发生的变动 1000 元（6000−5000）计入公允价值变动损益。

【例题 11 · 单选】甲公司和一家全国连锁超市签订了 1 年期的供货合同。合同约定：该超市在合同期限内以约定价格购买至少价值 1000 万元的产品；同时，甲公司需在合同开始时向该超市支付 100 万元的不可退回款项，作为超市更改货架以使其适合放置甲公司产品的补偿，该款项在合同开始日已支付。第一个月该超市从甲公司购入货物 100 万元（不含增值税）。甲公司第一个月应确认的收入为（　　）万元。

A. 100　　B. 90　　C. 0　　D. 900

【答案】B

【解析】甲公司并未从超市取得其他可明确区分商品，应当将该应付客户对价 100 万元冲减交易价格，并在确认相关收入与支付客户对价二者孰晚的时点冲减当期收入。甲公司应付客户对价 100 万元占合同约定交易价格 1000 万元的 10%，甲公司第一个月应确认收入 =100−100×10%=90（万元）。

【例题 12 · 多选】20×8 年 9 月，甲公司向乙公司销售一批货物，销售价款 20 万元，乙公司在使用过程中发现该批货物不符合规定标准，遂要求甲公司以 10 万元的价格购买乙公司的一批办公耗材，甲公司同意了乙公司的要求。不考虑增值税等其他因素，甲公司下列会计处理中正确的

有（　　）。

A. 若该批耗材的公允价值无法估计，甲公司当期确认收入 20 万元

B. 若该批耗材的公允价值为 5 万元，甲公司当期确认收入 15 万元

C. 若该批耗材的公允价值为 5 万元，甲公司取得耗材的入账价值为 5 万元

D. 若该批耗材的公允价值为 5 万元，甲公司当期确认收入 10 万元

【答案】BC

【解析】向客户取得的可明确区分商品公允价值不能合理估计的，企业应当将应付客户对价全额冲减交易价格，选项 A 错误；企业应付客户对价超过向客户取得可明确区分商品公允价值的，超过金额应当冲减交易价格，选项 D 错误。

4. 将交易价格分摊至各单项履约义务

企业应当在合同开始日，按照各单项履约义务所承诺商品的单独售价的相对比例，将交易价格分摊至各单项履约义务。

企业不得因合同开始日之后单独售价的变动而重新分摊交易价格。

（1）单独售价。

方　法	确定单独售价
市场调整法	根据某商品或类似商品的市场售价，考虑本企业的成本和毛利等进行适当调整确定
成本加成法	根据某商品的预计成本加上其合理毛利后的价格确定
余值法	根据合同交易价格减去合同中其他商品可观察的单独售价后的余值确定 **【提示】**企业在商品近期售价波动幅度巨大，或者因未定价且未曾单独销售而使售价无法可靠确定时，可采用余值法估计其单独售价

（2）分摊合同折扣。

合同折扣，是指合同中各单项履约义务所承诺商品的单独售价之和高于合同交易价格的金额。

① 通常情况下，对于合同折扣，企业应当在各单项履约义务之间按比例分摊。

② 有确凿证据表明合同折扣仅与合同中一项或多项（而非全部）履约义务相关的，企业应当将该合同折扣分摊至相关一项或多项履约义务。

同时满足下列条件时，企业应当将合同折扣全部分摊至合同中的一项或多项（而非全部）履约义务：

a. 企业经常将该合同中的各项可明确区分的商品单独销售或者以组合的方式单独销售；

b. 企业也经常将其中部分可明确区分的商品以组合的方式按折扣价格单独销售；

c. 上述第 b 项中的折扣与该合同中的折扣基本相同，且针对每一组合中的商品的分析为将该合同的全部折扣归属于某一项或多项履约义务提供了可观察的证据。

（3）分摊可变对价。

合同中包含的可变对价，可能与整个合同相关，也可能仅与合同中的某一特定组成部分有关。

① 同时满足下列条件的，企业应当将可变对价及可变对价的后续变动额全部分摊至与之相关的某项履约义务（非全部），或者构成单项履约义务的一系列可明确区分商品中

的某项商品：

a. 可变对价的条款专门针对企业为履行该项履约义务或转让该项可明确区分商品所作的努力（或者是履行该项履约义务或转让该项可明确区分商品所导致的特定结果）。

b. 企业在考虑了合同中的全部履约义务及支付条款后，将合同对价中的可变金额全部分摊至该项履约义务或该项可明确区分商品符合分摊交易价格的目标。

② 对于不满足上述条件的可变对价及可变对价的后续变动额，企业应当按照分摊交易价格的一般原则（按照单独售价比例分摊），将其分摊至合同中的各单项履约义务。

对于已履行的履约义务，其分摊的可变对价后续变动额应当调整变动当期的收入。

（4）交易价格的后续变动。

① 交易价格发生后续变动的，企业应当按照在合同开始日所采用的基础（即按照合同开始日确定的分摊比例）将该后续变动金额分摊至合同中的履约义务。

② 对于合同变更导致的交易价格后续变动，应当按照本节有关合同变更的要求进行会计处理。

③ 合同变更之后，发生可变对价后续变动的，企业应当区分下列三种情形分别进行会计处理：

合同变更的情形	可变对价后续变动额
（1）合同变更部分作为单独合同	①判断可变对价后续变动与哪一项合同相关（原合同或新合同） ②确定后，按照分摊可变对价的相关规定进行会计处理
（2）合同变更视为原合同终止；同时，将原合同未履约部分与合同变更部分合并为新合同	①可变对价后续变动与合同变更前已承诺可变对价相关 a. 首先将该可变对价后续变动额以原合同开始日确定的单独售价为基础进行分摊 b. 再将分摊至合同变更日尚未履行履约义务的该可变对价后续变动额以新合同开始日确定的基础进行二次分摊 ②可变对价后续变动与合同变更前已承诺可变对价不相关，将该可变对价后续变动额分摊至合同变更日尚未履行的履约义务（新合同）
（3）将合同变更部分作为原合同的组成部分	将该可变对价后续变动额分摊至合同变更日尚未履行的履约义务

【例题 13 · 多选】P 公司与客户签订销售合同，合同约定以总价 150 万元的价格销售甲、乙、丙三种商品。甲、乙、丙三种商品的单独售价分别为 40 万元、60 万元、80 万元。P 公司经常将甲产品和乙产品打包按照 70 万元出售，丙产品单独按照 80 万元出售。不考虑其他因素，下列说法中正确的有（　　）。

A. 甲产品应确认收入为 40 万元

B. 乙产品应确认收入为 42 万元

C. 丙产品应确认收入为 80 万元

D. 甲产品应确认收入为 28 万元

【答案】BCD

【解析】丙产品单独售价与经常交易价格相同，则合同折扣 30 万元（40+60+80−150）应由甲产品和乙产品承担，丙产品应确认收入为 80 万元，甲产品应确认收入 =40−30×40/（40+60）=28（万元），乙产品应确认收入 =60−30×60/（40+60）=42（万元），选项 BCD 正确。

【例题 14 · 多选】甲商场元旦期间开展促销活动，顾客只要扫描微信二维码对商场加关注，即可免费获赠一条价值 10 元的运动手带。另外还推出了如下促销政策：买一件 9 折优惠，买两件以上

8折优惠（仅限购买运动服装和运动鞋）；凡是实际消费满500元以上的顾客，另加20元可以换购一个价值80元的运动帽。李某扫二维码获赠手带一条，并购买了一条标价为400元的运动裤和一双标价为500元的运动鞋。另外支付了20元，获得了一个运动帽。不考虑增值税等其他因素，下列说法中正确的有（　　）。

A. 运动手带应确认收入10元　　B. 运动裤应确认收入302.04元

C. 运动鞋应确认收入377.55元　　D. 运动帽应确认收入60.41元

【答案】BCD

【解析】运动手带属于促销产品，计入销售费用，不确认收入，选项A错误；交易价格（预期有权收取的对价金额）=（400+500）×80%（两件8折）+20=740元，运动裤的收入=740×400/（400+500+80）=302.04元，运动鞋的收入=740×500/（400+500+80）=377.55元，运动帽的收入=740−302.04−377.55=60.41元，选项BCD正确。

【例题15·计算】20×8年10月1日，甲公司与乙公司签订合同，向其销售A产品和B产品（均为可明确区分商品）。A的单独售价为500元，B的单独售价为1000元，A、B产品均属于在某一时点履行的履约义务。合同约定，A产品和B产品分别于20×8年12月1日和20×9年4月1日交付给乙公司。合同约定的对价包括800元的固定对价和估计金额为400元的可变对价（符合计入交易价格的条件）。

20×9年2月1日，双方对合同范围进行了变更，乙公司向甲公司额外采购C产品，合同价格增加600元，C产品与A、B两种产品可明确区分，但该增加的价格不反映C产品的单独售价。C产品的单独售价为750元。C产品将于20×9年5月30日交付给乙公司。

20×9年3月1日，企业预计有权收取的可变对价的估计金额由400元变更为490元（符合计入交易价格的条件）。甲公司认为该增加额与合同变更前已承诺的可变对价相关。

假定上述三种产品的控制权均随产品交付而转移给乙公司。不考虑增值税等其他因素。

要求：

计算A、B、C产品应分摊的交易价格，及确认收入的时点。

【答案】

（1）计算交易价格：

①20×8年10月1日，A产品分摊的交易价格=500/（500+1000）×（400+800）=400（元），B产品应分摊的交易价格=1000/（500+1000）×（400+800）=800（元）。

②20×9年2月1日，双方进行了合同变更，作为原合同的终止和新合同的成立进行会计处理。分摊至B产品的交易价格=1000/（1000+750）×（800+600）=800（元），

分摊至C产品的交易价格=750/（1000+750）×（800+600）=600（元）。

③20×9年3月1日，可变对价的估计金额增加了90元，由于该增加额与合同变更前已承诺的可变对价相关，因此应首先将该增加额分摊给A产品和B产品，之后再将分摊给B产品的部分在B产品和C产品形成的新合同中进行二次分摊。

一次分摊时，A分摊的金额=500/（500+1000）×90=30（元），B分摊的金额=1000/（500+1000）×90=60（元）；

二次分摊时，B分摊的金额=60×1000/（1000+750）=34.29（元），C分摊的金额=60×750/（1000+750）=25.71（元）。

④综上，A产品的交易价格=400+30=430（万元）；B产品的交易价格=800+34.29=834.29（万元）；C产品的交易价格=600+25.71=625.71（万元）。

（2）确认收入的时点：

①20×8 年 12 月 1 日，甲公司将 A 产品交付给乙公司，应确认收入 400 元；20×9 年 3 月 1 日，分摊给 A 产品的可变对价后续变动额 30 元当天确认收入；

②20×9 年 4 月 1 日交付 B 产品时确认收入 834.29（元）；

③20×9 年 5 月 30 日交付 C 产品时确认收入 625.71（元）。

5. **履行每一单项履约义务时确认收入**

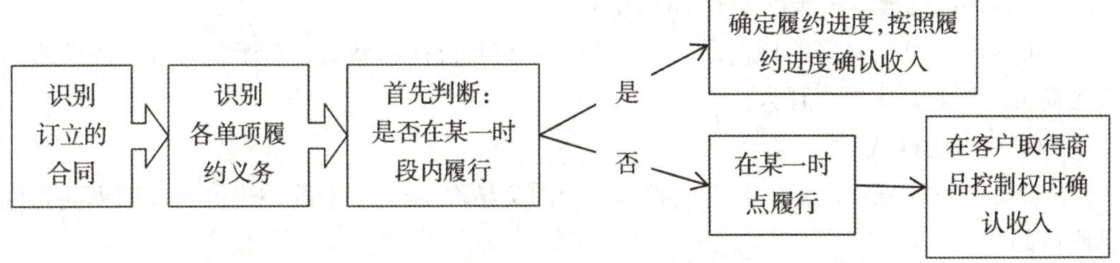

（1）在某一时间段内履行的履约义务。

① 满足下列条件之一的，属于在某一时段内履行的履约义务。

条　件	判　断
客户在企业履约的同时即取得并消耗企业履约所带来的经济利益	返工测试：企业在进行判断时，可以假定在企业履约的过程中更换为其他企业继续履行剩余履约义务，如果该继续履行合同的企业实质上无需重新执行企业累计至今已经完成的工作，则表明客户在企业履约的同时即取得并消耗了企业履约所带来的经济利益
客户能够控制企业履约过程中在建的商品	如在客户的土地上建造不动产等
企业在履约过程中产出的商品具有不可替代用途，且在整个合同期间内有权就累计至今已完成的履约部分收取款项	（1）商品具有不可替代用途。在判断时，企业既应当考虑合同限制，也应当考虑实际可行性限制，但无需考虑合同被终止的可能性 （2）有权就累计至今已完成的履约部分收取款项，是指在由于客户或其他方原因终止合同的情况下，企业有权就累计至今已完成的履约部分收取能够补偿其已发生成本和合理利润的款项，并且该权利具有法律约束力

② 在某一时段内履行的履约进度的确定。

企业应当考虑商品的性质，采用产出法或投入法确定恰当的履约进度，并且在确定履约进度时，应当扣除那些控制权尚未转移给客户的商品和服务。

产出法是根据已转移给客户的商品对于客户的价值确定履约进度，主要包括按照实际测量的完工进度、评估已实现的结果、已达到的里程碑、时间进度、已完工或交付的产品等确定履约进度的方法。

当产出法所需要的信息可能无法直接通过观察获得，或者为获得这些信息需要花费很高的成本时，可采用投入法。

投入法是根据企业履行履约义务的投入确定履约进度，主要包括以投入的材料数量、花费的人工工时或机器工时、发生的成本和时间进度等投入指标确定履约进度。实务中，企业通常按照累计实际发生的成本占预计总成本的比例（即成本法）确定履约进度。

企业在采用成本法确定履约进度时，当已发生的成本并未反映企业履行其履约义务的进度；或已发生的成本与企业履行其履约义务的进度不成比例时，需要对已发生的成本进行适当调整。

当企业在合同开始日就能够预期将满足下列所有条件时，企业在采用成本法时不应包括该商品的成本，而是应当按照其成本金额确认收入：

a. 该商品不构成单项履约义务；

b. 客户先取得该商品的控制权，之后才接受与之相关的服务；

c. 该商品的成本占预计总成本的比重较大；

d. 企业自第三方采购该商品，且未深入参与其设计和制造，对于包含该商品的履约义务而言，企业是主要责任人。

③ 收入的确认。

a. 资产负债表日，确认的当期收入 = 合同交易价格总额 × 履约进度 − 以前期间累计已确认的收入。

b. 当履约进度不能合理确定时，企业已发生的成本预计能够得到补偿的，应当按照已发生的成本金额确认收入，直到履约进度能够合理确定为止。

c. 每一资产负债表日，企业应当对履约进度进行重新估计。当客观环境发生变化时，企业也需要重新评估履约进度是否发生变化，该变化应当作为会计估计变更进行会计处理。

（2）在某一时点履行的履约义务。

对于在某一时点履行的履约义务，企业应当在客户取得相关商品控制权时点确认收入。

在判断客户是否已取得商品控制权时，企业应当考虑下列迹象：

① 企业就该商品享有现时收款权利，即客户就该商品负有现时付款义务。

② 企业已将该商品的法定所有权转移给客户，即客户已拥有该商品的法定所有权。

③ 企业已将该商品实物转移给客户，即客户已实物占有该商品。

a. 对于收取手续费方式的委托代销商品，虽然客户实物占有该商品，但是并未取得该商品控制权。

b. 对于“售后代管商品”安排，企业除了考虑客户是否取得商品控制权的迹象之外，还应当同时满足下列条件，才表明客户取得了该商品的控制权：该安排必须具有商业实质；属于客户的商品必须能够单独识别，如将属于客户的商品单独存放在指定地点；该商品可以随时交付给客户；企业不能自行使用该商品或将该商品提供给其他客户。

企业根据上述条件对尚未发货的商品确认了收入的，还应当考虑是否还承担了其他履约义务，如向客户提供保管服务等，从而应当将部分交易价格分摊至该其他履约义务。

④ 企业已将该商品所有权上的主要风险和报酬转移给客户。

⑤ 客户已接受该商品。企业在判断是否已将商品的控制权转移给客户时，应当考虑客户是否已接受该商品，特别是客户的验收是否仅仅是一个形式。

⑥ 其他表明客户已取得商品控制权的迹象。

【例题 16 · 多选】甲公司发生的下列各项业务中，应作为某一时间段内履行的履约义务的有（　　）。

A. 将一批货物从 A 市运送到 B 市，在途经 C 市时，由乙公司接替甲公司继续提供该运输服务

B. 在客户拥有的土地上按照客户的设计要求为其建造厂房

C. 为客户建造一台具有不可替代用途的设备，如果客户单方面解约，客户需向甲公司支付相当于合同总价 30% 的违约金

D. 为客户提供一项咨询服务，服务的结果为向客户提供的专业意见

【答案】AB

【解析】乙公司接替甲公司继续提供该运输服务，无需重新执行从 A 市运送到 B 市，满足客户在企业履约的同时即取得并消耗企业履约所带来的经济利益，选项 A 正确；在客户拥有的土地上按照客户的设计要求为其建造厂房，客户能够控制在建商品，选项 B 正确；设备具有不可替代用途，但是一旦客户违约，只能收到相当于合同总价 30% 的违约金，不能收取其成本加合理利润的款项，选项 C 错误；为客户提供一项咨询服务，如果终止，其他方需要重新执行已完成的工作，选项 D 错误。

【例题 17·多选】2×18 年 11 月，甲公司与乙公司订立一项装修一幢办公楼并安装新电梯的合同，合同总对价为 500 万元。已承诺的装修服务是一项在一段时间内履行的履约义务。预计总成本为 400 万元（包括电梯成本 150 万元）。甲公司在电梯转让给乙公司前获得对电梯的控制。甲公司使用投入法基于已发生的成本来计量其履约义务的履约进度。乙公司在 2×18 年 12 月电梯运抵该建筑物时获得对电梯的控制，电梯直至 2×19 年 6 月才安装完成。甲公司未参与电梯的设计与安装。至 2×18 年 12 月 31 日，已发生的成本为 50 万元（不包括电梯）。下列会计处理表述中，正确的有（　　）。

A. 至 2×18 年 12 月 31 日履约进度为 20%

B. 电梯收入应在安装完毕检验合格后确认

C. 2×18 年确认营业收入 220 万元

D. 2×18 年确认营业成本 200 万元

【答案】ACD

【解析】在计算履约进度时，电梯成本需要扣除，并在将控制权转移给客户时确认按照其成本确认收入，选项 B 错误；履约进度 =50÷（400−150）=20%，选项 A 正确；2×18 年确认营业收入 =（500−150）×20%+150=220（万元），选项 C 正确；2×18 年确认营业成本 =50+150=200（万元），选项 D 正确。

【学霸总结】

收入确认与计量原则更改为五步法模型，内容比较多，需要重点掌握每个步骤中的关键内容：

（1）第一步：识别与客户订立的合同。

① 确认收入的前提（需同时满足五个条件）。不能同时满足的，将收到的款项确认为负债；只有在企业不再负有向客户转让商品的剩余义务且已向客户收取的对价无需退回时，才能将已收取的对价确认为收入。

② 合同变更的三种情况（单独作为一个合同、原合同的终止和新合同的成立、原合同的组成部分）。

（2）第二步：识别合同中的单项履约义务。

同时满足两个条件：①商品可明确区分（通常为可单独出售转让等）；②承诺可明确区分（掌握承诺不能区分的三种情形）。

（3）第三步：确定交易价格。

① 可变对价：包含可变对价的交易价格，应当不超过在相关不确定性消除时，累计已确认的收入极可能不会发生重大转回的金额。

② 重大融资成分：按照假定客户在取得商品控制权时的现销价格确定交易价格。

③ 应付客户对价：冲减交易价格，除非从客户处取得了可明确区分的商品。

④ 非现金对价：以合同开始日非现金对价的公允价值确定交易价格；合同开始日之后，非现金对价本身形式以外的变动，作为可变对价（按照可变对价处理）计入交易价格。

（4）第四步：分摊交易价格。

① 按照合同开始日各单项履约义务单独售价的比例进行分摊。不得因合同开始日之后单独售价的变动而重新分摊交易价格。

② 分摊可变对价、合同折扣、交易价格的后续变动等：与哪一项履约义务相关，就分摊到哪一项（全部相关，分摊到全部履约义务；部分相关，分摊到部分履约义务）。

（5）第五步：履行每一单项履约义务时确认收入。

① 先确认是否属于某一时间段内履行的义务（按照履约进度确认收入）；如果不属于某一时间段履行，就属于某一时间点履行的履约义务（客户取得商品控制权时确认收入）。

② 某一时间段履行的履约义务的三个判断条件：返工测试、控制在建商品和不可替代用途且具有合格收款权（能够补偿其已履行合同的成本及合理利润）。

【考点117】合同成本★★

1. 合同履约成本

企业为履行合同可能会发生各种成本，不属于其他企业会计准则规范范围（如存货、固定资产、无形资产等）且同时满足下列条件的，应当作为合同履约成本确认为一项资产：

（1）该成本与一份当前或预期取得的合同直接相关。

（2）该成本增加了企业未来用于履行（或持续履行）履约义务的资源。

（3）该成本预期能够收回。

【提示】企业应当在下列支出发生时，将其计入当期损益：①管理费用，除非这些费用明确由客户承担；②非正常消耗的直接材料、直接人工和制造费用（或类似费用）；③与履约义务中已履行部分相关的支出，即该支出与企业过去的履约活动相关；④无法在尚未履行的与已履行（或已部分履行）的履约义务之间区分的相关支出。

例如，甲公司经营一家酒店，该酒店是甲公司的自有资产。甲公司在进行会计核算时，除发生的餐饮、商品材料等成本外，还需要计提与酒店经管相关的固定资产折旧（如酒店、客房及客房内的设备家具等）、无形资产摊销（如酒店土地使用权等）费用等，应如何对这些折旧和摊销进行会计处理。

本例中，甲公司经营一家酒店，主要通过提供客房服务赚取收入，而客房服务的提供直接依赖于酒店物业（包含土地）及家具等相关资产，即与客房服务相关的资产折旧和摊销属于甲公司为履行与客户的合同而发生的服务成本。该成本需先考虑是否满足收入准则规定的资本化条件，如果满足，应作为合同履约成本进行会计处理，并在收入确认时对合同履约成本进行摊销，计入营业成本。

此外，这些酒店物业等资产中与客房服务不直接相关的，如财务部门相关的资产折旧等费用或者销售部门相关的资产折旧等费用，则需要按功能将相关费用计入管理费用或销售费用等科目。

2. 合同取得成本

企业为取得合同发生的增量成本预期能够收回的，应当作为合同取得成本确认为一项资产。

为简化实务操作，该资产摊销期限不超过一年的，可以在发生时计入当期损益。

增量成本，是指企业不取得合同就不会发生的成本，如销售佣金等。企业因现有合同续约或发生合同变更需要支付的额外佣金，也属于为取得合同发生的增量成本。

企业为取得合同发生的、预期能够收回的增量成本之外的其他支出，如无论是否取得合同均会发生的差旅费、投标费、为准备投标资料发生的相关费用等，应当在发生时计入当期损益，除非这些支出明确由客户承担。

3. 与合同履约成本和合同取得成本有关的资产的摊销

对于确认为资产的合同履约成本和合同取得成本，企业应当采用与该资产相关的商品收入确认相同的基础进行摊销，计入当期损益。

4. 与合同履约成本和合同取得成本有关的资产的减值

合同履约成本和合同取得成本的账面价值高于下列两项的差额（类似于存货的可变现净值）的，超出部分应当计提减值准备，并确认为资产减值损失：

（1）企业因转让与该资产相关的商品预期能够取得的剩余对价。

（2）为转让该相关商品估计将要发生的成本。

以前期间减值的因素之后发生变化，使得上述两项的差额高于该资产账面价值的，应当转回原已计提的资产减值准备，并计入当期损益，但转回后的资产账面价值不应超过假定不计提减值准备情况下该资产在转回日的账面价值。

5. 合同履约成本和合同取得成本的列报

合同履约成本，初始确认时摊销期限不超过一年或一个正常营业周期的，在资产负债表中计入“存货”项目；初始确认时摊销期限在一年或一个正常营业周期以上的，在资产负债表中计入“其他非流动资产”项目。

合同取得成本，初始确认时摊销期限不超过一年或一个正常营业周期的，在资产负债表中计入“其他流动资产”项目；初始确认时摊销期限在一年或一个正常营业周期以上的，在资产负债表中计入“其他非流动资产”项目。

【例题 1 · 单选】甲公司为取得新客户的合同发生下列支出中，属于合同取得成本的是（　　）。

A. 聘请外部律师进行尽职调查的支出 10 万元

B. 因投标发生的投标费和差旅费为 5 万元

C. 如果取得新客户，将支付销售人员佣金为 5 万元，甲公司预期这些支出未来能够收回

D. 根据其年度销售目标、整体盈利情况等向销售部门经理支付年度奖金 10 万元

【答案】C

【解析】合同取得成本，为取得合同的增量成本。甲公司向销售人员支付的佣金属于为取得合同发生的增量成本，应当将其作为合同取得成本确认为一项资产。甲公司聘请外部律师进行尽职调查发生的支出、为投标发生的差旅费，无论是否取得合同都会发生，不属于增量成本，应当于发生时直接计入当期损益。选项 C 正确。

【例题 2 · 多选】企业发生的下列支出中，应当计入当期损益的是（　　）。

A. 企业承担的管理费用

B. 明确应由客户承担的管理费用

C. 非正常消耗的直接材料、直接人工和制造费用

D. 与履约义务中已履行（包括已全部履行或部分履行）部分相关的支出

【答案】ACD

【解析】企业应当在下列支出发生时，将其计入当期损益：管理费用，除非这些费用明确由客户承担；非正常消耗的直接材料、直接人工和制造费用（或类似费用），这些支出为履行合同发生，但未反映在合同价格中；与履约义务中已履行（包括已全部履行或部分履行）部分相关的支出，即该支出与企业过去的履约活动相关；无法在尚未履行的与已履行（或已部分履行）的履约义务之间区分的相关支出。

【学霸总结】

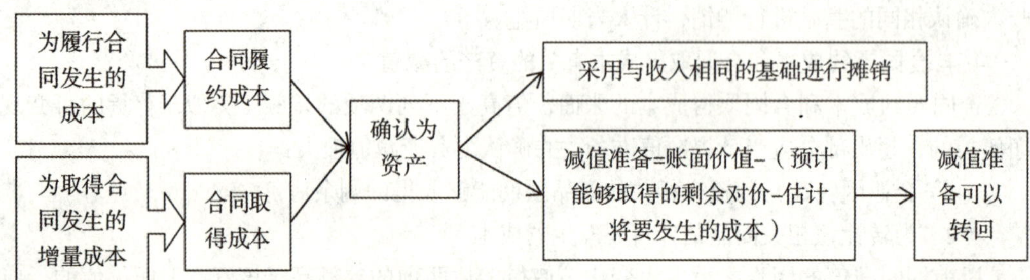

【考点 118】特定交易的会计处理★★★

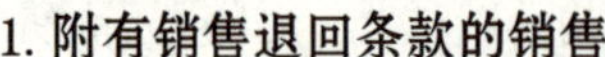

1. 附有销售退回条款的销售

对于附有销售退回条款的销售，企业应当在客户取得相关商品控制权时：

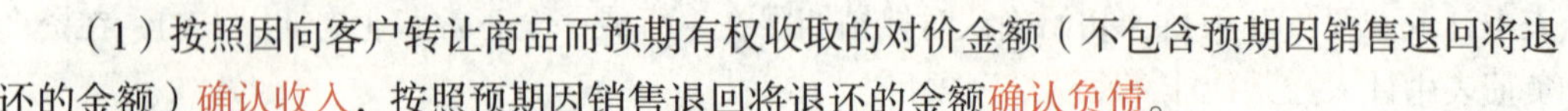

（1）按照因向客户转让商品而预期有权收取的对价金额（不包含预期因销售退回将退还的金额）确认收入，按照预期因销售退回将退还的金额确认负债。

（2）同时，按照预期将退回商品转让时的账面价值，扣除收回该商品预计发生的成本（包括退回商品的价值减损）后的余额，确认为一项资产。

（3）按照所转让商品转让时的账面价值，扣除上述资产成本的净额结转成本。

（4）每一资产负债表日，企业应当重新估计未来销售退回情况，如有变化，应当作为会计估计变更进行会计处理。

项　目	会计处理
客户取得商品控制权时	借：应收账款（预期有权收取的金额） 　贷：主营业务收入（差额） 　　预计负债——应付退货款（预估退货数量 × 销售单价） 　　应交税费——应交增值税（销项税额） 借：主营业务成本（差额） 　应收退货成本（预估退货数量 × 单位成本 - 收回该商品预计发生的成本） 　贷：库存商品（发出货物数量 × 单位成本）
资产负债表日，重新评估退货率	借：预计负债——应付退货款[（重新评估退货数量 - 原预估的退货数量）× 销售单价] 　贷：主营业务收入（可能做相反会计分录） 借：主营业务成本（可能做相反会计分录） 　贷：应收退货成本 [（重新评估退货数量 - 原预估的退货数量）× 单位成本]

（续表）

项　目	会计处理
退货期满前，实际发生退货时	（1）累计退回数量≤预估退货数量 借：应交税费——应交增值税（销项税额） 　　预计负债——应付退货款（实际退货数量 × 销售单价） 　　贷：银行存款（实际退回的价税合计金额） 借：库存商品 　　贷：应收退货成本（实际退货数量 × 单位成本） （2）累计实际退货数量>预估退货数量 借：应交税费——应交增值税（销项税额） 　　预计负债——应付退货款（冲回该科目的余额） 　　主营业务收入（差额） 　　贷：银行存款（实际退回的价税合计金额） 借：库存商品（实际退货数量 × 单位成本） 　　贷：应收退货成本（冲回该科目的余额） 　　　　主营业务成本（差额）
退货期满时，冲减剩余的预计负债金额	借：预计负债——应付退货款（冲回该科目的余额） 　　贷：主营业务收入 借：主营业务成本 　　贷：应收退货成本（冲回该科目的余额）

【例题 1 · 计算】甲公司是一家电器销售公司，为增值税一般纳税人，增值税税率为 16%。

2×19 年 6 月 1 日，甲公司向乙公司销售 5000 台微波炉，单位销售价格为 500 元，单位成本为 400 元，开出的增值税专用发票上注明的销售价款为 2500000 元，增值税税额为 400000 元，收到款项存入银行。协议约定，乙公司在 7 月 31 日之前有权退还微波炉。

假定甲公司根据过去的经验，估计该批微波炉退货率约为 20%，微波炉发出时纳税义务已经发生，实际发生销售退回时取得税务机关开具的红字增值税专用发票。6 月 30 日甲公司估计该批微波炉退货率约为 15%；7 月 31 日发生销售退回，实际退货量为 400 件，同时支付款项。假定不考虑其他因素。

要求：

（1）编制 2×19 年 6 月 1 日销售商品的会计分录。

（2）编制 2×19 年 6 月 30 日调整退货比率的会计分录。

（3）编制 2×19 年 7 月 31 日发生退货的会计分录。

【答案】

（1）2×19 年 6 月 1 日 6 月 1 日发出微波炉时：

借：银行存款　　2900000
　　贷：主营业务收入　　2000000（500×5000×80%）
　　　　预计负债——应付退货款　　500000（500×5000×20%）
　　　　应交税费——应交增值税（销项税额）　　400000
借：主营业务成本　　1600000（400×5000×80%）
　　应收退货成本　　400000（400×5000×20%）
　　贷：库存商品　　2000000

（2）2×19 年 6 月 30 日调整退货比率时：

借：预计负债——应付退货款　　125000 [500×5000×（20%−15%）]

　　贷：主营业务收入　　125000

借：主营业务成本　　100000

　　贷：应收退货成本　　100000 [400×5000×（20%−15%）]

（3）2×19 年 7 月 31 日实际发生退货时：

借：预计负债——应付退货款　　375000

　　应交税费——应交增值税（销项税额）　　32000

　　贷：银行存款　　232000

　　　　主营业务收入　　175000

借：库存商品　　160000

　　主营业务成本　　140000

　　贷：应收退货成本　　300000

2. 附有质量保证条款的销售

对于附有质量保证条款的销售，企业应当评估该质量保证是否在向客户保证所销售的商品符合既定标准之外提供了一项单独的服务。

企业提供额外服务的，应当作为单项履约义务，按照本节进行会计处理；否则，质量保证责任应当按照或有事项的要求进行会计处理。

企业提供的质量保证同时包含上述两类的，应当分别对其进行会计处理，无法合理区分的，应当将这两类保证一起作为单项履约义务进行会计处理。

【提示】客户能够选择单独购买质量保证的，该质量保证构成单项履约义务。质量保证期限越长，越有可能是单项履约义务。

【例题 2 · 多选】2×18 年元旦期间，为促进某空调的销售，甲商场在销售的同时，约定免费提供一年的维修质保服务。按照国家规定的质量标准，该类型的空调应当提供 6 个月的质保服务。假定该商场也经常单独对外提供延长质保服务，并收取一定的费用。下列关于甲公司会计处理的表述，不正确的有（　　）。

A. 甲公司按照国家规定提供的 6 个月质保服务，作为单项履约义务进行会计处理

B. 甲公司按照国家规定提供的 6 个月质保服务，应在销售发生时按照预计很可能支出的服务费用确认一项负债

C. 甲公司延长的 6 个月质保服务，应在销售发生时按照商品与服务的单独售价比例分摊交易价格，并分别确认商品销售和服务的收入

D. 如果延长的 6 个月质保服务与国家规定的 6 个月质保服务无法明确划分，应当将这两类质量保证一起作为或有事项进行会计处理

【答案】ACD

【解析】按照国家规定提供的 6 个月质保服务，应作为或有事项处理，不构成单项履约义务，选项 A 错误；应在各项履约义务履行时分别确认收入，即提供的服务不能直接在销售时确认收入，应在后续提供服务时才能确认，选项 C 错误；无法合理区分的，应当将这两类质量保证一起作为单项履约义务进行会计处理，选项 D 错误。

3. 主要责任人和代理人

类别	转让前能否控制该商品	会计处理
主要责任人	能够控制该商品	总额法：按照已收或应收对价总额确认收入
代理人	不能控制该商品	净额法：按照预期有权收取的佣金或手续费的金额确认收入（已收或应收对价总额－应支付给其他相关方的价款）

（1）当存在第三方参与企业向客户提供商品时，企业向客户转让特定商品之前能够控制该商品，从而应当作为主要责任人的情形包括以下几个方面：

①企业自该第三方取得商品或其他资产控制权后，再转让给客户。

②企业能够主导该第三方代表本企业向客户提供服务，说明企业在相关服务提供给客户之前能够控制该相关服务。

③企业自该第三方取得商品控制权后，通过提供重大的服务将该商品与其他商品整合成合同约定的某组合产出转让给客户。

（2）实务中，企业在判断其在向客户转让特定商品之前是否已经拥有对该商品的控制权时，不应仅局限于合同的法律形式，而应当综合考虑所有相关事实和情况进行判断，这些事实和情况包括以下几个方面：

①企业承担向客户转让商品的主要责任（如客户退货给企业、商品出现问题找企业）。

②企业在转让商品之前或之后承担了该商品的存货风险。其中，存货风险主要是指存货可能发生减值，毁损或灭失等形成的损失（如销售前持有存货，销售后负有退货义务等）。

③企业有权自主决定所交易商品的价格（在固定的限价范围内定价，不属于有自主定价权）。

④其他相关事实和情况（以该企业在特定商品转让给客户之前是否能够控制这些商品为原则）。

4. 附有客户额外购买选择权的销售

（1）对于附有客户额外购买选择权的销售，企业应当评估该选择权是否向客户提供了一项重大权利。

如果客户只有在订立了一项合同的前提下才取得了额外购买选择权，并且客户行使该选择权购买额外商品时，能够享受到超过该地区或该市场中其他同类客户所能够享有的折扣，则通常认为该选择权向客户提供了一项重大权利。

（2）企业提供重大权利的，应当作为单项履约义务，按照本节有关交易价格分摊的要求将交易价格分摊至该履约义务，在客户未来行使购买选择权取得相关商品控制权时，或者该选择权失效时，确认相应的收入。

额外购买选择权的情况包括销售激励、客户奖励积分、未来购买商品的折扣券、合同续约选择权等。

（3）企业在向客户转让商品之前（额外购买的商品），如果客户已经支付了合同对价或企业已经取得了无条件收取合同对价的权利，则企业应当在客户实际支付款项与到期应支付款项孰早时点，将该已收或应收的款项列示为合同负债。

合同负债，是指企业已收或应收客户对价而应向客户转让商品的义务。

【提示】企业因转让商品收到的预收款适用本准则进行会计处理时，不再使用“预收账款”科目及“递延收益”科目。

例如，甲公司经营一家电商平台，平台商家自行负责商品的采购、定价、发货及售后服务，甲公司仅提供平台供商家与消费者进行交易并负责协助商家和消费者结算货款，甲公司按照货款的5%向商家收取佣金，并判断自己在商品买卖交易中是代理人。2×18年，甲公司向平台的消费者销售了1000张不可退的电子购物卡，每张卡的面值为200元，总额200000元。假设不考虑相关税费的影响。

本例中，考虑到甲公司在商品买卖交易中为代理人，仅为商家和消费者提供平台及结算服务，并收取佣金，因此，甲公司销售电子购物卡收取的款项200000元中，仅佣金部分10000元(200000*5%，不考虑相关税费)代表甲公司已收客户(商家)对价而应在未来消费者消费时作为代理人向商家提供代理服务的义务，应当确认合同负债。对于其余部分(即190000元)，为甲公司代商家收取的款项，作为其他应付款，待未来消费者消费时支付给相应的商家。

【例题3·计算】2×18年元旦，甲商场开展积分奖励促销计划，凡在当天购买商品，每1元均可获得1分的奖励积分，该积分可在2×18年使用，过期作废，每分积分可在以后购物时抵减货款0.1元。当天，甲公司销售各类商品共计1000万元，授予客户奖励积分共计1000万分。根据历史经验，甲公司估计授予的奖励积分将有90%使用。

截止2×18年6月30日，客户累计使用奖励积分共计300万分。甲公司对积分的兑换率进行了重新估计，预计客户总共将会兑换80%的积分。2×18年年末，客户累计使用奖励积分共计600万分。

不考虑所得税等其他因素，计算结果保留两位小数。

要求：

（1）计算2×18年元旦分摊至商品的交易价格和分摊至积分的交易价格，并编制相关会计分录。

（2）计算2×18年6月30日客户使用奖励积分应确认的收入，并编制相关会计分录。

（3）计算2×18年年末该奖励积分应确认的收入，并编制相关会计分录。

【答案】

（1）甲公司估计积分的单独售价=1000×0.1×90%=90（万元），分摊至商品的交易价格=1000×1000/（1000+90）=917.43（万元），分摊至积分的交易价格=90×1000/（1000+90）=82.57（万元）。

借：银行存款　　1000

　　贷：主营业务收入　　917.43

　　　　合同负债　　82.57

（2）2×18年6月30日客户使用奖励积分应当确认的收入=300/（1000×80%）×82.57=30.96（万元）；

借：合同负债　　30.96

　　贷：主营业务收入　　30.96

（3）2×18年年末，剩余积分到期，应当全部确认为收入=82.57−30.96=51.61（万元）；

借：合同负债　　51.61

　　贷：主营业务收入　　51.61

5. 授予知识产权许可

企业向客户授予的知识产权，常见的包括软件和技术、影视和音乐等的版权、特许经营权及专利权、商标权和其他版权等。

（1）企业向客户授予知识产权许可的，应当按照准则规定评估该知识产权许可是否构成单项履约义务。

① 对于不构成单项履约义务的，企业应当将该知识产权许可和其他商品一起作为一项履约义务进行会计处理。

② 对于构成单项履约义务的，应当进一步确定其是在某一时段内履行还是在某一时点履行。

同时满足下列条件时，应当作为在某一时段内履行的履约义务确认相关收入：

a. 合同要求或客户能够合理预期企业将从事对该项知识产权有重大影响的活动。

b. 该活动对客户将产生有利或不利影响。

c. 该活动不会导致向客户转让商品。

（2）企业向客户授予知识产权许可，并约定按客户实际销售或使用情况收取特许权使用费的（可变对价），应当在下列两项孰晚的时点确认收入（可变对价的特殊规定）：

① 客户后续销售或使用行为实际发生。

② 企业履行相关履约义务。

该例外规定只有在下列两种情形下才能使用：

a. 特许权使用费仅与知识产权许可相关。

b. 特许权使用费可能与合同中的知识产权许可和其他商品都相关，但是与知识产权许可相关的部分占有主导地位。

企业使用该例外规定时，应当对特许权使用费整体采用该规定，而不应当将特许权使用费进行分拆。

如果与授予知识产权许可相关的对价同时包含固定金额和按客户实际销售或使用情况收取的变动金额（可变对价）两部分，则只有可变对价能采用该例外规定，而固定对价应当在相关履约义务履行的时点或期间内确认收入。

【例题 4 · 单选】A 公司是一家设计制作连环漫画的公司，2×17 年 1 月与 B 公司签订合同，约定 B 公司有权在未来 2 年内在其生产的水杯上使用 A 公司连环漫画中的角色形象和名称，A 公司收取固定使用费 420 万元，以及按照 B 公司当年销售额的 10% 计算提成。B 公司预期 A 公司会继续创作角色及出版包含这些角色的连环漫画。B 公司 2×17 年实现销售收入 200 万元。假定不考虑其他因素，A 公司 2×17 年应确认收入的金额为（　　）万元。

A. 230　　B. 0　　C. 210　　D. 420

【答案】A

【解析】A 公司授予 B 公司的该使用权许可，属于在某一时段内履行的履约义务，其收取的 420 万元固定金额的使用费应在 2 年内平均确认收入，按照销售额 10% 计算的提成，应在 B 公司销售实际完成时确认收入，则 A 公司 2×17 年应确认的收入金额 =420÷2+200×10%=230（万元）。

【例题 5 · 计算】2×18 年 1 月 1 日，甲公司与乙公司订立一项知识产权许可证的合同。合同约定：甲公司授予乙公司两项知识产权，期限为一年；许可证 A 的价格为 500 万元，许可证 B 的价格为客户销售使用了许可证 B 的产品的未来销售额的 10%，甲公司预估其价格 2000 万元。如果单独出售许可证A和B，其售价分别为600万元和1800万元。

合同开始日，许可证B已转让给客户，而许可证A在2×18年5月1日转让给客户，当日已收取A的对价500万元，许可证B的对价按照季度结算。

2×18年上半年，乙公司使用许可证B生产产品的销售额为：一季度3000万元、二季度6000万元。

假设许可证A和许可证B均满足在某一时点履行的履约义务，不考虑税费等其他因素。

要求：

（1）计算应分摊至许可证A和许可证B的交易价格。

（2）确定许可证A和许可证B的收入确认时点，并编制甲公司2×18年上半年的会计分录。

【答案】

（1）合同中的约定许可证A的固定对价为500万元，许可证B的可变对价为2000万元，均不能反映单独售价，应按照单独售价比例进行分摊。

分摊至许可证A的固定对价=500×600/（600+1800）=125（万元），

分摊至许可证B的固定对价=500×1800/（600+1800）=375（万元）；

针对知识产权的可变对价部分，在企业履行了相关履约义务，且客户后续销售或使用行为实际发生才能计入交易价格确认收入。

第一季度分摊至许可证A的可变对价=3000×10%×600/（600+1800）=75（万元），

第一季度分摊至许可证B的可变对价=3000×10%×1800/（600+1800）=225（万元），

第二季度分摊至许可证A的可变对价=6000×10%×600/（600+1800）=150（万元），

第二季度分摊至许可证B的可变对价=6000×10%×1800/（600+1800）=450（万元）；

（2）许可证A，在2×18年5月1日确认收入200万元（固定对价收入125万元，以及第一季度的可变对价收入75万元），在第二季度末确认可变对价150万元；

许可证B，在2×18年1月1日（合同开始时）确认固定对价收入375万元，第一季度末确认可变对价收入225万元，在第二季度末确认可变对价收入450万元。

①2×18年1月1日，转让许可证B，收取价款500万元：

借：银行存款　　500

　　贷：主营业务收入——许可证B　　375

　　　　合同负债——许可证A　　125

②2×18年3月31日，收取价款3000×10%=300（万元）：

借：银行存款　　300

　　贷：主营业务收入——许可证B　　225

　　　　合同负债——许可证A　　75

③2×18年5月1日，转让许可证A：

借：合同负债——许可证A　　200

　　贷：主营业务收入——许可证A　　200

④2×18年6月30日，收取价款6000×10%=600（万元）：

借：银行存款　　600

　　贷：主营业务收入——许可证B　　450

　　　　主营业务收入——许可证A　　150

6. 售后回购

售后回购，是指企业销售商品的同时承诺或有权选择日后再将该商品（包括相同或几乎相同的商品，或以该商品作为组成部分的商品）购回的销售方式。

类　别	会计处理	
情形一（企业为主）：企业因存在与客户的远期安排而负有回购义务或企业享有回购权利，表明客户在销售时点并未取得相关商品控制权	回购价格<原售价	视为租赁交易
	回购价格≥原售价	视为融资交易，在收到客户款项时确认金融负债，并将该款项和回购价格的差额在回购期间内确认为利息费用等
情形二（客户为主）：企业负有应客户要求回购商品义务的，应当在合同开始日评估客户是否具有行使该要求权的重大经济动因	有重大经济动因	按“情形一”进行处理
	没有重大经济动因	作为附有销售退回条款的销售交易处理
	【提示】如果回购价格明显高于该资产回购时的市场价值，则表明客户有行权的重大经济动因	

【例题6·多选】对于企业因存在与客户的远期安排而负有回购义务或企业享有回购权利的售后回购交易，下列表述中正确的有（　　）。

A. 客户在销售时点并未取得相关商品控制权

B. 回购价格低于原售价的，应当视为租赁交易

C. 回购价格不低于原售价的，应当视为融资交易

D. 企业到期未行使回购权利的，应当将原确认的金融负债转入其他综合收益

【答案】ABC

【解析】企业到期未行使回购权利的，应当在该回购权利到期时终止确认金融负债，同时确认收入。

【例题7·多选】对于企业负有应客户要求回购商品义务的售后回购交易，下列表述中正确的有（　　）。

A. 客户具有行使该要求权重大经济动因，回购价格低于原售价的，应当视为租赁交易

B. 客户具有行使该要求权重大经济动因，回购价格不低于原售价的，应当视为融资交易

C. 客户不具有行使该要求权重大经济动因，回购价格低于市场价的，应当视为租赁交易

D. 客户不具有行使该要求权重大经济动因，回购价格低于市场价的，应当将其作为附有销售退回条款的销售交易进行会计处理

【答案】ABD

【解析】客户不具有行使该要求权重大经济动因，回购价格低于市场价的，应当将其作为附有销售退回条款的销售交易进行会计处理，选项C错误。

7. 客户未行使的权利

企业向客户预收销售商品款项的，首先将该款项确认为负债，待履行了相关履约义务时再转为收入。

（1）当企业预收款项无需退回，且客户可能会放弃其全部或部分合同权利时（如放弃储值卡的使用等），企业预期将有权获得与客户所放弃的合同权利相关的金额的，应当按照客户行使合同权利的模式按比例将上述金额确认为收入。

（2）否则，企业只有在客户要求其履行剩余履约义务的可能性极低时，才能将上述负债的相关余额转为收入。

【例题8·计算】 2×18年，A美容店向客户销售了500张储值卡，每张卡的面值为1000元，总额为50万元。客户可在A美容店经营的任何一家门店使用该储值卡进行消费。根据历史经验，A美容店预期客户购买的储值卡中将有大约相对于储值卡面值金额10%（即5万元）不会被消费，且未消费的金额将不会退还给客户。A美容店为增值税一般纳税人，适用增值税税率为6%，在客户使用该储值卡消费时发生增值税纳税义务。截止2×18年12月31日，客户使用该储值卡消费的金额为36万元。

要求：编制A美容店2×18年收取款项及确认收入的相关会计分录。

【答案】

A美容店销售储值卡收取的款项50万元中，仅商品价款部分代表A美容店已收客户对价而应向客户转让商品的义务，应当确认合同负债，其中增值税部分确认为“应交税费——待转销项税额”。

A美容店预期将有权获得与客户未行使的合同权利相关的金额为5万元，该金额应当按照客户行使合同权利的模式按比例确认为收入。因此，A美容店在2×18年销售的储值卡应当确认的收入金额=[36+5×36/（50−5）]÷(1+6%)=37.74（万元）。

①销售储值卡。

借：库存现金　　50

　　贷：合同负债　　47.17

　　　　应交税费——待转销项税额　　2.83

②根据储值卡的消费金额确认收入，同时将对应的待转销项税额确认为销项税额。

借：合同负债　　37.74

　　应交税费——待转销项税额　　2.04 [36÷(1+6%)×6%]

　　贷：主营业务收入　　37.74

　　　　应交税费——应交增值税（销项税额）　　2.04

8. 无需退回的初始费

企业在合同开始（或接近合同开始）日向客户收取的无需退回的初始费（如俱乐部的入会费等）应当计入交易价格。

（1）该初始费与向客户转让已承诺的商品相关，在转让该商品时（该商品构成单项履约义务）或包含该商品的单项履约义务履行时（该商品不构成单项履约义务）确认收入。

（2）该初始费与向客户转让已承诺的商品不相关，应当作为未来将转让商品的预收款，在未来转让该商品时确认为收入。

【例题9·多选】 甲公司经营一家会员制健身俱乐部，客户入会之后可以随时在该俱乐部健身。除俱乐部的年费2万元之外，每位客户需另外支付100元的入会费，用于补偿俱乐部为客户进行注册登记、准备会籍资料及制作会员卡等初始活动所花费的成本。甲公司收取的入会费和年费均无需返还。2×18年甲公司与500名客户签订了为期2年的合同，一次收取价款1000万元，注册登记等款项5万元。甲公司2×18年的会计处理表述不正确的有（　　）。

A. 将一次收取价款1000万元确认为2×18年的收入

B. 将一次收取的注册登记等款项5万元确认为2×18年的收入

C. 将一次收取价款1000万元和注册登记等款项5万元一起在2年内分摊确认为收入

D. 将一次收取价款1000万元在2年内分摊确认为收入，将一次收取的注册登记等款项5万元

确认为2×18年的收入

【答案】ABD

【解析】甲公司承诺的服务是向客户提供健身服务，属于一段时间内履行的履约义务，收取的年费1000万元应在2年内分摊确认收入；甲公司为会员入会所进行的初始活动收取5万元，并未向客户提供其所承诺的服务，而只是一些内部行政管理性质的工作，实质上是客户为健身服务所支付的对价的一部分，故应当作为健身服务的预收款，与收取的年费一起在2年内分摊确认为收入，选项ABD错误。

【考点119】合同资产与合同负债的列报★★★

1. 合同资产与应收款项

（1）合同资产，是指企业已向客户转让商品而有权收取对价的权利，且该权利取决于时间流逝之外的其他因素（不是无条件收取，除了时间流逝之外，还取决于其他条件）。

（2）应收款项，是企业无条件收取合同对价的权利，该权利仅取决于时间流逝即可收款。

【例题1·计算】2×18年3月1日，甲公司与客户签订合同，向其销售A、B两项商品，合同价款为2000元。合同约定，A商品于合同开始日交付，B商品在一个月之后交付，只有当A、B两项商品全部交付之后，甲公司才有权收取2000元的合同对价。假定A商品和B商品构成两项履约义务，其控制权在交付时转移给客户，分摊至A商品和B商品的交易价格分别为400元和1600元。上述价格均不包含增值税，且假定不考虑相关税费影响。

要求：简要分析该业务的会计处理方法，并编制相关会计分录。

【答案】

甲公司将A商品交付给客户之后，与该商品相关的履约义务已经履行，但是需要等到后续交付B商品时，企业才具有无条件收取合同对价的权利，因此，甲公司应当将因交付A商品而有权收取的对价400元确认为合同资产，而不是应收账款，相应的账务处理如下：

①交付A商品时。

借：合同资产　　400

　贷：主营业务收入　　400

②交付B商品时。

借：应收账款　　2000

　贷：合同资产　　400

　　主营业务收入　　1600

2. 合同负债

合同负债，是指企业已收或应收客户对价而应向客户转让商品的义务。

企业因转让商品收到的预收款适用本准则进行会计处理时，不再使用“预收账款”科目及“递延收益”科目。

3. 合同资产与合同负债的列示

合同资产和合同负债应当在资产负债表中单独列示，并按流动性分别列示为“合同资产”或“其他非流动资产”及“合同负债”或“其他非流动负债”。同一合同下的合同资产和合同负债应当以净额列示，不同合同下的合同资产和合同负债不能互相抵销。

由于同一合同下的合同资产和合同负债应当以净额列示，企业也可以设置“合同结算”科目（或其他类似科目），以核算同一合同下属于在某一时段内履行履约义务涉及与客户结算对价的合同资产或合同负债，并在此科目下设置“合同结算——价款结算”科目反映定期与客户进行结算的金额，设置“合同结算——收入结转”科目反映按履约进度结转的收入金额。

资产负债表日，“合同结算”科目的期末余额在借方的，根据其流动性，在资产负债表中分别列示为“合同资产”或“其他非流动资产”项目；期末余额在贷方的，根据其流动性，在资产负债表中分别列示为“合同负债”或“其他非流动负债”项目。

【例题2·计算】2×19年1月1日，甲建筑公司与乙公司签订一项大型设备建造工程合同，根据双方合同，该工程的造价为6300万元，工程期限为1年半，甲公司负责工程的施工及全面管理，乙公司按照第三方工程监理公司确认的工程完工量，每半年与甲公司结算一次；预计2×20年6月30日竣工；预计可能发生的总成本为4000万元。假定该建造工程整体构成单项履约义务，并属于在某一时段履行的履约义务，甲公司采用成本法确定履约进度，增值税税率为10%，不考虑其他相关因素。

2×19年6月30日，工程累计实际发生成本1500万元，甲公司与乙公司结算合同价款2500万元，甲公司实际收到价款2000万元；2×19年12月31日，工程累计实际发生成本3000万元，甲公司与乙公司结算合同价款1100万元，甲公司实际收到价款1000万元；2×20年6月30日，工程累计实际发生成本4100万元，乙公司与甲公司结算了合同竣工价款2700万元，并支付剩余工程款3300万元。

上述价款均不含增值税额。假定甲公司与乙公司结算时即发生增值税纳税义务，乙公司在实际支付工程价款的同时支付其对应的增值税款。

要求：根据上述资料，做出甲公司的相关会计处理。

【答案】

（1）2×19年1月1日至6月30日实际发生工程成本时：

借：合同履约成本　　1500

　贷：原材料/应付职工薪酬等　　1500

（2）2×19年6月30日履约进度=1500÷4000=37.5%，合同收入=6300×37.5%=2362.5（万元）。

借：合同结算——收入结转　　2362.5

　贷：主营业务收入　　2362.5

借：主营业务成本　　1500

　贷：合同履约成本　　1500

借：应收账款　　2750

　贷：合同结算——价款结算　　2500

　　应交税费——应交增值税（销项税额）　　250

借：银行存款　　2200

　贷：应收账款　　2200

当日，“合同结算”科目的余额为贷方137.5万元（2500−2362.5)，表明甲公司已经与客户结算但尚未履行履约义务的金额为137.5万元，由于甲公司预计该部分履约义务将在2×19年内完成，因此，应在资产负债表中作为合同负债列示。

（3）2×19年7月1日至12月31日实际发生工程成本时：

借：合同履约成本　　1500

　贷：原材料/应付职工薪酬等　　1500

（4）2×19 年 12 月 31 日

履约进度 =3000÷4000=75%，合同收入 =6300×75%−2362.5=2362.5（万元）。

借：合同结算——收入结转　　2362.5
　　贷：主营业务收入　　2362.5

借：主营业务成本　　1500
　　贷：合同履约成本　　1500

借：应收账款　　1210
　　贷：合同结算——价款结算　　1100
　　　　应交税费——应交增值税（销项税额）　　110

借：银行存款　　1100
　　贷：应收账款　　1100

当日，“合同结算”科目的余额为借方 1125(2362.5−1100−137.5) 万元，表明甲公司已经履行履约义务但尚未与客户结算的金额为 1125 万元，由于该部分金额将在 2×20 年年内结算，因此，应在资产负债表中作为合同资产列示。

（5）2×20 年 1 月 1 日至 6 月 30 日实际发生工程成本时

借：合同履约成本　　1100
　　贷：原材料 / 应付职工薪酬等　　1100

（6）2×19 年 6 月 30 日

由于当日该工程已竣工决算，其履约进度为 100%，合同收入 =6300−2362.5−2362.5=1575（万元）。

借：合同结算——收入结转　　1575
　　贷：主营业务收入　　1575

借：主营业务成本　　1100
　　贷：合同履约成本　　1100

借：应收账款　　2970
　　贷：合同结算——价款结算　　2700
　　　　应交税费——应交增值税（销项税额）　　270

借：银行存款　　3630
　　贷：应收账款　　3630

当日，“合同结算”科目的余额为零（1125+1575−2700)。

第二节 费用

【考点 120】期间费用★★

期间费用，是指本期发生的、不能直接或间接归入某种产品成本的、直接计入损益的各项费用，包括管理费用、销售费用、财务费用。

1. 管理费用

管理费用，是指企业为组织和管理企业生产经营所发生的费用，包括企业在筹建期间发生的开办费、董事会和行政管理部门在企业的经营管理中发生的或者应由企业统一负担的公司经费、工会经费、董事会费、聘请中介机构费、咨询费、诉讼费、业务招待费、技术转让费、矿产资源补偿费、研究费用、排污费及行政管理部门等发生的固定资产修理费用等。

2. 销售费用

销售费用，是指企业在销售商品和材料、提供劳务的过程中发生的各种费用，包括企业在销售商品过程中发生的保险费、包装费、展览费和广告费、商品维修费、预计产品质量保证损失、运输费、装卸费等及为销售本企业商品而专设的销售机构（含销售网点、售后服务网点等）的职工薪酬、业务费、折旧费、固定资产修理费用等费用。

【提示】商品流通企业采购商品过程中发生的采购费用应计入存货成本，不计入销售费用。

3. 财务费用

财务费用，是指企业为筹集生产经营所需资金等而发生的筹资费用，包括利息支出（减利息收入）、汇兑损益及相关的手续费、企业发生的现金折扣或收到的现金折扣等。

【提示】以公允价值计量且其变动计入当期损益的金融负债发生的初始直接费用及计提的利息计入投资收益，不计入财务费用。

第三节 利润

【考点121】利润的构成★★

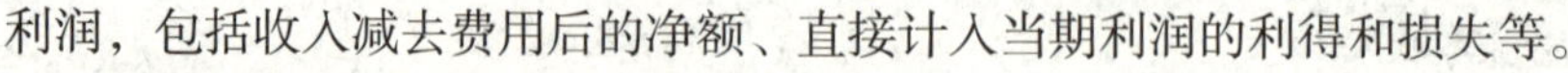

利润，包括收入减去费用后的净额、直接计入当期利润的利得和损失等。

1. 营业利润

营业利润 = 营业收入 − 营业成本 − 税金及附加 − 销售费用 − 管理费用 − 研发费用 − 财务费用 − 资产减值损失（信用减值损失）+ 公允价值变动收益（− 公允价值变动损失）+ 净敞口套期收益（− 净敞口套期损失）+ 投资收益（− 投资损失）+ 资产处置收益（− 资产处置损失）+ 其他收益。

（1）营业收入：指企业经营业务所确认的收入总额，包括主营业务收入和其他业务收入。

（2）营业成本：指企业经营业务所发生的实际成本总额，包括主营业务成本和其他业务成本。

（3）资产减值损失（信用减值损失）：企业计提各项资产减值准备所形成的损失。

（4）公允价值变动收益（或损失）：指以公允价值变动形成的应计入当期损益的利得（或损失）。

（5）投资收益（或损失）：企业以各种方式对外投资所取得的收益（或损失）。

（6）资产处置收益（或损失）：企业出售划分为持有待售的非流动资产或处置组时确认的处置利得或损失；处置未划分为持有待售的固定资产、在建工程、生产性生物资产及无形资产而产生的处置利得或损失；债务重组中因处置非流动资产产生的利得或损失；非货币性资产交换中因涉及非流动资产产生的利得或损失。

（7）其他收益：反映计入其他收益的政府补助等。

2. 利润总额、净利润

利润总额 = 营业利润 + 营业外收入 - 营业外支出

净利润 = 利润总额 - 所得税费用

3. 营业外收入与营业外支出

营业外收入，是指企业发生的营业利润以外的收益，主要包括：非流动资产毁损报废利得、债务重组利得、与企业日常活动无关的政府补助、盘盈利得（一般指现金）、捐赠利得、确实无法支付而按规定程序经批准后转作营业外收入的应付款项等。

营业外支出，是指企业发生的与其日常活动无直接关系的各项损失，主要包括：非流动资产毁损报废损失、债务重组损失、固定资产盘亏损失、公益性捐赠支出、非常损失等。

4. 本年利润

企业应设置"本年利润"科目，核算企业当期实现的净利润（或发生的净亏损）。年度终了，应将"本年利润"转入"利润分配——未分配利润"科目，结转后本科目应无余额。

5. 综合收益总额

综合收益总额 = 净利润 + 其他综合收益的税后净额

【学霸总结】

（1）营业外收入和营业外支出应当分别核算，不得互相冲减。

（2）盘盈利得，一般指现金盘盈；存货盘盈应冲减管理费用；固定资产盘盈作为前期差错处理。

（3）企业接受控股股东（或控股股东的子公司）或非控股股东（或非控股股东的子公司）直接或间接代为偿债、债务豁免、捐赠，经济实质表明属于控股股东或非控股股东对企业的资本性投入，应当将相关的利得计入所有者权益（资本公积）。

历年真题演练

一、单项选择题

1.（2018年）20×7年2月1日，A公司与甲公司签订了一项总额为20000万元的固定造价合同，在甲公司自由土地上为甲公司建造一栋办公楼。截至20×7年12月20日止，A公司累计已发生成本6500万元，20×7年12月25日，经协商合同双方同意变更合同范围，附加装修办公楼的服务内容，合同价格相应增加3400万元，假定上述新增合同价款不能反映装修服务的单独售价。不考虑其他因素，下列各项关于上述合同变更会计处理的表述中，正确的是（　　）。

A. 合同变更部分作为单独合同进行会计处理

B. 合同变更部分作为原合同组成部分进行会计处理

C. 合同变更部分作为单项履约义务于完成装修时确认收入

D. 原合同未履约部分与合同变更部分作为新合同进行会计处理

2.（2017年改编）甲公司2×16年发生以下交易或事项：（1）销售商品确认收入24000万元，结转成本19000万元；（2）采用公允价值进行后续计量的投资性房地产取得出租收入2800万元，2×16年公允价值变动收益1000万元；（3）处置固定资产损失600万元；（4）因持有其他权益工具投资确认公允价值变动收益800万元；

（5）确认商誉减值损失2000万元。不考虑其他因素，甲公司2×16年营业利润是（　　）万元。

A. 5200　　B. 6200

C. 6800　　D. 8200

3.（2017年）甲公司为啤酒生产企业，为答谢长年经销其产品的代理商，经董事会批准，2×16年为过去3年达到一定销量的代理商每家免费配备一台冰箱。按照甲公司与代理商的约定。冰箱的所有权归甲公司，在预计使用寿命内免费提供给代理商使用。甲公司不会收回，亦不会转作他用。甲公司共向代理商提供冰箱500台，每台价值1万元，冰箱的预计使用寿命为5年，预计净残值为零。甲公司对本公司使用的同类固定资产采用年限平均法计提折旧。不考虑其他因素，下列各项关于甲公司免费提供给代理商使用冰箱会计处理的表述中，正确的是（　　）。

A. 将冰箱的购置成本为2×16年销售费用计入当期利润表

B. 因无法控制冰箱的实物及其使用，将冰箱的购置成本确认为无形资产并分5年摊销

C. 将冰箱的购置成本作为过去3年的销售费用，追溯调整以年度损益

D. 作为本公司固定资产，按照年限平均法在预计使用年限内分期计提折旧

4.（2016年改编）甲公司为增值税一般纳税人，2×15年发生的有关交易或事项如下：（1）销售产品确认收入12000万元，结转成本8000万元，当期应交纳的增值税为1060万元，税金及附加为100万元；（2）持有的交易性金融资产当期市价上升320万元、其他权益工具投资当期市价上升260万元；（3）出售一项专利技术产生收益600万元；（4）计提无形资产减值准备820万元。甲公司交易性金融资产及其他权益工具投资在2×15年末未对外出售，不考虑其他因素，甲公司2×15年营业利润是（　　）万元。

A. 3400　　B. 3420

C. 3760　　D. 4000

5.（2015年改编）甲公司为增值税一般纳税人，使用的增值税税率为16%，20×8年11月20日，甲公司向乙公司销售一批商品，增值税专用发票注明的销售价款为200万元，增值税额为32万元，当日，商品运抵乙公司，乙公司在验收过程中发现有瑕疵，经与甲公司协商，甲公司同意公允价值上给予3%的折让。为及早收回货款，甲公司和乙公司约定的现金折扣条件为2/10，1/20，n/30。乙公司于20×8年12月8日支付了扣除销售折让和现金折扣的货款，不考虑其他因素，甲公司应当确认的商品销售收入是（　　）万元。

A. 190.12　　B. 192.06

C. 194　　D. 200

6.（2014年改编）企业因下列交易事项产生的损益中，不影响发生当期营业利润的是（　　）。

A. 固定资产报废净损失

B. 投资于银行理财产品取得的收益

C. 预计与当期产品销售相关的保修义务

D. 因授予高管人员股票期权在当期确认的费用

二、多项选择题

1.（2018年）对于在某一时点履行的履约义务，企业应当在客户取得相关商品控制权时确认收入。在判断客户是否取得商品的控制权时，企业应当考虑的迹象有（　　）。

A. 客户已接受该商品

B. 客户已拥有该商品的法定所有权

C. 客户已取得该商品所有权上的主要风险和报酬

D. 客户就该商品负有现时付款义务

2.（2018年）下列各项中，不应作为合同成本确认为资产的有（　　）。

A. 为取得合同发生但预期能够收回的增量成本

B. 为组织和管理企业生产经营发生的但非由客户承担的管理费用

C. 无法在尚未履行的与已履行(或已部分履行)的履约义务之间区分的支出

D. 为履行合同发生的非正常消耗的直接材料、直接人工和制造费用

3.（2014年改编）下列交易事项中，会影响企业当期营业利润的有（　　）。

A. 出租无形资产取得租金收入

B. 出售无形资产取得出售收益

C. 使用寿命有限的管理用无形资产的摊销

D. 使用寿命不确定的无形资产计提的减值

三、计算分析题

1.（2018年）A公司是一家投资控股型的上市公司。拥有从事各种不同业务的子公司。

（1）A公司的子公司——乙公司是一家建筑承包商，专门从事办公楼设计和建造业务。20×7年2月1日，乙公司与戊公司签订办公楼建造合同，按照戊公司的特定要求在戊公司的土地上建造一栋办公楼。根据合同的约定，建造该办公楼的价格为8000万元，乙公司分三次收取款项，分别于合同签订日、完工进度达到50%、竣工验收日收取合同造价的20%、30%、50%。工程于20×7年2月开工，预计于20×9年底完工。乙公司预计建造上述办公楼的总成本为6500万元，截至20×7年12月31日止，乙公司累计实际发生的成本为3900万元。乙公司按照累计实际发生的成本占预计总成本的比例确定履约进度。

（2）A公司的子公司——丙公司是一家生产通信设备的公司。20×7年1月1日，丙公司与丁公司签订专利许可合同，许可丁公司在5年内使用自己的专利技术生产A产品。根据合同的约定，丙公司每年向丁公司收取由两部分金额组成的专利技术许可费，一是固定金额200万元，于每年末收取；二是按照丁公司A产品销售额的2%计算的提成，于第二年年初收取。根据以往年度的经验和做法，丙公司可合理预期不会实施对该专利技术产生重大影响的活动。20×7年12月31日，丙公司收到丁公司支付的固定金额专利技术许可费200万元。20×7年度，丁公司销售A产品80000万元。

其他有关资料：

第一，本题涉及的合同均符合企业会计准则关于合同的定义，均经合同各方管理层批准。

第二，乙公司和丙公司估计，因向客户转让商品或提供服务而有权取得的对价很可能收回。

第三，不考虑货币时间价值，不考虑税费及其他因素。

要求：

（1）根据资料（1），判断乙公司的建造办公楼业务是属于在某一时段内履行履约义务还是属于某一时点履行履约义务，并说明理由。

（2）根据资料（1），计算乙公司20×7年年度的合同履约进度，以及应确定的收入和成本。

（3）根据资料（2），判断丙公司授予知识产权许可属于在某一时段内履行履约义务还是属于某一时点履行履约义务，并说明理由。说明丙公司按照丁公司A产品销售额的2%收取的提成应于何时确认收入。

（4）根据资料（2），编制丙公司20×7年年度与收入确认相关的会计分录。

历年真题演练答案及解析

一、单项选择题

1.【答案】B

【解析】在合同变更日已转让商品与未转让商品之间不可明确区分的，应当将该合同变更部分作为原合同的组成部分，在合同变更日重新计算履约进度，并调整当期收入和相应成本等。

2.【答案】B

【解析】营业利润 =24000−19000+2800+1000−600−2000=6200（万元）。

3.【答案】A

【解析】甲公司将冰箱在预计使用寿命内免费提供给代理商使用，且不改变用途，虽然该冰箱所有权归甲公司所有但实质上属于为过去销售提供的商家奖励，并不能为企业带来未来的经济利益流入，从实质重于形式角度，甲公司不应当作为资产核算，而是在发生当期计入销售费用。

4.【答案】D

【解析】营业利润 =12000−8000−100+320+600−820=4000（万元）。

5.【答案】C

【解析】企业确认收入时需要考虑销售折让后的金额计量，因此是甲公司应当确认的商品销售收入 =200×（1-3%）=194（万元）。

6.【答案】A

【解析】固定资产报废净损失计入营业外支出，不影响当期营业利润，选项 A 正确。

二、多项选择题

1.【答案】ABCD

【解析】在判断客户是否已取得商品控制权时，企业应当考虑下列迹象：（1）企业就该商品享有现时收款权利，即客户就该商品负有现时付款义务；（2）企业已将该商品的法定所有权转移给客户，即客户已拥有该商品的法定所有权；（3）企业已将该商品实物转移给客户，即客户已实物占有该商品；（4）企业已将该商品所有权上的主要风险和报酬转移给客户，即客户已取得该商品所有权上的主要风险和报酬；（5）客户已接受该商品等。

2.【答案】BCD

【解析】企业应当在下列支出发生时，将其计入当期损益：（1）管理费用，除非这些费用明确由客户承担；（2）非正常消耗的直接材料、直接人工和制造费用（或类似费用）；（3）与履约义务中已履行部分相关的支出，即该支出与企业过去的履约活动相关；（4）无法在尚未履行的与已履行（或已部分履行）的履约义务之间区分的相关支出。

3.【答案】ABCD

【解析】选项 B，出售无形资产取得的处置收益计入资产处置损益，影响营业利润。

三、计算分析题

1.【答案及解析】

（1）乙公司的建造办公楼业务属于在某一时段内履行的履约义务。

理由：按照戊公司的特定要求在戊公司的土地上建造一栋办公楼，满足“客户能够控制企业履约过程中在建的商品”。

（2）乙公司 20×7 年年度的合同履约进度 =3900÷6500×100%=60%，应确认的收入 =8000×60%=4800（万元）；确认的成本 =6500×60%=3900（万元）。

（3）丙公司授予知识产权许可属于在某一时点履行履约义务。

理由：丙公司可合理预期不会实施对该专利技术产生重大影响的活动，应当作为在某一时点履行的履约义务。

企业向客户授予知识产权许可，并约定按客户实际销售或使用情况收取特许权使用费的，应当在下列两项孰晚的时点确认收入：第一，客户后续销售或使用行为实际发生；第二，企业履行相关履约义务。即丙公司按照丁公司 A 产品销售额的 2% 收取的提成应于 20×7 年 12 月 31 日确认收入。

（4）20×7 年 1 月 1 日

借：应收账款　　200

　贷：主营业务收入　　200

20×7 年 12 月 31 日

借：银行存款　　200

　贷：应收账款　　200

借：应收账款　　1600（80000×2%）

　贷：主营业务收入　　1600

第十七章 政府补助

题型及分值	（1）本章可以考核客观题，也可以单独或与差错更正的内容结合考核主观题 （2）近三年平均分值 5 分
近三年考点	（1）政府补助的范围 （2）与资产相关的政府补助的会计处理 （3）与收益相关的政府补助的会计处理
学习引导	本章内容比较简单，重点掌握与收益相关的政府补助在总额法和净额法下的账务处理；与资产相关的政府补助对损益影响金额的计算、总额法和净额法的账务处理
本年教材变化	内容无实质变化

本章知识框架

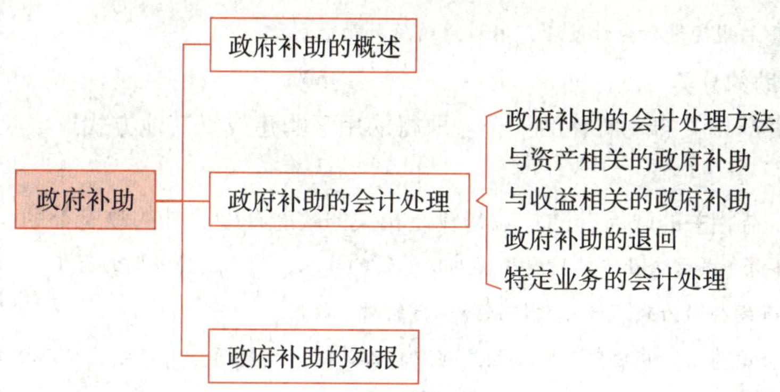

第一节 政府补助的概述

【考点122】政府补助概述★★

1. 政府补助的定义

政府补助，是指企业从政府无偿取得货币性资产或非货币性资产。其主要形式包括政府对企业的无偿拨款、税收返还、财政贴息，以及无偿给予非货币性资产。

不包括政府作为企业所有者投入的资本、增值税出口退税等。

【提示】不涉及资产直接转移的经济支持不属于准则范围内的政府补助，如直接减征、免征、增加计税抵扣额等。

根据相关税收法规规定，对增值税出口货物实行零税率，即对出口环节免征增值税，同时退回出口货物前道环节所征的进项税额。增值税出口退税实质上是政府归还企业事先垫付的资金，不属于政府补助。

2. 政府补助的特征

（1）政府补助是来源于政府的经济资源；如果从其他单位取得的代收代付款项，有确凿证据表明实际补偿者是政府，也属于来源于政府的经济资源。

（2）政府补助是无偿的，附带一定的条件对政府补助的时间、适用范围和方向进行了限制，与无偿性并不矛盾。

【提示】企业从政府取得的经济资源，如果与企业销售商品或提供劳务等活动密切相关，且来源于政府的经济资源是企业商品或服务的对价或者是对价的组成部分，应当按照《企业会计准则第14号——收入》的规定进行会计处理，不适用政府补助准则。

3. 政府补助的分类

（1）与资产相关的政府补助：企业取得的用于购建或以其他方式形成长期资产的政府补助；

（2）与收益相关的政府补助：除与资产相关的政府补助之外的政府补助。

【例题·多选】关于企业与政府发生交易所取得的收入，属于政府补助的有（　　）。

A. 甲软件开发公司为政府开发软件系统取得的对价收入

B. 乙软件公司为研发新项目而取得的政府科技部门的支持款项，研发成果归乙公司享有

C. 丙软件公司销售自行开发的软件，获得的政府即征即退税款

D. 丁公司出口自行开发的软件，取得的增值税出口退税收入

【答案】BC

【解析】甲软件开发公司为政府开发软件系统取得的对价收入，是互惠交易，应根据《企业会计准则第14号——收入》准则确认收入和成本，选项A错误；丁公司取得的增值税出口退税收入不属于政府补助，选项D错误。

第二节 政府补助的会计处理

【考点 123】政府补助的会计处理方法★★

1. 政府补助的确认

政府补助需同时满足下列条件时，才能予以确认：

（1）企业能够满足政府补助所附条件；

（2）企业能够收到政府补助。

2. 政府补助的计量

（1）货币性资产，应当按照收到或应收的金额计量；

（2）非货币性资产，按公允价值计量（不能可靠取得时，按照名义金额 1 元计量）。

3. 政府补助的方法

（1）总额法，将政府补助全额确认为收益；

（2）净额法，将政府补助作为相关成本费用的扣减。

【提示】对某项经济业务选择总额法或净额法后，应当对该业务一贯地运用该方法，不得随意变更。

4. 会计处理原则

（1）与企业日常活动相关的政府补助，应当按照经济业务实质，计入其他收益或冲减相关成本费用。

（2）与企业日常活动无关的政府补助，计入营业外收支。

【提示】通常情况下，若政府补助补偿的成本费用是营业利润之中的项目，或该补助与日常销售行为密切相关，如增值税即征即退等，则认为该政府补助与日常活动相关。

【考点 124】与资产相关的政府补助★★★

方 法	会计处理	
总额法	（1）取得时	借：银行存款 / 相关资产等 　贷：递延收益
	（2）相关资产使用寿命内分期摊销	借：递延收益 　贷：其他收益
	【提示】相关资产在使用寿命结束时或结束前被处置（出售、转让、报废等），尚未分摊的递延收益余额应当一次性转入资产处置当期的损益，不再予以递延 如果企业先购建长期资产，再收到补助资金，则应当在相关资产剩余使用寿命内合理地将递延收益分期计入损益；如果先收到补助资金，再购建长期资产，则应在开始对相关资产计提折旧或摊销时将递延收益分期计入损益	
净额法	将补助冲减相关资产账面价值	

【例题·计算】甲公司是一家化工制造企业，生产车间于 2×18 年 3 月 25 日购入一台不需要安装环保设备，实际成本为 480 万元，预计使用寿命 10 年，采用直线法计提折旧（不考虑净残值）。

甲公司按照国家有关补贴政策，于2×18年8月10日向政府有关部门提交了230万元的补助申请，作为对其购置环保设备的补贴。2×18年8月31日，甲公司收到了政府补贴款230万元。2×26年3月，甲公司的环保设备发生毁损，无残余价值。不考虑相关税费。

要求：

（1）假设采用总额法核算，编制甲公司2×18年及2×26年报废时的会计分录。

（2）假设采用净额法核算，编制甲公司2×18年及2×26年报废时的会计分录。

【答案】

（1）甲公司采用总额法核算

①2×18年3月25日购入设备

借：固定资产　　480

　贷：银行存款　　480

②自2×18年4月起每月末计提折旧

借：制造费用　　4（480÷120）

　贷：累计折旧　　4

③2×18年8月31日实际收到财政拨款，确认递延收益

借：银行存款　　230

　贷：递延收益　　230

④自2×18年9月起每月月末分摊递延收益

借：递延收益　　2（230÷115）

　贷：其他收益　　2

⑤2×26年3月设备报废

借：固定资产清理　　96

　　累计折旧　　384

　贷：固定资产　　480

借：营业外支出　　96

　贷：固定资产清理　　96

⑥2×26年3月转销递延收益余额

借：递延收益　　48

　贷：营业外收入　　48

（2）甲公司采用净额法核算

①2×18年3月25日购入设备

借：固定资产　　480

　贷：银行存款　　480

②自2×18年4月起每个月末计提折旧

借：制造费用　　4（480÷120）

　贷：累计折旧　　4

③2×18年8月31日实际收到财政拨款，冲减固定资产账面价值

借：银行存款　　230

　贷：固定资产　　230

④自2×18年9月起每个月月末计提折旧=[（480-4×5-230）÷115]=2（万元）

借：制造费用　　2
　　贷：累计折旧　　2

⑤ 2×26 年 3 月设备报废

借：固定资产清理　　48
　　累计折旧　　202（4×5+2×91）
　　贷：固定资产　　250（480−230）

借：营业外支出　　48
　　贷：固定资产清理　　48

【考点 125】与收益相关的政府补助★★★

项　目	能否满足所附条件	会计处理原则
补偿以后期间的成本费用损失	无法确定	（1）先计入"其他应付款" （2）满足条件时，转入"递延收益"，按照满足条件处理
	满足条件	（1）先计入递延收益 （2）总额法：在确认费用的期间，计入当期损益（区分是否属于日常活动，分别计入其他收益、营业外收入） （3）净额法：在确认费用的期间，冲减相关成本费用
补偿已发生的成本费用损失	（1）总额法：按照实际收到的金额，计入当期损益（区分是否属于日常活动，分别计入其他收益、营业外收入） （2）净额法：按照实际收到的金额，冲减相关成本费用 【提示】如果企业符合了相关规定就有收取补助的权利，应当确认为一项应收款，并在当期计入当期损益或冲减相关成本	

【例题 1·单选】甲公司对政府补助采用总额法进行核算，按年限平均法对固定资产计提折旧。2×17 年年度，甲公司发生的相关交易或事项如下：（1）4 月 1 日，甲公司收到先征后返的增值税税款 200 万元；（2）6 月 30 日，甲公司以 16000 万元的拍卖价格取得一栋已达到预定可使用状态的房屋，该房屋的预计使用年限为 50 年。当地政府为鼓励甲公司在当地投资，于同日拨付甲公司 4000 万元，作为对甲公司取得房屋的补偿；（3）8 月 1 日，甲公司收到政府拨付的 600 万元款项，用于正在建造的新型设备。至 12 月 31 日，该设备仍处于建造过程中；（4）10 月 10 日，甲公司收到当地政府追加的投资 1000 万元。甲公司 2×17 年年度因政府补助影响当期损益的金额是（　　）万元。

A. 200　　B. 240　　C. 800　　D. 5800

【答案】B

【解析】（1）收到的先征后返的增值税 200 万元计入其他收益；（2）取得政府对公司房屋的补偿，应确认其他收益 =4000÷50×6/12=40（万元）；（3）用于正在建造的新型设备的政府补助 2×17 年不能确认其他收益；（4）收到政府追加的投资应作为企业接受投资核算，不属于政府补助。2×17 年度因政府补助影响当期损益的金额 =200+40=240（万元）。

【例题 2·单选】2×18 年 1 月 10 日，甲公司取得当地财政部门拨款 200 万元，用于资助甲公司 2×18 年 1 月开始进行的一项研发项目的前期研究费用。预计将发生研究支出 500 万元。项目自 2×18 年 1 月开始启动，至年末累计发生研究支出 100 万元。取得时已满足政府补助所附条件，甲公司对该项政府补助采用净额法核算。不考虑税费等因素，2×18 年该研究项目影响利润总额为（　　）万元。

A. −100　　B. −60　　C. 100　　D. 0

【答案】B

【解析】该政府补助用于补偿甲公司以后期间发生的研究费用，应作为与收益相关的政府补助核算，在取得时计入递延收益，在研究期间，按实际发生支出占预计总支出比例分摊计入当期损益。2×18 年递延收益摊销 =200×100/500=40（万元），影响利润总额的金额 =-100+40=-60（万元）。

【例题 3·多选】A 公司为一家交通运输企业，2×18 年自财政部门取得以下款项：（1）因安置残疾职工就业 5 人，2×18 年 12 月收到财政拨付补助资金 30 万元。（2）销售其自主开发的公交收费软件，取得即征即退增值税税款 40 万元。（3）自有公交线路运营，实际收到乘客刷卡票款收入 1000 万元，其中公交车单一票价 2 元，乘客刷卡 1 元，财政部门给予补贴 1 元。2×18 年 12 月，甲公司收到财政部门给予的补贴 1000 万元。（4）2×18 年 12 月，收到用于购置新公交车辆的补助款 1000 万元。假定甲公司取得的政府补助能满足政府补助所附条件，且采用总额法计量。下列说法中正确的有（　　）。

A. 收到残疾职工就业补助款 30 万元，直接计入 2×18 年的其他收益

B. 收到即征即退增值税税款 40 万元，直接计入 2×18 年的营业外收入

C. 收到公交车刷卡补贴 1000 万元，直接计入 2×18 年的其他收益

D. 收到购置新车辆的补助款 1000 万元，应计入递延收益

【答案】AD

【解析】收到即征即退增值税税款 40 万元，属于日常活动相关，计入递延收益，选项 B 错误；收到公交车刷卡补贴 1000 万元，因为该事项的最终受益者是乘客并不是甲公司，应作为企业正常销售价款的一部分，应当确认为营业收入，选项 C 错误。

【考点 126】政府补助的退回★★

已计入损益的政府补助需要退回的，应当在需要退回的当期分情况进行处理：

（1）初始确认时冲减相关资产账面价值的，视同一开始就没有收到政府补助，调整资产的账面价值。

（2）存在相关递延收益的，冲减相关递延收益的账面余额，超出部分计入当期损益（冲减原来摊销递延收益时计入的损益项目）。

（3）属于其他情况的，直接计入当期损益。

【考点 127】特定业务的会计处理★

1. 综合性项目政府补助

综合性项目政府补助，同时包含与资产相关的政府补助和与收益相关的政府补助。

（1）企业需要将其进行分解，并分别进行会计处理。

（2）难以区分的，企业应当将其整体归类为与收益相关的政府补助进行处理。

2. 财政贴息

（1）财政将贴息资金拨付给贷款银行，企业可以选择下列方法之一进行会计处理：

① 以实际收到的金额作为借款的入账价值，按照借款本金和该政策性优惠利率计算借款费用。

② 以借款的公允价值（本金和利息进行折现）作为借款的入账价值，并按照实际利

率法计算借款费用；实际收到的金额与借款公允价值之间的差额确认为“递延收益”，递延收益在借款存续期间内采用实际利率法摊销，冲减相关借款费用。

【提示】企业选择了上述两种方法之一后，应当一致的运用，不得随意变更。

（2）财政将贴息资金直接拨付给受益企业，企业应当将对应的财政贴息冲减相应借款费用。

第三节 政府补助的列报

【考点128】政府补助的列报★

1. 政府补助的列报

企业应当在利润表中的“营业利润”项目之上单独列报“其他收益”项目，计入其他收益的政府补助在该项目中反映。

2. 政府补助的附注披露

企业应当在附注中披露与政府补助有关的下列信息：①政府补助的种类、金额和列报项目；②计入当期损益的政府补助金额；③本期退回的政府补助金额及原因。

历年真题演练

一、单项选择题

1.（2018年）A公司为从事集成电器设计和生产的高新技术企业。适用增值税先征后返政策。20×7年3月31日，A公司收到政府即征即退的增值税额300万元。20×7年3月12日，A公司收到当地财政部门为支持其购买实验设备拨付的款项120万元，20×7年9月26日，A公司购买不需要安装的实验设备一台并投入使用。实际成本为240万元，资金来源为财政拨款及其借款，该设备采用年限平均法计提折旧，预计使用10年。预计无净残值，A公司采用总额法核算政府补助。不考虑其他因素，A公司20×7年度因政府补助应确认的收益是（ ）万元。

A. 303 B. 300 C. 420 D. 309

二、计算分析题

1.（2017年）甲公司为境内上市公司。2×17年，甲公司发生的有关交易或事项如下：

（1）甲公司生产并销售环保设备，该设备的生产成本为每台600万元，正常市场销售价格为每台780万元。甲公司按照国家确定的价格以每台500万元对外销售；同时，按照国家有关政策，每销售1台环保设备由政府给予甲公司补助250万元。2×17年，甲公司销售环保设备20台，50%款项尚未收到，当年收到政府给予的环保设备销售补助款5000万元。

（2）甲公司为采用新技术生产更先进的环保设备，于3月1日起对某条生产线进行更新改造。该生产线的原价为10000万元，已计提折旧6500万元，拆除设备的账面价值为300万元（假定无残值），新安装设备的购进成本为8000万元，另发生其他相关费用1200万元。相关支出均通过银行转账支付。生产线更新改造项目于12月25日达到预定可使用状态。甲公司更新改造该生产线属于国家鼓励并给予补助的项目。经甲公司申请，于12月20日得到相关政府部门批准，可获得政府补助3000万元。截至12月31日，补助款项尚未收到，但甲公司预计能够取得。

（3）5月10日，甲公司所在地地方政府为了引进人才，与甲公司签订了人才引进合作协议，该协议约定，当地政府将向甲公司提供1500万元人才专用资金，用于甲公司引进与研发新能源汽车相关的技术人才，但甲公司必须承诺在当期注册并至少八年内注册地址不变且不搬离本地区，如八年内甲公司注册地变更或搬离本地区的，政府有权收回该补助资金。该资金分三年使用，每年500万元。每年年初，甲公司需向当地政府报送详细的人才引进及资金使用计划，每年11月末，由当地政府请中介机构评估甲公司人才引进是否符合年初计划并按规定的用途使用资金。甲公司预计八年内不会变更注册地，也不会搬离该地区，且承诺按规定使用资金。8月20日，甲公司收到当地政府提供的1500万元补助资金。

甲公司对于政府补助按净额法进行会计处理。

不考虑增值税和相关税费以及其他因素。

要求：

（1）根据资料（1），说明甲公司收到政府的补助款的性质及应当如何进行会计处理，并说明理由；编制相关的会计分录。

（2）根据资料（2），说明甲公司获得政府的补助款的分类；编制与生产线更新改造相关的会计分录。

（3）根据资料（3），说明甲公司收到政府的补助款的分类，编制甲公司2×17年相关的会计分录。

三、综合题

1.（2016年节选）甲股份有限公司（以下简称“甲公司”）为一家从事贵金属进口、加工生产及相关产品销售的企业，其2×15年发生了下列交易或事项：

（3）按照国家有关部门要求，2×15年甲公司代国家进口某贵金属100吨，每吨进口价为1200万元，同时按照国家规定将有关进口贵金属按照进口价格的80%出售给政府指定的下游企业，收取货款96000万元。2×15年年末，甲公司收到国家有关部门按照上述进口商品的进销差价支付的补偿款24000万元。

不考虑增值税等相关税费及其他因素。

要求：

说明甲公司2×15年应进行的会计处理并说明理由（应如何确认及相关理由，并编制会计分录）。

2.（2015年节选改编）注册会计师在对甲股份有限公司（以下简称“甲公司”）20×4年财务报表进行审计时，对其当年度发生的下列交易事项的会计处理提出疑问，希望能与甲公司财务部门讨论：

（2）7月20日，甲公司取得当地财政部门拨款1860万元，用于资助甲公司20×4年7月开始进行的一项研发项目的前期研究。该研发项目预计周期为两年，预计将发生研究支出3000万元。项目自20×4年7月开始启动，至年末累计发生研究支出1500万元（全部以银行存款支付），甲公司采用总额法核算政府补助。甲公司对该交易事项的会计处理如下：

借：银行存款　　1860

　　贷：其他收益　　1860

借：研发支出——费用化支出　　1500

　　贷：银行存款　　1500

借：管理费用　　1500

　　贷：研发支出——费用化支出　　1500

其他有关资料：

本题中有关公司均按净利润的10%计提法定盈余公积，不计提任意盈余公积。不考虑相关税费及其他因素。

要求：

判断甲公司对有关交易事项的会计处理是否正确，对于不正确的，说明理由并编制更正的会计分录（无须通过“以前年度损益调整”科目）。

历年真题演练答案及解析

一、单项选择题

1.【答案】A

【解析】A公司20×7年年度因政府补助应确认的收益=300+120/10×3/12=303（万元）。

二、计算分析题

1.【答案及解析】

（1）甲公司收到政府的补助款，不属于政府补助。企业与政府发生交易所取得的收入，如果该交易与企业销售商品或提供劳务等日常经营活动密切相关，且来源于政府的经济资源是企业商品或服务的对价或者是对价的组成部分，应当确认为收入，不属于政府补助范畴。

借：银行存款　　10000（5000+500×20×50%）

　　应收账款　　5000（500×20×50%）

　　贷：主营业务收入　　15000（750×20）

借：主营业务成本　　12000（600×20）

　　贷：库存商品　　12000

（2）甲公司获得政府的补助款属于与资产相关的政府补助。

借：在建工程　　3500

　　累计折旧　　6500

　　贷：固定资产　　10000

借：营业外支出　　300

　　贷：在建工程　　300

借：在建工程　　8000

　　贷：银行存款　　8000

借：在建工程　　1200

　　贷：银行存款　　1200

借：固定资产　　12400

　　贷：在建工程　　12400

借：其他应收款　　3000

　　贷：递延收益　　3000

借：递延收益　　3000

　　贷：固定资产　　3000

（3）甲公司收到政府的补助款属于与收益相关的政府补助。

借：银行存款　　1500

　　贷：递延收益　　1500

借：递延收益　　500

　　贷：管理费用　　500

三、综合题

1.【答案及解析】

甲公司一方面应确认进口商品的收入并结转成本，同时对于自国家有关部门取得的24000万元补偿款应确认为营业收入。

理由：甲公司自国家有关部门取得的补偿款并非属于政府向公司单方面的经济资源流入，其本质上是国家代下游客户向甲公司支付的购货款，不属于政府补助。

借：库存商品　　120000

　　贷：银行存款　　120000

借：银行存款　　96000

　　贷：主营业务收入　　96000

借：银行存款　　24000

　　贷：主营业务收入　　24000

借：主营业务成本　　120000

　　贷：库存商品　　120000

2.【答案及解析】

事项（2），甲公司的会计处理不正确。

理由：该政府补助资助的是企业的研究项目，属于与收益相关的政府补助，应当按照时间进度或已发生支出占预计总支出的比例结转计入损益。更正分录为：

借：其他收益　　1395（1860−1860/2×6/12）或930（1860×1500/3000）

　　贷：递延收益　　1395或930

第十八章　非货币性资产交换

本章总体概况

题型及分值	（1）本章主要考核客观题 （2）近三年平均分值2分
近三年考点	（1）非货币性资产交换的认定 （2）换入资产入账价值的计算 （3）换出资产对当期损益的影响
学习引导	本章内容比较简单，重点掌握非货币性资产交换的认定，关注货币性资产和非货币性资产的区分；以公允价值计量的非货币性资产交换的会计处理；以账面价值计量的非货币性资产交换的会计处理（不确认损益）；涉及多项资产交换时，各项换入资产入账价值的计算
本年教材变化	内容无实质变化

本章知识框架

- 非货币性资产交换
  - 非货币性资产交换的概念
  - 非货币性资产交换的确认和计量
    - 非货币性资产交换的确认和计量原则
    - 商业实质的判断
  - 非货币性资产交换的会计处理

本章考点精解

第一节 非货币性资产交换的概念

【考点 129】非货币性资产交换的概念★★★

1. 货币性资产和非货币性资产

（1）货币性资产。

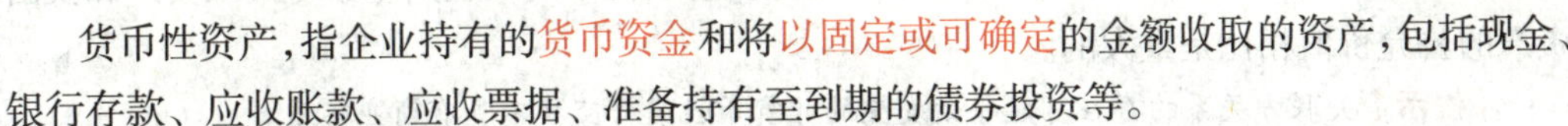

货币性资产，指企业持有的货币资金和将以固定或可确定的金额收取的资产，包括现金、银行存款、应收账款、应收票据、准备持有至到期的债券投资等。

（2）非货币性资产。

非货币性资产，指货币性资产以外的资产，包括存货、固定资产、无形资产、长期股权投资、不准备持有至到期的债券投资等。

【提示】预付账款属于非货币性资产，因其未来收到的应该是存货。

2. 非货币性资产交换

非货币性资产交换，是指交易双方主要以存货、固定资产、无形资产和长期股权投资等非货币性资产进行的交换；该交换一般不涉及货币性资产，或只涉及少量货币性资产即补价，通常以补价占整个资产交换金额（换出或换入资产最大公允价值）的比例是否低于25% 作为参考比例。

（1）收到补价方：收到的补价 ÷ 换出资产的公允价值 < 25%。

（2）支付补价方：支付的补价 ÷（支付的补价 + 换出资产的公允价值）< 25%。

【提示】在计算非货币性资产交换过程中涉及补价的比例时，不应当考虑交换双方支付的增值税差额（分子、分母不考虑增值税）。

3. 非货币性资产交换不涉及的交易和事项

（1）与所有者或所有者以外方面的非货币性资产非互惠转让。

（2）在企业合并、债务重组中和发行股票取得的非货币性资产。

（3）换出资产为存货的非货币性资产交换。

第二节 非货币性资产交换的确认和计量

【考点 130】非货币性资产交换的确认和计量原则★★

1. 公允价值计量

公允价值计量，应当以公允价值和应支付的相关税费作为换入资产的成本，公允价值与换出资产账面价值的差额计入当期损益（视同处置资产）。

公允价值计量，应同时满足下列两个条件：①该项交换具有商业实质；②换入资产或换出资产的公允价值能够可靠地计量。

2. 账面价值计量

不具有商业实质或交换涉及资产的公允价值均不能可靠计量，应当按照换出资产的账面价值和应支付的相关税费，作为换入资产的成本，无论是否支付补价，均不确认损益。

3. 商业实质的判断

满足下列条件之一的非货币资产交换，视为具有商业实质：

（1）换入资产的未来现金流量在风险、时间和金额方面与换出资产显著不同：①未来现金流量的风险、金额相同，时间不同；②未来现金流量的时间、金额相同，风险不同；③未来现金流量的风险、时间相同，金额不同。

（2）换入资产与换出资产的预计未来现金流量现值不同，且其差额与换入资产和换出资产的公允价值相比是重大的。

【提示】关联方关系的存在可能导致发生的非货币性资产交换不具有商业实质。

不同类别的非货币性资产之间的交换通常具有商业实质。同类非货币性资产交换是否具有商业实质，通常需要结合实际情况进行判断。

第三节　非货币性资产交换的会计处理

【考点131】非货币性资产交换的会计处理★★★

1. 单项非货币性资产交换的会计处理

<table>
<tr><th>项　目</th><th>换入资产成本</th></tr>
<tr><td>公允价值计量</td><td>换入资产成本 = 换出资产公允价值 + 换出资产增值税销项税额 - 换入资产可抵扣的增值税进项税额 + 计入换入资产成本的相关税费 + 支付的补价（- 收到的补价）
【提示】换入资产成本，应当以换出资产的公允价值为基础进行计量；如果有确凿的证据证明换入资产的公允价值更可靠，或换出的资产没有公允价值时，才以换入资产的公允价值为基础计量</td></tr>
<tr><td>账面价值计量</td><td>换入资产成本 = 换出资产账面价值 + 换出资产增值税销项税额 - 换入资产可抵扣的增值税进项税额 + 计入换入资产成本的相关税费 + 支付的补价（- 收到的补价）</td></tr>
<tr><td colspan="2">【提示】与换出资产有关的相关税费与处置资产相关税费的会计处理相同；与换入资产有关的相关税费与购入资产相关税费的会计处理相同
以公允价值计量时，换出资产的公允价值与账面价值的差额应计入当期损益（视同处置资产）；在以账面价值计量时，无论是否支付补价，均不确认资产处置损益</td></tr>
</table>

2. 多项非货币性资产交换的会计处理

（1）以公允价值计量。

第一步：确定换入资产的总成本（和换入单项资产的计算方法一致）。

第二步：按各项换入资产的公允价值 / 账面价值，占总的公允价值 / 账面价值比例，分配换入资产总成本。

每项换入资产的成本 = 换入资产的总成本 ×（该项换入资产公允价值 ÷ ∑换入资产公允价值）

【提示】换入资产公允价值可以可靠计量的，使用公允价值；否则，使用账面价值。

（2）以账面价值计量。

第一步：确定换入资产的总成本（和换入单项资产的计算方法一致）。

第二步：按各项换入资产的账面价值，占总的账面价值比例，分配换入资产总成本。

每项换入资产的成本 = 换入资产的总成本 ×（该项换入资产账面价值 ÷ ∑换入资产账面价值）

【例题 1 · 单选】2×18 年 1 月 12 日，甲公司以一项专利技术和对丁公司股权投资（作为交易性金融资产）换入乙公司持有的对丙公司长期股权投资。甲公司专利技术的原价为 1200 万元，已摊销 200 万元，已计提减值准备 100 元，公允价值为 1000 万元，增值税销项税额 60 万元；对丁公司股权投资的公允价值为 400 万元，账面价值为 380 万元（成本为 330 万元，公允价值变动为 50 万元）。乙公司对丙公司长期股权投资的账面价值为 1100 万元，公允价值为 1200 万元。乙公司另以银行存款向甲公司支付补价 260 万元。假定该项非货币性资产交换具有商业实质，不考虑其他因素。此项非货币性资产交换对甲公司当期损益影响的金额为（　　）万元。

A. −90　　B. 170　　C. 120　　D. 70

【答案】C

【解析】对甲公司当期损益影响的金额 = 专利技术 [1000−（1200−200−100）] + 交易性金融资产（400−380）=120（万元）。

【例题 2 · 单选】2×18 年 1 月 1 日，甲公司和乙公司达成交换资产的协议，甲公司换出资产为账面价值为 700 万元的存货、账面价值为 300 万元的机器设备，换入乙公司账面价值为 200 万元的专利技术、账面价值为 600 万元的厂房，该项交换不涉及补价。上述资产的公允价值均无法可靠取得。不考虑其他因素，甲公司换入厂房的入账价值为（　　）万元。

A. 750　　B. 250　　C. 600　　D. 560

【答案】A

【解析】换入资产的总成本 =700+300=1000（万元）；换入厂房的入账价值 =1000×600/(600+200) =750（万元）。

【例题 3 · 计算】甲公司和乙公司均为增值税一般纳税人，适用的增值税税率为 16%。甲公司以一台自产的机器设备交换乙公司持有丙公司 40% 的股权投资，置换日资料如下：（1）甲公司换出设备的成本为 200 万元，不含税公允价值为 270 万元，增值税为 43.2 万元。（2）乙公司换出的长期股权投资账面价值为 285 万元，其中投资成本为 200 万元、损益调整 75 万元、其他综合收益 10 万元（均可转入损益），公允价值为 350 万元。（3）甲公司另向乙公司支付银行存款 36.8 万元。（4）甲公司换入长期股权投资当日，丙公司可辨认净资产的公允价值为 1000 万元，甲公司派出一名董事参与丙公司生产经营决策。

假定该项交换具有商业实质，乙公司换入设备作为固定资产核算，不考虑其他因素。

要求：判断该交换是否属于非货币性资产交换，并编制甲公司和乙公司的会计处理分录。

【答案】

该交换中，不含税补价 =350−270=80（万元）；80÷350=22.86% ＜ 25%，属于非货币性资产交换。

（1）甲公司换入长期股权投资的成本 =270+43.2+36.8=350（万元）。

借：长期股权投资——投资成本　　350

　　贷：主营业务收入　　270

　　　　应交税费——应交增值税（销项税额）　　43.2

　　　　银行存款　　36.8

借：主营业务成本　　200

　　贷：库存商品　　200

借：长期股权投资——投资成本　　50（1000×40%-350）

　　贷：营业外收入　　50

（2）乙公司换入固定资产的成本 =350-43.2-36.8=270（万元）。

借：固定资产　　270

　　应交税费——应交增值税（进项税额）　　43.2

　　银行存款　　36.8

　　贷：长期股权投资——投资成本　　200

　　　　　　　　　　——损益调整　　75

　　　　　　　　　　——其他综合收益　　10

　　　　投资收益　　65（350-285）

借：其他综合收益　　10

　　贷：投资收益　　10

【学霸总结】

非货币性资产交换的基本思路

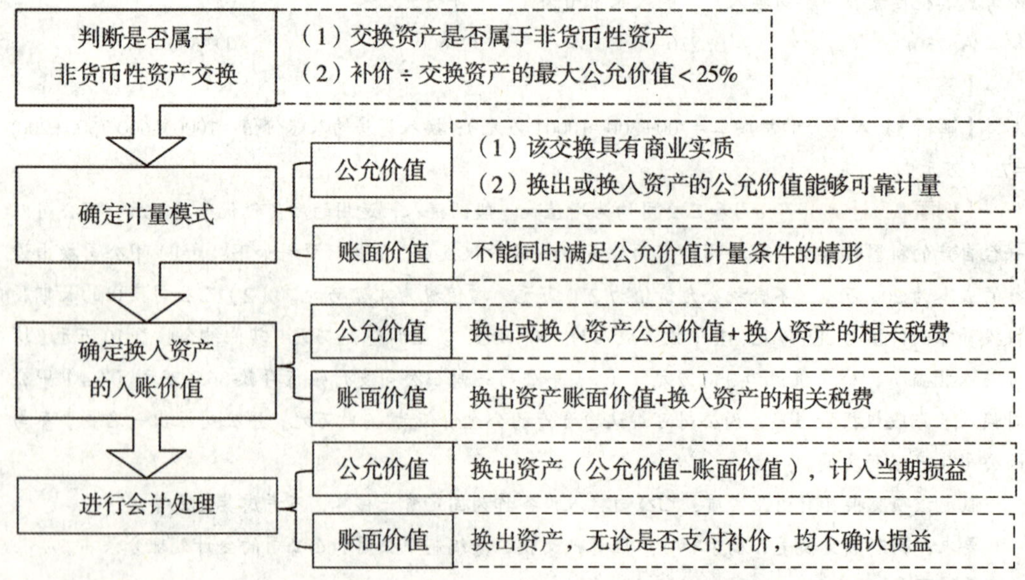

历年真题演练

一、单项选择题

1.（2017年）2×17年，甲公司发生的有关交易或事项如下：（1）购入商品应付乙公司账款2000万元，以库存商品偿付该欠款的20%，其余以银行存款支付；（2）以持有的公允价值为2500万元的对子公司（丙公司）投资换取公允价值为2400万元的丁公司25%股权，补价100万元以现金收取并存入银行；（3）以分期收款结算方式销售大型设备，款项分3年收回；（4）甲公司向戊公司发行自身普通股，取得戊公司对己公司80%股权。上述交易均发生于非关联方之间。不考虑其他因素，下列各项关于甲公司2×17年发生的上述交易或事项中，属于非货币性资产交换的是（　　）。

A. 分期收款销售大型设备

B. 以甲公司普通股取得己公司80%股权

C. 以库存商品和银行存款偿付乙公司款项

D. 以丙公司股权换取丁公司股权并收到部分现金补价

2.（2015年改编）经与乙公司协商，甲公司以一批产成品换入乙公司的一项专利技术，交换日，甲公司换出产品的账面价值为560万元，公允价值为700万元（等于计税价格），甲公司将产品运抵乙公司并向乙公司开具了增值税专用发票，当日双方办妥了专利技术所有权转让手续。经评估确认，该专项技术的公允价值为900万元，甲公司另以银行存款支付乙公司88万元，甲公司适用的增值税税率均为16%，不考虑除存货增值税以外的其他税费及其他因素，甲公司换入专利技术的入账价值是（　　）万元。

A. 641　　B. 781

C. 819　　D. 900

3.（2015年改编）在不涉及补价的情况下，下列各项交易事项中，属于非货币性资产交换的是（　　）。

A. 开出商业承兑汇票购买原材料

B. 以拥有股权投资换入专利技术

C. 以应收账款换入对联营企业投资

D. 以准备持有至到期的债券投资换入机器设备

二、多项选择题

1.（2018年）A公司为房地产开发企业，下列各项具有商业实质的资产交换交易中，A公司应当适用《企业会计准则第7号——非货币性资产交换》的规定进行会计处理的有（　　）。

A. A公司以其持有的乙公司5%股权换取丙公司的一块土地

B. A公司以其持有的一项专利权换取戊公司的十台机器设备

C. A公司以其一套用于经营出租的公寓换取丁公司以交易为目的的10万股股票

D. A公司以其一栋已开发完成的商品房换取己公司的一块土地

2.（2018年）下列各项资产中，属于货币性资产的有（　　）。

A. 银行存款

B. 预付款项

C. 以公允价值计量且其变动计入当期损益的金融资产

D. 应收票据

3.（2016年改编）甲公司为一家互联网视频播放经营企业，其为减少现金支出而进行的取得有关影视作品播放权的下列交易中，属于非货币性资产交换的有（　　）。

A. 以应收商业承兑汇票换取其他方持有的乙版权

B. 以本公司持有的丙版权换取其他方持有的丁版权

C. 以将于3个月内到期的国债投资换取其他方持有的戊版权

D. 以作为其他权益工具投资核算的金融资产换取其他方持有的己版权

4.（2014 年）不考虑其他因素，甲公司发生的下列交易事项中，应当按照非货币性资产交换进行会计处理的有（　　）。

A. 以对子公司股权投资换入一项投资性物业

B. 以本公司生产的产品换入生产用专利技术

C. 以原准备持有至到期的债权投资换入固定资产

D. 定向发行本公司股票取得某被投资单位 40% 股权

历年真题演练答案及解析

一、单项选择题

1.【答案】D

【解析】选项 A，分期收款销售商品，不属于非货币性资产交换；选项 B，非货币性资产交换不涉及增发股票；选项 C，以存货和银行存款偿还债务，不属于非货币性资产交换；选项 D，涉及的资产属于非货币性资产，而且补价比例 =100÷2500×100%=4% ＜ 25%，属于非货币性资产交换。

2.【答案】D

【解析】入账价值 = 换出产品公允价值 700+ 增值税 700×16%+ 支付的补价 88=900（万元）。

3.【答案】B

【解析】选项 ACD 中商业汇票、准备持有至到期的债券投资、应收账款都是货币性资产。

二、多项选择题

1.【答案】ABCD

【解析】以上选项均正确。

2.【答案】AD

【解析】货币性资产指企业持有的货币资金或将以固定或可确定的金额收取的资产。选项 BC，属于非货币性资产。

3.【答案】BD

【解析】选项 AC 中商业承兑汇票、3 个月内到期的国债投资都是货币性资产。

4.【答案】AB

【解析】选项 C，准备持有至到期的债权投资属于货币性资产；选项 D，发行的本公司股票属于公司所有者权益；都不属于非货币性资产交换。

第十九章 债务重组

题型及分值	（1）本章主要考核客观题，也可考核主观题 （2）近三年平均分值 2 分左右
近三年考点	（1）债务重组的会计处理 （2）债务重组利得和损失的计算、重组收益确认时间等
学习引导	本章内容比较简单，重点掌握判定债务重组的两个条件；各种债务重组方式下的会计处理，债务重组收益或债务重组损失的计算
本年教材变化	内容无实质变化

本章知识框架

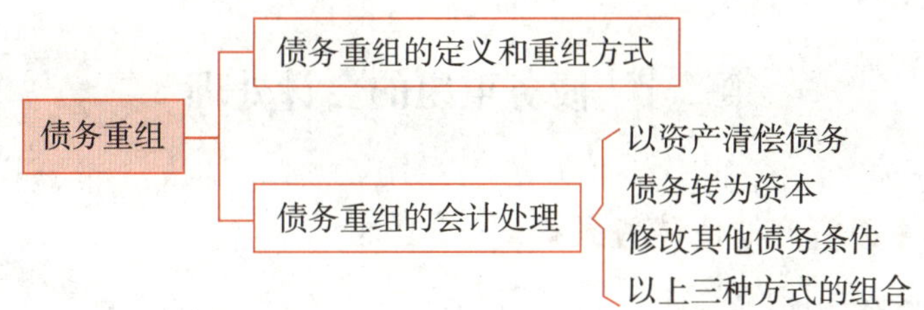

第一节 债务重组的定义和重组方式

【考点 132】债务重组的定义、方式★

1. 债务重组的定义

债务重组，是指在债务人发生财务困难的情况下，债权人按照其与债务人达成的协议或法院的裁定作出让步的事项。

债务人发生财务困难，指因债务人出现资金周转困难、经营陷入困境或者其他方面的原因，导致其无法或者没有能力按原定条件偿还债务。

债权人作出让步，指债权人同意发生财务困难的债务人现在或者将来以低于重组债务账面价值的金额或者价值偿还债务。主要包括：减免债务本金或者利息、降低债务的利率等。

【提示】一般情况下，债权人只同意延长债务人还款期限不属于债权人让步。

2. 债务重组的方式

（1）以资产清偿债务。

（2）债务转为资本。

（3）修改其他债务条件，如减少债务本金、降低利率、免去应付未付利息等。

（4）以上三种方式的组合。

【提示】将应付可转换公司债券转为资本的，属于正常业务，不属于本章所指债务重组。

【例题·多选】2×18 年 1 月 31 日，由于 B 公司发生火灾，导致其无法按时偿还应付 A 公司的一笔 500 万元的到期货款。A 公司已为该项债权计提坏账准备 100 万元。不考虑其他因素，A 公司就该债权与 B 公司协商的下列方案中，属于债务重组的有（　　）。

A. 减免 B 公司 200 万元债务，剩余部分立即偿还

B. 减免 B 公司 100 万元债务，剩余部分分两年偿还

C. B 公司以公允价值为 500 万元的货物偿还

D. B 公司以现金 100 万元和公允价值为 400 万元的固定资产偿还

【答案】AB

【解析】债务重组，是指在债务人发生财务困难的情况下，债权人按照其与债务人达成的协议或者法院的裁定作出的让步的事项。选项 CD，债权人均没有作出让步，不属于债务重组。

第二节　债务重组的会计处理

【考点 133】以资产清偿债务★★★

1. 会计处理原则

项　目	内　容
债务人	（1）债务重组利得 = 重组债务的账面价值 − 支付的对价公允价值（包含抵债非现金资产的增值税销项税额） （2）确认非现金资产处置损益（视同处置资产） ①存货：作为销售存货处理，确认收入和结转成本 ②固定资产、无形资产、金融资产等：作为处置资产处理，确认相关资产的处置损益
债权人	债务重组损失 = 重组债权的账面价值 − 收到的对价公允价值（包含抵债非现金资产的增值税进项税额） 【提示】如差额为负数（不能确认为收益），应冲减信用减值损失，属于前期多计提了坏账准备，则债务重组损失金额为零

2. 具体会计处理

项目	债务人会计处理	债权人会计处理
以存货清偿债务	借：应付账款等 　贷：主营业务收入 　　应交税费——应交增值税（销项税额） 　　营业外收入——债务重组利得 借：主营业务成本 　贷：库存商品	借：库存商品 　应交税费——应交增值税（进项税额） 　营业外支出——债务重组损失（借差） 　坏账准备 　贷：应收账款等 　　信用减值损失（贷差）
以固定资产清偿债务	借：固定资产清理 　累计折旧 　贷：固定资产 借：应付账款等 　贷：固定资产清理 　　资产处置损益（可能在借方） 　　营业外收入——债务重组利得（差额）	借：固定资产 　应交税费——应交增值税（进项税额） 　营业外支出——债务重组损失（借差） 　坏账准备 　贷：应收账款等 　　信用减值损失（贷差）

【例题·计算】甲公司于 2×19 年 1 月 20 日销售一批材料给乙公司，不含税价格为 200 万元，增值税 32 万元。按合同规定，乙公司应于 2×19 年 4 月 1 日前偿付货款，由于乙公司发生财务困难，2×19 年 7 月 1 日，经双方协商，乙公司以其生产的产品和一台机器设备偿还债务。偿债产品的公允价值为 100 万元，实际成本为 80 万元；抵债设备的账面原价为 100 万元，累计折旧为 30 万元，公允价值为 80 万元。甲公司于当日收到乙公司抵债的产品，并作为库存商品入库，机器设备已达到使用状态。乙公司的产品和设备适用的增值税税率均为 16%。

要求：

（1）计算乙公司的债务重组利得，并编制相关会计分录。

（2）假设甲公司未计提坏账准备，计算甲公司的债务重组损失，并编制相关会计分录。

（3）假设甲公司计提了坏账准备 30 万元，计算甲公司的债务重组损失，并编制相关会计分录。

【答案】

（1）乙公司的债务重组利得 =200+32−100×（1+16%）−80×（1+16%）=23.2（万元）。

借：应付账款	232	
贷：主营业务收入		100
固定资产清理		70
资产处置损益		10
应交税费——应交增值税（销项税额）		28.8（100×16%+80×16%）
营业外收入——债务重组利得		23.2
借：主营业务成本	80	
贷：库存商品		80
借：固定资产清理	70	
累计折旧	30	
贷：固定资产		100

（2）甲公司的债务重组损失 =200+32−100×（1+16%）−80×（1+16%）=23.2（万元）。

借：库存商品　　100
　　固定资产　　80
　　应交税费——应交增值税（进项税额）　　28.8（100×16%+80×16%）
　　营业外支出——债务重组损失　　23.2
　　贷：应收账款　　232

（3）甲公司的债务重组损失 =200+32−30−100×（1+16%）−80×（1+16%）=−6.8（万元）。

借：库存商品　　100
　　固定资产　　80
　　应交税费——应交增值税（进项税额）　　28.8（100×16%+80×16%）
　　坏账准备　　30
　　贷：应收账款　　232
　　　　信用减值损失　　6.8

【考点 134】债务转为资本★★

1. 债务人的处理

（1）确认股本（实收资本）= 享有股份的面值总额。

（2）确认“资本公积——股本溢价（资本溢价）”= 抵债股份的公允价值 −“股本（实收资本）”。

（3）债务重组利得 = 重组债务的账面价值 − 抵债股份的公允价值。

借：应付账款等
　　贷：股本（实收资本）
　　　　资本公积——股本溢价（资本溢价）
　　　　营业外收入——债务重组利得（差额）

2. 债权人的处理

（1）确认长期股权投资、其他权益工具投资等，等于抵债股份的公允价值。

（2）债务重组损失 = 重组债权的账面价值 − 抵债股份的公允价值。

【提示】如差额为负数（不能确认为收益），应冲减信用减值损失，属于前期多计提了坏账准备。

借：长期股权投资 / 其他权益工具投资等（股权的公允价值）
　　营业外支出——债务重组损失（借方差额）
　　坏账准备
　　贷：应收账款等
　　　　信用减值损失（贷方差额）

【考点 135】修改其他债务条件★★★

项　目	债务人会计处理	债权人会计处理
不附或有条件	借：应付账款等 　　贷：应付账款——债务重组（公允价值） 　　　　营业外收入——债务重组利得（差额）	借：应收账款——债务重组（公允价值） 　　营业外支出——债务重组损失（借方差额） 　　坏账准备 　　贷：应收账款等 　　　　信用减值损失（贷方差额）

（续表）

项 目	债务人会计处理	债权人会计处理
附有或有条件	借：应付账款等 贷：应付账款——债务重组（公允价值） 预计负债（或有应付金额） 营业外收入——债务重组利得（差额） 【提示】或有应付金额在随后会计期间没有发生的，企业应当冲销已确认的预计负债，同时确认营业外收入	借：应收账款——债务重组（公允价值） 坏账准备 营业外支出——债务重组损失（借方差额） 贷：应收账款等 信用减值损失（贷方差额） 【提示】债权人不应当确认或有应收金额，只有在实际发生时，才计入当期损益（利息计入财务费用；其他计入营业外收入）

【例题·计算】甲公司应收乙公司货款120万元，已计提坏账准备30万元。因乙公司发生严重财务困难，2×18年1月1日，甲公司与乙公司进行债务重组。协议约定：甲公司豁免乙公司债务20万元，剩余债务在2×18年12月31日支付；另外，若乙公司在2×18年度获利，则需另外付甲公司10万元。根据可获得的信息，甲公司认为乙公司2×18年很可能获利。不考虑其他因素。

要求：

（1）编制甲公司、乙公司2×18年1月1日的会计分录。

（2）若乙公司2×18年获利，编制甲公司、乙公司2×18年12月31日的会计分录。

（3）若乙公司2×18年未获利，编制甲公司、乙公司2×18年12月31日的会计分录。

【答案】

（1）2×18年1月1日甲公司的账务处理：

借：应收账款——债务重组　100
　　坏账准备　30
　贷：应收账款　120
　　　信用减值损失　10

2×18年1月1日乙公司的账务处理：

借：应付账款　120
　贷：应付账款——债务重组　100
　　　预计负债　10
　　　营业外收入——债务重组利得　10

（2）2×18年获利，2×18年12月31日甲公司的账务处理

借：银行存款　110
　贷：应收账款——债务重组　100
　　　营业外收入　10

2×18年获利，2×18年12月31日乙公司的账务处理

借：应付账款——债务重组　100
　　预计负债　10
　贷：银行存款　110

（3）2×18年未获利，2×18年12月31日甲公司的账务处理

借：银行存款　100
　贷：应收账款——债务重组　100

2×18 年未获利，2×18 年 12 月 31 日乙公司的账务处理

借：应付账款——债务重组　　100
　　预计负债　　10
　　贷：银行存款　　100
　　　　营业外收入　　10

【考点 136】以上三种方式的组合方式★

债务重组以现金清偿债务、非现金资产清偿债务、债务转为资本、修改其他债务条件等方式的组合进行。

（1）债务人应当以支付的现金、转让的非现金资产公允价值、债权人享有股份的公允价值冲减重组债务的账面价值，再按照债务人修改其他债务条件的规定进行会计处理。

（2）债权人应当依次以收到的现金、接受的非现金资产公允价值、债权人享有股份的公允价值冲减重组债权的账面价值，再按债权人修改其他债务条件的规定进行会计处理。

一、单项选择题

1.（2018 年改编）A 公司与甲公司均为增值税一般纳税人，因甲公司无法偿还到期债券，经协商，A 公司同意甲公司以库存商品偿还其所欠全部债务。债务重组日，A 公司应收甲公司债权的账面余额为 2000 万元，已计提坏账准备 1500 万元，甲公司用于偿债商品的账面价值为 480 万元，公允价值为 600 万元，增值税额为 96 万元，不考虑其他因素，A 公司因上述交易应确认的债务重组损失金额是（　　）万元。

A. 0　　B.－196

C. 1304　　D. 196

2.（2014 年改编）甲公司应收乙公司货款 2000 万元，因乙公司财务困难到期未予偿付，甲公司就该项债权计提了 400 万元的坏账准备。20×3 年 6 月 10 日，双方签订协议，约定以乙公司生产的 100 件 A 产品抵偿该债务。乙公司 A 产品售价为 13 万元 / 件（不含增值税），成本为 10 万元 / 件；6 月 20 日，乙公司将抵债产品运抵甲公司并向甲公司开具了增值税专用发票。甲、乙公司均为增值税一般纳税人，适用的增值税税率均为 16%。不考虑其他因素，甲公司应确认的债务重组损失是（　　）万元。

A. 92　　B. 292

C. 300　　D. 600

二、多项选择题

1.（2017 年）甲公司欠乙公司货款 1500 万元，因甲公司发生财务困难，无法偿还已逾期的欠款。为此，甲公司与乙公司经协商一致，于 2×17 年 6 月 4 日签订债务重组协议：甲公司以其拥有的账面价值为 650 万元、公允价值为 700 万元的设备，以及账面价值为 500 万元、公允价值为 600 万元的库存商品抵偿乙公司货款，差额部分于 2×18 年 6 月底前以现金偿付 80%。其余部分予以豁免。双方已于 2×17 年 6 月 30 日办理了相关资产交接手续。甲公司与乙公司不存在关联方关系。不考虑相关税费及其他因素，下列各项关于甲公司上述交易于 2×17 年会计处理的表述中，正确的有（　　）。

A. 甲公司确认债务重组利得 40 万元

B. 甲公司确认延期偿付乙公司货款 280 万元的负债

C. 甲公司抵债库存商品按公允价值600万元确认营业收入

D. 甲公司抵债设备按公允价值与其账面价值的差额50万元确认处置利得

2.（2016年改编）甲公司销售商品产生应收乙公司货款1200万元，因乙公司资金周转困难，逾期已1年以上尚未支付，甲公司就该债权计提了240万元坏账准备。2×15年10月20日，双方经协商达成以下协议：乙公司以其生产的100件丙产品和一项应收银行承兑汇票偿还所欠甲公司货款。乙公司用以偿债的丙产品单件成本为5万元，市场价格（不含增值税）为8万元，银行承兑汇票票面金额为120万元。10月25日，甲公司收到乙公司的100件丙产品及银行承兑汇票，乙公司向甲公司开具了增值税专用发票，双方债权债务结清。甲、乙公司均为增值税一般纳税人，适用增值税税率均为16%。不考虑其他因素，下列各项关于甲公司该项交易会计处理的表述中，正确的有（　　）。

A. 确认债务重组损失152万元

B. 确认增值税进项税额80万元

C. 确认丙产品入账价值800万元

D. 确认应收票据入账价值120万元

三、综合题

1.（2015年节选）甲股份有限公司（以下简称“甲公司”）20×4年发生了以下交易事项：

（3）6月24日，甲公司与包括其控股股东P公司及债权银行在内的债权人签订债务重组协议，约定对甲公司欠该部分债权人的债权按相同比例予以豁免，其中甲公司应付银行短期借款本金余额为3000万元，应付控股股东款项1200万元，对于上述债务，协议约定甲公司应于20×4年6月30日前按照余额的80%偿付，余款予以豁免。6月28日，甲公司偿付了上述有关债务。

9月20日，为帮助甲公司度过现金流危机，甲公司控股股东P公司代其支付了600万元的原料采购款，并签订协议约定P公司对于所承担债务将不以任何方式要求甲公司偿还或增加持股比例。

其他有关资料：

不考虑相关税费及其他因素。

要求：

编制甲公司20×4年有关交易事项的会计分录。

历年真题演练答案及解析

一、单项选择题

1.【答案】A

【解析】A公司会计处理如下：

借：库存商品　　600

　　应交税费——应交增值税（进项税额）　　96

　　坏账准备　　1500

　贷：应收账款　　2000

　　　信用减值损失　　196

A公司因上述交易应冲减原多计提的信用减值损失的金额，并未产生债务重组损失，所以确认的债务重组损失金额（即计入营业外支出的金额）为0。

2.【答案】A

【解析】甲公司应确认的债务重组损失=（2000−400）−100×13×（1+16%）=92（万元）。

二、多项选择题

1.【答案】ACD

【解析】相关会计分录如下：

借：固定资产清理　　650

　贷：固定资产　　650

借：应付账款　　1500
　　贷：固定资产清理　　650
　　　　资产处置损益　　50
　　　　营业外收入——债务重组利得　　40
　　　　主营业务收入　　600
　　　　应付账款——债务重组　　160
借：主营业务成本　　500
　　贷：库存商品　　500

2.【答案】CD

【解析】甲公司会计处理：

借：应收票据　　120
　　库存商品　　800
　　应交税费——应交增值税（进项税额）
　　　　128
　　坏账准备　　240
　　贷：应收账款　　1200
　　　　信用减值损失　　88

三、综合题

1.【答案及解析】

借：短期借款　　3000
　　应付账款　　1200
　　贷：短期借款——债务重组　　2400
　　　　应付账款——债务重组　　960
　　　　营业外收入　　600
　　　　资本公积——资本（股本）溢价　　240
借：短期借款——债务重组　　2400
　　应付账款——债务重组　　960
　　贷：银行存款　　3360
借：应付账款　　600
　　贷：资本公积——资本（股本）溢价　　600

第二十章 所得税

本章总体概况

题型及分值	（1）本章可以单独考核客观题和主观题，也可与其他很多内容结合考核主观题 （2）近三年平均分值 9 分
近三年考点	（1）资产与负债的账面价值、计税基础，暂时性差异 （2）递延所得税的确认和计量，递延所得税费用的计算 （3）应交所得税、所得税费用的计算及会计分录
学习引导	本章内容难度较高，重点掌握各类资产、负债的计税基础的计算；各类常见事项产生暂时性差异的确定方法；递延所得税资产、递延所得税负债的确认和计量（关注特殊事项的处理）；应纳税所得额、应交所得税的计算；所得税费用的计算
本年教材变化	内容无实质变化

本章知识框架

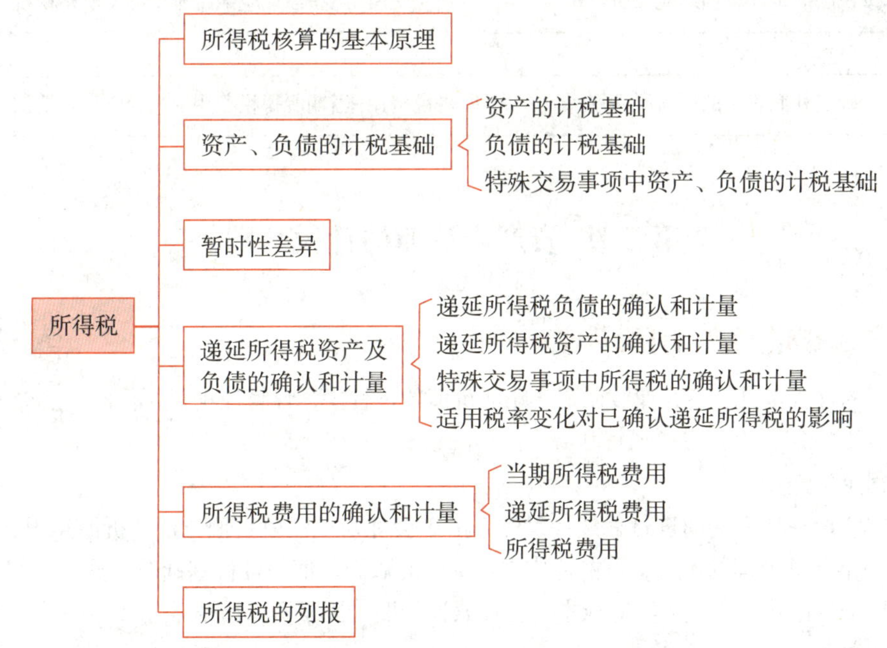

第一节 所得税核算的基本原理

【考点137】所得税核算的基本原理★

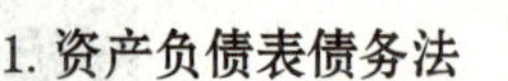

1. 资产负债表债务法

我国所得税会计采用了资产负债表债务法。要求企业从资产负债表出发，通过比较资产负债表上列示的资产、负债按照会计准则规定确定的账面价值与按照税法规定确定的计税基础，对于两者之间的差异分别应纳税暂时性差异与可抵扣暂时性差异，确认相关的递延所得税负债与递延所得税资产，并在此基础上确定每一会计期间利润表中的所得税费用。

所得税准则规范的是资产负债表中递延所得税资产和递延所得税负债的确认和计量。

2. 所得税会计的一般程序

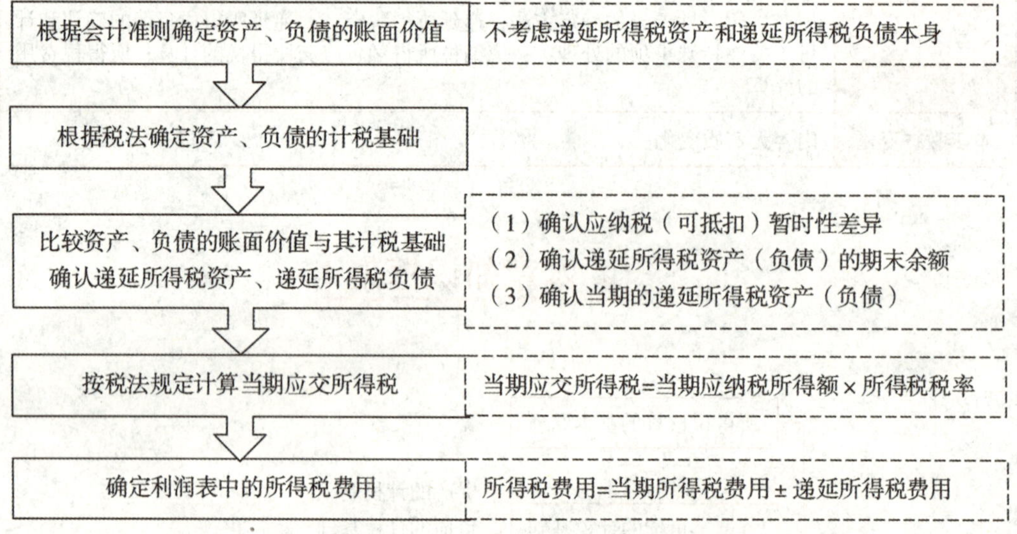

第二节 资产、负债的计税基础

【考点138】资产的计税基础★★★

资产的计税基础，指企业收回资产账面价值的过程中，计算应纳税所得额时按照税法规定可以自应税经济利益中抵扣的金额。

1. 固定资产

固定资产在持有期间进行后续计量时，由于会计与税法就折旧方法、折旧年限、固定资产减值准备等处理的不同，可能造成固定资产的账面价值与计税基础的差异。

固定资产的账面价值＝实际成本－会计累计折旧－固定资产减值准备

固定资产的计税基础 = 实际成本 − 税法累计折旧

【例题 1 · 计算】甲公司是一家生产制造企业，部分与固定资产相关的资料如下：

（1）A 生产设备于 20×6 年 12 月 28 日取得并投入使用，原价为 750 万元，预计使用年限为 10 年，会计上采用年限平均法计提折旧，净残值为零。税法规定该类设备采用加速折旧法计提的折旧可以税前扣除，甲公司在计税时采用双倍余额递减法计提折旧，净残值为零。20×8 年 12 月 31 日，企业估计该设备的可收回金额为 550 万元。

（2）B 研发设备于 20×6 年 12 月 20 日以 750 万元购入并投入使用，预计其使用寿命为 5 年。按照适用税法规定，其最低折旧年限为 10 年，甲公司在计税时按照 10 年计算确定可税前扣除的折旧额。会计与税法均按年限平均法计列折旧，净残值均为零。

要求：不考虑其他因素，分别计算 A 设备与 B 设备 20×8 年 12 月 31 日的账面价值与计税基础。

【答案】

（1）20×8 年 12 月 31 日，A 设备的账面净值 =750−750÷10×2=600（万元），可收回金额 550 万元，应计提 50 万元的固定资产减值准备。

A 设备的账面价值 =750−750÷10×2−50=550（万元）；

A 设备的计税基础 =750−750×2/10−（750−750×2/10）×2/10=480（万元）。

（2）20×8 年 12 月 31 日，B 设备的账面价值 =750−750÷5×2=450（万元）；

B 设备的计税基础 =750−750÷10×2=600（万元）。

2. 无形资产

（1）内部研究开发形成的无形资产。

类　型		会计核算	税法规定
研究阶段支出		费用化计入当期损益	据实扣除的基础上，再加计 50% 扣除（按费用发生额的 150% 税前扣除）
开发阶段支出	不满足资本化条件		
	满足资本化条件	资本化确认为无形资产	按无形资产成本的 150% 摊销税前扣除

（2）无形资产在后续计量时，会计与税法的差异主要产生于对无形资产是否需要摊销、无形资产摊销方法、摊销年限、预计净残值、无形资产减值准备的计提。

无形资产的类型	账面价值	计税基础
使用寿命有限	实际成本 − 会计累计摊销 − 无形资产减值准备	实际成本 − 税法累计摊销
使用寿命不确定	实际成本 − 无形资产减值准备 【提示】会计不摊销，只计提减值	

【例题 2 · 单选】甲公司为研发新技术 2×16 年发生研究开发支出共计 300 万元，其中研究阶段支出 80 万元，开发阶段不符合资本化条件的支出 20 万元，开发阶段符合资本化条件并形成无形资产的支出 200 万元，研发形成的无形资产在 2×16 年达到预定用途并摊销 10 万元。假定会计摊销方法、摊销年限和净残值均符合税法规定，甲公司 2×16 年 12 月 31 日该项无形资产的计税基础为（　　）万元。

A. 190　　B. 285　　C. 200　　D. 300

【答案】B

【解析】甲公司该项无形资产的计税基础 =200×150%−10×150%=285（万元）；或（200−10）×150%=285（万元），选项 B 正确。

3. 其他资产

类　型		账面价值	计税基础
公允价值计量的金融资产		期末以公允价值计量 公允价值变动计入当期损益（其他综合收益）	取得时的成本
摊余成本计量的金融资产		期末的摊余成本（期末账面余额 – 减值准备）	期末账面余额
投资性房地产	公允价值模式	期末以公允价值计量	税法初始确认金额 – 税法累计折旧（摊销）
	成本模式	初始确认金额 – 会计累计折旧（摊销）– 投资性房地产减值准备	
存货		期末成本 – 存货跌价准备	期末成本
应收账款		期末账面余额 – 坏账准备	期末账面余额

【例题 3 · 单选】甲公司将一栋自用办公楼出租给乙公司使用，租赁期开始日为 2×16 年 12 月 31 日，甲公司对投资性房地产采用公允价值模式进行后续计量。该办公楼于 2×11 年 12 月 21 日外购取得并投入使用，取得时该办公楼的成本为 50000 万元，预计使用年限为 50 年，采用年限平均法计提折旧，无残值。假定税法规定的折旧年限、折旧方法、净残值和会计一致，截止 2×16 年 12 月 31 日，该办公楼未计提减值准备，当日的公允价值为 47000 万元。2×17 年 12 月 31 日，该办公楼的公允价值为 48000 万元。不考虑其他因素，该办公楼 2×17 年 12 月 31 日的计税基础为（　　）万元。

A. 45000　　B. 44000　　C. 47000　　D. 48000

【答案】B

【解析】该办公楼的计税基础 =50000−50000÷50×6=44000（万元）。

【学霸总结】

资产初始确认时，其计税基础一般为取得成本，即企业为取得某项资产支付的成本在未来期间准予税前扣除，但是由于会计和税法对资产核算方法的不同，造成后续期间的差异。我们可以根据会计规定和税法规定分别计算在资产负债表日的价值，然后再确定两者的差异。

【考点 139】负债的计税基础★★★

负债的计税基础，是指负债的账面价值减去未来期间计算应纳税所得额时按照税法规定可予抵扣的金额。

负债的计税基础 = 账面价值 – 未来期间按照税法规定可予税前扣除的金额

负债的确认与偿还一般不会影响企业损益，也不会影响应纳税所得额，其账面价值等于计税基础。但是，某些情况下负债的产生可能会使其账面价值和计税基础出现差异，如表所示。

<table>
<tr><th colspan="3">类　型</th><th>账面价值</th><th>计税基础</th></tr>
<tr><td rowspan="2">预计负债</td><td>实际发生时，可以税前扣除</td><td>（1）因提供售后服务确认预计负债
（2）因合同违约确认预计负债</td><td rowspan="2">账面金额</td><td>零</td></tr>
<tr><td>实际发生时，不能税前扣除</td><td>（1）因罚没支出确认预计负债
（2）提供担保确认预计负债</td><td>账面价值</td></tr>
<tr><td rowspan="2">预收款项</td><td colspan="2">预收时计入当期应纳税所得额（如房地产开发企业）</td><td rowspan="2">账面金额</td><td>零</td></tr>
<tr><td colspan="2">预收时不计入当期应纳税所得额（一般都不计入）</td><td>账面价值</td></tr>
<tr><td rowspan="2">应付职工薪酬</td><td colspan="2">以现金结算的股份支付，在未来实际支付时税前扣除</td><td rowspan="2">账面金额</td><td>零</td></tr>
<tr><td colspan="2">超过扣除标准的部分，未来不能税前扣除</td><td>账面价值</td></tr>
<tr><td rowspan="2">属于政府补助的递延收益</td><td colspan="2">税法规定计入收到当期的应纳税所得额</td><td rowspan="2">账面金额</td><td>零</td></tr>
<tr><td colspan="2">税法规定为免税收入，当期及以后均不计入应纳税所得额，不会产生差异</td><td>账面价值</td></tr>
<tr><td>罚款、滞纳金</td><td colspan="2">应交的罚款和滞纳金，在尚未支付之前作为负债反映</td><td>账面金额</td><td>账面价值</td></tr>
</table>

【例题·计算】甲公司是一家生产制造企业，2×18 年发生部分业务如下：

（1）当年因销售产品承诺提供 3 年的保修服务，在当年度利润表中确认了 500 万元的销售费用，同时确认为预计负债，当年度未发生任何保修支出。假定按照税法规定，与产品售后服务相关的费用在实际发生时允许税前扣除。

（2）12 月 30 日，收到客户预付的房屋租金 100 万元，按税法规定预收的不动产租金应全部计入当期应纳税所得额，甲公司已将其作为当年的收入进行纳税申报。

（3）12 月 25 日，收到客户预付货款 200 万元，按税法规定预收的货款在收入实际发生时计入应纳税所得额；截止年末，相关货物尚未发出。

（4）当年计入成本费用的职工工资总额为 3200 万元（其中合理的部分为 2400 万元），年末尚未支付。假定按照适用税法规定，工资总额中合理的部分在实际支付的当期可予税前扣除。

（5）因 2×18 年 1 月 1 日授予管理层的一项现金股票增值权，当年计算确定的应付职工薪酬的余额为 200 万元。税法规定，以现金结算的股份支付形成的应付职工薪酬，实际支付时计入应纳税所得额。

（6）因违反当地有关环保法规的规定，接到环保部门罚款 50 万元的处罚通知，至年末尚未支付。税法规定，企业因违反国家有关法律法规支付的罚款和滞纳金，计算应纳税所得额时不允许税前扣除。

要求：不考虑其他因素，依据上述资料，逐项确定该负债的账面价值和计税基础。

【答案】

（1）因售后服务确认预计负债的账面价值为 500 万元；计税基础 = 账面价值 500 万元 − 未来可税前扣除的金额 500 万元 =0（万元）。

（2）因收到房屋租金，预收款项的账面价值为 100 万元；计税基础 = 账面价值 100 万元 − 未来可税前扣除的金额 100 万元 =0（万元）。

（3）因收到货款，预收款项的账面价值为 200 万元；计税基础 = 账面价值 200 万元 − 未来可税前扣除的金额 0 万元 =200（万元）。

（4）应付职工薪酬的账面价值为 3200 万元；计税基础 = 账面价值 3200 万元 - 未来可税前扣除的金额 2400 万元 =800（万元）。

（5）因股份支付形成应付职工薪酬的账面价值为 200 万元；计税基础 = 账面价值 200 万元 - 未来可税前扣除的金额 200 万元 =0（万元）。

（6）因罚款确认其他应付款的账面价值为 50 万元；计税基础 = 账面价值 50 万元 - 未来可税前扣除的金额 0 万元 =50（万元）。

【考点 140】特殊交易或事项中产生资产、负债计税基础的确定★★

除企业在正常生产经营活动过程中取得的资产和负债以外，对于某些特殊交易中产生的资产、负债，其计税基础的确定应遵从税法规定，如企业合并过程中取得资产、负债计税基础的确定。

<table>
<tr><th colspan="2" rowspan="2">类 型</th><th colspan="3">企业合并中，取得的各项资产、负债</th><th rowspan="2">结论</th></tr>
<tr><th>账面价值</th><th colspan="2">计税基础</th></tr>
<tr><td rowspan="4">吸收合并</td><td rowspan="2">同一控制下企业合并</td><td rowspan="2">按照其原账面价值确认</td><td>应税合并</td><td>应当重新认定（如按照公允价值认定）</td><td>该合并存在差异，相关影响计入所有者权益</td></tr>
<tr><td>免税合并</td><td>按照其原计税基础确认</td><td>该合并不存在差异</td></tr>
<tr><td rowspan="2">非同一控制下企业合并</td><td rowspan="2">按照其公允价值确认</td><td>应税合并</td><td>应当重新认定（如按照公允价值认定）</td><td>该合并不存在差异</td></tr>
<tr><td>免税合并</td><td>按照其原计税基础确认</td><td>该合并存在差异，相关影响计入商誉</td></tr>
<tr><td rowspan="3">控股合并</td><td>同一控制下企业合并</td><td>按照其原账面价值确认</td><td colspan="2">按照其原计税基础确认</td><td>该合并不存在差异</td></tr>
<tr><td>非同一控制下企业合并</td><td>按照其公允价值确认</td><td colspan="2">按照其原计税基础确认</td><td>该合并存在差异，相关影响计入商誉</td></tr>
<tr><td colspan="5">【提示】在控股合并中的情况下，相关所得税影响应于合并财务报表中确认</td></tr>
</table>

第三节 暂时性差异

【考点 141】暂时性差异★★★

暂时性差异，是指资产、负债的账面价值与其计税基础不同产生的差额。根据暂时性差异对未来期间应纳税所得额影响的不同，分为应纳税暂时性差异和可抵扣暂时性差异。

1. 应纳税暂时性差异

应纳税暂时性差异，指在确定未来收回资产或清偿负债期间的应纳税所得额时，将导致产生应税金额的暂时性差异。

一般产生于以下情况：①资产：账面价值>计税基础；②负债：账面价值<计税基础。

2. 可抵扣暂时性差异

可抵扣暂时性差异，指在确定未来收回资产或清偿负债期间的应纳税所得额时，将导致产生可抵扣金额的暂时性差异。

一般产生于以下情况：①资产：账面价值<计税基础；②负债：账面价值>计税基础。

3. 特殊项目产生的暂时性差异

（1）未作为资产、负债确认的项目（不在报表上）产生的暂时性差异。

① 企业发生的符合条件的广告费和业务宣传费支出，除另有规定外，不超过当期销售收入 15% 的部分准予扣除；超过部分准予在以后纳税年度结转扣除。该类费用在发生时按照会计准则规定计入当期损益，但按照税法规定可以确定其计税基础的，两者之间的差额也形成可抵扣暂时性差异。

② 根据税法，企业发生的职工教育经费支出，不超过工资薪金总额 8% 的部分，准予扣除，超过部分准予在以后纳税年度结转扣除。该类费用也会产生可抵扣暂时性差异。

（2）可抵扣亏损及税款抵减产生的暂时性差异。

按照税法规定可以结转以后年度的未弥补亏损及税款抵减，虽不是因资产、负债的账面价值与计税基础不同产生的，但与可抵扣暂时性差异具有同样的作用，均能减少未来期间的应纳税所得额和应交所得税，会计处理上视同可抵扣暂时性差异。

【例题 1 · 单选】A 公司 2×18 年 3 月 31 日以 200 万元的价格购入一台不需安装的生产设备，预计使用年限为 5 年，预计净残值为 0，会计采用年限平均法计提折旧。税法规定该类设备采用双倍余额递减法计提折旧，折旧年限及预计净残值与会计规定相同，则 2×18 年 12 月 31 日该设备产生的应纳税暂时性差异余额为（　　）万元。

A. 0　　B. 170　　C. 30　　D. 140

【答案】C

【解析】2×18 年 12 月 31 日该设备的账面价值 =200−200÷5×9/12=170（万元），计税基础 =200−200×40%×9/12=140（万元），应纳税暂时性差异余额 =170−140=30（万元）。

【例题 2 · 多选】下列项目中，可能产生应纳税暂时性差异的有（　　）。

A. 期末预提产品质量保证费用

B. 当期的税法折旧大于会计折旧形成的差额部分

C. 以公允价值模式进行后续计量的投资性房地产，期末公允价值大于账面价值

D. 对固定资产期末可收回金额小于账面价值的部分计提减值准备

【答案】BC

【解析】选项 A，负债的账面价值大于计税基础，属于可抵扣暂时性差异；选项 D，资产的账面价值低于计税基础，属于可抵扣暂时性差异。

【例题 3 · 多选】20×7 年 10 月 1 日，甲公司公开发行 1000 万元人民币短期融资券，所募集资金主要用于补充日常流动资金。甲公司将该短期融资券指定为以公允价值计量且其变动计入当期损益的金融负债。20×7 年 12 月 31 日，该短期融资券市场价格为 950 万元。假定不考虑发行短期融资

券相关的交易费用及其他相关因素，下列表述中正确的有（　　）。

A. 该短期融资券 20×7 年 12 月 31 日的账面价值为 950 万元

B. 该短期融资券 20×7 年 12 月 31 日的计税基础为 1000 万元

C. 20×7 年 12 月 31 日，产生的可抵扣暂时性差异的余额为 50 万元

D. 20×7 年 12 月 31 日，产生的应纳税暂时性差异的余额为 50 万元

【答案】ABD

【解析】20×7 年 12 月 31 日，交易性金融负债的账面价值为其公允价值 950 万元，选项 A 正确；计税基础为初始确认金额 1000 万元，选项 B 正确；账面价值小于计税基础，产生应纳税暂时性差异 50 万元；选项 D 正确。

【例题 4 · 单选】甲公司 20×7 年发生 2000 万元的广告费支出，发生时已作为销售费用计入当期损益。税法规定，该类支出不超过当年销售收入 15% 的部分允许当期税前扣除；超过部分允许向以后年度结转税前扣除。甲公司 20×7 年实现销售收入 10000 万元，当年发生亏损 500 万元。假设甲公司预计 20×8 年将实现利润 2000 万元，不考虑其他因素，甲公司当年产生可抵扣暂时性差异为（　　）万元。

A. 2500　　B. 2000　　C. 1000　　D. 500

【答案】D

【解析】该广告费支出因按照会计准则规定在发生时已计入当期损益，如果将其视为资产，其账面价值为 0，计税基础 =2000−10000×15%=500（万元），产生可抵扣暂时性差异 500 万元；该经营亏损从性质上可以减少未来期间企业的应纳税所得额，产生可抵扣暂时性差异 500 万元。选项 D 正确。

【学霸总结】

（1）资产的计税基础为资产在未来转让时可税前扣除的金额。

① 账面价值＞计税基础时，未来会计扣除的费用比税法允许扣除的多，应该纳税调增，为应纳税暂时性差异；

② 账面价值＜计税基础时，未来会计扣除的费用比税法允许扣除的少，应该纳税调减，为可抵扣暂时性差异。

（2）对于负债来说，可按下图进行理解记忆。

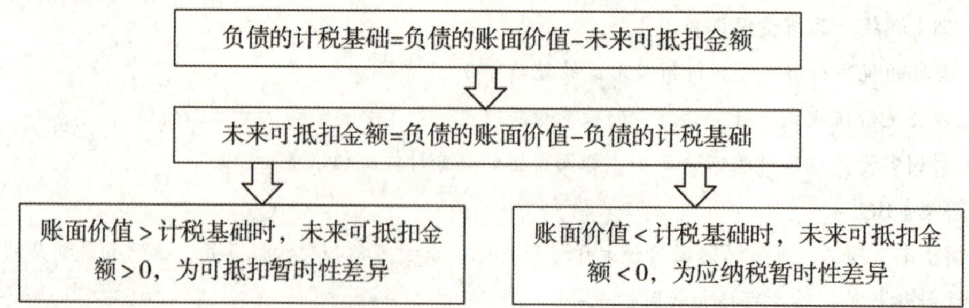

第四节 递延所得税资产及负债的确认和计量

【考点 142】递延所得税负债的确认和计量★★★

1. 递延所得税负债的确认

（1）一般原则。

除所得税准则中明确规定可不确认递延所得税负债的情况以外，企业对于所有的应纳税暂时性差异均应确认相关的递延所得税负债。

除直接计入所有者权益的交易或事项及企业合并中取得资产、负债相关的以外，在确认递延所得税负债的同时，应增加利润表中的所得税费用。

借：其他综合收益（如其他债权投资的公允价值变动）

　　盈余公积 / 利润分配——未分配利润（如会计政策变更或前期差错更正）

　　资本公积（如合并财务报表中的评估增值）

　　所得税费用（如影响利润总额或应纳税所得额的项目）

　　商誉（如非同一控制下吸收合并中的免税合并）

　　贷：递延所得税负债

【例题 1 · 计算】甲公司 2×17 年 12 月 6 日购入某项设备，取得成本为 500 万元，会计上采用年限平均法计提折旧，使用年限为 5 年，净残值为零，税法规定计税时按双倍余额递减法计提折旧，使用年限及净残值与会计相同。假定不考虑其他因素，甲公司适用的所得税税率为 25%。

要求：

（1）计算甲公司 2×18 年 12 月 31 日应确认的递延所得税，并编制会计分录。

（2）计算甲公司 2×19 年 12 月 31 日应确认的递延所得税，并编制会计分录。

（3）计算甲公司 2×20 年 12 月 31 日应确认的递延所得税，并编制会计分录。

【答案】

（1）2×18 年 12 月 31 日

固定资产账面价值 =500−500÷5=400（万元）；计税基础 =500−500×40%=300（万元）；

递延所得税负债余额 =（400−300）×25%=25（万元）；

借：所得税费用　　　　25

　　贷：递延所得税负债　　　　25

或本年会计折旧额 100 万元，税法折旧额 200 万元，本年发生暂时性差异 100 万元，确认递延所得税负债 25 万元。

（2）2×19 年 12 月 31 日

固定资产账面价值 =500−500÷5×2=300（万元）；

计税基础 =500−500×40%−（500−500×40%）×40%=180（万元）；

递延所得税负债余额 =（300−180）×25%=30（万元）；

本年应确认递延所得税负债 =30−25=5（万元）；

借：所得税费用　　　　5

　　贷：递延所得税负债　　　　5

或本年会计折旧额100万元，税法折旧额120万元，本年发生应纳税差异20万元，确认递延所得税负债5万元。

（3）2×20年12月31日

固定资产账面价值=500−500÷5×3=200（万元）；

计税基础=500−500×40%−（500−200）×40%−（500−200−120）×40%=108（万元）；

递延所得税负债余额=（200−108）×25%=23（万元）；

本年应确认递延所得税负债=23−30=−7（万元）；

借：递延所得税负债　　　　7

　　贷：所得税费用　　　　　7

或本年会计折旧额100万元，税法折旧额72万元，本年发生应纳税差异−28万元，应转回递延所得税负债7万元。

【例题2·计算】甲公司将其自用的一栋写字楼出租给乙公司使用，租赁期开始日为2×17年12月31日，每年租金200万元。当日该写字楼的账面余额为5000万元，累计折旧1000万元，未计提减值准备，公允价值为4600万元。2×17年12月31日该写字楼的计税基础与账面价值相等，税法规定，该写字楼预计尚可使用年限为20年，采用年限平均法计提折旧，预计净残值为0。2×18年12月31日，该写字楼的公允价值为5000万元，收到乙公司支付租金200万元存入银行。甲公司适用的所得税税率为25%，甲公司对投资性房地产采用公允价值模式进行后续计量，假设按年确认租金收入。

要求：

（1）编制甲公司2×17年12月31日出租写字楼相关的会计分录。

（2）编制甲公司2×18年出租写字楼相关的会计分录。

【答案】

（1）2×17年12月31日，自用写字楼转为出租

借：投资性房地产——成本　　　　4600

　　累计折旧　　　　　　　　　　1000

　　贷：固定资产　　　　　　　　　5000

　　　　其他综合收益　　　　　　　600

当日，投资性房地产的账面价值为4600万元，计税基础=5000−1000=4000（万元），产生应纳税暂时性差异600万元，应确认递延所得税负债的余额=600×25%=150（万元），对应其他综合收益。

借：其他综合收益　　　　　　　　150

　　贷：递延所得税负债　　　　　　150

（2）2×18年12月31日，甲公司收到租金，确认租金收入

借：银行存款　　　　　　　　　　200

　　贷：其他业务收入　　　　　　　200

借：投资性房地产——公允价值变动　　400（5000−4600）

　　贷：公允价值变动损益　　　　　400

当日，投资性房地产的账面价值为5000万元，计税基础=5000−1000−（5000−1000）÷20=3800（万元），产生应纳税暂时性差异1200万元，应确认递延所得税负债的余额=1200×25%=300（万元）。

本期应确认递延所得税负债=300−150=150（万元），对应所得税费用。

借：所得税费用 150

　贷：递延所得税负债 150

注：只有产生暂时性差异时影响了利润，确认递延所得税负债时才对应所得税费用科目，要根据不同情况进行处理。

（2）不确认递延所得税负债的情况。

①商誉的初始确认。

类　型	商誉的账面价值	商誉的计税基础		结　论
吸收合并（个别报表）	合并成本－被购买方可辨认净资产公允价值的份额	应税合并	计税基础＝账面价值	不存在暂时性差异
		免税合并	计税基础=0（原有资产、负债计税基础不变）	存在暂时性差异，不确认递延所得税负债
控股合并（合并报表）		计税基础=0（法人资格仍存在，原有资产、负债计税基础不变）		存在暂时性差异，不确认递延所得税负债

【提示】商誉存在暂时性差异时，若确认递延所得税负债，则会减少被购买方可辨认净资产公允价值，又会增加商誉，由此进入死循环状态
在非同一控制下企业合并（应税吸收合并）中，商誉在初始确认时计税基础等于账面价值，该商誉在后续计量过程中产生暂时性差异的（如计提减值准备），应当确认相关的递延所得税

【例题3·计算】P企业以增发市场价值10000万元的自身普通股1000万股为对价购入S企业100%的净资产，对S企业进行吸收合并，合并前P企业与S企业不存在任何关联方关系（非同一控制下企业合并）。购买日S企业可辨认净资产包括以下内容，固定资产的账面价值为3000万元（与计税基础相同），公允价值为5000万元；存货的账面价值为4000万元（与计税基础相同），公允价值为5000万元；一项S企业尚未确认的或有负债的公允价值为800万元。

假定该项合并符合税法规定的特殊税务处理条件，交易各方选择进行免税处理。S企业适用的所得税税率为25%，预期在未来期间不会发生变化。税法规定该未决诉讼引起的支出在实际发生时可以税前扣除。

要求：

（1）分别确定合并后P企业存货、固定资产、或有负债的账面价值和计税基础，并指出是否产生暂时性差异；如有暂时性差异，计算应确认的递延所得税。

（2）计算该合并中应确认商誉的金额，及商誉的计税基础。

（3）编制P企业购买日的会计分录。

【答案】

（1）因该合并属于非同一控制下企业合并，且交易各方选择进行免税处理，因此各项资产负债的计税基础维持不变。

固定资产的账面价值为5000万元，计税基础为3000万元，产生应纳税暂时性差异2000万元，应确认递延所得税负债=2000×25%=500（万元）。

存货的账面价值为5000万元，计税基础为4000万元，产生应纳税暂时性差异1000万元，应确认递延所得税负债=1000×25%=250（万元）。

预计负债的账面价值为800万元，计税基础为0万元，产生可抵扣暂时性差异800万元，应确认递延所得税资产=800×25%=200（万元）。

（2）不考虑递延所得税的可辨认净资产公允价值 =5000+5000−800=9200（万元），

不考虑递延所得税时的商誉 =10000−9200=800（万元）；

借：商誉　　750

　　贷：递延所得税负债　　750

借：递延所得税资产　　200

　　贷：商誉　　200

考虑递延所得税之后的商誉 =800+750−200=1350（万元），或：考虑递延所得税之后的商誉 =10000−（9200−750+200）=1350（万元）。

注：相关资产和负债涉及的暂时性差异正常确认递延所得税的影响，对应科目是商誉；而商誉本身计税基础为 0，存在暂时性差异，但是不再确认递延所得税的影响。

（3）购买日 P 企业编制财务报表（吸收合并，只有个别财务报表）

借：固定资产　　5000

　　存货（库存商品）　　5000

　　商誉　　1350

　　递延所得税资产　　200

　　贷：股本　　1000

　　　　资本公积——股本溢价　　9000

　　　　预计负债　　800

　　　　递延所得税负债　　750

② 除企业合并以外的其他交易或事项中，如果该项交易或事项发生时既不影响会计利润，也不影响应纳税所得额。因资产、负债的账面价值与其计税基础不同形成应纳税暂时性差异的，交易或事项发生时不确认相应的递延所得税负债。

【提示】该类交易或事项在我国企业实务中并不多见，一般情况下有关资产、负债的初始确认金额均会为税法所认可，不会产生两者之间的差异。

③ 与子公司、联营企业、合营企业投资等相关的应纳税暂时性差异，一般应确认相应的递延所得税负债，但同时满足以下两个条件的除外：投资企业能够控制暂时性差异转回的时间；该暂时性差异在可预见的未来很可能不会转回。

对于采用权益法核算的长期股权投资，其计税基础与账面价值产生的有关暂时性差异是否应确认相关的所得税影响，应当考虑该项投资的持有意图：

a. 在准备长期持有的情况下，投资企业一般不确认相关的所得税影响。

b. 在持有意图由长期持有转变为拟近期出售的情况下，应确认相关的所得税影响。

2. 递延所得税负债的计量

（1）递延所得税负债应以相关应纳税暂时性差异转回期间适用的所得税税率计量。

（2）无论应纳税暂时性差异的转回期间如何，递延所得税负债的确认不要求折现。

【考点 143】递延所得税资产的确认和计量★★★

1. 递延所得税资产的确认

（1）一般原则。

资产、负债的账面价值与其计税基础不同产生可抵扣暂时性差异的，在估计未来期间能够取得足够的应纳税所得额时，应当以很可能取得用来抵扣可抵扣暂时性差异的应纳税所得额为限，确认相关的递延所得税资产。

① 对与子公司、联营企业、合营企业的投资相关的可抵扣暂时性差异，同时满足下列条件的，应当确认相关的递延所得税资产：暂时性差异在可预见的未来很可能转回；未来很可能获得用来抵扣可抵扣暂时性差异的应纳税所得额。

② 对于按照税法规定可以结转以后年度的未弥补亏损和税款抵减，应视同可抵扣暂时性差异处理。应当以很可能取得的应纳税所得额为限，确认递延所得税资产。

借：递延所得税资产

贷：其他综合收益（如其他债权投资的公允价值变动）

盈余公积 / 利润分配——未分配利润（如会计政策变更或前期差错更正）

资本公积（如合并财务报表中的评估减值）

所得税费用（如影响利润总额或应纳税所得额的项目）

商誉（如非同一控制下吸收合并中的免税合并）

【例题 1 · 计算】甲公司 2×18 年 1 月 1 日取得一项以公允价值计量且其变动计入当期损益的金融资产，取得成本为 100 万元，2×18 年 12 月 31 日，该项金融资产的公允价值为 80 万元。2×19 年 2 月 1 日，甲公司将该金融资产全部出售，售价为 90 万元。假定未来期间甲公司能够取得足够的应纳税所得额用以抵扣该可抵扣暂时性差异，甲公司适用的所得税税率为 25%，不考虑其他相关因素的影响。

要求：编制甲公司与上述业务相关的会计分录。

【答案】

（1）2×18 年 1 月 1 日，取得投资时

借：交易性金融资产——成本　　100

贷：银行存款　　100

（2）2×18 年 12 月 31 日，确认公允价值变动

借：公允价值变动损益　　20

贷：交易性金融资产——公允价值变动　　20

当日产生可抵扣暂时性差异 20 万元，应确认递延所得税资产为 5 万元（20×25%）。

借：递延所得税资产　　5

贷：所得税费用　　5

（3）2×19 年 2 月 10 日，出售金融资产

借：银行存款　　90

交易性金融资产——公允价值变动　　20

贷：交易性金融资产——成本　　100

投资收益　　10

借：所得税费用　　5

贷：递延所得税资产　　5

（2）不确认递延所得税资产的情况。

某些情况下，企业发生的某项交易或事项不属于企业合并，并且交易发生时既不影响会计利润也不影响应纳税所得额，产生可抵扣暂时性差异的，所得税准则中规定在交易或

事项发生时不确认相应的递延所得税资产。

【提示】因该项交易不是企业合并，递延所得税资产不能对应商誉；因该项交易或事项发生时既不影响会计利润，也不影响应纳税所得额，所以递延所得税资产不能对应“所得税费用”科目，从而不会影响留存收益，交易发生时产生暂时性差异的业务也不会涉及股本（或实收资本）、资本公积和其他综合收益，因此递延所得税资产不能对应所有者权益。若确认递延所得税资产，为使会计等式平衡，则只能增加负债的价值或减少其他资产的价值，这种会计处理违背历史成本计量属性，因此不确认递延所得税资产。

【例题 2 · 单选】甲公司为研发新技术 2×16 年发生研究开发支出共计 300 万元，其中研究阶段支出 100 万元，开发阶段符合资本化条件的支出 200 万元，研发形成的无形资产在 2×17 年 1 月 1 日达到预定用途，预计使用年限为 10 年，按直线法摊销，净残值为 0。假定会计摊销方法、摊销年限和净残值均符合税法规定，甲公司适用的所得税税率为 25% 且预计不会改变，预计未来能够取得足够的应纳税所得额，甲公司 2×17 年 12 月 31 日该项无形资产应确认递延所得税资产（　　）万元。

A. 0　　B. 22.5　　C. 56.25　　D. 47.5

【答案】A

【解析】2×17 年 12 月 31 日该项无形资产的计税基础 =200×150%−200/10×150%=270（万元），账面价值 =200−200/10=180（万元），产生可抵扣暂时性差异 90 万元，但是因为该交易不属于企业合并，并且交易发生时既不影响会计利润也不影响应纳税所得额（开发支出转入无形资产），因此不确认递延所得税资产。

2. 递延所得税资产的计量

（1）确认递延所得税资产时，应当以暂时性差异转回期间的适用的所得税税率为基础计算确定。

（2）无论相关的可抵扣暂时性差异转回期间如何，递延所得税资产均不要求折现。

（3）资产负债表日，企业应当对递延所得税资产的账面价值进行复核。如果未来期间很可能无法取得足够的应纳税所得额用以利用可抵扣暂时性差异带来的利益，应当减记递延所得税资产的账面价值。递延所得税资产的账面价值减记以后，以后期间根据新的环境和情况判断能够产生足够的应纳税所得额用以利用可抵扣暂时性差异，使得递延所得税资产包含的经济利益能够实现的，应相应恢复递延所得税资产的账面价值。

【例题 3 · 单选】甲公司适用的所得税税率为 25%，2×17 年 12 月 31 日因业务宣传费超过税前扣除限额确认递延所得税资产 100 万元，2×18 年年度，甲公司实现销售收入 10000 万元，发生业务宣传费 1200 万元。税法规定，企业发生的业务宣传费，不超过当年销售收入 15% 的部分，准予扣除；超过部分准予在以后纳税年度结转扣除。甲公司 2×18 年 12 月 31 日下列会计处理中正确的是（　　）。

A. 转回递延所得税资产 100 万元　　B. 增加递延所得税资产 0 万元

C. 转回递延所得税资产 75 万元　　D. 增加递延所得税资产 25 万元

【答案】C

【解析】甲公司 2×18 年按税法规定可税前扣除的业务宣传费 =10000×15%=1500（万元），实际发生的 1200 万元当期可扣除，2×17 年超过税前扣除限额的部分本期可扣除 300 万元，应转回递延所得税资产 =300×25%=75（万元），选项 C 正确。

【考点 144】特殊交易或事项中涉及递延所得税的确认和计量★★★

1. 与直接计入所有者权益的交易或事项相关的所得税

与直接计入所有者权益的交易或事项相关的当期所得税及递延所得税应当计入所有者权益。

（1）会计政策变更采用追溯调整法或对前期差错更正采用追溯重述法调整期初留存收益。

（2）以公允价值计量且其变动计入其他综合收益的金融资产公允价值变动金额调整其他综合收益。

（3）自用房地产转为采用公允价值模式计量的投资性房地产时公允价值大于原账面价值的差额计入其他综合收益。

（4）同时包含负债及权益成分的金融工具在初始确认时计入所有者权益。

2. 与企业合并相关的递延所得税

在企业合并中，购买方取得的可抵扣暂时性差异，按照税法规定可以用于抵减以后年度应纳税所得额，但在购买日不符合递延所得税资产确认条件而不予以确认。

（1）在购买日后 12 个月内，如果有信息表明相关情况在购买日已经存在，预期被购买方在购买日可抵扣暂时性差异带来的经济利益能够实现的，应当确认相关的递延所得税资产，同时减少商誉，商誉不足冲减的，差额部分确认为当期损益。

（2）除上述情况以外，确认与企业合并相关的递延所得税资产，应当计入当期损益，不得调整商誉。

【例题 1 · 计算】甲公司于 20×8 年 1 月 1 日以 5000 万元购买乙公司 100% 股权，形成非同一控制下企业合并，当日乙公司可辨认净资产的公允价值为 4950 万元，其中一项应收账款评估减值 300 万元。假定购买日及未来期间企业适用的所得税税率为 25%。在购买日，预计未来期间无法取得足够的应纳税所得额。不考虑其他因素。

要求：

（1）计算购买日应确认的递延所得税资产及商誉的金额。

（2）假设 20×8 年 6 月 30 日，甲公司重新评估，预计能够产生足够的应纳税所得额用以抵扣企业合并时产生的可抵扣暂时性差异，且该事实于购买日已经存在，编制甲公司的会计处理分录。

（3）假设 20×8 年 6 月 30 日，甲公司重新评估，预计能够产生足够的应纳税所得额用以抵扣企业合并时产生的可抵扣暂时性差异，且该新的事实于购买日并不存在，编制甲公司的会计处理分录。

（4）假设 20×9 年 6 月 30 日，甲公司重新评估，预计能够产生足够的应纳税所得额用以抵扣企业合并时产生的可抵扣暂时性差异，且该事实于购买日已经存在，编制甲公司的会计处理分录。

【答案】

（1）购买日因应收账款评估减值 300 万元，产生可抵扣暂时性差异 300 万元，但是因预计未来期间无法取得足够的应纳税所得额，当日确认递延所得税资产为 0 万元。

应确认商誉的金额 =5000−4950=50（万元）。

（2）因重新评估在 12 个月以内，且该事实于购买日已经存在，因此应当确认递延所得税资产 75 万元（300×25%），同时减少商誉 50 万元，差额 25 万元确认为当期损益。

借：递延所得税资产　　75

　贷：商誉　　50

　　　所得税费用　　25

（3）因重新评估在12个月以内，但是该新的事实于购买日并不存在，因此应当确认递延所得税资产75万元（300×25%），并确认为当期损益。

借：递延所得税资产　　75

　贷：所得税费用　　75

（4）因重新评估超过12个月，虽然该事实于购买日已经存在，但是不应调整商誉的金额，因此应当确认递延所得税资产75万元（300×25%），并确认为当期损益。

借：递延所得税资产　　75

　贷：所得税费用　　75

3. 与股份支付相关的当期及递延所得税

与股份支付相关的支出在按照会计准则规定确认为成本费用时，其相关的所得税影响应区别于税法的规定进行处理：

（1）如果税法规定与股份支付相关的支出不允许税前扣除，则不形成暂时性差异。

（2）如果税法规定与股份支付相关的支出允许税前扣除，在按照会计准则规定确认成本费用的期间内，企业应当根据会计期末取得的信息估计可税前扣除的金额计算确定其计税基础及由此产生的暂时性差异，符合确认条件的情况下，应当确认相关递延所得税。

【例题2·多选】甲公司适用的所得税税率为25%，预计以后期间不会变更，未来期间有足够的应纳税所得额用以抵扣可抵扣暂时性差异。20×8年1月1日，甲公司经股东大会批准，授予其50名管理人员每人10万份股份期权，每份期权授予日的公允价值为3.6元，每份期权于到期日可以以6元/股的价格购买甲公司1股普通股，但被授予股份期权的管理人员必须在甲公司工作满3年才可行权。税法规定，行权时取得股份公允价值与实际支付价款之间的差额，可在行权期间计算应纳税所得额时扣除。甲公司预计该股份期权行权时可予税前抵扣的金额为1500万元。假设预计未来期间无人离职，不考虑其他因素，下列说法中正确的有（　　）。

A. 甲公司20×8年应确认的计入费用的金额为600万元

B. 甲公司20×8年应确认的计入费用的金额为1800万元

C. 甲公司20×8年应确认递延所得税资产150万元

D. 甲公司20×8年应确认递延所得税资产125万元

【答案】AD

【解析】甲公司20×8年应确认的费用=50×10×3.6×1/3=600（万元），选项A正确，选项B错误；当期发生的费用预计未来可扣除部分=1500÷3=500（万元），当期实际发生费用600万元大于预计未来可扣除部分，应确认递延所得税资产金额=500×25%=125（万元），选项D正确，选项C错误。

【考点145】适用税率变化对已确认递延所得税资产和递延所得税负债的影响★

因税收法规的变化，导致企业在某一会计期间适用的所得税税率发生变化的，企业应对已确认的递延所得税资产和递延所得税负债按照新的税率重新计量。

【例题·计算】甲公司是一家生产制造企业，一台生产设备于20×6年12月30日取得并投入使用，原价为750万元，预计使用年限为10年，会计上采用年限平均法计提折旧，净残值为零。税法规定该类设备采用加速折旧法计提的折旧可以税前扣除，甲公司在计税时采用双倍余额递减法计提折旧，净残值为零。甲公司预计20×7年及未来期间适用的所得税税率为25%。20×8年7月31日，由于甲公司取得了高新技术企业证书，预计当年及未来期间适用的所得税税率变更为15%。不考虑其他因素。

要求：

（1）计算甲公司20×7年12月31日应确认的递延所得税，并编制所得税相关的会计分录。

（2）计算甲公司20×8年12月31日应确认的递延所得税，并编制所得税相关的会计分录。

【答案】

（1）20×7年12月31日，该设备的账面价值=750−750÷10=675（万元），该设备的计税基础=750−750×2/10=600（万元）。应确认递延所得税负债=（675−600）×25%=18.75（万元）。

借：所得税费用　　18.75

　　贷：递延所得税负债　　18.75

（2）20×8年12月31日，该设备的账面价值=750−750÷10×2=600（万元），该设备的计税基础=750−750×2/10−（750−750×2/10）×2/10=480（万元）。

应确认递延所得税负债=（600−480）×15%−18.75=−0.75（万元），即应转回递延所得税负债。

借：递延所得税负债　　0.75

　　贷：所得税费用　　0.75

【学霸总结】

递延所得税资产（负债）的确认

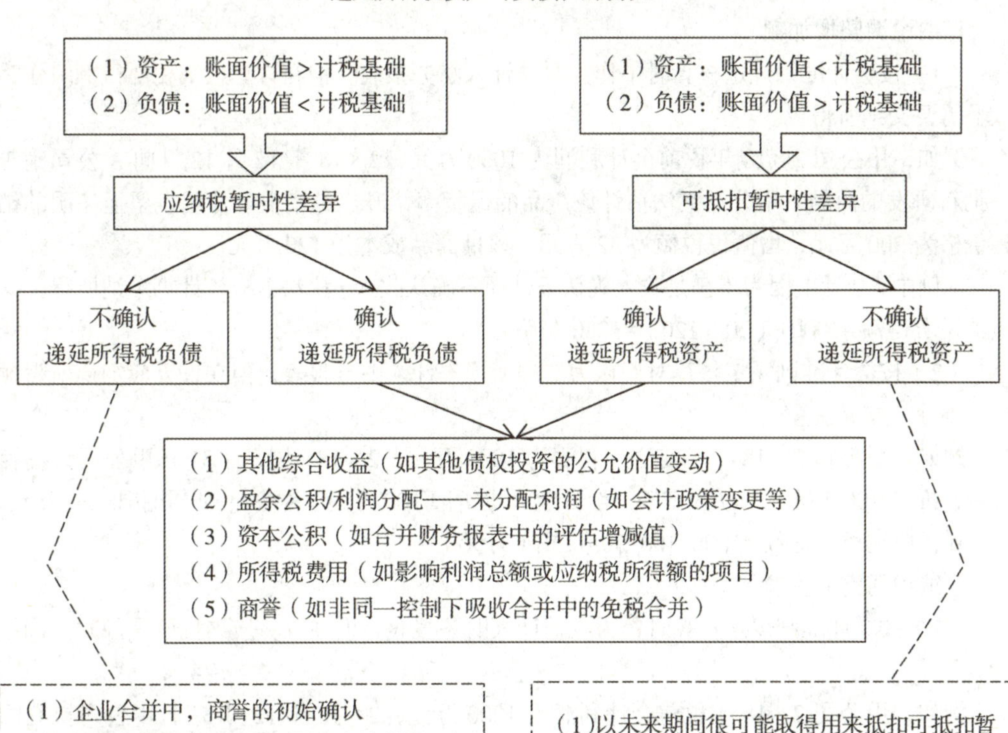

递延所得税资产（负债）的计算步骤：

步骤一：确认期末各项资产、负债的账面价值、计税基础（注意可结转以后年度弥补的亏损、可结转以后年度的广告费、业务宣传费、职工教育经费等特殊事项）。

步骤二：确认期末的可抵扣（应纳税）暂时性差异。

步骤三：确认递延所得税资产（负债）的期末余额 = 期末可抵扣（应纳税）暂时性差异 × 该暂时性差异未来转回期间适用的税率（注意适用税率变化时，应适用未来转回期间变化后的税率）。

步骤四：本期确认（转回）的递延所得税资产（负债）= 递延所得税资产（负债）的期末余额 - 递延所得税资产（负债）的期初余额。

第五节 所得税费用的确认和计量

【考点 146】当期所得税费用★★★

当期所得税，是指企业按照税法规定计算确定的应交纳给税务部门的所得税金额，即应交所得税。

应交所得税 = 应纳税所得额 × 所得税税率

应纳税所得额 = 税前会计利润 + 纳税调整增加额 - 纳税调整减少额

1. 纳税调整增加额

（1）按会计准则规定核算时不作为收益计入财务报表，但在计算应纳税所得额时作为收益需要交纳所得税。

例如，甲公司 2×18 年税前会计利润为 1000 万元，2×18 年 12 月 12 日向 A 公司销售一批新研发的商品，甲公司无法估计该产品的退货率，开出的增值税专用发票上注明的销售价格为 200 万元，增值税税额为 32 万元，该批商品成本为 120 万元。

本例中，会计上因为不满足收入确认条件而不确认收入，税法上应该计算缴纳所得税，应纳税所得额 =1000+（200-120）=1080（万元）。

（2）按会计准则规定核算时确认为费用或损失计入财务报表，但在计算应纳税所得额时则不允许扣减。

例如，甲公司 2×18 年税前会计利润为 1000 万元，2×18 年 12 月 31 日甲公司计提存货跌价准备 100 万元，一项固定资产会计上计提折旧 100 万元，税法允许计提折旧 50 万元。

则：应纳税所得额 =1000+100+50=1150（万元）。

2. 纳税调整减少额

（1）按会计准则规定核算时作为收益计入财务报表，但在计算应纳税所得额时不确认为收益。

例如，甲公司 2×18 年税前会计利润为 1000 万元，2×18 年 12 月 31 日甲公司持有的一项交易性金融资产公允价值上升 100 万元，税法规定相关投资在实际转让时的收益计入应纳税所得额。

则：应纳税所得额 =1000-100=900（万元）。

（2）按会计准则规定核算时不确认为费用或损失，但在计算应纳税所得额时则允许扣减。

例如，甲公司 2×18 年税前会计利润为 1000 万元，2×18 年发生研究阶段支出 100 万元并计入管理费用，税法规定研发支出费用化的部分可以加计扣除 50%。

则：应纳税所得额 =1000−100×50%=950（万元）。

3. 在计算应纳税所得额时，常见的会计与税法有差异的事项

<table>
<tr><th>项　目</th><th colspan="3">内　容</th></tr>
<tr><td>税法规定的免税收入
（会计作为收益，应当调减）</td><td colspan="3">（1）国债利息收入
（2）符合条件的居民企业之间的股息、红利等权益性投资收益</td></tr>
<tr><td rowspan="6">税法按照标准进行扣除的项目（超过税法标准部分应当调增）</td><td>工资薪金支出</td><td>合理支出部分</td><td rowspan="4">超标部分，不得结转以后年度扣除</td></tr>
<tr><td>职工福利费</td><td>不超过工资薪金总额 14%</td></tr>
<tr><td>工会经费</td><td>不超过工资薪金总额 2%</td></tr>
<tr><td>业务招待费</td><td>实际发生额的 60% 与当年销售收入的 5‰（二者孰低）</td></tr>
<tr><td>职工教育经费</td><td>不超过工资薪金总额 8%</td><td rowspan="2">超标部分，准予以后年度结转扣除</td></tr>
<tr><td>广宣费</td><td>不超过当年销售收入 15%</td></tr>
<tr><td>税法禁止扣除项目
（会计作为损失，应当调增）</td><td colspan="3">（1）税收滞纳金、行政罚款等支出
（2）国家规定的公益性捐赠支出以外的捐赠支出
（3）与生产经营活动无关的各种非广告性质的赞助支出
（4）未经核定的准备金支出（坏账准备、存货跌价准备、固定资产减值准备、投资性房地产减值准备等）</td></tr>
<tr><td>以前年度未弥补亏损
（本期调减）</td><td colspan="3">企业某一纳税年度发生的亏损，可以用下一年度的所得弥补，不足以弥补的，可以逐年延续弥补，但最长不得超过 5 年（特殊除外）</td></tr>
</table>

【提示】影响损益的暂时性差异对应纳税所得额的调整（不考虑永久性差异）：

影响损益的应纳税暂时性差异：转回期间（未来期间）要调增交税，发生当期调减抵税；

影响损益的可抵扣暂时性差异：转回期间（未来期间）要调减抵税，发生当期调增交税。

应纳税所得额 = 税前会计利润 + 本期发生的影响损益的可抵扣暂时性差异 − 本期转回的影响损益的可抵扣暂时性差异 − 本期发生的影响损益的应纳税暂时性差异 + 本期转回的影响损益的应纳税暂时性差异。

【例题·单选】甲公司适用的所得税税率为 25%，2×18 年实现利润总额 1000 万元，本年发生应纳税暂时性差异 100 万元，转回可抵扣暂时性差异 80 万元，上述暂时性差异均影响损益。不考虑其他纳税调整事项，甲公司 2×18 年应交所得税为（　　）万元。

A .205　　　B. 295　　　C. 250　　　D. 255

【答案】A

【解析】影响损益的应纳税暂时性差异：转回期间（未来期间）要调增交税，发生当期调减抵税；影响损益的可抵扣暂时性差异：转回期间（未来期间）要调减抵税，发生当期调增交税。所以甲公司 2×18 年应交所得税 =（1000−100−80）×25%=205（万元）。

【考点147】递延所得税费用★★

递延所得税，是指按照所得税准则规定当期应予确认的递延所得税资产和递延所得税负债。

递延所得税费用，指递延所得税资产、递延所得税负债的发生额对应所得税费用的部分。

如果某项交易或事项按照企业会计准则规定应计入所有者权益，由该交易或事项产生的递延所得税资产或递延所得税负债及其变化亦应计入所有者权益，不构成利润表中的递延所得税费用（或收益）。

递延所得税费用 = 当期递延所得税负债的增加额 + 当期递延所得税资产的减少额 - 当期递延所得税负债的减少额 - 当期递延所得税资产的增加额

注：上述为递延所得税资产、递延所得税负债对应所得税费用的部分。

【考点148】所得税费用★★

利润表中的所得税费用 = 当期所得税（即应交所得税）+ 递延所得税费用

借：所得税费用（当期所得税费用 + 递延所得税费用）

　　其他综合收益、留存收益等（不对应所得税费用的递延所得税资产、递延所得税负债）

　　递延所得税资产（递延所得税资产增加额，转回在贷方）

　　贷：递延所得税负债（递延所得税负债增加额，转回在借方）

　　　　应交税费——应交所得税（当期所得税费用）

【例题1·单选】20×8年，甲公司实现利润总额210万元，包括：20×8年收到的国债利息收入10万元，因违反环保法法规被环保部门处以罚款20万元。甲公司20×8年年初递延所得税负债余额为20万元，年末余额为25万元，上述递延所得税负债均产生于固定资产账面价值与计税基础的差异。甲公司适用的所得税税率为25%。不考虑其他因素，甲公司20×8年的所得税费用是（　　）万元。

A. 52.5　　B. 55　　C. 57.5　　D. 60

【答案】B

【解析】本期因固定资产确认递延所得税负债5万元（25−20），即产生应纳税暂时性差异 = 5÷25%=20（万元），应纳税调减20万元。应交所得税 =（210−10+20−20）×25%=50（万元），确认递延所得税费用 =25−20=5（万元），所得税费用 =50+5=55（万元），或所得税费用 =（210−10+20）×25%=55（万元）。

【例题2·计算】甲公司20×7年年度利润表中利润总额为3000万元，该公司适用的所得税税率为25%。20×6年发生亏损1000万元确认递延所得税资产250万元；因存货减值40万元确认递延所得税资产10万元。20×7年发生的有关交易和事项中，会计处理与税收处理存在差别的有：

（1）20×7年1月开始计提折旧的一项固定资产，成本为1500万元，使用年限为10年，净残值为0，会计处理按双倍余额递减法计提折旧，税收处理按直线法计提折旧。假定税法规定的使用年限及净残值与会计规定相同。

（2）向某企业提供非广告性质的赞助500万元。假定按照税法规定，企业的非广告性赞助支出不允许税前扣除。

（3）当期取得一项金融资产，甲公司作为其他债权投资核算，20×7年12月31日的确认公允价值变动 400 万元。税法规定，以公允价值计量的金融资产持有期间的公允价值变动不计入应纳税所得额。

（4）违反环保法规定应支付罚款 100 万元。

（5）期末对持有的存货进行减值测试，存货减值 100 万元。

（6）20×7 年 6 月 30 日，购入一栋办公楼并立即出租，购买价款 5000 万元，甲公司对投资性房地产采用公允价值模式进行后续计量。20×7 年 12 月 31 日，该办公楼的公允价值为 5200 万元。相关税法规定，该类房产按直线法计提折旧，折旧年限为 50 年，净残值为零；以公允价值计量的投资性房地产持有期间的公允价值变动不计入应纳税所得额。

假定甲公司未来可以取得足够的应纳税所得额，适用的所得税税率长期不变，不考虑其他因素。

要求：

（1）计算甲公司 20×7 年当期所得税费用。

（2）计算甲公司 20×7 年的递延所得税费用。

（3）计算甲公司利润表中所得税费用的金额，并编制确认所得税的会计分录。

【答案】

（1）上年年末发生的亏损，本年盈利后可以进行抵减，应调减 1000 万元；会计多计提折旧，应调增 150 万元；非广告性赞助支出、环保罚款不能税前扣除，应调增 600 万元；存货本年发生减值，应调增 60（100−40）万元；因投资性房地产公允价值上升 200（5200−5000）万元，税法计提折旧 50（5000÷50×6/12）万元，应调减 250 万元。

应纳税所得额 =3000−1000+150+500+100+（100−40）−250=2560（万元），

应交所得税 =2560×25%=640（万元）。

（2）本期末递延所得税资产的余额 =（150+100）×25%=62.50（万元），本期应确认递延所得税资产 =62.50−250−10=−197.50（万元），因为是负数，即应转回递延所得税资产 197.50 万元。

本期确认递延所得税负债 =400×25%+250×25%=162.5（万元），其中 100（400×25%）万元对应其他综合收益，62.5（250×25%）万元对应所得税费用。

本期递延所得税费用 =197.50+62.5=260（万元）。

（3）利润表中的所得税费用 =640+260=900（万元），确认所得税费用的账务处理如下：

借：所得税费用　　900

　　其他综合收益　　100

　　贷：应交税费——应交所得税　　640

　　　　递延所得税资产　　197.5

　　　　递延所得税负债　　162.5

【学霸总结】

影响损益的暂时性差异，在计算应交所得税时应当进行纳税调整，同时还需要确认递延所得税费用，两者对所得税费用的影响为一增一减，最终不影响所得税费用的总额。

因此，在做客观题的时候，在税率不变的情况下，所得税费用 = 不考虑暂时性差异的应纳税所得额 × 适用所得税税率。主观题则应按照步骤来做，但也可以使用该方法验证结果。

第六节 所得税的列报

【考点149】所得税的列报★

1. 列报的基本原则

递延所得税资产和递延所得税负债一般应当分别作为非流动资产和非流动负债在资产负债表中列示，所得税费用应当在利润表中单独列示，同时还应在附注中披露与所得税有关的信息。

（1）在个别财务报表中：当期所得税资产与负债、递延所得税资产及递延所得税负债可以以抵消后的净额列示。

（2）在合并财务报表中：纳入合并范围的企业中，一方的当期所得税资产或递延所得税资产与另一方的当期所得税负债或递延所得税负债一般不能予以抵销，除非所涉及的企业具有以净额结算的法定权利并且意图以净额结算。

2. 所得税费用（收益）与会计利润关系的说明

会计准则要求企业在会计报表附注中就所得税费用（或收益）与会计利润的关系进行说明。该说明意在于在利润表中已列示所得税费用的基础上，对当期以会计利润为起点，考虑会计与税收规定之间的差异，计算得到所得税费用的调节过程。具体调整项目一般包括：

（1）与税率相关的调整。

（2）税法规定的非应税收入、不得税前扣除的成本费用和损失等永久性差异。

（3）本期未确认递延所得税资产的可抵扣暂时性差异或可抵扣亏损的影响、使用前期未确认递延所得税资产的可抵扣亏损影响。

（4）对以前期间所得税进行汇算清缴的结果与以前期间确认金额不同调整报告期间所得税费用等。

历年真题演练

一、单项选择题

1.（2017年）乙公司为丙公司和丁公司共同投资设立。2×17年1月1日，乙公司增资扩股，甲公司出资450万元取得乙公司30%股权并能够对其施加重大影响。甲公司投资日，乙公司可辨认净资产的公允价值和账面价值均为1600万元。2×17年，乙公司实现净利润900万元，其他综合收益增加120万元。甲公司拟长期持有对乙公司的投资。甲公司适用的所得税税率为25%。不考虑其他因素，下列各项关于甲公司2×17年对乙公司投资相关会计处理的表述中，正确的是（　　）。

A. 按照实际出资金额确定对乙公司投资的入账价值

B. 将按持股比例计算应享有乙公司其他综合收益变动的份额确认为投资收益

C. 投资时将实际出资金额与享有乙公司可辨认净资产份额之间的差额确认为其他综合收益

D. 对乙公司投资年末账面价值与计税基础不同产生的应纳税暂时性差异，不应确认递延所

得税负债

二、计算分析题

1.（2016年改编）甲股份有限公司（以下简称“甲公司”）2×15年发生的有关交易或事项中，会计处理与所得税处理存在差异的包括以下几项：

（1）1月1日，甲公司以3800万元取得对乙公司20%股权，并自取得当日起向乙公司董事会派出1名董事，能够对乙公司财务和经营决策施加重大影响。取得股权时，乙公司可辨认净资产的公允价值与账面价值相同，均为16000万元。

乙公司2×15年实现净利润500万元，当年取得的其他权益工具投资2×15年年末市价相对于取得成本上升200万元。甲公司与乙公司2×15年未发生交易。

甲公司拟长期持有对乙公司的投资。税法规定，我国境内设立的居民企业间股息、红利免税。

（2）甲公司2×15年发生研发支出1000万元，其中按照会计准则规定费用化的部分为400万元，资本化形成无形资产的部分为600万元。该研发形成的无形资产于2×15年7月1日达到预定用途，预计可使用5年，采用直线法摊销，预计净残值为零。税法规定，企业为开发新技术、新产品、新工艺发生的研究开发费用，未形成资产计入当期损益的，在据实扣除的基础上，按照研发费用的50%加计扣除；形成资产的，未来期间按照无形资产摊销金额的150%予以税前扣除。该无形资产摊销方法、摊销年限及净残值的税法规定与会计相同。

（3）甲公司2×15年利润总额为5200万元。

其他有关资料：

本题中有关公司均为我国境内居民企业，适用的所得税税率均为25%；预计甲公司未来期间能够产生足够的应纳税所得额用以抵扣可抵扣暂时性差异。甲公司2×15年年初递延所得税资产与负债的余额均为零，且不存在未确认递延所得税负债或资产的暂时性差异。

要求：

（1）根据资料（1）、资料（2），分别确定各交易或事项截至2×15年12月31日所形成资产的账面价值与计税基础，并说明是否应确认相关的递延所得税资产或负债及其理由。

（2）计算甲公司2×15年应交所得税，编制甲公司2×15年与所得税费用相关的会计分录。

三、综合题

1.（2018年）A公司适用的企业所得税税率为25%，经当地税务机关批准，A公司自20×1年2月取得第一笔生产经营收入所属纳税年度起，享受“三免三减半”的税收优惠政策，即20×1年至20×3年免交企业所得税，20×4年至20×6年减半，按照12.5%的税率交纳企业所得税。A公司20×3年至20×7年有关会计处理与税收处理不一致的交易或事项如下：

（1）20×2年12月10日，A公司购入一台不需要安装即可投入使用的行政管理用A设备，成本6000万元，该设备采用年数总和法计提折旧，预计使用5年，预计无净残值。税法规定，固定资产按照年限平均法计提的折旧准予在税前扣除。假定税法规定的A设备预计使用年限及净残值与会计规定相同。

（2）A公司拥有一栋五层高的B楼房，用于本公司行政管理部门办公。迁往新建的办公楼后，A公司20×7年1月1日与甲公司签订租赁协议，将B楼房租赁给甲公司使用。租赁合同约定，租赁期为3年，租赁期开始日为20×7年1月1日，年租金为240万元，于每月月末分期支付。B楼房转换为投资性房地产前采用年限平均法计提折旧，预计使用50年，预计无净残值；转换为投资性房地产后采用公允价值模式进行后续计量。转换日，B楼房原价为800万元，已计提折旧为400万元，公允价值为1300万元。20×7年12月31日，B楼房的公允价值为1500万元。税法规定，企业的各项资产以历史成本为基础计量；固定资产按照年限平均法计提的折旧准予在税前扣除。假定税法规定的B楼房使用年限及净残值与其转换为投资性房地产前的会计规定相同。

（3）20×7年7月1日，A公司以1000万元的价格购入国家同日发行的国债，款项已用银行存款支付。该债券的面值为1000万元，期限为3年，年利率为5%（与实际利率相同），利息于每年6月30日支付，本金到期一次付清。A公司根据其管理该国债的业务模式和该国债的合同现金流量特征，将购入的国债分类为以摊余成本计量的金融资产。税法规定，国债利息收入免交企业所得税。

（4）20×7年9月3日，A公司向符合税法规定条件的公益性社团捐献现金600万元。税法规定，企业发生的公益性捐赠支出不超过年度利润总额12%的部分准许扣除，超过部分在未来三年内可以结转扣除。

其他资料如下：

第一，20×7年年度，A公司实现利润总额4500万元。

第二，20×3年年初，A公司递延所得税资产和递延所得税负债无余额，无未确认递延所得税资产的可抵扣暂时性差异的可抵扣亏损，除上面所述外，A公司20×3年至20×7年无其他会计处理与税收处理不一致的交易或事项。

第三，20×3年至20×7年各年年末，A公司均有确凿证据表明未来期间很可能获得足够的应纳税所得额用来抵扣可抵扣暂时性差异。

第四，不考虑除所得税以外的其他税费及其他因素。

要求：

（1）根据资料（1），分别计算A公司20×3年至20×7年各年A设备应计提的折旧，并填写完成下列表格。

项 目	20×3年 12月31日	20×4年 12月31日	20×5年 12月31日	20×6年 12月31日	20×7年 12月31日
账面价值					
计税基础					
暂时性差异					

（2）根据资料（2），编制A公司20×7年与B楼房转换为投资性房地产及其后续公允价值变动相关的会计分录。

（3）根据资料（3），编制A公司20×7年与购入国债及确认利息相关的会计分录。

（4）根据上述资料，计算A公司20×3年至20×6年各年末的递延所得税资产、负债的余额。

（5）根据上述资料，计算A公司20×7年的应交所得税和所得税费用，以及20×7年年末递延所得税资产、递延所得税负债余额，并编制相关会计分录。

2.（2017年改编）甲股份有限公司（以下简称“甲公司”）为上市公司，该公司2×16年发生的有关交易或事项如下：

（1）1月2日，甲公司在天猫开设的专营店上线运行，推出一项新的销售政策，凡在1月10日之前登录甲公司专营店并注册为会员的消费者，只须支付500元会员费，即可享受在未来两年内在该公司专营店购物全部7折的优惠，该会员费不退且会员资格不可转让。1月2日至10日，该政策共吸引30万名消费者成为甲公司天猫专营店会员，有关消费者在申请加入成为会员时已全额支付会员费。

由于甲公司在天猫开设的专营店刚刚开始运营，甲公司无法预计消费者的消费习惯及未来两年可能的消费金额。税法规定，计算所得税时按照会计准则规定确认收入的时点作为计税时点。

（2）2月20日，甲公司将闲置资金3000万美元用于购买某银行发售的外汇理财产品。理财产品合同规定：该理财产品存续期为364天，预期年化收益率为3%，不保证本金及收益；持有期间内每月1日可开放赎回。甲公司计划将该投资持有至到期。当日，美元对人民币的汇率为1美元=6.50元人民币。

2×16年12月31日，根据银行发布的理财产品价值信息，甲公司持有的美元理财产品价值为3100万美元，当日美元对人民币的汇率为1美元=6.70元人民币。税法规定，对于外币交易的折算采用交易发生时的即期汇率，但对于以公允价值计量的金融资产，持有期间内的公允价值变动不计入应纳税所得额。

（3）甲公司生产的乙产品中标参与国家专项扶持计划，该产品正常市场价格为1.2万元/台，甲公司的生产成本为0.8万元/台。按照规定，甲公司参与国家专项扶持计划后，将乙产品销售给目标消费者的价格为1万元/台，国家财政另外给予甲公司补助款0.2万元/台。2×16年，甲公司按照该计划共销售乙产品2000台，销售价款及国家财政补助款均已收到。税法规定，有关政府补助收入在取得时计入应纳税所得额。

（4）9月30日，甲公司自外部购入一项正在进行中的研发项目，支付价款900万元，甲公司预计该项目前期研发已经形成一定的技术雏形，预计能够带来的经济利益流入足以补偿外购成本。甲公司组织自身研发团队在该项目基础上进一步研发，当年度共发生研发支出400万元，通过银行存款支付。甲公司判断有关支出均符合资本化条件，至2×16年年末，该项目仍处于研发过程中。

税法规定，企业自行研发的项目按照会计准则规定资本化的部分，其计税基础为资本化金额的150%；按照会计准则规定费用化的部分，当期可予税前扣除的金额为费用化金额的150%。

其他有关资料：

第一，本题中不考虑除所得税外其他相关税费的影响，甲公司适用的所得税税率为25%，假定甲公司在未来期间能够产生足够的应纳税所得额用以抵扣可抵扣暂时性差异。

第二，甲公司以人民币为记账本位币，外币业务采用业务发生时的即期汇率折算。

要求：

就甲公司2×16年发生的有关交易或事项，分别说明其应当进行的会计处理并说明理由；分别说明有关交易或事项是否产生资产、负债的账面价值与计税基础之间的暂时性差异，是否应确认相关递延所得税，并分别编制与有关交易或事项相关的会计分录。

3.（2015年改编）20×4年1月1日，甲公司递延所得税资产的账面价值为100万元，递延所得税负债的账面价值为零。20×4年12月31日，甲公司有关资产、负债的账面价值和计税基础如下：

项目名称	账面价值（万元）	计税基础（万元）
固定资产	12000	15000
无形资产	900	1350
其他权益工具投资	5000	3000
预计负债	600	0

上表中，固定资产在初始计量时，入账价值和计税基础相同，无形资产的账面价值是当季末新增的符合资本化条件的开发支出形成的，按照税法规定对于研究开发费用形成无形资产的，按照形成无形资产成本的150%作为计税基础。假定在确定无形资产账面价值及计税基础是均不考虑当季度摊销因素。

20×4年年度，甲公司实现净利润为8000万元，发生广告费用1500万元，按照税法规定准予从当年应纳税所得额中扣除的金额为1000万元，其余可结转以后年度扣除。

甲公司适用的所得税税率为25%，预计能够取得足够的应纳税所得额用于抵扣可抵扣暂时性差异的所得税影响，除所得税外，不考虑其他税费及其他因素影响。

要求：

（1）对上述事项或项目产生的暂时性差异影响，分别证明是否应该计入递延所得税负债或递延所得税资产，分别说明理由。

（2）说明哪些暂时性差异的所得税影响应计入所有者权益。

（3）计算甲公司20×4年应确认的递延所得税费用。

历年真题演练答案及解析

一、单项选择题

1.【答案】D

【解析】长期股权投资初始投资成本为450万元，权益法核算下，要对初始投资成本进行调整，入账价值为480万元（1600×30%），选项A错误；按持股比例计算其应享有乙公司其他综合收益的份额，应该确认为其他综合收益，选项B错误；投资时，实际出资额和应享有乙公司的可辨认净资产公允价值的份额之间的差额，计入营业外收入，选项C错误；因该长期股权投资拟长期持有，故不确认递延所得税，选项D正确。

二、计算分析题

1.【答案及解析】

（1）资料（1）：甲公司对乙公司长期股权投资2×15年12月31日的账面价值=3800+500×20%+200×（1−25%）×20%=3930万元，其计税基础为3800万元。该长期股权投资的账面价值与计税基础形成暂时性差异，但不应确认相关递延所得税负债。

理由：在甲公司拟长期持有该投资的情况下，其账面价值与计税基础形成的暂时性差异将通过乙公司向甲公司分配现金股利或利润的方式消除，在两者适用所得税税率相同的情况下，有关利润在分回甲公司时是免税的，不产生对未来期间的所得税影响。

资料（2）：该项无形资产2×15年12月31日的账面价值=600−600/5×6/12=540万元，计税基础=540×150%=810万元。该无形资产的账面价值与计税基础之间形成的可抵扣暂时性差异270万元，企业不应确认相关的递延所得税资产。

理由：该差异产生于自行研究开发形成无形资产的初始入账价值与其计税基础之间。会计准则规定，有关暂时性差异在产生时（交易发生时）既不影响会计利润，也不影响应纳税所得额，同时亦非产生于企业合并的情况下，不应确认相关暂时性差异的所得税影响。

（2）应纳税所得额=5200−100−400×50%−600/5×6/12×50%=4870（万元），应交所得税=4870×25%=1217.50（万元）。

借：所得税费用　　1217.50

　贷：应交税费——应交所得税　　1217.50

三、综合题

1.【答案及解析】

（1）

项　目	20×3年12月31日	20×4年12月31日	20×5年12月31日	20×6年12月31日	20×7年12月31日
账面价值	4000	2400	1200	400	0
计税基础	4800	3600	2400	1200	0
暂时性差异	800	1200	1200	800	0

（2）

借：投资性房地产——成本　　1300

　　累计折旧　　400

　贷：固定资产　　800

　　　其他综合收益　　900

借：投资性房地产——公允价值变动　200

（1500−1300）

　贷：公允价值变动损益　　200

（3）

借：债权投资——成本　　1000

　贷：银行存款　　1000

借：应收利息　　　　　25（1000×5%/2）

　　贷：投资收益　　　　　25

（4）

① 20×3 年固定资产账面价值 4000 万元，计税基础 4800 万元，可抵扣暂时性差异余额 800 万元（4800−4000），应确认递延所得税资产余额 =400（20×6 年转回）×12.5%+400（20×7 年转回）×25%=150（万元）；

② 20×4 年固定资产账面价值 2400 万元，计税基础 3600 万元，可抵扣暂时性差异余额 1200 万元（3600−2400），应确认递延所得税资产余额 =400（20×6 年转回）×12.5%+800（20×7 年转回）×25%=250（万元）；

③ 20×5 年固定资产账面价值 1200 万元，计税基础 2400 万元，可抵扣暂时性差异余额 1200 万元（2400−1200），应确认递延所得税资产余额 =400（20×6 年转回）×12.5%+800（20×7 年转回）×25%=250（万元）；

④ 20×6 年固定资产账面价值 400 万元，计税基础 1200 万元，可抵扣暂时性差异余额 800 万元（1200−400），应确认递延所得税资产余额 =800（20×7 年转回）×25%=200（万元）。

（5）

① A 公司 20×7 年的应交所得税 =[4500− 转回固定资产的可抵扣暂时性差异 800− 投资性房地产应纳税暂时性差异（200+800/50）− 国债利息免税 25+ 公益性捐赠支出超过限额部分（600−4500×12%）]×25%=879.75（万元）；

② A 公司 20×7 年的递延所得税费用 = 投资性房地产确认的递延所得税负债（200+800/50）×25%+ 固定资产转回的递延所得税资产 800×25%− 公益性捐赠确认的递延所得税资产（600−4500×12%）×25%=239（万元）；

③ A 公司 20×7 年的所得税费用 =879.75+239=1118.75（万元），或 A 公司 20×7 年的所得税费用 =（4500−25）×25%=1118.75（万元）。

④ 20×7 年年末递延所得税资产余额 =（600−4500×12%）×25%=15（万元）。

⑤ 20×7 年 12 月 31 日 B 楼房账面价值为 1500 万元，计税基础 =800−400−800/50=384（万元），应纳税暂时性差异余额 =1500−384=1116（万元），递延所得税负债余额 =1116×25%=279（万元）。

借：所得税费用　　　　　1118.75

　　其他综合收益　　　　　225

　　　　　　　　（900×25%）

　　贷：应交税费——应交所得税　　879.75

　　　　递延所得税负债　　　　　279

　　　　递延所得税资产　　　　　185

　　　　　　　　　　（−200+15）

2.【答案及解析】

（1）交易事项（1）：

甲公司对于收取的会员费在收取时点应当作为合同负债处理，在两年内逐期摊销计入收入。

理由：该款项虽然不退，但其赋予了消费者在未来两年内消费打七折的权利，甲公司负有在未来两年内履行该承诺的义务，且由于甲公司无法有效估计消费者的消费习惯和金额，可以按照时间分期摊销计入损益。

借：银行存款　　　　15000

　　贷：合同负债　　　　15000

2×16 年年末：

借：合同负债　　　　7500

　　贷：其他业务收入　　　7500

该交易的会计处理与税法处理相同，不产生暂时性差异。

（2）交易事项（2）：

①甲公司应将购买的银行外汇理财产品划分为以公允价值计量且其变动计入当期损益的金融资产。入账价值 =3000×6.5=19500（万元人民币），期末确认公允价值变动及汇率变动 =3100×6.7−3000×6.5=1270（万元人民币）。

理由：该理财产品是外币资产，除本金和利息外，还涉及汇率变动影响现金流，因此不能通过合同现金流测试，即不仅仅为取得本金及其以本金为基础计算的利息。

② 2×16 年 12 月 31 日，该金融资产的账面价值 =3100×6.7=20770（万元人民币）；计税基础 =3000×6.5=19500（万元人民币）；应确认应纳税暂时性差异 1270 万元人民币，并确认递延所得税负债 317.5 万元人民币（1270×25%）。

借：交易性金融资产——成本　19500
　贷：银行存款　19500
借：交易性金融资产——公允价值变动　1270
　贷：公允价值变动损益　1270
借：所得税费用　317.50
　贷：递延所得税负债　317.50

（3）交易事项（3）：

甲公司应将自消费者收取的2000万元及自国家财政取得的400万元补助款确认营业收入。

理由：400万元补助款是甲公司销售乙产品给消费者，国家代消费者支付的商品价款，不属于政府补助，构成产品销售收入的组成部分。

借：银行存款　2400
　贷：主营业务收入　2400
借：主营业务成本　1600
　贷：库存商品　1600

该项交易的会计处理与税法处理不存在差异。

（4）交易事项（4）：

甲公司应当将外购研发项目发生的支出资本化，在该项目的基础上进一步发生的研发支出符合资本化条件的，应当计入资本化金额。

理由：外购研发项目发生的支出，符合资产确认条件的，应当确认为资产，自行研究开发项目发生的支出，应当按照会计准则规定判断是否符合资本化条件并分别处理。

借：研发支出——资本化支出　900
　贷：银行存款　900
借：研发支出——资本化支出　400
　贷：银行存款　400

该交易会计处理与税法处理存在差异，所形成的可抵扣暂时性差异为650万元，因该交易发生时既不影响会计利润也不影响应纳税所得额，且不是产生于企业合并，不确认相关的递延所得税。

3.【答案及解析】

（1）①固定资产：需要确认递延所得税资产。因为该固定资产的账面价值小于计税基础，形成可抵扣暂时性差异，需要确认递延所得税资产。

②无形资产：不需要确认递延所得税资产或递延所得税负债。因为该无形资产是由于开发支出形成的，其不属于企业合并，且初始确认时既不影响会计利润也不影响应纳税所得额，不需要确认递延所得税。

③其他权益工具投资：需要确认递延所得税负债。因为该资产的账面价值大于计税基础，形成应纳税暂时性差异。

④预计负债：需要确认递延所得税资产，因为该负债的账面价值大于计税基础，形成可抵扣暂时性差异。

⑤发生的广告费：需要确认递延所得税资产。因为该广告费的金额为1500万元，其可以税前扣除的金额为1000万元，允许未来税前扣除的金额为500万元，形成可抵扣暂时性差异，需要确认递延所得税资产。

（2）其他权益工具投资的暂时性差异产生的所得税影响应计入所有者权益。因为其他权益工具投资产生的暂时性差异是通过其他综合收益核算的，故其确认的递延所得税也应该对应其他综合收益科目，是影响所有者权益的。

（3）固定资产形成递延所得税资产的期末余额 =（15000−12000）×25%=750（万元）；

预计负债形成的递延所得税资产的期末余额 =600×25%=150（万元）；

广告费形成的递延所得税资产的期末余额 =500×25%=125（万元）；

因此递延所得税资产的本期发生额 =750+150+125−100=925（万元）；

综上所述，甲公司20×4年度应确认的递延所得税费用 =0−925=−925（万元）。

第二十一章 外币折算

本章总体概况

题型及分值	（1）本章主要考核客观题，也可与借款费用等内容结合，以主观题的形式出现 （2）近三年平均分值3分
近三年考点	（1）外币交易的会计处理 （2）外币报表折算汇率的选择 （3）外币报表折算差额的计算及处理
学习引导	本章内容难度适中，在学习的过程中应当注意归纳总结，重点掌握记账本位币的确定；外币交易的会计处理、汇兑差额的计算；外币财务报表折算汇率的选择、外币报表折算差额的处理原则
本年教材变化	修改增值税税率，其他无实质变化

本章知识框架

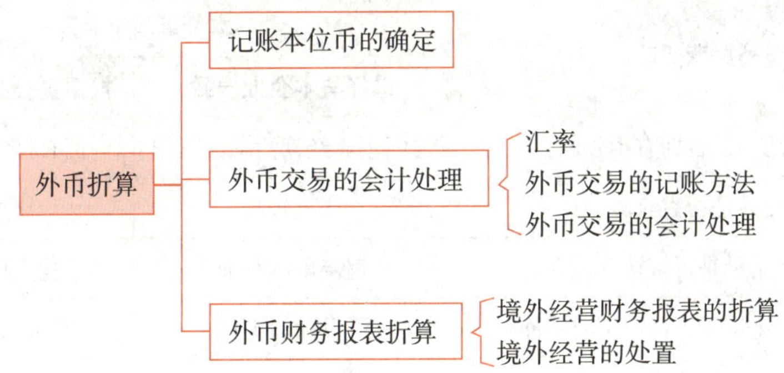

第一节 记账本位币的确定

【考点150】记账本位币的确定及变更★★

1. 记账本位币的确定

记账本位币，是指企业经营所处的主要经济环境中的货币。企业在选定记账本位币时，应当考虑下列因素：

（1）收入角度：所选择的货币能够对企业商品和劳务销售价格起主要作用。

（2）支出角度：所选择的货币能够对商品和劳务所需人工、材料和其他费用产生主要影响。

（3）融资活动获得的货币。

（4）保存从经营活动中收取款项所使用的货币。

【提示】企业通常应选择人民币作为记账本位币。业务收支以人民币以外的货币为主的企业，可以按规定选定其中一种货币作为记账本位币，但是编报的财务会计报告应当折算为人民币。

2. 境外经营记账本位币的确定

境外经营，通常指企业在境外的子公司、合营企业、联营企业、分支机构。

【提示】当企业在境内的子公司、联营企业、合营企业或者分支机构，选定的记账本位币与企业的记账本位币不同的，也应当视同境外经营。

企业选定境外经营的记账本位币，除考虑记账本位币确定的3个因素外，还应考虑下列因素。

境外经营活动	本位币确定原则	
	选择与本企业一致	根据主要经济环境确定
对其所从事的活动是否拥有很强的自主性	视同企业经营活动的延伸	拥有极大的自主性
与企业的交易是否占有较大比重	比重较高	比重不高
产生的现金流量是否直接影响企业	直接影响企业	不能直接影响企业
产生的现金流量是否可以随时汇回	可以随时汇回	不可以随时汇回
产生的现金流量是否足以偿还现有债务和可预期的债务	企业不提供资金的情况下，境外经营难以偿还	可以偿还

3. 记账本位币变更的会计处理

企业因经营所处的主要经济环境发生重大变化，确需变更记账本位币的，应当采用变更当日的即期汇率将所有项目折算为变更后的记账本位币（不会产生汇兑差额）。

【提示】记账本位币的变更属于会计政策变更。

第二节 外币交易的会计处理

【考点151】汇率★★

1. 即期汇率的选择

即期汇率，一般指当日中国人民银行公布的人民币汇率的中间价。但是，企业发生的外币兑换业务或涉及外币兑换的交易事项，应当按照交易实际采用的汇率（即银行买入价或卖出价）折算。

2. 即期汇率的近似汇率

即期汇率的近似汇率，是指按照系统合理的方法确定的、与交易发生日即期汇率近似的汇率，通常是指当期平均汇率或加权平均汇率等。

确定即期汇率的近似汇率的方法应在前后各期保持一致。企业通常应当采用即期汇率进行折算；汇率变动不大的，也可以采用即期汇率的近似汇率进行折算。

【考点152】外币交易的记账方法★

外币交易的记账方法有外币统账制和外币分账制两种。

（1）外币统账制，是指企业在发生外币交易时，即折算为记账本位币入账。

（2）外币分账制，是指企业在日常核算时分别币种记账，资产负债表日，分别货币性项目和非货币性项目进行调整：货币性项目按资产负债表日即期汇率折算，非货币性项目按交易日即期汇率折算；产生的汇兑差额计入当期损益。

从我国目前的情况看，绝大多数企业采用外币统账制，只有银行等少数金融企业采用分账制记账方法进行日常核算。无论是采用分账制记账方法，还是采用统账制记账方法，只是账务处理的程序不同，但计算出的汇兑差额相同，均计入当期损益。

【考点153】外币交易的会计处理★★★

外币，是企业记账本位币以外的货币。

外币交易，指企业发生以外币计价或者结算的交易。包括买入或者卖出以外币计价的商品或者劳务、借入或者借出外币资金和其他以外币计价或者结算的交易。

1. 初始确认

企业发生外币交易的，应在初始确认时采用交易日的即期汇率或即期汇率的近似汇率将外币金额折算为记账本位币金额。

【提示】企业收到投资者以外币投入的资本，应当采用交易发生日即期汇率折算，均不采用合同约定汇率和即期汇率的近似汇率折算（不产生外币资本折算差额）。

企业与银行发生货币兑换，兑换所用汇率为银行的买入价，而通常记账所用的即期汇率为中间价，由于汇率变动而产生的汇兑差额计入当期财务费用。

【例题1·单选】甲公司以人民币为记账本位币，对外币交易采用交易日的即期汇率折算。2×18年7月1日，将1000美元到银行兑换为人民币。银行当日的美元买入价为1美元=6.30元人民币，中间价为1美元=6.40元人民币，卖出价为1美元=6.50元人民币，该项外币兑换业务产生的汇兑损失是（　　）元人民币。

A. 100　　B. −100　　C. 0　　D. 200

【答案】A

【解析】企业用美元换人民币，从银行角度是买入美元，所以兑换所用汇率为银行的买入价，而通常记账所用的即期汇率为中间价。因该项外币兑换业务产生的汇兑损失 =1000×6.40−1000×6.30=100（元人民币）。

借：银行存款——人民币　　6300（1000× 银行的买入价汇率 6.3）
　　财务费用——汇兑差额　　100
　贷：银行存款——美元　　6400（1000× 交易发生日的即期汇率 6.4）

【例题 2 · 单选】甲公司以人民币作为记账本位币，2×18 年 6 月 1 日，甲公司与美国 A 公司签订投资合同，A 公司将向甲公司出资 200 万美元，占甲公司注册资本的 23%，合同约定汇率为 1 美元 = 6.50 元人民币，当日的即期汇率为 1 美元 =6.45 元人民币。2×18 年 9 月 10 日，甲公司收到 A 公司汇来的第一期出资款 100 万美元，当日的即期汇率为 1 美元 =6.35 元人民币。2×19 年 5 月 25 日，甲公司收到 A 公司汇来的第二期出资款 100 万美元，当日的即期汇率为 1 美元 =6.40 元人民币。不考虑其他因素，甲公司一共收到 A 公司投入的资本金额为（　　）万元人民币。

A. 1300　　B. 1290　　C. 1280　　D. 1275

【答案】D

【解析】企业收到投资者以外币投入的资本，应当采用交易发生日即期汇率折算，均不采用合同约定汇率和即期汇率的近似汇率折算。实收资本金额 =100×6.35+100×6.4=1275（万元人民币）。

【例题 3 · 单选】甲公司收到乙公司作为实收资本投入的设备一台，协议作价 100 万美元，收到设备当日的市场汇率为 1 美元 =6.30 元人民币。投资合同约定汇率为 1 美元 =6.50 元人民币。另发生运杂费 3 万元人民币，进口关税 5 万元人民币，安装调试费 4 万元人民币，上述相关税费均以银行存款（人民币户）支付。不考虑其他因素，该设备的入账价值为（　　）万元人民币。

A. 630　　B. 642　　C. 650　　D. 662

【答案】B

【解析】企业收到投资者以外币投资的资本，无论是否存在合同约定汇率，均应当采用交易发生日的即期汇率折算为记账本位币，该设备的入账价值 =100×6.30+3+5+4=642（万元人民币）。

2. 期末调整或结算

（1）货币性项目。

货币性项目，是企业持有的货币和将以固定或可确定金额的货币收取的资产或者偿付的负债。例如，库存现金、银行存款、应收账款、其他应收款、长期应收款；应付账款、其他应付款、短期借款、应付债券、长期借款、长期应付款等。

①期末调整。

货币性项目，采用资产负债表日即期汇率折算。因资产负债表日即期汇率与初始确认时或者前一资产负债表日即期汇率不同而产生的汇兑差额，计入当期损益（财务费用——汇兑差额）。

②结算。

结算外币货币性项目时，将其外币结算金额按照当日即期汇率折算为记账本位币金额，并与原记账本位币金额相比较，其差额记入当期损益（财务费用——汇兑差额）。

【提示】汇兑差额通常计入财务费用，外币专门借款本金或利息在资本化期间内的汇兑差额计入在建工程等科目。

以公允价值计量且其变动计入其他综合收益的外币货币性金融资产（其他债权投资）形成的汇兑差额，应当计入当期损益，且采用实际利率法计算的该金融资产的外币利息产生的汇兑差额，应当计入当期损益。

例如，应收账款 100 美元，初始确认汇率 1:6.2；第 1 年期末汇率 1:6.5；第 2 年结算汇率 1:6.3

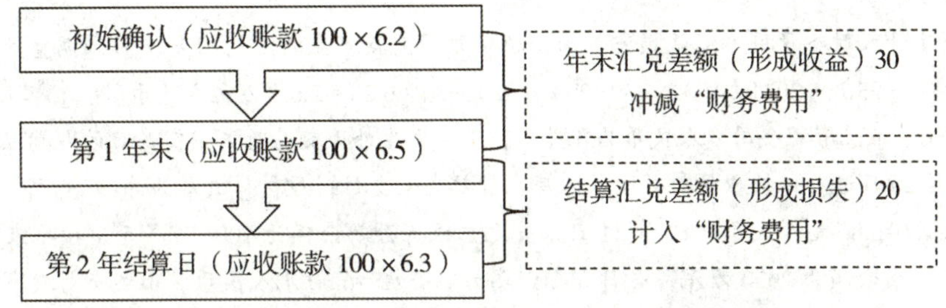

（2）非货币性项目。

非货币性项目，是指货币性项目以外的项目，如预付账款、预收账款、存货、长期股权投资、交易性金融资产（股票、基金）、固定资产、无形资产等。

类　别	折算汇率	提　示
以历史成本计量的项目（固定资产等）	交易发生日的即期汇率	期末无需调整，不产生差额
以成本与可变现净值孰低计量的存货	资产负债表日的即期汇率	外币计价的可变现净值→记账本位币的可变现净值，再与成本比较
交易性金融资产（股票、基金等）	公允价值确定日的即期汇率	计入公允价值变动损益（折算后的记账本位币金额－原记账本位币金额）
其他权益工具投资（非交易性权益工具投资）	公允价值确定日的即期汇率	计入其他综合收益（折算后的记账本位币金额－原记账本位币金额）
	【提示】外币现金股利（应收股利）的汇兑差额计入当期损益	

【例题 4·单选】甲公司的记账本位币为人民币，对外币业务采用交易发生日的即期汇率折算，按月计算汇兑损益。20×8 年 1 月 6 日，甲公司自银行购入外汇 200 万美元，银行当日的美元卖出价为 1 美元 =6.30 元人民币，买入价为 1 美元 =6.10 元人民币，当日市场汇率为 1 美元 =6.20 元人民币。甲公司期初美元无余额，当月兑换的 200 万美元尚未对外支付，1 月 31 日的市场汇率为 1 美元 =6.25 元人民币。不考虑其他因素，甲公司 20×8 年 1 月份所产生的汇兑损失为（　　）万元。

A. 30　　B. 10　　C. −10　　D. 20

【答案】B

【解析】产生的汇兑损失 = 购入美元时产生的汇兑损失 + 期末调整时产生的汇兑损失（期初 − 期末）=200×（6.30−6.20）+200×（6.20−6.25）=10（万元）。

【例题 5·单选】20×8 年 12 月 31 日，甲公司银行存款（美元）期末余额为 100 万美元，当日市场汇率为 1 美元 =6.30 元人民币，该企业以人民币作为记账本位币，外币交易采用当日即期汇率折算，按月计算汇兑损益。20×9 年 1 月 1 日，美元市场汇率为 1 美元 =6.32 元人民币。甲公司 20×9 年 1 月 10 日将其中 20 万美元兑换为人民币，银行当日美元买入价为 1 美元 =6.25 元人民币，当日即期汇率为 1 美元 =6.32 元人民币。20×9 年 1 月 31 日美元的汇率为 1 美元 =6.28 元人民币，假设甲公司没有其他涉及美元的业务，则 20×9 年 1 月计入财务费用（汇兑损失）的金额是（　　）万元人民币。

A. −0.2　　B. 2.6　　C. 1.2　　D. 1.4

【答案】B

【解析】计入财务费用（汇兑损失）的金额 = 外币兑换产生的汇兑损失 + 月末调整产生的汇兑损失 =（6.32−6.25）×20+[（100×6.30−20×6.32）−80×6.28]=2.6（万元人民币）。

【例题 6・单选】甲公司以人民币为记账本位币，发生外币交易时采用交易日的即期汇率折算。甲公司 12 月 20 日进口一批原材料并验收入库，货款尚未支付；原材料成本为 80 万美元，当日即期汇率为 1 美元 =6.80 元人民币。12 月 31 日，美元户银行存款余额为 1000 万美元，按年末汇率调整前的人民币账面余额为 7020 万元，当日即期汇率为 1 美元 =6.50 元人民币。上述交易或事项对甲公司 12 月份营业利润的影响金额为（　　）万元。

A. −220　　B. −496　　C. −520　　D. −544

【答案】B

【解析】对营业利润的影响金额 =（80×6.8−80×6.5）+（1000×6.5−7020）=−496（万元）。

【例题 7・单选】甲公司外币业务采用业务发生时的即期汇率进行折算，按月计算汇兑损益。5 月 20 日对外销售产品发生应收账款 100 万美元，当日的市场汇率为 1 美元 =6.30 元人民币。5 月 31 日的市场汇率为 1 美元 =6.28 元人民币；6 月 1 日的市场汇率为 1 美元 =6.32 元人民币；6 月 30 日的市场汇率为 1 美元 =6.35 元人民币。7 月 10 日收到该应收账款，当日市场汇率为 1 美元 =6.34 元人民币。该应收账款 6 月份应当确认的汇兑收益为（　　）万元人民币。

A. −2　　B. 3　　C. 5　　D. 7

【答案】D

【解析】该应收账款 6 月份应当确认的汇兑收益 =100×（6.35−6.28）=7（万元人民币）。

【例题 8・多选】甲公司以人民币为记账本位币，发生外币交易时采用交易日的即期汇率折算。甲公司 2×18 年 1 月 1 日购入期限为三年，面值为 1000 万美元的债券作为以公允价值计量且其变动计入其他综合收益的金融资产核算，该债券的票面利率和实际利率均为 10%，每年年末支付利息。当日即期汇率为 1 美元 =6.30 元人民币。2×18 年 12 月 31 日，该债券的公允价值为 1200 万美元，当日即期汇率为 1 美元 =6.50 元人民币。不考虑其他因素，下列说法中正确的有（　　）。

A. 年末其他债权投资的账面价值为 7800 万元　　B. 年末计入其他综合收益的金额为 1500 万元

C. 年末应确认财务费用（汇兑差额）200 万元　　D. 年末计入其他综合收益的金额为 1300 万元

【答案】ACD

【解析】以公允价值计量且其变动计入其他综合收益的外币货币性金融资产（其他债权投资）形成的汇兑差额，应当计入当期损益，公允价值变动应计入其他综合收益。具体分录如下：

2×18 年 1 月 1 日：

借：其他债权投资——成本　　6300（1000×6.30）

　贷：银行存款　　6300

2×18 年 12 月 31 日：

借：其他债权投资——成本　　200[（6.50−6.30）×1000]

　贷：财务费用——汇兑差额　　200

借：其他债权投资——公允价值变动　　1300[（1200−1000）×6.50]

　贷：其他综合收益　　1300

综上所述，选项 ACD 正确。

【例题 9 · 单选】甲公司的记账本位币为人民币，采用交易发生日的即期汇率折算外币业务。甲公司 20×8 年 10 月 5 日以每股 4 美元的价格购入 10 万股股票作为交易性金融资产核算，当日即期汇率为 1 美元 =6.16 元人民币，款项已用美元存款支付。12 月 31 日，该股票市价为每股 4.20 美元，当日即期汇率为 1 美元 =6.14 元人民币。因该事项甲公司 20×8 年年末应计入当期损益的金额为(　　)万元。

A. 11.48　　B. 12.28　　C. 12.32　　D. 13.12

【答案】A

【解析】20×8 年年末应计入当期损益的金额 =10×4.20×6.14−10×4×6.16=11.48（万元），其中既包含股票公允价值变动的影响，又包含人民币与美元之间汇率变动的影响，均记入“公允价值变动损益”科目。

【例题 10 · 多选】甲公司的记账本位币为人民币，采用交易发生日的即期汇率折算外币业务。甲公司 20×8 年 4 月 8 日以每股 10 美元的价格购入 100 万股乙公司股票，指定为以公允价值计量且其变动计入其他综合收益的金融资产，当日即期汇率为 1 美元 =6.50 元人民币，款项已经支付。20×8 年 5 月 8 日，乙公司宣告发放现金股利，甲公司按照其持股份额应享有 50 万美元，当日即期汇率为 1 美元 =6.30 元人民币。20×8 年 6 月 30 日，乙公司股票市价为每股 15 美元，甲公司尚未收到现金股利，当日即期汇率为 1 美元 =6.40 元人民币。不考虑其他因素，下列说法中正确的有(　　)。

A. 20×8 年 6 月 30 日，应确认其他综合收益 3100 万元

B. 20×8 年 6 月 30 日，应确认财务费用（汇兑差额）−5 万元

C. 20×8 年 6 月 30 日，该股权投资的账面价值为 9600 万元

D. 截至 20×8 年 6 月 30 日，该投资持有期间影响营业利润金额为 5 万元

【答案】ABC

【解析】20×8 年 6 月 30 日，应确认其他综合收益 =100×15×6.40−100×10×6.50=3100（万元），选项 A 正确；应收股利的汇兑差额计入财务费用（汇兑差额）=50×（6.30−6.40）=−5（万元），选项 B 正确；该投资的账面价值 =100×15×6.40=9600（万元），选项 C 正确；持有期间影响营业利润的金额 =50×6.30−（−5）=320（万元），选项 D 错误。

【例题 11 · 多选】下列有关外币交易或事项的表述中，正确的有（　　）。

A. 对于需要计提减值准备的外币应收项目，应先按资产负债表日的即期汇率折算，再计提减值准备

B. 以外币投入的资本，应当采用交易发生日即期汇率或即期汇率的近似汇率折算

C. 对于以历史成本计量的外币非货币性项目，已经在交易发生日按照当日即期汇率折算，资产负债表日不应改变其原记账本位币金额，不产生汇兑差额

D. 记账本位币发生变更的，应当采用变更当日的即期汇率将所有项目折算为变更后的记账本位币

【答案】ACD

【解析】企业收到投资者以外币投入的资本，应当采用交易发生日即期汇率折算，均不采用合同约定汇率和即期汇率的近似汇率折算（不产生外币资本折算差额），选项 B 错误。

【例题 12·多选】下列关于外币交易的会计处理，说法不正确的有（　　）。

A. 购建固定资产而占用的一般外币借款，在借款费用资本化期间产生的汇兑差额计入固定资产成本

B. 其他权益工具投资的外币现金股利产生的汇兑差额，应当计入其他综合收益

C. 采用实际利率计算的金融资产的外币利息产生的汇兑差额，应当计入当期损益

D. 计算外币现金流现值时，应先将各年现金流按照每年的汇率折算为记账本位币，然后再进行折现

【答案】ABD

【解析】外币专门借款在资本化期间产生的汇兑差额，应当予以资本化，计入固定资产的成本，而外币一般借款的汇兑差额，则计入当期损益，选项 A 错误；其他权益工具投资的外币现金股利产生的汇兑差额应当计入当期损益，选项 B 错误；计算外币现金流现值时，应先将各年现金流进行折现，然后再按照当日的即期汇率折算为记账本位币，选项 D 错误。

【例题 13·单选】甲公司是一家外贸企业，以人民币为记账本位币，外币业务采用交易日的即期汇率进行折算。20×8 年 12 月 31 日，甲公司有关资产、负债项目的期末余额如下：银行存款（美元户）余额为 600 万美元，折算前的人民币金额为 3850 万元；应收账款余额为 300 万美元，折算前的人民币金额为 1980 万元；预付账款余额为 100 万美元，折算前的人民币金额为 672 万元；短期借款余额为 460 万美元，折算前的人民币金额为 3060 万元；应付账款余额为 280 万美元，折算前的人民币金额为 1700 万元；预收账款余额为 80 万美元，折算前的人民币金额为 540 万元；20×8 年 12 月 31 日，即期汇率为 1 美元 =6.50 元人民币。不考虑其他因素，甲公司因外币货币性项目期末汇率调整应当确认的汇兑损失是（　　）万元。

A. 10　　B. 30　　C. 32　　D. 52

【答案】B

【解析】汇兑损失为资产项目的减少（期初 − 期末）和负债项目的增加（期末 − 期初），预收账款和预付账款属于非货币性项目，不需要折算。应当确认的汇兑损失 =（3850−600×6.50）+（1980−300×6.50）+（460×6.50−3060）+（280×6.50−1700）=30（万元人民币）。或调整前净资产（3850+1980−3060−1700）− 调整后净资产（600+300−460−280）×6.50=30（万元人民币）。

【学霸总结】

（1）在兑换外币交易的过程中，外币是按照交易日的即期汇率记账，付出（收到）的记账本位币为银行的买入价和卖出价；无论购入或者卖出，都是发生的汇兑损失（银行赚取差价）。

（2）在计算货币性项目的期末汇兑差额时，可以按照如下步骤：

步骤一：计算调整前记账本位币的余额 = 上期期末记账本位币余额（上期期末外币余额 × 上期期末外币汇率）+ 本期外币业务的记账本位币增加额（本期外币增加额 × 交易发生日汇率）− 本期外币业务的记账本位币减少额（本期外币减少额 × 交易发生日汇率）

步骤二：计算期末外币余额 = 期初外币余额 + 本期外币增加额 − 本期外币减少额

步骤三：计算调整后记账本位币余额 = 期末外币余额 × 期末即期汇率

步骤四：计算汇兑差额 = 调整后记账本位币余额 − 调整前记账本位币余额

（3）如何确定汇兑损失。

① 资产项目的减少 = 调整前记账本位币金额（期初）− 调整后记账本位币金额（期末）

② 负债项目的增加 = 调整后记账本位币金额（期末）− 调整前记账本位币金额（期初）

（4）如何确定汇兑收益。

①资产项目的增加=调整后记账本位币金额（期末）-调整前记账本位币金额（期初）

②负债项目的减少=调整前记账本位币金额（期初）-调整后记账本位币金额（期末）

第三节 外币财务报表折算

【考点154】境外经营财务报表的折算★★★

1. 外币报表折算的常见方法（了解）

（1）流动和非流动法。

①资产负债表：流动资产和流动负债项目按资产负债表日的现时汇率法折算；非流动资产和非流动负债及实收资本等项目按取得时的历史汇率折算；留存收益项目为倒挤的金额。

②利润表：折旧与摊销费用按相应资产取得时的历史汇率折算；其他收入和费用项目按报告期的平均汇率折算；销货成本根据“期初存货+本期购货-期末存货”的关系确定。

（2）货币性与非货币性项目法。

货币性资产和负债按期末现时汇率折算；非货币性资产和负债按历史汇率折算。

（3）时态法。

资产负债表各项目以过去价值计量的，采用历史汇率；以现在价值计量的，采用现时汇率，产生的折算损益计入当年的合并净收益。

（4）现时汇率法。

资产和负债项目均按现时汇率折算，实收资本按历史汇率折算；利润表各项目按当期平均汇率折算，产生的折算损益作为所有者权益项目予以列示。

2. 我国会计准则采用的折算方法

（1）资产负债表项目。

①资产、负债项目：按照资产负债表日的即期汇率折算；

②所有者权益项目：除“未分配利润”项目外，其他项目采用发生时的即期汇率折算。

【提示】当期计提的盈余公积采用当期平均汇率折算；期初盈余公积为以前年度计提的盈余公积按相应年度平均汇率折算后金额的累计。

当期的未分配利润为计算所得（折算后的净利润-当期计提的盈余公积）；期初未分配利润为以前年度未分配利润记账本位币金额的累计。

（2）利润表项目。

利润表中的收入和费用项目，按照交易发生日的即期汇率折算或即期汇率近似的汇率折算。

（3）折算差额。

外币报表折算差额=以记账本位币反映的净资产（折算后的资产-负债）-以记账本位币反映的所有者权益（实收资本+资本公积+累计盈余公积+累计未分配利润）。

编制合并财务报表时，归属于母公司的部分在合并资产负债表中“其他综合收益”项目列示。

【例题1·多选】对外币财务报表进行折算时，下列项目中，应当采用期末资产负债表日的即期汇率进行折算的有（　　）。

A. 盈余公积　　B. 未分配利润

C. 长期股权投资　　D. 预付账款

【答案】CD

【解析】对外币财务报表进行折算时，资产负债表中的资产和负债项目，采用资产负债表日的即期汇率折算，所有者权益项目除“未分配利润”项目外，采用发生时的即期汇率折算，选项CD正确。

3. 特殊项目的处理

（1）少数股东应分担的外币报表折算差额，应并入少数股东权益列示于合并资产负债表中（其他综合收益最终只反映归属于母公司的部分）。

借：其他综合收益

　　贷：少数股东权益（或作相反分录）

（2）母公司含有实质上构成对子公司（境外经营）净投资的外币货币性项目的情况下，在编制合并财务报表时，应分别以以下两种情况编制抵销分录：

① 以母公司或子公司的记账本位币反映的，则应在抵销长期应收、长期应付项目的同时，将其产生的汇兑差额转入“其他综合收益”项目。

② 以母、子公司的记账本位币以外的货币反映的，则应将母、子公司此项外币货币项目产生的汇兑差额相互抵销，差额转入“其他综合收益”项目。

借：财务费用——汇兑差额

　　贷：其他综合收益（或作相反分录）

【提示】从合并财务报表角度，长期应收款和长期应付款产生的汇兑差额是由于外币报表折算形成的，并不应影响合并净利润，所以应将其由“财务费用”转入“其他综合收益”项目。

如果合并财务报表中各子公司之间也存在实质上构成对另一子公司（境外经营）净投资的外币货币性项目，在编制合并财务报表时比照上述编制相应的抵销分录。

【例题2·单选】甲公司2×17年12月31日以2200万美元购买了在境外注册的乙公司发行在外的70%股份，并自当日起能够控制乙公司的财务和经营决策。甲公司以人民币为记账本位币，2×17年12月31日，乙公司可辨认净资产公允价值为2500万美元（与账面价值相等）；2×17年12月31日美元与人民币的即期汇率为1美元=6.20元人民币。2×18年年度，乙公司按购买日可辨认净资产公允价值为基础持续计算实现的净利润为200万美元。乙公司的利润表在折算为母公司记账本位币时，按照平均汇率折算。其他相关汇率信息如下：2×18年12月31日即期汇率为1美元=6.30元人民币；2×18年年度平均汇率为1美元=6.40元人民币。甲公司因外币报表折算而应计入合并财务报表中“其他综合收益”项目的金额为（　　）万元人民币。

A. 161　　B. 0　　C. 125　　D. 187

【答案】A

【解析】2×17年年末乙公司可辨认净资产2500万美元折算为记账本位币金额时应采用2×17年12月31日的即期汇率，2×18年年度持续计算的净利润，按照当期的平均汇率进行折算。外币报表折算差额=（2500+200）×6.30−（2500×6.20+200×6.40）=230（万元人民币），甲公司因外币报表折算而应计入合并财务报表中的其他综合收益的金额=230×70%=161（万元人民币）。

【考点155】境外经营的处置★★

在境外经营为子公司的情况下，企业处置境外经营应当按照合并财务报表处置子公司的原则进行相应的处理。

（1）在包含境外经营的财务报表中，将已列入其他综合收益的外币报表折算差额中与该境外经营相关部分，自所有者权益项目中转入处置当期损益（投资收益）。部分处置境外经营，应当按处置的比例计算处置部分的外币报表折算差额，转入处置当期损益。

（2）处置的境外经营为子公司的，将已列入其他综合收益的外币财务报表折算差额中归属于少数股东的部分，视全部处置或部分处置分别予以终止确认或转入少数股东权益。

【例题·多选】下列各项关于对境外经营财务报表进行折算的表述中，正确的有（　　）。

A. 对境外经营财务报表折算产生的差额应在合并资产负债表中“其他综合收益”项目列示

B. 合并报表中对境外子公司财务报表折算产生的差额应由控股股东承担

C. 对境外经营财务报表中资本公积项目的折算应按业务发生时的即期汇率折算

D. 处置境外子公司时应按处置比例计算处置部分的外币报表折算差额计入当期损益

【答案】ACD

【解析】选项B，合并报表中对境外子公司财务报表折算产生的差额中，少数股东应分担的外币财务报表折算差额，应并入少数股东权益列示于合并资产负债表。

历年真题演练

一、单项选择题

1.（2016年）下列各项关于外币财务报表折算的会计处理中，正确的是（　　）。

A. 合并财务报表中各子公司之间存在实质上构成对另一子公司净投资的外币货币性项目，其产生的汇兑差额应由少数股东承担

B. 以母公司记账本位币反映的实质上构成对境外经营子公司净投资的外币货币性项目，其产生的汇兑差额在合并财务报表中应转入其他综合收益

C. 在合并财务报表中对境外经营子公司产生的外币报表折算差额应在归属于母公司的所有者权益中单列外币报表折算差额项目反映

D. 以母、子公司记账本位币以外的货币反映的实质上构成对境外经营子公司净投资的外币货币性项目，其产生的汇兑差额在合并财务报表中转入当期财务费用

二、多项选择题

1.（2017年）甲公司以人民币为记账本位币，2×17年发生的有关外币交易或事项如下：（1）外币美元资本投入，合同约定的折算汇率与投入美元资本当日的即期汇率不同；（2）支付应付美元货款，支付当日的即期汇率与应付美元货款的账面汇率不同；（3）年末折算汇率与交易发生时或账面汇率不同。不考虑应予资本化的金额及其他因素，下列各项关于甲公司2×17年上述外币交易或事项会计处理的表述中，正确的有（　　）。

A. 偿还美元账款时按偿还当日的即期汇率折算为人民币记账

B. 收到外币美元资本投入时按合同约定的折算汇率折算的人民币记账

C. 外币美元资本于年末按年末汇率折算的人民币金额调整其账面价值

D. 各外币货币性项目按年末汇率折算的人民币金额与其账面人民币金额的差额计入当期损益

2.（2017年改编）甲公司为我国境内企业，其日常核算以人民币作为记账本位币。甲公司在英

国和加拿大分别设有子公司，负责当地市场的运营，子公司的记账本位币分别为英镑和加拿大元。甲公司在编制合并财务报表时，下列各项关于境外财务报表折算所采用汇率的表述中，正确的有（　　）。

A. 英国公司的固定资产采用购入时的历史汇率折算为人民币

B. 加拿大公司的未分配利润采用报告期平均汇率折算为人民币

C. 加拿大公司的加拿大元收入和成本采用报告期平均汇率折算为人民币

D. 英国公司持有的作为其他权益工具投资核算的股票投资采用期末汇率折算为人民币

3.（2016 年）甲公司 2×15 年发生以下外币交易或事项：（1）取得外币借款 1000 万美元用于补充外币流动资金，当日即期汇率为 1 美元 =6.34 元人民币；（2）自国外进口设备支付预付款 600 万美元，当日即期汇率为 1 美元 =6.38 元人民币；（3）出口销售确认美元应收账款 1800 万美元，当日即期汇率为 1 美元 =6.43 元人民币；（4）收到私募股权基金对甲公司投资 2000 万美元，当日即期汇率为 1 美元 =6.48 元人民币。假定甲公司有关外币项目均不存在期初余额，2×15 年 12 月 31 日美元兑人民币的即期汇率为 1 美元 =6.44 元人民币。不考虑其他因素，下列关于甲公司 2×15 年 12 月 31 日因上述项目产生的汇兑损益会计处理的表述中，正确的有（　　）。

A. 应收账款产生汇兑收益应计入当期损益

B. 外币借款产生的汇兑损失应计入当期损益

C. 预付设备款产生的汇兑收益应抵减拟购入资产成本

D. 取得私募股权基金投资产生的汇兑收益应计入资本性项目

4.（2015 年改编）下列各项中，在对境外经营财务报表进行折算时选用的有关汇率，符合会计准则的有（　　）。

A. 股本采用股东出资日的即期汇率折算

B. 未分配利润项目采用报告期平均汇率折算

C. 当期提取的盈余公积采用当期平均汇率折算

D. 其他权益工具投资采用资产负债表日即期汇率折算

三、综合题

1.（2015 年节选）甲公司为上市公司，其 20×4 年年度和 20×5 年年度发生的相关交易事项如下：

（3）20×4 年 12 月 31 日，甲公司相关科目的外币余额及相应的记账本位币账面金额如下：

会计科目名称	外币余额（万美元）	折算为记账本位币金额（万元人民币）
银行存款	1200	7560
应收账款	420	2629.2
预付账款	50	312.50
短期借款	600	3758

上表中，折算为记账本位币金额为甲公司尚未进行期末汇率调整的金额，预付账款为甲公司向境外厂家支付拟购入设备的价款，20×4 年 12 月 31 日，美元对人民币汇率为 1 美元 = 6.30 元人民币。

要求：

根据资料（3），说明甲公司哪些外币项目属于外币货币性项目，计算甲公司 20×4 年年末汇率调整产生的汇兑差额，并编制相关的会计分录。

历年真题演练答案及解析

一、单项选择题

1.【答案】B

【解析】如果合并财务报表中各子公司之间也存在实质上对另一子公司净投资的外币货币性项目，编制合并财务报表时，比照母公司对子公司的净投资原则处理，选项A不正确；合并财务报表中对境外经营子公司产生的外币报表折算差额应归属于母公司的部分在其他综合收益项目反映，并非单列“外币报表折算差额”项目反映，选项C不正确；实质上构成对子公司净投资的外币货币性项目以母、子公司记账本位币以外的货币反映的，应当将母、子公司此项外币货币性项目产生的汇兑差额相互抵销，差额转入“其他综合收益”项目，选项D不正确。

二、多项选择题

1.【答案】AD

【解析】企业收到投资者以外币投入的资本，无论是否有合同约定汇率，均不采用合同约定汇率和即期汇率的近似汇率折算，而是采用交易日即期汇率折算，外币投入资本与相应的货币性项目的记账本位币金额相等，不产生外币资本折算差额。选项B和C不正确。

2.【答案】CD

【解析】资产负债表中的资产负债项目采用资产负债表日的即期汇率折算，所有者权益项目，除未分配利润外，其他项目采用发生时的即期汇率折算，选项AB错误，选项D正确；利润表项目，按照交易发生日的即期汇率折算或即期汇率近似的汇率（平均汇率）折算，选项C正确。

3.【答案】AB

【解析】选项C，预付账款属于非货币性项目，期末不产生汇兑损益；选项D，企业收到投资者以外币投入的资本，应当采用交易发生日的汇率折算，不产生汇兑损益。

4.【答案】ACD

【解析】未分配利润是由期初未分配利润＋本年净利润－提取的盈余公积计算出来的，期初是已知的，净利润是由收入费用等按照由采用交易发生日的即期汇率或即期近似汇率（平均汇率）折算出来的，当期盈余公积通常可以按即期近似汇率(平均汇率)折算，选项B不正确。

三、综合题

1.【答案及解析】

属于外币货币性项目的有：银行存款、应收账款和短期借款。

汇兑差额（汇兑损失）=（7560−1200×6.30）+（2629.2−420×6.30）+（600×6.30−3758）=0+（−16.80）+22=5.20（万元人民币）。

借：应收账款　16.8

　　财务费用——汇兑差额　5.2

　　贷：短期借款　22

第二十二章 租赁

本章总体概况

题型及分值	（1）本章主要考核客观题，也可与前期差错更正结合，以主观题的形式出现 （2）近三年平均分值 2 分
近三年考点	（1）最低租赁付款额的构成 （2）未确认融资费用分摊率的选择 （3）承租人经营租赁、融资租赁的会计处理
学习引导	本章属于非重要章节，重点掌握承租人对经营租赁的处理，注意免租期、或有租金等特殊情况；承租人对融资租赁的处理，注意资产的入账价值、未确认融资费用的分摊；售后租回的处理，注意递延收益的确认与分摊
本年教材变化	内容无实质变化

本章知识框架

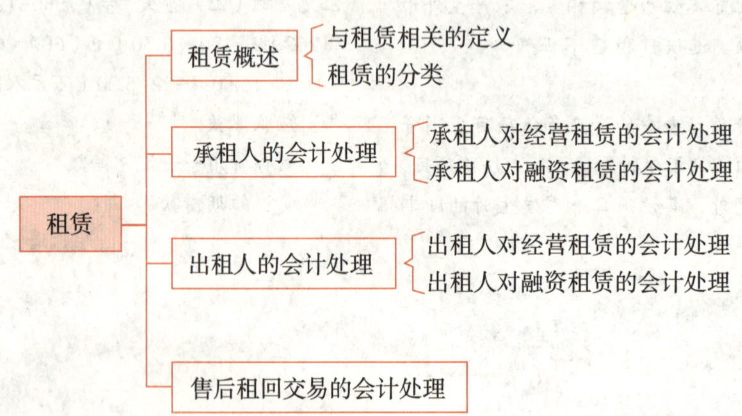

第一节 租赁概述

【考点156】与租赁相关的定义★

1. 租赁、租赁期、租赁开始日、租赁期开始日

租赁，是指在约定的期间内，出租人将资产使用权让与承租人，以获取租金的协议。

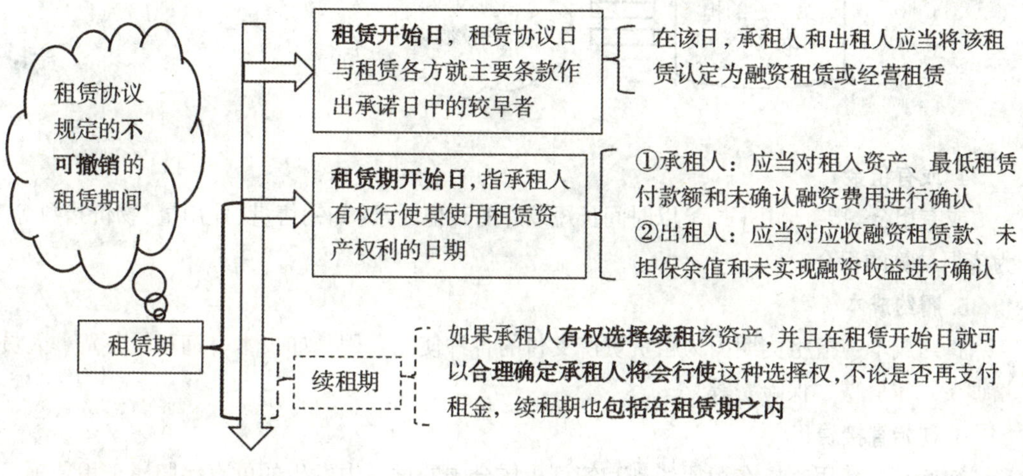

2. 担保余值、未担保余值

资产余值，指在租赁开始日估计的租赁期届满时租赁资产的公允价值。

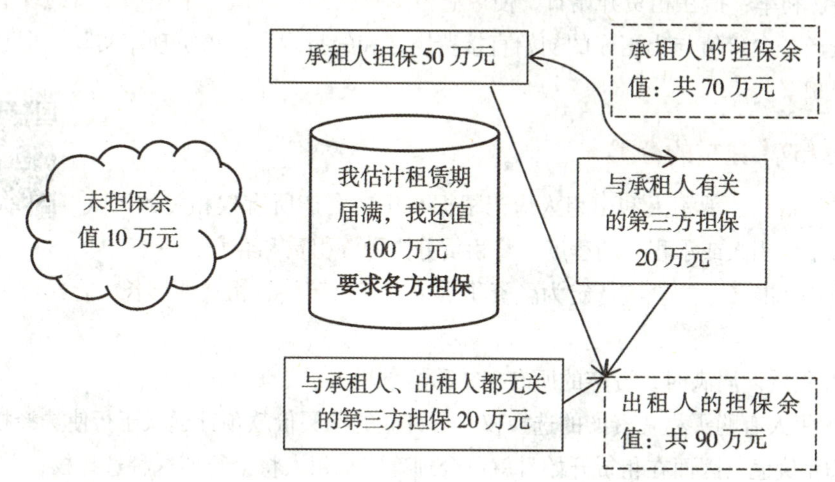

3. 最低租赁付款额、最低租赁收款额

最低租赁付款额是针对承租人而言的，最低租赁收款额是针对出租人而言的。

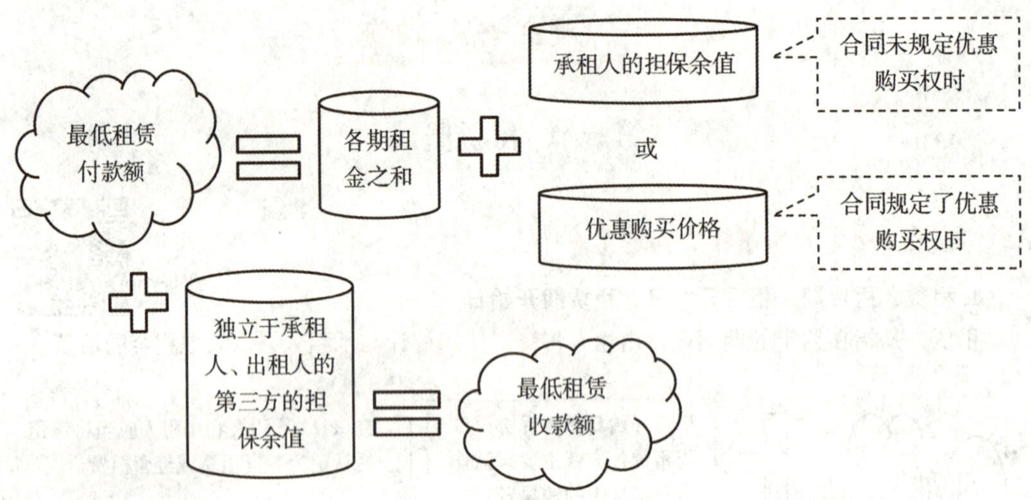

4. 或有租金

或有租金：指金额不固定、以时间长短以外的其他因素（如销售量、使用量、物价指数等）为依据计算的租金。

5. 履约成本

履约成本：指租赁期内为租赁资产支付的各种使用费用，如技术咨询和服务费、人员培训费、维修费、保险费等。

6. 初始直接费用

初始直接费用：指在租赁谈判和签订租赁合同的过程中发生的可直接归属于租赁项目的费用。

7. 租赁内含利率

租赁内含利率：指在租赁开始日，使最低租赁收款额的现值与未担保余值的现值之和等于租赁资产公允价值与出租人的初始直接费用之和的折现率。该折现率实际上也是出租人的内含报酬率。

【考点 157】租赁的分类★

在租赁开始日，承租人和出租人应当根据与租赁资产所有权相关的风险和报酬归属于出租人或承租人的程度，将租赁分为融资租赁和经营租赁。

满足下列标准之一的，应认定为融资租赁（所有权转移、租赁期够长、金额够大、性质特殊）：

（1）在租赁期届满时，资产的所有权转移给承租人；

（2）承租人有购买租赁资产的选择权，所订立的购买价款预计远低于行使选择权时租赁资产的公允价值，因而在租赁开始日就可合理确定承租人将会行使这种选择权；

（3）即使资产的所有权不转移，但租赁期占租赁资产使用寿命的大部分 [75%（含）以上]；

（4）承租人在租赁开始日的最低租赁付款额现值几乎相当于（≥ 90%）租赁开始日租

赁资产公允价值；出租人在租赁开始日的最低租赁收款额现值几乎相当于（≥ 90%）租赁开始日租赁资产公允价值；

（5）租赁资产性质特殊，如果不作较大改造，只有承租人才能使用。

【提示】“租赁期占租赁资产使用寿命的大部分”，是租赁期占租赁资产尚可使用寿命的比例，而非租赁期占该项资产全部可使用年限的比例。如果租赁资产是旧资产，在租赁前已使用年限超过资产自全新时起算可使用年限的75%以上时，则这条判断标准不适用，不能使用这条标准确定租赁的分类。

对于同时涉及土地和建筑物的租赁，企业通常应当将土地和建筑物分开考虑。将最低租赁付款额根据土地部分的租赁权益和建筑物部分的租赁权益的相对公允价值的比例进行分配。

第二节 承租人的会计处理

【考点158】承租人对经营租赁的会计处理★★★

1. 租金、初始直接费用、或有租金的会计处理

项 目	会计处理
确认各期租金费用	借：管理费用 / 制造费用 / 销售费用等 贷：其他应付款等
实际支付租金	借：其他应付款等 贷：银行存款等
发生预付租金	借：长期待摊费用等 贷：银行存款等
初始直接费用（可归属于租赁项目的手续费、律师费、差旅费、印花税等）	借：管理费用等 贷：银行存款等
或有租金（实际发生时计入当期损益）	借：财务费用（按物价指数计算） 销售费用（按销售量等计算） 贷：银行存款等

【提示】出租人提供了免租期的情况下，承租人应将租金总额在整个租赁期内，而不是在租赁期扣除免租期后的期间内按直线法或其他合理的方法进行分摊，免租期内应确认租金费用。

出租人承担了承租人的某些费用的情况下，承租人应将该费用从租金总额中扣除，并将租金余额在租赁期内进行分摊。

2. 相关信息的披露

对于重大的经营租赁，承租人应当在附注中披露下列信息：

（1）资产负债表日后连续三个会计年度每年将支付的不可撤销经营租赁的最低租赁付款额。

（2）以后年度将支付的不可撤销经营租赁的最低租赁付款额总额。

【考点 159】承租人对融资租赁的会计处理★★

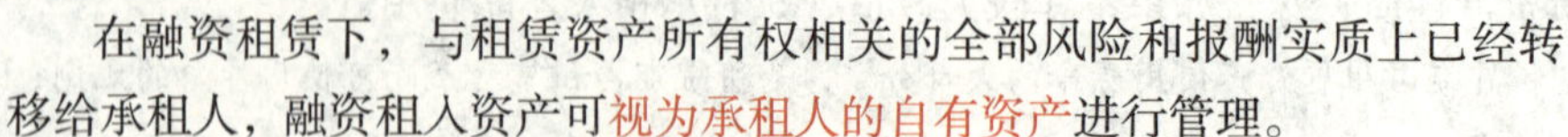

1. 融资租赁期间的会计处理

在融资租赁下，与租赁资产所有权相关的全部风险和报酬实质上已经转移给承租人，融资租入资产可视为承租人的自有资产进行管理。

租赁时点	处理原则	会计处理
租赁期开始日	（1）确定租入资产的入账价值 = 租赁资产公允价值与最低租赁付款额现值两者中较低者 + 初始直接费用 （2）确定长期应付款入账价值 = 最低租赁付款额 （3）差额确认为“未确认融资费用”	借：固定资产 / 在建工程 未确认融资费用 贷：长期应付款 银行存款（初始直接费用）
未确认融资费用的分摊	（1）折现率（实际利率）的选择（采用计算最低租赁付款额现值时使用的折现利率） ①出租人的租赁内含利率 ②租赁合同规定的利率 ③同期银行贷款利率 ④租赁资产以公允价值入账的，重新计算分摊率 （2）每期末分摊未确认融资费用：每期未确认融资费用摊销额 = 期初应付本金余额 × 实际利率	借：财务费用（不满足资本化条件） 在建工程等（满足资本化条件时） 贷：未确认融资费用
租赁资产计提折旧	（1）折旧政策：应采用与自有应计提折旧的资产相一致的折旧政策 （2）折旧期间：①能够合理确定租赁期届满时会取得租赁资产所有权，应以租赁资产的寿命确定；②反之，应以租赁期与租赁资产预计尚可寿命两者中较短者确定	应计提折旧总额 = 融资租入固定资产的入账价值 − 承租人担保余值（视为残值） 借：管理费用 / 制造费用等 贷：累计折旧
履约成本	应当在实际发生时计入当期损益	借：管理费用 / 销售费用 贷：其他应付款 / 银行存款等
或有租金	在或有租金实际发生时，计入当期损益	借：财务费用（按物价指数计算） 销售费用（按销售量等计算） 贷：银行存款等

2. 租赁期届满时的会计处理

融资租赁期届满时，承租人对融资租入资产的处理通常有三种情况：返还、优惠续租和留购。

类　型	会计处理	
返还租赁资产	存在承租人担保余值	不存在承租人担保余值
	借：长期应付款（担保余值） 　　累计折旧 　　贷：固定资产——融资租入固定资产	借：累计折旧 　　贷：固定资产——融资租入固定资产
优惠续租租赁资产	承租人行使优惠续租选择权	承租人没有续租
	视同该项租赁一直存在而作出相应的会计处理，如继续支付租金等	参照上述返还租赁资产的处理方法
留购租赁资产	借：长期应付款 　　贷：银行存款 借：固定资产——生产用固定资产等 　　贷：固定资产——融资租入固定资产	

3. 相关会计信息的列报与披露

承租人应当在资产负债表中，将与融资租赁相关的长期应付款减去未确认融资费用的差额，分别以长期负债和一年内到期的长期负债列示。承租人应当在附注中披露与融资租赁有关的下列信息：

（1）各类租入固定资产的期初和期末原价、累计折旧额。

（2）资产负债表日后连续三个会计年度每年将支付的最低租赁付款额及以后年度将支付的最低租赁付款额总额。

（3）未确认融资费用的余额及分摊未确认融资费用所采用的方法。

【学霸总结】

（1）融资租入固定资产、分期付款方式购入资产的账面价值小于其计税基础（税法按总额确定其入账价值），产生可抵扣暂时性差异，但递延所得税资产无对应科目，所以不能确认递延所得税资产。

（2）在融资租赁中，承租人在租赁谈判和签订租赁合同过程中发生的，可归属于租赁项目的手续费、律师费、差旅费、印花税等初始直接费用，应当计入租入资产的价值。

（3）承租人对融资租入的资产采用公允价值入账的，应重新计算融资费用分摊率，所采用的分摊率是使最低租赁付款额的现值与租赁资产公允价值相等的折现率。

（4）出租人的租赁内含利率：是指在租赁开始日，使最低租赁收款额的现值和未担保余值的现值之和等于租赁资产公允价值与出租人的初始直接费用之和的折现率。

第三节　出租人的会计处理

【考点160】出租人对经营租赁的会计处理★★

出租人在经营租赁下收取的租金应当在租赁期内的各个期间按直线法确认为收入。

项　目	内　容
确认各期租金收入	借：应收账款等 　贷：其他业务收入
实际收到租金	借：银行存款等 　贷：应收账款等
初始直接费用（计入当期损益）	借：管理费用等 　贷：银行存款等
或有租金（实际发生时计入当期损益）	借：银行存款 　贷：其他业务收入

【考点 161】出租人对融资租赁的会计处理★

1. 融资租赁期间的会计处理

租赁时点	处理原则	会计处理
租赁期开始日	（1）确定长期应收款的入账价值 = 最低租赁收款额 + 初始直接费用 （2）记录未担保余值（资产余值 - 出租人的担保余值） （3）确认未实现融资收益 = 最低租赁收款额 + 未担保余值 - 融资租赁资产的公允价值 （4）租赁资产公允价值与账面价值的差额，计入当期损益	借：长期应收款——应收融资租赁款 　　未担保余值 　　资产处置损益 　贷：融资租赁资产 　　　银行存款（初始直接费用） 　　　未实现融资收益（差额） 借：未实现融资收益（初始直接费用） 　贷：长期应收款——应收融资租赁款
未实现融资收益的分摊	采用实际利率法计算确认当期实现的融资收益和租金收入	借：银行存款 　贷：长期应收款——应收融资租赁款 借：未实现融资收益 　贷：租赁收入
应收融资租赁款计提坏账	对长期应收款的余额（应收融资租赁款 - 未实现融资收益）合理计提坏账准备，方法和其他应收项目类似	借：信用减值损失 　贷：坏账准备
未担保余值发生变动	（1）至少于每年年度终了，对未担保余值进行复核 （2）未担保余值增加的，不作调整 （3）未担保余值减少的，重新计算租赁内含利率，将由此引起的租赁投资净额的减少计入当期损失，并按照重新计算的内含利率分摊未实现的融资收益 （4）已确认损失的未担保余值得以恢复的，应当在原已确认的损失金额内转回，并重新计算租赁内含利率，并按照重新计算的内含利率分摊未实现的融资收益	
或有租金	应在实际发生时确认为当期收入	借：应收账款 　贷：租赁收入

2. 融资租赁期届满时的会计处理

融资租赁期届满时，根据承租人对租赁资产的处理的不同（返还、优惠续租和留购）。

类 型	会计处理	
收回租赁资产	（一）存在担保余值，不存在未担保余值	（二）存在担保余值，同时存在未担保余值
	（1）租赁资产的价值＝担保余值 借：融资租赁资产 　　贷：长期应收款（担保余值） （2）租赁资产的价值＜担保余值，应向承租人收取价值损失补偿金 借：其他应收款 　　贷：营业外收入	（1）租赁资产价值＝担保余值＋未担保余值 借：融资租赁资产 　　贷：长期应收款（担保余值） 　　　　未担保余值（未担保余值） （2）租赁资产的价值－未担保余值＜担保余值，应向承租人收取价值损失补偿金 借：其他应收款 　　贷：营业外收入
	（三）存在未担保余值，不存在担保余值	（四）担保余值和未担保余值均不存在
	借：融资租赁资产 　　贷：未担保余值	无需会计处理，进行备查登记
优惠续租租赁资产	承租人行使优惠续租选择权	承租人没有续租
	视同该项租赁一直存在而作出相应的会计处理	参照上述收回租赁资产的处理方法
留购租赁资产	（1）租赁期届满时，承租人行使了优惠购买选择权 借：银行存款 　　贷：长期应收款（优惠购买价） （2）如果存在未担保余值 借：资产处置损益 　　贷：未担保余值	

3. 相关会计信息的列报与披露

出租人应当在附注中披露与融资租赁有关的下列事项：

（1）资产负债表日后连续三个会计年度每年将收到的最低租赁收款额及以后年度将收到的最低租赁收款额总额。

（2）未确认融资费用的余额，分摊未确认融资费用所采用的方法。

【学霸总结】

在经营租赁和融资租赁的方式下，对初始直接费用的处理是不同的。

项目	承租人	出租人
经营租赁	发生时应计入当期损益（管理费用等）	（1）发生时应计入当期损益（管理费用等） （2）金额较大的应当资本化，在整个经营租赁期内按照与确认租金收入相同的基础分期计入当期损益
融资租赁	发生时计入租入资产价值	发生时包括在应收融资租赁款的初始计量中

第四节　售后租回交易的会计处理

【考点 162】售后租回交易的会计处理★★★

售后租回交易是一种特殊形式的租赁业务，是指卖主（即承租人）将资产出售后，又将该项资产从买主（即出租人）租回，习惯上称为“回租”。对于售后租回交易，无论是承租人还是出租人，均应按照租赁的分类标准，将售后租回交易认定为融资租赁或经营租赁。

1. 售后租回交易形成融资租赁

售价与资产账面价值之间的差额均未真正实现，不应确认为当期损益。承租人应将售价与资产账面价值的差额予以递延，并按该项租赁资产的折旧进度进行分摊，作为折旧费用的调整。

项　目	承租人	出租人
出售资产时	借：固定资产清理（账面价值） 　　累计折旧 / 固定资产减值准备 　　贷：固定资产 借：银行存款（出售价格） 　　递延收益——未实现售后租回损益（差额，可在贷方） 　　贷：固定资产清理（账面价值）	借：融资租赁资产 　　贷：银行存款（购入价格）
融资租回的处理	和一般方式下的融资租赁处理方法相同	和一般方式下的融资租赁处理方法相同
分摊“递延收益”	按该项租赁资产的折旧进度进行分摊“递延收益—未实现售后租回损益”，作为折旧费用的调整 借：递延收益——未实现售后租回损益（可做相反分录） 　　贷：制造费用等	—

2. 售后租回交易形成经营租赁

（1）售后租回交易认定为经营租赁的，在出售资产时，应当分别情况处理。

<table>
<tr><th>项　目</th><th colspan="3">内　容</th></tr>
<tr><td>按照公允价值达成</td><td colspan="3">售价（公允价值）－账面价值，差额计入当期损益（差额可能为正，可能为负）</td></tr>
<tr><td rowspan="4">不是按照公允价值达成</td><td rowspan="3">售价＜公允价值</td><td>售价＞账面价值</td><td>（售价－账面价值）计入当期损益（形成利润）</td></tr>
<tr><td rowspan="2">售价＜账面价值</td><td>损失不能得到补偿，（售价－账面价值）计入当期损益（形成损失）</td></tr>
<tr><td>（售价－账面价值）的差额（损失），预计能够从以后的租金中得到补偿，确认为递延收益，在预计的资产使用期限内按租金支付比例分摊</td></tr>
<tr><td>售价＞公允价值</td><td colspan="2">（1）（售价－公允价值）的差额，确认为递延收益，在预计的资产使用期限内按租金支付比例分摊
（2）（公允价值－账面价值）的差额，计入当期损益</td></tr>
</table>

（2）经营租回的会计处理和一般经营租赁方式下，出租方和承租方的会计处理相同。

（3）承租方（出售方）形成的“递延收益——未实现售后租回损益”，在预计的资产使用期限内按租金支付比例分摊。

3. 售后租回交易的披露

承租人和出租人除应当按照有关规定披露售后租回交易外，还应对售后租回合同中的特殊条款作出披露。这里的“特殊条款”是指售后租回合同中规定的区别于一般租赁交易的条款，如租赁标的物的售价等。

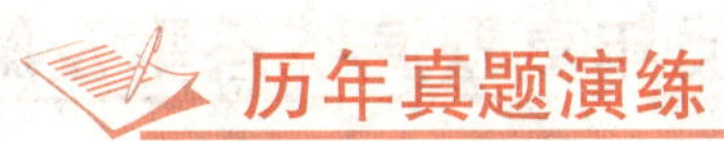

历年真题演练

一、单项选择题

1.（2017 年）2×16 年甲公司以融资租赁方式租入一台机器设备，通过比较租赁开始日租赁资产公允价值与最低租赁付款额现值后，以租赁资产公允价值作为租入资产的入账价值。不考虑其他因素，甲公司在分摊未确认的融资费用时，应当采用的分摊率是（　　）。

A. 合同规定利率

B. 银行同期贷款利率

C. 出租人的租赁内含利率

D. 使最低租赁付款额的现值等于租赁资产公允价值的折现率

2.（2017 年改编）下列各项中，不构成融资租赁中最低租赁付款额组成部分的是（　　）。

A. 履约成本

B. 承租人应支付或可能被要求支付的款项

C. 承租人担保的资产余值

D. 与承租人有关的第三方担保的资产余值

3.（2014 年）甲公司向乙公司租入临街商铺，租期自 20×6 年 1 月 1 日至 20×8 年 12 月 31 日。租期内第一个半年为免租期，之后每半年租金 30 万元，租金于每年年末支付。除租金外，如果租赁期内租赁商铺销售额累计达到 3000 万元或以上，乙公司将获得额外 90 万元经营分享收入。20×6 年年度商铺实现的销售额为 1000 万元。甲公司 20×6 年应确认的租赁费用是（　　）万元。

A. 30　　B. 50

C. 60　　D. 80

4.（2012 年）20×2 年 1 月 2 日，甲公司采用融资租赁方式出租一条生产线。租赁合同规定：（1）租赁期为 10 年，每年收取固定租金 20 万元；（2）除固定租金外，甲公司每年按该生产线所生产的产品销售额的 1% 提成，据测算平均每年提成约为 2 万元；（3）承租人提供的租赁资产担保余值为 10 万元；（4）与承租人和甲公司均无关联关系的第三方提供的租赁资产担保余值为 5 万元。甲公司为该项租赁另支付谈判费、律师费等相关费用 1 万元。甲公司租赁期开始日应确认的应收融资租赁款为（　　）万元。

A. 200　　B. 206

C. 216　　D. 236

二、多项选择题

1.（2016 年）下列关于租赁会计处理的表述中，正确的有（　　）。

A. 承租人对于经营租赁中可能发生的或有租金应于发生时计入当期损益

B. 经营租赁中，出租人承担了承租人的相关费用时，承租人对于出租人所承担的费用确认为当期损益

C. 承租人在经营租赁中发生的初始直接费用应当在整个租赁期间平均摊销

D. 承租人在经营租赁开始时支付的预付合同项下全部租金应在租赁期内摊销

2.（2014 年）下列各项关于承租人与融资租赁有关会计处理的表述中，正确的有（　　）。

A. 或有租金应于发生时计入当期损益

B. 预计将发生的履约成本应计入租入资产成本

C. 租赁期满行使优惠购买选择权支付的价款应直接冲减相关负债

D. 知悉出租人的租赁内含利率时，应以租赁内含利率对最低租赁付款额折现

3.（2013 年改编）下列各项中，应当计入相关资产初始确认金额的有（ ）。

A. 采购原材料过程中发生的装卸费

B. 取得债权投资时发生的交易费用

C. 通过非同一控制下企业合并取得子公司过程中支付的印花税

D. 融资租赁中承租人签订租赁合同过程中发生的可归属于租赁项目的初始直接费用

历年真题演练答案及解析

一、单项选择题

1.【答案】D

【解析】以租赁资产公允价值作为融资租入资产的入账价值的，未确认融资费用的分摊率应当使用使最低租赁付款额的现值等于租赁资产公允价值的折现率，选项 D 正确。

2.【答案】A

【解析】选项 A，履约成本在实际发生时计入当期损益，不计入最低租赁付款额。

3.【答案】B

【解析】甲公司 20×6 年应确认的租赁费 =30×5÷3=50（万元）。

4.【答案】C

【解析】甲公司租赁期开始日应确认的应收融资租赁款 =20×10+10+5+1=216（万元）。

二、多项选择题

1.【答案】AD

【解析】经营租赁中，出租人承担了承租人的某些费用的情况下，应将该费用从租金总额中扣除，并将租金余额在租赁期内进行分摊，对于出租人承担的部分，承租人无需进行会计处理，选项 B 错误；承租人在经营租赁中发生的初始直接费用，应当计入发生当期的损益，选项 C 错误。

2.【答案】ACD

【解析】选项 B，预计将发生的履约成本应计入当期损益。

3.【答案】ABD

【解析】选项 C，应计入管理费用。

第二十三章 财务报告

本章总体概况

题型及分值	（1）本章主要考核客观题 （2）近三年平均分值 6 分
近三年考点	（1）资产负债表项目流动性的判断、列报金额的计算 （2）营业利润的计算 （3）现金流量类别的判断、各项目金额的计算 （4）关联方的判断 （5）报告分部的确定 （6）中期财务报告的表述、中期财务报告附注应当披露的内容
学习引导	本章内容有一定难度，与基础知识的联系较为紧密，内容较多，对理解能力的要求较高，需要记忆的细节较多，重点掌握资产负债表项目的填列，资产及负债流动性的划分；利润表项目的填列，营业利润的计算，注意新修改的报表项目；现金流量表项目的分类与计算；中期财务报告适用的原则与内容、附注中披露的信息；关联方关系的认定、报告分部的确定
本年教材变化	（1）根据最新财务报表式修改相关报表项目 （2）按照新报表格式重新编写“资产负债表的填列方法”及“利润表的填列方法”相关知识点内容

本章知识框架

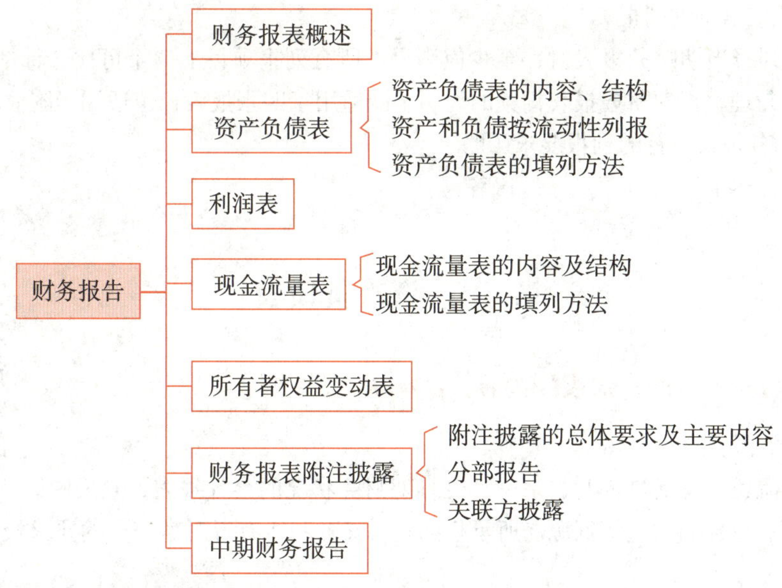

本章考点精解

第一节 财务报表概述

【考点 163】财务报表的定义和列报要求★

1. 财务报表的定义和构成

财务报告，包括财务报表和其他应当在财务报告中披露的相关信息和资料。

财务报表，是对企业的财务状况、经营成果和现金流量的结构性表述。财务报表至少应当包括“四表一注”：资产负债表、利润表、现金流量表、所有者权益变动表、附注。

2. 财务报表列报的基本要求

（1）编制依据：依据各项会计准则确认和计量的结果编制财务报表。

（2）列报基础：持续经营是会计的基本前提，也是会计确认、计量及编制财务报表的基础。

（3）编制方法：企业应当按照权责发生制编制财务报表（现金流量表按照收付实现制编制）。

（4）列报的一致性：目的是使同一企业不同期间和同一期间不同企业的财务报表相互可比。

（5）依据重要性原则单独或汇总列报项目。

（6）财务报表各项目金额间的相互抵销。

财务报表项目应当以总额列报，不得以净额列报，但企业会计准则另有规定的除外。

下列情况不属于抵销，可以以净额列示：

① 一组类似交易形成的利得和损失以净额列示的，不属于抵销。

② 资产或负债项目按扣除备抵项目后的净额列示的，不属于抵销。

③ 非日常活动产生的利得和损失，以同一交易形成的收益扣减相关费用后的净额列示更能反映交易实质的，不属于抵销。

（7）比较信息的列报。

企业在列报当期财务报表时，至少应当提供所有列报项目上一个可比会计期间的比较数据，以及与理解当期财务报表相关的说明（既适用于四张报表，也适用于附注）。

（8）财务报表表首的列报要求（略）。

（9）报告期间（略）。

第二节 资产负债表

【考点 164】资产负债表的内容、结构★

1. 资产负债表的内容

资产负债表，是反映企业在某一特定日期财务状况的会计报表，它反映企业在某一特定日期所拥有或控制的经济资源、所承担的现时义务和所有者对净资产的要求权。

2. 资产负债表的结构

我国采用账户式结构，左方列示资产，右方列示负债、所有者权益（资产 = 负债 + 所有者权益）。

【提示】高危行业企业按国家规定提取的安全生产费，应当在资产负债表所有者权益项下（“其他综合收益”项目和“盈余公积”项目之间）增设“专项储备”项目，反映企业提取的安全生产费期末余额。

【考点 165】资产和负债按流动性列报★★★

根据财务报表列报准则的规定，资产和负债应当按照流动性分别分为流动资产和非流动资产、流动负债和非流动负债列示。

1. 资产的流动性划分

（1）资产满足下列条件之一的，应当归类为流动资产：

① 预计在一个正常营业周期中，变现、出售或耗用（如企业制造大型轮船，期限在 1 年以上，但是在 1 个营业周期内，也应当划分为流动资产）。

② 主要为交易目的而持有。

③ 预计在资产负债表日起一年内（含一年，下同）变现。

④ 自资产负债表日起一年内，交换其他资产或清偿负债的能力不受限制的现金或现金等价物（如果被相关部门冻结的资产，则流动性受到限制，属于非流动资产）。

（2）对于根据企业会计准则划分为持有待售的非流动资产（如固定资产、无形资产、长期股权投资等）以及被划分为持有待售处置组中的资产，应当归类为流动资产；类似地，被划分为持有待售的处置组中的与转让资产相关的负债，应当归类为流动负债；并且，持有待售资产和负债不应当相互抵销。

2. 负债的流动性划分

（1）负债满足下列条件之一的，应当归类为流动负债：

① 预计在一个正常营业周期中清偿。

【提示】企业正常营业周期中的经营性负债项目，如应付票据及应付账款、应付职工薪酬等，即使在资产负债表日后超过一年才予清偿的，仍应划分为流动负债。

② 主要为交易目的而持有。

③ 自资产负债表日起一年内到期应予以清偿。

④ 企业无权自主地将清偿推迟至资产负债表日后一年以上。

（2）对于资产负债表日后事项的有关影响需要特别加以考虑。

总的判断原则是：应当反映在资产负债表日有效的合同安排，考虑在资产负债表日起一年内企业是否必须无条件清偿，而资产负债表日之后的行为，与资产负债表日判断负债的流动性状况无关。

① 对于在资产负债表日起一年内到期的负债，企业有意图且有能力自主地将清偿义务展期至资产负债表日后一年以上的，应当归类为非流动负债；不能自主地将清偿义务展期的，即使在资产负债表日后、财务报告批准报出日前签订了重新安排清偿计划协议，该项负债在资产负债表日仍应当归类为流动负债。

② 企业在资产负债表日或之前违反了长期借款协议，导致贷款人可随时要求清偿的负债，应当归类为流动负债。但是，如果贷款人在资产负债表日或之前同意提供在资产负债表日后一年以上的宽限期，在此期限内企业能够改正违约行为，且贷款人不能要求随时清偿的，在资产负债表日的此项负债并不符合流动负债的判断标准，应当归类为非流动负债。

【例题·多选】甲公司2×18年财务报告于2×19年4月1日报出，有关借款资料如下：（1）甲公司于2×14年7月1日向A银行借入五年期的借款3000万元，甲公司在2×19年2月1日与A银行达成协议，该借款展期三年；（2）2×18年年末，自B银行借入的4000万元借款按照协议将于2×20年4月1日偿还，但因甲公司违反借款协议的规定使用资金，B银行于2×18年11月1日要求甲公司于2×19年2月1日前偿还；2×18年12月30日，甲公司与B银行达成协议，甲公司承诺按规定用途使用资金，B银行同意甲公司按原协议规定的期限偿还该借款。下列各项关于甲公司2×18年12月31日资产负债表负债项目列报的表述中，正确的有（　　）。

A. A银行的3000万元借款作为非流动负债列报

B. B银行的4000万元借款作为非流动负债列报

C. A银行的3000万元借款作为流动负债列报

D. B银行的4000万元借款作为流动负债列报

【答案】BC

【解析】对于在资产负债表日起一年内到期的负债，企业有意图且有能力自主地将清偿义务展期至资产负债表日后一年以上的，应当归类为非流动负债；不能自主地将清偿义务展期的，即使在资产负债表日后、财务报告批准报出日前签订了重新安排清偿计划协议，该项负债在资产负债表日仍应当归类为流动负债，选项C正确；企业在资产负债表日或之前违反了长期借款协议，导致贷款人可随时要求清偿的负债，应当归类为流动负债。但是，如果贷款人在资产负债表日或之前同意提供在资产负债表日后一年以上的宽限期，在此期限内企业能够改正违约行为，且贷款人不能要求随时清偿的，在资产负债表日的此项负债并不符合流动负债的判断标准，应当归类为非流动负债，选项B正确。

【考点166】资产负债表的填列方法★★

1.“年初余额”栏的填列方法

资产负债表中的“年初余额”栏通常根据上年年末有关项目的期末余额填列，且与上年年末资产负债表“期末余额”栏相一致。

2.“期末余额”栏的填列方法

（1）根据总账科目余额填列。

① 直接根据总账的科目余额填列。

“其他权益工具投资”“递延所得税资产”“长期待摊费用”“短期借款”“持有待售负债”“交易性金融负债”“递延收益”“递延所得税负债”“实收资本（或股本）”“其他权益工具”“库存股”“资本公积”“其他综合收益”“专项储备”“盈余公积”等项目，应根据有关总账科目的余额填列。

【提示】长期待摊费用摊销期限只剩一年（或不足一年），或者预计在一年（含一年）进行摊销的部分，仍在“长期待摊费用”项目中列示，不转入“一年内到期的非流动资产”。

② 根据几个总账科目的期末余额计算填列。

“货币资金”项目 = 库存现金 + 银行存款 + 其他货币资金

“其他应付款”项目 = 其他应付款 + 应付利息 + 应付股利

（2）根据明细科目余额分析计算填列。

①“开发支出”应根据“研发支出”科目中所属的“资本化支出”明细科目期末余额填列。

②“预收款项”项目 =“应收账款”所属明细科目贷方余额 +“预收账款”所属明细科目贷方余额。

③“交易性金融资产”项目中，自资产负债表日起超过一年到期且预期持有超过一年的以公允价值计量且其变动计入当期损益的非流动金融资产，在“其他非流动金融资产”项目中填列。

④“其他债权投资”项目，自资产负债表日起一年内到期的长期债权投资，在“一年内到期的非流动资产”项目中填列，购入的以公允价值计量且其变动计入其他综合收益的一年内到期的债权投资，在“其他流动资产”项目中填列。

⑤“应交税费”项目中的借方余额，应当根据其流动性在“其他流动资产”或“其他非流动资产”项目中填列。

⑥“一年内到期的非流动资产”“一年内到期的非流动负债”项目，应根据有关非流动资产或非流动负债项目的明细科目余额分析填列。

（3）根据总账科目和明细账科目余额分析计算填列。

①“应付票据及应付账款”项目 =“应付票据”总账科目余额 +“应付账款”所属明细科目贷方余额 +“预付账款”所属明细科目贷方余额。

②“长期借款”“应付债券”项目，应根据“长期借款”“应付债券”总账科目余额扣除其所属的明细科目中将在资产负债表日起一年内到期且企业不能自主地将清偿义务展期的部分后的金额计算填列。

（4）根据有关科目余额减去其备抵科目余额后的净额填列。

①“持有待售资产”“长期股权投资”“商誉”等项目，应根据相关科目的期末余额减去相应的减值准备后的金额填列。

②“在建工程”项目，应根据“在建工程”“工程物资”科目的期末余额，减去相应的减值准备后的金额填列。

③“固定资产”项目，应根据“固定资产”“固定资产清理”科目的期末余额，减去“累计折旧”“固定资产减值准备”科目余额后的金额填列。

④“无形资产”“投资性房地产”“生产性生物资产”“油气资产”项目，应根据相应科目期末余额减去相关累计折旧（摊销）、减值准备后的金额填列。

【提示】“固定资产”“无形资产”“投资性房地产”“生产性生物资产”等项目，折旧（或摊销）年限只剩一年或不足一年的，或者预计在一年内（含一年）进行折旧（或摊销）的部分，仍在上述项目中列示，不转入“一年内到期的非流动资产”项目。

⑤“长期应收款”项目，应当根据“长期应收款”总账科目余额，减去“未实现融资收益”总账科目余额，再减去所属相关明细科目中将于一年内到期的部分填列。其中，一年内到期的部分在“一年内到期的非流动资产”列示。

⑥“长期应付款”项目，应当根据“长期应付款”总账科目余额，减去“未确认融资费用”总账科目余额，再减去所属相关明细科目中将于一年内到期的部分填列。其中，一年内到期的部分在“一年内到期的非流动负债”列示。

（5）综合运用上述填列方法分析填列。

①“其他应收款”项目，应根据“其他应收款”“应收股利”“应收利息”科目的期末余额，减去相应的“坏账准备”后的金额填列。

②“应收票据及应收账款”项目 =“应收票据”科目的期末余额 +“应收账款”所属明细科目借方余额 +“预收账款”所属明细科目借方余额 - 相应的“坏账准备”。

③“预付款项”项目 =“预付账款”所属明细科目借方余额 +“应付账款”所属明细科目借方余额 - 相应的“坏账准备”。

④“债权投资”项目，自资产负债表日起一年内到期的长期债权投资，在“一年内到期的非流动资产”项目中填列，购入的以摊余成本计量的一年内到期的债权投资，在“其他流动资产”项目中填列。

⑤“合同资产”和“合同负债”项目，应根据“合同资产”科目和“合同负债”科目的明细科目期末余额分析填列。同一合同下的合同资产和合同负债应当以净额列示，其中：

a. 净额为借方余额的，应当根据其流动性在“合同资产”或“其他非流动资产”项目中填列，已计提减值准备的，还应减去“合同资产减值准备”科目中相应的期末余额后的金额填列；

b. 净额为贷方余额的，应当根据其流动性在“合同负债”或“其他非流动负债”项目中填列。

⑥“存货”项目，应根据“材料采购”“原材料”“发出商品”“库存商品”“周转材料”“委托加工物资”“生产成本”“受托代销商品”等科目的期末余额及“合同履约成本”科目的明细科目中初始确认时摊销期限不超过一年或一个正常营业周期的期末余额合计，减去“受托代销商品款”“存货跌价准备”科目期末余额及“合同履约成本减值准备”科目后的金额填列。

【例题 1 · 单选】甲公司于 2×17 年 1 月 1 日从乙公司购入不需安装的机器作为固定资产使用。购货合同约定，总价款为 2000 万元，分 3 年支付，2×17 年 12 月 31 日支付 1000 万元，2×18 年 12 月 31 日支付 600 万元，2×19 年 12 月 31 日支付 400 万元。假定实际年利率为 6%，甲公司购买该机器价款的现值为 1813.24 万元，不考虑增值税等其他因素，2×17 年 12 月 31 日甲公司资产负债表中“长期应付款”项目应列示的金额为（　　）万元。

A. 922.03　　B. 544.68　　C. 377.35　　D. 400

【答案】C

【解析】2×17 年 12 月 31 日“长期应付款”科目余额 =2000−1000=1000（万元），“未确认融资费用”科目余额 =（2000−1813.24）−1813.24×6%=77.97（万元），应付本金余额 =1000−77.97=922.03（万元）。2×18 年未确认融资费用摊销额 =922.03×6%=55.32（万元），2×18 年应付本金减少额 =600−55.32=544.68（万元），该部分金额应在 2×17 年 12 月 31 日资产负债表中“一年内到期的非流动负债”项目反映。2×17 年 12 月 31 日资产负债表中“长期应付款”项目应列示的金额 =922.03−544.68=377.35（万元）。或 2×17 年 12 月 31 日资产负债表中“长期应付款”项目应列示的金额（即为 2×18 年 12 月 31 日长期应付款的账面价值）=[1813.24×（1+6%）−1000] ×（1+6%）−600=377.35（万元）。

【例题 2 · 多选】甲公司为上市公司，2×18 年年末有增值税进项税额 1300 万元未能在当年实现抵扣，应交税费产生借方余额1300万元。根据甲公司的年度财务预算，其在2×19年年度实现的销售收入预计为3000万元，由此产生的增值税销项税额约为480万元。不考虑其他因素，下列有关甲公司2×18年12月31日资产负债表列报的表述中，正确的有（　　）。

A.“其他流动资产”项目列示480万元

B.“其他非流动资产”项目列示820万元

C.“应交税费”项目列示−1300万元

D.“应交税费”项目列示−790万元

【答案】AB

【解析】应交税费借方产生余额，一般应列示为“其他流动资产”。甲公司预计能够于2×19年用于抵扣的待抵扣增值税进项税480万元应当在资产负债表中分类为流动资产，列示为“其他流动资产”，而其余的820（1300−480）万元，由于其经济利益不能在一年内实现，应当分类为非流动资产，列示为“其他非流动资产”。

第三节　利润表

【考点167】利润表的内容、结构、填列方法★★★

1. 利润表的内容及结构

（1）利润表，是反映企业在一定会计期间的经营成果的报表。

（2）利润表结构主要有单步式和多步式两种。在我国，企业利润表基本上采用的是多步式结构。

2. 利润表的填列方法

利润表各项目分为“本期金额”和“上期金额”两栏分别填列，主要项目计算如表所示。

项　目	计算过程
营业收入	营业收入 = 主营业务收入 + 其他业务收入
营业利润	营业利润 = 营业收入 − 营业成本 − 税金及附加 − 销售费用 − 管理费用 − 研发费用 − 财务费用 − 资产减值损失 − 信用减值损失 ± 公允价值变动收益（损失）± 净敞口套期收益（损失）± 投资收益（损失）± 资产处置收益（损失）+ 其他收益
利润总额	利润总额 = 营业利润（亏损以“−”号填列）+ 营业外收入 − 营业外支出
净利润	净利润 = 利润总额（亏损以“−”号填列）− 所得税费用
其他综合收益的税后净额	未在损益中确认的各项利得和损失扣除所得税影响后的净额，包括两类： （1）以后会计期间不能重分类进损益的其他综合收益 （2）以后会计期间在满足规定条件时将重分类进损益的其他综合收益
综合收益总额	综合收益总额 = 净利润 + 其他综合收益税后净额
每股收益	每股收益（详见每股收益章节）
【提示】本年新增了“研发费用”项目，根据“管理费用”下的“研发费用”明细科目的发生额填列 在合并利润表中，企业应当在净利润项目之下单独列示归属于母公司所有者的损益和归属于少数股东的损益，在综合收益总额项目之下单独列示归属于母公司所有者的综合收益总额和归属于少数股东的综合收益总额	

【例题·单选】下列项目中，属于以后会计期间不能重分类进损益的其他综合收益的是（　　）。

A. 其他债权投资正常范围内公允价值变动形成的利得或损失

B. 非投资性房地产转换为以公允价值计量的投资性房地产产生的其他综合收益

C. 重新计量设定受益计划净负债或净资产导致的变动额

D. 现金流量套期工具产生的利得或损失中属于有效套期的部分

【答案】C

【解析】选项ABD，均属于以后会计期间在满足规定条件时可以重分类进损益的其他综合收益项目。

【学霸总结】

（1）以后会计期间在满足规定条件时将重分类进损益的其他综合收益：

①其他债权投资公允价值变动。

②其他债权投资信用减值准备。

③现金流量套期储备，即现金流量套期工具产生的利得（损失）中属于有效套期的部分。

④金融资产重分类计入其他综合收益的金额。

⑤外币财务报表折算差额。

⑥自用或作为存货的房地产转换为以公允价值模式计量的投资性房地产，在转换日公允价值大于账面价值的金额。

⑦权益法下可转损益的其他综合收益，即按照权益法确认享有的被投资单位可重分类进损益的其他综合收益的份额。

（2）以后会计期间不能重分类进损益的其他综合收益：

①重新计量设定受益计划净负债或净资产导致的变动额。

②其他权益工具投资公允价值变动。

③权益法下不可转损益的其他综合收益，即按照权益法确认享有的被投资单位不可以重分类进损益的其他综合收益的份额。

④企业自身信用风险公允价值变动。

第四节　现金流量表

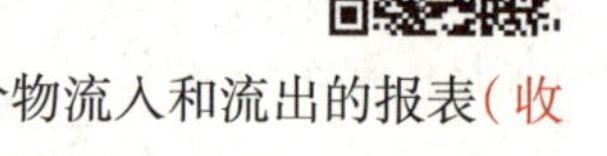

【考点168】现金流量表的内容及结构★

1. 现金流量表的内容

（1）现金流量表，指反映企业在一定会计期间现金和现金等价物流入和流出的报表（收付实现制）。

（2）现金，指企业库存现金、可以随时用于支付的存款。不能随时支取的定期存款不属于此处的现金；提前通知金融企业便可支取的定期存款，则应包括在此处现金范围内。

（3）现金等价物，指企业持有的期限短（通常三个月以内）、流动性强、易于转换为已知金额现金、价值变动风险很小的投资。

2. 现金流量表的结构

（1）现金流量表在结构上将企业一定期间产生的现金流量分为三类：①经营活动产生的现金流量；②投资活动产生的现金流量；③筹资活动产生的现金流量。

（2）现金流量表分为正表和补充资料两部分。

【考点169】现金流量表的填列方法★★

1. 现金流量表的填列

（1）经营活动产生的现金流量。

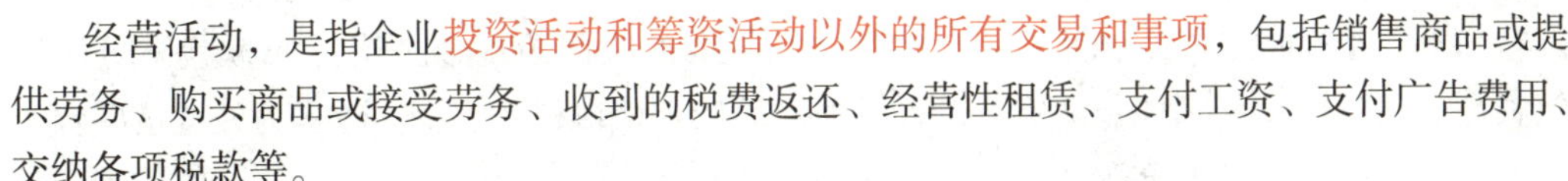

经营活动，是指企业投资活动和筹资活动以外的所有交易和事项，包括销售商品或提供劳务、购买商品或接受劳务、收到的税费返还、经营性租赁、支付工资、支付广告费用、交纳各项税款等。

①"销售商品、提供劳务收到的现金"，反映企业销售商品、提供劳务实际收到的现金（含销售收入和应向购买者收取的增值税税额）。

【提示】本期发生销售退回支付的现金应从销售商品或提供劳务收入款中扣除。

②"收到的税费返还"，反映企业收到政府返还的各种税费，如收到的增值税、所得税等返还款。

③"收到其他与经营活动有关的现金"，反映企业除上述各项目外，收到的其他与经营活动有关的现金，如罚款收入、经营租赁固定资产收到的现金、投资性房地产收到的租金收入、除税费返还外的其他政府补助收入等。

④"购买商品、接受劳务支付的现金"，反映企业购买商品、接受劳务支付的现金（包括支付的增值税进项税额）。

【提示】本期发生购货退回而收到的现金应从购买商品或接受劳务支付的款项中扣除。

购入"工程物资"支付的款项，在"购建固定资产、无形资产和其他长期资产支付的现金"项目反映。

⑤"支付给职工及为职工支付的现金"，反映支付给职工，以及为职工支付的各种现金支出。

【提示】支付给离退休人员的工资在"支付其他与经营活动有关的现金"项目反映。

支付给在建工程人员的工资在"购建固定资产、无形资产和其他长期资产支付的现金"项目反映。

⑥"支付的各项税费"，反映企业按规定支付的各种税费，包括企业本期发生并支付的税费，以及本期支付以前各期发生的税费和本期预交的税费。

【提示】不包括计入固定资产价值、实际支付的耕地占用税；也不包括本期退回的增值税、所得税（在"收到的税费返还"项目反映）。

⑦"支付其他与经营活动有关的现金"，反映企业除上述各项目外所支付的其他与经营活动有关的现金，如经营租赁支付的租金、支付的罚款、差旅费、业务招待费、保险费等；支付给离退休人员的各种费用等。

（2）投资活动产生的现金流量。

投资活动，是指企业长期资产的购建和不包括在现金等价物范围内的投资及其处置活动，包括取得和收回投资、购建和处置固定资产、购买和处置无形资产等。

①“收回投资收到的现金”，反映企业出售、转让或到期收回除现金等价物以外的交易性金融资产、其他债权投资、其他权益工具投资、长期股权投资等而收到的现金（包括本金和转让收益）。

【提示】债权性投资收回的利息，在“取得投资收益所收到的现金”项目中反映。

处置子公司及其他营业单位收到的现金净额应单独反映，不在本项目反映。

②“取得投资收益收到的现金”，反映企业因股权性投资而分得的现金股利，因债权性投资而取得的利息收入。

③“处置固定资产、无形资产和其他长期资产收回的现金净额”，反映企业处置固定资产、无形资产和其他长期资产（投资性房地产）所取得的现金，减去为处置这些资产而支付的有关费用后的净额。

【提示】如果所收回的现金净额为负数，应在“支付其他与投资活动有关的现金”项目中反映。

④“处置子公司及其他营业单位收到的现金净额”，反映企业处置子公司及其他营业单位所取得的现金减去子公司或其他营业单位持有的现金和现金等价物及相关处置费用后的净额。

【提示】如本项目为负数，则在“支付其他与投资活动有关的现金”项目反映。

⑤“收到其他与投资活动有关的现金”，反映企业除上述各项目外，收到的其他与投资活动有关的现金流入，如收回购买股票和债券时，支付实际价款中包含的已宣告但尚未领取的现金股利或已到付息期但尚未领取的债券利息。

⑥“购建固定资产、无形资产和其他长期资产支付的现金”，反映企业本期购买、建造固定资产、取得（包括购买和研发）无形资产和其他长期资产实际支付的现金，包括购买固定资产、无形资产等支付的价款及相关税费，以及用现金支付的应由在建工程和无形资产负担的职工薪酬。

【提示】为购建固定资产、无形资产和其他长期资产而发生的借款利息资本化的部分，在“分配股利、利润或偿付利息支付的现金”项目中反映。

企业以分期付款方式购建的固定资产、无形资产，以及融资租入固定资产以后各期支付的现金在“支付其他与筹资活动有关的现金”项目中反映。

⑦“投资支付的现金”，反映企业进行权益性投资和债权性投资所支付的现金，包括企业取得的除现金等价物以外的交易性金融资产、债权投资、股权投资而支付的现金，以及支付的佣金、手续费等交易费用。

【提示】企业购买股票或债券时实际支付的价款中包含的已宣告但尚未领取的现金股利或已到付息期但尚未领取的债券利息，应在“支付其他与投资活动有关的现金”项目中反映。

⑧“取得子公司及其他营业单位支付的现金净额”，反映企业购买子公司及其他营业单位购买价款中以现金支付的部分，减去子公司及其他营业单位持有的现金和现金等价物后的净额。

【提示】因企业合并方式的不同，反映的金额也不同。如本项目为负数，则在“收到其他与投资活动有关的现金”项目反映。

<table>
<tr><th colspan="2">类 别</th><th>取得子公司及其他营业单位支付的现金净额</th></tr>
<tr><td colspan="2">吸收合并（只有个别报表）</td><td>以现金支付的对价－子公司或其他营业单位持有的现金和现金等价物</td></tr>
<tr><td rowspan="2">控股合并</td><td>个别报表</td><td>以现金支付的对价</td></tr>
<tr><td>合并报表</td><td>以现金支付的对价－子公司或其他营业单位持有的现金和现金等价物</td></tr>
</table>

⑨“支付其他与投资活动有关的现金”，反映企业除上述各项目外，支付的其他与投资活动有关的现金流出，如企业购买股票和债券时，实际支付的价款中包含的已宣告但尚未发放的现金股利或已到付息期但尚未领取的债券利息。

（3）筹资活动产生的现金流量。

筹资活动，是指导致企业资本及债务规模和构成发生变化的活动，包括发行股票或接受投入资本、分派现金股利、取得和偿还银行借款、发行和偿还公司债券等。

①“吸收投资收到的现金”，反映企业以发行股票等方式筹集的资金实际收到款项净额（发行收入减去支付的佣金等发行费用后的净额）。

【提示】支付的审计咨询费，在“支付其他与筹资活动有关的现金”项目反映。

②“取得借款收到的现金”，反映企业举借各种短期、长期借款而收到的现金，以及发行债券实际收到的款项净额（发行收入减去直接支付的佣金等发行费用后的净额）。

③“收到其他与筹资活动有关的现金”，反映企业除上述各项目外，收到的其他与筹资活动有关的现金。

④“偿还债务支付的现金”，反映企业以现金偿还债务的本金，包括偿还金融企业的短期和长期借款本金、偿还企业到期的债券本金等。

⑤“分配股利、利润和偿付利息支付的现金”，反映企业实际支付的现金股利、支付给其他投资单位的利润或用现金支付的借款利息、债券利息。

⑥“支付其他与筹资活动有关的现金”，反映企业除上述各项目外所支付的其他与筹资活动有关的现金流出，如融资租入固定资产各期支付的租赁费，以分期付款方式购建的固定资产、无形资产各期支付的现金，以发行股票、债券等方式筹集资金而由企业直接支付的审计、咨询等费用等。

（4）汇率变动对现金及现金等价物的影响。

指企业外币现金流量及境外子公司的现金流量折算成记账本位币时，所采用的是现金流量发生日的汇率或按照系统合理的方法确定的、与现金流量发生日即期汇率近似的汇率，而现金流量表“现金及现金等价物净增加额”项目中外币现金净增加额是按资产负债表日的即期汇率折算。这两者的差额即为汇率变动对现金的影响。

【例题1·多选】甲公司20×8年发生与现金流量相关的交易或事项包括：（1）以现金支付管理人员的现金股票增值权500万元；（2）以一栋办公楼换取一项股权交易中，以现金支付补价240万元；（3）销售A产品收到现金5900万元；（4）支付经营租入固定资产租金300万元；（5）支付管理人员报销差旅费2万元；（6）发行权益性证券收到现金5000万元。下列各项关于甲公司20×8年现金流量相关的表述中，正确的有（　　）。

A. 经营活动现金流出802万元　　B. 经营活动现金流入5900万元

C. 投资活动现金流出540万元　　D. 筹资活动现金流入10900万元

【答案】AB

【解析】经营活动现金流出 =500+300+2=802（万元），选项 A 正确；经营活动现金流入为 5900 万元，选项 B 正确；投资活动现金流出为 240 万元，选项 C 错误；筹资活动现金流入为 5000 万元，选项 D 错误。

【例题 2 · 多选】甲公司 2×18 年发生下列经济业务：（1）支付融资租赁固定资产的租金 100 万元；（2）支付经营租赁固定资产租金 5 万元；（3）支付购建固定资产而发生的资本化借款利息费用 500 万元、费用化借款利息费用 330 万元；（4）分配股利支付的现金 160 万元；（5）发行债券实际收到的款项净额 10000 万元；（6）发行股票实际收到的款项净额 60000 万元；（7）支付分期付款方式购建固定资产的款项 200 万元；（8）支付研究开发费用 500 万元，其中予以资本化的金额为 200 万元。下列各项关于甲公司 2×18 年年度现金流量表列报的表述中，正确的有（　　）。

A. 筹资活动现金流入 70000 万元　　B. 筹资活动现金流出 1290 万元

C. 经营活动现金流出 305 万元　　D. 投资活动现金流出 200 万元

【答案】ABCD

【解析】筹资活动现金流入 =（5）10000+（6）60000=70000（万元），选项 A 正确；筹资活动现金流出 =（1）100+（3）830+（4）160+（7）200=1290（万元），选项 B 正确；经营活动现金流出 =（2）5+（8）300=305（万元），选项 C 正确；投资活动现金流出 =（8）200（万元），选项 D 正确。

【例题 3 · 多选】甲公司是一家制造企业，下列各项交易或事项所产生的现金流量中，属于现金流量表中“投资活动产生的现金流量”的有（　　）。

A. 出售债券收到的现金

B. 收到股权投资的现金股利

C. 支付的为购建固定资产发生的专门借款利息

D. 收到因自然灾害而报废固定资产的保险赔偿款

【答案】ABD

【解析】支付的为购建固定资产发生的专门借款利息属于现金流量表中“筹资活动产生的现金流量”，选项 C 错误。

【例题 4 · 单选】下列各项现金流量中，属于投资活动产生的现金流量的是（　　）。

A. 将应收账款 100 万元以附有追索权的方式向银行进行贴现，获得现金 95 万元

B. 收到闲置资金存款利息 2 万元

C. 以一批库存商品换取长期股权投资，以银行存款支付补价 20 万元

D. 以银行存款购买 2 个月内到期的债券投资

【答案】C

【解析】附有追索权的贴现，收到的 95 万元反映为短期借款，属于筹资活动产生的现金流量，选项 A 错误；收到闲置资金存款利息属于经营活动产生的现金流量，选项 B 错误；以银行存款购买 2 个月内到期的债券投资（属于现金等价物），现金流没有变动，选项 D 错误。

【例题 5 · 单选】甲公司 2018 年年度发生的管理费用为 3000 万元，其中：以现金支付退休职工统筹退休金 450 万元和管理人员工资 950 万元，存货发生盘亏 50 万元，计提固定资产折旧 400 万元，计提无形资产摊销 150 万元，其余均以现金支付。甲公司 2018 年年度“支付其他与经营活动有关的现金”项目的金额为（　　）万元。

A. 3000　　B. 1600　　C. 1450　　D. 1400

【答案】C

【解析】“支付其他与经营活动有关的现金”项目的金额 =3000−950（管理人员工资在“支付给职工及为职工支付的现金”反映）−（50+400+150）（不涉及现金流量）=1450（万元）。

【例题 6 · 单选】2×18 年 10 月 1 日，甲公司采用吸收合并方式购买非关联企业丙公司的全资子公司乙公司，购买价格为 1500 万元，全部以银行存款支付。购买日乙公司资产总额为 2600 万元，其中现金及银行存款为 150 万元，没有现金等价物。不考虑其他因素，2×18 年甲公司现金流量表“取得子公司及其他营业单位支付的现金净额”项目填列的金额为（　　）万元。

A. 1500　　B. 150　　C. 1350　　D. 2600

【答案】C

【解析】吸收合并方式取得子公司及其他营业单位支付的现金净额 =1500−150=1350（万元）。

2. 现金流量表的补充资料

（1）将净利润（权责发生制）调节为经营活动现金流量（收付实现制）。

我国企业会计准则规定企业应当采用直接法编报现金流量表，同时要求在附注中提供以净利润为基础调节到经营活动现金流量的信息。

直接法，以利润表中的营业收入为起点，调节与经营活动相关项目的增减变动，计算出经营活动的现金流量。

间接法，是指以本期净利润为起点，通过调整不涉及现金的收入、费用、营业外收支及经营性应收应付等项目的增减变动，调整不属于经营活动的现金收支项目，据此计算并列报经营活动产生的现金流量的方法。

① 将净利润调节为经营活动产生的现金流量净额时，调增、调减项目的确定原则：

a. 调整事项属于不涉及现金收支的利润表项目：使净利润减少，调增；使净利润增加，调减。

【提示】调整时不考虑与经营活动有关的财务费用（如票据贴现息、现金折扣等）。

b. 调整事项属于资产负债表中的经营性应收应付项目：涉及的会计科目借方记录（假设对方科目对应现金），调减；涉及的会计科目贷方记录（假设对方科目对应现金），调增。

c. 调整不属于经营活动的现金收支项目。

② 具体调整事项：

a. 资产减值损失、信用减值损失，属于不涉及现金的利润减少，调增。

b. 固定资产折旧、无形资产摊销（不含计入“在建工程”或“研发支出——资本化支出”的固定资产折旧），属于不涉及现金的利润减少，调增。

c. 长期待摊费用摊销，属于不涉及现金的利润减少，调增。

d. 处置固定资产、无形资产和其他长期资产的损失，固定资产报废净损失（收益以“−”号填列），属于非经营活动，调增。

e. 公允价值变动损失（收益以“−”号填列），属于非经营活动，调增。

f. 财务费用（收益以“−”号填列），不含与经营活动有关的财务费用，属于非经营活动，调增。

g. 投资损失（收益以“−”号填列），属于非经营活动，调增。

h. 递延所得税资产减少、递延所得税负债增加（只考虑对应所得税费用部分），假设对方科目对应现金，调增。

i. 存货的减少（不含计入投资活动和筹资活动部分），假设对方科目对应现金，调增。

j. 经营性应收项目的减少、经营性应付项目的增加（不含计入投资活动和筹资活动部分），假设对方科目对应现金，调增。

（2）不涉及现金收支的重大投资和筹资活动。

企业应当在附注中披露不涉及当期现金收支、但影响企业财务状况或在未来可能影响企业现金流量的重大投资和筹资活动，主要包括：①债务转为资本；②一年内到期的可转换公司债券；③融资租入固定资产。

（3）现金及现金等价物的构成。

企业应当在附注中披露的现金及现金等价物信息有：①现金及现金等价物的构成及在资产负债表中的金额；②企业持有但不能由母公司或集团内其他子公司使用的大额现金及现金等价物的金额。

【例题 7 · 单选】某企业当期净利润为 600 万元，其中处置相关资产产生的投资收益为 100 万元，财务费用为 60 万元（其中与筹资活动有关的为 50 万元，与经营活动有关的为 10 万元），经营性应收项目增加 75 万元，经营性应付项目减少 25 万元，固定资产折旧为 50 万元（其中 40 万元影响损益，10 万元计入在建工程），无形资产摊销为 10 万元（均影响损益）。没有其他影响经营活动现金流量的项目，则该企业当期经营活动产生的现金流量净额为（　　）万元。

A. 500　　B. 850　　C. 450　　D. 510

【答案】A

【解析】将净利润调整为经营活动现金流量净额时，财务费用不考虑与经营活动有关的部分，累计折旧不考虑计入在建工程部分。该企业当期经营活动产生的现金流量净额 =600−100+50−75−25+（50−10）+10=500（万元）。

【学霸总结】

类　别	常见项目
投资活动的现金流量	（1）长期股权投资、债权投资、其他债权投资、其他权益工具投资、交易性金融资产的购入与出售等、投资相关的手续费、佣金等交易费用 （2）因上述投资收到的现金股利、利息等，涉及已宣告但尚未发放的股利或利息等 （3）固定资产、无形资产、在建工程、工程物资等长期资产的购入与处置 （4）购入（处置）子公司和其他营业单位等
筹资活动的现金流量	（1）债务规模变动：短期借款、长期借款、应付债券、长期应付款等 （2）所有者权益变动对应现金等，如发行股票 （3）因债务、权益而支付的应付利息、应付现金股利等（不包括股票股利）
经营活动的现金流量	除上述两类以外的现金流量，如管理费用、销售费用的付现支出，购买材料成本，支付职工薪酬、支付各项税费、销售商品取得现金等

第五节 所有者权益变动表

【考点 170】所有者权益变动表内容、结构、填列方法★

1. 所有者权益变动表的内容、结构

所有者权益，是指企业资产扣除负债后由所有者享有的剩余权益。包括所有者投入的资本（包括实收资本和资本公积）、其他综合收益、留存收益（包括盈余公积和未分配利润）等。

所有者权益变动表，是指反映构成所有者权益各组成部分当期（年初到年末）增减变动情况的报表。

2. 所有者权益变动表的结构

企业应当以矩阵的形式列示所有者权益变动表：

（1）列示导致所有者权益变动的交易或事项，按所有者权益变动的来源对一定时期所有者权益变动情况进行全面反映。

（2）按照所有者权益各组成部分（包括实收资本、资本公积、其他综合收益、盈余公积、未分配利润、库存股等）及其总额列示相关交易或事项对所有者权益的影响。

（3）根据准则的规定，企业需要提供比较所有者权益变动表，所有者权益变动表还就各项目再分为"本年金额"和"上年金额"两栏分别填列。

3. 所有者权益变动表的填列方法

（1）"上年金额"项目。

"上年金额"项目，应根据上年度所有者权益变动表中"本年金额"栏内所列数字填列。

（2）"本年金额"项目。

"本年金额"，应根据"实收资本（或股本）""其他权益工具""资本公积""盈余公积""其他综合收益""利润分配""库存股""以前年度损益调整"等科目及其明细科目的发生额分析填列。

<table>
<tr><th rowspan="2">项 目</th><th colspan="7">本年金额</th></tr>
<tr><th>实收资本（或股本）</th><th>资本公积</th><th>减：库存股</th><th>其他综合收益</th><th>盈余公积</th><th>未分配利润</th><th>所有者权益合计</th></tr>
<tr><td>一、上年年末余额</td><td colspan="7">来自上年所有者权益变动表的"本年金额"</td></tr>
<tr><td>加：会计政策变更</td><td colspan="7" rowspan="2">由于会计政策变更、前期差错更正引起本年的变动额
【提示】上年期初之前的累计变动额（列报前期最早期初的累积影响数），应调整该栏目的"上年金额"，最终影响本年的"一、上年年末余额"</td></tr>
<tr><td>前期差错更正</td></tr>
<tr><td>二、本年年初余额</td><td colspan="7">"一、上年年末余额"＋"会计政策变更"＋"前期差错更正"</td></tr>
<tr><td>三、本年增减变动金额（减少以"—"号填列）</td><td colspan="7">下列四项之和</td></tr>
</table>

（续表）

项 目	本年金额						
	实收资本（或股本）	资本公积	减：库存股	其他综合收益	盈余公积	未分配利润	所有者权益合计
（一）综合收益总额	来自利润表的综合收益总额						
（二）所有者投入和减少资本	根据各科目及其明细科目的发生额分析填列						
（三）利润分配							
（四）所有者权益内部结转							
四、本年年末余额	“二、本年年初余额”＋“三、本年增减变动金额”						

【例题·单选】甲公司20×8年年度发生的有关交易或事项如下：（1）以盈余公积转增资本5500万元；（2）向股东分配股票股利4500万元；（3）接受控股股东的现金捐赠350万元；（4）外币报表折算差额本年增加70万元；（5）因自然灾害发生固定资产净损失1200万元；（6）因会计政策变更调减年初留存收益560万元；（7）持有的交易性金融资产本年公允价值上升60万元；（8）因处置联营企业股权相应结转原计入资本公积贷方的金额50万元；不考虑所得税等其他因素，上述交易或事项对甲公司20×8年12月31日所有者权益总额的影响是（　　）万元。

A. −5695　　B. −1280　　C. −1145　　D. −635

【答案】B

【解析】对甲公司所有者权益总额的影响 =350+70−1200−560+60=−1280（万元）。

第六节 财务报表附注披露

【考点171】附注披露的总体要求及主要内容★

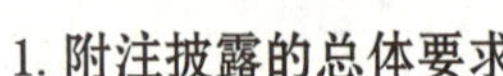

1. 附注披露的总体要求

附注，是对资产负债表、利润表、现金流量表、所有者权益变动表等报表中列示项目的文字描述或明细资料，以及对未能在这些报表中列示项目的说明等。

2. 附注的主要内容

附注应当按照如下顺序至少披露下列内容：①企业的基本情况；②财务报表的编制基础；③遵循企业会计准则的声明；④重要会计政策和会计估计；⑤会计政策和会计估计变更以及差错更正的说明；⑥重要报表项目的说明；⑦其他需要说明的重要事项；⑧有助于财务报表使用者评价企业管理资本的目标、政策及程序的信息。

【考点172】分部报告★★

1. 经营分部的认定

（1）经营分部，是指企业内同时满足下列条件的组成部分：

① 该组成部分能够在日常活动中产生收入、发生费用。

② 企业管理层能够定期评价该组成部分的经营成果，以决定向其配置资源、评价其业绩。

③ 企业能够取得该组成部分的财务状况、经营成果和现金流量等有关会计信息。

（2）企业存在相似经济特征的两个或多个经营分部，在同时满足下列条件时，可以合并为一个分部：

① 各单项产品或劳务的性质相同或相似。

② 生产过程的性质相同或相似，包括采用劳动密集或资本密集方式组织生产、使用相同或者相似设备和原材料、采用委托生产或加工方式等。

③ 产品或劳务的客户类型相同或相似，包括大宗客户、零散客户等。

④ 销售产品或提供劳务的方式相同或相似，包括批发、零售、自产自销、委托销售、承包等。

⑤ 生产产品或提供劳务受法律、行政法规的影响相同或相似，包括经营范围或交易定价机制等。

2. 报告分部的确定

企业应当以经营分部为基础确定报告分部，经营分部满足下列条件之一的，应当确定为报告分部。

① 该分部的分部收入占所有分部收入合计的 10% 或者以上。

② 该分部的分部利润（亏损）的绝对额，占所有盈利分部利润合计额或者所有亏损分部合计额的绝对额两者中较大者的 10% 或以上。

③ 该分部的分部资产占所有分部资产合计额的 10% 或以上。

【提示】未满足这些条件，但企业认为披露该经营分部信息对财务报告使用者有用的，也可将其确定为报告分部。

报告分部的对外交易收入合计额占合并总收入或企业总收入的比重未达到 75% 的，将其他的分部确定为报告分部（即使它们未满足规定的条件），直到该比重达到 75%。

企业在确定报告分部时，还应当考虑不同会计期间分部信息的可比性和一贯性（上期满足条件、本期不满足条件的，本期仍应继续确认为报告分部；本期满足条件、上期不满足条件的、应当对上期报表进行重述）。

报告分部的数量通常不超过 10 个。如果报告分部的数量超过 10 个需要合并的，以经营分部的合并条件为基础，对相关的报告分部予以合并。

3. 分部信息的披露

企业应当以对外提供的财务报表为基础披露分部信息；对外提供合并财务报表的企业，应当以合并财务报表为基础披露分部信息。

企业应当在附注中披露报告分部的下列信息：①确定报告分部考虑的因素、报告分部的产品和劳务的类型；②每一报告分部的利润（亏损）总额相关信息；③每一报告分部的资产总额、负债总额相关信息；④未作为报告分部信息组成部分应当披露的内容；⑤报告分部信息总额与企业信息总额的衔接；⑥报告分部的比较信息。

【例题·多选】下列各项关于分部报告的表述中，正确的有（ ）。

A. 企业应当以经营分部为基础确定报告分部

B. 企业披露分部信息时无需提供前期比较数据

C. 企业披露的报告分部收入总额应当与企业收入总额相衔接

D. 企业披露分部信息时应披露每一报告分部的利润总额及其组成项目的信息

【答案】ACD

【解析】企业在披露分部信息时，为可比起见，应当提供前期的比较数据，选项 B 错误。

【考点 173】关联方披露 ★★

1. 关联方关系的认定

<table>
<tr><th colspan="2">项　目</th><th>内　容</th></tr>
<tr><td rowspan="3">企业与企业之间</td><td>控制</td><td>（1）该企业的母公司、子公司（父亲、儿子、爷爷、孙子）
（2）与该企业受同一母公司控制的其他企业（兄弟）</td></tr>
<tr><td>共同控制</td><td>（1）对该企业实施共同控制的投资方（包括投资方的子公司）
（2）该企业的合营企业（包括合营企业的子公司）</td></tr>
<tr><td>重大影响</td><td>（1）对该企业施加重大影响的投资方（包括投资方的子公司）
（2）该企业的联营企业（包括联营企业的子公司）</td></tr>
<tr><td rowspan="3">企业与个人之间</td><td>主要投资者</td><td>（1）该企业的主要投资者个人、其关系密切的家庭成员
（2）该企业的主要投资者个人、其关系密切的家庭成员控制、共同控制的其他企业（不包括重大影响的企业）</td></tr>
<tr><td>关键管理人员</td><td>（1）该企业或其母公司的关键管理人员及其关系密切的家庭成员
（2）该企业或其母公司的关键管理人员及其关系密切的家庭成员控制、共同控制的其他企业（不包括重大影响的企业）</td></tr>
<tr><td colspan="2">【提示】投资者个人，指能够控制、共同控制一个企业或者对一个企业施加重大影响的个人投资者
关系密切的家庭成员，是指父母、配偶、兄弟、姐妹和子女等
关键管理人员，主要包括董事长、董事、董事会秘书、总经理、总会计师、财务总监、主管各项事务的副总经理及行使类似决策职能的人员等</td></tr>
<tr><td>不构成关联方关系情况</td><td colspan="2">（1）与该企业发生日常往来的资金提供者、公用事业部门、政府部门和机构，以及因与该企业发生大量交易而存在经济依存关系的单个客户、供应商、经销商和代理商之间
（2）仅仅同受国家控制而不存在控制、共同控制或重大影响关系的企业
（3）与该企业共同控制合营企业的合营者之间
（4）受同一方重大影响的企业之间不构成关联方</td></tr>
</table>

2. 关联方的披露

（1）企业无论是否发生关联方交易，均应当在附注中披露与该企业之间存在直接控制关系的母公司和子公司有关的信息。

（2）企业与关联方发生关联方交易的，应当在附注中披露该关联方关系的性质、交易类型及交易要素。

① 关联方关系的性质：即关联方是该企业的母公司、子公司、合营企业、联营企业等。

② 交易类型：购买或销售商品、其他资产；提供或接受劳务；担保；提供资金（贷款或股权投资）；租赁；代理；研究与开发项目的转移；许可协议；代表企业或由企业代表另一方进行债务结算；关键管理人员薪酬。

③ 交易要素：交易的金额（关联方交易的金额应当披露相关比较数据）；未结算项目的金额、条款和条件，以及有关提供或取得担保的信息；未结算应收项目坏账准备金额；定价政策。

（3）对外提供合并财务报表的，对于已经包括在合并范围内各企业之间的交易不予披露。

【例题1·单选】在不考虑其他因素的情况下，下列各方中，不构成甲公司关联方的是（　　）。

A. 甲公司母公司的财务总监

B. 甲公司总经理的儿子控制的乙公司

C. 与甲公司共同投资设立合营企业的合营方丙公司

D. 甲公司通过控股子公司间接拥有30%股权并能施加重大影响的丁公司

【答案】C

【解析】与该企业共同控制合营企业的合营者之间，通常不构成关联方关系。

【例题2·多选】2×18年12月31日各个公司之间的关联资料如下：（1）A公司拥有B公司40%的表决权资本；（2）E公司拥有B公司60%的表决权资本；（3）A公司拥有C公司60%的表决权资本；（4）C公司拥有D公司52%的表决权资本。假设持股20%以上对被投资单位具有重大影响，持股超过50%能够对被投资单位实施控制，不考虑其他因素，上述公司存在关联方关系的有（　　）。

A. A公司与B公司

B. A公司与D公司

C. A公司与C公司

D. B公司与D公司

【答案】ABCD

【解析】A公司能够对B公司实施重大影响，属于关联方，选项A正确；A公司能够间接控制D公司（爷孙），属于关联方，选项B正确；A公司能够控制C公司，属于关联方，选项C正确；A公司是B公司的联营企业，D公司是A公司的子公司，B公司和D公司构成关联方，选项D正确。

【学霸总结】

关联方关系比较杂，我们可以掌握不属于关联方关系的情形，做题时可以使用排除法。

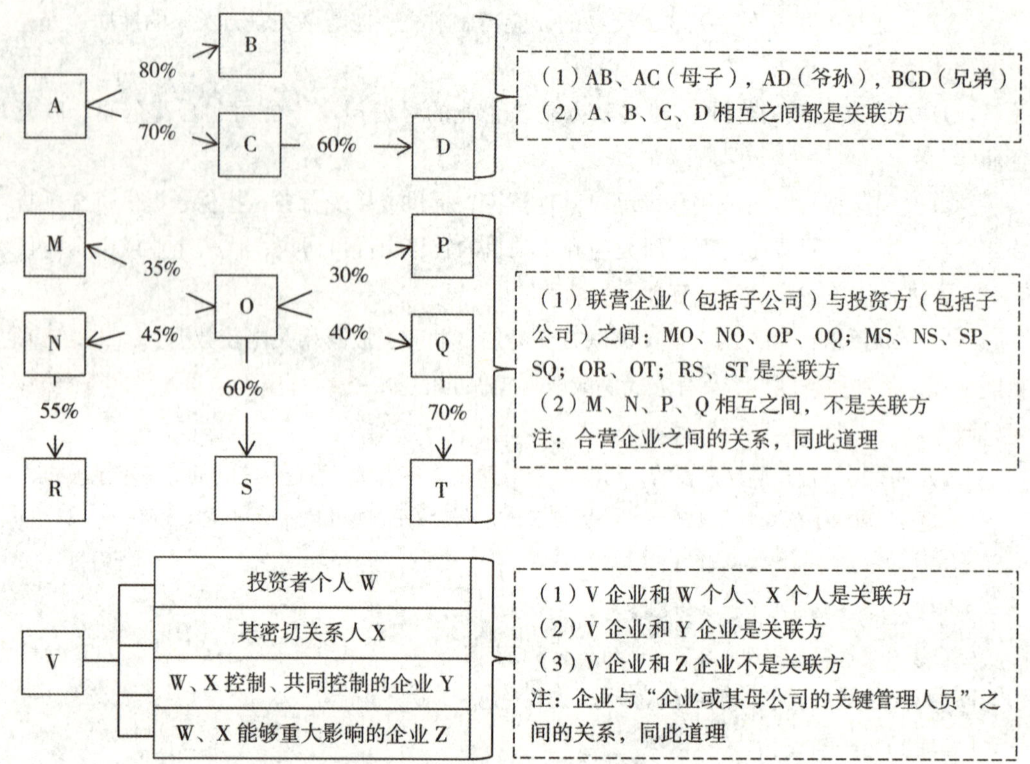

第七节　中期财务报告

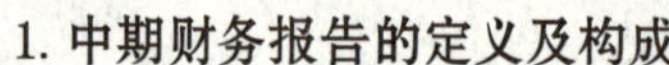

【考点 174】中期财务报告★★

1. 中期财务报告的定义及构成

“中期”，是指短于一个完整的会计年度的报告期间，它可以是一个月、一个季度或者半年，也可以是其他短于一个会计年度的期间，如 1 月 1 日至 9 月 30 日的期间等。

中期财务报告至少应当包括资产负债表、利润表、现金流量表、附注。

【提示】不包括所有者权益变动表（因为每年年末才会将“本年利润”结转到“未分配利润”）。

2. 中期财务报告编制要求

（1）应遵循的原则。

① 遵循与年度财务报告相一致的会计政策原则。

② 遵循重要性原则：

a. 重要性程度的判断应当以中期财务数据为基础，而不得以预计的年度财务数据为基础。

b. 重要性原则的运用应当保证中期财务报告包括了与理解企业中期期末财务状况和中期经营成果及其现金流量相关的信息。

c. 重要性程度的判断需要根据具体情况作具体分析和职业判断。

③ 遵循及时性原则。

（2）中期合并财务报表和母公司财务报表编报要求。

① 上年年度编报合并财务报表的企业，其中期财务报告中也应当编制合并财务报表，而且合并财务报表的合并范围、合并原则、编制方法和合并报表的格式与内容等也应当与上年年度合并财务报表相一致。

② 上年年度财务报告包括了合并财务报表，但报告中期期内处置了所有应纳入合并范围的子公司的，中期财务报告应包括当年子公司处置前的相关财务信息。

③ 企业在报告中期期内新增子公司的，在中期期末就应当将该子公司财务报表纳入合并财务报表的合并范围。

④ 应当编制合并财务报表的企业，如果在上年年度财务报告中除了提供合并财务报表外，还提供了母公司财务报表，那么在其中期财务报告中除了应当提供合并财务报表之外，也应当提供母公司财务报表。

（3）比较财务报表编制要求。

在中期财务报告中，企业应当提供以下比较财务报表：

① 本中期期末（如 9 月 30 日）的资产负债表和上年年度末（如上年 12 月 31 日）的资产负债表。

② 本中期的利润表（如 7 月 1 日—9 月 30 日）、年初至本中期期末（如 1 月 1 日—9 月 30 日）的利润表及上年年度可比期间的利润表。

③ 年初至本中期期末（如 1 月 1 日—9 月 30 日）的现金流量表和上年年初至上年可比中期期末的现金流量表。

（4）中期财务报告的确认与计量。

① 中期财务报告的确认与计量的基本原则。

a. 中期财务报告中各会计要素的确认和计量原则应当与年度财务报表所采用的原则相一致。

b. 在编制中期财务报告时，中期会计计量应当以年初至本中期期末为基础。

c. 企业在中期不得随意变更会计政策。

② 季节性、周期性或者偶然性取得的收入的确认和计量。

对于季节性、周期性或者偶然性取得的收入，除了在会计年年度末允许预计或者递延的之外，企业都应当在发生时予以确认和计量，不应当在中期财务报表中预计或者递延。

③ 会计年度中不均匀发生的费用的确认与计量。

对于会计年度中不均匀发生的费用，企业均应当在发生时予以确认和计量，不应当在中期财务报表中预提或者待摊，但会计年年度末允许预提或者待摊的除外。

（5）中期会计政策变更的处理。

企业在中期如果发生了会计政策的变更，应当按照会计准则的规定处理，并按照规定在财务报表附注中作相应披露。

3. 中期财务报告附注编制要求

中期财务报告附注应当以年初至本中期期末为基础披露，而不应当仅仅披露本中期所发生的重要交易或者事项。

【例题·多选】下列各项有关中期财务报告的表述中，正确的有（　　）。

A. 中期财务报告的会计计量应当以年初至本中期期末为基础

B. 中期期末资产负债表应当提供本中期期末和上年年度末的资产负债表

C. 中期财务报告重要性程度的判断应当以中期财务数据为基础

D. 中期财务报告的编制应当遵循与年度财务报告相一致的会计政策

【答案】ABCD

【解析】中期会计计量应当以年初至本中期末为基础，财务报告的频率不应当影响年度结果的计量，选项A正确；中期财务报告应当按照规定提供本中期末的资产负债表和上年度末的资产负债表，选项B正确；中期财务报告重要性程度的判断应当以中期财务数据为基础，不得以预计的年度财务数据为基础，选项C正确；企业在编制中期财务报告时，应当将中期视同为一个独立的会计期间，所采用的会计政策应当与年度财务报表所采用的会计政策相一致，选项D正确。

历年真题演练

一、单项选择题

1.（2017年）甲公司为制造业企业，2×16年产生下列现金流量：（1）收到客户定购商品预付款3000万元；（2）税务部门返还上年度增值税款600万元；（3）支付购入作为交易性金融资产核算的股票投资款1200万元；（4）为补充营运资金不足，自股东取得经营性资金借款6000万元；（5）因存货非正常毁损取得保险赔偿款2800万元。不考虑其他因素，甲公司2×16年经营活动现金流量净额是（　　）万元。

A. 5200　　B. 6400

C. 9600　　D. 12400

2.（2017年）下列各项关于甲公司2×16年发生的交易或事项中，其会计处理会影响当年度甲公司合并所有者权益变动表留存收益项目本年年初金额的是（　　）。

A. 上年末资产的流动性与非流动性划分发生重要差错，本年予以更正

B. 自公开市场进一步购买联营企业股权，将持股股比例自25%增加到53%并能够对其实施控制

C. 根据外在条件变化，将原作为使用寿命不确定的无形资产调整为使用寿命为10年并按直线法摊销

D. 收购受同一母公司控制的乙公司60%股权（至收购时已设立5年，持续盈利且未向投资者分配），交易符合作为同一控制下企业合并处理的条件

3.（2017年）甲公司主营业务为自供电方购买电力后向实际用电方销售，其与供电方、实际用电方分别签订合同，价款分别结算；从供电方购入电力后，向实际用电方销售电力的价格由甲公司自行决定，并承担相关收款风险。2×16年12月，因实际用电方拖欠甲公司用电款，甲公司资金周转出现困难，相应地拖欠了供电方部分款项。为此，供电方提起仲裁，经裁决甲公司需支付电款2600万元，该款项至2×16年12月31日尚未支付。同时，甲公司起诉实际用电方，要求用电方支付用电款3200万元，法院终审判决支持甲公司主张。甲公司在按照会计政策计提坏账准备后，该笔债权账面价值为2400万元。不考虑其他因素，下列各项关于甲公司针对上述交易会计处理的表述中，正确的是（　　）。

A. 资产负债表中列报应收债权3200万元和应付债务2600万元

B. 资产负债表中列报应收债权2400万元和应付债务2600万元

C. 资产负债表中应收和应付项目以抵销后的净额列报为200万元负债

D. 资产负债表中列报对供电方的负债2600万元，但不列报应收债权2400万元

4.（2016年）下列各方中，不构成江海公司关联方的是（　　）。

A. 江海公司外聘的财务顾问甲公司

B. 江海公司总经理之子控制的乙公司

C. 与江海公司同受集团公司（红光公司）控制的丙公司

D. 江海公司拥有15%股权并派出一名董事的被投资单位丁公司

5.（2016年）甲公司2×15年发生以下有关现金流量：（1）当期销售产品收回现金36000万元、以前期间销售产品本期收回现金20000万；（2）购买原材料支付现金16000万元；（3）取得以前期间已交增值税返还款2400万元；（4）将当期销售产品收到的工商银行承兑汇票贴现，取得现金8000万；（5）购买国债支付2000万元。不考虑其他因素，甲公司2×15年经营活动产生的现金流量净额是（　　）万元。

A. 40000　　B. 42400

C. 48400　　D. 50400

6.（2016年改编）甲公司为增值税一般纳税人，2×15年发生的有关交易或事项如下：（1）销售产品确认收入12000万元，结转成本8000万元，当期应交纳的增值税为1060万元，有关税金及附加为100万元；（2）持有的交易性金融资产当期市价上升320万元；（3）出售一项专利技术产生收益600万元；（4）计提无形资产减值准备820万元。甲公司的交易性金融资产在2×15年末未对外出售，不考虑其他因素，甲公司2×15年营业利润是（　　）万元。

A. 3400　　B. 3420

C. 3760　　D. 4000

7.（2015年）下列有关编制中期财务报告的表述中，符合会计准则规定的是（　　）。

A. 中期财务报告会计计量以本报告期期末为基础

B. 中期财务报告会计要素确认和计量原则应与本年度财务报告相一致

C. 中期财务报告的重要性判断应以预计的年度财务报告数据为基础

D. 在报告中期内新增子公司的中期末不应将新增子公司纳入合并范围

8.（2015年）不考虑其他因素，下列各方中，构成甲公司关联方的是（　　）。

A. 与甲公司同受乙公司重大影响的长江公司

B. 与甲公司共同出资设立合营企业的合营方长城公司

C. 对甲公司具有重大影响的个人投资者丙全额出资设立的黄山公司

D. 与甲公司存在长期业务往来，为甲公司供应40%原材料的黄河公司

9.（2015年）甲公司为制造企业，20×4年发现一些现金流量：（1）将销售产生的应收账款申请向银行保理，取得现金1200万元，银行对于标的应收账款具有追索权；（2）购入作为交易性金融资产核算的股票支付现金200万元；（3）收到保险公司对存货损毁的赔偿款120万元；（4）收到所得税返还款260万元；（5）向其他方提供劳务收取现金400万元。不考虑其他因素。甲公司20×4年经营活动产生的现金流量净额是（　　）万元。

A. 780　　B. 980

C. 1980　　D. 2180

二、多项选择题

1.（2017年改编）甲公司2×16年12月31日持有的下列资产、负债中，应当在2×16年12月31日资产负债表中作为流动性项目列报的有（　　）。

A. 持有但准备随时变现的商业银行非保本浮动收益理财产品

B. 当年支付定制生产用设备的预付款3000万元，按照合同约定该设备预计交货期为2×18年2月

C. 预计将于2×17年4月底前出售的作为以公允价值计量且其变动计入其他综合收益的金融资产

D. 作为衍生工具核算的2×16年2月签订的到期日为2×18年8月的外汇汇率互换合同

2.（2017年）2×16年年末，甲公司与财务报表列报相关的事项如下：（1）购买的国债将于2×17年5月到期；（2）乙公司定制的产品尚在加工中，预计将于2×18年10月完工并交付乙公司；（3）甲公司发行的公司债券将于

2×17年11月到期兑付；（4）向银行借入的款项将于2×17年6月到期。但甲公司可以自主地将清偿义务展期至2×19年6月，甲公司预计将展期两年清偿该债务。不考虑其他因素，下列各项关于甲公司上述事项于2×16年末资产负债表列报的表述中，正确的有（　　）。

A. 甲公司可自主展期的银行借款作为流动负债列表

B. 为乙公司加工的定制产品作为流动资产列报

C. 甲公司持有的于2×17年5月到期的国债作为流动资产列报

D. 甲公司发行的将于2×17年11月到期兑付的债券作为流动负债列报

3.（2017年）下列各项关于中期财务报告编制的表述中，正确的有（　　）。

A. 中期财务报告编制时采用的会计政策、会计估计应当与年度报告相同

B. 对于会计年度中不均衡发生的费用，在报告中期如尚未发生，应当基于年度水平预计中期金额后确认

C. 报告中期处置了合并报表范围内子公司的，中期财务报告中应当包括被处置子公司当期期初至处置日的相关信息

D. 编制中期财务报告时的重要性应当以至中期期末财务数据为依据，在估计年度财务数据的基础上确定

4.（2016年改编）甲公司2×15年12月31日有关资产、负债如下：

（1）作为其他债权投资核算的一项信托投资，期末公允价值1200万元，合同到期日为2×17年2月5日，在此之前不能变现；（2）因2×14年销售产品形成到期日为2×16年8月20日的长期应收款账面价值3200万元；（3）应付供应商货款4000万元，该货款已超过信用期，但尚未支付；（4）因被其他方提起诉讼计提的预计负债1800万元，该诉讼预计2×16年3月结案，如甲公司败诉，按惯例有关赔偿款需在法院做出判决之日起60日内支付。不考虑其他因素，甲公司2×15年12月31日的资产负债表中，上述交易或事项产生的相关资产、负债应当作为流动性项目列报的有（　　）。

A. 应付账款4000万元

B. 其他债权投资1200万元

C. 预计负债1800万元

D. 长期应收款3200万元

5.（2015年）下列各经营分部中，应当确定为报告部分的有（　　）。

A. 该分部的分部负债占所有分部负债合计的10%或者以上

B. 该分部的分部收入占所有分部收入合计的10%以上

C. 给分部的分部资产占所有分部资产合计额的10%或者以上

D. 该分部的分部利润（亏损）绝对额占所有盈利分部利润合计额或所有亏损合计额较大者的10%或者以上

历年真题演练答案及解析

一、单项选择题

1.【答案】B

【解析】第（3）项属于投资活动现金流量，第（4）项属于筹资活动现金流量，其余的属于经营活动现金流量，经营活动现金流量净额=3000+600+2800=6400（万元），选项B正确。

2.【答案】D

【解析】选项A，是对资产负债表的调整，不影响留存收益；选项B，属于新发生的事项，不用追溯调整，不影响期初数；选项C，是会计估计变更，采用未来适用法，不影响期初留存收益；选项D，同一控制下企业合并应当追溯调整，视同以前期间一直存在，影响期初留存收益。

3.【答案】B

【解析】资产负债表中应收账款、应付项目应当按账面价值列报。本题中应收债权账面价值 2400 万元，应付债务账面价值 2600 万元。

4.【答案】A

【解析】江海公司与外聘的财务顾问甲公司只是发生业务往来的两个公司，与控制、共同控制和重大影响无关。

5.【答案】D

【解析】经营活动产生的现金流量净额 =36000+20000－16000+2400+8000=50400（万元）。

6.【答案】D

【解析】营业利润 =12000−8000−100+320−820+600=4000（万元），出售专利技术的收益计入资产处置损益，影响营业利润。

7.【答案】B

【解析】选项 A，以年初至本中期期末为基础编制；选项 C，重要性的判断应当以中期财务数据为基础，而不得以预计的年度财务数据为基础；选项 D，也应该纳入合并报表。

8.【答案】C

【解析】选项 A，受同一方重大影响的企业之间不构成关联方；选项 B，与该企业共同控制合营企业的合营者之间，通常不构成关联方关系；选项 C，该企业主要投资者个人控制、共同控制的其他企业构成关联关系；选项 D，因与该企业发生大量交易而存在经济依存关系的单个客户、供应商、特许商、经销商和代理商之间，不构成关联方关系。

9.【答案】A

【解析】事项（1）银行对于标的债券具有追索权，应将收到的银行存款确认为借款，所以属于筹资活动，事项（2）属于投资活动，其他属于经营活动，产生的经营活动产生的现金流量净额 =120+260+400=780（万元）。

二、多项选择题

1.【答案】AC

【解析】当年支付定制生产设备的预付款，按照合同约定设备预计交货期为 2×18 年 2 月，自资产负债表日起至到期日，时间在 1 年以上，应作为非流动项目列报，选项 B 错误；衍生工具到期日为 2×18 年 8 月，自资产负债表日起至到期日，时间在 1 年以上，应作为非流动项目列报，选项 D 错误。

2.【答案】BCD

【解析】甲公司有意图且有能力自主展期一年以上，属于非流动负债，选项 A 不正确。

3.【答案】AC

【解析】企业在会计年度不均匀发生的费用，应当在发生时予以确认和计量，不应在中期财务报表中预提或者待摊，但会计年度未允许的除外，选项 B 错误；重要性的判断应当以中期财务数据为基础，而不得以预计的年度财务数据为基础，选项 D 错误。

4.【答案】ACD

【解析】选项 B，因距离合同到期日实际超过 1 年，且到期前不能变现，因此应当作为非流动项目列报。

5.【答案】BCD

【解析】报告分部的重要判断标准是：该分部的分部收入占所有分部收入合计的 10% 或者以上；该分部的分部利润（亏损）的绝对额，占所有盈利分部利润合计额或者所有亏损分部合计额的绝对额两者中较大者的 10% 或以上；该分部的分部资产占所有分部资产合计额的 10% 或以上。选项 BCD 正确。

第二十四章 资产负债表日后事项

本章总体概况

题型及分值	(1)本章主要考核客观题，也可能与其他内容结合，在主观题中出现 (2)近三年平均分值3分
近三年考点	(1)调整事项与非调整事项的判断 (2)调整事项影响报告年度损益金额的计算 (3)调整事项的会计处理
学习引导	本章属于会计方法，主要与以前学过的内容结合进行考核，理解重于记忆；重点掌握资产负债表日后调整事项和非调整事项的区分；资产负债表日后调整事项的会计处理；资产负债表日后非调整事项的处理
本年教材变化	内容无实质变化

本章知识框架

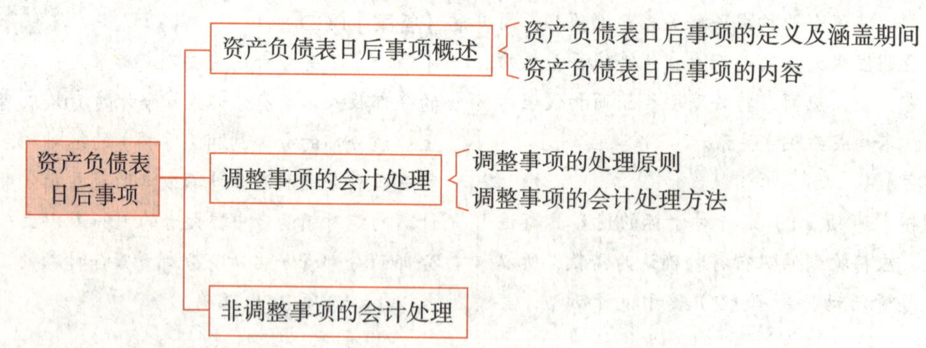

本章考点精解

第一节　资产负债表日后事项概述

【考点 175】资产负债表日后事项定义及涵盖期间★★

资产负债表日后事项，是指资产负债表日至财务报告批准报出日之间发生的有利或不利事项。

（1）资产负债表日，包括会计年度末（12 月 31 日）和会计中期期末（3 月 31 日、6 月 30 日、9 月 30 日）。

（2）财务报告批准报出日，是指董事会或类似机构批准财务报告报出的日期。

（3）有利或不利事项：对企业财务状况、经营成果等具有一定影响的事项。

资产负债表日后事项涵盖的期间，是资产负债表日次日起至财务报告批准报出日止的一段时间。

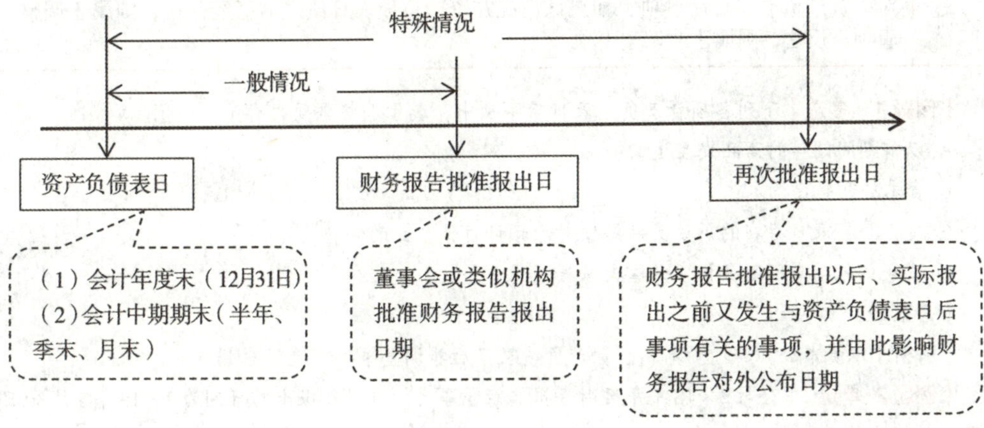

【例题·单选】甲公司 2×15 年的财务报告于 2×16 年 3 月 1 日编制完成，董事会批准对外报出的日期为 2×16 年 3 月 25 日，实际对外报出的日期是 2×16 年 3 月 31 日，所得税的汇算清缴日期为 2×16 年 5 月 31 日。则甲公司 2×15 年资产负债表日后事项涵盖期间是（　　）。

A. 2×16 年 1 月 1 日至 2×16 年 3 月 1 日　　B. 2×16 年 1 月 1 日至 2×16 年 3 月 25 日

C. 2×16 年 1 月 1 日至 2×16 年 3 月 31 日　　D. 2×16 年 1 月 1 日至 2×16 年 5 月 31 日

【答案】B

【解析】资产负债表日后事项所涵盖的期间是自资产负债表日次日起至财务报告批准报出日止的一段时间，选项 B 正确。

【考点 176】资产负债表日后事项的内容★★★

项目	调整事项	非调整事项
含义	对资产负债表日已经存在的情况，提供了新的或进一步证据的事项 【提示】如果不调整，将对按资产负债表日存在状况编制的财务报表产生重大影响	表明资产负债表日后新发生的情况的事项 【提示】虽然不影响资产负债表日的存在情况，但不加以说明将会影响财务报告使用者作出正确估计和决策，应在附注中加以披露

（续表）

项目	调整事项	非调整事项
举例	（1）资产负债表日后诉讼案件结案，法院判决证实了企业在资产负债表日已经存在现时义务，需要调整原先确认的与该诉讼案件相关的预计负债，或确认一项新负债 （2）资产负债表日后取得确凿证据，表明某项资产在资产负债表日发生了减值或者需要调整该项资产原先确认的减值金额 （3）资产负债表日后进一步确定了资产负债表日前购入资产的成本或售出资产的收入 （4）资产负债表日后发现了财务报表舞弊或差错	（1）资产负债表日后发生重大诉讼、仲裁 （2）资产负债表日后资产价格、税收政策、外汇汇率发生重大变化 （3）资产负债表日后因自然灾害导致资产发生重大损失 （4）资产负债表日后发行股票和债券及其他巨额举债 （5）资产负债表日后资本公积转增资本 （6）资产负债表日后发生巨额亏损 （7）资产负债表日后发生企业合并或处置子公司 （8）资产负债表日后，企业利润分配方案中拟分配的及经审议批准宣告发放的股利或利润 （9）资产负债表日后，非流动资产或处置组满足持有待售类别划分条件
区别	对于资产负债表日后事项，如果该情况在资产负债表日或之前已经存在，则属于调整事项；反之，则属于非调整事项	

【例题1·多选】下列各项资产负债表日后事项中，属于调整事项的有（　　）。

A. 以前期间销售的商品发生退回

B. 资本公积转增资本

C. 资产负债表日存在的诉讼案件结案对原预计负债金额的调整

D. 发现的以前期间财务报表的重大差错

【答案】ACD

【解析】以资本公积转增资本属于资产负债表日后非调整事项，选项B错误。

【例题2·单选】甲公司2×18年年度财务报告经董事会批准对外报出的日期为2×19年3月30日，实际对外报出的日期为2×19年4月10日。该公司2×19年1月1日至4月10日发生的下列事项中，应当作为资产负债表日后调整事项的是（　　）。

A. 4月3日，发现2×18年10月接受捐赠的一项固定资产尚未入账

B. 3月10日，甲公司一项诉讼被判决败诉，要求支付赔款500万元，对此项诉讼甲公司已于2×18年年末确认预计负债400万元

C. 2月2日，甲公司为从丙银行借入8000万元长期借款而签订重大资产抵押合同

D. 3月20日，董事会制定利润分配方案，拟发放现金股利100万元

【答案】B

【解析】4月3日，发现2×18年10月接受捐赠的一项固定资产尚未入账，属于会计差错，但是不在资产负债表日后期间，不属于调整事项，选项A错误；签订重大资产抵押合同、董事会制定利润分配方案均属于非调整事项，选项CD错误。

【例题3·单选】甲上市公司20×6年财务报告于20×7年4月15日批准报出，于20×7年4月25日实际对外报出，甲公司发生的下列事项中，属于资产负债表日后事项的是（　　）。

A. 20×7年3月1日，甲公司职员报销上一年差旅费500元

B. 20×7年5月1日，甲公司发行公司债券1亿元

C. 20×7 年 3 月 20 日，甲公司购买乙公司全部股权，达到对乙公司的控制

D. 20×6 年 12 月 10 日，甲公司发生销售退回 100 万元

【答案】C

【解析】资产负债表日发生的有利或不利事项，是指对企业财务状况、经营成果等具有一定影响的事项，报销的差旅费金额较小，因此不属于资产负债表日后事项，选项 A 错误；发行债券不在资产负债表日后事项的涵盖期间中，选项 B 错误；资产负债表日后期间取得子公司，属于资产负债表日后非调整事项，选项 C 正确；销售退回发生在资产负债表日以前，选项 D 错误。

第二节 调整事项的会计处理

【考点 177】调整事项的处理原则★

资产负债表日后发生的调整事项，应当如同资产负债表所属期间发生的事项一样，作出相关账务处理，并对资产负债表日已经编制的财务报表（资产负债表、利润表、所有者权益变动表等，但不包括现金流量表正表）进行调整。

项　目	内　容
涉及损益的事项	通过“以前年度损益调整”科目核算；调整完成后，应将“以前年度损益调整”科目的余额，转入“盈余公积”“利润分配——未分配利润”科目 （1）涉及当期所得税的：①汇算清缴前，调整“报告年度”的应交所得税；②汇算清缴后，调整“本年度”的应交所得税 （2）涉及递延所得税项目：均调整计入“报告年度” 【提示】考试过程中，注意观察题目要求，可能要求不需通过“以前年度损益调整”科目核算
不涉及损益的事项	调整相关科目（如各种资产、负债类科目）
调整报表项目	（1）调整“报告年度”财务报表项目的期末数或本年发生数 （2）上述调整涉及报表附注内容的，还应调整报表附注相关项目的数字 【提示】涉及货币资金收支的事项，均作为当期的会计事项，不调整报告年度资产负债表的货币资金项目和现金流量表正表

【考点 178】调整事项的会计处理方法★★★

1. 资产负债表日后诉讼案件结案，法院判决证实了企业在资产负债表日已经存在现时义务，需要调整原先确认的与该诉讼案件相关的预计负债，或确认一项新负债

（1）确认一项新负债。

导致诉讼的事项在资产负债表日已经发生，但尚不具备确认负债的条件而未确认，资产负债表日后至财务报告批准报出日之间获得了新的或进一步的证据（法院判决结果），表明符合负债的确认条件。

（2）调整已确认的负债。

导致诉讼的事项在资产负债表日已经发生，虽然在资产负债表日已确认，但需要根据判决结果调整已确认负债的金额。

项　目	会计处理	所得税的调整
报告年度调整	借：预计负债（原确认金额） 　　以前年度损益调整（差额，可借可贷） 　　贷：其他应付款（判决金额） 【提示】如果企业准备上诉，贷方仍应是“预计负债”科目	（1）冲回原确认的递延所得税资产 借：以前年度损益调整 　　贷：递延所得税资产 （2）确认应减少的所得税费用 借：应交税费——应交所得税 　　贷：以前年度损益调整
支付赔款（属于当期事项）	借：其他应付款 　　贷：银行存款	—
结转“以前年度损益调整”	借：盈余公积 　　利润分配——未分配利润 　　贷：以前年度损益调整（或反方向分录）	
调整报告年度报表项目	调整资产负债表、利润表、所有者权益变动表相关项目（不涉及货币资金和现金流量表正表的调整）	

【例题1·多选】甲公司2×17年6月份与乙公司签订一项供销合同，由于甲公司未按合同发货，致使乙公司发生重大经济损失，被乙公司起诉，至2×17年12月31日法院尚未判决。甲公司2×17年12月31日在资产负债表中的“预计负债”项目反映了100万元的赔偿款。2×18年3月5日经法院判决，甲公司需偿付乙公司经济损失200万元。甲公司不服，决定上诉。甲公司2×17年年度财务报告批准报出日为2×18年3月28日，截至报出日，二审尚未判决。甲公司适用的所得税税率为25%，未来能够取得足够的应纳税所得额用于抵扣暂时性差异，相关损失在实际发生时可以税前扣除。不考虑其他因素，报告年度资产负债表中有关项目的列示正确的有（　　）。

A. 因该诉讼事项，“预计负债”项目列示金额为200万元

B. 因该诉讼事项，“其他应付款”项目列示金额为200万元

C. 因该诉讼事项，“预计负债”项目列示金额为100万元

D. 因该诉讼事项，“递延所得税资产”项目列示金额为50万元

【答案】AD

【解析】该事项属于调整事项，应对原已确认的预计负债金额进行调整，应调增原确认的预计负债100万元，并确认递延所得税资产25万元；最终列示“预计负债”200万元，“递延所得税资产”50万元，选项AD正确。

【例题2·计算】甲公司与乙公司签订一项销售合同，合同约定甲公司应在2×16年8月销售给乙公司一批物资。由于甲公司未能按照合同发货，致使乙公司发生重大经济损失。2×16年12月，乙公司将甲公司告上法庭，要求甲公司赔偿450万元。截至2×16年12月31日法院尚未判决，甲公司的律师预计有40%的可能性胜诉，60%的可能性败诉，如果败诉，赔偿金额预计为300万元。乙公司的律师预计将很可能胜诉，如果胜诉，预计可能获得赔偿400万元。

2×17年2月10日，经法院判决甲公司应赔偿乙公司400万元。甲、乙双方均服从判决。判决当日，甲公司向乙公司支付赔偿款400万元。

其他资料：税法规定，因合同纠纷造成的诉讼，相关损失只有在实际发生时，才允许税前抵扣。甲公司、乙公司财务报告批准报出日是4月30日，所得税税率为25%，按净利润的10%提取法定盈余公积；2×16年所得税汇算清缴均在2×17年4月20日之前完成，调整事项按税法规定均可调整应交纳的所得税，未来期间很可能取得用来抵扣暂时性差异的应纳税所得额。

要求：

（1）简述甲公司2×16年12月31日的会计处理，如需编制分录，编制相关会计分录。

（2）简述乙公司2×16年12月31日的会计处理，如需编制分录，编制相关会计分录。

（3）判断2×17年2月10日法院判决，对甲公司属于资产负债表日后调整事项，或非调整事项，说明理由。如果属于调整事项，编制相关会计分录，并简述如何对财务报表项目的调整。

（4）判断2×17年2月10日法院判决，对乙公司属于资产负债表日后调整事项，或非调整事项，说明理由。如果属于调整事项，编制相关会计分录，并简述如何对财务报表项目的调整。

【答案】

（1）2×16年12月31日，甲公司很可能败诉（可能性60%），预计赔偿金额300万元，应确认预计负债300万元，并在报表附注中披露。

借：营业外支出　　　　　　300

　　贷：预计负债　　　　　　300

借：递延所得税资产　　　　75（300×25%）

　　贷：所得税费用　　　　　75

（2）2×16年12月31日，乙公司很可能胜诉，但是不能确认为一项资产，需要在附注中披露。

（3）2×17年2月10日法院判决，甲公司需赔偿400万元，属于资产负债表日后调整事项。

理由：该事项在资产负债表日已经存在，并已经确认预计负债300万元，现在获得了进一步的证据。

①2×17年2月10日，记录支付的赔款，并调整递延所得税资产：

借：以前年度损益调整　　　　100

　　贷：其他应付款　　　　　　100

借：预计负债　　　　　　　　300

　　贷：其他应付款　　　　　　300

借：以前年度损益调整　　　　75

　　贷：递延所得税资产　　　　75

借：应交税费——应交所得税　　100（400×25%）

　　贷：以前年度损益调整　　　100

借：其他应付款　　　　　　　400

　　贷：银行存款　　　　　　　400

注：该支付分录属于2×17年当期的分录，不属于报告年度（2×16年）的调整分录。

②将“以前年度损益调整”科目余额转入未分配利润：

借：盈余公积　　　　　　　　7.5

　　利润分配——未分配利润　　67.5

　　贷：以前年度损益调整　　　75

③调整报告年度（2×16年）报表：

a.资产负债表项目的年末数调整：调减递延所得税资产75万元；调增其他应付款400万元，调减应交税费100万元，调减预计负债300万元；调减盈余公积7.5万元，调减未分配利润67.5万元；

b.利润表项目的调整：调增营业外支出100万元，调减所得税费用25万元，调减净利润75万元；

c.所有者权益变动表项目的调整：调减净利润75万元，提取盈余公积项目中盈余公积一栏调减7.5万元，未分配利润一栏调减67.5万元。

（4）2×17年2月10日法院判决，乙公司收到赔偿400万元，属于资产负债表日后调整事项。

理由：该事项在资产负债表日已经存在，现在获得了进一步的证据。

① 2×17 年 2 月 10 日，记录收到的赔款，并调整应交所得税：

借：其他应收款　400

　贷：以前年度损益调整　400

借：以前年度损益调整　100（400×25%）

　贷：应交税费——应交所得税　100

借：银行存款　400

　贷：其他应收款　400

注：该收款分录属于 2×17 年当期的分录，不属于报告年度（2×16 年）的调整分录。

② 将“以前年度损益调整”科目余额转入未分配利润：

借：以前年度损益调整　300

　贷：盈余公积　30

　　利润分配——未分配利润　270

③ 调整报告年度（2×16 年）财务报表相关项目的数字：

a. 资产负债表项目的年末数调整：调增其他应收款 400 万元，调增应交税费 100 万元，调增盈余公积 30 万元，调增未分配利润 270 万元；

b. 利润表项目的调整：调增营业外收入 400 万元，调增所得税费用 100 万元，调增净利润 300 万元；

c. 所有者权益变动表项目的调整：调增净利润 300 万元，提取盈余公积项目中盈余公积一栏调增 30 万元，未分配利润一栏调增 270 万元。

2. 资产负债表日后取得确凿证据，表明某项资产在资产负债表日发生了减值或者需要调整该项资产原先确认的减值金额

指在资产负债表日，根据当时的资料判断某项资产可能发生了损失或减值，但没有最后确定是否会发生，因而按照当时的最佳估计金额反映在财务报表中；但在资产负债表日后期间，所取得的确凿证据能证明该事实成立，则应对资产负债表日所作的估计予以修正。

【例题 3 · 多选】甲公司 2×18 年 6 月销售给乙公司一批物资，价税合计的贷款为 200 万元。由于乙公司财务状况不佳，到 2×18 年 12 月 31 日仍未付款。甲公司于 2×18 年 12 月 31 日已为该项应收账款计提坏账准备 10 万元。甲公司于 2×19 年 2 月 3 日收到人民法院通知，乙公司已宣告破产清算，甲公司预计可收回应收账款的 60%。甲公司所得税税率为 25%，所得税汇算清缴在 2×19 年 5 月 20 日之前完成，调整事项按税法规定均可调整应交纳的所得税，未来期间很可能取得用来抵扣暂时性差异的应纳税所得额。不考虑其他因素，下列说法中正确的有（　　）。

A. 因该事项调增利润表中“资产减值损失”项目 70 万元

B. 因该事项调增资产负债表中“递延所得税资产”项目期末余额 17.5 万元

C. 因该事项调减资产负债表中“应收账款”项目 70 万元

D. 因该事项调减资产负债表中“盈余公积”项目 7 万元

【答案】ABC

【解析】该事项属于调整事项，应对原已确认的坏账准备进行调整。选项 ABC 正确。具体分录如下：

借：以前年度损益调整——资产减值损失　70

　贷：坏账准备　70

借：递延所得税资产　17.5

　贷：以前年度损益调整——所得税费用　17.5

借：盈余公积　　　　　　　　5.25

　　利润分配——未分配利润　　　　　　47.25

　　贷：以前年度损益调整　　　　　　52.5

3. 资产负债表日后进一步确定了资产负债表日前购入资产的成本或售出资产的收入

（1）若资产负债表日前购入的资产已经按暂估金额等入账，资产负债表日后获得证据，可以进一步确定该资产的成本，则应该对已入账的资产成本进行调整。

例如，购建固定资产已经达到预定可使用状态，但尚未办理竣工决算，企业已办理暂估入账；资产负债表日后办理决算，此时应根据竣工决算的金额调整暂估入账的固定资产成本等。

（2）企业符合收入确认条件确认资产销售收入，但资产负债表日后获得关于资产收入的进一步证据，如发生销售退回、销售折让等，此时也应调整财务报表相关项目的金额。

资产负债表日后发生的销售退回，既包括报告年度或报告中期销售的商品在资产负债表日后发生销售退回，也包括以前期间销售的商品，在资产负债表日后发生销售退回。

① 销售退回发生于企业报告年度所得税汇算清缴之前，应调整报告年度利润表中的收入、成本等，相应调整报告年度的应交所得税等。

② 销售退回发生于企业报告年度所得税汇算清缴之后，应调整报告年度利润表中的收入、成本等，所涉及的应缴所得税，应作为本年的纳税调整事项。

【例题 4 · 单选】甲公司 20×6 年年度财务报告于 20×7 年 3 月 1 日对外报出。该公司在 20×6 年 12 月 31 日有一项未决诉讼，经咨询律师，估计很可能败诉并预计将支付的赔偿金额、诉讼费等在 760 万元至 1000 万元之间（其中诉讼费为 7 万元）。为此，甲公司预计了 880 万元的负债；20×7 年 1 月 30 日法院判决甲公司败诉，并需赔偿 1200 万元，同时承担诉讼费用 10 万元。该诉讼事项对甲公司 20×6 年度利润总额的影响金额为（　　）万元。

A. −880　　　B. −1000　　　C. −1200　　　D. −1210

【答案】D

【解析】资产负债表日后诉讼案件结案属于资产负债表日后调整事项，调整的金额也要影响甲公司 20×6 年年度利润总额，对甲公司 20×6 年年度利润总额的影响金额 =−（1200+10）=−1210（万元）。

【例题 5 · 单选】甲公司 20×8 年 12 月 31 日应收乙公司账款 2000 元，按照当时估计已计提坏账准备 200 万元。20×9 年 2 月 20 日，甲公司获悉乙公司于 20×9 年 2 月 18 日向法院申请破产。甲公司估计应收乙公司账款全部无法收回。甲公司按照净利润的 10% 提取法定盈余公积，20×8 年年度财务报表于 20×9 年 4 月 20 日经董事会批准对外报出。甲公司适用的所得税税率为 25%，不考虑其他因素。甲公司因该资产负债表日后事项减少 20×8 年 12 月 31 日未分配利润的金额是（　　）万元。

A. 1620　　　B. 1215　　　C. 1800　　　D. 1350

【答案】B

【解析】甲公司因该事项减少的 20×8 年年度未分配利润金额 =（2000−200）×（1−25%）×（1−10%）= 1215（万元）。

【例题 6 · 计算】甲公司 2×18 年 11 月 8 日销售一批商品给乙公司，取得不含税收入 120 万元，增值税销项税税额 19.2 万元。甲公司发出商品后，按照正常情况已确认收入，并结转成本 100 万元。2×18 年 12 月 31 日，该笔货款尚未收到，甲公司未对应收账款计提坏账准备。2×19 年 3 月 12 日，由于产品质量问题，本批货物被退回。

其他资料：甲公司2×18年年度的财务报告批准报出日期为2×19年3月31日，所得税税率为25%，2×18年所得税汇算清缴于2×19年3月28日前完成。

要求：

判断该销售退回是否属于资产负债表日后调整事项，并说明理由。如属于调整事项，编制相关会计分录。并简述如何对财务报表项目的调整。

【答案】

该销售退回属于资产负债表日后调整事项。

理由：销售退回业务发生在资产负债表日后事项涵盖期间内，属于资产负债表日后调整事项。

（1）2×19年3月12日，调整销售收入、成本

借：以前年度损益调整　　120

　　应交税费——应交增值税（销项税额）　　19.2

　　贷：应收账款　　139.2

借：库存商品　　100

　　贷：以前年度损益调整　　100

（2）调整应缴纳的所得税

借：应交税费——应交所得税　　5[（120−100）×25%]

　　贷：以前年度损益调整　　5

（3）将“以前年度损益调整”科目的余额转入利润分配

借：盈余公积　　1.5

　　利润分配——未分配利润　　13.5

　　贷：以前年度损益调整　　15

（4）调整相关财务报表

① 资产负债表项目的调整：调减应收账款139.2万元，调增存货100万元；调减应交税费24.2万元，调减盈余公积1.5万元，调减未分配利润13.5万元；

② 利润表项目的调整：调减营业收入120万元，调减营业成本100万元，调减所得税费用5万元，调减净利润15万元；

③ 所有者权益变动表项目的调整：调减净利润15万元；提取盈余公积项目中盈余公积一栏调减1.5万元，未分配利润调减13.5万元。

第三节　非调整事项的会计处理

【考点179】非调整事项的会计处理★★

1. 处理原则

资产负债表日后发生的非调整事项，是表明资产负债表日后发生的情况的事项，与资产负债表日存在状况无关，不应当调整资产负债表日的财务报表。

但有的非调整事项对财务报告使用者具有重大影响，如不加以说明，将不利于财务报告使用者作出正确估计和决策，因此，应在附注中加以披露。

2. **处理方法**

资产负债表日后发生的非调整事项，应当在报表附注中披露每项重要的资产负债表日后非调整事项的性质、内容，及其对财务状况和经营成果的影响。无法作出估计的，应当说明原因。

历年真题演练

一、单项选择题

1.（2014年）甲公司20×3年财务报表于20×4年4月10日批准对外报出。假定其20×4年发生的下列有关事项均具有重要性，甲公司应当据以调整20×3年财务报表的是（　　）。

A. 5月2日，自20×3年9月即已开始策划的企业合并交易获得股东大会批准

B. 4月15日，发现20×3年一项重要交易会计处理未充分考虑当时情况，导致虚增20×3年利润

C. 3月12日，某项于20×3年资产负债表日已存在的未决诉讼结案，由于新的司法解释出台，甲公司实际支付赔偿金额大于原已确认预计负债

D. 4月10日，因某客户所在地发生自然灾害造成重大损失，导致甲公司20×3年资产负债表日应收该客户货款按新的情况预计的坏账高于原预计金额

二、多项选择题

1.（2018年）下列各项中，属于资产负债表日后调整事项的有（　　）。

A. 资产负债表日后期间发生重大火灾损失

B. 报告年度已售商品在资产负债表日后事项期间发生退回

C. 报告年度按暂估价值入账的固定资产在资产负债表日后事项期间办理完成竣工决算手续

D. 资产负债表日后事项期间发现报告年度不重要的会计差错

2.（2017年）甲公司2×16年财务报表于2×17年4月10日批准对外报出，下列各项关于甲公司2×17年发生的交易或事项中，属于2×16年资产负债表日后调整事项的有(　　)。

A. 2月10日，甲公司董事会通过决议，将投资性房地产的后续计量由成本模式变更为公允价值模式

B. 3月2日，发现2×15年年度存在一项重大会计差错，该差错影响2×15年利润表及资产负债表有关项目

C. 3月10日，2×16年年底的一项未决诉讼结案，法院判甲公司胜诉并获赔偿1800万元，但甲公司无法判断对方的财务状况和支付能力

D. 4月3日，收到2×16年11月销售的一批已确认销售收入的商品发生15%的退货，按照购销合同约定，甲公司应当返还客户与该部分商品相关的货款

3.（2016年）甲公司2×15年财务报告于2×16年3月20日经董事会批准对外报出，其于2×16年发生的下列事项中，不考虑其他因素，应当作为2×15年年度资产负债表日后调整事项的有（　　）。

A. 2月10日，收到客户退回2×15年6月销售部分商品，甲公司向客户开具红字增值税发票

B. 2月20日，一家子公司发生安全生产事故造成重大财产损失，同时被当地安监部门罚款600万元

C. 3月15日，于2×15年发生的某涉诉案件终审判决，甲公司需赔偿原告1600万元，该金额较2×15年年末原已确认的预计负债多300万元

D. 3月18日，董事会会议通过2×15年年度利润分配预案，拟分配现金股利6000万元，以资本公积转增股本，每10股转增2股

4.（2015年）甲公司20×4年财务报告于20×5年3月20日对外报出，其于20×5年发生的下列交易事项中，应作为20×4年资产负债表日后调整事项处理的有（　　）。

A. 1月20日，收到客户退回部分商品，该商品于20×4年9月确认销售收入

B. 2月25日，发布重大资产重组公告，发行股份收购一家下游企业100%股权

C. 3月10日，20×3年被提起诉讼的案件结案，法院判决甲公司赔偿金额与原预计金额相差120万元

D. 3月18日，甲公司的子公司发布20×4年经审计的净利润，根据购买该子公司协议约定，甲公司需在原已预计或有对价基础上向出售方多支付1600万元

三、计算分析题

1.（2017年节选）甲公司为境内上市公司，2×16年年度财务报表于2×17年2月28日经董事会批准对外报出。2×16年，甲公司发生的有关交易或事项如下：

（2）2×17年1月20日，甲公司收到其客户丁公司通知，因丁公司所在地于2×17年1月18日发生自然灾害，导致丁公司财产发生重大损失，无法偿付所欠甲公司货款1200万元的60%。甲公司已对该应收账款于2×16年年末计提200万元的坏账准备。

（3）根据甲公司与丙公司签订的协议，甲公司应于2×16年9月20日向丙公司销售一批乙产品，因甲公司未能按期交付，导致丙公司延迟向其客户交付商品而发生违约损失1000万元。为此，丙公司于2×16年10月8日向法院提起诉讼，要求甲公司按合同约定支付违约金950万元及由此导致的丙公司违约损失1000万元。截至2×16年12月31日，双方拟进行和解，和解协议正在商定过程中。甲公司经咨询其法律顾问后，预计很可能赔偿金额在950万元至1000万元之间。为此，甲公司于年末预计975万元损失并确认为预计负债。2×17年2月10日，甲公司与丙公司达成和解，甲公司同意支付违约金950万元和丙公司的违约损失300万元，丙公司同意撤诉。甲公司于2×17年3月20日通过银行转账支付上述款项。本题不考虑相关税费及其他因素。

要求：

根据资料（2）和（3），分别说明与甲公司有关的事项属于资产负债表日后调整事项，还是非调整事项，并说明理由；如为调整事项，分别计算甲公司应调整2×16年年末留存收益的金额；如为非调整事项，说明其会计处理方法。

历年真题演练答案及解析

一、单项选择题

1.【答案】C

【解析】选项AB不属于日后事项期间发生的交易或事项；选项D自然灾害导致的重大损失，属于非调整事项。

二、多项选择题

1.【答案】BCD

【解析】资产负债表日后调整事项指的是资产负债表日后期间发生的事项，是对资产负债表日已经存在的情况进行的进一步的说明，所以选项BCD正确。

2.【答案】BD

【解析】选项A，资产负债表日后期间，发生的会计政策变更，属于变更当年的新事项，不属于资产负债表日后调整事项；选项B，在资产负债表日后期间发现以前年度的会计差错，作为资产负债表日后调整事项处理；选项C，不符合确认为资产的条件；选项D，报告年度销售商品已确认收入，在资产负债表日后期间发生退回，属于资产负债表日后调整事项。

3.【答案】AC

【解析】选项BD，属于资产负债表日后非调

整事项。

4.【答案】ACD

【解析】资产负债表日后事项对资产负债表日的情况提供了进一步证据，证据表明的情况与原来的估计和判断不完全一致，则需要对原来的会计处理进行调整，并据此调整报表相关项目，选项 ACD 是资产负债表日以前都已经发生过，日后期间又发生了一些情况，提供了新的证据等，因此选项 ACD 于资产负债表日后调整事项，选项 B 属于非调整事项。

三、计算分析题

1.【答案及解析】

事项（2）属于日后非调整事项。

理由：该事项是甲公司在日后期间得知的，在资产负债表日及以前并不存在，所以应作为资产负债表日后重大的非调整事项进行披露。

会计处理：对于无法偿还部分，应当确认为坏账，直接计入 2×17 年当期损益，会计分录如下：

借：信用减值损失　　　　520

　　贷：坏账准备　　　　　　520

事项（3）属于日后调整事项。

理由：资产负债表日该项诉讼已经存在，资产负债表日后期间进一步取得了新的证据，因此属于日后调整事项。

调整 2×16 年留存收益的金额：（950+300）-975=275（万元）。

第二十五章 持有待售的非流动资产、处置组和终止经营

本章总体概况

题型及分值	（1）本章主要考核客观题，也可能与其他内容结合，在主观题中出现 （2）近三年平均分值2分
近三年考点	（1）持有待售资产的会计处理 （2）持有待售资产的列报金额
学习引导	本章属于2018年新增章节，内容比较晦涩，学习时多与之前学过的固定资产、无形资产等内容对比，以强化记忆、加深理解；重点掌握持有待售类别的划分条件；持有待售的非流动资产或处置组的计量；持有待售的非流动资产或处置组不再满足持有待售类别划分条件时的处理；终止经营的判断及列报
本年教材变化	内容无实质变化

本章知识框架

- 持有待售的非流动资产、处置组和终止经营
  - 持有待售的非流动资产和处置组
    - 持有待售类别的分类
    - 持有待售类别的计量
    - 持有待售类别的列报
  - 终止经营

本章考点精解

第一节 持有待售的非流动资产和处置组

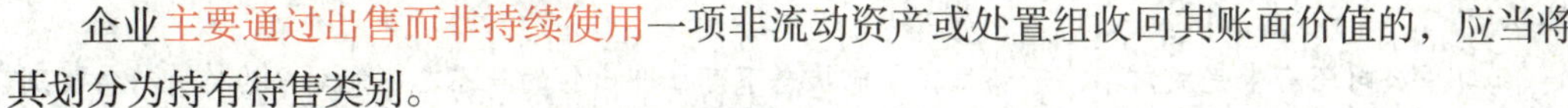

【考点 180】持有待售类别的分类★★

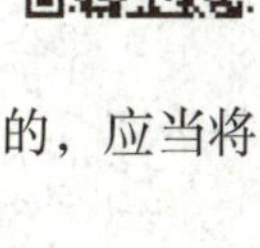

1. 持有待售类别分类的基本要求

（1）持有待售类别的定义。

企业主要通过出售而非持续使用一项非流动资产或处置组收回其账面价值的，应当将其划分为持有待售类别。

处置组，是指在一项交易中作为整体通过出售或其他方式一并处置的一组资产及在该交易中转让的与这些资产直接相关的负债。

①企业合并中取得的商誉，应当按照合理的方法分摊至相关的资产组或资产组组合，如果处置组即为该资产组或资产组组合，处置组也应当包含分摊的商誉。

②虽然处置组仍在产生零星收入，企业也应当将其划分为持有待售类别（因为通过该资产或处置组的使用收回的价值相对于通过出售收回的价值是微不足道的）。

（2）分类原则。

非流动资产或处置组划分为持有待售类别，应当同时满足两个条件。

条　件	内　容
可立即出售	根据类似交易中出售此类资产或处置组的惯例，在当前状况下即可立即出售 【提示】该“出售”包括具有商业实质的非货币性资产交换
出售极可能发生	（1）企业已经就一项出售计划作出决议 （2）企业获得确定的购买承诺。指企业与其他方签订的具有法律约束力的购买协议，该协议包含交易价格、时间和足够严厉的违约惩罚等重要条款，使协议出现重大调整或者撤销的可能性极小 （3）预计出售将在一年内完成

【例题1·计算】甲公司在A市拥有一栋办公大楼，由于公司发展，甲公司计划整体搬迁至B市。2×18年1月10日，甲公司与乙公司签订办公大楼转让合同，并附带约定条款。

情形一：甲公司在2×18年3月31日之前将办公大楼腾空后交付给乙公司。

情形二：甲公司在B市兴建一栋新办公大楼，预计2×18年10月10日竣工。待新办公楼竣工后，再将A市办公楼交付给乙公司。

其他资料：根据该类房地产处置的交易惯例，腾空房屋的时间平均为3个月，不考虑其他因素。

要求：根据上述两种情形，分别判断甲公司是否应该将该办公楼划分为持有待售类别。

【答案】

（1）甲公司与乙公司签订了合同，取得乙公司确定购买的承诺。根据该类房地产处置的交易惯例，合同约定甲公司在3个月以内腾空房屋，符合交易惯例，满足在当前状况下可立即出售的状态。该办公楼可以划分为持有待售类别。

（2）虽然甲公司与乙公司签订了合同，取得乙公司确定购买的承诺。但是合同约定甲公司只有在B市的新办公楼竣工后才交付房屋，不符合交易惯例，不满足在当前状况下可立即出售的状态。该办公楼不能划分为持有待售类别。

【例题2·单选】甲公司是一家生产制造企业，因经营范围发生改变，甲公司计划将生产A产品的全套生产线出售，但是甲公司尚有一批积压的未完成客户订单(该批订单已经预收客户50万元)。2×18年3月31日，甲公司与乙公司签订合同，将该生产线和该批订单一并转让给乙公司，生产线价款500万元，实际收到款项450万元。交付工作于2×18年5月20日前完成。不考虑其他因素，下列说法中正确的是（　　）。

A. 甲公司应将该生产线和预收账款作为一个处置组，一并划分为持有待售类别

B. 甲公司应单独将该生产线划分为持有待售类别，预收客户款项在实际转让前单独列示为预收账款

C. 甲公司还有未完成订单，不满足在当前状态下可立即出售的状态，不能划分为持有待售类别

D. 甲公司应当在合同签订时，终止确认该生产线和预收账款

【答案】A

【解析】由于在出售日移交未完成客户订单不会影响对该生产线的转让时间，可以认为该生产线符合了在当前状况下即可立即出售的条件。应将该生产线和预收账款作为一个处置组，一并划分为持有待售类别，选项A正确，选项BC错误；甲公司在实际转让该生产线时，才能终止确认该生产线和预收账款，选项D错误。

（3）延长一年期限的例外条款。

由于发生一些企业无法控制的原因，可能导致出售未能在一年内完成，且有充分证据表明企业仍然承诺出售非流动资产或处置组，允许放松一年期限条件，企业可以继续将非流动资产或处置组划分为持有待售类别。

<table>
<tr><th colspan="2">无法控制的原因</th><th>企业采取措施</th><th>结 果</th></tr>
<tr><td>意外设定条件</td><td>（1）非流动资产或处置组在初始分类时，能够满足划分为持有待售类别的所有条件
（2）但此后买方或其他方提出一些意料之外的条件</td><td>（1）企业已经采取措施应对这些条件
（2）预计能够自设定这些条件起一年内满足条件并完成出售</td><td rowspan="2">即使出售无法在最初一年内完成，企业仍然可以维持原持有待售类别的分类</td></tr>
<tr><td>发生罕见情况</td><td>（1）非流动资产或处置组在初始分类时满足了持有待售类别的所有条件
（2）但在最初一年内，出现罕见情况导致出售将被延迟至一年之后
【提示】罕见情况：指因不可抗力引发的情况、宏观经济形势发生急剧变化等不可控情况</td><td>（1）企业针对这些新情况在最初一年内已经采取必要措施
（2）且该非流动资产或处置组重新满足了持有待售类别的划分条件</td></tr>
<tr><td colspan="4">【提示】如果涉及的出售是关联方交易，不允许放松一年期限条件</td></tr>
</table>

【例题3·计算】甲公司是一家炼钢厂，计划将整套钢铁生产厂房和设备出售给乙公司，甲公司和乙公司不存在关联关系，双方已于2×18年9月16日签订了转让合同。因该厂区的污水排放系统存在缺陷，对周边环境造成污染。

情形一：甲公司不知晓土地污染情况，2×18年11月6日，乙公司在对生产厂房和设备进行检查过程中发现污染，并要求甲公司进行补救。甲公司立即着手采取措施，预计至2×19年10月底环

境污染问题能够得到成功整治。

情形二：甲公司知晓土地污染情况，在转让合同中附带条款，承诺将自2×18年10月1日起开展污染清除工作，清除工作预计将持续8个月。

情形三：甲公司知晓土地污染情况，在协议中标明甲公司不承担清除污染义务，并在确定转让价格时考虑了该污染因素，预计转让将于9个月内完成。

要求：

不考虑其他因素，分别判断上述3种情形中，甲公司是否可以将该处置组划分为持有待售类别。

【答案】

（1）情形一：在签订转让合同前，双方并不知晓影响交易进度的环境污染问题，属于符合延长一年期限的例外事项；在2×18年11月6日发现延期事项后，甲公司预计将在2×19年10月底（一年内）消除延期因素，因此仍然可以将处置组划分为持有待售类别。

（2）情形二：虽然买卖双方已经签订协议，但在污染得到整治前，该处置组在当前状态下不可立即出售，不符合划分为持有待售类别的条件。

（3）情形三：由于甲公司不承担清除污染义务，转让价格已将污染因素考虑在内，该处置组于协议签署日即可立即出售，符合划分为持有待售类别的条件。

（4）不再继续符合划分条件的处理。

持有待售的非流动资产或处置组不再继续满足持有待售类别划分条件的，企业不应当继续将其划分为持有待售类别。

【例题4·多选】企业A拟将一栋原自用的写字楼转让，于2×07年12月6日与企业B签订了房产转让协议，预计将于5个月内完成转让，符合类似房产交易惯例。2×08年发生全球金融危机，市场状况迅速恶化，房地产价格大跌，企业B认为原协议价格过高，决定放弃购买，并于2×08年4月30日支付了违约金。企业A决定待房产价格回升时，再对该写字楼进行处置。经过1年，房产价格有所回升，企业A于2×09年6月1日与企业C重新签订了房产转让协议，预计将于5个月内完成转让，符合类似房产交易惯例。企业A、企业B、企业C不存在关联关系。不考虑其他因素，下列说法中正确的有（　　）。

A. 企业A于2×07年12月6日将该写字楼划分为持有待售类别

B. 企业A于2×08年4月30日将该写字楼重新划分为固定资产或投资性房地产

C. 企业A于2×09年6月1日将该写字楼划分为持有待售类别

D. 企业A于2×07年12月6日起，一直将该写字楼划分为持有待售类别

【答案】ABC

【解析】企业A与企业B签订了转让协议，且将在5个月内完成转让，符合交易惯例，应划分为持有待售类别，选项A正确；企业A与企业B之间的房产转让交易未能在一年内完成，原因是发生市场恶化、买方违约的罕见事件；但是在将写字楼划分为持有待售类别的最初一年内，企业A未采取任何措施，因此不再符合持有待售类别的划分条件，选项B正确，选项D错误；企业A于2×09年6月1日与企业C重新签订了房产转让协议，使写字楼重新符合了持有待售类别的划分条件，选项C正确。

2. 某些特定持有待售类别分类的具体应用

（1）专为转售而取得的非流动资产或处置组。

对于企业专为转售而新取得的非流动资产或处置组，如果在取得日满足“预计出售将在一年内完成”的规定条件，且短期（通常为3个月）内很可能满足划分为持有待售类别

的其他条件（当前状况下可立即出售、企业作出决议且获得确定的购买承诺），企业应当在取得日将其划分为持有待售类别。

（2）持有待售的长期股权投资。

<table>
<tr><th colspan="2">项　目</th><th>满足持有待售类别划分条件时</th></tr>
<tr><td rowspan="3">对子公司投资</td><td>出售后丧失控制权</td><td>（1）母公司个报：将全部对子公司投资划分为持有待售类别
（2）母公司合报：将子公司所有资产和负债划分为持有待售类别
（3）按相关规定确定合并范围，编制合并财务报表</td></tr>
<tr><td>出售后不丧失控制权</td><td>不应当将拟处置部分投资划分为持有待售类别</td></tr>
<tr><td colspan="2">【提示】无论对子公司的投资是否划分为持有待售类别，应当按照《企业会计准则第 3 号—合并财务报表》的规定确定合并范围，编制合并财务报表</td></tr>
<tr><td rowspan="2">对联营企业（合营企业）投资</td><td>拟出售部分投资</td><td>（1）拟出售的部分投资划分为持有待售类别
（2）拟出售的部分投资停止使用权益法核算</td></tr>
<tr><td>剩余部分投资</td><td>（1）剩余部分投资不划分为持有待售类别
（2）在拟出售部分投资实际出售前，剩余部分仍然采用权益法核算
（3）在拟出售部分投资实际出售后，根据享有的权益确定继续采用权益法或按照金融工具准则进行处理</td></tr>
</table>

【例题 5 · 多选】甲公司拟出售持有的部分长期股权投资，假设拟出售的股权符合持有待售类别的划分条件。不考虑特殊因素，下列会计处理表述中，正确的有（　　）。

A. 甲公司拥有乙公司 100% 的股权，拟出售 60% 的股权，丧失对乙公司的控制权，具有重大影响，甲公司个别财务报表中将对乙公司投资整体划分为持有待售类别

B. 甲公司拥有丙公司 100% 的股权，拟出售 70% 的股权，丧失对丙公司的控制权，甲公司合并财务报表中将对丙公司所有资产和负债划分为持有待售类别

C. 甲公司拥有丁公司 40% 的股权，拟出售全部股权，甲公司个别财务报表中将对丁公司投资停止采用权益法核算

D. 甲公司拥有戊公司 40% 的股权，拟出售 30% 的股权，出售后对戊公司不具有重大影响，在实际出售前，甲公司个别财务报表中将对戊公司投资拟出售的 30% 部分，继续采用权益法核算

【答案】ABC

【解析】企业因出售对子公司的投资等原因导致其丧失对子公司的控制权，均应当在拟出售的对子公司投资满足持有待售类别划分条件时，在母公司个别财务报表中将对子公司投资整体划分为持有待售类别，在母公司合并财务报表中，将子公司所有资产和负债划分为持有待售类别，选项 AB 正确；对联营企业（合营企业）投资，对于拟出售的部分划分为持有待售类别，并停止采用权益法核算，对剩余部分投资不划分为持有待售类别，在拟出售部分投资实际出售前，剩余部分仍然采用权益法核算，选项 C 正确，选项 D 错误。

【例题 6 · 单选】2×18 年 10 月 20 日，甲公司董事会作出决议，决定从乙公司购入一台 A 机器设备，并将在 1 年内将 A 设备转售给丙公司。A 设备已被使用 3 年，预计尚可使用 10 年。2×18 年 10 月 25 日，甲公司实际购入 A 设备，预计与丙公司很可能在 1 个月内签订不可撤销的设备转售合同。不考虑其他因素，下列说法中正确的是（　　）。

A. 甲公司应将取得的 A 设备确认为库存商品

B. 甲公司应从 2×18 年 11 月份开始对 A 设备计提折旧

C. 甲公司应在 2×18 年 10 月 25 日将 A 设备确认为持有待售资产

D. 甲公司应在购入 A 设备时先将其确认为固定资产，然后在与丙公司签订合同时转入持有待售资产

【答案】C

【解析】企业专为转售而取得的非流动资产或处置组，在取得日满足"预计出售将在一年内完成"的规定条件，且短期（通常为 3 个月）内很可能满足持有待售类别的其他划分条件的，企业应当在取得日将其划分为持有待售类别，选项 C 正确。

（3）拟结束使用而非出售的非流动资产或处置组。

① 非流动资产或处置组可能因为种种原因而结束使用，且企业并不会将其出售，或仅获取其残值，企业不应当将其划分为持有待售类别（因为对该非流动资产或处置组的使用几乎贯穿其整个经济使用寿命期，其账面价值并非主要通过出售收回）。

例如，因使用寿命结束而将某机器设备报废，因技术进步而将某子公司关停或转产。

② 对于暂时停止使用的非流动资产，不应当认为其拟结束使用，不应当将其划分为持有待售类别。

【例题 7·单选】不考虑其他因素，下列各项中应划分为持有待售资产的是（　　）。

A. 拟于近期出售的以公允价值计量且变动计入其他综合收益的金融资产

B. 已签订不可撤销转让合同、采用成本模式进行后续计量的投资性房地产

C. 已签订不可撤销转让合同的库存商品

D. 董事会已作出决议将予以报废的固定资产

【答案】B

【解析】选项 AC，不属于持有待售准则规定的资产；选项 D，企业不应当将拟结束使用而非出售的非流动资产或处置组划分为持有待售类别。

【例题 8·多选】下列有关持有待售的非流动资产或处置组的分类，表述正确的有（　　）。

A. 企业主要通过出售（包括具有商业实质的非货币性资产交换）而非持续使用一项非流动资产或处置组收回其账面价值的，应当将其划分为持有待售类别

B. 企业专为转售而取得的非流动资产或处置组，在取得日满足"预计出售将在一年内完成"的规定条件，且短期（通常为 3 个月）内很可能满足持有待售类别的其他划分条件的，企业应当在取得日将其划分为持有待售类别

C. 因企业无法控制的下列原因之一，导致非关联方之间的交易未能在一年内完成，且有充分证据表明企业仍然承诺出售非流动资产或处置组的，企业应当继续将非流动资产或处置组划分为持有待售类别

D. 企业因出售对子公司的投资等原因导致其丧失对子公司控制权的，如果出售后企业保留部分权益性投资，在母公司个别财务报表、合并财务报表中不应将子公司所有资产和负债划分为持有待售类别

【答案】ABC

【解析】无论出售后企业是否保留部分权益性投资，应当在拟出售的对子公司投资满足持有待售类别划分条件时，在母公司个别财务报表中将对子公司投资整体划分为持有待售类别，在合并财务报表中将子公司所有资产和负债划分为持有待售类别，选项 D 错误。

【考点 181】持有待售类别的计量★★★

1. 适用本章计量规定的持有待售类别

类 别	适用准则
各项流动资产	各流动资产相关准则
投资性房地产（公允价值模式）	《企业会计准则第 3 号—投资性房地产》
生物资产	《企业会计准则第 5 号—生物资产》
递延所得税资产	《企业会计准则第 18 号—所得税》
金融资产	金融工具相关会计准则
保险合同所产生的权利	保险合同相关会计准则
上述以外的其他持有待售的非流动资产	《持有待售的非流动资产、处置组和终止经营》
【提示】只要处置组中包含了适用持有待售准则的非流动资产，就应当采用下述方法计量整个处置组，处置组中的流动资产、不适用本准则规定的非流动资产、所有负债的计量适用各自相关的会计准则	

2. 划分为持有待售类别前的计量

企业将非流动资产或处置组首次划分为持有待售类别前，应当按照相关会计准则规定计量非流动资产或处置组中各项资产和负债的账面价值。例如，对固定资产计提折旧；对无形资产进行摊销。

对于拟出售的非流动资产或处置组，企业应当在划分为持有待售类别前考虑进行减值测试。

【例题 1 · 多选】甲公司拥有一栋厂房，原价为 1300 万元，预计使用年限 20 年，净残值为 100 万元，按照年限平均法计提折旧，至 2×16 年 12 月 31 日已计提折旧 600 万元。2×17 年 1 月 31 日，甲公司与乙公司签署不动产转让协议，拟在 6 个月内将该厂房转让，假定该厂房满足划分为持有待售类别的其他条件，且厂房未发生减值。不考虑其他因素，下列说法中正确的有（　　）。

A. 甲公司将该厂房划分为持有待售类别前确认的账面价值为 700 万元

B. 甲公司将该厂房划分为持有待售类别前确认的账面价值为 695 万元

C. 甲公司对该厂房在 2×17 年 1 月份仍应计提折旧 5 万元

D. 甲公司对该厂房在 2×17 年 1 月无需再计提折旧

【答案】BC

【解析】2×17 年 1 月 31 日，甲公司应当将仓库资产划分为持有待售类别，当月减少的固定资产，照样计提折旧，1 月对该固定资产计提折旧 =（1300−100）÷20÷12=5（万元），选项 C 正确；2×17 年 1 月 31 日，该仓库在划分为持有待售类别前的账面价值 =1300−600−5=695（万元）。

3. 划分为持有待售类别时的计量

（1）现有的非流动资产（或处置组）划分为持有待售类别。

① 对于持有待售的非流动资产或处置组，企业在初始计量时，应当首先按照相关会计准则规定计量流动资产、适用其他准则计量规定的非流动资产和负债。

② 如果持有待售的非流动资产或处置组整体的账面价值低于其公允价值减去出售费用后的净额，企业不需要对账面价值进行调整。

③ 如果账面价值高于其公允价值减去出售费用后的净额，企业应当将账面价值减记至公允价值减去出售费用后的净额，减记的金额确认为资产减值损失，同时计提持有待售资产减值准备。

公允价值减去出售费用后的净额可能为负值，持有待售的非流动资产或处置组中资产的账面价值应当以减记至零为限。

出售费用，是企业发生的可以直接归属于出售资产或处置组的增量费用。出售费用不包括财务费用和所得税费用。

（2）取得日划分为持有待售类别的非流动资产（或处置组）。

对于取得日划分为持有待售类别的非流动资产或处置组（如专为转售而新取得的非流动资产或处置组），企业应当在初始计量时比较假定其不划分为持有待售类别情况下的初始计量金额和公允价值减去出售费用后的净额，以两者孰低计量。由此产生的差额，应当计入当期损益（资产减值损失）。

4. 划分为持有待售类别后的计量

（1）持有待售的非流动资产的后续计量。

① 企业在资产负债表日重新计量持有待售的非流动资产。

a. 如果其账面价值高于公允价值减去出售费用后的净额，应当将账面价值减记至公允价值减去出售费用后的净额，减记的金额确认为资产减值损失，同时计提持有待售资产减值准备。

b. 如果后续资产负债表日持有待售的非流动资产公允价值减去出售费用后的净额增加，以前减记的金额应当予以恢复，并在划分为持有待售类别后非流动资产确认的资产减值损失金额内转回，转回金额计入当期损益。

② 划分为持有待售类别前确认的资产减值损失不得转回。

③ 持有待售的非流动资产不应计提折旧或摊销。

（2）持有待售的处置组的后续计量。

企业在资产负债表日重新计量持有待售的处置组：

① 应当首先按照相关会计准则规定计量处置组中的流动资产、适用其他准则计量规定的非流动资产和负债的账面价值。

② 在进行上述计量后，企业应当比较持有待售的处置组整体账面价值与公允价值减去出售费用后的净额：

a. 如果账面价值高于其公允价值减去出售费用后的净额，应当将账面价值减记至公允价值减去出售费用后的净额，减记的金额确认为资产减值损失，同时计提持有待售资产减值准备。

如果该处置组包含商誉，应当先抵减商誉的账面价值，再根据处置组中适用本章计量规定的各项非流动资产账面价值所占比重，按比例抵减其账面价值。

确认的资产减值损失金额应当以处置组中包含的适用本章计量规定的各项资产的账

面价值为限，不应分摊至处置组中包含的流动资产或适用其他准则计量规定的非流动资产。

b. 如果后续资产负债表日持有待售的处置组公允价值减去出售费用后的净额增加，以前减记的金额应当予以恢复（恢复账面价值），并在划分为持有待售类别后确认的资产减值损失金额内转回，转回金额计入当期损益。

已抵减的商誉账面价值，以及适用本章计量规定的非流动资产在划分为持有待售类别前确认的资产减值损失不得转回。

对于持有待售的处置组确认的资产减值损失后续转回金额，应当根据处置组中除商誉外适用本章计量规定的各项非流动资产账面价值所占比重，按比例增加其账面价值。

③ 持有待售的处置组中的负债、适用其他准则计量规定的非流动产的利息或租金收入、支出及其他费用应当继续予以确认。

5. 不再继续划分为持有待售类别的计量

非流动资产或处置组因不再满足持有待售类别划分条件而不再继续划分为持有待售类别或非流动资产的，从持有待售的处置组中移除时，应当按照以下两者孰低计量，由此产生的差额计入当期损益（资产减值损失）：

（1）划分为持有待售类别前的账面价值，按照假定不划分为持有待售类别情况下本应确认的折旧、摊销、减值等进行调整后的金额。

（2）可收回金额。

6. 终止确认

持有待售的非流动资产或处置组在终止确认时，企业应当将尚未确认的利得或损失计入当期损益。

【提示】如果处置的是股权投资，记入“投资收益”科目；如果处置的是非流动资产、处置组，记入“资产处置损益”科目。

【例题 2 · 多选】2×18 年 12 月 10 日，P 公司根据生产经营情况，董事会通过了如下决议：（1）由于产品滞销，决定将专门生产产品的甲设备暂停使用并进行封存，待销售转好后再启用。甲设备的原价为 500 万元，至董事会作出决议时已计提折旧 200 万元，月折旧额为 10 万元，未计提减值准备。（2）将持有的乙设备出售，并于当日与独立第三方签订出售协议，出售价格 500 万元，预计出售过程中将发生出售费用 50 万元。乙设备的原价为 1000 万元，至董事会决议出售时已计提折旧 400 万元，月折旧额为 20 万元，未计提减值准备。至 2×18 年 12 月 31 日，该设备出售尚未完成，但甲公司预计将于 2×19 年第一季度完成。不考虑其他因素，下列各项表述中，不正确的有（　　）。

A. 甲设备被封存后，应暂停折旧

B. 应在 2×18 年年末资产负债表中将甲设备以 290 万元的金额列报为持有待售资产

C. 应在 2×18 年年末对乙设备计提减值准备 130 万元

D. 乙设备在 2×18 年年末资产负债表中应以 450 万元的金额列报为持有待售资产

【答案】AB

【解析】暂时闲置的固定资产应继续计提折旧，折旧金额计入管理费用，选项 A 错误。对于暂时停止使用的非流动资产，不应当将其划分为持有待售类别，选项 B 错误。甲公司应将乙设备划分为持有待售的非流动资产，其公允价值减去处置费用后的净额 =500−50=450（万元）；账面价值为 580 万元（1000−400−20），应该在划分为持有待售当日计提减值准备 =580−450=130（万元），在“持有待售资产”项目中列示450万元，选项CD正确。

【例题3·计算】公司L是一家上市公司，2×17年有关股权投资交易资料如下：

（1）2×17年3月1日，公司L购入公司M全部股权，支付价款1600万元。购入该股权之前，公司L的管理层已经做出决议，一旦购入公司M，将在一年内将其出售给公司N，公司M当前状况下即可立即出售。公司L与公司N初步议定股权转让价格为1620万元，预计公司L还将为出售该子公司支付12万元的出售费用。公司L与公司N计划于2×17年3月31日签署股权转让合同。

（2）2×17年3月31日，公司L与公司N签订合同，转让所持有公司M的全部股权，转让价格为1607万元，公司L预计还将支付8万元的出售费用。

（3）2×17年6月25日，公司L为转让公司N的股权支付律师费5万元。

（4）2×17年6月29日，公司L完成对公司N的股权转让，收到价款1607万元。

要求：

（1）根据资料（1），说明公司L购入公司M全部股权的会计处理方法，并编制相关会计分录。

（2）根据资料（2），判断2×17年3月31日重新计量持有待售非流动资产（长期股权投资）是否计提持有待售资产减值准备，如果计提编制其会计分录。

（3）根据资料（3），编制2×17年6月25日公司L为转让公司M支付律师费的会计分录。

（4）根据资料（4），编制2×17年6月29日公司L终止确认持有待售资产的会计分录。

【答案】

（1）公司M是专为转售而取得的子公司，其不划分为持有待售类别情况下的初始计量金额应当为1600万元，当日公允价值减去出售费用后的净额为1608万元（1620−12），按照二者孰低计量。

借：持有待售资产——长期股权投资　　1600

　贷：银行存款　　1600

（2）2×17年3月31日，公司L持有的公司M的股权公允价值减去出售费用后的净额为1599万元（1607−8），账面价值为1600万元，以二者孰低计量，计提持有待售资产减值准备1万元。

借：资产减值损失　　1

　贷：持有待售资产减值准备——长期股权投资　　1

（3）支付律师费直接计入当期损益。

借：投资收益　　5

　贷：银行存款　　5

（4）收到价款与持有待售资产的账面价值的差额，转入当期损益。

借：银行存款　　1607

　持有待售资产减值准备——长期股权投资　　1

　贷：持有待售资产——长期股权投资　　1600

　　投资收益　　8

【例题4·计算】企业A拥有一个销售门店，2×17年6月15日，当日，企业A与企业B签订转让协议，将该门店整体转让，转让初定价格为190万元。转让协议同时约定，对于门店2×17年6月10日购买的一项作为其他债权投资核算的债券投资，其转让价格以转让完成当日市场报价为准。假设该门店满足划分为持有待售类别的条件，但不符合终止经营的定义。

2×17年6月15日门店部分科目余额表如下（单位：万元）：

科目名称	借方余额	贷方余额	科目名称	借方余额	贷方余额
现金	31		应付账款		31
应收款项	26		应付职工薪酬		56
库存商品	30		预计负债		25
存货跌价准备		10			
其他债权投资	38				
固定资产	110				
累计折旧		3			
固定资产减值准备		1.5			
无形资产	95				
累计摊销		1.4			
无形资产减值准备		0.5			
商誉	20				

（1）至2×17年6月15日，固定资产还应当计提折旧0.5万元，无形资产还应当计提摊销0.1万元，固定资产和无形资产均用于管理用途。其他债权投资公允价值降至36万元，固定资产可收回金额降至102万元。2×17年6月15日，该门店的公允价值为190元，企业A预计为转让门店还需支付律师和注册会计师专业咨询费共计7万元。

（2）2×17年6月30日，该门店尚未完成转让，企业A作为其他债权工具投资核算的债券投资市场报价上升至37万元，假设其他资产价值没有变化。企业B在对门店进行检查时发现一些资产轻微破损，企业A同意修理，预计修理用为0.5万元，企业A还将律师和注册会计师咨询费预计金额调整至4万元。当日，门店处置组整体的公允价值为191万元。

（3）2×17年9月19日，该门店完成转让，企业A以银行存款分别支付维修费用0.5万元和律师、注册会计师专业咨询费3.7万元。当日企业A作为其他债权投资核算的债券投资市场报价为37.4万元，企业B以银行存款支付所有转让价款191.4万元。

其他资料：假设企业A不存在其他持有待售的非流动资产或处置组，不考虑税收影响。

要求：

（1）编制2×17年6月15日，企业A首次将该处置组划分为持有待售类别前相关会计分录。

（2）编制2×17年6月15日，企业A将该处置组划分为持有待售类别时相关会计分录。

（3）编制2×17年6月30日，企业A对该处置组重新计量的会计分录。

（4）编制2×17年9月19日，企业A处置该门店的会计分录。

【答案】

（1）2×17年6月15日，企业A首次将该处置组划分为持有待售类别前，应当按照适用的会计准则计量各项资产和负债的账面价值。其账务处理如下：

借：管理费用　　0.6

　　贷：累计折旧（划分前应计提折旧）　　0.5

　　　　累计摊销（划分前应进行摊销）　　0.1

借：其他综合收益　　2
　　贷：其他债权投资　　2（38−36）
借：资产减值损失　　3（110−3−1.5−0.5−102）
　　贷：固定资产减值准备（划分前应减值测试）　　3

（2）2×17 年 6 月 15 日，企业 A 将该门店处置组划分为持有待售类别时，其账务处理如下（流动资产、负债、非本章规定的非流动资产之间对应结转，本章规定的非流动资产按账面价值结转）：

借：持有待售资产——现金　　31
　　——应收账款　　26
　　——库存商品　　30
　　——其他债权投资　　36
　　——固定资产　　102（账面价值）
　　——无形资产　　93（账面价值）
　　——商誉　　20
　存货跌价准备　　1
　固定资产减值准备　　4.5（1.5+3）
　累计折旧　　3.5（3+0.5）
　累计摊销　　1.5（1.4+0.1）
　无形资产减值准备　　0.5
　贷：持有待售资产减值准备——存货跌价准备　　10
　　现金　　31
　　应收账款　　26
　　库存商品　　30（账面余额）
　　其他债权投资　　36
　　固定资产　　110
　　无形资产　　95
　　商誉　　20
借：应付账款　　31
　应付职工薪酬　　56
　预计负债　　25
　贷：持有待售负债——应付账款　　31
　　——应付职工薪酬　　56
　　——预计负债　　25

2×17 年 6 月 15 日，由于该处置组的账面价值 216 万元（31+26+20+36+102+93+20−31−56−25）高于公允价值减去出售费用后的净额 183 万元（190−7），企业 A 应当以 183 万元计量处置组，并计提持有待售资产减值准备 33 万元（216−183），计入当期损益（资产减值损失）。

持有待售资产的减值损失应当先抵减处置组中商誉的账面价值 20 万元，剩余金额 13 万元再根据固定资产、无形资产账面价值所占比重，按比例抵减其账面价值。

借：资产减值损失　　33
　贷：持有待售资产减值准备——固定资产　　6.8 [13×102/（102+93）]
　　——无形资产　　6.2 [13×93/（102+93）]
　　——商誉　　20

（3）2×17 年 6 月 30 日，企业 A 按照适用的会计准则计量其他债权投资账务处理如下：

借：持有待售资产——其他债权投资　　1（37−36）

　　贷：其他综合收益　　1

当日，该处置组的账面价值为 184 万元（183+1），预计出售费用为 4.5 万元（修理费用 0.5+ 出售费用 4），公允价值减去出售费用后的净额为 186.5 万元（191−4.5），高于账面价值。

处置组的公允价值减去出售费用后的净额后续增加的，应当在原已确认的持有待售资产减值损失范围内转回，但已抵减的商誉账面价值 20 万元和划分为持有待售类别前已计提的资产减值准备不得转回，转回金额应以 13 万元为限。可转回的持有待售资产减值损失 =186.5−184=2.5（万元）。

借：持有待售资产减值准备——固定资产　　1.31 [2.5×95.2/（95.2+86.8）]

　　　　　　　　　　　　——无形资产　　1.19 [2.5×86.8/（95.2+86.8）]

　　贷：资产减值损失　　2.5

（4）2×17 年 9 月 19 日，将处置收到价款与持有待售资产账面价值的差额计入当期损益（资产处置损益），处置相关费用直接计入当期损益（资产处置损益）。

借：资产处置损益　　0.5

　　贷：银行存款　　0.5

借：资产处置损益　　3.7

　　贷：银行存款　　3.7

借：银行存款　　191.4

　　持有待售资产减值准备——存货跌价准备　　10

　　　　　　　　　　　　——固定资产　　5.49（6.8−1.31）

　　　　　　　　　　　　——无形资产　　5.01（6.2−1.19）

　　　　　　　　　　　　——商誉　　20

　　持有待售负债——应付账款　　31

　　　　　　　　——应付职工薪酬　　56

　　　　　　　　——预计负债　　25

　　贷：持有待售资产——现金　　31

　　　　　　　　　　——应收账款　　26

　　　　　　　　　　——库存商品　　30

　　　　　　　　　　——其他债权投资　　37

　　　　　　　　　　——固定资产　　102

　　　　　　　　　　——无形资产　　93

　　　　　　　　　　——商誉　　20

　　　　资产处置损益　　4.9

借：资产处置损益　　1

　　贷：其他综合收益　　1（2−1）

【学霸总结】

持有待售类别的计量

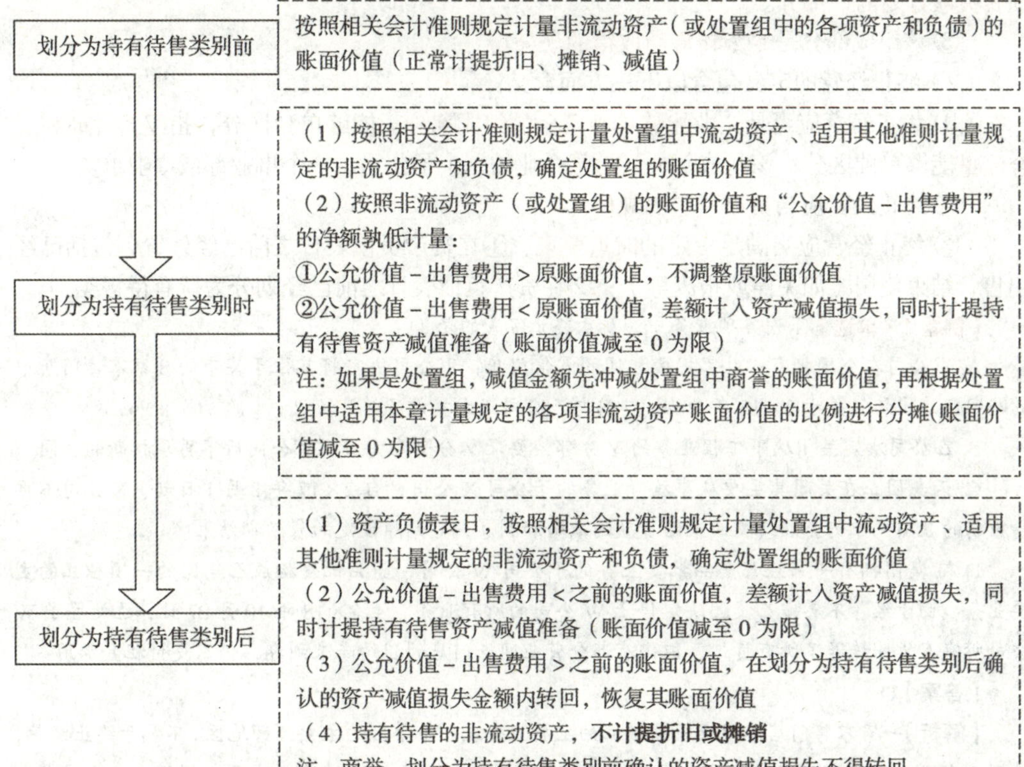

【考点182】持有待售类别的列报★

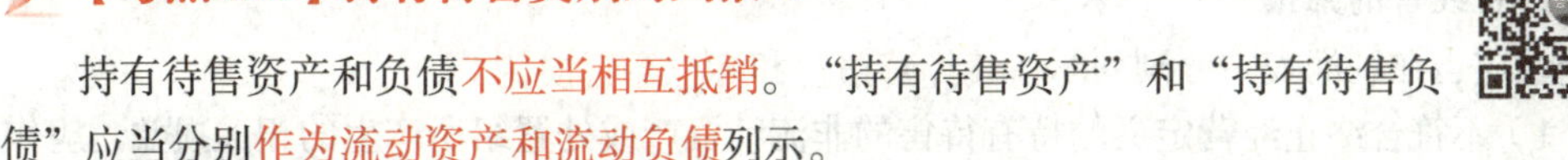

持有待售资产和负债不应当相互抵销。“持有待售资产”和“持有待售负债”应当分别作为流动资产和流动负债列示。

对于当期首次满足持有待售类别划分条件的非流动资产或划分为持有待售类别的处置组中的资产和负债，不应当调整可比会计期间资产负债表。

在资产负债表日后事项涵盖期间，非流动资产或处置组满足持有待售类别划分条件的，应当作为资产负债表日后非调整事项进行会计处理。

第二节　终止经营

【考点183】终止经营★★

1. 终止经营的定义

（1）终止经营，是指企业满足下列条件之一的、能够单独区分的组成部分，且该组成部分已经处置或划分为持有待售类别：

① 该组成部分代表一项独立的主要业务或一个单独的主要经营地区。

② 该组成部分是拟对一项独立的主要业务或一个单独的主要经营地区进行处置的一项相关联计划的一部分。

③ 该组成部分是专为转售而取得的子公司。

（2）终止经营的定义包含以下三方面含义：

① 终止经营应当是企业能够单独区分的组成部分。能够单独区分，指经营活动和现金流量能够单独区分；该组成部分通常是企业的一个子公司、一个事业部或事业群。

② 终止经营应当具有一定的规模。

③ 终止经营应当满足一定的时点要求：①在资产负债表日之前已经处置，包括已经出售、结束使用（如关停或报废等）；②在资产负债表日之前已经划分为持有待售类别。

【例题 1 · 单选】下列各项业务中，属于终止经营的是（　　）。

A. 甲公司在全国拥有 500 家规模相同的零售门店，甲公司决定将其位于某市的 8 家零售门店中的一家门店出售，并于 2×18 年 10 月 27 日与乙公司正式签订了转让协议

B. 乙公司决定关闭从事工程业务的 Y 分部，要求 Y 分部在完成现有合同后不再承接新的合同

C. 丙集团正在关闭其主要从事放贷业务的子公司 X 公司，自 2×17 年 2 月 1 日起，X 公司不再贷出新的款项，但仍会继续收回未结贷款的本金和利息，直到原设定的贷款期结束

D. 丁集团拥有一家经营药品批发业务的子公司 W 公司，药品批发构成乙集团的一项独立的主要业务，由于经营不善，乙集团决定停止 W 公司的所有业务。至 2×18 年 10 月 27 日，已处置了 W 公司所有存货并辞退了所有员工，但仍有部分营业网点门店的租约尚未到期，仍需支付租金费用

【答案】D

【解析】一家零售门店不代表一项独立的主要业务或一个单独的主要经营地区，不属于终止经营，选项 A 错误；Y 分部在完成现有合同，业务尚未完结，不属于终止经营，选项 B 错误；X 公司尚未终止现有业务，不属于终止经营，选项 C 错误；W 公司的主要业务已经终止，处置租约等交易并不构成上述业务的延续，属于终止经营，选项 D 正确。

2. 终止经营的列报

企业应当在利润表中分别列示持续经营损益和终止经营损益。

（1）不符合终止经营定义的持有待售的非流动资产或处置组所产生的相关损益，应作为持续经营损益列报（如持有待售资产确认或转回的减值损失，处置损益等）。

（2）终止经营的相关损益应当作为终止经营损益列报。列报的终止经营损益应当包含整个报告期间，而不仅包含认定为终止经营后的报告期间。相关损益具体包括：

① 终止经营的经营活动损益，如销售商品、提供服务的收入、相关成本和费用等。

② 符合终止经营定义的持有待售的处置组确认或转回的资产减值损失。

③ 终止经营的处置损益、调整金额等。

④ 企业在处置终止经营的过程中可能附带产生一些增量费用。

（3）拟结束使用而非出售的处置组满足终止经营定义中有关组成部分的条件的，应当自停止使用日起作为终止经营列报。

（4）从财务报表可比性出发：

① 对于当期列报的终止经营，企业应当在当期财务报表中，将可比会计期间原来作为持续经营损益列报的信息重新作为终止经营损益列报。

② 终止经营不再满足持有待售类别划分条件的，企业应当在当期财务报表中，将可比会计期间原来作为终止经营损益列报的信息重新作为持续经营损益列报，并在附注中说明这一事实。

3. 特殊事项的列报

（1）企业专为转售而取得的持有待售子公司的列报。

① 在合并资产负债表中，将企业专为转售而取得的持有待售子公司的全部资产和负债分别作为“持有待售资产”和“持有待售负债”项目列示。

② 在合并利润表中，将该子公司净利润与其他终止经营净利润合并列示在“终止经营净利润”项目中。

（2）不再继续划分为持有待售类别的列报。

① 在资产负债表中，企业应当将原来划分为持有待售类别的非流动资产或处置组重新作为固定资产、无形资产等列报，并调整其账面价值。

② 在当期利润表中，企业应当将账面价值调整金额作为持续经营损益列报。

③ 持有待售的对联营企业或合营企业的权益性投资不再符合持有待售类别划分条件的，应当自划分为持有待售类别日起采用权益法进行追溯调整。

④ 持有待售的对子公司、共同经营的权益性投资不再符合持有待售类别划分条件的，同样应当自划分为持有待售类别日起追溯调整。

【例题 2 · 单选】关于持有待售和终止经营的列报，下列表述中错误的是（　　）。

A. 不符合终止经营定义的持有待售的非流动资产的处置损益应作为终止经营损益列报

B. 不再符合持有待售类别划分条件对联营企业的权益性投资，应当自划分为持有待售类别日起采用权益法进行追溯调整

C. 列报的终止经营损益应当包含整个报告期间，而不仅包含认定为终止经营后的报告期间

D. 对于当期列报的终止经营，企业应当在当期财务报表中将可比会计期间原来作为持续经营损益列报的信息重新作为终止经营损益列报

【答案】A

【解析】不符合终止经营定义的持有待售的非流动资产或处置组，其减值损失和转回金额及处置损益应当作为持续经营损益列报，选项 A 错误。

【学霸总结】

（1）在区分终止经营损益和持续经营损益时，先对该处置组进行分类，确认其是否属于终止经营。

① 凡是符合终止经营条件的，所涉及的相关损益应当作为终止经营损益列报，终止经营损益包括整个报告期间，并在当期财务报表中将可比会计期间原来作为持续经营损益列报的信息重新作为终止经营损益列报。

② 不符合终止经营条件的，相关损益应当作为持续经营损益列报。

③ 不再满足终止经营条件的，应当作为持续经营损益列报，并在当期财务报表中，将可比会计期间原来作为终止经营损益列报的信息重新作为持续经营损益列报。

（2）拟结束使用而非出售的处置组，不能划分为持有待售类别，但在满足终止经营定义中有关组成部分的条件的，应当自停止使用日起作为终止经营列报。

一、单项选择题

1.（2018年）20×7年12月15日，A公司与甲公司签订具有法律约束力的股权转让协议，将其持有子公司——乙公司70%股权转让给甲公司。A公司原持有乙公司90%股权，转让完成后，A公司将失去对乙公司的控制，但能够对乙公司实施重大影响。截至20×7年12月31日止。上述股权转让的交易尚未完成。假定A公司就出售的对乙公司投资满足持有待售类别的条件。不考虑其他因素，下列各项关于A公司20×7年12月31日合并资产负债表列报的表述中，正确的是（　　）。

A. 对乙公司全部资产和负债按其净额在持有待售资产或持有待售负债项目列报

B. 将乙公司全部资产在持有待售资产项目列报，全部负债在持有待售负债项目列报

C. 将拟出售的乙公司70%股权部分对应的净资产在持有待售资产或持有待售负债项目列报，其余乙公司20%股权部分对应的净资产在其他流动资产或其他流动负债项目列报

D. 将乙公司全部资产和负债按照其在乙公司资产负债表中的列报形式在各个资产和负债项目分别列报

二、多项选择题

1.（2017年）2×16年9月月末，甲公司董事会通过一项决议，拟将持有的一项闲置管理用设备对外出售。该设备为甲公司于2×14年7月购入，原价为6000万元，预计使用10年，预计净残值为零，至董事会决议出售时已计提折旧1350万元，未计提减值准备。甲公司10月3日与独立第三方签订出售协议，拟将该设备以4100万元的价格出售给独立第三方，预计出售过程中将发生的处置费用为100万元。至2×16年12月31日，该设备出售尚未完成，但甲公司预计将于2×17年第一季度完成。不考虑其他因素，下列各项关于甲公司因该设备对其财务报表影响的表述中，正确的有（　　）。

A. 甲公司2×16年年末因持有该设备应计提650万元减值准备

B. 甲公司2×16年对该设备计提的折旧600万元计入当期损益

C. 甲公司2×16年年末资产负债表中因该交易应确认4100万元应收款

D. 该设备在2×16年年末资产负债表中应以4000万元的价值列报为流动资产

2.（2016年）为整合资产，甲公司2×14年9月经董事会决议处置部分生产线。2×14年12月31日，甲公司与乙公司签订某生产线出售合同。合同约定：该项交易自合同签订之日起10个月内完成，原则上不可撤销，但因外部审批及其他不可抗力因素影响的除外。如果取消合同，主动提出取消的一方应向对方赔偿损失360万元。生产线出售价格为2600万元，甲公司负责生产线的拆除并运送至乙公司指定地点，经乙公司验收后付款。甲公司该生产线2×14年年末账面价值为3200万元，预计拆除、运送等费用为120万元。2×15年3月，在合同实际执行过程中，因乙公司所在地方政府出台新的产业政策，乙公司购入资产属于新政策禁止行业，乙公司提出取消合同并支付了赔偿款。不考虑其他因素，下列关于甲公司对于上述事项的会计处理中，正确的有（　　）。

A. 自2×15年1月起对拟处置生产线停止折旧

B. 2×14年资产负债表中该生产线列报为3200万元

C. 2×15年将取消合同取得的乙公司赔偿款确认为营业外收入

D. 自2×15年3月知晓合同将予取消时起，对生产线恢复计提折旧

历年真题演练答案及解析

一、单项选择题

1.【答案】B

【解析】母公司出售部分股权，丧失对子公司控制权，但仍能施加重大影响的，应当在母公司个别报表中将拥有的子公司股权整体划分为持有待售类别，在合并财务报表中将子公司的所有资产和负债划分为持有待售类别分别进行列报。

二、多项选择题

1.【答案】AD

【解析】企业应将该设备划分为持有待售的非流动资产，其公允价值减去处置费用后的净额=4100−100=4000（万元）；账面价值（6000−1350）4650万元大于调整后的预计净残值4000万元，因此应该在划分为持有待售当日计提减值准备，应计提的减值准备=4650−4000=650（万元）。因此应该在“持有待售资产”项目中列示4000万元。选项AD正确。

2.【答案】AC

【解析】甲公司针对固定资产签订销售合同，应当自签订合同时起划分为持有待售固定资产，划分持有待售的固定资产后不再计提折旧，因此自2×15年1月起对拟处置生产线停止计提折旧，选项A正确；2×14年资产负债表中该生产线列报金额＝2600－120＝2480（万元），选项B错误；2×15年将取消合同取得的乙公司赔偿确认为营业外收入，选项C正确；对于持有待售类别的重分类，应采用追溯调整法处理，不是知晓合同将予取消时起恢复计提折旧，选项D错误。

第二十六章 企业合并

题型及分值	（1）本章经常与长期股权投资、合并财务报表的内容结合考核主观题 （2）近三年平均分值5分
近三年考点	（1）企业合并涉及或有对价的处理 （2）反向购买的会计处理
学习引导	在学习本章时最好找一个单独的大块时间进行整体学习，注意“前后呼应”，前面注意对长期股权投资内容的复习，后面注意与合并财务报表内容的结合，做到前后知识的融会贯通；重点掌握企业合并成本的确定、商誉的计算；企业合并中涉及或有对价的会计处理；反向购买的会计处理
本年教材变化	（1）修改“企业合并的界定”的相关表述 （2）增加“非同一控制下企业合并中的或有对价确认为金融资产的，其公允价值变动不得计入其他综合收益”的表述 （3）修改反向购买的例题，非100%控股反向购买的情形中，计算虚拟增发股数及合并成本时，均不考虑少数股权因素

本章知识框架

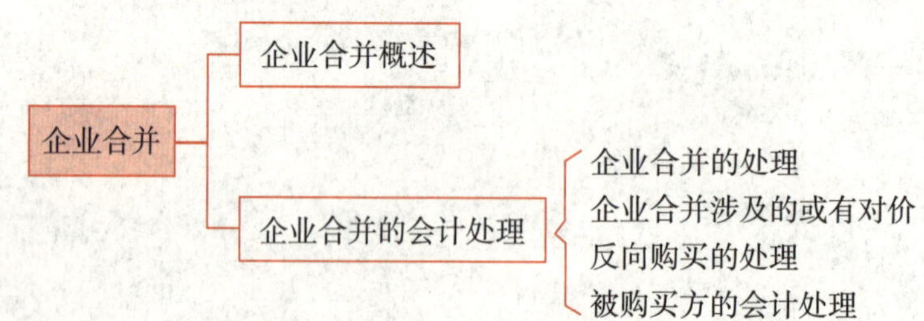

第一节 企业合并概述

【考点184】企业合并概述★

1. 企业合并的界定

企业合并，是将两个或两个以上单独的企业（主体）合并形成一个报告主体（可能是一个企业，也可能是一个集团）的交易或事项。

判断交易是否构成企业合并，主要关注两个方面：

（1）被购买方是否构成业务

被购买方（或被合并方）不构成业务，则该交易或事项不形成企业合并。

业务，是指企业内部某些生产经营活动或资产负债的组合，该组合具有投入、加工处理过程和产出能力，能够独立计算其成本费用或所产生的收入。

【提示】企业取得不形成业务的一组资产或净资产时，应将购买成本按购买日所取得各项可辨认资产、负债的相对公允价值为基础进行分配，不按照企业合并准则进行处理。

（2）交易发生前后是否涉及对标的业务控制权的转移（报告主体是否发生变化）

购买子公司少数股权，两方或多方形成合营企业等，不属于企业合并，其控制权未发生转移。

2. 企业合并的方式

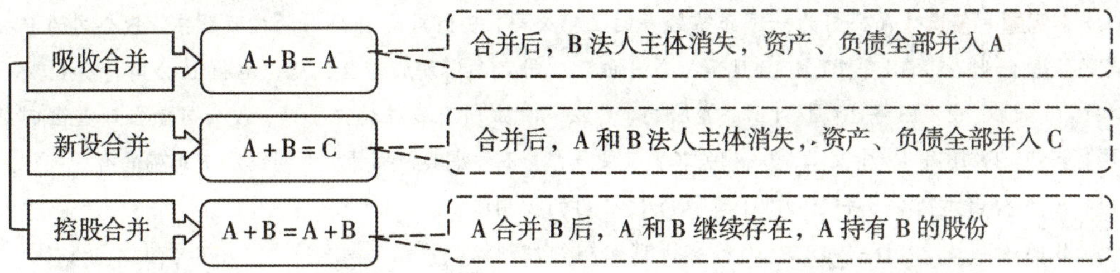

3. 企业合并类型的划分

企业合并分为同一控制下的企业合并和非同一控制下的企业合并两种类型。

第二节 企业合并的会计处理

【考点185】企业合并的处理★

1. 同一控制下企业合并的处理

同一控制下的企业合并，是指参与合并的企业在合并前后均受同一方或相同的多方最终控制且该控制并非暂时性的。

（1）能够对参与合并各方在合并前后均实施最终控制的一方通常指企业集团的母公司。

（2）能够对参与合并的企业在合并前后均实施最终控制的相同多方，是指根据合同或协议的约定，拥有最终决定参与合并企业的财务和经营政策，并从中获取利益的投资者群体。

（3）实施控制的时间性要求，是指参与合并各方在合并前后较长时间内（≥1年）为最终控制方所控制。

（4）企业之间的合并是否属于同一控制下的企业合并，应综合构成企业合并交易的各方面情况，按照实质重于形式的原则进行判断。

【提示】同受国家控制的企业之间发生的合并（如果没有其他关联关系），不作为同一控制下的企业合并。

2. 非同一控制下企业合并的处理

非同一控制下的企业合并，是指参与合并各方在合并前后不受同一方或相同的多方最终控制的合并交易，即除了属于同一控制下企业合并的情况以外其他的企业合并。

【提示】企业合并的会计处理，具体内容详见“第七章 长期股权投资（对子公司投资初始计量的会计处理）”。

【例题·多选】A公司为一家正常经营的上市公司，P公司为A公司的控股股东，B公司为P公司的联营企业。2×18年10月10日，A公司向B公司定向增发股份2亿股，取得B公司持有C公司的100%股权。2×18年10月31日，A公司、C公司完成所有股权过户手续，A公司于当日重组C公司董事会。2×18年12月20日完成相关工商变更手续。不考虑其他因素，下列说法中正确的有（　　）。

A. A公司于2×18年10月31日取得C公司的控制权

B. A公司于2×18年12月20日取得C公司的控制权

C. A公司合并C公司形成同一控制下企业合并

D. A公司合并C公司形成非同一控制下企业合并

【答案】AD

【解析】2×18年10月31日完成所有股权过户手续，A公司于当日重组董事会，取得对C公司的控制权，尚未工商变更不属于实质性障碍，选项A正确，选项B错误；交易前，P公司为A公司的控股股东，而B公司则是C公司的控股股东。参与合并的A公司在合并前受P公司控制，而C公司受B公司控制，但P公司对B公司只能施加重大影响，不能控制，所以A公司与C公司在合并前不受同一方控制，故该项交易属于非同一控制下的企业合并。

【考点186】企业合并涉及的或有对价★★★

或有对价，是指当企业合并合同或协议中规定，视未来或有事项的发生，购买方通过发行额外证券、支付额外现金或其他资产等方式追加合并对价，

或者要求返还之前已经支付的对价。

1. 同一控制下企业合并涉及的或有对价

（1）在确认长期股权投资初始投资成本时，应按照《企业会计准则第 13 号——或有事项》的规定，判断是否应就或有对价确认预计负债或者确认资产，以及确认的金额。

（2）确认预计负债或资产的，该预计负债或资产的金额与后续或有对价结算金额的差额不影响当期损益，应当调整资本公积（资本溢价或股本溢价），资本公积不足冲减的，依次冲减盈余公积、未分配利润。

【例题 1 · 计算】丙公司为一家集团企业，甲公司、乙公司为丙公司的子公司。2×17 年 1 月 1 日，甲公司向丙公司定向增发 2000 万股普通股（每股面值 1 元，公允价值 5 元），取得其持有乙公司 100% 的股权，相关手续于当日完成，并能够对乙公司实施控制。合并后乙公司仍维持其独立法人资格继续经营，若乙公司 2×17 年获利超过 500 万元，甲公司 2×17 年 12 月 31 日需另向丙公司付款 300 万元；若乙公司 2×17 年获利超过 1000 万元，甲公司 2×17 年 12 月 31 日需另向丙公司付款 500 万元。合并日，乙公司在丙公司合并财务报表中的净资产的账面价值为 8000 万元，不存在商誉。

乙公司 2×17 年很可能获利 700 到 900 万元。不考虑相关税费及其他因素影响。

要求：

（1）确认长期股权投资的初始成本，并编制相关业务的会计分录。

（2）假设乙公司当年实际获利 1100 万元，甲公司向丙公司支付 500 万元。2×17 年 12 月 31 日甲公司资本公积（股本溢价）余额为 100 万元，盈余公积余额为 50 万元，编制相关的会计分录。

【答案】

（1）甲公司和乙公司同受丙公司控制，该合并属于同一控制下企业合并。

长期股权投资的初始成本为 8000 万元，乙公司 2×17 年很可能获利 700 到 900 万元，或有支付款项很可能发生 300 万元，应该确认为预计负债。

借：长期股权投资　　　　8000（8000×100%）
　贷：股本　　　　　　　　2000（2000×1）
　　预计负债　　　　　　　300
　　资本公积——股本溢价　5700（差额）

（2）甲公司支付 500 万元，和预计负债 300 万元的差额 200 万元，应当调整资本公积（股本溢价），不足冲减的，依次冲减盈余公积、未分配利润。

借：预计负债　　　　　　300
　资本公积——股本溢价　100
　盈余公积　　　　　　　50
　利润分配——未分配利润　50
　贷：银行存款　　　　　　500

2. 非同一控制下的企业合并涉及的或有对价

（1）购买方应当将合并协议约定的或有对价作为企业合并转移对价的一部分，按照其在购买日的公允价值计入企业合并成本。

【提示】或有对价的公允价值，是已经考虑了预估金额、发生概率等因素而估计出的金额。

① 或有对价符合金融负债或权益工具定义的，购买方应当将拟支付的或有对价确认为一项负债或权益；

② 或有对价符合资产定义并满足资产确认条件的，购买方应当将符合合并协议约定

条件的、对已支付的合并对价中可收回部分的权利确认为一项资产。

（2）后续或有对价调整的处理：

① 购买日 12 个月内出现对购买日已存在情况的新的或进一步证据需要调整或有对价的，应当据以调整企业合并成本，并对原计入合并商誉的金额进行调整。

② 其他情况下（购买日 12 个月以外、任何时点发生的新情况）发生的或有对价变化或调整，不应当调整企业合并成本和商誉，应当区分情况进行会计处理。

a. 或有对价为权益性质的，不进行会计处理。

b. 或有对价为资产或负债性质的：

属于会计准则规定的金融工具的，应当采用公允价值计量，公允价值变动计入当期损益。

不属于会计准则规定的金融工具的，则应按或有事项等准则的规定处理。

【例题 2 · 计算】A 上市公司 2×09 年 1 月 2 日以现金 3 亿元自非关联方 B 公司购买其持有的 C 公司 100%股权，并于当日向 C 公司董事会派出成员，主导其财务和生产经营决策。股权转让协议约定，B 公司就 C 公司在收购完成后的经营业绩向 A 公司做出承诺；C 公司 2×09 年、2×10 年、2×11 年年度经审计扣除非经常性损益后归属于母公司股东的净利润分别不低于 2000 万元、3000 万元和 4000 万元。如果 C 公司未达到承诺业绩，B 公司将在 C 公司每一相应年度的审计报告出具后 30 日内，按 C 公司实际实现的净利润与承诺利润的差额，以现金方式对 A 公司进行补偿。

购买日，A 公司根据 C 公司所处市场状况及行业竞争力等情况判断，预计 C 公司能够完成承诺期利润。2×09 年，C 公司实现净利润 2200 万元。2×10 年，由于整体宏观经济形势变化，C 公司实现净利润 2400 万元，且预期 2×11 年该趋势将持续，预计能够实现净利润约 2600 万元。

2×11 年 4 月 30 日，A 公司收到了 B 公司支付的补偿款 600 万元。

要求：

（1）判断 A 公司合并 C 公司的企业合并类型，确定 A 公司的投资成本并编制相关的会计分录。

（2）判断 2×09 年年末 A 公司是否需要作出会计处理，如需要，编制相关会计分录。

（3）判断 2×10 年年末 A 公司是否需要作出会计处理，如需要，编制相关会计分录。

（4）编制 2×11 年 4 月 30 日，A 公司收到补偿款的会计分录。

【答案】

（1）A 公司与 B 公司在交易前不存在关联关系，该项企业合并应为非同一控制下企业合并。

购买日预计 C 公司能够实现承诺利润，或有对价估计为 0 万元，长期股权投资成本为 3 亿元。

借：长期股权投资　　　　30000

　贷：银行存款　　　　30000

（2）2×09 年 C 公司实现了预期利润，A 上市公司无需进行会计处理。

（3）2×10 年 C 公司未实现预期利润，且预计 2×11 年也无法实现，则 A 上市公司需要估计该或有对价的公允价值并予以确认。因该预期利润未实现的情况是在购买日后新发生的，在购买日后超过 12 个月且不属于对购买日已存在状况的进一步证据，应于发生时计入当期损益。

B 公司对有关利润差额的补偿将以现金支付，该或有对价属于金融工具。A 上市公司应当进行的会计处理为：（对于 2×10 年而言，A 公司应收取的补偿已经确定，不属于或有对价，是否还作为"以公允价值计量且其变动计入当期损益的金融资产"处理？对于该项处理，准则并不明确，实务中可以有两种处理方式：a. 统一作为"以公允价值计量且其变动计入当期损益的金融资产"；b.2×10 年的部分作为应收项目，后续仍不确定部分作为"以公允价值计量且其变动计入当期损益的金融资产"）

借：交易性金融资产　　　　2000

　贷：公允价值变动损益（或投资收益）　　　　2000

注：本例中有关或有对价的公允价值调整在个别财务报表中不作为对长期股权投资成本的调整，相应地，在合并财务报表中，亦不能调整购买日原已确认商誉金额。但由于C公司未实现预期利润，可能表明购买日原已确认商誉发生减值，A上市公司应当对商誉进行减值测试。

（4）2×11年4月30日，A公司收到补偿款600万元。

借：银行存款　　600
　贷：交易性金融资产　　600

【例题3·计算】2×17年12月31日，P公司自W公司处收购其持有S公司的100%股权，收购前P公司、W公司、S公司无任何关联关系，形成非同一控制下的企业合并。收购协议约定如下：

（1）P公司2×17年12月31日向W公司支付对价5000万元；

（2）自S公司出具2×18年年度财务报表审计报告后1个月内，按照S公司2×18年税后净利润的2倍向W公司支付第二期款项。

（3）业绩承诺：W公司承诺S公司2×18年实现税后净利润人民币1200万元，若2×18年S公司实际完成净利润不足1200万元，W公司承诺向P公司支付其差额。

情形一：假设P公司在购买日判断，S公司2×18年实现净利润1500万元为最佳估计数。2×18年S公司实现净利润为2000万元。

情形二：假设P公司在购买日判断，S公司2×18年实现净利润1000万元为最佳估计数。2×18年S公司实现净利润为1100万元。

要求：

（1）根据情形一，计算P公司购买日合并成本并编制会计分录。编制2×18年P公司个别报表会计分录。

（2）根据情形二，计算P公司购买日合并成本并编制会计分录。编制2×18年P公司个别报表会计分录。

【答案】

（1）①或有应付金额公允价值=1500×2=3000（万元），或有应收金额公允价值为0万元，P公司的合并成本=5000+3000=8000（万元）。

借：长期股权投资　　8000
　贷：银行存款　　5000
　　　交易性金融负债　　3000

②2×18年12月31日，确认金融负债公允价值变动=2000×2−3000=1000（万元）。

借：公允价值变动损益（或投资收益）　　1000
　贷：交易性金融负债　　1000

③待2×19年审计报告出具后，实际支付款项

借：交易性金融负债　　4000
　贷：银行存款　　4000

（2）①或有应付金额公允价值=1000×2=2000（万元），或有应收金额公允价值=1200−1000=200（万元），P公司的合并成本=5000+2000−200=6800（万元）。

借：长期股权投资　　6800
　　交易性金融资产　　200
　贷：银行存款　　5000
　　　交易性金融负债　　2000

②2×18年12月31日，确认金融负债公允价值变动=1100×2−2000=200（万元），确认金融资产公允价值变动=（1200−1100）−200=−100（万元）。

借：公允价值变动损益（或投资收益）　　200
　贷：交易性金融负债　　200
借：公允价值变动损益（或投资收益）　　100
　贷：交易性金融资产　　100
③待2×19年审计报告出具后，实际支付款项
借：交易性金融负债　　2200
　贷：银行存款　　2100
　　交易性金融资产　　100

【学霸总结】

项　目	同一控制下企业合并	非同一控制下企业合并
长期股权投资初始成本	按被投资方在最终控制方所有者权益账面价值的份额确定	按照付出对价的公允价值确定
或有对价的确认及处理	（1）按或有事项准则的规定，确认预计负债或者确认资产 （2）确认的金额不影响长期股权投资初始成本，影响资本公积（股本溢价）	（1）按照金融负债、权益工具、资产等定义和确认条件，确认为资产、负债、权益工具 （2）按购买日的公允价值计入长期股权投资初始成本，从而影响商誉的金额
或有对价后续变动	（1）后续按或有事项准则的规定确认其变动，计入预计负债或资产 （2）后续变动或结算差额不影响长期股权投资初始成本，影响资本公积（资本溢价或股本溢价）	（1）"购买日12个月内+对购买日已存在情况取得进一步证据"的，调整长期股权投资的初始成本，从而调整商誉的金额 （2）"购买日12个月以外、任何时点发生的购买日不存在的新情况"，不调整长期股权投资的初始成本，不调整商誉的金额

【考点187】反向购买的处理★★★

非同一控制下的企业合并，以发行权益性证券交换股权的方式进行的，通常发行权益性证券的一方为购买方。但某些企业合并中，发行权益性证券一方因其生产经营决策在合并后被参与合并的另一方所控制的，发行权益性证券的一方虽然为法律上的母公司，但其为会计上的被购买方，该类企业合并通常称为"反向购买"。

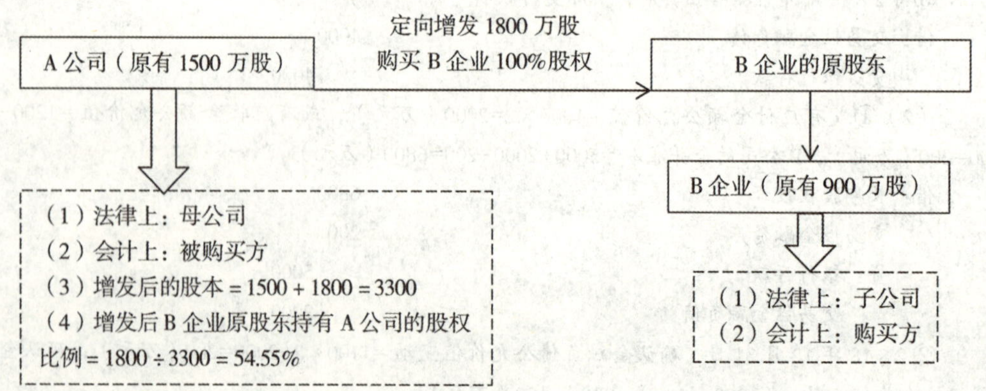

1. 企业合并成本

如上图所示，反向购买中，企业合并成本是指法律上的子公司（B企业，会计上的购买方）如果以发行权益性证券的方式为获取在合并后报告主体的股权比例（54.55%），应向法律上母公司（A公司，会计上的被购买方）的股东发行的权益性证券数量750万股（900÷54.55%-900）与其公允价值计量的结果。

2. 合并财务报表的编制

反向购买后，法律上的母公司应当遵从以下原则编制合并财务报表：

（1）法律上子公司（购买方，上图所示B企业）的资产、负债应以其在合并前的账面价值进行确认和计量。法律上母公司（被购买方，上图所示A公司）的有关可辨认资产、负债在并入合并财务报表时，应以其在购买日确定的公允价值进行合并。

（2）企业合并成本大于合并中取得的法律上母公司（被购买方，上图所示A公司）可辨认净资产公允价值的份额（份额为100%）体现为商誉，小于合并中取得的法律上母公司（被购买方，上图所示A公司）可辨认净资产公允价值的份额（份额为100%）确认为合并当期损益。

【提示】如上图所示，购买方B企业购买的是被购买方A公司合并前的净资产（A公司原来1500万股对应的净资产），因此，享有的份额应为A公司原来可辨认净资产公允价值的100%。而增发后B企业的原股东持有A公司的股权比例为54.55%，属于B企业原股东享有"A公司合并前全部净资产的公允价值+B企业参与合并部分的净资产"的比例。

（3）合并财务报表中的留存收益和其他权益余额，应当反映的是法律上子公司（购买方，上图所示B企业）在合并前的留存收益和其他权益余额。

（4）合并财务报表中的权益性工具的金额（股本和资本公积），应当反映法律上子公司（购买方，上图所示B企业）合并前发行在外的股份面值（900万元）加上假定在确定该项企业合并成本过程中新发行的权益性工具的金额（750万元），即反映1650万元。

但是，在合并财务报表中的权益结构应当反映法律上母公司（被购买方，上图所示A公司）的权益结构，即法律上母公司发行在外权益性证券的数量（即3300万股）。

【提示】因为法律上母公司（被购买方，上图所示A公司）对外提供财务报告，所以应当反映母公司的股本数量。在实务中，多数企业以购买方合并后的股本数量反映（即股本数量和面值相等）；考试过程中应该按照教材。

（5）合并财务报表的比较信息应当是法律上子公司（购买方，上图所示B企业）的比较信息。

（6）法律上子公司（购买方，上图所示B企业）的有关股东在合并过程中未将其持有的股份转换为对法律上母公司股份的（假设上图所示，B企业10%的股东未参与合并），该部分股东享有的权益份额（B企业10%的股东享有B企业合并前净资产账面价值的份额）在合并财务报表中应作为少数股东权益列示。对于法律上母公司的所有股东，虽然该项合并中其被认为被购买方，但其享有合并形成报告主体的净资产及损益，不应作为少数股东权益列示。

【提示】上述反向购买的会计处理原则仅适用于合并财务报表的编制。法律上母公司在该项合并中形成的对法律上子公司长期股权投资成本的确定，应当遵从《企业会计准则第2号——长期股权投资》的相关规定。

3. 每股收益的计算

（1）发生反向购买当期，用于计算每股收益的发行在外普通股加权平均数为：

① 自当期期初至购买日，发行在外的普通股数量应假定为在该项合并中法律上母公司（A公司）向法律上子公司（B企业）股东发行的普通股数量。

② 自购买日至期末，发行在外的普通股数量为法律上母公司实际发行在外的普通股股数。

（2）反向购买后对外提供比较合并财务报表的，其比较前期合并财务报表中的基本每股收益，应以法律上子公司（B企业）在每一比较报表期间归属于普通股股东的净损益除以在反向购买中法律上母公司（A公司）向法律上子公司股东发行的普通股股数计算确定。

【例题·计算】A公司为一家上市公司，B企业为一家贸易公司。（1）20×7年9月30日，A公司通过定向增发本企业普通股，以2股换1股的比例自B企业原股东处取得了B企业100%股权，即A公司共发行了1800万股普通股以取得B企业全部900万股普通股。（2）A公司普通股在20×7年9月30日的公允价值为20元，B企业每股普通股当日的公允价值为40元。A公司、B企业每股普通股的面值均为1元。（3）20×7年9月30日，A公司除非流动资产公允价值较账面价值高4500万元以外，其他资产、负债项目的公允价值与其账面价值相同。（4）假定B企业20×6年，实现合并净利润1800万元，20×7年A公司与B企业合并形成的主体实现合并净利润为3450万元，自20×6年1月1日至20×7年9月30日，B企业发行在外的普通股股数未发生变化。

其他资料：假定A公司与B企业在合并前不存在任何关联方关系。不考虑所得税影响。A公司及B企业在合并前简化资产负债表如下表。

A公司及B企业合并前资产负债表　　（单位：万元）

项　目	A公司	B企业
流动资产	3000	4500
非流动资产	21000	60000
资产总额	24000	64500
流动负债	1200	1500
非流动负债	300	3000
负债总额	1500	4500
所有者权益		
股本	1500	900
资本公积	—	—
盈余公积	6000	17100
未分配利润	15000	42000
所有者权益总额	22500	60000

要求：

（1）判断该项企业合并的类型及会计上的购买方和被购买方，并说明理由。

（2）计算该项企业合并的合并成本。

（3）计算该项企业合并中的商誉金额。

（4）编制购买日合并工作底稿中的调整和抵销分录。

（5）计算A公司及B企业在合并后资产负债表各项目的金额。

（6）假定B企业的全部股东中，只有90%以原持有对B企业的股权换取了A公司增发的普通股，计算该项企业合并中的合并成本、商誉（如有）、少数股东权益的金额。

（7）计算A公司20×7年的基本每股收益、20×6年重述后的每股收益。

【答案】

（1）该合并为反向购买，B企业应为购买方，A公司为被购买方。

理由：对于该项企业合并，虽然在合并中发行权益性证券的一方为A公司，但因其生产经营决策的控制权在合并后由B企业原股东控制，构成反向购买。

（2）A公司在该项合并中向B企业原股东增发了1800万股普通股，合并后B企业原股东持有A公司的股权比例=1800÷（1500+1800）=54.55%。如果假定B企业发行本企业普通股在合并后主体享有同样的股权比例，则B企业应当发行的普通股股数=900÷54.55%−900=750（万股），其公允价值=750万股×40元/股=30000（万元），企业合并成本为30000万元。

【提示】在客观题中，可以使用以下两种方法计算合并成本（主观题需要按照上述步骤计算）：

方法1：合并成本是购买方B企业购买A公司在合并前的净资产（A公司原来1500万股）而需要付出对价的公允价值，因为A公司2股换B企业1股，如果B企业发行股票购买，需要发行股票数量=1500÷2=750（万股），合并成本=750万股×40元/股=30000（万元）。

方法2：A公司在合并前的净资产（A公司原来1500万股）最终被B企业反向购买，因此，企业合并成本=1500万股×20元/股=30000（万元）。

（3）企业合并商誉=合并成本30000−（被购买方A公司所有者权益账面价值22500+非流动资产评估增值4500）=3000（万元）。

注：购买方B企业购买的是被购买方A公司合并前的净资产（A公司原来1500万股对应的净资产），因此，享有的份额应为A公司原来可辨认净资产公允价值的100%。

（4）合并财务工作底稿中的虚拟调整分录如下：

①B企业（购买方）取得对A公司（被购买方）长期股权投资的虚拟分录：

借：长期股权投资　　30000

　　贷：股本　　750

　　　　资本公积——股本溢价　　29250

②A公司（被购买方）报表中公允价值与账面价值的调整：

借：非流动资产　　4500

　　贷：资本公积　　4500

③抵销B企业（购买方）虚拟的长期股权投资与A公司（被购买方）的所有者权益：

借：股本　　1500

　　资本公积　　4500（评估增值）

　　盈余公积　　6000

　　未分配利润　　15000

商誉　　　　　　　　　　　　　　　　　　3000

贷：长期股权投资　　　　　　　　　　　　　　　30000

（5）A 公司及 B 企业在合并后简化资产负债表：

A 公司及 B 企业合并前资产负债表　　　　　　　（单位：万元）

项　目	A 公司	B 企业	调整抵销金额	合并金额
流动资产	3000	4500	—	7500
非流动资产	21000	60000	评估增值 4500	85500
商誉	—	—	3000	3000
资产总额	24000	64500	7500	96000
流动负债	1200	1500	—	2700
非流动负债	300	3000	—	3300
负债总额	1500	4500	—	6000
所有者权益				
股本（3300 万普通股）	1500	900	虚拟股 750−1500	1650（B 企业）
资本公积	—	—	虚拟发行 29250	29250（B 企业）
盈余公积	6000	17100	−6000	17100（B 企业）
未分配利润	15000	42000	−15000	42000（B 企业）
所有者权益总额	22500	60000	7500	90000

（6）①A 公司应发行的普通股股数 =900×90%×2=1620（万股）。企业合并后，B 企业的股东拥有合并后报告主体的股权比例 =1620÷（1500+1620）=51.92%。如果假定 B 企业（参与合并的 90%）发行本企业普通股在合并后主体享有同样的股权比例，则 B 企业应当发行的普通股股数 =900×90%÷51.92%−900×90%=750（万股），其公允价值 =750 万股 ×40 元 / 股 =30000（万元），企业合并成本为 30000 万元。

或需要发行股票数量 =1500÷2=750（万股），合并成本 =750 万股 ×40 元 / 股 =30000（万元）。

或企业合并成本 =1500 万股 ×20 元 / 股 =30000（万元）。

② 企业合并商誉 = 合并成本 30000−（被购买方 A 公司所有者权益账面价值 22500+ 非流动资产评估增值 4500）=3000（万元）。

注：购买方 B 企业购买的是被购买方 A 公司合并前的净资产（A 公司原来 1500 万股对应的净资产），因此，享有的份额应为 A 公司原来可辨认净资产公允价值的 100%。

③ B 企业未参与股权交换的股东拥有 B 企业的股份为 10%，享有 B 企业合并前净资产的份额 =60000×10%=6000（万元），在合并财务报表中应作为少数股东权益列示。

（7）①自当期期初至购买日（1 月 1 日～9 月 30 日），发行在外的普通股数量应假定为法律上母公司（A 公司）向法律上子公司（B 企业）股东发行的普通股数量 =B 公司原股数 900 万股 ×2=1800 万股。

自购买日至期末（9 月 30 日～12 月 31 日），发行在外的普通股数量为法律上母公司实际发行在外的普通股股数 825 万股（3300×3/12）。

A 公司 20×7 年基本每股收益 = 净利润 3450÷（1800×9/12+3300×3/12）=1.59（元 / 股）。

② 20×6 年发行在外的普通股数量应假定为法律上母公司（A 公司）向法律上子公司（B 企业）股东发行的普通股数量 =B 公司原股数 900 万股 ×2=1800 万股。

A 公司 20×6 年的基本每股收益 = 净利润 1800÷1800=1（元 / 股）。

4. 非上市公司购买上市公司股权实现间接上市的会计处理

非上市公司以所持有的对子公司投资等资产为对价取得上市公司的控制权，构成反向购买的，上市公司编制合并财务报表时应当区别以下情况处理（是否构成业务）：

（1）交易发生时，上市公司未持有任何资产负债或仅持有现金、交易性金融资产等不构成业务的资产或负债的，上市公司在编制合并财务报表时，购买企业应按照权益性交易原则进行处理，不得确认商誉，不得确认计入当期损益。

（2）交易发生时，上市公司保留的资产、负债构成业务的，对于形成非同一控制下企业合并的，企业合并成本与取得的上市公司可辨认净资产公允价值份额的差额应当确认为商誉或计入当期损益。

【学霸总结】

反向购买比较难理解，掌握上述例题的难度，就可以应对考试。结合上述例题，反向购买中合并资产负债表中各项目金额计算如下表。

<table>
<tr><th>项　目</th><th>合并金额
（A 公允 +B 账面）</th><th>项　目</th><th>合并金额
（A 公允 +B 账面）</th></tr>
<tr><td rowspan="2">流动资产</td><td rowspan="2">A 公司的公允价值 +B 企业的账面价值</td><td>流动负债</td><td>A 公司的公允价值 +B 企业的账面价值</td></tr>
<tr><td>非流动负债</td><td>A 公司的公允价值 +B 企业的账面价值</td></tr>
<tr><td rowspan="2">非流动资产</td><td rowspan="2">A 公司的公允价值（不含反向购买时产生的长期股权投资）+B 企业的账面价值</td><td>负债总额</td><td>合计</td></tr>
<tr><td>股本（反映 A 公司的股票股数）</td><td>B 企业合并前发行在外的股份面值 ×A 公司持有 B 企业股权比例 + 假定 B 企业在该项企业合并过程中新发行的权益性工具的面值</td></tr>
<tr><td rowspan="4">商誉</td><td rowspan="4">合并成本 -A 公司可辨认净资产公允价值（如为负数，反映在留存收益中）</td><td>资本公积</td><td>差额</td></tr>
<tr><td>盈余公积</td><td>B 企业合并前盈余公积 ×A 公司持有 B 企业股权比例</td></tr>
<tr><td>未分配利润</td><td>B 企业合并前未分配利润 ×A 公司持有 B 企业股权比例</td></tr>
<tr><td>少数股东权益</td><td>少数股东按持股比例（1-A 公司持有 B 企业股权比例）计算享有 B 企业合并前净资产账面价值的份额</td></tr>
<tr><td>资产总额</td><td>合计</td><td>所有者权益总额</td><td>资产总额 - 负债总额</td></tr>
</table>

【考点188】被购买方的会计处理★

非同一控制下的企业合并中，被购买方在企业合并后仍持续经营的，如购买方取得被购买方100%股权，被购买方可以按合并中确定的有关资产、负债的公允价值调账，其他情况下，被购买方不应因企业合并改记资产、负债的账面价值。

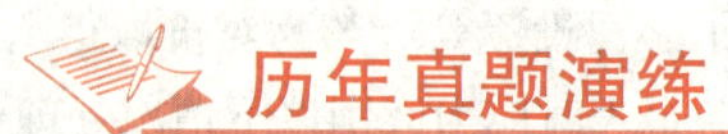

历年真题演练

一、单项选择题

1.（2016年单选）2×14年1月1日，甲公司通过向乙公司股东定向增发1500万股普通股（每股面值为1元，市价为6元），取得乙公司80%股权，并控制乙公司，另以银行存款支付财务顾问费300万元。双方约定，如果乙公司未来3年平均净利润增长率超过8%，甲公司需要另外向乙公司原股东支付100万元的合并对价；当日，甲公司预计乙公司未来3年平均净利润增长率很可能达到10%。该项交易前，甲公司与乙公司及其控股股东不存在关联关系。不考虑其他因素，甲公司该项企业合并的合并成本是（　　）万元。

A.9000　　B.9300　　C.9100　　D.9400

二、综合题

1.（2016年综合）甲公司为境内上市公司，专门从事能源生产业务。2×15年，甲公司发生的企业合并及相关交易或事项如下：

资料一：

2×15年2月20日，甲公司召开董事会，审议通过了以换股方式购买专门从事新能源开发业务的乙公司80%股权的议案。2×15年3月10日，甲公司、乙公司及其控股股东丙公司各自内部决策机构批准了该项交易方案。2×15年6月15日，证券监管机构核准了甲公司以换股方式购买乙公司80%股权的方案。

2×15年6月30日，甲公司以3:1的比例向丙公司发行6000万股普通股，取得乙公司80%股权，有关股份登记和股东变更手续当日完成；同日，甲公司、乙公司的董事会进行了改选，丙公司开始控制甲公司，甲公司开始控制乙公司，甲公司、乙公司普通股每股面值均为1元，2×15年6月30日，甲公司普通股的公允价值为每股3元，乙公司普通股的公允价值为每股9元。

2×15年7月16日，甲公司支付为实施上述换股合并而发生的会计师、律师、评估师等费用350万元，支付财务顾问费1200万元。

资料二：

资产	甲公司	乙公司	负债和所有者权益	甲公司	乙公司
账面资产总额	17200	34400	账面负债总额	9000	13400
其中：固定资产	4500	8000	账面所有者权益	8200	21000
无形资产	1500	3500	其中：股本（每股1元）	5000	2500
			资本公积	1200	500
			盈余公积	600	1800
			未分配利润	1400	16200

其中：（1）2×15年6月30日，甲公司除一项无形资产外，其他资产、负债的公允价值与其账面价值相同，该无形资产为一项商标权，账面价值1000万元，公允价值3000万元，按直线法摊销，预计尚可使用5年，预计净残值为零。

（2）2×15年6月30日，乙公司除一项固定资产外，其他资产、负债的公允价值与其账面价值相同，该固定资产为一栋办公楼，账面价值3500万元，公允价值6000万元，按年限平均法计提折旧。预计尚可使用20年，预计净残值为零。

资料三：

2×15年12月20日，甲公司向乙公司销售一批产品，销售价格（不含增值税）为100万元，成本为80万元，款项已收取。截至2×15年12月31日，乙公司确认甲公司购入的产品已对外出售50%，其余50%形成存货。

资料四：其他相关资料如下：

（1）合并前，丙公司、丁公司分别持有乙公司80%和20%股权，甲公司与乙公司、丙公司、丁公司不存在任何关联方关系；合并后，甲公司与乙公司除资料三所述内部交易外，不存在其他任何内部交易。

（2）甲公司和乙公司均按照年度净利润的10%计提法定盈余公积，不计提任意盈余公积。企业合并后，甲公司和乙公司没有向股东分配利润。

（3）甲公司和乙公司适用的企业所得税税率均为25%，甲公司以换股方式购买乙公司80%股权的交易适用特殊税务处理规定，即，收购企业、被收购企业的原有各项资产和负债的计税基础保持不变，甲公司和乙公司合并前的各项资产、负债的账面价值与其计税基础相同。不存在其他未确认暂时性差异所得税影响的事项。甲公司和乙公司预计未来年度均有足够的应纳税所得额用以抵扣可抵扣暂时性差异。

（4）除所得税外，不考虑增值税及其他相关税费，不考虑其他因素。

要求：

（1）根据资料一、资料二及资料四，判断该项企业合并的类型及会计上的购买方和被购买方，并说明理由。

（2）根据资料一、资料二及资料四，确定该项企业合并的购买日（或合并日），并说明理由。

（3）根据资料一、资料二及资料四，计算甲公司取得乙公司80%股权投资的成本，编制相关会计分录。

（4）根据资料一、资料二及资料四，计算该项企业合并的合并成本和商誉（如有）。

（5）根据资料一、资料二及资料四，计算甲公司购买日（或合并日）合并资产负债表中固定资产、无形资产、递延所得税资产（或负债）、盈余公积和未分配利润的列报金额。

（6）根据资料三，编制甲公司2×15年合并财务报表相关的抵销分录。

历年真题演练答案及解析

一、单项选择题

1.【答案】C

【解析】财务顾问费属于为企业合并发生的直接费用，计入管理费用；甲公司需要另外支付的100万元的合并对价很可能发生，需要计入合并成本；甲公司该项企业合并的合并成本=1500×6+100=9100（万元）。

二、综合题

1.【答案及解析】

（1）合并类型：构成业务的反向购买；会计上的购买方为乙公司；会计上的被购买方为甲公司。

理由：2×15年6月30日，甲公司以3:1的比例向丙公司发行6000万股普通股，取得乙公司80%股权，有关股份登记和股东变更手续当日完成；同日，甲公司、乙公司的董事会进行了改选，丙公司持有甲公司股权比例=6000÷（5000+6000）=54.55%，丙公司开始控制甲公司，甲公司开始控制乙公司；甲公司与乙公司、丙公司不存在任何关联方联系。

（2）购买日为2×15年6月30日。

理由：2×15年6月30日，甲公司以3:1的比例向丙公司发行6000万普通股，取得乙公司80%股权，有关股份登记和股东变更手续当日完成；同日，甲公司、乙公司的董事会进行了改选，实质上购买方取得对被购买方的控制权。

（3）甲公司取得乙公司80%股权投资的成本=6000×3=18000（万元）。

借：长期股权投资　　18000

　贷：股本　　6000

　　　资本公积——股本溢价　　12000

借：管理费用　　1550（1200+350）

　贷：银行存款　　1550

（4）企业合并后，乙公司原股东丙公司持有甲公司的股权比例=6000÷（6000+5000）×100%=54.55%，假定乙公司发行本公司普通股股票合并甲公司，在合并后主体享有同样的股权比例，乙公司应当发行的普通股股数=2500×80%÷54.55%-2500×80%=1666.67（万股）。

企业合并成本=1666.67×9=15000（万元）。

企业合并商誉=15000-（甲公司账面所有者权益8200+无形资产评估增值2000-评估增值确认的递延所得税负债2000×25%）=5300（万元）。

（5）固定资产的列报金额=4500+8000=12500（万元）；

无形资产的列报金额=[1500+（3000-1000）]+3500=7000（万元）；

递延所得税负债的列报金额=（3000-1000）×25%=500（万元）；

盈余公积的列报金额=1800（乙公司）×80%=1440（万元）；

未分配利润的列报金额=16200（乙公司）×80%=12960（万元）。

（6）合并报表抵消分录：

借：营业收入　　100

　贷：营业成本　　100

借：营业成本　　10

　贷：存货　　10[（100-80）×50%]

借：递延所得税资产　　2.5（10×25%）

　贷：所得税费用　　2.5

注：内部交易的出售方是甲公司，而少数股东对应的净资产是乙公司，因此未实现的内部交易损益均应反映在归属于母公司的净利润中（即不视为逆流交易，少数股东无需承担未实现的内部交易损益）。

第二十七章 合并财务报表

本章总体概况

题型及分值	（1）本章经常与长期股权投资、企业合并的内容结合考核客观题和主观题 （2）近三年平均分值12分
近三年考点	（1）购买日的确定 （2）合并成本、合并商誉的计算 （3）合并财务报表中调整分录、抵销分录的编制 （4）出售部分投资，丧失控制权、不丧失控制权的会计处理
学习引导	在学习本章时，先了解合并财务报表的编制过程，再考虑具体的处理，如评估增值的处理、权益法调整等；长期股权投资学好是掌握本章前提，本章内容考核模式相对固定，考生不要害怕。重点掌握以下知识点： （1）合并报表调整、抵销分录的编制（如评估增值的调整、成本法调整为权益法核算的结果、长期股权投资与子公司所有者权益的抵销、投资收益与子公司未分配利润的抵销、内部销售交易抵销、内部固定资产抵销、内部无形资产抵销、内部债权债务抵销等） （2）各项业务中，涉及所得税的处理（与各具体业务结合学习） （3）特殊交易在合并会计报表中的会计处理（如处置部分股权不丧失控制权的处理、购买少数股权的处理、因子公司少数股东增资导致母公司股权稀释等）
本年教材变化	（1）根据最新财务报表格式修改相关报表项目 （2）删除“专项储备”和“一般风险准备”报表项目

本章知识框架

合并财务报表
- 合并财务报表的合并理论
- 合并范围的确定
- 合并财务报表的编制原则、前期准备事项及程序
  - 编制原则、前期准备事项及程序
  - 编制合并财务报表需要调整抵销的项目
- 长期股权投资与所有者权益的合并处理（同控）
  - 合并日合并报表的编制
  - 合并日后合并报表的编制

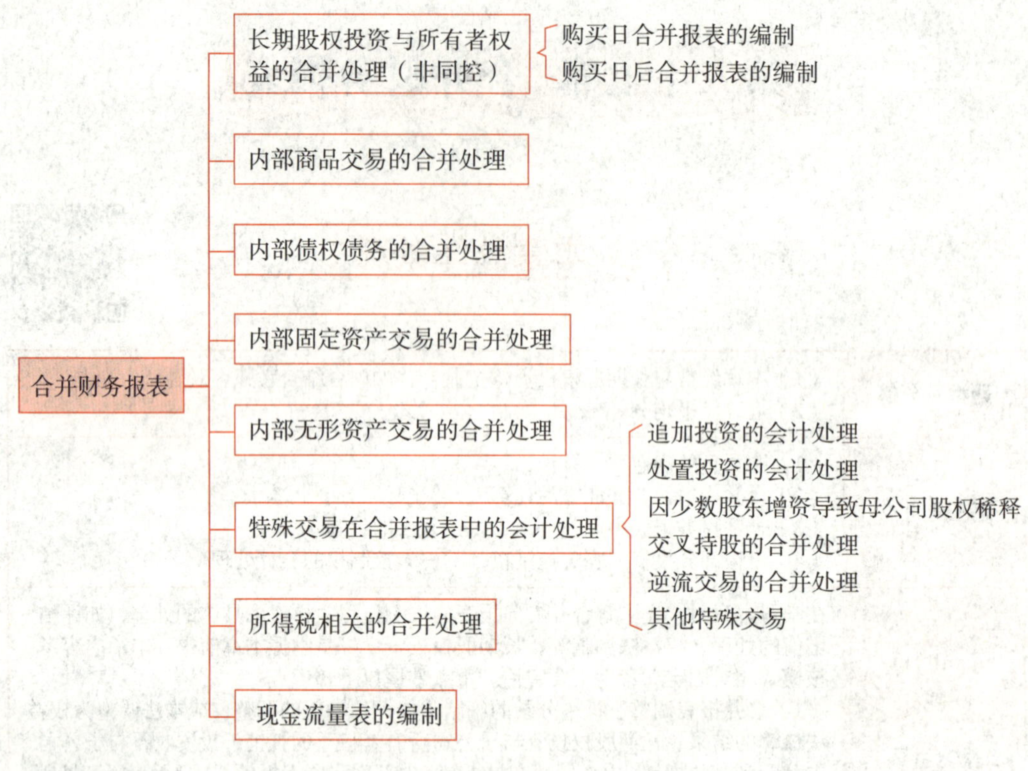

本章考点精解

第一节　合并财务报表的合并理论

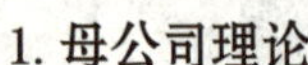

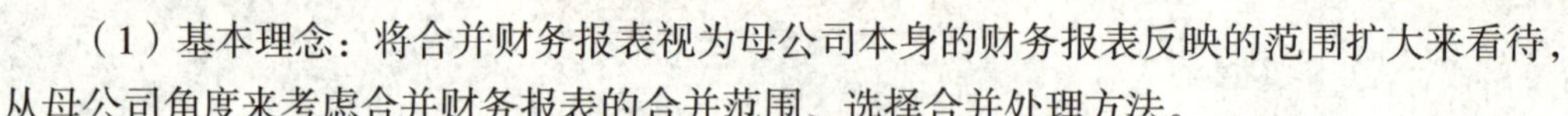

【考点 189】合并报表合并理论★

1. 母公司理论

（1）基本理念：将合并财务报表视为母公司本身的财务报表反映的范围扩大来看待，从母公司角度来考虑合并财务报表的合并范围、选择合并处理方法。

（2）合并财务报表的服务对象：主要是为母公司的股东和债权人服务的，为母公司现实的和潜在投资者服务的，强调的是母公司股东的利益。

（3）合并范围的确认原则：通常更多的是以法定控制为基础，以持有多数股权或表决权作为是否将某一被投资企业纳入合并范围的依据，或者通过一家公司处于另一家公司法定支配下的控制协议来确定合并财务报表的合并范围。

（4）合并处理方法：所采用的合并处理方法都是从母公司本身的股东利益来考虑的。

① 对子公司少数股东的权益，在合并资产负债表中通常视为一项负债来处理。

② 企业集团内部销售收入的抵销，需要考虑销售的顺销（母公司将商品销售给子公司）和逆销（子公司将商品销售给母公司）两种情况。其中，顺销在编制合并财务报表时只抵销子公司中母公司持有股权相对的份额，而对于少数股东股权相对应的份额，则视为

实现销售处理，不需要进行抵销处理。

（5）局限性：忽视了母公司股东以外的少数股东的利润和信息需要。

2. 实体理论

（1）基本理念：合并财务报表是企业集团各成员企业构成的经济联合体的财务报表。它强调的是企业集团中所有成员企业构成的经济实体，它对构成企业集团的持有多数股权的股东和拥有少数股权的股东一视同仁，同等对待，认为只要是企业集团成员股东，都是共同组成的经济实体的股东。

（2）合并处理方法。

① 少数股东权益，通常视为股东权益的一部分，在合并资产负债表中股东权益部分列示和反映。

② 企业集团内部销售收入的抵销，由于对构成企业集团的成员企业的所有股东均视为集团企业的股东，对于企业集团内部各成员企业互相之间发生的销售行为，其内部销售商品或提供劳务过程中所实现的销售损益，均属于未实现内部销售损益，应当予以抵销。

【提示】目前国际财务报告准则及我国企业会计准则主要采用的就是实体理论。

3. 所有权理论

（1）基本理念：所有权理论既不强调企业集团中存在的法定控制关系，也不强调企业集团各成员企业所构成的经济实体，而是强调编制合并财务报表的企业对另一企业的经济活动和财务决策具有重大影响的所有权。

（2）合并处理方法：对于其拥有所有权的企业的资产、负债和当期实现的净损益，均按照一定的比例合并计入合并财务报表。

第二节 合并范围的确定

【考点 190】合并范围的确定★★

1. 以“控制”为基础，确定合并范围

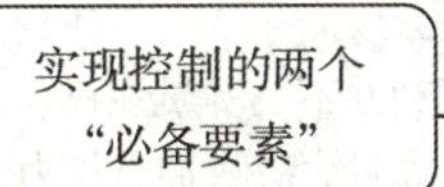

（1）因涉入被投资方而**享有可变回报**

（2）拥有对被投资方的**权力**，并且有能力运用对被投资方的权力影响其回报金额

投资方在判断能否控制被投资方时，具体判断如下：

（1）被投资方的设立目的和设计。

投资方应考虑被投资方的设立目的及设计，以明确哪些是相关活动、相关活动的决策机制，谁拥有现时能力主导这些活动，以及谁从这些活动中获得可变回报。

（2）判断通过涉入被投资方的活动享有的是否为可变回报。

① 可变回报。

可变回报，是不固定且可能随着被投资方业绩而变化的回报，可以仅是正回报，仅是负回报，或者同时包括正回报和负回报。

② 可变回报的形式。

投资方在评价其享有被投资方的回报是否可变及可变的程度时，需基于合同安排的实质，而不是法律形式。

例如，投资方持有固定利息的债券投资时，由于债券存在违约风险，投资方需承担被投资方不履约而产生的信用风险，因此投资方享有的固定利息回报也可能是一种可变回报。

又如，投资方管理被投资方资产而获得的固定管理费也是一种变动回报，因为投资方是否能获得此回报依赖于被投资方是否获得足够的收益以支付该固定管理费。

（3）判断投资方是否对被投资方拥有权力，并能够运用此权力影响回报金额

① 权力的定义。

投资方能够主导被投资方的相关活动时，称投资方对被投资方享有“权力”。在判断投资方是否对被投资方拥有权力时，应注意以下几点：

a. 权力只表明投资方主导被投资方相关活动的现时能力，并不要求投资方实际行使其权力。

b. 权力是一种实质性权利，而不是保护性权利

实质性权利，是指持有人在对相关活动进行决策时，有实际能力行使的可执行权利。

保护性权利，是旨在保护当事方的权益，而不赋予当事方对这些主体的权力。例如，对于超过正常经营范围的资本性支出或发行权益工具、债务工具时，少数股东具有投票权；贷款方在借款方发生违约行为时，贷款方有权扣押其资产。

c. 权力是为自己行使的，而不是代其他方行使

权力是能够“主导”被投资方相关活动的现时能力，可见，权力是为自己行使的（行使人为主要责任人），而不是代其他方行使权力（行使人为代理人）。

在评估控制时，代理人的决策权应被视为主要责任人直接持有，权力属于主要责任人，而非代理人。

d. 权力通常表现为表决权，但有时也可能表现为其他合同安排

项　目	内　容
来自表决权	①直接或间接持有被投资方半数以上表决权 ②有些情况下，投资方持有被投资方半数以上表决权但无权力 例如，相关活动被政府、法院和管理人主导等，其享有的权利并不是实质性权利 ③直接或间接持有被投资方半数或半数以下表决权，但仍可通过表决权拥有权力 例如，A 投资者持有被投资者 48% 的投票权，剩余投票权由数千位股东持有，但除 A 之外，没有任何股东单独持有超过 1% 的表决权，且他们之间或其中一部分股东均未达成进行集体决策的协议。则 A 投资者拥有权力 例如，A 投资者持有被投资者 40% 的投票权，其他 12 位投资者各持有被投资者 5% 的投票权，股东协议授予 A 投资者任免负责相关活动的管理人员及确定其薪酬的权利，若要改变协议，须获得 2/3 的多数股东表决权同意。则 A 投资者拥有权力
来自合同安排	在某些情况下，某些主体的投资方对其的权力并非源自于表决权，被投资方的相关活动由一项或多项合同安排决定

② 相关活动。

a. 识别相关活动。

相关活动，是指对被投资方的回报产生重大影响的活动。这些活动可能包括但不限于：商品或劳务的销售和购买；金融资产的管理；资产的购买和处置；研究与开发活动；确定资本结构和获取融资。

【提示】同一企业在不同环境和情况下，相关活动也可能有所不同。如基建阶段和工程建设为相关活动；生产经营阶段和生产经营为相关活动等。

b. 分析相关活动的决策机制。

就相关活动作出的决策包括但不限于：对被投资方的经营、融资等活动作出决策，包括编制预算；任命被投资方的关键管理人员或服务提供商，并决定其报酬，以及终止该关键管理人员的劳务关系或终止与服务提供商的业务关系。

c. 两个或两个以上投资方能够分别单方面主导被投资方的不同相关活动时，能够主导对被投资方回报产生最重大影响的活动的一方拥有对被投资方的权力。

2. 纳入合并范围的特殊情况——对被投资方可分割部分的控制（了解）

在少数情况下，如果有确凿证据表明同时满足下列条件并且符合相关法律法规规定的，投资方应当将被投资方的一部分视为被投资方可分割的部分，进而判断是否控制该部分（可分割部分）。

（1）该部分的资产是偿付该部分负债或该部分其他利益方的唯一来源，不能用于偿还该部分以外的被投资方的其他负债。

（2）除与该部分相关的各方外，其他方不享有与该部分资产相关的权利，也不享有与该部分资产剩余现金流量相关的权利。

3. 合并范围的豁免——投资性主体

（1）一般情况下，母公司应当将其全部子公司（包括母公司所控制的被投资单位可分割部分、结构化主体）纳入合并范围。

（2）特殊情况下，如果母公司是投资性主体，则只应将那些为投资性主体的投资活动提供相关服务的子公司纳入合并范围，其他子公司不应予以合并，母公司对其他子公司的投资应当按照公允价值计量且其变动计入当期损益。

【提示】一个投资性主体（A）的母公司（B），如果其本身（B）不是投资性主体，则应当将其（B）控制的全部主体，包括投资性主体（A）及通过投资性主体间接控制的主体，纳入合并财务报表范围。

（3）投资性主体的定义。

当母公司同时满足以下三个条件时，该母公司属于投资性主体：

① 该公司以向投资方提供投资管理服务为目的，从一个或多个投资者获取资金（这是一个投资性主体与其他主体的显著区别）。

② 该公司的唯一经营目的，是通过资本增值、投资收益或两者兼有而让投资者获得回报。

③ 该公司按照公允价值对几乎所有投资的业绩进行计量和评价。

（4）因投资性主体转换引起的合并范围的变化。

① 当母公司由非投资性主体转换为投资性主体时：

除仅将为其投资活动提供相关服务的子公司纳入合并财务报表范围编制合并财务报

表外，企业自转变日起对其他子公司不应予以合并，其会计处理参照部分处置子公司股权但不丧失控制权的处理原则。即按照对该子公司的投资在转变日的公允价值确认一项以公允价值计量且其变动计入当期损益的金融资产，转变日的公允价值与财务报表中该子公司的净资产（资产、负债、商誉之和，扣除少数股东权益）的账面价值之间的差额，调整资本公积（资本溢价或股本溢价），资本公积不足冲减的，调整留存收益。

② 当母公司由投资性主体转换为非投资性主体时：

应将原未纳入合并财务报表范围的子公司于转变日纳入合并财务报表范围，将转变日视为购买日，原未纳入合并财务报表范围的子公司于转变日的公允价值视为购买的交易对价，按照非同一控制下企业合并的会计处理方法进行会计处理。

4. 控制的持续评估（了解）

控制的评估是持续的，当环境或情况发生变化时，投资方需要评估控制的两个基本要素中的一个或多个是否发生了变化。如果有任何事实或情况表明控制的两项基本要素中的一个或多个发生了变化，投资方应重新评估对被投资方是否具有控制。

【例题1·单选】下列各情形中，不考虑其他特殊因素，A公司应纳入甲公司合并范围的是（ ）。

A. 甲公司拥有B公司40%的表决权股份，B公司拥有A公司90%的表决权股份

B. 甲公司拥有D公司80%的表决权股份，D公司拥有A公司50%的表决权股份，同时甲公司直接拥有A公司20%的表决权股份

C. 甲公司拥有C公司100%的表决权股份，C公司拥有A公司40%的表决权股份

D. 甲公司拥有A公司48%的表决权股份

【答案】B

【解析】选项B，甲公司通过直接和间接方式合计拥有A公司70%的表决权股份，A公司属于甲公司的子公司，应纳入甲公司的合并范围。

【例题2·多选】关于合并范围的确定，下列各项中表述正确的有（ ）。

A. 母公司是投资性主体，应将全部子公司纳入合并范围

B. 母公司是投资性主体，只应将那些为投资性主体的投资活动提供相关服务的子公司纳入合并范围

C. 当母公司由投资性主体转变为非投资性主体时，应将原未纳入合并财务报表范围的子公司于转变日纳入合并财务报表范围

D. 当母公司由非投资性主体转变为投资性主体时，除仅将为其投资活动提供相关服务的子公司纳入合并财务报表范围编制合并财务报表外，企业自转变日起对其他子公司不应予以合并

【答案】BCD

【解析】如果母公司是投资性主体，则只应将那些为投资性主体的投资活动提供相关服务的子公司纳入合并范围，其他子公司不应予以合并，母公司对其他子公司的投资应按照公允价值计量且其变动计入当期损益，选项A错误。

【例题3·多选】下列各项表述的业务中，应纳入甲公司合并范围的有（ ）。

A. 甲公司持有乙公司半数以上投票权，目前这些投票权不是实质性权利

B. 甲公司持有丙公司48%的投票权，剩余投票权由数千位股东持有，但没有股东持有超过1%的投票权，没有任何股东与其他股东达成协议或能够作出共同决策

C. 甲公司持有丁公司40%的投票权，其他十二位投资者各持有丁公司5%的投票权，股东协议授予甲公司任免负责相关活动的管理人员及确定其薪酬的权利，改变协议须获得三分之二的多数股

东表决权同意

D. 甲公司持有戊公司 40% 的普通股，其他三位股东各持有 20%，董事会由 6 名董事组成，其中 4 名董事由甲公司任命

【答案】BCD

【解析】甲公司虽然持有乙公司半数以上投票权，但当这些投票权不是实质性权利时，其并不拥有对被投资方的权力，选项 A 错误。

【学霸总结】

（1）确定合并范围以控制为基础，对于“控制”应从多方向理解。

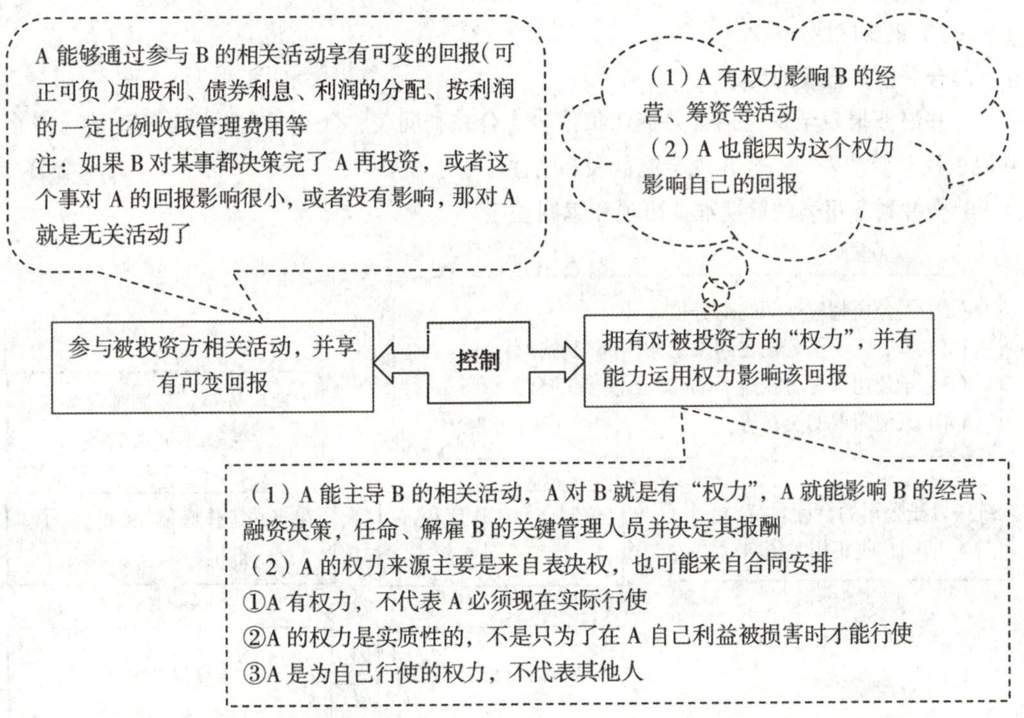

（2）企业一般应将所有子公司纳入合并范围，但也有豁免的范围。

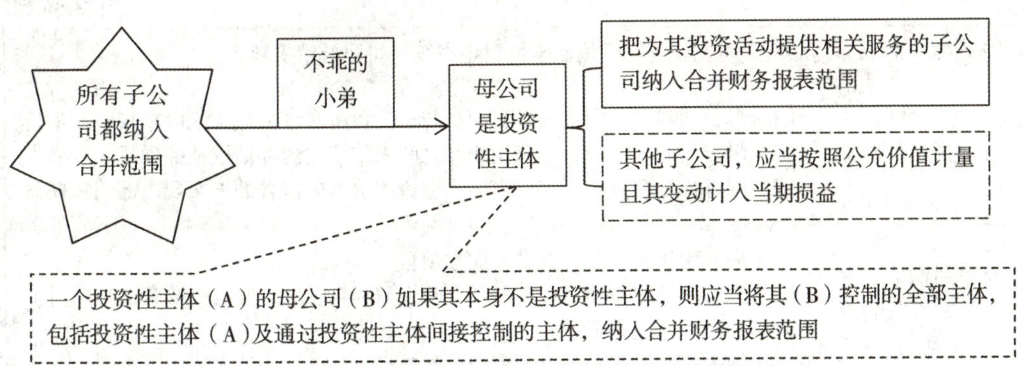

第三节 合并报表的编制原则、前期准备事项及程序

【考点 191】合并财务报表的编制原则、前期准备事项及程序★

1. 合并财务报表的编制原则

合并财务报表的编制，除在遵循财务报表编制的一般原则和要求外，还应遵循以下原则和要求：

（1）以个别财务报表为基础编制。

（2）一体性原则（应当将母子公司作为整体看待）。

（3）重要性原则。

2. 合并财务报表的构成

合并财务报表至少包括合并资产负债表、合并利润表、合并所有者权益变动表（或合并股东权益变动表）、合并现金流量表和附注。

3. 合并财务报表的前期准备事项和编制程序

（1）子公司相应期间的财务报表
（2）母子、子子公司之间发生的内部交易资料
（3）子公司所有者权益变动和利润分配的有关资料
（4）其他需要的资料等

这些分录，只调整财务报表，不调账的哦

统一母子公司的会计政策、会计期间、收集相关资料 → 编制合并工作底稿，计算合计金额 → 在合并工作底稿中编制合并、抵销、调整分录 → 计算合并金额 → 填列合并财务报表

【考点 192】编制合并财务报表需要调整抵销的项目★

类　别	编制合并财务报表时需要抵销的项目
合并资产负债表	（1）母公司对子公司股权投资项目与子公司所有者权益（或股东权益）项目 （2）母公司与子公司、子公司相互之间未结算的内部债权债务项目 （3）内部购进存货、固定资产、无形资产价值中包含的未实现内部销售损益
合并利润表、合并所有者权益变动表	（1）内部销售收入和内部销售成本项目 （2）内部投资收益项目（内部利息收入与利息支出、股权投资收益等项目） （3）资产减值损失项目 （4）纳入合并范围的子公司利润分配项目

（续表）

类　别	编制合并财务报表时需要抵销的项目
合并现金流量表（母子公司、子公司之间，影响现金流量的交易都需要抵销）	（1）当期以现金投资或收购股权增加的投资所产生的现金流量 （2）当期取得投资收益收到的现金与分配股利、利润或偿付利息支付的现金 （3）以现金结算债权与债务所产生的现金流量 （4）当期销售商品所产生的现金流量 （5）处置固定资产、无形资产和其他长期资产收回的现金净额与购建固定资产、无形资产和其他长期资产支付的现金 （6）当期发生的其他内部交易所产生的现金流量

第四节　长期股权投资与所有者权益的合并处理（同一控制下企业合并）

【考点193】同一控制下取得子公司（合并日）合并报表的编制★★★

（1）在合并日，母公司将子公司股权登记入账后，编制合并资产负债表时，应抵销母公司长期股权投资与子公司所有者权益。

借：股本（实收资本）
　　资本公积
　　其他综合收益
　　盈余公积
　　未分配利润
　　贷：长期股权投资（子公司所有者权益 × 母公司持股比例 + 最终控制方收购被合并方时的商誉）
　　　　少数股东权益（子公司所有者权益 × 少数股东持股比例）

【提示】合并过程中发生的审计、评估和法律服务等相关费用计入管理费用，不涉及抵销。同一控制下企业合并不产生新商誉。

（2）同一控制下企业合并的基本处理原则是视同合并后形成的报告主体在合并日及以前期间一直存在（一体化存续原则），对被合并方在企业合并前实现的留存收益中归属于合并方的部分，应自合并方的资本公积（资本溢价或股本溢价）转入留存收益。

借：资本公积
　　贷：盈余公积（合并日子公司盈余公积 × 母公司持股比例）
　　　　未分配利润（合并日子公司未分配利润 × 母公司持股比例）

（3）在编制合并工作底稿的基础上，计算合并财务报表各项目的合并数，编制合并财务报表。

【例题·计算】甲公司20×2年1月1日以28600万元的价格取得A公司80%的股权，A公司净资产的公允价值为35000万元。甲公司在购买A公司过程中发生审计、评估和法律服务等相关费用120万元。上述价款均以银行存款支付。甲公司与A公司均受P公司控制。A公司采用的会计政策与甲公司一致。A公司股东权益总额为32000万元，其中股本为20000万元，资本公积为8000万元，盈余公积为 1200 万元，未分配利润为 2800 万元。不考虑相关税费等其他因素。

要求：

（1）计算甲公司对 A 公司长期股权投资的初始投资成本，并编制相关会计分录。

（2）编制甲公司合并日合并财务报表相关的调整或抵销分录。

【答案】

（1）甲公司对 A 公司长期股权投资的初始投资成本 =32000×80%=25600（万元）。购买该股权过程中发生的审计、估值等相关费用 120 万元直接计入当期损益（管理费用）。

借：长期股权投资　　25600
　　管理费用　　120
　　资本公积——股本溢价　　3000
　　贷：银行存款　　28720

（2）抵销母公司长期股权投资与子公司所有者权益

借：股本　　20000
　　资本公积　　8000
　　盈余公积　　1200
　　未分配利润　　2800
　　贷：长期股权投资　　25600
　　　　少数股东权益　　6400

借：资本公积　　3200
　　贷：盈余公积　　960（1200×80%）
　　　　未分配利润　　2240（2800×80%）

【考点 194】直接投资及同一控制下取得子公司（合并日后）合并报表的编制★★★

在合并日后，母公司通过调整长期股权投资，并编制抵销权益、抵销损益分录的基础上，编制合并财务报表。

1. 长期股权投资成本法核算的结果调整为权益法核算的结果

在编制合并财务报表时，应将成本法调整为权益法，根据“被投资单位净资产变动 × 对应的持股比例”调整相关项目。

项　目	当　年	第 2 年及以后
盈利或亏损	借：长期股权投资 　贷：投资收益（亏损做相反分录）	借：长期股权投资 　贷：年初未分配利润
宣告现金股利	借：投资收益 　贷：长期股权投资	借：年初未分配利润 　贷：长期股权投资
其他综合收益引起的变动	借：长期股权投资 　贷：其他综合收益（或相反分录）	借：长期股权投资 　贷：其他综合收益——年初
除上述 3 项以外的所有者权益变动	借：长期股权投资 　贷：资本公积（或相反分录）	借：长期股权投资 　贷：资本公积——年初
调整当年的所有者权益变动	—	当年的所有者权益变动，参照本表“当年”的方法进行处理
计算出母公司对子公司长期股权投资调整后的账面价值		

2. 合并抵销处理

根据调整后的长期股权投资、投资收益等，依次与子公司所有者权益、相关损益进行抵销。

母公司长期股权投资与子公司所有者权益相互抵销（抵权益）	将对子公司的投资收益与子公司当年利润分配相互抵销（抵损益）
（1）抵销母公司长投与子公司所有者权益 借：股本（实收资本） 　　资本公积 　　其他综合收益 　　盈余公积 　　未分配利润 　　贷：长期股权投资 　　　　少数股东权益（子公司所有者权益 × 少数股东持股比例） （2）同时，子公司在企业合并前实现的留存收益中归属于母公司的部分，自资本公积转入留存收益 借：资本公积 　　贷：盈余公积 　　　　未分配利润	（1）抵销当年实现的净损益（本分录属于对未分配利润抵销的解释，通过抵销期初余额，抵销本期增加额、抵销本期减少额，最终实现抵销未分配利润的期末余额） 借：投资收益（母公司享有部分） 　　少数股东损益（少数股东享有部分） 　　年初未分配利润 　　贷：提取盈余公积 　　　　向股东分配利润 　　　　年末未分配利润 （2）抵销应收、应付股利（如有） 借：应付股利 　　贷：应收股利
【提示】在合并财务报表中，子公司少数股东分担的当期亏损超过了少数股东在该子公司期初所有者权益中所享有的份额的，其余额仍应当冲减少数股东权益，即少数股东权益可以出现负数	

3. 子公司发行累积优先股等其他权益工具

（1）子公司发行累积优先股等其他权益工具的，无论当期是否宣告发放其股利，在计算列报母公司合并利润表中的“归属于母公司股东的净利润”时，应扣除当期归属于除母公司之外的其他权益工具持有者的可累积分配股利，扣除金额应在“少数股东损益”项目列示。

（2）子公司发行不可累积优先股等其他权益工具的，在计算列报母公司合并利润表中的“归属于母公司股东的净利润”时，应扣除当期宣告发放的归属于除母公司之外的其他权益工具持有者的不可累积分配股利，扣除金额应在“少数股东损益”项目中列示。

（3）子公司发行累积或不可累积优先股等其他权益工具的，在资产负债表和股东权益变动表中的列报原则与利润表相同。

第五节　长期股权投资与所有者权益的合并处理（非同一控制下企业合并）

【考点 195】非同一控制下取得子公司（购买日）合并报表的编制★★★

母公司编制购买日的合并资产负债表时，因企业合并取得的子公司各项可辨认资产、负债及或有负债应当以公允价值在合并财务报表中列示。

1. 在购买日按公允价值对子公司的报表项目进行调整

该调整是通过在合并工作底稿中（个别报表中不需要实际过账）编制调整分录进行的，实际上相当于将各项资产、负债的公允价值变动模拟入账，然后以购买日子公司各项资产、负债的公允价值为基础编制购买日的合并财务报表。

借：存货 / 固定资产等（评估增值）

　　递延所得税资产（因评估减值确认的递延所得税资产）

　　贷：应收账款（评估减值，应收账款一般是评估减值）

　　　　递延所得税负债（因评估增值确认的递延所得税负债）

　　　　资本公积（差额）

【提示】在企业合并中，因评估增值、减值影响的递延所得税，虽然做分录的时候影响的是“资本公积”，但是在抵销权益之后，最终影响的是“商誉”的金额。

2. 将母公司的长期股权投资与子公司调整后的所有者权益抵销

借：股本（实收资本）

　　资本公积（调整后的金额）

　　其他综合收益

　　盈余公积

　　未分配利润

　　商誉（借方差额，正商誉）

　　贷：长期股权投资

　　　　少数股东权益

　　　　未分配利润（贷方差额，负商誉）

【提示】在抵销分录出现贷方差额时，由于母公司购买日不编制合并利润表，故直接计入留存收益。

【例题·计算】甲公司 20×1 年 1 月 1 日以定向增发公司普通股股票的方式，购买取得 A 公司 70% 的股权。甲公司定向增发普通股股票 10000 万股（每股面值为 1 元），甲公司普通股股票面值每股为 1 元，市场价格每股为 2.95 元。甲公司并购 A 公司属于非同一控制下的企业合并。A 公司在购买日股东权益总额为 32000 万元，其中股本为 20000 万元，资本公积为 8000 万元、盈余公积为 1200 万元、未分配利润为 2800 万元。A 公司购买日应收账款账面价值为 3920 万元、公允价值为 3820 万元；存货的账面价值为 20000 万元、公允价值为 21100 万元；固定资产账面价值为 18000 万元、公允价值为 21000 万元。购买日股东权益公允价值总额为 36000 万元。

其他资料：假定甲公司、A 公司企业所得税税率为 25%，不考虑其他因素。

要求：

（1）计算甲公司对 A 公司长期股权投资的初始投资成本，并编制相关会计分录。

（2）编制甲公司购买日合并财务报表相关的调整或抵销分录。

【答案】

（1）甲公司取得 A 公司 70% 的股权投资成本 =10000×2.95=29500（万元），其账务处理如下：

借：长期股权投资　　　　29500

　　贷：股本　　　　　　　　10000（面值）

　　　　资本公积——股本溢价　　19500（差额）

（2）编制购买日的合并资产负债表时，将A公司资产和负债的评估增值或减值分别调增或调减相关资产和负债项目的金额。在合并工作底稿中调整分录如下：

借：存货　　1100
　　固定资产　　3000
　　递延所得税资产　　25（100×25%）
　　贷：应收账款　　100
　　　　递延所得税负债　　1025（4100×25%）
　　　　资本公积　　3000

A公司调整后的资本公积=8000+3000=11000（万元）；股东权益总额=32000+3000=35000（万元）；合并商誉=29500−35000×70%=5000（万元）；少数股东权益=35000×30%=10500（万元）。

借：股本　　20000
　　资本公积　　11000
　　盈余公积　　1200
　　未分配利润　　2800
　　商誉　　5000
　　贷：长期股权投资　　29500
　　　　少数股东权益　　10500

【考点196】非同一控制下取得子公司（购买日后）合并报表的编制★★★

1. 以购买日确定的各项可辨认资产、负债及或有负债的公允价值为基础进行调整

购买日后，需要将子公司的资产、负债，从账面价值调整至按照购买日的公允价值持续计算的金额，并考虑相关所得税的影响。

项　目	第1年末（购买当年末）	第2年末
资产、负债按照公允价值进行调整	借：固定资产（原价）/存货/无形资产等 　贷：递延所得税负债 　　资本公积（差额）	借：固定资产（原价）/存货/无形资产等 　贷：递延所得税负债 　　资本公积——年初
调整因当年计提折旧、摊销、对外出售等对净损益的影响	借：管理费用等（当年补提折旧、摊销） 　贷：固定资产（累计折旧） 　　无形资产（累计摊销） 借：营业成本（存货对外出售） 　贷：存货	借：年初未分配利润（替换管理费用） 　贷：固定资产（累计折旧） 　　无形资产（累计摊销） 借：年初未分配利润（替换营业成本） 　贷：存货
转回递延所得税负债	借：递延所得税负债 　贷：所得税费用	借：递延所得税负债 　贷：年初未分配利润（替换所得税费用）
【提示】评估减值，与评估增值原理相同		

2. 长期股权投资成本法核算的结果调整为权益法核算的结果

在编制合并财务报表时，应将成本法调整为权益法核算的结果，根据“被投资单位净

资产变动 × 对应的持股比例”调整相关项目。其中，子公司当年实现的利润，应当为按照购买日各项资产、负债公允价值持续计算的净利润（考虑评估增值的影响，不考虑内部交易的调整）。

调整后的净利润 = 账面净利润（子公司）± 评估增值或减值的资产计提折旧、摊销、对外出售等对净损益的影响 ± 因递延所得税负债（资产）转回而影响的所得税费用

调整后的未分配利润 = 年初未分配利润（调整后）± 调整后的净利润或净亏损 - 子公司的利润分配项目等（分配股利、提取盈余公积）。

项　目	当　年	第 2 年及以后
盈利或亏损	借：长期股权投资 　　贷：投资收益（亏损做相反分录）	借：长期股权投资 　　贷：年初未分配利润
宣告现金股利	借：投资收益 　　贷：长期股权投资	借：年初未分配利润 　　贷：长期股权投资
其他综合收益引起的变动	借：长期股权投资 　　贷：其他综合收益（或相反分录）	借：长期股权投资 　　贷：其他综合收益——年初
除上述 3 项以外的所有者权益变动	借：长期股权投资 　　贷：资本公积（或相反分录）	借：长期股权投资 　　贷：资本公积——年初
调整当年的所有者权益变动	—	当年的所有者权益变动，参照本表“当年”的方法进行处理
计算出母公司对子公司长期股权投资调整后的账面价值		

3. 合并抵销处理

根据调整后的长期股权投资、投资收益等，依次与子公司所有者权益、相关损益进行抵销。

母公司长期股权投资与子公司所有者权益相互抵销（抵权益）	将对子公司的投资收益与子公司当年利润分配相互抵销（抵损益）
借：股本（实收资本） 　　资本公积（调整后的金额） 　　其他综合收益 　　盈余公积 　　未分配利润（调整后的金额） 　　商誉 　　贷：长期股权投资 　　　　少数股东权益	（1）抵销当年实现的净损益 借：投资收益（调整后的净利润 × 母公司持股比例） 　　少数股东损益（调整后的净利润 × 少数股东持股比例） 　　年初未分配利润 　　贷：提取盈余公积 　　　　向股东分配利润（全部分配的股利） 　　　　年末未分配利润 （2）抵销应收、应付股利（如有） 借：应付股利 　　贷：应收股利

【例题 1 · 计算】P 公司于 2×17 年 1 月 1 日，支付价款 40000 万元从非关联企业处购买 A 公司 80% 的股权，并于当日改选董事会，能够主导 A 公司的相关活动决策。A 公司于 2×17 年 1 月 1 日可辨认净资产的账面价值为 35000 元，其中股本 12000 万元，资本公积 20000 万元，其他综合收益 2000 万元，盈余公积 200 万元，未分配利润为 800 万元。其中，A 公司一项应收账款账面价值 3800

万元，公允价值为3600万元；一项固定资产账面价值8000万元，公允价值为9000万元；一项合同纠纷引起的诉讼，在购买日未判决，因不满足预计负债确认条件，A公司尚未确认相关的预计负债，当日该或有负债的公允价值为100万元。

A公司的固定资产为一台管理用设备，预计仍可使用10年，预计净残值为零，采用直线法折旧，固定资产的折旧年限、折旧方法、预计净残值均与税法规定一致。

至2×17年年末，应收账款按购买日评估确认的金额收回，评估确认的坏账已核销；上述或有负债A公司败诉，并已支付赔偿款100万元。

2×17年和2×18年A公司其他资料如下（单位：万元）：

项　目	2×17年	2×18年
账面净利润	3000	3400
提取盈余公积	300	340
宣告分派现金股利（次年年初支付）	1000	1200
其他综合收益的变动数额（因其他债权投资公允价值变动产生）	100	−80

其他资料：假设上述资产和负债的公允价值与计税基础之间形成的暂时性差异，均符合确认递延所得税资产或递延所得税负债的条件，P公司和A公司适用的所得税税率均为25%，不考虑其他因素。

要求：

（1）编制购买日P公司个别财务报表的相关分录。

（2）编制购买日P公司合并财务报表的相关分录。

（3）编制2×17年年末P公司个别财务报表的相关分录。

（4）编制2×17年年末P公司合并财务报表的相关分录。

（5）编制2×18年年末P公司个别财务报表的相关分录。

（6）编制2×18年年末P公司合并财务报表的相关分录。

【答案】

（1）P公司购买日个别财务报表的相关分录：

借：长期股权投资　　40000

　贷：银行存款　　40000

（2）子公司（A公司）可辨认净资产的公允价值=35000（账面数）−200×（1−25%）+1000×（1−25%）−100×（1−25%）=35000−150+750−75=35525（万元）。

P公司合并财务报表应确认的商誉=40000−35525×80%=11580（万元）。

购买日P公司合并财务报表的相关分录：

借：固定资产　　1000

　递延所得税资产　　75[（200+100）×25%]

　贷：递延所得税负债　　250（1000×25%）

　　应收账款　　200

　　预计负债　　100

　　资本公积　　525

借：股本　　12000
　资本公积　　20525（20000+525）
　其他综合收益　　2000
　盈余公积　　200
　未分配利润　　800
　商誉　　11580
　贷：长期股权投资　　40000
　　少数股东权益　　7105（35525×20%）

（3）个别报表中，确认当期分配的现金股利：

借：应收股利　　800（1000×80%）
　贷：投资收益　　800

（4）① 调整子公司的评估增值或评估减值（照抄合并日的分录）：

借：固定资产　　1000
　递延所得税资产　　75[（200+100）×25%]
　贷：递延所得税负债　　250（1000×25%）
　　应收账款　　200
　　预计负债　　100
　　资本公积　　525

② 因使用、偿付、销售资产、负债等，进行相关的调整：

a. 偿付预计负债，并转回递延所得税资产：

借：预计负债　　100
　贷：营业外支出　　100
借：所得税费用　　25（100×25%）
　贷：递延所得税资产　　25

b. 固定资产的评估增值补提的折旧，并转回递延所得税负债：

借：管理费用　　100（1000÷10）
　贷：固定资产（累计折旧）　　100
借：递延所得税负债　　25（100×25%）
　贷：所得税费用　　25

c. 应收账款评估确认的坏账已经核销，并转回递延所得税资产：

借：应收账款　　200
　贷：资产减值损失　　200
借：所得税费用　　50（200×25%）
　贷：递延所得税资产　　50

③ 计算调整后的净利润和本年年末未分配利润（评估增值或评估减值引起的）：

A 公司调整后本年净利润 =3000+（100−25）+（−100+25）+（200−50）=3150（万元）。

A 公司调整后的本年年末未分配利润 = 年初未分配利润（购买日）+ 调整后的净利润 − 提取盈余公积 − 分配股利 =800（年初）+3150−300−1000=2650（万元）。

④ 将长期股权投资由成本法调整为权益法核算的结果：

借：长期股权投资　　　　2520（3150×80%）

　贷：投资收益　　　　　2520

借：投资收益　　　　　　800（分配股利 1000×80%）

　贷：长期股权投资　　　800

借：长期股权投资　　　　80（100×80%）

　贷：其他综合收益　　　80

注：如果题目说明，A 公司其他债权投资公允价值上升 100 万元，则应当考虑所得税的因素，即其他综合收益增加 75 万元（100×25%）。

⑤ 母公司长期股权投资与子公司所有者权益抵销（抵权益）：

借：股本　　　　　　　　12000

　资本公积　　　　　　　20525

　其他综合收益　　　　　2100（2000+100）

　盈余公积　　　　　　　500（200+300）

　未分配利润　　　　　　2650（调整后）

　商誉　　　　　　　　　11580

　贷：长期股权投资　　　41800（40000+2520−800+80）

　　少数股东权益　　　　7555[（12000+20525+2100+500+2650）×20%]

⑥ 母公司投资收益与子公司利润分配等项目的抵销（抵损益）：

借：投资收益　　　　　　2520（3150×80%）

　少数股东损益　　　　　630（3150×20%）

　年初未分配利润　　　　800

　贷：提取盈余公积　　　300

　　向股东分配利润　　　1000

　　年末未分配利润　　　2650

⑦ 应收股利与应付股利的抵销

借：应付股利　　　　　　800（1000×80%）

　贷：应收股利　　　　　800

（5）个别报表中，确认当期分配的现金股利：

借：应收股利　　　　　　960（1200×80%）

　贷：投资收益　　　　　960

（6）① 调整子公司的评估增值或评估减值（照抄合并日的分录）：

借：固定资产　　　　　　1000

　递延所得税资产　　　　75[（200+100）×25%]

　贷：递延所得税负债　　250（1000×25%）

　　应收账款　　　　　　200

　　预计负债　　　　　　100

　　资本公积　　　　　　525

② 因使用、偿付、销售资产、负债等，进行相关的调整（照抄 2×17 年合并工作底稿中的分录，将损益类科目替换为年初未分配利润）：

a.2×17 年偿付预计负债，并转回递延所得税资产：

借：预计负债　　100

　　贷：年初未分配利润　　100

借：年初未分配利润　　25（100×25%）

　　贷：递延所得税资产　　25

b.2×17 年固定资产的评估增值补提的折旧，并转回递延所得税负债：

借：年初未分配利润　　100（1000÷10）

　　贷：固定资产（累计折旧）　　100

借：递延所得税负债　　25（100×25%）

　　贷：年初未分配利润　　25

c.2×17 年应收账款评估确认的坏账已经核销，并转回递延所得税资产：

借：应收账款（坏账准备）　　200

　　贷：年初未分配利润　　200

借：年初未分配利润　　50（200×25%）

　　贷：递延所得税资产　　50

d.2×18 年固定资产的评估增值补提的折旧，并转回递延所得税负债：

借：管理费用　　100（1000÷10）

　　贷：固定资产（累计折旧）　　100

借：递延所得税负债　　25（100×25%）

　　贷：所得税费用　　25

③ 计算调整后的净利润和本年年末未分配利润（评估增值或评估减值引起的）：

A 公司调整后本年净利润 =3400-（100-25）=3325（万元）。

A 公司调整后的本年年末未分配利润 = 年初未分配利润（调整后）+ 调整后的净利润 - 提取盈余公积 - 分配股利 =2650（年初）+3325-340-1200=4435（万元）。

④ 将长期股权投资由成本法调整为权益法核算的结果：

a. 照抄 2×17 年合并工作底稿中的分录，将损益类科目替换为年初未分配利润：

借：长期股权投资　　2520（3150×80%）

　　贷：年初未分配利润　　2520

借：年初未分配利润　　800（分配股利 1000×80%）

　　贷：长期股权投资　　800

借：长期股权投资　　80（100×80%）

　　贷：其他综合收益　　80

b. 将 2×18 年的长期股权投资由成本法调整为权益法：

借：长期股权投资　　2660（3325×80%）

　　贷：投资收益　　2660

借：投资收益　　960（分配股利 1200×80%）

　　贷：长期股权投资　　960

借：其他综合收益　　64（80×80%）

　贷：长期股权投资　　64

调整后的长期股权投资=41800（上年）+2660−960−64=43436（万元）。

⑤母公司长期股权投资与子公司所有者权益抵销（抵权益）：

借：股本　　12000

　资本公积　　20525

　其他综合收益　　2020（2000+100−80）

　盈余公积　　840（200+300+340）

　未分配利润　　4435（调整后）

　商誉　　11580

　贷：长期股权投资　　43436（40000+2520−800+80+2660−960−64）

　　少数股东权益　　7964[（12000+20525+2020+840+4435）×20%]

⑥母公司投资收益与子公司利润分配等项目的抵销（抵损益）：

借：投资收益　　2660（3325×80%）

　少数股东损益　　665（3325×20%）

　年初未分配利润　　2650

　贷：提取盈余公积　　340

　　向股东分配利润　　1200

　　年末未分配利润　　4435

⑦应收股利与应付股利的抵销

借：应付股利　　960（1200×80%）

　贷：应收股利　　960

【例题2·多选】甲公司20×8年1月1日购入乙公司80%股权，能够对乙公司的财务和经营政策实施控制。除乙公司外，甲公司无其他子公司。20×8年年度，乙公司按照购买日可辨认净资产公允价值为基础计算实现的净利润为2000万元，无其他所有者权益变动。20×8年年末，甲公司合并财务报表中少数股东权益为825万元。20×9年年度，乙公司按购买日可辨认净资产公允价值为基础计算的净亏损为5000万元，无其他所有者权益变动。20×9年年末，甲公司个别财务报表中所有者权益总额为8500万元。下列各项关于甲公司20×8年年度和20×9年年度合并财务报表列报的表述中，正确的有（　　）。

A. 20×8年年度少数股东损益为400万元

B. 20×9年12月31日少数股东权益为0

C. 20×9年12月31日股东权益总额为5925万元

D. 20×9年12月31日归属于母公司股东权益为6100万元

【答案】ACD

【解析】20×8年少数股东损益=2000×20%=400（万元），选项A正确；20×9年12月31日少数股东权益=825−5000×20%=−175（万元），选项B错误；20×9年12月31日归属于母公司的股东权益=8500+（2000−5000）×80%=6100（万元），选项D正确；20×9年12月31日股东权益总额=6100−175=5925（万元），选项C正确。

【学霸总结】

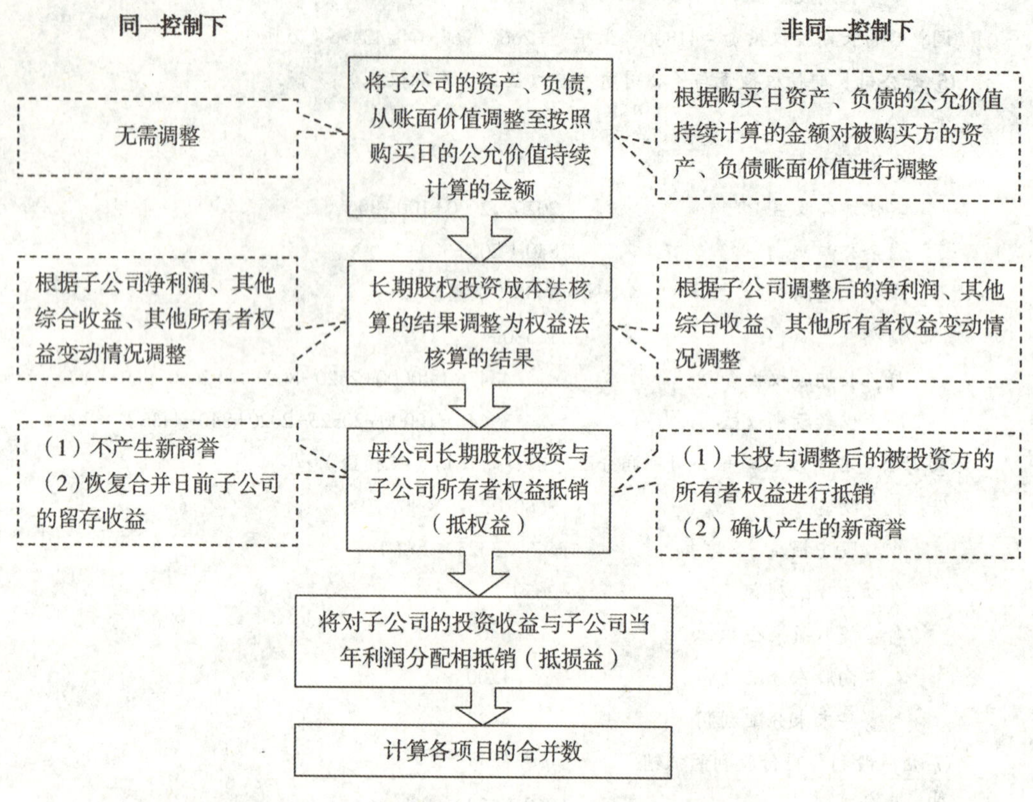

第六节 内部商品交易的合并处理

【考点197】内部销售收入和内部销售成本的抵销处理★★★

1. 未发生存货跌价准备时，内部销售收入和内部销售成本的抵销处理

项目	内容	
	第1年处理	第2年处理
假设	P持有A的80%股权（能控制），当年P向A销售一批存货1000万元，成本600万元	
如果A当年全部对外销售	借：营业收入　1000 　贷：营业成本　1000	借：年初未分配利润　1000 　贷：年初未分配利润　1000 注：可以不做此分录
A当年未将存货对外销售，第2年全部对外销售	（1）计算期末存货中未实现的内部交易损益=1000（期末存货价值）-600（销售方成本）=400（万元） 或期末未实现内部交易损益=1000（期末存货价值）×40%(毛利率)=400(万元)	（1）将上年抵销分录过入本年（可理解为上期未实现的利润在本期视同全部实现） 借：年初未分配利润　400 　贷：存货　400 借：存货　400

（续表）

<table>
<tr><th rowspan="2">项 目</th><th colspan="2">内 容</th></tr>
<tr><th>第 1 年处理</th><th>第 2 年处理</th></tr>
<tr><td>A 当年未将存货对外销售，第 2 年全部对外销售</td><td>（2）编制抵销分录（视同存货全部销售，再将期末存货中的未实现内部交易损益抵销）
借：营业收入　1000（销售方收入）
　贷：营业成本　1000
借：营业成本　400
　贷：存货　400（期末未实现损益）

注：合并后得到此分录
借：营业收入　1000（销售方收入）
　贷：营业成本　600（倒挤金额）
　　存货　400（期末未实现损益）

（3）确认抵销存货而产生的递延所得税资产
借：递延所得税资产 100（400×25%）
　贷：所得税费用　100
【提示】如果 A 当年对外销售 60%，则期末存货中未实现的内部交易损益 =400（期末存货价值）×40%（毛利率）=160（万元）。抵销分录参见上述两种编制方法</td><td>　贷：营业成本　400

注：合并后得到此分录
借：年初未分配利润　400
　贷：营业成本　400

借：递延所得税资产　100
　贷：年初未分配利润　100
（2）抵销本年度新发生的内部销售交易
借：营业收入
　贷：营业成本
（3）抵销本年末存货中未实现内部交易损益
借：营业成本
　贷：存货（期末未实现损益）
（4）确认抵销存货而产生的递延所得税资产
借：所得税费用
　贷：递延所得税资产（或相反分录）
注：本年递延所得税资产应有余额 = 期末存货中的未实现内部交易损益 × 所得税税率，在考虑年初的基础上，确定补提或转回</td></tr>
<tr><td>A 将购入存货作为固定资产</td><td>借：营业收入　1000
　贷：营业成本　600（倒挤金额）
　　固定资产　400（未实现内部损益）</td><td>详见内部固定资产交易的处理的内容</td></tr>
<tr><td rowspan="2">逆流交易的处理</td><td colspan="2">在逆流交易中，注意少数股东损益的计算和抵销，根据“考点 205 逆流交易的合并处理”的内容，假设在本例中，如果属于逆流交易（A 出售给 P），P 当年全部未对外销售，第 2 年年末全部对外出售</td></tr>
<tr><td>少数股东应分担的未实现交易损益 =[400（未实现损益）-100（所得税影响）]×20%=60（万元），应减少少数股东权益
借：少数股东权益　60
　贷：少数股东损益　60</td><td>（1）将上年的抵销分录过入本年
借：少数股东权益　60
　贷：年初未分配利润　60
（2）第 2 年全部对外出售（即利润实现），本期应增加少数股东权益 60 万元
借：少数股东损益　60
　贷：少数股东权益　60</td></tr>
</table>

2. 存货跌价准备的合并处理

<table>
<tr><th>项 目</th><th colspan="2">内 容</th></tr>
<tr><td>情形</td><td>销售企业销售成本（合并层面的存货成本）＜购买企业本期期末内部购进存货的可变现净值＜购买企业的取得成本（个别报表的存货成本）
注：从合并层面看，存货未减值</td><td>购买企业本期期末内部购进存货的可变现净值＜购买企业的取得成本（个别报表的存货成本），也＜销售企业销售成本（合并层面的存货成本）
注：从合并层面看，存货发生了减值</td></tr>
<tr><td>处理原则</td><td>将个别报表计提的存货跌价准备全部冲回</td><td>部分冲回，调整到合并层面的减值</td></tr>
<tr><td>示例</td><td>P 持有 A 的 80% 股权（能控制），当年 P 向 A 销售一批存货 1000 万元，成本 600 万元，当期全部未对外销售，形成期末的存货；当年末 A 测试其可变现净值为 800 万元，计提 200 万元存货跌价准备</td><td>P 持有 A 的 80% 股权（能控制），当年 P 向 A 销售一批存货 1000 万元，成本 600 万元，当期全部未对外销售，形成期末的存货；当年末 A 测试其可变现净值为 500 万元，计提 500 万元存货跌价准备</td></tr>
<tr><td>A 的个别报表计提的分录</td><td>借：资产减值损失 200
　贷：存货跌价准备 200
借：递延所得税资产 50
　贷：所得税费用 50</td><td>借：资产减值损失 500
　贷：存货跌价准备 500
借：递延所得税资产 125
　贷：所得税费用 125</td></tr>
<tr><td>P 合并报表工作底稿的调整</td><td>（1）抵销内部销售交易
（2）抵销存货跌价准备
借：存货（存货跌价准备） 200
　贷：资产减值损失 200
借：所得税费用 50
　贷：递延所得税资产 50</td><td>（1）抵销内部销售交易
（2）抵销存货跌价准备
借：存货（存货跌价准备） 400
　贷：资产减值损失 400
借：所得税费用 100
　贷：递延所得税资产 100
注：将本期计提的存货减值准备中，相当于未实现内部销售利润的部分抵销</td></tr>
<tr><td>P 连续编制合并财务报表时（以左边的情形做演示）</td><td colspan="2">（1）抵销内部销售交易
（2）将上年抵销分录过入本年
借：存货（存货跌价准备） 200
　贷：年初未分配利润 200
借：年初未分配利润 50
　贷：递延所得税资产 50
（3）如果本期存货对外销售 50%（需要抵销结转掉的存货跌价准备）
借：营业成本 100
　贷：存货（存货跌价准备） 100（按照销售比例结转）
借：递延所得税资产 25
　贷：所得税费用 25

对外销售 50% 时，A 个别报表结转存货跌价准备的分录：
借：存货跌价准备 100
　贷：营业成本 100
借：所得税费用 25
　贷：递延所得税资产 25
从合并报表层面来看，不存在存货跌价准备，需要抵销</td></tr>
</table>

（续表）

<table>
<tr><th>项 目</th><th>内 容</th></tr>
<tr><td>P连续编制合并财务报表时（以左边的情形做演示）</td><td>（4）抵销本期的存货跌价准备及相应的递延所得税（具体原理和上面演示相同）
假设：第2年年末仍未对外销售，年末存货可变现净值为400万元，个别报表中存货跌价准备的余额为600（1000-400）万元，需要补提400（600-200）万元

A个别报表补提跌价准备的分录：
借：资产减值损失 400
贷：存货跌价准备 400
借：递延所得税资产 100
贷：所得税费用 100

则：从合并报表的层面看，应有存货跌价准备余额200（600-400）万元，需抵销400万元（个别报表余额600-合并报表余额200），但是从上年的工作底稿中已过入200万元，需要再抵销200万元
借：存货（存货跌价准备） 200
贷：资产减值损失 200
借：所得税费用 50
贷：递延所得税资产 50</td></tr>
</table>

【例题·单选】A公司为B公司的母公司，2×18年A公司出售一批存货给B公司，售价为120万元，成本80万元，B公司期末出售了50%，剩余部分可变现净值为35万元；第二年出售了30%，剩余20%形成期末存货，可变现净值为20万元。假定不考虑所得税的影响，A公司2×19年合并报表中的抵销分录影响合并损益的金额是（　　）万元。

A. −4　　B. 0　　C. 4　　D. 8

【答案】A

【解析】2×19年合并报表中，期末存货在合并报表层面上的成本=80×20%=16（万元），个别报表上存货的成本=120×20%=24（万元），可变现净值为20万元，因此应抵销个别报表中计提的资产减值损失4万元（24−20）。具体分录如下：

<table>
<tr><th>2×18年的抵销分录</th><th>2×19年的抵销分录</th></tr>
<tr><td>借：营业收入 120
贷：营业成本 120
借：营业成本 20
贷：存货 20
借：存货——存货跌价准备 20
贷：资产减值损失 20</td><td>借：年初未分配利润 20
贷：营业成本 20
借：营业成本 8
贷：存货 8
借：存货——存货跌价准备 20
贷：年初未分配利润 20
借：营业成本 12
贷：存货——存货跌价准备 12
借：资产减值损失 4
贷：存货——存货跌价准备 4</td></tr>
</table>

【学霸总结】

在理解合并报表的抵销分录时，我们可以先写出个别报表的会计分录，然后从整体上去理解合并报表相关项目应该有的结果，再进行调整（个别报表分录 + 调整分录 = 合并报表相关项目的应有结果）。

第七节 内部债权债务的合并处理

【考点 198】内部债权债务的合并处理★★★

在编制合并财务报表时需要进行合并处理的内部债权债务项目主要包括：①应收账款与应付账款；②应收票据与应付票据；③预付账款与预收账款；④长期债券投资与应付债券；⑤应收股利与应付股利；⑥其他应收款与其他应付款。

<table>
<tr><th rowspan="2">项 目</th><th colspan="2">内 容</th></tr>
<tr><th>第 1 年处理</th><th>第 2 年处理</th></tr>
<tr><td>示例</td><td colspan="2">P 持有 A 的 80% 股权（能控制），当年 P 个别报表中“应收账款——A”的账面价值 580 万元，坏账准备的余额 20 万元；A 的“应付账款——P”账面余额 600 万元。第 2 年年末，A 尚未偿付该款项，P 个别报表中“应收账款——A”的账面价值 550 万元，坏账准备余额 50 万元</td></tr>
<tr><td>应收与应付的抵销</td><td>借：应付账款 600
贷：应收账款 600
（580+20）</td><td>借：应付账款 600
贷：应收账款 600
（550+50）
注：应抵销期末数（不涉及所有者权益，不需要过入上年分录）</td></tr>
<tr><td>坏账准备的抵销</td><td>借：应收账款（坏账准备）20
贷：资产减值损失 20
借：所得税费用 5
贷：递延所得税资产 5

P 个别报表计提坏账准备的分录：
借：资产减值损失 20
贷：坏账准备 20
借：递延所得税资产 5
贷：所得税费用 5</td><td>（1）抵销上年计提的坏账准备
借：应收账款（坏账准备） 20
贷：年初未分配利润 20
借：年初未分配利润 5
贷：递延所得税资产 5
（2）抵销本年计提的坏账准备
借：应收账款（坏账准备） 30
贷：资产减值损失 30
借：所得税费用 7.5
贷：递延所得税资产 7.5</td></tr>
</table>

【例题·多选】P 公司是 A 公司的母公司，P 公司按照应收账款现值低于其账面价值的差额对 A 公司的应收账款计提减值准备，适用的所得税税率为 25%。2×18 年 P 公司应收账款余额为 1500 万元，其现值为 1485 万元。2×19 年内部应收账款余额为 1500 万元，其现值为 1480 万元。根据税法规定，企业确认的资产减值损失实际发生时才可以税前扣除。不考虑其他因素，2×19 年就该项内部应收账款计提的坏账准备和递延所得税所编制的抵销分录，下列说法中正确的有（　　）。

A. 合并资产负债表中应抵销累计计提的坏账准备 20 万元

B. 合并利润表中应抵销资产减值损失 5 万元

C. 合并利润表中应抵销所得税费用 5 万元

D. 合并资产负债表中应抵销递延所得税资产 5 万元

【答案】ABD

【解析】2×19 年合并利润表中应抵销所得税费用 1.25 万元，选项 C 错误。相关分录如下：

借：应收账款（坏账准备）　　20（1500-1480）
　　贷：年初未分配利润　　15
　　　　资产减值损失　　5（20-15）

借：年初未分配利润　　3.75
　　所得税费用　　1.25
　　贷：递延所得税资产　　5（20×25%）

【学霸总结】

在连续编制合并财务报表时，对于上年合并工作底稿中不影响损益的调整分录，不用过入次年的工作底稿，直接使用本年末应收、应付账款的余额抵销即可。另外，可以先写出个别报表的会计分录，然后从整体上去理解合并报表相关项目应该有的结果，再进行调整（个别报表分录 + 调整分录 = 合并报表相关项目的应有结果）。

第八节　内部固定资产交易的合并处理

【考点 199】内部固定资产交易的合并处理★★★

1. 未发生变卖或报废的内部交易固定资产的抵销

项　目	内　容	
	第 1 年处理	第 2 年处理
示例	P 持有 A 的 80% 股权（能控制），2×18 年 4 月 1 日 P 将自用的管理设备销售给 A 作为管理用固定资产使用，设备账面价值 100 万元，转让价格 120 万元；假设该设备按年限平均法计提折旧，尚可使用年限为 5 年，净残值为 0	
抵销销售业务	借：资产处置收益　20（120-100） 　贷：固定资产（原价）20 【提示】如果 2×18 年 3 月 31 日 P 将自产产品销售给 A 作为管理用固定资产使用 借：营业收入　120 　贷：营业成本　100 　　固定资产（原价）　20	将上年的抵销分录过入本年 借：年初未分配利润　20 　贷：固定资产（原价）　20
抵销多计提的折旧	借：固定资产（累计折旧）3 　贷：管理费用　3 注：从合并报表层面看，固定资产应按照 100 万元计提折旧，A 按照 120 万元计提折旧，每年多计提 4 万元，当年多提 3 万元	（1）将上年的抵销分录过入本年 借：固定资产（累计折旧）　3 　贷：年初未分配利润　3 （2）抵销本年多计提的折旧 借：固定资产（累计折旧）　4 　贷：管理费用　4

（续表）

<table>
<tr><th rowspan="2">项 目</th><th colspan="2">内 容</th></tr>
<tr><th>第 1 年处理</th><th>第 2 年处理</th></tr>
<tr><td>抵销递延所得税</td><td>借：递延所得税资产 4.25
贷：所得税费用 4.25
注：从合并报表层面，当年年末固定资产账面价值为 85 万元，A 个别报表中固定资产账面价值（计税基础）为 102 万元，形成可抵扣暂时性差异 17 万元，确认递延所得税资产 =17×25%=4.25（万元）（即，当期期末未实现内部交易损益的金额 17 万元 × 所得税税率 25%）</td><td>（1）将上年的抵销分录过入本年
借：递延所得税资产 4.25
贷：年初未分配利润 4.25
（2）调整本年末的递延所得税资产
借：所得税费用 1
贷：递延所得税资产 1
注：本年年末递延所得税资产应有余额 = 期末固定资产中的未实现内部交易损益 × 所得税税率 =13×25%=3.25（万元），期初已有 4.25 万元，因此应转回 1 万元（3.25−4.25）</td></tr>
<tr><td rowspan="2">逆流交易的处理</td><td colspan="2">在逆流交易中，注意少数股东损益的计算和抵销，根据“考点 205 逆流交易的合并处理”的内容，假设在本例中属于逆流交易（A 出售给 P）</td></tr>
<tr><td>少数股东应分担的未实现交易损益 =[17（未实现损益）−4.25（所得税影响）]×20%=2.55（万元）。即应减少少数股东权益 2.55 万元
借：少数股东权益 2.55
贷：少数股东损益 2.55</td><td>（1）将上年的抵销分录过入本年
借：少数股东权益 2.55
贷：年初未分配利润 2.55
（2）本期实现以前期间未实现的内部损益 =4×（1−25%）=3（万元）（通过提折旧实现），应增加少数股东权益 0.6 万元（3×20%）
借：少数股东损益 0.6
贷：少数股东权益 0.6</td></tr>
</table>

【例题·单选】 2×18 年 3 月，P 公司（母公司）以 1000 万元的价格（不含增值税税额），将其生产的设备销售给其全资子公司 A 公司作为管理用固定资产。该设备的生产成本为 800 万元。A 公司采用年限平均法对该设备计提折旧，该设备预计使用年限为 10 年，预计净残值为零。P 公司、A 公司的所得税税率均为 25%，假定税法按历史成本确定计税基础。在编制 2×18 年合并财务报表时，因该设备相关的未实现内部销售利润的抵消而影响合并净利润的金额为（ ）万元。

A. −180　　B. 185　　C. 200　　D. −138.75

【答案】 D

【解析】 2×18 年合并财务报表中，因该设备相关的未实现内部交易损益的抵消而影响合并净利润的金额 =−[（1000−800）−（1000−800）÷10×9/12]×（1−25%）=−138.75（万元）。

借：营业收入 1000
　贷：营业成本 800
　　固定资产（原价） 200

借：固定资产（累计折旧） 15（200÷10×9/12）
　贷：管理费用 15

借：递延所得税资产 46.25[（200−15）×25%]
　贷：所得税费用 46.25

注：该设备2×18年年末的计税基础=1000−1000÷10×9/12=925（万元）；而合并报表层面，该设备2×18年年末的账面价值=800−800÷10×9/12=740（万元）；形成可抵扣暂时性差异=925−740=185（万元），应确认递延所得税资产=185×25%=46.25（万元）。

或：2×18年年末未实现的内部交易损益=（1000−800）−（1000−800）÷10×9/12=185（万元），应确认递延所得税资产=185×25%=46.25（万元）。

2. 发生报废或处置情况下的内部固定资产交易的抵销

项　目	会计处理
使用期满当年清理	根据上表中的例题资料，如果使用期届满，当年清理，获得清理净损益1万元 （1）因使用期已满，未实现内部交易损益已通过每期计提折旧实现，获得的清理净损益为实际对外部实现的，不需要调整 （2）当期多计提的折旧1万元（20÷5×3/12），冲减当期管理费用 借：年初未分配利润　　1 　贷：管理费用　　1 借：年初未分配利润　　20 　贷：营业外收入　　20 借：营业外收入　　19 　贷：年初未分配利润　　19 借：营业外收入　　1 　贷：管理费用　　1 注：前2笔分录为过入的以前年度调整分录，第3笔为当期调整折旧的分录，综合得出上述调整（固定资产已到期报废，使用“营业外收入”替代） （3）所有未实现损益都已实现，转回所有递延所得税资产；处置当期上年年末未实现的内部交易损益为1万元，上年年末递延所得税资产余额为0.25万元（1×25%） 借：递延所得税资产　　0.25 　贷：年初未分配利润　　0.25 借：所得税费用　　0.25 　贷：递延所得税资产　　0.25
超期清理	使用超过期满，当年进行清理的，不需要进行抵销处理
提前处置	根据上表中的例题资料，如果2×19年12月31日清理，获得清理收入90万元 （1）将上年抵销分录过入本年（固定资产已处置，使用“资产处置收益”替代） 借：年初未分配利润　　20 　贷：资产处置收益　　20 借：资产处置收益　　3 　贷：年初未分配利润　　3 （2）抵销当年多计提折旧 借：资产处置收益　　4 　贷：管理费用　　4 （3）转回递延所得税资产 借：递延所得税资产　　4.25 　贷：年初未分配利润　　4.25 借：所得税费用　　4.25 　贷：递延所得税资产　　4.25

第九节 内部无形资产交易的合并处理

【考点200】内部无形资产交易的合并处理★★★

内部无形资产交易的抵销思路与固定资产类似，具体参照内部固定资产交易的合并处理。

项 目	内 容	
	第1年处理	第2年处理
抵销销售业务	借：资产处置收益 贷：无形资产（原价）	借：年初未分配利润 贷：无形资产（原价）
抵销多计提的摊销	借：无形资产（累计摊销） 贷：管理费用	借：无形资产（累计摊销） 贷：年初未分配利润 借：无形资产（累计摊销） 贷：管理费用
抵销递延所得税	借：递延所得税资产 贷：所得税费用	借：递延所得税资产 贷：年初未分配利润 借：所得税费用 贷：递延所得税资产

【例题·单选】P公司是A公司的母公司，持股比例为100%。P公司2×19年4月2日从A公司购进一项无形资产，该无形资产的原值为90万元，已摊销20万元，售价100万元。P公司购入后作为无形资产并于当月投入使用，预计尚可使用5年，净残值为零，采用直线法摊销(与税法规定相同)。P公司和A公司适用的所得税税率均为25%。不考虑其他因素，下列有关P公司2×19年年末编制合并财务报表时的抵销处理，不正确的是（ ）。

A. 抵销营业外收入30万元

B. 抵销无形资产价值包含的未实现内部交易损益30万元

C. 确认递延所得税资产6.375万元

D. 抵销多计提的累计摊销4.5万元

【答案】A

【解析】应抵销资产处置收益30万元，选项A错误。A公司2×19年年末应编制的抵销分录为：

借：资产处置收益　　30

　贷：无形资产　　30

借：无形资产（累计摊销）　　4.5（30÷5×9/12）

　贷：管理费用　　4.5

借：递延所得税资产　　6.375[（30−4.5）×25%]

　贷：所得税费用　　6.375

第十节 特殊交易在合并报表中的会计处理

【考点201】追加投资的会计处理★★★

1. 企业追加投资的会计处理

（1）母公司购买子公司少数股东股权。

个别财务报表	合并财务报表
对于新取得的长期股权投资，应当按照《企业会计准则第2号——长期股权投资》的规定，按照实际支付价款或付出对价的公允价值确认长期股权投资	（1）子公司的资产、负债应以购买日（或合并日）所确定的净资产价值持续计算的金额反映 （2）因购买少数股权新取得的长期股权投资（个别报表中确认的）与“新增持股比例×子公司自购买日（合并日）开始持续计算的净资产”之间的差额，应当调整母公司的资本公积，资本公积不足冲减的，调整留存收益
【提示】因控制权未发生改变，新增持股比例在合并财务报表中不确认新的商誉	

【例题1·计算】2×18年12月31日，甲公司以7000万元取得A公司60%的股权，能够对A公司实施控制，形成非同一控制下的企业合并。当日A公司可辨认净资产公允价值为9000万元。2×19年12月1日，甲公司又以公允价值为2000万元、账面原值为2000万元（已计提折旧400万元）的固定资产作为对价，自A公司的少数股东取得A公司15%的股权。当日A公司自购买日开始持续计算的净资产账面价值为10000万元（变动金额为当年实现利润1000万元），可辨认净资产公允价值为12000万元。

其他资料：假设甲公司与A公司的少数股东在交易前不存在任何关联方关系，甲公司购买股权前资本公积余额为1000万元，盈余公积余额200万元，未分配利润余额300万元，不考虑其他因素。

要求：

（1）编制甲公司2×19年12月1日取得A公司15%股权在个别报表中的会计分录。

（2）编制甲公司2×19年12月1日取得A公司15%股权在合并报表中的调整分录。

【答案】

（1）个别报表中，甲公司新取得15%股权投资的成本为付出固定资产的公允价值2000万元。

借：长期股权投资　　2000
　贷：固定资产清理　　1600
　　　资产处置损益　　400

借：固定资产清理　　1600
　　累计折旧　　400
　贷：固定资产　　2000

（2）合并报表中，A公司的有关资产、负债按照自购买日开始持续计算的价值10000万元进行合并，无需按照公允价值进行重新计量。甲公司按新增持股比例计算应享有自购买日开始持续计算的净资产份额为1500万元（10000×15%），与新增长期股权投资2000万元之间的差额为500万元，应当调整资本公积，资本公积不足冲减的，调整留存收益。

借：资本公积　　　　　　　　　　　　　　500

　　贷：长期股权投资　　　　　　　　　　　　500

注：调整后，合并报表中的商誉 =（7000+1000×60%+2000−500）−10000×75%=1600（万元），与购买日确认的商誉1600万元（7000−9000×60%）相同，即购买少数股权时，不确认新的商誉。

（2）追加投资能够对非同一控制下的被投资方实施控制。

企业通过多次交易分步实现非同一控制下企业合并的，在合并财务报表上，首先，应结合分步交易的各个步骤的协议条款，以及各个步骤中所分别取得的股权比例、取得对象、取得方式、取得时点及取得对价等信息来判断分步交易是否属于“一揽子交易”。

① 属于一揽子交易。

应当将各项交易作为一项取得子公司控制权的交易进行会计处理，即取得控制权以前，不将被投资方纳入合并范围（了解）。

各项交易的条款、条件及经济影响符合以下一种或多种情况的，通常应将多次交易事项作为“一揽子交易”进行会计处理：

a. 这些交易是同时或者在考虑了彼此影响的情况下订立的。

b. 这些交易整体才能达成一项完整的商业结果。

c. 一项交易的发生取决于至少一项其他交易的发生。

d. 一项交易单独看是不经济的，但是和其他交易一并考虑时是经济的。

② 不属于一揽子交易。

按照权益法或金融资产转为成本法的原则处理（和第七章“长期股权投资的转换”内容相同）。

a. 公允价值计量（10%）转换为成本法（60%）：

项　目	内　容
个别报表	（1）长期股权投资初始投资成本 = 原投资的公允价值 + 新增投资成本的公允价值 （2）视同处置原投资，与原投资相关的其他综合收益转入留存收益 借：长期股权投资（原投资的公允价值 + 新增投资成本的公允价值） 　　贷：其他权益工具投资 / 交易性金融资产（原投资的账面价值） 　　　　银行存款 / 其他资产等（新增投资成本的公允价值） 　　　　留存收益 / 投资收益（可能在借方，原投资的公允价值 − 原投资的账面价值） 借：其他综合收益 　　贷：留存收益（可能做相反分录）
合并报表	个别报表原投资已经按公允价值重新计量，所以无需调整

b. 权益法（30%）转换为成本法（60%）：

项　目	内　容
个别报表	（1）长期股权投资初始投资成本 = 原投资的账面价值 + 新增投资成本的公允价值 （2）与原投资相关的其他综合收益、资本公积暂不结转，处置时按比例或全部结转 借：长期股权投资（原投资的账面价值 + 新增投资成本的公允价值） 　　贷：长期股权投资（原投资的账面价值） 　　　　银行存款 / 其他资产等（新增投资成本的公允价值）

（续表）

项 目	内 容
合并报表	（1）原股权投资，按照在购买日的公允价值进行重新计量，差额计入当期投资收益 （2）企业合并成本 = 原投资在购买日的公允价值 + 新支付对价的公允价值 （3）与原投资相关的其他综合收益、资本公积，应转入投资收益或留存收益 借：长期股权投资（原投资的公允价值） 　　贷：长期股权投资（原投资的账面价值） 　　　　投资收益（差额） 借：其他综合收益 / 资本公积（原投资相关的其他综合收益等） 　　贷：投资收益（可以转损益的部分） 　　　　留存收益（不能转入损益的其他综合收益）

【例题 2 · 计算】P 公司于 20×8 年 1 月以 6000 万元取得 T 公司 20% 的股权，并能对 T 公司施加重大影响，采用权益法核算该项股权投资，投资当日 T 公司可辨认净资产的公允价值为 25000 万元（与账面价值相等）。20×9 年 1 月 1 日，P 公司又斥资 15000 万元自 B 公司取得 T 公司另外 40% 的股权，当日原 20% 股权公允价值为 7500 万元。T 公司可辨认净资产的公允价值为 30000 万元，账面价值为 27500 万元。20×8 年 T 公司实现净利润 2000 万元，其他综合收益增加 500 万元（可转入损益），无其他所有者权益变动，按净利润的 10% 提取盈余公积。P 公司与 B 公司不存在任何关联方关系。

其他资料：假定不考虑所得税及其他相关因素的影响，P 公司按照 10% 计提盈余公积。

要求：

（1）简要说明 P 公司取得 T 公司的 40% 的股权后该如何核算。

（2）编制 P 公司取得 40% 投资时的相关会计分录（包括个别报表和合并报表）。

（3）计算合并成本、合并报表中商誉的金额。

【答案】

（1）P 公司是通过分步购买最终达到对 T 公司控制，因 P 公司与 B 公司不存在任何关联方关系，故形成非同一控制下企业合并。

（2）①取得 40% 投资时，个别报表：

借：长期股权投资　　　　21500（6500+15000）
　　贷：长期股权投资——投资成本　　　6000
　　　　　　　　　　——损益调整　　　400（2000×20%）
　　　　　　　　　　——其他综合收益　100（500×20%）
　　　　银行存款　　　　15000

②取得 40% 投资时，合并报表调整：

借：长期股权投资　　　　1000（7500−6500）
　　贷：投资收益　　　　1000
借：其他综合收益　　　　100
　　贷：投资收益　　　　100

（3）企业合并成本 =7500+15000=22500（万元）；商誉 =22500−30000×60%=4500（万元）。

（3）多次交易分步实现同一控制下企业合并。

在编制合并财务报表时，应视同参与合并的各方在最终控制方开始控制时即以目前的状态存在进行调整，以不早于合并方和被合并方同处于最终控制方的控制之下的时点开始，将被合并方的有关资产、负债并入合并方合并财务报表的比较报表中，并将合并而增加的净资产在比较报表中调整所有者权益项下的相关项目。

为避免对被合并方净资产的价值进行重复计算，合并方在取得被合并方控制权之前持有的股权投资，在取得原股权之日与合并方和被合并方同处于同一方最终控制之日孰晚日起至合并日之间已确认有关损益、其他综合收益及其他净资产变动，应分别冲减比较报表期间的期初留存收益或当期损益。

【例题3·计算】甲公司为P公司的全资子公司。2×11年1月1日，甲公司与非关联方A公司分别出资600万元及1400万元设立乙公司，并分别持有乙公司30%及70%的股权。

2×12年1月1日，P公司向A公司收购其持有乙公司70%的股权，乙公司成为P公司的全资子公司，当日乙公司净资产的账面价值与其公允价值相等。

2×13年3月1日，甲公司向P公司购买其持有乙公司70%的股权，乙公司成为甲公司的全资子公司。甲公司购买乙公司70%股权的交易和原取得乙公司30%股权的交易不属于“一揽子交易”，甲公司在可预见的未来打算一直持有乙公司股权。

乙公司自2×11年1月1日至2×12年1月1日实现净利润800万元，自2×12年1月1日至2×13年1月1日实现净利润600万元，自2×13年1月1日至2×13年3月1日实现净利润100万元。

其他资料：不考虑所得税等其他因素的影响。

要求：

（1）判断2×13年3月1日甲公司取得乙公司70%股权的合并类型。

（2）判断甲公司将乙公司纳入合并范围的时间。

（3）简述甲公司在合并财务报表中该如何处理，并编制相关的调整分录。

【答案】

（1）2×13年3月1日，甲公司从P公司手中购买乙公司70%股权的交易属于同一控制下企业合并。

（2）甲公司自2×12年1月1日起与乙公司同受P公司最终控制，甲公司合并财务报表应自取得原股权之日（2×11年1月1日）和双方同处于同一方最终控制之日（2×12年1月1日）孰晚日（2×12年1月1日）起，将乙公司纳入合并范围。

（3）在甲公司合并财务报表中，视同自2×12年1月1日起，甲公司即持有乙公司100%股权，重溯2×12年1月1日的报表项目，2×11年1月1日至2×12年1月1日的合并财务报表并不重溯。

2×12年1月1日，乙公司净资产的账面价值为2800万元（600万元+1400万元+800万元）。此前，甲公司持有对乙公司的长期股权投资的账面价值为840万元（600万元+800万元×30%）。

因此，甲公司在编制合并财务报表时，并入乙公司2×12年（比较期间）年初各项资产、负债后，因合并而增加净资产2800万元，冲减长期股权投资账面价值840万元，两者之间的差额调增资本公积1960万元（2800万元-840万元）。

借：资产、负债　　2800

　贷：长期股权投资　　840

　　资本公积　　1960

甲公司对于合并日（即2×13年3月1日）的各报表项目，除按照本章“第三节合并财务报表编制原则、前期准备事项及程序”的一般规定编制合并分录外，还应冲减2×12年1月1日至2×13年1月1日对乙公司30%的长期股权投资的权益法核算结果，冲减乙公司2×13年1月1日至2×13年3月1日实现的净利润中按照权益法核算归属于甲公司的份额。即冲减期初留存收益180万元（600万元×30%），冲减投资收益30万元（100万元×30%）。

借：年初未分配利润　　180
　　投资收益　　30
　　贷：长期股权投资　　210

2. 本期增加子公司时如何编制合并财务报表

项 目	同一控制下	非同一控制下
合并资产负债表	调整合并资产负债表相关项目的期初数，同时对比较报表的相关项目进行调整	不调整合并资产负债表的期初数，应当从购买日开始编制
合并利润表、现金流量表	自合并当期期初至期末的收入、费用、利润、现金流量数据纳入合并报表，同时对比较报表的相关项目进行调整	自购买日至期末的收入、费用、利润、现金流量数据纳入合并报表

【学霸总结】

合并财务报表中的商誉，除发生减值外，只在取得控制权或者丧失控制权时发生变化，其他情形不发生变化。

【考点 202】处置投资的会计处理★★★

1. 不丧失控制权的情况下部分处置对子公司长期股权投资

个别报表	合并报表
确认长期股权投资的处置损益 借：银行存款 　　贷：长期股权投资（按处置比例结转） 　　　　投资收益（差额）	处置价款与“处置股权比例 × 子公司自购买日（合并日）开始持续计算的净资产”之间的差额，应当调整母公司的资本公积，资本公积不足冲减的，调整留存收益
【提示】该交易从合并财务报表角度属于权益性交易，合并财务报表中不确认投资收益 非同控的情况下，合并财务报表中的商誉金额保持不变	

【例题 1·计算】P 公司于 20×7 年 2 月 1 日以银行存款 8600 万元取得 A 公司 80% 的股权，购买日 A 公司可辨认净资产公允价值总额为 9800 万元，合并时 P 公司和 A 公司无任何关联方关系。20×9 年 1 月 1 日，P 公司将其持有的对 A 公司长期股权投资其中的 25% 对外出售，取得价款 2600 万元。出售投资当日，A 公司以 20×7 年 2 月 1 日可辨认净资产的公允价值为基础持续计算的可辨认净资产总额为 12000 万元。该项交易后，P 公司仍能够控制 A 公司的财务和生产经营决策。

其他资料：假设 A 公司 20×7 年 2 月 1 日至 20×8 年 12 月 31 日实现净利润 2000 万元（按照购买日的公允价值为基础计算），其他综合收益增加 200 万元。不考虑所得税等其他因素的影响。

要求：

（1）说明 P 公司取得 A 公司 80% 股权的合并类型，并计算合并报表中商誉的金额。

（2）编制 P 公司个别财务报表中 20×9 年 1 月 1 日转让股权的会计分录。

（3）简述 P 公司合并财务报表中 20×9 年 1 月 1 日转让股权的会计处理方法，并编制调整分录。

【答案】

（1）在合并时 P 公司和 A 公司无任何关联方关系，该合并属于非同一控制下企业合并。

商誉＝合并成本8600－购买日可辨认净资产的公允价值9800×80%=760（万元）。

（2）P公司转让所持股权的25%应确认投资收益=2600－8600×25%=450（万元）。

借：银行存款　　2600

　　贷：长期股权投资　　2150

　　　　投资收益　　450

（3）该交易从合并财务报表角度属于权益性交易，合并财务报表中不确认投资收益。在P公司合并财务报表中，出售A公司股权取得的价款2600万元与所处置股权相对应A公司净资产2400万元（12000×80%×25%）之间的差额200万元应当调整增加合并资产负债表中的资本公积。

借：长期股权投资（恢复处置部分对应的商誉）　　190（760×25%）

　　投资收益（调整个别报表中投资收益的归属期间）　　450

　　贷：年初未分配利润　　400（2000×80%×25%）

　　　　其他综合收益　　40（200×80%×25%）

　　　　资本公积　　200

注：调整后，合并报表中的商誉＝（8600－2150+2200×60%+190）－12000×60%=760（万元），与购买日确认的商誉760万元相同，即未丧失控制权的情况下，商誉的金额保持不变。

2. 丧失控制权的情况下处置对子公司长期股权投资

（1）一次交易处置子公司。

一次交易处置子公司导致丧失控制权的，按照长期股权投资成本法转换为权益法或金融资产的原则处理（和第七章“长期股权投资的转换”内容相同）。

①成本法（60%）转换为权益法（30%）：

项　目	内　容
个别报表	（1）终止确认处置部分的长期股权投资 借：银行存款 　　贷：长期股权投资（出售部分的账面价值） 　　　　投资收益（差额，可能在借方） （2）追溯调整，按照剩余持股比例视同从取得投资时点即采用权益法核算，将其调整到权益法核算的结果 ①按照剩余持股比例，对投资时点商誉进行追溯调整（正商誉不处理，负商誉调整） 借：长期股权投资——投资成本 　　贷：盈余公积 　　　　利润分配——未分配利润（投资当年转换的，调整营业外收入） ②按照剩余持股比例，确认取得投资后到处置投资时所有者权益的变动 借：长期股权投资——损益调整（被投资方累计净损益变动 × 剩余持股比例） 　　贷：盈余公积（以前年度累计的净损益变动 × 剩余持股比例 ×10%） 　　　　利润分配——未分配利润（以前年度累计的净损益变动 × 剩余持股比例 ×90%） 　　　　投资收益（当年年初至处置时点的净损益变动 × 剩余持股比例） 借：长期股权投资——其他综合收益（累计其他综合收益变动 × 剩余持股比例） 　　贷：其他综合收益 借：长期股权投资——其他权益变动（累计其他权益变动 × 剩余持股比例） 　　贷：资本公积——其他资本公积 【提示】调整留存收益和投资收益时，应自被投资方实现的净损益中扣除已发放或已宣告发放的现金股利或利润

（续表）

项　目	内　容
合并报表	（1）处理原则：视同该投资全部出售，然后又新购入剩余比例部分的投资 （2）合并报表处置当期的投资收益 =[（处置股权取得的对价 + 剩余股权公允价值）- 原有子公司自购买日开始持续计算的可辨认净资产 × 原持股比例]- 商誉 + 其他综合收益、其他所有者权益变动 × 原持股比例 【提示】合并报表中计算投资收益应考虑正商誉的影响，不考虑负商誉的影响 （3）调整步骤 ①对剩余持股比例的投资，由账面价值调整到公允价值，差额计入投资收益 借：长期股权投资（剩余股权公允价值） 　　贷：长期股权投资（剩余股权账面价值） 　　　　投资收益（差额） ②对个别报表中处置部分的投资收益的归属期间进行调整 借：投资收益（替代长期股权投资）（累计所有者权益变动 × 处置股权比例） 　　贷：年初未分配利润（以前年度累计净损益 × 处置股权比例） 　　　　投资收益（当年年初至处置时点的净损益变动 × 处置股权比例） 　　　　其他综合收益（累计其他综合收益 × 处置股权比例） 　　　　资本公积（其他资本公积）（累计其他权益变动 × 处置股权比例） ③将合并报表中相关的其他综合收益、资本公积转入投资收益（不能转损益的除外） 借：其他综合收益（累计其他综合收益 × 原股权比例） 　　资本公积（其他资本公积）（累计其他权益变动 × 原股权比例） 　　贷：投资收益
注：具体例题参见第七章“长期股权投资的转换”的内容	

② 成本法（60%）转换为公允价值计量（10%）：

项　目	内　容
个别报表	（1）确认有关股权的处置损益 借：银行存款（处置价款） 　　贷：长期股权投资（出售股权的账面价值） 　　　　投资收益（差额，可能在借方） （2）剩余股权转为交易性金融资产 / 其他权益工具投资核算 借：其他权益工具投资 / 交易性金融资产（剩余股权的公允价值） 　　贷：长期股权投资（剩余股权的账面价值） 　　　　投资收益（差额，可能在借方）
合并报表	（1）合并报表处置当期的投资收益 =[（处置股权取得的对价 + 剩余股权公允价值）- 原有子公司自购买日开始持续计算的可辨认净资产 × 原持股比例]- 商誉 + 其他综合收益、其他所有者权益变动 × 原持股比例 【提示】合并报表中计算投资收益应考虑正商誉的影响，不考虑负商誉的影响 （2）调整步骤 ①对个别报表中处置部分的投资收益的归属期间进行调整 借：投资收益（替代长期股权投资）（累计所有者权益变动 × 原股权比例） 　　贷：年初未分配利润（以前年度累计净损益 × 原股权比例） 　　　　投资收益（当年年初至处置时点的净损益变动 × 原股权比例） 　　　　其他综合收益（累计其他综合收益 × 原股权比例） 　　　　资本公积（其他资本公积）（累计其他权益变动 × 原股权比例）

（续表）

项　目	内　容
合并报表	②将合并报表中相关的其他综合收益、资本公积转入投资收益（不能转损益的除外） 借：其他综合收益（累计其他综合收益 × 原股权比例） 　　资本公积（其他资本公积）（累计其他权益变动 × 原股权比例） 　　贷：投资收益
注：合并报表中的调整方法和“成本法转为权益法”基本相同，可以对比理解。	

（2）多次交易分步处置子公司。

企业通过多次交易分步处置对子公司股权投资直至丧失控制权，在合并财务报表中，首先应判断分步交易是否属于“一揽子交易”。

① 属于一揽子交易。

应当将各项交易作为一项处置子公司股权投资并丧失控制权的交易进行会计处理。在丧失控制权之前的每一次交易，处置价款与“该子公司自购买日开始持续计算的净资产账面价值 × 处置股权比例”之间的差额，应当先确认为其他综合收益；在丧失控制权时，一并转入丧失控制权当期的损益。

【例题 2 · 计算】甲公司为集中力量发展优势业务，计划剥离辅业，处置原来以 3500 万元新设的全资子公司 A 公司（注册资本为 3500 万元）。2×11 年 11 月 20 日，甲公司与乙公司签订不可撤销的转让协议，约定甲公司向乙公司转让其持有的 A 公司 100%股权，对价总额为 7000 万元。考虑到股权平稳过渡，双方协议约定，乙公司应在 2×11 年 12 月 31 日之前支付 3000 万元，以先取得 A 公司 30%股权；乙公司应在 2×12 年 12 月 31 日之前支付 4000 万元，以取得 A 公司剩余 70%股权。2×11 年 12 月 31 日至乙公司支付剩余价款的期间，A 公司仍由甲公司控制，若 A 公司在此期间向股东进行利润分配，则后续 70%股权的购买对价按乙公司已分得的金额进行相应调整。

2×11 年 12 月 31 日，乙公司按照协议约定向甲公司支付 3000 万元，甲公司将 A 公司 30%股权转让给乙公司，股权变更手续已于当日完成；当日，A 公司自购买日持续计算的净资产账面价值为 5000 万元（以前年度累计实现的净利润 1300 万元，2×11 年累计实现的净利润 200 万元）。2×12 年 9 月 30 日，乙公司向甲公司支付 4000 万元，甲公司将 A 公司剩余 70%股权转让给乙公司并办理完毕股权变更手续，自此乙公司取得 A 公司的控制权；当日，A 公司自购买日持续计算的净资产账面价值为 6000 万元。2×12 年 1 月 1 日至 2×12 年 9 月 30 日，A 公司实现净利润 1000 万元，无其他净资产变动事项。

其他资料：假设 A 公司 2×10 年 12 月 31 日盈余公积余额 130 万元，2×11 年提取盈余公积 20 万元，不考虑所得税等其他因素的影响。

要求：

（1）判断上述两次交易是否为“一揽子交易”，并简要说明理由。

（2）编制甲公司 2×11 年 12 月 31 日和 2×12 年 9 月 30 日在个别报表和合并报表中有关的分录。

【答案】

（1）上述两次交易属于“一揽子交易”。

理由：①甲公司处置 A 公司股权是出于集中力量发展优势业务，剥离辅业的考虑，甲公司的目的是全部处置其持有的 A 公司股权，两次处置交易结合起来才能达到其商业目的；②两次交易在同一转让协议中同时约定，在第一次交易中，30%股权的对价为 3000 万元，相对于 100%股权的对价总额

7000万元而言，第一次交易单独来看对乙公司而言并不经济，和第二次交易一并考虑才反映真正的经济影响，此外，如果在两次交易期间A公司进行了利润分配，也将据此调整对价，说明两次交易是在考虑了彼此影响的情况下订立的。综上所述，在合并财务报表中，两次交易应作为“一揽子交易”。

（2）甲公司在个别报表和合并报表中有关的分录如下表：

项目	2×11年12月31日	2×12年9月30日
合报最终结果	处置差额＝处置价款3000－享有的A公司净资产份额1500（5000×30%）=1500（万元），计入合并报表中的其他综合收益 注：合报其他综合收益＝个报确认1950＋合报调整－450=1500（万元）	合并报表确认的处置投资收益＝第一次交易处置差额1500＋第二次交易处置差额（4000－6000×70%）＝1300（万元） 注：合报投资收益＝个报确认3500＋合报调整（－1050－450－700）＝1300（万元）
个别报表分录	借：银行存款 3000 贷：长期股权投资 1050（3500×30%） 其他综合收益 1950（差额） 注：不确认处置损益	借：银行存款 4000 贷：长期股权投资 2450（3500×70%） 投资收益 1550（差额） 借：其他综合收益 1950（之前确认的） 贷：投资收益 1950
合并报表调整分录	（1）将长期股权投资由成本法调整为权益法 借：其他综合收益 450（1500×30%） 长期股权投资 1050（1500×70%） 贷：年初未分配利润 1300（1300×100%） 投资收益 200（200×100%） 注：已卖掉的30%部分用其他综合收益代替 （2）抵销权益、抵销损益的分录 借：实收资本 3500 盈余公积 150（1500×10%） 未分配利润 1350（1500－150） 贷：长期股权投资 3500（5000×70%） 少数股东权益 1500（5000×30%） 借：投资收益 200（200×100%） 年初未分配利润 1170（1300－130） 贷：提取盈余公积 20（200×10%） 年末未分配利润 1350（1500－150） 注：将上述分录合并起来，就是教材中的结果 借；银行存款 3000 贷：少数股东权益 1500 其他综合收益 1500	（1）调整处置股权收益的归属期间 借：投资收益 1050（1500×70%） 贷：年初未分配利润 1050 （2）调整上年合并报表中的其他综合收益转入投资收益 借：投资收益 450 贷：其他综合收益 450（1500×30%） （3）抵销当年损益的分录 借：投资收益 700（1000×70%） 少数股东损益 300（1000×30%） 年初未分配利润 1350（同上年末） 贷：年末未分配利润 2350
【提示】本知识点需要掌握个报和合报中其他综合收益的计算，合并报表中的调整分录了解即可		

② 不属于一揽子交易。

a. 在丧失控制权以前的各项交易，应按照“在不丧失控制权的情况下部分处置对子公司长期股权投资”的规定进行会计处理（即不丧失控制权的情况下，处置少数股权）；

b. 丧失控制权时，再按照上述一次交易处置子公司导致丧失控制权的规定进行处理（即，成本法转为权益法）。

3. 本期减少子公司时如何编制合并财务报表

项　目	内　容
合并资产负债表	期末不纳入合并范围，也不需要调整期初数
合并利润表、现金流量表	（1）从期初至处置日的收入、费用、利润、现金流量数据要并入合并报表 （2）将出售子公司所收到的现金扣除子公司持有的现金和现金等价物及处置费用后的净额，在有关投资活动类的“处置子公司及其他营业单位所收到的现金”项目反映（如为负数，应在“支付其他与投资活动有关的现金”项目中反映）

【学霸总结】

购买子公司少数股权和不丧失控制权的情况下处置少数股权的辨析如下表。

项　目	购买子公司少数股权	不丧失控制权的情况下处置少数股权
处理原则	（1）该交易从合并财务报表角度属于权益性交易，合并财务报表中不确认投资收益 （2）非同一控制的情况下，合并财务报表中的商誉的金额保持不变（和购买日相同）	
个别报表	按照实际支付价款或付出对价的公允价值确认长期股权投资	确认股权的处置损益 = 处置价款 − 原股权投资成本 × 处置比例
合并报表	合并报表确认的资本公积 = 购买价款 − 新增持股比例 × 子公司自购买日（合并日）开始持续计算的净资产	合并报表确认的资本公积 = 处置价款 − 处置股权比例 × 子公司自购买日（合并日）开始持续计算的净资产

【考点 203】因子公司少数股东增资导致母公司股权稀释★★

1. 少数股东增资导致母公司股权稀释，不丧失控制权的情况（权益性交易）

项　目	股权稀释后不丧失控制权
个别报表	母公司无需处理
合并报表	母公司在少数股东增资前、增资后享有子公司账面净资产份额的差额，计入合并报表中的资本公积，资本公积不足冲减的，调整留存收益 计入资本公积的金额 = 母公司在增资后的持股比例 × 子公司增资后的账面净资产 − 母公司在增资前的持股比例 × 子公司增资前的账面净资产 【提示】可以按照以下方式理解（处置少数股权而不丧失控制权） 处置价款 = 母公司在增资后的持股比例 × 子公司新增资的金额 享有子公司账面净资产的减少额 = 母公司减少的股权比例 × 子公司增资前的账面净资产 资本公积 = 收到的对价 − 享有子公司账面净资产的减少额 = 母公司在增资后的持股比例 × 子公司新增资的金额 − 母公司减少的股权比例 × 子公司增资前的账面净资产 = 母公司在增资后的持股比例 ×（子公司增资后的账面净资产 − 子公司增资前的账面净资产）− 母公司减少股权比例 × 子公司增资前的账面净资产 = 母公司在增资后的持股比例 × 子公司增资后的账面净资产 − 母公司在增资前的持股比例 × 子公司增资前的账面净资产 结果为正数，代表享有的份额多，增加资本公积；反之，应减少资本公积

2. 少数股东增资导致母公司股权稀释，丧失控制权的情况

项目	股权稀释后丧失控制权（能够实施重大影响）
处理原则	按照长期股权投资转换中“成本法转权益法”的原则处理
个别报表	（1）确认减少股权比例（视同处置）部分的转让损益 借：长期股权投资（处置价款，母公司在增资后的持股比例 × 子公司新增资的金额） 贷：长期股权投资（原投资成本 / 原持股比例 × 减少股权的比例） 投资收益（差额） （2）按照剩余的持股比例进行追溯调整（具体参见“成本法转权益法”）
合并报表	具体参见“成本法转权益法”的处理方法

【例题1·单选】20×8年A公司和B公司分别出资750万元和250万元设立C公司，A公司、B公司对C公司的持股比例分别为75%和25%。20×9年B公司对C公司增资500万元，增资后占C公司股权比例为35%。交易完成后，A公司仍控制C公司。C公司自成立日至增资前实现净利润1000万元，除此以外，不存在其他影响C公司净资产变动的事项。不考虑所得税等其他因素影响，增资后A公司合并资产负债表中应调增资本公积（　　）万元。

A. 125　　B. 1625　　C. 1250　　D. 1500

【答案】A

【解析】计入资本公积的金额＝母公司在增资后的持股比例 × 子公司增资后的账面净资产－母公司在增资前的持股比例 × 子公司增资前的账面净资产＝（750+250+1000+500）×65%−（750+250+1000）×75%=1625−1500=125（万元）。

【例题2·计算】A公司以前年度与其他非关联公司分别出资5400万元和3600万元设立了S公司，A公司持有S公司60%股权，能够对S公司实施控制。20×5年11月1日，S公司引入新股东C公司（非关联方），C公司向S公司注资14000万元，A公司对S公司持股比例下降为32%，自该日起不再对S公司实施控制，但仍具有重大影响。C公司注资前，A公司对S公司长期股权投资账面价值为5400万元；注资后，A公司对S公司剩余32%股权公允价值为9600万元。

其他资料：从S公司设立日至本次注资前，S公司共实现净利润5000万元（其中，设立日至20×4年年末共实现净利润4000万元），一直未进行利润分配，除所实现的净利润外，未发生其他净资产变动。A公司按照净利润的10%计提法定盈余公积。

要求：针对因C公司注资导致对S公司持股比例下降，简述A公司在个别财务报表、合并财务报表中的处理方法，并编制相关的会计分录。

【答案】

（1）个别财务报表：于丧失控制权日，按新的持股比例32%确认A公司享有S公司因增资扩股而增加净资产的份额（视同处置对价）4480万元（14000万元 ×32%），与持股比例下降部分所对应的长期股权投资原账面价值2520万元（5400万元 ×28%/60%）之间的差额1960万元计入当期损益。剩余32%股权由原成本法改按权益法核算，对该剩余股权视同自取得时即采用权益法核算进行调整。注资以后按照新持股比例计算享有S公司自设立日至注资期初之间实现的净损益为1280万元（4000万元 ×32%），调整增加长期股权投资的账面价值，同时调整留存收益；注资期初至注资日之间实现的净损益320万元（1000万元 ×32%），调整增加长期股权投资的账面价值，

同时计入当期投资收益。

借：长期股权投资——投资成本　　4480（14000×32%）

　　贷：长期股权投资　　2520（5400×28%/60%）

　　　　投资收益　　1960

借：长期股权投资——投资成本　　2880（5400×32%/60%）

　　贷：长期股权投资　　2880

借：长期股权投资——损益调整　　1600

　　贷：盈余公积　　128（4000×32%×10%）

　　　　利润分配——未分配利润　　1152（4000×32%×90%）

　　　　投资收益　　320（1000×32%）

（2）合并财务报表：于丧失控制权日，终止确认S公司相关资产、负债账面价值，并终止确认少数股东权益账面价值。对于剩余32%股权，按照丧失控制权之日该剩余股权的公允价值9600万元进行重新计量，作为长期股权投资核算。

借：长期股权投资　　640 [9600－（4480+2880+1600）]

　　贷：投资收益　　640

借：投资收益　　1400（5000×28%）

　　贷：年初未分配利润　　1120（4000×28%）

　　　　投资收益　　280（1000×28%）

注：丧失控制权当期的投资收益＝剩余股权公允价值－按原持股比例60%计算应享有S公司自设立日开始持续计算的净资产账面价值的份额=9600−（9000+5000）×60%+1000×60%=1800（万元）。

即个别报表（1960+320）+合并调整（640−1400+280）=1800（万元）。

【学霸总结】

因其他投资方或股东增资，导致投资方持股比例下降，应区分不同的情况处理。

项　目	内　容
权益法25% →权益法20%	（1）个别报表中 ①视同为其他权益的变动处理，形成的差额增加（或减少）长期股权投资，并记入“资本公积—其他资本公积” ②差额＝增资后被投资单位的净资产 × 增资后的持股比例－增资前被投资单位的净资产 × 增资前的持股比例 （2）合并报表中，不纳入合并范围，无需处理
成本法85% →成本法60%	（1）个别报表中，投资方无需处理 （2）合并报表中 ①视同权益性交易处理，形成的差额计入合并报表的资本公积 ②计入资本公积的金额＝母公司在增资后的持股比例 × 子公司增资后的账面净资产－母公司在增资前的持股比例 × 子公司增资前的账面净资产
成本法60% →权益法30%	（1）个别报表中，按照“成本法转权益法”的方法处理 （2）如果有其他子公司，需要编制合并报表，按照“成本法转权益法”的方法处理

【考点 204】交叉持股的合并处理★

交叉持股，是指企业集团中母公司控制子公司的同时，子公司也持有母公司一定比例股份，即相互持有对方的股份。

（1）母公司持有的子公司股权。

与通常情况下母公司长期股权投资与子公司所有者权益的合并抵销处理相同。

（2）子公司持有母公司股权。

子公司持有的母公司股权，应当按照子公司取得母公司股权日所确认的长期股权投资的初始投资成本，将其转为合并财务报表中的库存股列示；对于子公司持有母公司股权所确认的投资收益（如利润分配或现金股利），应当进行抵销处理。

子公司将所持有的母公司股权分类为以公允价值计量且其变动计入当期损益的金融资产等，按照公允价值计量的，同时冲销子公司累计确认的公允价值变动。

（3）子公司相互之间持有的长期股权投资。

比照母公司对子公司的股权投资的抵销方法，将长期股权投资与其对应的子公司所有者权益中所享有的份额相互抵销。

【考点 205】逆流交易的合并处理★★

（1）根据《企业会计准则第 33 号——合并财务报表》第 36 条的规定：

① 母公司向子公司出售资产（顺流交易）所发生的未实现内部交易损益，应当全额抵销“归属于母公司所有者的净利润”。即少数股东不承担未实现的内部交易损益。

例如，P 持有 A 的 80% 股权（能控制），2×18 年 P 实现净利润 2000 万元，A 按购买日公允价值持续计算的净利润 1000 万元；当年 P 向 A 销售一批存货 1000 万元，成本 600 万元，A 当年年末还有 60% 未对外销售。

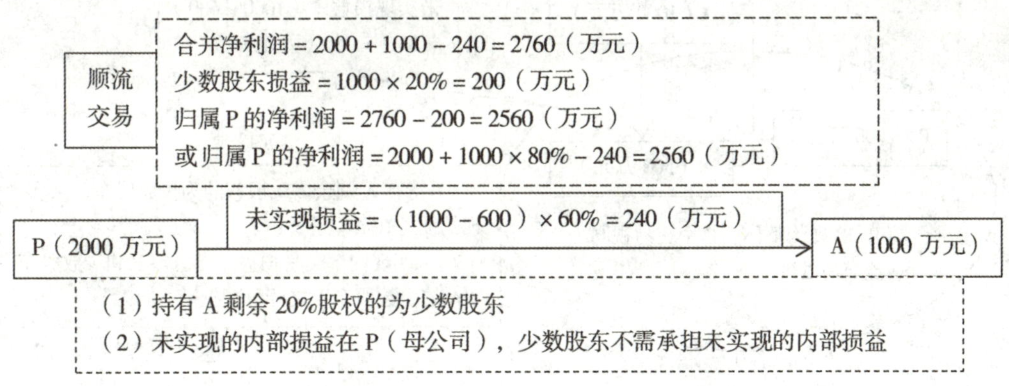

② 子公司向母公司出售资产（逆流交易）所发生的未实现内部交易损益，应当按照母公司对该子公司的分配比例在“归属于母公司所有者的净利润”和“少数股东损益”之间分配抵销。

例如，P 持有 A 的 80% 股权（能控制），2×18 年 P 实现净利润 2000 万元，A 按购买日公允价值持续计算的净利润 1000 万元；当年 A 向 P 销售一批存货 1000 万元，成本 600 万元，P 当年年末还有 60% 未对外销售。

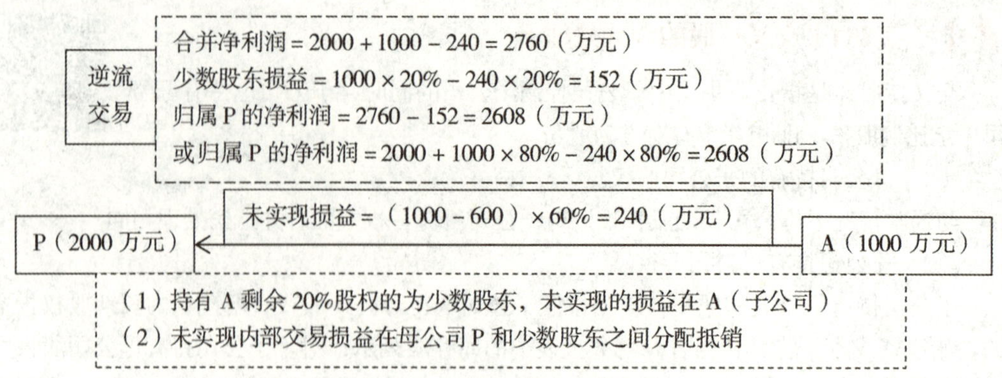

③子公司之间出售资产所发生的未实现内部交易损益，应当按照母公司对出售方子公司的分配比例（视同逆流交易）在“归属于母公司所有者的净利润”和“少数股东损益”之间分配抵销。

例如，P持有A的80%股权（能控制），持有B的80%股权（能控制），2×18年P实现净利润2000万元，A按购买日公允价值持续计算的净利润1000万元，B按购买日公允价值持续计算的净利润500万元；当年A向B销售一批存货1000万元，成本600万元，B当年年末还有60%未对外销售。

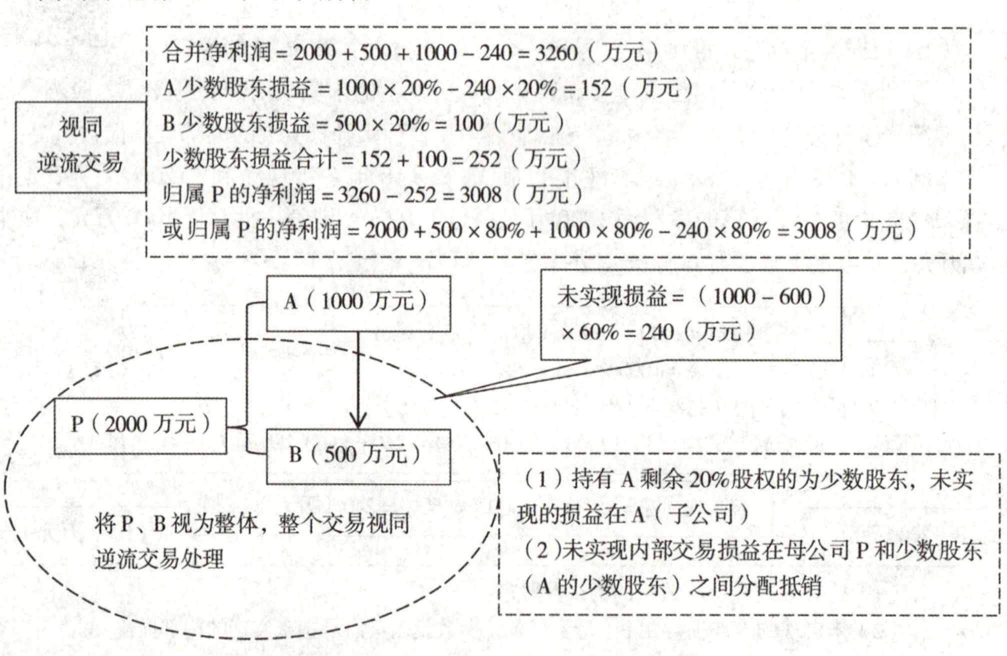

（2）在发生逆流交易（包括视同逆流交易）时，对因逆流交易而引起的业务（如未实现的内部交易损益等），要在合并报表层面考虑对子公司净利润的影响，相应的作出调整分录，并注意题中是否需要考虑企业所得税的影响。

①合并报表层面应当减少子公司净利润的（如未实现内部交易损益）。

借：少数股东权益[合并层面上不存在的未实现损益×少数股东持股比例×（1-所得税税率）]

　　贷：少数股东损益

②合并报表层面应当增加子公司净利润的（如合并层面不存在的资产减值损失）。

借：少数股东损益

　　贷：少数股东权益[合并层面不存在的资产减值损失 × 少数股东持股比例 ×（1-所得税税率）]

【考点 206】其他特殊交易★

对于站在企业集团合并财务报表角度的确认和计量结果与其所属的母公司或子公司的个别财务报表层面的确认和计量结果不一致的，在编制合并财务报表时，应站在企业集团角度对该特殊交易事项予以调整。例如，子公司出租给集团内其他企业使用的大厦，作为投资性房地产核算，母公司应在合并财务报表层面作为固定资产反映。

第十一节　合并所得税相关的合并处理

【考点 207】所得税会计相关的合并处理★★★

在编制合并财务报表时，由于需要对企业集团内部交易进行合并抵销处理，由此可能导致在合并财务报表中反映的资产、负债账面价值与其计税基础不一致。为了使合并财务报表全面反映所得税相关的影响，特别是当期所负担的所得税费用的情况应当进行所得税会计核算，在计算确定资产、负债的账面价值与计税基础之间差异的基础上，确认相应的递延所得税资产或递延所得税负债。

【提示】本考点的内容已在内部销售交易的合并处理、内部债权债务的合并处理、内部固定资产交易的合并处理中进行了详细说明，考核时也是以相关交易为基础，请结合对应的内容进行学习。

第十二节　合并现金流量表的编制

【考点 208】合并现金流量表的编制★

1. 合并现金流量表概述

集团内部交易产生的现金流量在集团内部流动，现金总量并不会发生变化。合并现金流量表，主要是反映集团整体与集团外部单位之间现金流量增减变动的会计信息。

【提示】子公司与少数股东之间的交易，属于集团与集团外部单位之间的交易，其现金流量不需要抵销，应该在合并现金流量表中反映。

合并现金流量表的编制方法有两种：

（1）合并现金流量表以母公司和子公司的现金流量表为基础，在抵销母公司与子公司、子公司之间发生内部交易对合并现金流量表的影响后，由母公司编制。

（2）合并现金流量表也可以合并资产负债表和合并利润表为依据进行编制。

2. 编制合并现金流量表时的常见抵销项目

抵销的项目	抵销分录	
母公司与子公司、子公司相互之间以现金结算债权与债务	销售商品、提供劳务产生的债权债务	借：购买商品、接受劳务支付的现金 贷：销售商品、提供劳务收到的现金
	内部往来产生的债权债务	借：支付的其他与经营活动有关的现金 贷：收到的其他与经营活动有关的现金
	发行和购买债券	借：投资支付的现金 贷：取得借款收到的现金
	兑付债券	借：偿还债务支付的现金 贷：收回投资收到的现金
母公司与子公司、子公司之间当期以现金投资或收购股权	母公司从子公司中购买其持有的其他企业的股票时	借：投资支付的现金 贷：收回投资收到的现金
	母公司对子公司投资时	借：投资支付的现金 贷：吸收投资收到的现金
	取得投资收益收到现金	借：分配股利、利润或偿付利息支付的现金 贷：取得投资收益收到的现金
母公司与子公司、子公司之间内部交易	内部销售商品	借：购买商品、接受劳务支付的现金 贷：销售商品、提供劳务收到的现金
	内部处置固定资产、无形资产等长期资产	借：购建固定资产、无形资产和其他长期资产所支付的现金 贷：处置固定资产、无形资产和其他长期资产收回的现金净额

3. 编制合并现金流量表时的特殊项目的列示

（1）母公司持有子公司向其购买商品所开具的商业承兑汇票向商业银行申请贴现，取得的现金在合并现金流量表中应重新归类为筹资活动的现金流量列示。

（2）母公司购买子公司及其他营业单位的，子公司及其他营业单位在购买日持有的现金和现金等价物小于母公司支付对价中以现金支付的部分，差额部分在“取得子公司及其他营业单位支付的现金净额”项目反映；反之，在“收到其他与投资活动有关的现金”项目中反映。

（3）母公司处置子公司及其他营业单位的，子公司及其他营业单位在丧失控制权日持有的现金和现金等价物小于母公司收到对价中以现金收到的部分，差额部分在“处置子公司及其他营业单位收到的现金净额”项目反映；反之，在“支付其他与投资活动有关的现金”项目中反映。

（4）因购买子公司的少数股权支付现金，母公司支付现金在其个别现金流量表反映为投资活动的现金流出，在合并现金流量表中应作为筹资活动的现金流出列示（少数股东权益减少，归属于母公司的所有者权益增加，引起了权益结构的变动，所以属于筹资活动现金流量）。

（5）因处置子公司的少数股权收到现金，母公司收到现金在其个别现金流量表反映为投资活动的现金流入，在合并现金流量表中应作为筹资活动的现金流入列示（少数股东权益增加，归属于母公司的所有者权益减少，引起了权益结构的变动，所以属于筹资活动现金流量）。

历年真题演练

一、单项选择题

1.（2017 年）甲公司拥有对四家公司的控股权，其下属子公司的会计政策和会计估计均符合会计准则规定。不考虑其他因素，甲公司在编制 2×16 年合并财务报表时，对其子公司进行的下述调整中，正确的是（　　）。

A. 将子公司（乙公司）1 年以内应收账款坏账准备的计提比例由 3% 调整为与甲公司相同的计提比例 5%

B. 对 2×16 年通过同一控制下企业合并取得的子公司（丁公司），将其固定资产、无形资产的折旧和摊销年限按照与甲公司相同的期限进行调整

C. 将子公司（丙公司）投资性房地产的后续计量模式由成本模式调整为与甲公司相同的公允价值模式

D. 将子公司（戊公司）闲置不用但没有明确处置计划的机器设备由固定资产调整为持有待售非流动资产并相应调整后续计量模式

二、多项选择题

1.（2017 年改编）2×15 年 12 月 31 日，甲公司以某项固定资产及现金与其他三家公司共同出资设立乙公司，甲公司持有乙公司 60% 股权并能够对其实施控制；当日，双方办理了与固定资产所有权转移相关的手续。该固定资产的账面价值为 2000 万元，公允价值为 2600 万元。乙公司预计上述固定资产尚可作用 10 年，预计净残值为零，采用年限平均法计提折旧，每年计提的折旧额直接计入当期管理费用。不考虑其他因素，下列各项关于甲公司在编制合并财务报表时会计处理的表述中，正确的有（　　）。

A. 2×16 年合并利润表管理费用项目抵销 60 万元

B. 2×15 年合并利润表资产处置收益项目抵销 600 万元

C. 2×17 年年末合并资产负债表固定资产项目抵销 480 万元

D. 2×17 年年末合并资产负债表未分配利润项目的年初数抵销 540 万元

2.（2017 年）2×17 年，甲公司与其子公司（乙公司）发生的有关交易或事项如下：（1）甲公司收到乙公司分派的现金股利 600 万元；（2）甲公司将其生产的产品出售给乙公司用于对外销售，收到价款及增值税 585 万元；（3）乙公司偿还上年度自甲公司购买产品的货款 900 万元；（4）乙公司将土地使用权及其他地上厂房出售给甲公司用于其生产，收到现金 3500 万元。下列各项关于甲公司上述交易或事项在编制合并现金流量表时应予抵销的表述中，正确的有（　　）。

A. 甲公司经营活动收到的现金 585 万元与乙公司经营活动支付的现金 585 万元抵销

B. 甲公司投资活动收到的现金 900 万元与乙公司筹资活动支付的现金 900 万元抵销

C. 甲公司投资活动收到的现金 600 万元与乙公司筹资活动支付的现金 600 万元抵销

D. 甲公司投资活动支付的现金 3500 万元与乙公司投资活动收到的现金 3500 万元抵销

三、综合题

1.（2018 年）A 公司为一上市集团公司，持有甲公司 80% 股权，对其具有控制权；持有乙公司 30% 股权，能对其实施重大影响。

20×6 年及 20×7 年发生的相关交易或事项如下：

（1）20×6年6月8日，A公司将生产的一批汽车销售给甲公司，销售价格为600万元，汽车已交付甲公司，款项尚未收取。该批汽车的成本为480万元，20×6年12月31日，A公司对尚未收回的上述款项计提坏账准备30万元，20×7年9月2日，A公司收到甲公司支付的上述款项600万元，甲公司将上述购入的汽车，作为行政管理部门的固定资产于当月投入使用，该批汽车采用年限平均法计提折旧，预计使用6年，预计无净残值。

（2）20×6年7月13日，乙公司将成本为400万元的商品以500万元的价格出售给A公司，货物已交付，款项已收取，A公司将上述购入的商品向集团外单位出售，其中50%商品在20×6年售完，其余50%商品的在20×7年售完。

在乙公司个别财务报表上，20×6年年度实际的净利润为3000万元；20×7年年度实际的净利润为3500万元。

（3）20×6年8月1日，A公司以9000万元的价格从非关联方购买丙公司70%股权，款项已用银行存款支付，丙公司股东的工商变更登记手续已办理完成。购买日丙公司可辨认净资产的公允价值为12000万元（含原未确认的无形资产公允价值1200万元），除原未确认的无形资产外，其余各项可辨认资产、负债的公允价值与账面价值相同。上述无形资产系一项商标权，采用直线法摊销，预计使用10年，预计无残值，A公司根据企业会计准则的规定将购买日确定为20×6年8月1日。

丙公司20×6年8月1日个别资产负债表中列报的货币资金为3500万元（全部为现金流量表中所定义的现金），列报的所有者权益总额为10800万元，其中实收资本为10000万元，盈余公积为80万元，未分配利润为720万元，在丙公司个别利润表中，20×6年8月1日起至12月31日止期间实际净利润180万元，20×7年年度实际净利润400万元。

（4）20×7年1月1日，A公司将专门用于出租的办公楼租赁给甲公司使用，租赁期为5年，租赁期开始日为20×7年1月1日，年租金为50万元，于每年年末支付，出租时，该办公楼的成本为600万元，已计提折旧400万元，A公司对上述办公楼采用年限平均法计提折旧，预计使用30年，预计无净残值。

甲公司将上述租入的办公楼专门用于行政管理部门办公，20×7年12月31日，甲公司向A公司支付每年租金50万元。

其他有关资料：

第一，本题所涉销售或购买的价格是公允的，20×6年以前，A公司与子公司及子公司相互之间无集团内部交易，A公司及其子公司与联营企业无关联方交易。

第二，A公司及其子公司按照净利润的10%计提法定盈利公积，不计提任意盈余公积。

第三，A公司及其子公司，联营企业在其个别财务报表中已按照企业会计准则的规定对上述交易或事项分别进行了会计处理。

第四，不考虑税费及其他因素。

要求：

（1）根据资料（2）计算A公司在20×6年和20×7年个别财务报表中应确认的投资收益。

（2）根据资料（3），计算A公司购买丙公司的股权产生的商誉。

（3）根据资料（3），说明A公司支付的现金在20×6年年度合并现金流量表中列报的项目名称，并计算该列报项目的金额。

（4）根据资料（4），说明A公司租赁给甲公司的办公楼在20×7年12月31日合并资产负债表中列报的项目名称，并陈述理由。

（5）根据上述资料，说明A公司在其20×6年年度合并财务报表中应披露的关联方名称。分别不同类别的关联方简述应披露的关联方信息。

（6）根据上述资料，编制与A公司与甲公司、丙公司20×7年年度合并资产负债表和合并利润表相关的调整分录和抵消分录。

2.（2017年改编）甲公司为境内上市公司并且是增值税一般纳税人，适用的增值税税率为16%。2×18年和2×19年，甲公司发生的有关交易或事项如下：

（1）2×18年6月30日，甲公司以2400万元购入乙公司26%股权，能够对乙公司施加重大影响，采用权益法核算；款项通过银行转账支付，股权过户登记手续于当日办理完成。当日，乙公司可辨认净资产公允价值为10000万元，各项可辨认资产、负债的公允价值与其账面价值相同。2×18年9月30日，甲公司出售其生产的丙产品给乙公司，增值税专用发票上注明的销售价款2000万元，增值税税额320万元。截至2×18年12月31日，乙产品已对外出售所购丙产品的50%。甲公司生产该批丙产品的成本为1300万元。

（2）2×18年11月20日，甲公司与丁公司签订购买乙公司股权的协议，该协议约定，以2×18年10月31日经评估确定的乙公司可辨认净资产公允价值14800万元为基础，甲公司以4800万元购买丁公司持有的乙公司30%股权。上述协议分别经交易各方内部决策机构批准，并于2×18年12月31日经监管机构核准。2×19年1月1日，交易各方办理了乙公司股权过户登记手续。当日，甲公司向乙公司董事会进行改组，改组后的董事会由9名董事组成，其中甲公司派出6名。按乙公司章程规定，所有重大的经营、财务和分配等事项经董事会成员三分之二及以上表决通过后实施。

2×19年1月1日，乙公司账面所有者权益构成为：实收资本10000万元、资本公积1200万元、盈余公积800万元、其他综合收益700万元、未分配利润500万元；乙公司可辨认净资产的公允价值为15000万元，除一块土地使用权增值1800万元外（该土地使用权属于乙公司办公用房所占土地，尚可使用30年，预计无残值，按直线法摊销），其他各项可辨认资产、负债的公允价值与其账面价值相同，甲公司原持有乙公司26%股权的公允价值为3900万元；甲公司购买乙公司30%股权的公允价值为4800万元。

（3）2×18年，乙公司按其净资产账面价值计算实现的净利润为2200万元，其中7～12月实现的净利润为1200万元；2×18年7～12月其他综合收益增加700万元。2×19年，乙公司于2×18年向甲公司购买的丙产品已全部实现对外销售。2×19年，乙公司按其净资产账面价值计算实现的净利润为2500万元，其他综合收益增加650万元。

其他有关资料：

第一，甲公司适用的所得税税率为25%，甲公司购入乙公司股权按照实际成本作为计税基础，甲公司预计未来有足够的应纳税所得额用以抵扣可抵扣暂时性差异。乙公司各项资产、负债按照取得时的成本作为计税基础，涉及企业合并的，以购买日（或合并日）的账面价值作为计税基础，其中因企业合并产生的商誉于处置合并相关资产时可税前扣除。甲公司拟长期持有乙公司股权。

第二，甲公司投资乙公司前，甲公司、乙公司、丁公司之前不存在关联方关系。

第三，乙公司除实现净利润、其他综合收益外，无其他权益变动事项；乙公司按其实现净利润的10%计提法定盈余公积，没有进行其他分配。

第四，本题不考虑除所得税以外的其他相关税费及其他因素。

要求：

（1）计算2×18年12月31日甲公司持有的乙公司股权在其个别财务报表中列报的长期股权投资金额，编制甲公司取得及持有乙公司投资相关的会计分录。

（2）计算2×18年12月31日合并报表投资收益的列示金额。

（3）判断甲公司增持乙公司30%股权的交易类型，并说明理由；确定甲公司对乙公司的企业合并成本，如判断属于非同一控制下企业合并的，计算应予确认的商誉金额；判断乙公司应于何时纳入甲公司合并财务报表范围，并说明理由。

（4）编制甲公司2×19年年末与其合并财务报表相关的调整或抵销分录。

3.（2016年）甲股份有限公司（以下简称“甲公司”）及其子公司2×13年、2×14年、2×15年进行的有关资本运作、销售等交易或事项如下：

（1）2×13年9月，甲公司与乙公司控股股东P公司签订协议，约定以发行甲公司股份为对价购买P公司持有的乙公司60%股权。协议同时约定：评估基准日为2×13年9月30日，以该基准日经评估的乙公司股权价值为基础，甲公司以每股9元的价格发行本公司股份作为对价。

乙公司全部权益（100%）于2×13年9月30日的公允价值为18亿元，甲公司向P公司发行1.2亿股，交易完成后，P公司持有股份占甲公司全部发行在外普通股股份的8%。上述协议分别经交易各方内部决策机构批准并于2×13年12月20日经监管机构核准。甲公司于2×13年12月31日向P公司发行1.2亿股，当日甲公司股票收盘价为每股9.5元（公允价值）；交易各方于当日办理了乙公司股权过户登记手续，甲公司对乙公司董事会进行改组。改组后乙公司董事会由7名董事组成，其中甲公司派出5名，对乙公司实施控制；当日，乙公司可辨认净资产公允价值为18.5亿元（有关可辨认资产、负债的公允价值与账面价值相同）；乙公司2×13年12月31日账面所有者为：实收资本40000万元、资本公积60000万元、盈余公积23300万元、未分配利润61700万元。

该项交易中，甲公司以银行存款支付法律、评估等中介机构费用1200万元。

协议约定，P公司承诺本次交易完成后的2×14年、2×15年和2×16年三个会计年度乙公司实现的净利润分别不低于10000万元、12000万元和20000万元。乙公司实现的净利润低于上述承诺利润的，P公司将按照出售股权比例，以现金对甲公司进行补偿。各年度利润补偿单独计算，且已经支付的补偿不予退还。2×13年12月31日，甲公司认为乙公司在2×14年至2×16年期间基本能够实现承诺利润，发生业绩补偿的可能性较小。

（2）2×14年4月，甲公司自乙公司购入一批W商品并拟对外出售，该批商品在乙公司的成本为200万元，售价为260万元不含增值税（与对第三方的售价相同），截至2×14年12月31日，甲公司已对外销售该批商品的40%，但尚未向乙公司支付货款。乙公司对1年以内的应收账款按照余额的5%计提坏账准备，对1至2年的应收账款按照20%计提坏账准备。

（3）乙公司2×14年实现净利润5000万元，较原承诺利润少5000万元。2×14年年末，根据乙公司利润实现情况及市场预期，甲公司估计乙公司未实现承诺利润是暂时性的，2×15年、2×16年仍能够完成承诺利润；经测试该时点商誉未发生减值。

2×15年2月10日，甲公司收到P公司2×14年业绩补偿款3000万元。

（4）2×14年12月31日，甲公司向乙公司出售一栋房屋，该房屋在甲公司的账面价值为800万元，出售给乙公司的价格是1160万元。乙公司取得后作为管理用房，预计未来仍可使用12年，采用年限平均法计提折旧，预计净残值为零。

截至2×15年12月31日，甲公司原自乙公司购入的W商品累计已有80%对外出售，货款仍未支付。乙公司2×15年实现净利润12000万元，2×15年12月31日账面所有者权益构成为：实收资本40000万元、资本公积60000万元、盈余公积25000万元、未分配利润77000万元。

其他有关资料：

本题中甲公司与乙公司、P公司在并购交易发生前不存在关联关系；本题中有关公司均按净利润的10%提取法定盈余公积，不计提任意盈余公积；不考虑相关税费和其他因素。

要求：

（1）判断甲公司合并乙公司的类型，说明理由。如为同一控制下企业合并，计算确定该项交易中甲公司对乙公司长期股权投资的成本；如为非同一控制下企业合并，确定该项交易中甲公司的企业合并成本，计算应确认商誉的金额；编制甲公司取得乙公司60%股权的相关会计分录。

（2）对于因乙公司2×14年未实现承诺利润，说明甲公司应进行的会计处理及理由，说明甲公司应进行的会计处理及理由，并编制相关会计分录。

（3）编制甲公司2×15年合并财务报表与乙公司相关的调整抵销会计分录。

4.（2015年改编）甲公司为一上市的集团公司，原持有乙公司30%股权，能够对乙公司施加重大影响。甲公司20×3年及20×4年发生的相关交易事项如下：

（1）20×3年1月1日，甲公司从乙公司的控股股东丙公司处受让乙公司50%股权，受让价格为13000万元，款项已用银行存款支付，并办理了股东变更登记手续。购买日，乙公司可辨认净资产的账面价值为18000万元，公允价值为20000万元（含原未确认的无形资产公允价值2000万元），除原未确认入账的无形资产外，其他各项可辨认资产及负债的公允价值与其账面价值相同。上述无形资产系一项商标权，自购买日开始尚可使用10年，预计净残值为零，采用直线法摊销。

甲公司受让乙公司50%股权后，共计持有乙公司80%股权，能够对乙公司实施控制。甲公司受让乙公司50%股权时，所持乙公司30%股权的账面价值为5400万元，其中投资成本4500万元，损益调整870万元，其他权益变动30万元；公允价值为6200万元。

（2）20×3年1月1日，乙公司个别财务报表中所有者权益为18000万元，其中实收资本为15000万元，资本公积为100万元，盈余公积为290万元，未分配利润为2610万元。20×3年年度，乙公司个别财务报表实现净利润500万元，因其他权益工具投资公允价值变动产生的其他综合收益60万元。

（3）20×4年1月1日，甲公司向丁公司转让所持乙公司70%股权，转让价格为20000万元，款项已经收到，并办理了股东变更登记手续。出售日，甲公司所持乙公司剩余10%股权的公允价值为2500万元。转让乙公司70%股权后，甲公司不能对乙公司实施控制、共同控制或施加重大影响。

其他有关资料：

甲公司与丙公司、丁公司于交易发生前无任何关联关系。甲公司受让乙公司50%股权后，甲公司与乙公司无任何关联方交易。乙公司按照净利润的10%计提法定盈余公积，不计提任意盈余公积。20×3年年度及20×4年年度，乙公司未向股东分配利润。不考虑相关税费及其他因素。

要求：

（1）根据资料（1），计算甲公司20×3年年度个别财务报表中受让乙公司50%股权后长期股权投资的初始投资成本，并编制与取得该股权相关的会计分录。

（2）根据资料（1），计算甲公司20×3年年度合并财务报表中因购买乙公司发生的合并成本及应列报的商誉。

（3）根据资料（1），计算甲公司20×3年年度合并财务报表中因购买乙公司50%股权应确认的投资收益。

（4）根据资料（1）和（2），编制与甲公司20×3年年度合并资产负债表和合并利润表相关的调整及抵销分录。

（5）根据上述资料，计算甲公司20×4年年度个别财务报表中因处置70%股权应确认的投资收益，并编制相关会计分录。

（6）根据上述资料，计算甲公司20×4年年度合并财务报表中因处置70%股权应确认的投资收益。

5.（2015年改编）甲股份有限公司（以下简称“甲公司”）20×4年为实现产业整合，减少同业竞争，实施了一项企业合并，与该项企业合并及合并后相关的交易事项如下：

（1）20×4年3月20日，甲公司和其控股股东P公司及无关联第三方丙公司签订协议，从P公司处购买其持有乙公司60%的股权，从丙公司处购买少数股权40%。

20×4年7月1日，甲公司以向P公司发行1800万股股票作为对价，发行价4元／股；以银行存款向丙公司支付5000万元作为对价。相关股权已于当日办理了工商变更手续，甲公司对乙公司的董事会进行了改选。当日乙公司所有者权益账面价值8000万元（其中股本2000万元，资本公积3200万元，盈余公积1600万元，未分配利润1200万元）。

（2）20×4年1月1日，甲公司账上有应收乙公司账款680万元，已计提坏账准备34万元；乙公司的存货中有360万元是自甲公司购入拟出售的，但尚未出售，甲公司出售时账面价值是220万元，乙公司未计提跌价准备。

至20×4年7月1日，乙公司20×4年1月1日账面持有的自甲公司购入存货已全部实现对外销售，甲公司在其个别财务报表中应收款项计提的坏账准备没有变化。

（3）7月10日，甲公司将其自用的无形资产以500万元出售给乙公司，款项未支付。无形资产原价200万元，已计提摊销40万元，尚可使用年限5年，乙公司购入后作为管理用无形资产。

（4）20×4年12月31日，甲公司应收乙公司的两次账款均未收回，甲公司再一次计提坏账准备59万元（累计共计提93万元）。

（5）乙公司下半年实现净利润800万元，其他综合收益增加120万元，所有者权益项目：股本2000万元，资本公积3200万元，其他综合收益120万元，盈余公积1680万元，未分配利润1920万元。

其他有关资料：

甲、乙公司均按净利润的10%计提法定盈余公积，不计提任意盈余公积，未向股东分配利润，不考虑相关税费及其他因素。

要求：

（1）甲公司合并乙公司属于什么类型的合并，并说明理由。

（2）甲公司应确认的长期股权投资的初始投资金额是多少，并编制相关的会计分录。

（3）编制甲公司20×4年年度合并财务报表中有关的调整抵销分录。

历年真题演练答案及解析

一、单项选择题

1.【答案】C

【解析】选项AB属于会计估计，不需要与母公司统一；选项C正确，属于编制合并报表时统一母公司与子公司的会计政策；选项D，闲置不用但没有明确处置计划的机器设备不满足划分为持有待售的条件，属于错误的会计处理。

二、多项选择题

1.【答案】ABCD

【解析】合并报表中相关的抵销分录：

2×15年：

借：资产处置收益　　600（2600−2000）

　贷：固定资产　　600

2×16年：

借：年初未分配利润　　600（2600−2000）

　贷：固定资产　　600

借：固定资产　　60（600÷10）

　贷：管理费用　　60

2×17年：

借：年初未分配利润　　600

　贷：固定资产　　600

借：固定资产　　60（600÷10）

　贷：年初未分配利润　　60

借：固定资产　　60（600÷10）

　贷：管理费用　　60

2.【答案】ACD

【解析】乙公司偿还上年度自甲公司购买产品的货款900万元，甲公司和乙公司均属于经营活动，应将甲公司经营活动收到的现金900万元与乙公司经营活动支付的现金900万元抵销，选项B不正确。

三、综合题

1.【答案及解析】

（1）A公司20×6年个别报表中应确认投资收益=[3000−（500−400）×（1−50%）]×30%=885（万元）；

A公司20×7年个别报表中应确认投资收益=[3500+（500−400）×50%]×30%=1065（万元）。

（2）A公司购买丙公司股权应确认商誉=9000−12000×70%=600（万元）。

（3）A公司支付的现金在20×6年年度合并现金流量表中列报的项目名称为“取得子公司及其他营业单位支付的现金净额”。列报金额

=9000−3500=5500（万元）。

（4）A公司租赁给甲公司的办公楼在20×7年12月31日的合并资产负债表中列报项目名称为"固定资产"。

理由：母子公司之间内部交易抵销，视同交易从未发生，即合并报表角度将A公司租赁的办公楼由投资性房地产还原为固定资产，所以A公司租赁给甲公司的办公楼在20×7年12月31日的合并资产负债表中应列报在"固定资产"项目。

（5）A公司在20×6年年度合并财务报表中应披露的关联方为甲公司、乙公司和丙公司。

甲公司和丙公司：甲公司和丙公司为A公司的子公司，对外提供合并财务报表的，对于已经包括在合并范围内各企业之间的交易不予披露，即因母子公司之间内部交易在合并财务报表中已经抵销，无需披露A公司与甲公司和丙公司之间的内部交易。

乙公司：应披露其关联方关系性质（乙公司为A公司的联营企业）、交易类型（乙公司向A公司销售商品）及交易要素（商品交易价格为500万元）。

（6）A公司20×7年合并报表与甲公司股权相关调整抵销分录如下：

①A公司与甲公司内部商品交易的抵销

借：年初未分配利润 120
　贷：固定资产 120

借：年初未分配利润 10[（600−480）/6×6/12]
　贷：固定资产 10

借：管理费用 20[（600−480）/6]
　贷：固定资产 20

②A公司与甲公司内部债权债务的抵销

借：应收账款——坏账准备 30
　贷：年初未分配利润 30

借：资产减值损失 30
　贷：应收账款 30

③A公司与甲公司内部租赁交易的抵销

借：固定资产 180
　贷：投资性房地产 180

借：管理费用 20
　贷：营业成本 20

借：营业收入 50
　贷：管理费用 50

④A公司20×7年合并报表与丙公司股权相关调整抵销分录

a. 对丙公司未确认无形资产的调整

借：无形资产 1200
　贷：资本公积 1200

借：年初未分配利润 50（1200/10×5/12）
　管理费用 120（1200/10）
　贷：无形资产 170

b. 长期股权投资按照权益法进行调整

借：长期股权投资 287
　贷：年初未分配利润 91[（180−50）×70%]
　　投资收益 196[（400−120）×70%]

c. 抵销分录

借：实收资本 10000
　资本公积 1200
　盈余公积 138（80+180×10%+400×10%）
　未分配利润 1072（720+180−50−180×10%+400−120−400×10%）
　商誉 600
　贷：长期股权投资 9287（9000+287）
　　少数股东权益 3723[（10000+1200+138+1072）×30%]

借：投资收益 196[（400−120）×70%]
　少数股东损益 84[（400−120）×30%]
　年初未分配利润 832（720+180−50−180×10%）
　贷：提取盈余公积 40（400×10%）
　　年末未分配利润 1072

2.【答案及解析】

（1）2×18年12月31日长期股权投资的余额=2400+200+243.75+182=3025.75（万元）。甲公司持有的乙公司股权在其个别报表中列示的长期股权投资金额为3025.75万元。

借：长期股权投资——投资成本 2400
　贷：银行存款 2400

初始投资成本小于应享有乙公司投资时点可辨

认净资产公允价值，需要调整初始投资成本。

借：长期股权投资——投资成本 200

[（10000×26%）-2400]

贷：营业外收入 200

子公司调整后的净利润=1200-（2000-1300）×（1-50%）×（1-25%）=937.5（万元）。

借：长期股权投资——损益调整 243.75

（937.5×26%）

贷：投资收益 243.75

借：长期股权投资——其他综合收益 182

（700×26%）

贷：其他综合收益 182

（2）2×18年12月31日合并报表投资收益的列示金额=182+243.75=425.75（万元）。

借：营业收入 520

（2000×26%）

贷：营业成本 338

（1300×26%）

投资收益 182

[（2000-1300）×26%]

（3）甲公司增持乙公司30%股权，属于通过多次交易分步取得股权，最终形成非同一控制下企业合并。

理由：甲公司增持乙公司30%股权后，持股比例为56%，同时在乙公司的董事会中派出6名董事，按乙公司章程规定，所有重大的经营、财务和分配等事项经董事会成员三分之二及以上表决通过后实施，且甲公司投资乙公司前，甲公司、乙公司、丁公司之前不存在关联方关系，所以属于通过多次交易分步取得股权，最终形成非同一控制下企业合并。

合并成本=3900+4800=8700（万元），商誉=8700-（15000-1800×25%）×56%=552（万元）。

甲公司应在2×19年1月1日将乙公司纳入合并范围。

理由：2×19年1月1日，交易各方办理了乙公司股权过户登记手续，同时对乙公司的董事会进行重组实际取得控制权。

（4）分录如下：

借：长期股权投资 874.25（3900-3025.75）

贷：投资收益 874.25

借：其他综合收益 182

贷：投资收益 182

借：无形资产 1800

贷：资本公积 1350

递延所得税负债 450

借：管理费用 60

贷：无形资产 60

借：递延所得税负债 15

贷：所得税费用 15

调整后的净利润=2500-60+15=2455（万元）。

借：长期股权投资 1374.8（2455×56%）

贷：投资收益 1374.8

借：长期股权投资 364（650×56%）

贷：其他综合收益 364

借：实收资本 10000

资本公积 2550（1200+1350）

其他综合收益 1350（700+650）

盈余公积 1050（800+250）

年末未分配利润 2705（500+2455-250）

商誉 552

贷：长期股权投资 10438.8（8700+1374.8+364）

少数股东权益 7768.2 [（10000+2550+1350+1050+2705）×44%]

借：投资收益 1374.8

少数股东损益 1080.2

年初未分配利润 500

贷：提取盈余公积 250

年末未分配利润 2705

3.【答案及解析】

（1）甲公司对乙公司的合并属于非同一控制下企业合并。

理由：甲公司与乙公司、P公司在本次重组交易前不存在关联关系。

甲公司对乙公司的企业合并成本=12000×9.5=114000（万元），商誉=114000-185000×60%=3000（万元）。

借：长期股权投资 114000

贷：股本 12000

资本公积——股本溢价 102000

借：管理费用　　　　　　　1200
　贷：银行存款　　　　　　　1200

（2）甲公司应将预期可能取得的补偿款计入预期获得年度（2×14年）损益。

理由：该部分金额是企业合并交易中的或有对价，因不属于购买日12个月内可以对企业合并成本进行调整的因素，应当计入预期取得当期损益。

①2×14年末补偿金额确定时

借：交易性金融资产　　3000
　贷：公允价值变动损益（或投资收益）
　　　　　　　　　　3000

②2×15年2月收到补偿款时

借：银行存款　　3000
　贷：交易性金融资产　　3000

（3）①2×14年内部出售房屋

借：年初未分配利润　　360（1160−800）
　贷：固定资产　　360
借：累计折旧　　30
　贷：管理费用　　30

②2×14年内部出售商品

借：应付账款　　260
　贷：应收账款　　260
借：应收账款　　13
　贷：年初未分配利润　　13（260×5%）
借：年初未分配利润　　5.2（13×40%）
　贷：少数股东权益　　5.2
借：应收账款　　39（260×20%—13）
　贷：资产减值损失　　39
借：少数股东损益　　15.6（39×40%）
　贷：少数股东权益　　15.6
借：年初未分配利润　　36[（260−200）×（1−40%）]
　贷：存货　　36
借：少数股东权益　　14.4（36×40%）
　贷：年初未分配利润　　14.4
借：存货　　24
　贷：营业成本　　24
借：少数股东损益　　9.6（24×40%）
　贷：少数股东权益　　9.6

③将成本法调整为权益法

借：长期股权投资　　10200
　贷：投资收益　　7200
　　　　　　（12000×60%）
　　年初未分配利润　　3000
　　　　　　（5000×60%）

④2×15年将母公司的长期股权投资与子公司的所有者权益进行抵销

借：实收资本　　40000
　资本公积　　60000
　盈余公积　　25000
　年末未分配利润　　77000
　商誉　　3000
　贷：长期股权投资　　124200
　　少数股东权益　　80800
借：投资收益　　7200
　少数股东损益　　4800
　年初未分配利润　　66200（61700+5000−500）
　贷：提取盈余公积　　1200
　　年末未分配利润　　77000

4.**【答案及解析】**

（1）长期股权投资的初始投资成本=5400+13000=18400（万元）。

借：长期股权投资　　13000
　贷：银行存款　　13000

（2）合并报表中的合并成本=6200+13000=19200（万元）；商誉=19200−20000×80%=3200（万元）。

（3）应确认的投资收益=6200−5400+30=830（万元）。

（4）甲公司20×3年度合并资产负债表和合并利润表相关的调整及抵销分录。

借：无形资产　　　　2000
　贷：资本公积　　　　2000
借：管理费用　　　　200
　贷：无形资产　　　　200
借：长期股权投资　　　　800
　　　　　　（6200−5400）
　贷：投资收益　　　　800

借：资本公积——其他资本公积　30
　贷：投资收益　30
借：长期股权投资　288
　贷：投资收益　240
　　[（500−200）×80%]
　　其他综合收益　48
　　[（60×80%）]
借：实收资本　15000
　资本公积　2100
　（2000+100）
　其他综合收益　60
　盈余公积　340
　（290+50）
　年末未分配利润　2860
　（2610+500−200−50）
　商誉　3200
　贷：长期股权投资　19488
　　少数股东权益　4072
借：投资收益　240
　少数股东损益　60
　年初未分配利润　2610
　贷：提取盈余公积　50
　　年末未分配利润　2860

（5）个别财务报表处置70%股权应确认的投资收益=20000+2500−18400+30=4130（万元）。

借：银行存款　20000
　其他权益工具投资（或交易性金融资产）
　2500
　贷：长期股权投资　18400
　　投资收益　4100
借：资本公积——其他资本公积　30
　贷：投资收益　30

（6）合并报表中处置70%股权应确认的投资收益=20000+2500−3200−（18000+2000+500+60－200）×80%+60×80%=3060（万元）。

5.【答案及解析】

（1）甲公司合并乙公司属于同一控制下的企业合并。

理由：甲公司购买乙公司股份之前，其控股股东P公司持有乙公司60%股权，能够对乙公司达到控制，因此甲公司购买乙公司属于同一控制下的企业合并。

（2）长期股权投资的初始投资成本=8000×60%=4800万元，追加投资后，长期股权投资的账面价值=4800+5000=9800（万元）。

借：长期股权投资　9800
　贷：股本　1800
　　资本公积——股本溢价　3000
　　银行存款　5000

（3）①合并日合并报表处理

借：资本公积　1800(5000−8000×40%)
　贷：长期股权投资　1800
借：股本　2000
　资本公积　3200
　盈余公积　1600
　未分配利润　1200
　贷：长期股权投资　8000
借：资本公积　1680
　贷：盈余公积　960（1600×60%）
　　未分配利润　720（1200×60%）
借：应付账款　680
　贷：应收账款　680
借：应收账款　34
　贷：年初未分配利润　34
借：年初未分配利润　140
　贷：营业成本　140

②资产负债表日合并报表处理

借：资本公积　1800
　贷：长期股权投资　1800
借：长期股权投资　920
　贷：投资收益　800
　　其他综合收益　120
借：股本　2000
　资本公积　3200
　其他综合收益　120
　盈余公积　1680（1600+80）
　年末未分配利润　1920（1200+800−80）
　贷：长期股权投资　8920
借：投资收益　800
　年初未分配利润　1200
　贷：提取盈余公积　80
　　年末未分配利润　1920

借：资本公积　　　　1680
　　贷：盈余公积　　　　960（1600×60%）
　　　　未分配利润　　　720（1200×60%）
借：应付账款　　　　680
　　贷：应收账款　　　　680
借：应收账款　　　　34
　　贷：年初未分配利润　　34
借：年初未分配利润　　140
　　贷：营业成本　　　　140
借：资产处置收益　　340
　　贷：无形资产　　　　340
借：无形资产　　　　34（340/5×6/12）
　　贷：管理费用　　　　34
借：应付账款　　　　500
　　贷：应收账款　　　　500
借：应收账款　　　　59
　　贷：资产减值损失　　59

第二十八章 每股收益

题型及分值	（1）本章主要考核客观题 （2）近三年平均分值 2 分
近三年考点	（1）影响基本每股收益的判断、基本每股收益的计算 （2）稀释性的判断、稀释每股收益的计算
学习引导	本章内容不多，但是有一定难度，重点掌握基本每股收益的计算；认股权证、股票期权、可转债等稀释性的判断、稀释每股收益的计算；每股收益需要重新计量的事项及其计算方法
本年教材变化	内容无实质变化

本章知识框架

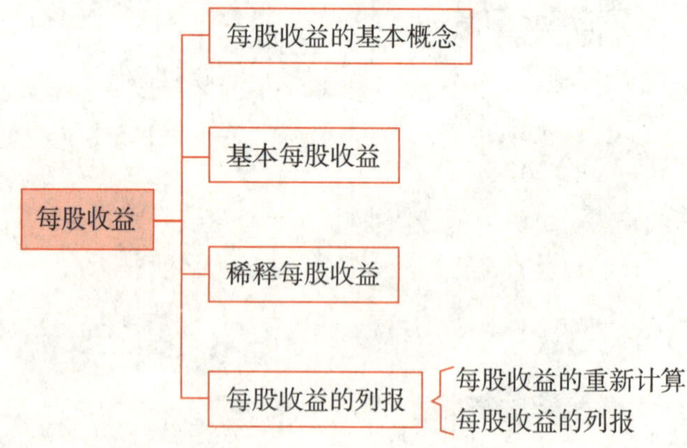

本章考点精解

第一节　每股收益的基本概念

【考点 209】每股收益的基本概念★

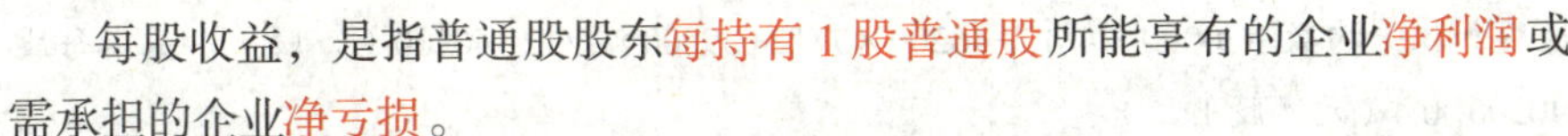

每股收益，是指普通股股东每持有 1 股普通股所能享有的企业净利润或需承担的企业净亏损。

每股收益是用于反映企业经营成果，衡量普通股的获利水平及投资风险，是投资人、债权人等信息使用者据以评价企业盈利能力、预测企业成长潜力的一项重要财务指标。

每股收益包括基本每股收益和稀释每股收益两类。

第二节　基本每股收益

【考点 210】基本每股收益的计算★★★

基本每股收益只考虑当期实际发行在外的普通股股份。

（1）个别报表：归属于普通股股东的净利润或净亏损的金额
（2）合并报表：归属于母公司普通股股东的当期合并净利润

基本每股收益 = 归属于普通股股东的当期净利润 / 当期实际发行在外普通股的加权平均数

期初发行在外普通股股数 + 当期新发行普通股股数 × 已发行时间/报告期时间 − 当期回购普通股股数 × 已回购时间/报告期时间

新发行普通股股数应当根据发行合同的具体条款，从应收对价之日起计算确定，如下列情况：

（1）为收取现金而发行的普通股股数，从应收现金之日起计算。

（2）因债务转资本而发行的普通股股数，从停计债务利息之日或结算日起计算。

（3）非同一控制下的企业合并，作为对价发行的普通股股数，从购买日起计算；同一控制下的企业合并，作为对价发行的普通股股数，应当计入各列报期间普通股的加权平均数（同一控制下，从被最终控制方同时控制时起计算，视为一家）。

（4）为收购非现金资产而发行的普通股股数，从确认收购之日起计算。

【提示】库存股不属于发行在外的普通股，且无权参与利润分配，应在计算分母时扣除。

【例题 1·单选】甲公司 20×7 年期初发行在外的普通股为 30000 万股；4 月 30 日新发行普通股 16200 万股；12 月 1 日回购普通股 7200 万股以备将来奖励职工之用。甲公司当年年度实现净利润为 16250 万元。假定甲公司按月数计算每股收益的时间权重，则甲公司 20×7 年年度基本每股收益为（　　）元 / 股。

A. 0.40　　B. 0.48　　C. 0.47　　D. 0.54

【答案】A

【解析】发行在外普通股加权平均数 =30000×12/12+16200×8/12−7200×1/12=40200（万股）；或发行在外普通股加权平均数 =30000×4/12+46200×7/12+39000×1/12=40200（万股）。基本每股收益 =16250÷40200=0.4（元 / 股）。

【例题 2·单选】2×18 年 3 月 31 日，P 公司发行 1000 万股普通股取得 S 公司 100% 的股权，合并后，S 公司维持独立法人资格继续经营。P 公司与 S 公司在合并前无关联方关系。合并前，P 公司发行在外的普通股股数为 5000 万股，除上述事项外无其他变动。P 公司 2×18 年实现净利润 6000 万元，S 公司 2×18 年实现净利润 800 万元，利润在每个月均匀发生，P 公司与 S 公司采用的会计政策相同。假定 P 公司按月数计算每股收益的时间权重，2×18 年合并利润表中基本每股收益为（　　）元 / 股。

A. 1.15　　B. 1.2　　C. 1.13　　D. 1.32

【答案】A

【解析】非同一控制下企业合并中作为对价发行的普通股股数应当从购买日起计算。2×18 年发行在外的普通股股数 =5000+1000×9/12=5750（万股），合并净利润 =6000+800×9/12=6600（万元），基本每股收益 =6600/5750=1.15（元 / 股）。

第三节　稀释每股收益

【考点 211】稀释每股收益的计算★★★

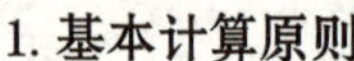

1. 基本计算原则

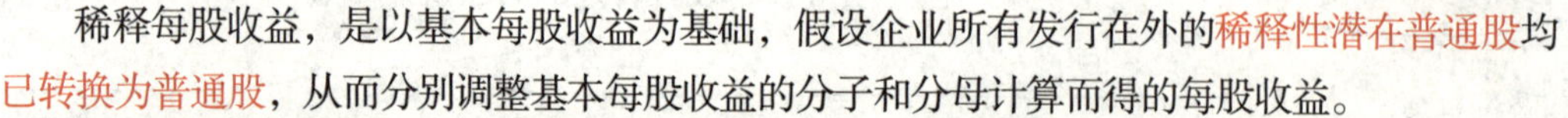

稀释每股收益，是以基本每股收益为基础，假设企业所有发行在外的稀释性潜在普通股均已转换为普通股，从而分别调整基本每股收益的分子和分母计算而得的每股收益。

（1）潜在普通股。

我国企业发行的潜在普通股主要有可转换公司债券、认股权证、股份期权等。

（2）稀释性潜在普通股。

假定潜在普通股当期转换为普通股，如果会减少持续经营每股收益或增加持续经营每股亏损，表明具有稀释性，否则，具有反稀释性。

①对于盈利企业而言，假设当期转换为普通股，将会减少每股收益的金额；

②对于亏损企业而言，假设当期转换为普通股，将会增加每股亏损的金额。

（3）分子的调整。

计算稀释每股收益时，应当根据下列事项对归属于普通股股东的当期净利润进行调整：

①当期已确认为费用的稀释性潜在普通股的利息；

②稀释性潜在普通股转换时将产生的收益或费用。

【提示】上述调整应当考虑相关的所得税影响。在对分子进行调整时，如果该稀释性潜在普通股的利息资本化计入了相关资产的成本，则不应当对其进行调整。

（4）分母的调整。

调整后的当期发行在外普通股的加权平均数 = 计算基本每股收益时普通股的加权平均数 + 假定转而增加的普通股股数的加权平均数

计算稀释性潜在普通股转换为已发行普通股而增加的普通股股数的加权平均数时：

① 以前期间发行的稀释性潜在普通股，应当假设在当期期初转换为普通股；

② 当期发行的稀释性潜在普通股，应当假设在发行日转换为普通股。

③ 当期被注销或终止的稀释性潜在普通股，应当按照当期发行在外的时间加权平均计入稀释每股收益；

④ 当期被转换或行权的稀释性潜在普通股，应当从当期期初至转换日（或行权日）计入稀释每股收益中，从转换日（或行权日）起所转换的普通股则计入基本每股收益中。

2. 可转换公司债券

可转换公司债券，指公司依法发行的、在一定期间内依据约定的条件可以转换成股份的公司债券。

稀释每股收益 =（净利润 + 假设转换时增加的净利润）÷（发行在外普通股加权平均数 + 假设转换所增加的普通股股数的加权平均数）

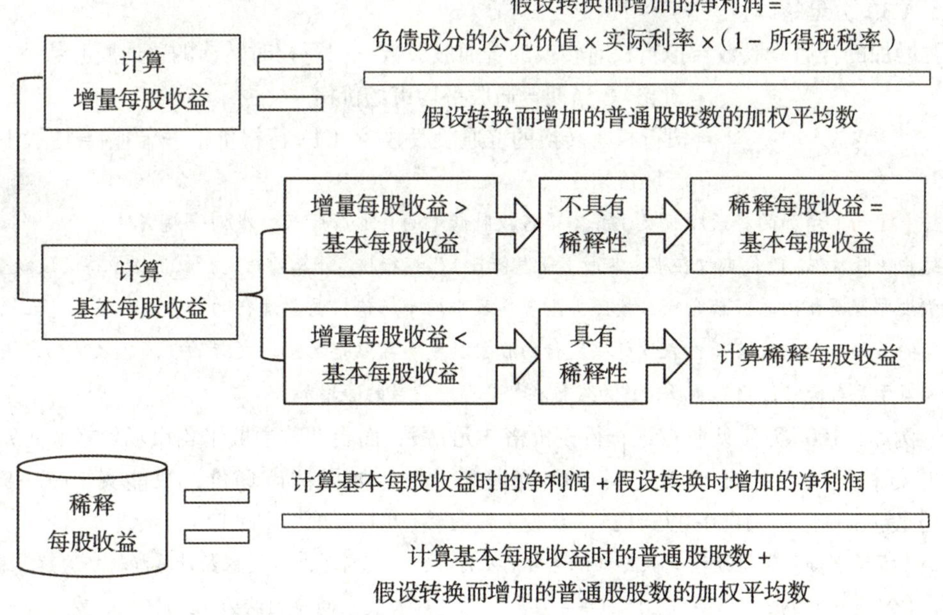

【例题 1·单选】甲上市公司 20×7 年归属于普通股股东的净利润为 38200 万元，期初发行在外普通股股数 20000 万股，当年普通股股数未发生变化。20×7 年 1 月 1 日，公司按面值发行 60000 万元的三年期可转换公司债券，债券每张面值 100 元，票面固定年利率为 2%，每年 12 月 31 日支付当年年度利息，市场上不具备转换选择权的类似债券的市场利率为 3%。该批可转换公司债券自发行结束后 12 个月以后即可转换为公司股票，转股价格为每股 10 元，即每 100 元债券可转换为 10 股面值为 1 元的普通股。债券利息不符合资本化条件，直接计入当期损益，所得税税率为 25%。不考虑其他因素，甲公司20×7年的稀释每股收益为（　　）元/股。

A. 1.54　　B. 0.22　　C. 1.91　　D. 1.52

【答案】D

【解析】公司在对可转换公司债券初始确认时，需要将负债和权益成分进行分拆。

负债成分公允价值 =1200/（1+3%）+1200/（1+3%）^{2}+61200/（1+3%）^{3}=58302.83（万元），

权益成分公允价值 =60000−58302.83=1697.17（万元）。

假设转换所增加的净利润 =58302.83×3%×（1−25%）=1311.81（万元），假设转换所增加的普通股股数 =60000÷10=6000（万股），增量股的每股收益 =1311.81÷6000=0.22（元/股）。

基本每股收益 =38200÷20000=1.91（元/股），增量股的每股收益小于基本每股收益，可转换公司债券具有稀释作用。稀释每股收益 =（38200+1311.81）÷（20000+6000）=1.52（元/股）。

3. 认股权证、股份期权

认股权证，是指公司发行的、约定持有人有权在履约期间内或特定到期日按约定价格向本公司购买新股的有价证券。

（1）对于盈利企业，当认股权证和股份期权等的行权价格低于当期普通股平均市场价格时，具有稀释性。反之，对于亏损企业，当行权价格低于当期普通股平均市场价格时，具有反稀释性。

（2）分子的调整金额为0，即增量每股收益为0，所以对于盈利企业具有稀释性。

（3）分母的调整。

增加的普通股股数 = 拟行权时转换的普通股股数 − 拟行权时转换的普通股股数 × 行权价格 ÷ 当期普通股平均市场价格

= 拟行权时转换的普通股股数 ×（1− 行权价格 ÷ 当期普通股平均市场价格）

【提示】增加的普通股股数，并不是行权时新增的普通股股数，我们一般这样进行理解：①假设这些认股权证、股份期权在当期期初（或发行日）已经行权，计算按约定行权价格取得的股款金额；②假设要获得相同的股款金额，按照当期普通股平均市场价格需要发行的普通股数量；③比较两者之间的差额（行权价格低，假设行权发行的股票数量＞按照市场价格发行的普通股数量），差额部分相当于无对价发行的普通股，作为发行在外普通股股数的净增加。

例如，1000万份认股权证，行权价格7元/股，而当期普通股平均市场价格8元/股，如果行权，可以花7000万元买1000万股普通股；如果按市场价，只能买7000÷8=875（万股），相当于1000−875=125（万股）没收钱，即增加普通股125万股。

【提示】如果股票期权、认股权证是当期发行的，则还需考虑时间权数计算加权平均数。

【例题2·单选】甲公司20×6年年度归属于普通股股东的净利润为1200万元，发行在外的普通股加权平均数为2000万股，当年年度该普通股平均市场价格为每股5元。20×6年1月1日，甲公司对外发行认股权证1000万份，行权日为20×7年6月30日，每份认股权可以在行权日以3元的价格认购甲公司1股新发的股份。甲公司20×6年年度稀释每股收益金额是（　　）元/股。

A.0.4　　B.0.46　　C.0.5　　D.0.6

【答案】C

【解析】甲公司发行认股权证调整增加的普通股股数 =1000−1000×3÷5=400（万股），稀释每股收益金额 =1200÷（2000+400）=0.5（元/股）。

4. 限制性股票

（1）等待期内基本每股收益的计算。

限制性股票，由于未来可能被回购，性质上属于或有可发行股票，因此在计算基本每股收益时不应当包括在内。

基本每股收益，仅考虑发行在外的普通股，按照归属于普通股股东的当期净利润除以发行在外普通股的加权平均数计算。

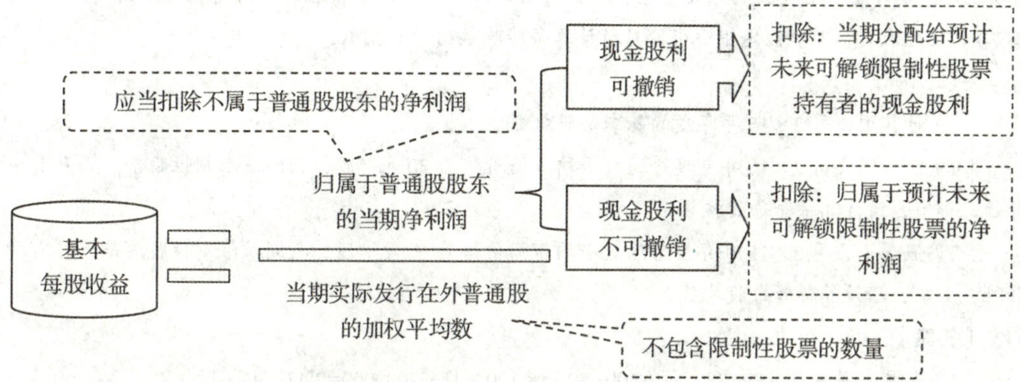

（2）等待期内稀释每股收益的计算。

① 解锁条件仅为服务期限条件的，公司应假设资产负债表日尚未解锁的限制性股票已于当期期初（或晚于期初的授予日）全部解锁，并参照本章中股份期权的有关规定考虑限制性股票的稀释性。

行权价格 = 限制性股票的发行价格 + 资产负债表日尚未取得的职工服务的公允价值

注：可以理解为企业已收到的价值（发行价格）+ 以后还能取得的价值（尚未取得职工服务的价值）

增加的普通股股数 = 限制性股票股数 − 限制性股票股数 × 行权价格 ÷ 当期普通股平均市场价格
= 限制性股票股数 ×（1− 行权价格 ÷ 当期普通股平均市场价格）

稀释每股收益 = 当期净利润 ÷（发行在外的普通股加权平均数 + 调整增加的普通股加权平均数）

【提示】如果限制性股票是当期发行的，则还需考虑时间权数计算加权平均数。

② 解锁条件包含业绩条件的，公司应假设资产负债表日即为解锁日并据以判断资产负债表日的实际业绩情况是否满足解锁要求的业绩条件。

a. 若满足业绩条件的，参照上述解锁条件仅为服务期限条件的有关规定计算稀释性每股收益；

b. 若不满足业绩条件的，计算稀释性每股收益时不必考虑此限制性股票的影响。

【例题 3 · 计算】甲公司为上市公司，2×15 年 4 月 1 日，公司以非公开发行的方式向 600 名管理人员每人授予 100 股自身股票（每股面值为 1 元），授予价格为每股 8 元。当日，600 名管理人员出资认购了相关股票，总认购款为 480000 元，甲公司履行了相关增资手续。甲公司估计该限制性股票股权激励在授予日的公允价值为每股 16 元。

激励计划规定，这些管理人员从2×15年4月1日起在甲公司连续服务3年的，所授予股票将于2×18年4月1日全部解锁；其间离职的，甲公司将按照原授予价格每股8元回购相关股票。2×15年4月1日至2×18年4月1日期间，所授予股票不得上市流通或转让；激励对象因获限制性股票而取得的现金股利由公司代管，作为应付股利在解锁时向激励对象支付；对于未能解锁的限制性股票，公司在回购股票时应当扣除激励对象已享有的该部分现金分红。

2×15年年度，甲公司实现净利润500万元，发行在外普通股（不含限制性股票）加权平均数为200万股，宣告发放现金股利每股1元；甲公司估计三年中离职的管理人员合计为80人，当年年末有30名管理人员离职。假定甲公司按月数计算每股收益的时间权重，不考虑其他因素。

要求：

（1）计算甲公司2×15年年度的基本每股收益。

（2）假如甲公司2×15年年度普通股平均市场价格为30元/股，判断该限制性股票是否具有稀释性，如有，请计算稀释每股收益。

（3）假如甲公司2×15年年度普通股平均市场价格为60元/股，判断该限制性股票是否具有稀释性，如有，请计算稀释每股收益。

【答案】

（1）基本每股收益=[5000000−（600−80）×100×1]÷2000000=2.47（元/股）。

（2）行权价格=8+16×27/36=20（元/股）；

调整增加的净利润=（600−80）×100×1=52000（元）；

调整增加的普通股加权平均数=（600×100−600×100×20÷30）×9/12=15000（股）；

增量每股收益=52000÷15000=3.47（元/股）＞基本每股收益2.47（元/股）；

因此，该限制性股票不具有稀释性。

（3）行权价格=8+16×27/36=20（元/股）；

调整增加的净利润=（600−80）×100×1=52000（元）；

调整增加的普通股加权平均数=（600×100−600×100×20÷60）×9/12=30000（股）；

增量每股收益=52000÷30000=1.73（元/股）＜基本每股收益2.47（元/股），具有稀释性。

稀释每股收益=5000000÷（2000000+30000）=5000000÷2030000=2.46（元/股）。

5. 企业承诺将回购其股份的合同

对于盈利企业，回购价格高于当期普通股平均市场价格时，应当考虑其稀释性。反之，对于亏损企业，回购价格低于当期普通股平均市场价格时，具有稀释性。

增加的普通股股数=承诺回购的普通股股数×回购价格÷当期普通股平均市场价格−承诺回购的普通股股数

=承诺回购的普通股股数×(回购价格÷当期普通股平均市场价格−1)

例如，承诺一年后以5.5元/股回购240万股普通股，市价为5元/股，企业需付出5.5×240=1320(万元)回购240万股普通股，如果按市价，企业可以回购5.5×240/5=264(万股)，则264−240=24（万股）就是稀释的，即增加的普通股股数。

【提示】如果回购合同是当期签订的，则还需考虑时间权数计算加权平均数。

6. 多项潜在普通股

对外发行多项潜在普通股的企业应当按照下列步骤计算稀释每股收益：

（1）列出企业发行在外的各潜在普通股。

（2）计算各潜在普通股的增量股每股收益（增量净利润 ÷ 增量股的加权平均数），判断其稀释性；增量每股收益越小的潜在普通股稀释性越大。

（3）按照潜在普通股稀释程度从大到小的顺序，将各稀释性潜在普通股分别计入稀释每股收益中，如果下一步得出的每股收益小于上一步得出的每股收益，表明新计入的潜在普通股具有稀释作用，应当计入稀释每股收益中；反之，则表明具有反稀释作用，不计入稀释每股收益中。

（4）最后得出的最小每股收益金额即为稀释每股收益。

【提示】可转换公司债券的增量每股收益＞0，股票期权、认股权证的增量每股收益等于0，因此，对于盈利企业来说，股票期权、认股权证的稀释性＞可转换公司债券的稀释性。

7. 子公司、合营企业或联营企业发行的潜在普通股

子公司、合营企业、联营企业发行能够转换成其普通股的稀释性潜在普通股，不仅应当包括在其稀释每股收益的计算中，而且还应当包括在合并稀释每股收益及投资者稀释每股收益的计算中。

【例题 4·计算】甲公司 20×7 年年度归属于普通股股东的净利润为 72000 万元（不包括子公司乙公司利润或乙公司支付的股利），发行在外普通股加权平均数为 60000 万股，持有乙公司 70% 的普通股股权。乙公司 20×7 年年度归属于普通股股东的净利润为 32400 万元，发行在外普通股加权平均数为 13500 万股，该普通股当年平均市场价格为 8 元。年初，乙公司对外发行 900 万份可用于购买其普通股的认股权证，行权价格为 4 元，甲公司持有 18 万份认股权证，当年无认股权证被行权。

假设除股利外，母子公司之间没有其他需抵销的内部交易；甲公司取得对乙公司投资时，乙公司各项可辨认资产等的公允价值与其账面价值一致，不考虑其他因素。

要求：

（1）计算乙公司 20×7 年年度的基本每股收益、稀释每股收益。

（2）计算甲公司 20×7 年年度的合并基本每股收益、合并稀释每股收益。

【答案】

（1）乙公司的基本每股收益 =32400÷13500=2.4（元 / 股）；

假设认股权证行权，调整增加的普通股股数 =900−900×4/8=450（万股），

乙公司的稀释每股收益 =32400÷（13500+450）=2.32（元 / 股）。

（2）归属于母公司普通股股东的母公司净利润为 72000 万元，包括在合并基本每股收益计算中的子公司净利润部分 =2.4×13500×70%=22680（万元），

甲公司的基本每股收益 =（72000+22680）÷60000=1.58（元 / 股）；

子公司净利润中归属于普通股且由母公司享有的部分 =2.32×13500×70%=21924（万元），

子公司净利润中归属于认股权证且由母公司享有的部分 =2.32×450×18/900=20.88（万元），

甲公司的稀释每股收益 =（72000+21924+20.88）÷60000=1.57（元 / 股）。

第四节 每股收益的列报

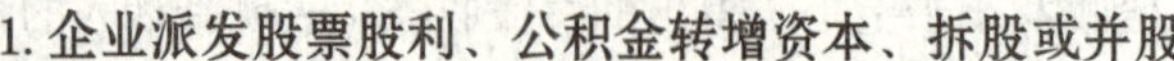

【考点212】每股收益的重新计算★★★

1. 企业派发股票股利、公积金转增资本、拆股或并股

企业派发股票股利、公积金转增资本、拆股或并股等会增加或减少其发行在外普通股或潜在普通股的数量，但并不影响所有者权益总额。但为了保持会计指标的前后期可比性，企业应当在相关报批手续全部完成后，按调整后的股数重新计算各列报期间的每股收益。

【提示】在资产负债表日至财务报告批准报出日之间发生派发股票股利、公积金转增股本、拆股或并股，应当按调整后的股数重新计算各比较期间的每股收益。

重新计算的上年基本每股收益＝上年基本每股收益 ÷（1+送股比例）

重新计算的上年稀释每股收益＝上年稀释每股收益 ÷（1+送股比例）

【例题1·单选】甲公司20×3年1月1日发行在外普通股为10000万股，引起当年发行在外普通股股数发生变动的事项有：（1）9月30日，为实施一项非同一控制下企业合并定向增发2400万股；（2）11月30日，以资本公积转增股本，每10股转增2股。甲公司20×3年实现归属于普通股股东的净利润为8200万元，不考虑其他因素，甲公司20×3年基本每股收益是（　　）。

A. 0.55元/股　　B. 0.64元/股　　C. 0.76元/股　　D. 0.82元/股

【答案】B

【解析】甲公司20×3年基本每股收益=8200÷[（10000+2400×3/12）×1.2]=0.64（元/股）。

【例题2·单选】甲公司20×8年1月1日发行在外的普通股为2700万股，20×8年年度实现归属于普通股股东的净利润为1800万元，普通股平均市价为每股10元。20×8年年度，甲公司发生事项如下：（1）4月20日，宣告发放股票股利，以年初发行在外普通股股数为基数每10股送1股，除权日为5月1日。（2）7月1日，根据经批准的股权激励计划，授予高管人员600万份股票期权。每份期权行权时可按4元的价格购买甲公司1股普通股，行权日为20×9年8月1日。（3）12月1日，甲公司按市价回购普通股600万股，以备实施股权激励计划之用。甲公司20×8年年度的稀释每股收益是（　　）元/股。

A. 0.55　　B. 0.56　　C. 0.58　　D. 0.62

【答案】C

【解析】稀释每股收益=1800÷[(2700×1.1−600×1/12)+(600−600×4/10)×6/12]=0.58(元/股)。

2. 配股

配股，指向全部现有股东以低于当前股票市价的价格发行普通股，实际上可以理解为按市价发行股票和无对价送股的混合体。

企业当期发生配股的情况下，计算基本每股收益时，将这部分无对价的送股（注意不是全部配发的普通股）视同列报最早期间期初就已经对外发行，并据以调整各列报期间发行在外普通股的加权平均数。

相关计算公式如下：

（1）每股理论除权价格＝（行权前发行在外普通股的公允价值总额＋配股收到的款项）÷行权后发行在外的普通股股数。

（2）调整系数 = 行权前发行在外普通股的每股公允价值 ÷ 每股理论除权价格。

（3）因配股重新计算的上年年度基本每股收益 = 上年年度归属于普通股股东的当期净利润 ÷（上年年度发行在外普通股的加权平均数 × 调整系数）= 上年年度基本每股收益 ÷ 调整系数。

（4）本年年度基本每股收益 = 归属于普通股股东的当期净利润 ÷（配股前发行在外普通股股数 × 调整系数 × 配股前普通股发行在外的时间权重 + 配股后发行在外普通股的加权平均数）。

【例题 3 · 单选】甲公司 20×9 年年度归属于普通股股东的净利润为 23500 万元，20×9 年 1 月 1 日发行在外普通股股数为 8000 万股，20×9 年 6 月 10 日，甲公司向截至 20×9 年 6 月 30 日（股权登记日）所有登记在册的老股东配股，配股比例为每 4 股配 1 股，配股价格为 6 元 / 股，除权交易基准日为 20×9 年 7 月 1 日。假设行权前一日的市价为 11 元 / 股，20×8 年年度基本每股收益为 2.64 元。不考虑其他因素，甲公司 20×9 年年度利润表中应列示的基本每股收益（上年和本年）各为（　　）元 / 股。

A. 2.64、2.50　　B. 2.40、2.50　　C. 2.64、2.61　　D. 2.40、2.61

【答案】B

【解析】每股理论除权价格 =（11×8000+6×8000/4）÷（8000+8000/4）=10（元 / 股）；调整系数 =11÷10=1.10。因配股重新计算的 20×8 年度基本每股收益 =2.64÷1.10=2.40（元 / 股）；20×9 年度基本每股收益 =23500÷[8000×1.10×6/12+（8000+2000）×6/12]=2.50（元 / 股）。

3. 特殊情形

（1）企业向特定对象以低于当前市价的价格发行股票的（即存在非流通股的企业）可以采用简化的计算方法，不考虑配股中内含的送股因素，而将配股视为发行新股处理。

（2）企业存在发行在外的除普通股以外的金融工具的，在计算基本每股收益时如下表。

<table>
<tr><th>项目</th><th colspan="2">内 容</th></tr>
<tr><td rowspan="4">分子</td><td colspan="2">总原则：归属于普通股股东的净利润不应包含其他权益工具的股利或利息</td></tr>
<tr><td>（1）发行的不可累积优先股等其他权益工具</td><td>应扣除当期宣告发放的股利</td></tr>
<tr><td>（2）发行的累积优先股等其他权益工具</td><td>无论当期是否宣告发放股利，均应予以扣除</td></tr>
<tr><td>（3）对于同普通股股东一起参加剩余利润分配的其他权益工具</td><td>不包含应归属于其他权益工具持有者净利润</td></tr>
<tr><td>分母</td><td colspan="2">发行在外普通股的加权平均数</td></tr>
<tr><td colspan="3">【提示】企业发行的金融工具中包含转股条款的，即存在潜在稀释性的，在计算稀释每股收益时考虑的因素与企业发行可转换公司债券、认股权证相同</td></tr>
</table>

4. 以前年度损益的追溯调整或追溯重述

按照《企业会计准则第 28 号——会计政策、会计估计变更和差错更正》的规定对以前年度损益进行追溯调整或追溯重述的，应当重新计算各列报期间的每股收益。

【例题 4 · 单选】甲公司 20×9 年年度实现净利润为 20000 万元，发行在外普通股加权平均数为 25000 万股。20×9 年 1 月 1 日，甲公司按票面金额发行 600 万股优先股，优先股每股票面金额为 100 元。该批优先股股息不可累积，即当年度未向优先股股东足额派发股息的差额部分，不可累积到下一计息年度。20×9 年 12 月 31 日，甲公司宣告并以现金全额发放当年优先股股息，股息率为 6%。

根据该优先股合同条款规定，甲公司将该批优先股分类为权益工具，优先股股息不在所得税前列支。不考虑其他因素，甲公司 20×9 年基本每股收益为（　　）元/股。

A. 0.78　　B. 0.66　　C. 0.64　　D. 0.80

【答案】B

【解析】归属于普通股股东的净利润 =20000−600×100×6%=16400（万元），基本每股收益 =16400÷25000=0.66（元/股）。

【考点 213】每股收益的列报★

1. 基本原则

（1）不存在稀释性潜在普通股的企业应当在利润表中单独列示基本每股收益。

（2）存在稀释性潜在普通股的企业应当在利润表中单独列示基本每股收益和稀释每股收益。

（3）编制比较财务报表时，各列报期间中只要有一个期间列示了稀释每股收益，那么所有列报期间均应当列示稀释每股收益，即使其金额与基本每股收益相等。

（4）企业对外提供合并财务报表的，仅要求其以合并财务报表为基础计算每股收益，并在合并财务报表中予以列报；与合并财务报表一同提供的母公司财务报表中不要求计算和列报每股收益，如果企业自行选择列报的，应以母公司个别财务报表为基础计算每股收益，并在其个别财务报表中予以列报。

2. 附注中披露

（1）基本每股收益和稀释每股收益分子、分母的计算过程。

（2）列报期间不具有稀释性但以后期间很可能具有稀释性的潜在普通股。

（3）在资产负债表日至财务报告批准报出日之间，企业发行在外普通股或潜在普通股发生重大变化的情况。

（4）如有终止经营的情况，应当在附注中分别持续经营和终止经营披露基本每股收益和稀释每股收益。

历年真题演练

一、单项选择题

1.（2018 年）A 公司 20×6 年度和 20×7 年度归属于普通股股东的净利润分别为 3510 万元和 4360 万元，20×6 年 1 月 1 日，A 公司发行在外普通股为 2000 万股。20×6 年 7 月 1 日，A 公司按照每股 12 元的市场价格发行普通股 500 万股，20×7 年 4 月 1 日，A 公司以 20×6 年 12 月 31 日股份总额 2500 万股为基数，每 10 股以资本公积转增股本 2 股。不考虑其他因素，A 公司在 20×7 年度利润表中列报的 20×6 年度的基本每股收益是（　　）元/股。

A. 1.17　　B. 1.30

C. 1.50　　D. 1.40

2.（2017 年）甲公司为境内上市公司。2×17 年度，甲公司涉及普通股股数的有关交易或事项如下:（1）年初发行在外普通股 25000 万股;（2）3 月 1 日发行普通股 2000 万股;（3）5 月 5 日，回购普通股 800 万股;（4）5 月 30 日注销库存股 800 万股。下列各项中，不会影响甲公司 2×17 年度基本每股收益金额的是（　　）。

A. 当年发行的普通股股数

B. 当年注销的库存股股数

C. 当年回购的普通股股数

D. 年初发行在外的普通股股数

3.（2017年）甲公司为上市公司，2×16年期初发行在外普通股股数为8000万股。当年度，甲公司合并财务报表中归属于母公司股东的净利润为4600万元，发生的可能影响其发行在外普通股股数的事项有：（1）2×16年4月1日，股东大会通过每10股派发2股股票股利的决议并于4月12日实际派发；（2）2×16年11月1日，甲公司自公开市场回购本公司股票960万股，拟用于员工持股计划。不考虑其他因素，甲公司2×16年基本每股收益是（　　）。

A. 0.49元/股　　B. 0.51元/股

C. 0.53元/股　　D.0 .56元/股

4.（2014年）甲公司20×3年实现归属于普通股股东的净利润为1500万元，发行在外普通股的加权平均数为3000万股。甲公司20×3年有两项与普通股相关的合同：（1）4月1日授予的规定持有者可于20×4年4月1日以5元/股的价格购买甲公司900万股普通股的期权合约；（2）7月1日授予员工100万份股票期权，每份期权于2年后的到期日可以3元/股的价格购买1股甲公司普通股。甲公司20×3年普通股平均市场价格为6元/股。不考虑其他因素，甲公司20×3年稀释每股收益是（　　）元/股。

A. 0.38　　B. 0.48

C. 0.49　　D. 0.50

二、多项选择题

1.（2016年）甲公司2×15年除发行在外普通股外，还发生以下可能影响发行在外普通股数量的交易或事项：（1）3月1日，授予高管人员以低于当期普通股平均市价在未来期间购入公司普通股的股票期权；（2）6月10日，以资本公积转增股本，每10股转增3股；（3）7月20日，定向增发3000万股普通股用于购买一项股权；（4）9月30日，发行优先股8000万股，按照优先股发行合同约定，该优先股在发行后2年，甲公司有权选择将其转换为本公司普通股。不考虑其他因素，甲公司在计算2×15年基本每股收益时，应当计入基本每股收益计算的股份有（　　）。

A. 为取得股权定向增发增加的发行在外股份数

B. 因资本公积转增股本增加的发行在外股份数

C. 因优先股于未来期间转股可能增加的股份数

D. 授予高管人员股票期权可能于行权条件达到发行时股份数

2.（2015年）下列各项潜在普通股中，具有稀释性的有（　　）。

A. 发行的行权价格低于普通股平均价格的期权

B. 签订的承诺以高于当期普通股平均市场价格回购本公司股份的协议

C. 发行的购买价格高于当期普通股平均市场价格的认股权证

D. 持有的增量每股收益大于当期基本每股收益的可转换公司债券

历年真题演练答案及解析

一、单项选择题

1.【答案】B

【解析】在20×7年度利润表中列报的20×6年度的基本每股收益=3510÷[（2000+500×6/12）×1.2]=1.30（元/股）。

2.【答案】B

【解析】选项A，当年发行的普通股，增加发行在外的普通股股数，影响基本每股收益的金额；选项B，注销的库存股股数，不影响发行在外的普通股股数，不影响基本每股收益的金额；选项C，回购普通股股数，减少发行在外的普通股股数，影响基本每股收益的金额；选项D，年初发行在外的普通股股数为计算基本每股收益的基础数据，会影响计算金额。

3.【答案】A

【解析】甲公司2×16年基本每股收益=4600÷

（8000×1.2−960×2/12）=0.49 元/股。派发股票股利不用考虑时间权数。

4.【答案】B

【解析】事项（1）调整增加的普通股股数 =900−900×5÷6=150（万股），事项（2）调整增加的普通股股数 =100−100×3÷6=50（万股），甲公司20×3年稀释每股收益 =1500÷（3000+150×9/12+50×6/12）=0.48（元/股）。

二、多项选择题

1.【答案】AB

【解析】基本每股收益只考虑当期实际发行在外的普通股股数，按照普通股股东的当期净利润除以当期实际发行在外的普通股的加权平均数计算确定，选项 C 和 D 均属于稀释性潜在普通股，基本每股收益计算时不需要考虑。

2.【答案】AB

【解析】选项 C，对于盈利企业，发行的购买价格低于当期普通股平均市场价格的认股权证，具有稀释性；选项 D，对于盈利企业，持有的增量每股收益小于当期基本每股收益的可转换公司债券，具有稀释性。

第二十九章 公允价值计量

本章总体概况

题型及分值	（1）本章主要考核客观题 （2）近三年平均分值 2 分
近三年考点	（1）公允价值的计量要求 （2）公允价值层次
学习引导	本章内容偏理论，以熟悉为主，重点掌握公允价值、相关资产或负债、有序交易等概念；主要市场和最有利市场的区分；公允价值的估值技术；公允价值输入值、公允价值层次等
本年教材变化	内容无实质变化

本章知识框架

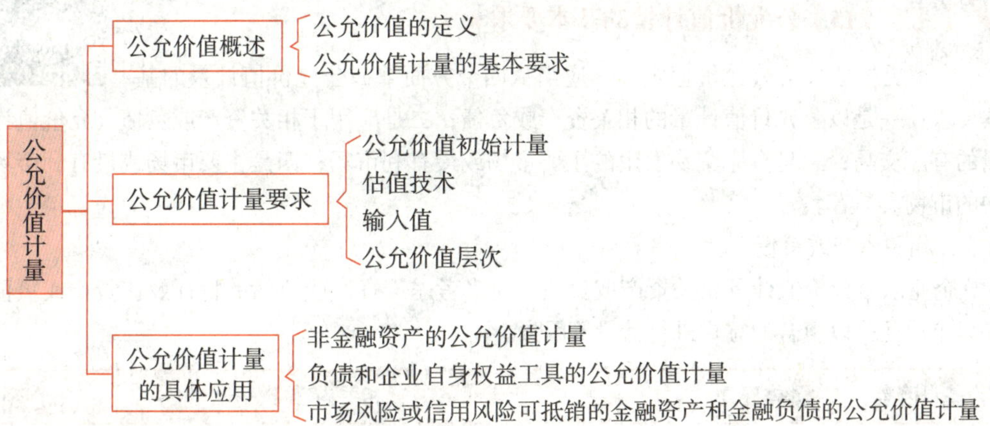

第一节　公允价值概述

【考点 214】公允价值的定义★

公允价值，是指市场参与者在计量日发生的有序交易中，出售一项资产所能收到或者转移一项负债所需支付的价格，即脱手价格。

按照现行会计准则规定，涉及公允价值计量的资产或负债如下所示：

（1）投资性房地产准则中规范的以公允价值进行后续计量的投资性房地产。

（2）生物资产准则中规范的以公允价值进行后续计量的生物资产。

（3）资产减值准则中规范的使用公允价值确定可收回金额的资产。

（4）企业年金基金准则中规范的以公允价值计量的企业年金基金投资。

（5）政府补助准则中规范的以非货币性资产形式取得的政府补助。

（6）企业合并准则中规范的非同一控制下企业合并中取得的可辨认资产和负债及作为合并对价发行的权益工具。

（7）金融工具确认和计量准则中规范的以公允价值计量且其变动计入当期损益或其他综合收益的金融资产或金融负债等。

【提示】计量日不一定特指资产负债表日，可以为重组日、交换日等。

存货准则中规范的可变现净值、资产减值准则中规范的预计未来现金流量现值等计量属性，与公允价值类似但并不遵循公允价值计量的有关规定；股份支付和租赁业务相关的计量也不遵循公允价值计量的有关规定。

【考点 215】公允价值计量的基本要求★★

为了更好地理解公允价值定义，应当从四个方面掌握公允价值计量的基本要求：一是以公允价值计量的相关资产或负债；二是应用于相关资产或负债公允价值计量的有序交易；三是有序交易发生的主要市场或最有利市场；四是主要市场或最有利市场中的市场参与者。

1. 相关资产或负债

企业以公允价值计量相关资产或负债，应当考虑该资产或负债的特征及该资产或负债是以单项还是以组合的方式进行计量等因素。

<table>
<tr><th>基本因素</th><th>具体因素</th><th colspan="2">相关内容</th></tr>
<tr><td rowspan="2">相关资产或负债的特征（在计量日进行定价时考虑）</td><td>资产状况和所在位置</td><td colspan="2">如果市场参与者以公允价值计量一项非金融资产时，会考虑该资产的地理位置和环境、使用功能、新旧程度、可使用状况等
那么，企业计量其公允价值时，也应考虑这些特征</td></tr>
<tr><td>对资产出售或使用限制</td><td>该限制针对资产本身</td><td>如果此类限制是该资产具有的一项特征，任何持有该资产的企业都会受到影响（如限售股）
那么，企业计量其公允价值时，应当考虑该限制特征</td></tr>
</table>

（续表）

基本因素	具体因素	相关内容	
相关资产或负债的特征（在计量日进行定价时考虑）	对资产出售或使用限制	该限制针对资产持有者	如果此类限制并不是该资产的特征，只会影响当前资产的持有者，而其他企业可能不会受到该限制的影响（如已抵押的房地产） 那么，企业不应考虑针对该资产持有者的限制因素
计量单元	（1）计量单元，指相关资产或负债以单独或者组合方式进行计量的最小单位 （2）企业以公允价值计量相关资产或负债，该资产或负债可以是单项资产或负债，也可以是资产组合、负债组合或者资产和负债的组合（多台设备构成的一条生产线、企业合并准则规范的业务等） （3）企业是以单项还是以组合的方式对相关资产或负债进行公允价值计量，取决于该资产或负债的计量单元		

2. 有序交易——正常的市场环境

有序交易，是在计量日前一段时期内该资产或负债具有惯常市场活动的交易，不包括被迫清算和抛售。

（1）如果判定是有序交易，则以交易价格为基础，确定资产或负债的公允价值。

（2）如果判定不是有序交易，不应考虑该交易的价格，或者赋予该交易价格较低权重。

（3）不足以判定是否是有序交易，应当考虑交易价格，但不能作为唯一依据或主要依据，相对于其他已知的有序交易价格，应赋予该交易较低的权重。

3. 主要市场或最有利市场

企业以公允价值计量相关资产或负债，应当假定出售资产或者转移负债的有序交易在该资产或负债的主要市场进行。不存在主要市场的，企业应当假定该交易在相关资产或负债的最有利市场进行。

项目	主要市场	最有利市场
概念	指相关资产或负债交易量最大和交易活跃程度最高的市场	指在考虑交易费用和运输费用后，能够以最高金额出售相关资产或者以最低金额转移相关负债的市场
选择	优先选择	没有主要市场时选择
识别	企业根据可合理取得的信息，能够在交易日确定相关资产或负债交易量最大和交易活跃程度最高的市场	企业根据可合理取得的信息，无法在交易日确定主要市场的，在考虑交易费用和运输费用后，能够以最高金额出售该资产或者以最低金额转移该负债的市场
	【提示】相关资产或负债的主要市场（或者最有利市场）应当是企业可进入的市场，但不要求企业于计量日在该市场上实际出售资产或者转移负债 企业应当从自身角度，而非市场参与者角度，判定相关资产或负债的主要市场（或者最有利市场） 不同的企业可以进入不同的市场，对相同资产或负债而言，不同企业可能具有不同的主要市场（或者最有利市场）	

（续表）

项目	主要市场	最有利市场
应用	（1）企业应当以主要市场上相关资产或负债的价格为基础，计量该资产或负债的公允价值 （2）公允价值 = 主要市场的价格 - 运输费用（不减去交易费用）	（1）不存在或无法确定主要市场的，企业应当以最有利市场的价格为基础计量其公允价值 （2）最有利市场的选择标准是 Max（市场价格 - 运输费用 - 交易费用） （3）最有利市场下的公允价值 = 最有利市场的价格 - 运输费用（不减去交易费用）
	【提示】交易费用直接由交易引起，并且是企业进行交易所必须的；运输费用是指将资产从当前位置运抵主要市场（或最有利市场）发生的费用	

例如，甲公司在非同一控制下的企业合并业务中获得 500 吨 P 材料，在合并日，甲公司以公允价值计量这批材料，获得的市场信息如下表：

交易 500 吨 P 材料	市场交易量	交易价格	交易费用	运费
A 市场	10000 吨	50 万元 / 吨	100 万元	50 万元
B 市场	500 吨	70 万元 / 吨	120 万元	60 万元

（1）按交易量来看，A 市场为主要市场；P 材料的公允价值 =500×50−50（运费）=24950（万元）。

（2）如果没有交易量，需要先判断哪个是最有利市场：

① A 市场考虑交易费和运费后的净额 =500×50−100（交易费用）−50（运费）=24850（万元）。

② B 市场考虑交易费和运费后的净额 =500×70−120（交易费用）−60（运费）=34820（万元），故 B 市场为最有利市场。P 材料的公允价值 =500×70−60（运费）=34940（万元）。

【例题 1 · 多选】下列关于主要市场或最有利市场的说法中，不正确的有（　　）。

A. 企业应当从自身角度，而非市场参与者角度，判定相关资产或负债的主要市场

B. 企业正常进行资产出售或者负债转移的市场是主要市场或最有利市场

C. 相关资产或负债的主要市场要求企业于计量日在该市场上实际出售资产或者转移负债

D. 对于相同资产或负债而言，不同企业的主要市场相同

【答案】BCD

【解析】通常情况下，如果不存在相反的证据，企业正常进行资产出售或者负债转移的市场可以视为主要市场或最有利市场，选项 B 错误；相关资产或负债的主要市场应当是企业可进入的市场，但不要求企业于计量日在该市场上实际出售资产或者转移负债，选项 C 错误；对于相同资产或负债而言，不同企业可能具有不同的主要市场，选项 D 错误。

4. 市场参与者

市场参与者，是指在相关资产或负债的主要市场（或者在不存在主要市场情况下的最有利市场）中，相互独立的、熟悉资产或负债情况的、能够且愿意进行资产或负债交易的买方和卖方。

确定市场参与者的考虑因素：

（1）所计量的相关资产或负债。

（2）该资产或负债的主要市场（或者在不存在主要市场情况下的最有利市场）。

（3）企业将在主要市场或最有利市场进行交易的市场参与者。

企业以公允价值计量相关资产或负债，应当基于市场参与者之间的交易确定该资产或负债的公允价值，而不应考虑企业自身持有资产、清偿或者以其他方式履行负债的意图和能力。（即公允价值要考虑购买者愿意出的价格，而不考虑这个东西对企业自身即卖方的价值，如你淘汰的一个生产线，可能对你自己来说没有价值了，但要考虑对购买者来说它的公允价值）。

例如，甲公司取得了竞争对手乙公司100%的股权，甲公司决定不再使用乙公司的商标，所有产品统一使用甲公司的商标。乙公司声誉良好，原有商标具有商业价值。甲公司以公允价值计量该商标时，不能因为公司自身放弃使用该商标，就将其公允价值确定为零，而是应当基于将该商标出售给熟悉情况、有意愿且有能力进行交易的其他市场参与者的价格确定其公允价值。

【例题2·多选】企业以公允价值计量相关资产或负债，需要考虑资产或负债特征的因素有（　　）。

A. 资产状况

B. 资产所在位置

C. 针对相关资产本身的出售或使用的限制

D. 针对该资产持有者的出售或使用的限制

【答案】ABC

【解析】如果该限制是针对该资产持有者的，那么此类限制并不是该资产的特征，只会影响当前持有该资产的企业，而其他企业可能不会受到影响，因此，企业以公允价值计量该资产时不应考虑针对该资产持有者的限制因素，选项D错误。

第二节　公允价值计量要求

【考点216】公允价值初始计量★★

交易价格，是取得该资产所支付或者承担该负债所收到的价格，即进入价格。

公允价值，是相关资产或负债的脱手价格，即出售该资产所能收到的价格或者转移该负债所需支付的价格。

在大多数情况下，相关资产或负债的进入价格等于其脱手价格。

下列情况，企业以公允价值对相关资产或负债进行初始计量的，不应将取得资产或者承担负债的交易价格作为该资产或负债的公允价值：

（1）关联方之间的交易。但企业有证据表明，关联方之间的交易是按照市场条款进行的，该交易价格可作为确定其公允价值的基础。

（2）被迫进行的交易，或者资产出售方（或负债转移方）在交易中被迫接受价格的交易。

（3）交易价格所代表的计量单元不同于以公允价值计量的相关资产或负债的计量单元。

（4）进行交易的市场不是该资产或负债的主要市场（或者最有利市场）。

【考点 217】估值技术★★

估值技术，通常包括市场法、收益法和成本法。

企业应当优先使用活跃市场的公开报价确定该资产或负债的公允价值；在没有公开报价的情况下，以下列三种方法确定资产或负债的公允价值，没有优先顺序。

1. 市场法

市场法，是利用相同或类似的资产、负债或资产和负债组合的价格及其他相关市场交易信息进行估值的技术。

（1）企业在应用市场法时，应当以市场参与者在相同或类似资产出售中能够收到或者转移相同或类似负债需要支付的公开报价为基础。

（2）企业在应用市场法时，除直接使用相同或类似资产或负债的公开报价外，还可以使用市场乘数法等估值方法。

2. 收益法

收益法，是企业将未来金额转换成单一现值的估值技术。主要包括现金流量折现法、多期超额收益折现法、期权定价模型等估值方法。

（1）现金流量折现法是企业在收益法中最常用到的估值方法，包括传统法（即折现率调整法）和期望现金流量法。

种 类	含 义	相关内容
传统法（折现率调整法）	估计金额范围内最有可能的现金流量，使用经风险调整的折现率进行折现	①现金流量包括合同现金流量、承诺现金流量或者最有可能的现金流量等 ②应当来自市场上交易的类似资产或负债的可观察回报率；在不存在可观察的市场回报率情况下，也可以使用估计的市场回报率
期望现金流量法	方法一：使用经风险调整的期望现金流量和无风险利率折现	①确定等值现金流量 = 期望现金流量 - 风险溢价 ②按照无风险利率对确定等值现金流量折现，从而估计出相关资产或负债的公允价值
	方法二：使用未经风险调整的期望现金流量和包含市场参与者要求的风险溢价的折现率折现	①期望回报率 = 无风险利率 + 风险溢价 ②使用该期望回报率对以概率为权重计算的现金流量进行折现，从而估计出相关资产或负债的公允价值
	【提示】两种方法计算得到的现金流量现值应当是相同的	

【提示】为避免重复计算或忽略风险因素的影响，折现率与现金流量应当保持一致。例如：（1）企业使用了合同现金流量的，应当采用能够反映预期违约风险的折现率；（2）使用了概率加权现金流量的，应当采用无风险利率；（3）使用了包含通货膨胀影响的现金流量的，应当采用名义利率；（4）使用了排除通货膨胀影响的现金流量的，应当采用实际利率；（5）使用税后 / 税前现金流量的，应当采用税后 / 税前折现率。

（2）期权定价模型，企业可以使用布莱克—斯科尔斯模型、二叉树模型、蒙特卡洛模拟法等期权定价模型估计期权的公允价值。

【例题·计算】甲公司一项资产预计明年可能产生600万元现金流量的概率为20%，产生800万元现金流量的概率为60%，产生1000万元现金流量的概率为20%。假定适用的一年期无风险利率为6%，具有相同风险状况的资产的系统性风险溢价为2%。不考虑其他因素。

要求：使用期望现金流量法计算甲公司的公允价值。

【答案】

期望现金流量（概率加权现金流量）=600×20%+800×60%+1000×20%=800万元。

方法一：使用经风险调整的期望现金流量和无风险利率折现。

设经风险调整的期望现金流量为X，则：800/（1+8%）=X/（1+6%），得出X=785.19（万元），以无风险利率6%进行折现，该资产的现值（即公允价值）=785.19÷（1+6%）=740.74（万元）。

方法二：使用未经风险调整的期望现金流量和包含市场参与者要求的风险溢价的折现率折现。

企业将无风险利率6%加上风险溢价2%，得到期望回报率为8%，期望现金流量为800万元，以期望回报率8%进行折现，该资产的现值（即公允价值）=800÷（1+8%）=740.74（万元）。

3. 成本法

成本法，是反映当前要求重置相关资产服务能力所需金额的估值技术，通常是指现行重置成本。

在成本法下，企业应当根据折旧贬值情况，对市场参与者获得或构建具有相同服务能力的替代资产的成本进行调整。

企业主要使用现行重置成本法估计与其他资产或其他资产和负债一起使用的有形资产的公允价值。

例如，一台机器设备的初始成本为500万元，自购买日（2×17年1月1日）至2×19年12月31日，此类设备价格指数在年度内分别为上涨10%、5%、10%。此外，在考虑实体性贬值、功能性贬值和经济性贬值后，2×19年12月31日该设备的成新率为40%。则该设备公允价值=500×（1+10%）×（1+5%）×（1+10%）×40%=254.1（万元）。

4. 估值技术的选择

（1）企业应当运用更多职业判断，确定恰当的估值技术。企业至少应当考虑下列因素：

① 根据企业可获得的市场数据和其他信息，其中一种估值技术是否比其他估值技术更恰当。

② 其中一种估值技术所使用的输入值是否更容易在市场上观察到或者只需作更少的调整。

③ 其中一种估值技术得到的估值结果区间是否在其他估值技术的估值结果区间内。

④ 市场法和收益法结果存在较大差异的，进一步分析存在较大差异的原因，例如，其中一种估值技术可能使用不当，或者其中一种估值技术所使用的输入值可能不恰当等。

（2）企业公允价值计量中应用的估值技术应当在前后各会计期间保持一致，不得随意变更。除非变更估值技术或其应用方法能使计量结果在当前情况下同样或者更能代表公允价值，包括但不限于下列情况：①出现新的市场；②可以取得新的信息；③无法再取得以前使用的信息；④改进了估值技术；⑤市场状况发生变化等。

（3）企业变更估值技术及其应用方法的，应当按照会计估计变更处理，并对估值技术及其应用方法的变更进行披露。

【考点218】输入值★★

企业以公允价值计量相关资产或负债，应当考虑市场参与者在对相关资产或负债进行定价时所使用的假设，包括有关风险的假设，例如，所用特定估值技术的内在风险等。

市场参与者所使用的假设即为输入值，分为可观察输入值和不可观察输入值。

（1）企业使用估值技术时，应当优先使用可观察输入值，仅当相关可观察输入值无法取得或取得不切实可行时才使用不可观察输入值。

（2）企业可使用出价计量资产头寸（对方愿意支付的价格）、使用要价计量负债头寸（对方愿意收取的价格），也可使用市场参与者在实务中使用的在出价和要价之间的中间价或其他定价惯例计量相关资产或负债。无论如何，企业不应使用与公允价值计量假定不一致的方法，如对资产使用要价，对负债使用出价。

【考点219】公允价值层次★★

企业应当将估值技术所使用的输入值划分为三个层次，并最优先使用活跃市场上相同资产或负债未经调整的报价（第一层次输入值），最后使用不可观察输入值（第三层次输入值）。

项　目	内　容
第一层次输入值	企业在计量日能够取得的相同资产或负债在活跃市场上未经调整的报价
第二层次输入值	除第一层次输入值外相关资产或负债直接或间接可观察的输入值 【提示】对于具有特定期限（如合同期限）的相关资产或负债，第二层次输入值必须在其几乎整个期限内是可观察的
第三层次输入值	相关资产或负债的不可观察输入值，主要包括：不能直接观察和无法由可观察市场数据验证的利率、股票波动率、企业合并中承担的弃置义务的未来现金流量、企业使用自身数据作出的财务预测等
公允价值计量结果所属的层次	（1）由对公允价值计量整体而言重要的输入值所属的最低层次决定 （2）公允价值计量结果所属的层次，取决于估值技术的输入值，不是估值技术本身

【例题·多选】下列关于公允价值层次的说法中，正确的有（　　）。

A. 第一层次输入值是企业在计量日能够取得的相同资产或负债在活跃市场上未经调整的报价

B. 第二层次输入值是除第一层次输入值外相关资产或负债直接或间接可观察的输入值

C. 第三层次输入值是相关资产或负债的不可观察输入值

D. 企业只有在相关资产或负债几乎很少存在市场交易活动，导致相关可观察输入值无法取得或取得不切实可行的情况下，才能使用第三层次输入值

【答案】ABCD

【解析】以上说法均正确。

第三节 公允价值计量的具体应用

【考点 220】非金融资产的公允价值计量★

1. 非金融资产的最佳用途

企业以公允价值计量非金融资产，应当考虑市场参与者通过直接将该资产用于最佳用途产生经济利益的能力，或者通过将该资产出售给能够用于最佳用途的其他市场参与者产生经济利益的能力。

最佳用途，是指市场参与者实现一项非金融资产或其所属的一组资产和负债的价值最大化时该非金融资产的用途。在判定非金融资产的最佳用途，应当考虑该下列因素：

（1）用途在法律上是否允许，如政府禁止在生态保护区内进行房地产开发和经营，则该保护区内土地的最佳用途不可能是工业或商业用途的开发。

（2）用途在实物上是否可能，如一栋建筑物是否能够作为仓库使用、作为房屋出租等。

（3）用途在财务上是否可行，考虑前两项的基础上，考虑能否产生足够的收益或现金流量。

【提示】通常情况下，企业对非金融资产的当前用途可视为最佳用途，除非市场因素或者其他因素表明市场参与者按照其他用途使用该非金融资产可以实现价值最大化。

2. 非金融资产的估值前提

（1）企业以公允价值计量非金融资产，应当在最佳用途的基础上确定该非金融资产的估值前提，即单独使用该非金融资产还是将其与其他资产或负债组合使用。

① 通过单独使用实现非金融资产最佳用途的，该非金融资产的公允价值应当是将该资产出售给同样单独使用该资产的市场参与者的当前交易价格。

② 通过与其他资产或负债组合使用实现非金融资产最佳用途的，该非金融资产的公允价值应当是将该资产出售给以同样组合方式使用资产的市场参与者的当前交易价格，并且假定市场参与者可以取得组合中的其他资产或负债。

（2）对于非金融资产，即使已知该资产通过与其他资产或与其他资产和负债组合使用能够实现最佳用途，但该资产的计量单元是单项资产，企业在以公允价值对其进行计量时，仍应当假设该资产按照与计量单元相一致的方式出售，并假定市场参与者已取得了使该资产正常运作的组合中的其他资产和负债。

【考点 221】负债和企业自身权益工具的公允价值计量★

1. 确定负债或企业自身权益工具公允价值的方法

（1）具有可观察市场报价的相同或类似负债或企业自身权益工具。

企业应当以该报价为基础确定负债或企业自身权益工具的公允价值。

（2）被其他方作为资产持有的负债或企业自身权益工具。

对于不存在相同或类似负债或企业自身权益工具报价，但其他方将其作为资产持有的负债或企业自身权益工具，企业应当根据下列方法估计其公允价值：

① 如果对应资产存在活跃市场的报价，并且企业能够获得该报价，企业应当以对应资产的报价为基础确定该负债或企业自身权益工具的公允价值。

② 如果对应资产不存在活跃市场的报价，或者企业无法获得该报价，企业可使用其他可观察的输入值，如对应资产在非活跃市场中的报价。

③ 如果上述的可观察价格或输入值都不存在，企业应使用收益法、市场法等估值技术。

（3）未被其他方作为资产持有的负债或企业自身权益工具。

不存在相同或类似负债或企业自身权益工具报价，并且其他方未将其作为资产持有的（如弃置义务），企业应当从承担负债或者发行权益工具的市场参与者角度，采用估值技术确定该负债或企业自身权益工具的公允价值。例如，对于弃置义务，企业可以计算市场参与者预期在履行义务时将发生的未来现金流量的现值。

2. 不履约风险

企业以公允价值计量相关负债，应当考虑不履约风险，并假定不履约风险在负债转移前后保持不变。不履约风险，是指企业不履行义务的风险，包括但不限于企业自身信用风险。

3. 负债或企业自身权益工具转移受限

企业以公允价值计量负债或自身权益工具，并且该负债或自身权益工具存在限制转移因素的，如果企业在公允价值计量的输入值中已经考虑了这些因素，则不应再单独设置相关输入值，也不应对其他输入值进行相关调整。

4. 具有可随时要求偿还特征的金融负债

具有可随时要求偿还特征的金融负债的公允价值，不应低于债权人要求偿还时的应付金额，即从可要求偿还的第一天起折现的现值。

【考点 222】市场风险或信用风险可抵销的金融资产和金融负债的公允价值计量★

1. 金融资产和金融负债组合计量的条件

企业以公允价值计量金融资产和金融负债组合的，应当同时满足下列条件：

（1）企业在风险管理或投资策略的正式书面文件中已载明，以特定市场风险或特定对手信用风险的净敞口为基础，管理金融资产和金融负债的组合。

（2）企业以特定市场风险或特定对手信用风险的净敞口为基础，向企业关键管理人员报告金融资产和金融负债组合的信息。

（3）企业在每个资产负债表日持续以公允价值计量组合中的金融资产和金融负债。

2. 金融资产和金融负债的市场风险敞口

企业以公允价值计量基于特定市场风险的净敞口管理的金融资产和金融负债的，应当对市场风险净敞口使用价差（出价 - 要价）内最能代表当前市场环境下公允价值的价格。

历年真题演练

一、单项选择题

1.（2018 年）A 公司在非同一控制下企业合并中取得 10 台生产设备，合并日以公允价值计量这些生产设备，A 公司可以进入 X 市场或 Y 市场出售这些生产设备，合并日相同生产设备每台交易价格分别为 180 万元和 175 万元。如果 A 公司在 X 市场出售这些合并中取得的生产设备，需要支付相关交易费用 100 万元。将这些生产设备运到X市场需要支付运费60万元，如果A公司在Y市场出售这些合并中取得的生产设备，需要支付相关交易费用的80万元，将这些生产设备运到Y市场需要支付运费20万元，假定上述生产设备不存在主要市场，不考虑增值税及其他因素，A公司上述生产设备的公允价值总额是（　　）。

A. 1650万元　　B. 1640万元

C. 1740万元　　D. 1730万元

2.（2017年）企业在按照会计准则规定采用公允价值计量相关资产或负债时，下列各项有关确定公允价值的表述中，正确的是（　　）。

A. 在确定资产的公允价值时，可同时获取出价和要价的，应使用要价作为资产的公允价值

B. 在根据选定市场的交易价格确定相关资产或负债的公允价值时，应当根据交易费用对有关价格进行调整

C. 以公允价值计量资产或负债，应当首先假定出售资产或转移负债的有序交易在该资产或负债的最有利市场进行

D. 使用估值技术确定公允价值时，应当使用市场上可观察输入值，在无法取得或取得可观察输入值不切实可行时才能使用不可观察输入值

二、多项选择题

1.（2016年）下列有关公允价值计量结果所属层次的表述中，正确的有（　　）。

A. 公允价值计量结果所属层次，取决于估值技术的输入值

B. 公允价值计量结果所属层次由对公允价值计量整体而言重要的输入值所属的最高层次决定

C. 使用第二层次输入值对相关资产进行公允价值计量时，应当根据资产的特征进行调整

D. 对相同资产或负债在活跃市场上的报价进行调整的公允价值计量结果应划分为第二层次或第三层次

历年真题演练答案及解析

一、单项选择题

1.【答案】D

【解析】X市场考虑交易费和运费后的净额 $=10\times180-100-60=1640$（万元），Y市场考虑交易费和运费后的净额 $=10\times175-80-20=1650$（万元），Y市场为最有利市场，因生产设备不存在主要市场，应以最有利市场确认其公允价值，A公司上述生产设备的公允价值总额 $=10\times175-20=1730$（万元）。

2.【答案】D

【解析】当相关资产具有出价和要价时，企业可以使用出价和要价价差中在当前市场情况下最能代表该资产公允价值的价格计量该资产，选项A错误；在根据选定市场的交易价格确定相关资产或负债的公允价值时，应当根据资产或负债的特征对有关价格进行调整，选项B错误；以公允价值计量资产或负债，应当首先假定出售资产或转移负债的有序交易在该资产或负债的主要市场进行，选项C错误。

二、多项选择题

1.【答案】AC

【解析】公允价值计量结果所属的层次，由对公允价值计量整体而言重要的输入值所属的最低层次决定，选项B错误；企业使用相同资产或负债在活跃市场的公开报价对资产或负债进行公允价值计量的，通常不应进行调整，选项D错误。

第三十章　政府及民间非营利组织会计

本章总体概况

题型及分值	（1）本章主要考核客观题 （2）平均分值 2 分
近三年考点	非营利组织的会计处理
学习引导	本章为 2018 年新增章节，主要介绍了政府单位、民间非营利组织的会计核算，整体难度不大，但是因为不常见，显得较难。在学习时，需要与企业会计进行对比学习。在整本教材中重要性不大
本年教材变化	（1）增加“单位以合同完成进度确认事业收入时”合同完成进度的确认方法 （2）增加“事业单位对于因开展专业业务活动及其辅助活动取得的非同级财政拨款收入”的分类 （3）其他内容无实质性变化

本章知识框架

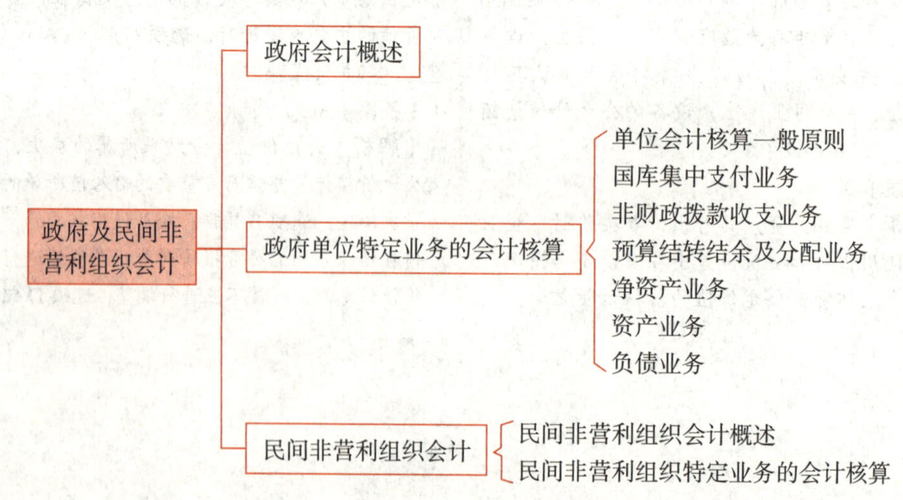

本章考点精解

第一节 政府会计概述

【考点223】政府会计概述★

1. 政府会计标准体系

我国的政府会计标准体系由政府会计基本准则、具体准则及应用指南和政府会计制度组成。

根据《政府会计准则——基本准则》，政府会计主体主要包括各级政府、各部门、各单位。

【提示】军队、已纳入企业财务管理体系的单位和执行《民间非营利组织会计制度》的社会团体，其会计核算不适用政府会计准则制度。

2. 政府会计核算模式

政府会计由预算会计和财务会计构成。政府会计核算应当实现预算会计与财务会计适度分离并相互衔接，全面、清晰反映政府财务信息和预算执行信息。

（1）政府预算会计和财务会计的“适度分离”。

①“双功能”。政府会计应当实现预算会计和财务会计双重功能。预算会计应准确完整反映政府预算收入、预算支出和预算结余等预算执行信息，财务会计应全面准确反映政府的资产、负债、净资产、收入、费用等财务信息。

②“双基础”。预算会计实行收付实现制（国务院另有规定的，从其规定），财务会计实行权责发生制。

③“双报告”。政府会计主体应当编制决算报告和财务报告。政府决算报告，以预算会计核算生成的数据为准；政府财务报告的编制主要以权责发生制为基础，以财务会计核算生成的数据为准。

（2）政府预算会计和财务会计的“相互衔接”。

对同一笔经济业务，政府预算会计要素和财务会计要素要相互协调，决算报告和财务报告相互补充，共同反映政府会计主体的预算执行信息和财务信息。

3. 政府会计要素及其确认和计量

（1）政府预算会计要素。

政府预算会计要素包括预算收入、预算支出与预算结余。

（2）政府财务会计要素。

项目	定 义	确认条件
资产	指政府会计主体过去的经济业务或者事项形成的，由政府会计主体控制的，预期能够产生服务潜力或者带来经济利益流入的经济资源	（1）与该经济资源相关的服务潜力很可能实现或者经济利益很可能流入政府会计主体 （2）该经济资源的成本或者价值能够可靠地计量

（续表）

项目	定　义	确认条件
负债	指政府会计主体过去的经济业务或者事项形成的，预期会导致经济资源流出政府会计主体的现时义务	（1）履行该义务很可能导致含有服务潜力或经济利益的经济资源流出政府会计主体 （2）该义务的金额能够可靠的计量
净资产	指政府会计主体资产扣除负债后的净额，取决于资产或负债的计量	
收入	报告期内导致政府会计主体净资产增加的、含有服务潜力或经济利益的经济资源的流入	（1）与收入相关的含有服务潜力或经济利益的经济资源很可能流入政府会计主体 （2）含有服务潜力或经济利益的经济资源的流入会导致资产的增加或负债的减少 （3）流入的金额能够可靠计量
费用	报告期内导致政府会计主体净资产减少的、含有服务潜力或经济利益的经济资源的流出	（1）与费用相关的含有服务潜力或经济利益的经济资源很可能流出政府会计主体 （2）含有服务潜力或经济利益的经济资源的流出会导致资产的减少或负债的增加 （3）流出的金额能够可靠计量

（3）资产的计量属性。

政府资产的计量属性主要包括历史成本、重置成本、现值、公允价值和名义金额。

① 政府会计主体在对资产进行计量时，一般应当采用历史成本计量。

② 采用重置成本、现值、公允价值计量的，应保证所确定的资产金额能够持续、可靠计量。

③ 无法采用上述方式计量的，采用名义金额（即人民币1元）计量。

（4）负债的计量属性。

政府负债的计量属性主要包括历史成本、现值和公允价值。

① 政府会计主体在对负债进行计量时，一般应当采用历史成本计量。

② 采用现值、公允价值计量的，应保证所确定的负债金额能够持续、可靠计量。

4. 政府财务报告和决算报告

（1）政府财务报告。

政府财务报告是反映政府会计主体某一特定日期的财务状况和某一会计期间的运行情况、现金流量等信息的文件。

（2）政府决算报告。

政府决算报告是综合反映政府会计主体年度预算收支执行结果的文件。

【例题·多选】下列属于政府财务会计要素的有（　　）。

A. 资产　　B. 负债

C. 收入　　D. 所有者权益

【答案】ABC

【解析】政府财务会计要素分为资产、负债、净资产、收入和费用，选项D不正确。

第二节 政府单位特定业务的会计核算

【考点 224】单位会计核算一般原则★

1. 单位预算会计

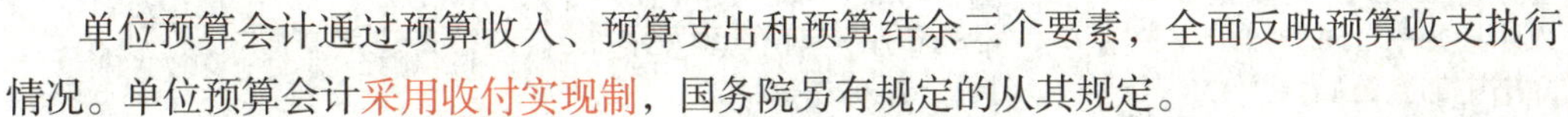

单位预算会计通过预算收入、预算支出和预算结余三个要素，全面反映预算收支执行情况。单位预算会计采用收付实现制，国务院另有规定的从其规定。

预算会计恒等式：“预算收入－预算支出＝预算结余”。

单位应当设置“资金结存”科目，核算纳入部门预算管理的资金的流入、流出、调整和滚存等情况。“资金结存”科目应设置“零余额账户用款额度”“货币资金”“财政应返还额度”三个明细科目。年末预算收支结转后“资金结存”科目借方余额与预算结转结余科目贷方余额相等。

2. 单位财务会计

单位财务会计通过资产、负债、净资产、收入、费用五个要素，全面反映单位财务状况、运行情况和现金流量情况。单位财务会计实行权责发生制。

其中，“资产－负债＝净资产”，“收入－费用＝本期盈余”，本期盈余经分配后最终转入净资产。

单位对于纳入部门预算管理的现金收支业务（双核算），在采用财务会计核算的同时应当进行预算会计核算；对于其他业务（单核算），仅需进行财务会计核算。

【提示】对于单位受托代理的现金及应上缴财政的现金所涉及的收支业务，仅需要进行财务会计处理不需要进行预算会计处理。

此外，单位财务会计核算中关于应交增值税的会计处理与企业会计基本相同。但是在预算会计处理中，预算收入和预算支出包含了销项税额和进项税额，实际缴纳增值税时计入预算支出。为了简化起见，本节内容在账务处理介绍中一般不涉及增值税的会计处理。

【例题·多选】下列关于单位会计核算一般原则的表述中，正确的有（　　）。

A. 单位预算会计一般应当采用收付实现制

B. 预算收入和预算支出不包含销项税额和进项税额

C. 单位财务会计一般应当采用权责实现制

D. 单位财务会计中，收入减去费用后的余额为所有者权益

【答案】AC

【解析】预算收入和预算支出包含了销项税额和进项税额，实际缴纳增值税时计入预算支出，选项 B 错误；单位财务会计中，收入减去费用后的余额为本期盈余，本期盈余经分配后最终转入净资产，不存在所有者权益，选项 D 错误。

【考点 225】国库集中支付业务★★★

国库集中收付，是指以国库单一账户体系为基础，将所有财政性资金都纳入国库单一账户体系管理，收入直接缴入国库和财政专户，支出通过国库单一账户体系支付到商品和劳务供应者或用款单位的制度。

1. 财政直接支付的程序

事业单位提出支付申请→财政国库支付执行机构审核无误后，向代理银行发出支付令→代理银行实时清算。

项　目	财务会计	预算会计
事业单位收到“财政直接支付入账通知书”时，按照入账通知书中的金额确认	借：库存物品 / 固定资产 / 业务活动费用 / 单位管理费用等 贷：财政拨款收入	借：行政支出 / 事业支出等 贷：财政拨款预算收入
年度终了，根据本年财政直接支付预算指标数与当年财政直接支付实际支出数的差额	借：财政应返还额度（类似应收款） 贷：财政拨款收入	借：资金结存——财政应返还额度 贷：财政拨款预算收入
下年度恢复财政直接支付额度后（恢复时无需处理），在实际支出时	借：库存物品 / 固定资产 / 业务活动费用 / 单位管理费用等 贷：财政应返还额度	借：行政支出 / 事业支出等 贷：资金结存——财政应返还额度

2. 财政授权支付的程序

单位申请用款限额→单位在用款限额内开具支付令→代理银行办理资金支付。

项　目	财务会计	预算会计
单位收到“授权支付到账通知书”时	借：零余额账户用款额度 贷：财政拨款收入	借：资金结存——零余额账户用款额度 贷：财政拨款预算收入
按照规定支用额度时	借：库存物品 / 固定资产 / 业务活动费用 / 单位管理费用等 贷：零余额账户用款额度	借：行政支出 / 事业支出等 贷：资金结存——零余额账户用款额度
年度终了，注销额度时（额度没用完）	借：财政应返还额度（类似应收款） 贷：零余额账户用款额度	借：资金结存——财政应返还额度 贷：资金结存——零余额账户用款额度
下年年初恢复额度时	借：零余额账户用款额度 贷：财政应返还额度	借：资金结存——零余额账户用款额度 贷：资金结存——财政应返还额度
年末，根据未下达的用款额度（该给的未给）	借：财政应返还额度 贷：财政拨款收入	借：资金结存——财政应返还额度 贷：财政拨款预算收入
下年度收到上年未下达的用款额度时	借：零余额账户用款额度 贷：财政应返还额度	借：资金结存——零余额账户用款额度 贷：资金结存——财政应返还额度

【考点 226】非财政拨款收支业务★★★

单位的收支业务除了国库集中收付业务之外，还包括事业活动、经营活动等形成的收支。其中，对于纳入单位预算管理的现金收支业务，单位进行预算会计核算的同时要进行财务会计核算。

1. 事业（预算）收入

事业收入，是指事业单位开展专业业务活动及其辅助活动实现的收入，不包括从同级政府财政部门取得的各类财政拨款。

项　目		财务会计	预算会计
采用财政专户返还方式管理	（1）实现应上缴财政专户的事业收入时	借：银行存款 / 应收账款等 　贷：应缴财政款	—
	（2）向财政专户上缴款项时	借：应缴财政款 　贷：银行存款	—
	（3）收到从财政专户返还的事业收入时	借：银行存款 　贷：事业收入	借：资金结存——货币资金 　贷：事业预算收入
采用预收款方式确认事业收入	（1）实际收到款项时	借：银行存款 　贷：预收账款	借：资金结存——货币资金 　贷：事业预算收入
	（2）根据合同完成进度确认收入	借：预收账款 　贷：事业收入	—
采用应收款方式确认事业收入	（1）根据合同进度确认应收款	借：应收账款 　贷：事业收入	—
	（2）实际收到款项时	借：银行存款 　贷：应收账款	借：资金结存——货币资金 　贷：事业预算收入
其他方式的事业收入	实际收到的金额	借：银行存款 / 库存现金等 　贷：事业收入	借：资金结存——货币资金 　贷：事业预算收入
【提示】事业活动中涉及增值税业务的：（1）事业收入按照实际收到的金额扣除增值税销项税额后的金额入账（不含税金额）；（2）事业预算收入按照实际收到的金额入账（含税金额）			

2. 捐赠（预算）收入和支出

捐赠收入，包括接受的现金捐赠和非现金捐赠；捐赠预算收入指接受的现金捐赠。

项　目		财务会计	预算会计
捐赠（预算）收入	（1）接受货币资金捐赠	借：银行存款 / 库存现金 　贷：捐赠收入	借：资金结存——货币资金 　贷：其他预算收入——捐赠预算收入
	（2）接受非现金资产捐赠	借：库存物品 / 固定资产等 　贷：捐赠收入（差额） 　　银行存款（税费、运输费）	借：其他支出（税费、运输费） 　贷：资金结存——货币资金
捐赠（支出）费用	（1）对外捐赠现金资产	借：其他费用 　贷：银行存款 / 库存现金	借：其他支出 　贷：资金结存——货币资金
	（2）对外捐赠非现金资产	借：资产处置费用 　贷：库存物品 / 固定资产等	借：其他支出（税费、运输费） 　贷：资金结存——货币资金

3. 债务预算收入和债务还本支出

债务预算收入是指事业单位按照规定从银行和其他金融机构等借入的、纳入部门预算管理的、不以财政资金作为偿还来源的债务本金。

债务还本支出是指事业单位偿还自身承担的纳入预算管理的从金融机构举借的债务本金的现金流出。

项　目		财务会计	预算会计
债务预算收入	（1）借入各种短期借款、长期借款时	借：银行存款 / 库存现金 　　贷：短期借款 / 长期借款	借：资金结存——货币资金 　　贷：债务预算收入
	（2）按期计提借款的利息时	借：其他费用 / 在建工程 　　贷：应付利息等	—
债务还本支出	（1）实际支付利息时	借：应付利息 　　贷：银行存款等	借：事业支出 　　贷：资金结存——货币资金
	（2）偿还各项短期或长期借款时	借：短期借款 / 长期借款 　　贷：银行存款 / 库存现金	借：债务还本支出 　　贷：资金结存——货币资金

4. 投资支出

项　目	财务会计	预算会计
以货币资金对外投资时	借：短期投资 / 长期股权投资 / 长期债券投资 / 应收股利 / 应收利息等 　　贷：银行存款	借：投资支出 　　贷：资金结存——货币资金
收到实际支付价款中包含的利息或股利时	借：银行存款 　　贷：应收股利 / 应收利息等	借：资金结存——货币资金 　　贷：投资支出
每期计提利息或分派股利时	借：应收股利 / 应收利息等 　　贷：投资收益	—
投资持有期间收到现金股利或分期付息的利息时	借：银行存款 　　贷：应收股利 / 应收利息等	借：资金结存——货币资金 　　贷：投资预算收益
出售、对外转让或到期收回本年度以货币资金取得的对外投资的	借：银行存款 　　贷：短期投资 / 长期股权投资 / 长期债券 / 应收股利 / 应收利息等 　　　　投资收益（差额）	借：资金结存——货币资金 　　贷：投资支出 　　　　投资预算收益（差额）
	【提示】如果收回的是以前年度的投资，预算会计中应将“投资支出”科目改为“其他结余”，财务会计的处理不变	

【考点 227】预算结转结余及分配业务★★

财政拨款结转结余不参与事业单位的结余分配，单独设置“财政拨款结转”和“财政拨款结余”科目核算。

非财政拨款结转结余通过设置“非财政拨款结转”“非财政拨款结余”“专用结余”“经营结余”“非财政拨款结余分配”等科目核算。

1. 财政拨款结转、结余的核算

单位应当在预算会计中设置“财政拨款结转”科目，核算滚存的财政拨款结转资金。年末结转后，本科目除“累计结转”明细科目外，其他明细科目应无余额。

单位在预算会计中应当设置“财政拨款结余”科目，核算单位滚存的财政拨款项目支出结余资金。年末结转后，本科目除“累计结余”明细科目外，其他明细科目应无余额。

项　目	预算会计
结转财政拨款收入结转各项支出	借：财政拨款预算收入（本年发生额） 　　贷：财政拨款结转——本年收支结转 借：财政拨款结转——本年收支结转 　　贷：各项支出科目（本年发生额）
从其他单位调入财政拨款结转资金	借：资金结存——财政应返还额度/零余额账户用款额度/货币资金等 　　贷：财政拨款结转——归集调入
上缴（或注销）和向其他单位调出财政拨款结转资金	借：财政拨款结转——归集上缴、归集调出 　　贷：资金结存——财政应返还额度/零余额账户用款额度/货币资金等
发生会计差错等事项调整以前年度财政拨款结转资金	借：资金结存——财政应返还额度/零余额账户用款额度/货币资金等 　　贷：财政拨款结转——年初余额调整
年末冲销财政拨款结转有关明细科目余额	将“财政拨款结转——本年收支结转、年初余额调整、归集调入、归集调出、归集上缴、单位内部调剂”余额转入“财政拨款结转——累计结转”
年末，完成上述财政拨款收支结转后，转入结余	借：财政拨款结转——累计结转 　　贷：财政拨款结余——结转转入
年末冲销财政拨款结余有关明细科目余额	将“财政拨款结余——年初余额调整、归集上缴、结转转入、单位内部调剂”余额转入“财政拨款结余——累计结余”

2. 非财政拨款结转、结余的核算及结余分配

非财政拨款结转资金，是指事业单位除财政拨款收支、经营收支以外的各非同级财政拨款专项资金收入与其相关支出相抵后剩余滚存的、须按规定用途使用的结转资金。

非财政拨款结余，指单位历年滚存的非限定用途的非同级财政拨款结余资金，主要为非财政拨款结余扣除结余分配后滚存的金额。

项　目	预算会计
结转非财政拨款收入结转各项支出	借：事业预算收入/上级补助预算收入/附属单位上缴预算收入/非同级财政拨款预算收入/债务预算收入/其他预算收入 　　贷：非财政拨款结转——本年收支结转 借：非财政拨款结转——本年收支结转 　　贷：行政支出/事业支出/其他支出等
因会计差错更正等事项调整非财政拨款结转资金的	借：资金结存——货币资金（调整的金额） 　　贷：非财政拨款结转——年初余额调整
按照规定缴回非财政拨款结转资金的	借：非财政拨款结转——缴回资金（实际缴回金额） 　　贷：资金结存——货币资金

（续表）

项　目	预算会计
年末冲销非财政拨款结转有关明细科目余额	将“非财政拨款结转——年初余额调整、项目间接费用或管理费、缴回资金、本年收支结转”科目余额转入“非财政拨款结转——累计结转”科目
年末，完成上述财政拨款收支结转后，转入结余	借：非财政拨款结转——累计结转 　　贷：非财政拨款结余——结转转入
年末冲销非财政拨款结余有关明细科目余额	将“非财政拨款结余——年初余额调整、项目间接费用或管理费、结转转入”科目余额转入“非财政拨款结余——累计结余”科目

3. 经营结余、其他结余、非财政拨款结余的分配

（1）经营结余。

事业单位应当在预算会计中设置“经营结余”科目。期末，事业单位应当结转本期经营收支。根据经营预算收入本期发生额，借记“经营预算收入”科目，贷记“经营结余”科目；根据经营支出本期发生额，借记“经营结余”科目，贷记“经营支出”科目。年末，如“经营结余”科目为贷方余额，将余额结转入“非财政拨款结余分配”科目，借记“经营结余”科目，贷记“非财政拨款结余分配”科目；如为借方余额，为经营亏损，不予结转。

（2）其他结余。

单位应当在预算会计中设置“其他结余”科目，核算单位本年度除财政拨款收支、非同级财政专项资金收支和经营收支以外各项收支相抵后的余额。

（3）非财政拨款结余分配。

事业单位应当在预算会计中设置“非财政拨款结余分配”科目，核算事业单位本年度非财政拨款结余分配的情况和结果。年末，事业单位应将“其他结余”科目余额和“经营结余”科目贷方余额转入“非财政拨款结余分配”科目。然后，将“非财政拨款结余分配”科目余额转入非财政拨款结余。

【考点228】净资产业务★★

单位财务会计中净资产的来源主要包括累计实现的盈余和无偿调拨的净资产。在日常核算中，单位应当在财务会计中设置“累计盈余”“专用基金”“无偿调拨净资产”“权益法调整”和“本期盈余”“本期盈余分配”“以前年度盈余调整”等科目。

1. 本期盈余及本年盈余分配

“本期盈余”反映单位本期各项收入、费用相抵后的余额。“本年盈余分配”反映单位本年年度盈余分配的情况和结果。

项　目	财务会计
期末，结转各类收入、费用	借：财政拨款收入/事业收入/上级补助收入/附属单位上缴收入/经营收入/非同级财政拨款收入/投资收益/捐赠收入/利息收入/租金收入/其他收入 　　贷：本期盈余 借：本期盈余 　　贷：业务活动费用/单位管理费用/经营费用/所得税费用/资产处置费用/上缴上级费用/对附属单位补助费用/其他费用

（续表）

项 目	财务会计
将本期盈余转入本年盈余分配	借：本期盈余 　　贷：本年盈余分配（可能做相反会计分录）
提取基金	借：本年盈余分配 　　贷：专用基金
将本年盈余分配转入累计盈余	借：本年盈余分配 　　贷：累计盈余

2. 专用基金

专用基金是指事业单位按照规定提取或设置的具有专门用途的净资产，主要包括职工福利基金、科技成果转换基金等。

3. 无偿调拨净资产

通常情况下，无偿调拨非现金资产不涉及资金业务，因此不需要进行预算会计核算（除非以现金支付相关费用等）。

项 目	财务会计
取得无偿调入的非现金资产	借：库存物品 / 长期股权投资 / 固定资产 / 无形资产 / 公共基础设施等 　　贷：零余额账户用款额度 / 银行存款（归属于调入方的相关费用） 　　　　无偿调拨净资产
调出非现金资产	借：无偿调拨净资产 　　固定资产累计折旧 / 无形资产累计摊销等 　　贷：库存物品 / 长期股权投资 / 固定资产 / 无形资产 / 公共基础设施等（账面余额） 借：资产处置费用（归属于调出方的费用） 　　贷：零余额账户用款额度 / 银行存款等
年末结转	借：无偿调拨净资产 　　贷：累计盈余（可能做相反会计分录）

4. 权益法调整

“权益法调整”科目核算事业单位持有的长期股权投资采用权益法核算时，按照被投资单位除净损益和利润分配以外的所有者权益变动应享有（或应分担）的份额计入净资产的金额。

（1）年末，按照被投资单位除净损益和利润分配以外的所有者权益变动应享有（或应分担）的份额：

借：长期股权投资——其他权益变动

　　贷：权益法调整（或做相反的会计分录）

（2）处置长期股权投资时：

借：权益法调整

　　贷：投资收益（或做相反的会计分录）

5. 以前年度盈余调整

“以前年度盈余调整”科目核算单位本年年度发生的调整以前年度盈余的事项。单位对相关事项调整后，应当及时将“以前年度盈余调整”科目余额转入“累计盈余”。

6. 累计盈余

累计盈余，反映单位历年实现的盈余扣除盈余分配后滚存的金额，以及因无偿调入调出资产产生的净资产变动额。

年末，将“本年盈余分配”“无偿调拨净资产”科目的余额转入累计盈余。按照规定上缴、缴回、单位间调剂结转结余资金产生的净资产变动额，以及对以前年度盈余的调整金额，也通过“累计盈余”科目核算。

【考点229】资产业务★

单位资产按照流动性，分为流动资产和非流动资产。流动资产包括库存现金、银行存款、其他货币资金、零余额账户用款额度、财政应返还额度、短期投资、应收及预付款项、存货等；非流动资产包括固定资产、在建工程、无形资产、长期投资、公共基础设施、政府储备资产、保障性住房等。

1. 资产业务的几个共性内容

（1）资产取得。

① 外购的资产成本 = 购买价款 + 相关税费（不包括可抵扣的增值税进项税额）+ 其他必要支出。

② 自行加工或建造成本包括验收入库或交付使用前所发生的全部必要支出。

③ 接受捐赠的非现金资产、盘盈资产：按照有关凭据注明的金额加上相关税费等确定；没有相关凭据可供取得，但按规定经过资产评估的，按照评估价值加上相关税费等确定；没有相关凭据可供取得、也未经资产评估的，比照同类或类似资产的市场价格加上相关税费等确定；无法取得上述三种金额的，按照名义金额（人民币1元）入账。

【提示】对于投资和公共基础设施、政府储备物资、保障性住房、文物文化资产等经管资产而言，其初始成本只能按照上述前三个层次进行计量，不能采用名义金额计量。

④ 无偿调入的资产成本 = 调出方账面价值 + 相关税费。

⑤ 置换取得的资产成本 = 换出资产的评估价值 + 支付的补价（或减去收到的补价）+ 相关税费等。

（2）资产处置。

资产处置的形式包括无偿调拨、出售、出让、转让、置换、对外捐赠、报废、毁损、货币性资产损失核销等。单位应当按规定报经批准后对资产进行处置。

① 通常情况下，将被处置资产账面价值转销计入资产处置费用，将处置净收益上缴财政。

② 如按规定将资产处置净收益纳入单位预算管理的，应将净收益计入当期收入。

③ 对于资产盘盈、盘亏、报废或毁损的，应当在报经批转前将相关资产账面价值转入“待处理财产损溢”，待报经批准后再进行资产处置。

④ 对于无偿调出的资产，单位应当在转销被处置资产账面价值时冲减无偿调拨净资产。

⑤对于置换换出的资产，应当与换入资产一同进行相关会计处理。

2. 应收账款

单位的应收账款是指单位因出租资产、出售物资等应收取的款项以及事业单位提供服务、销售产品等应收取的款项。

目前，我国政府会计核算中除了对事业单位收回后不需上缴财政的应收账款和其他应收款进行减值处理外，对于其他资产均未考虑减值。

3. 库存物品

库存物品，是指单位在开展业务活动及其他活动中为耗用或出售而储存的各种材料产品、包装物、低值易耗品，以及达不到固定资产标准的用具、装具、动植物等的成本。

不通过“库存物品”科目核算的内容有：

（1）单位随买随用的零星办公用品，可以在购进时直接列作费用。

（2）单位控制的政府储备物资，应当通过“政府储备物资”科目核算。

（3）单位受托存储保管的物资和受托转赠的物资，应当通过“受托代理资产”科目核算。

（4）单位为在建工程购买和使用的材料物资，应当通过“工程物资”科目核算。

4. 固定资产

固定资产，是指单位为满足自身业务活动或其他活动需要而控制的，使用年限超过1年（不含1年）、单位价值在规定标准以上，使用过程中基本保持原有物质形态的资产。

5. 自行研发取得的无形资产

单位自行研究开发项目的支出，应当区分研究阶段支出与开发阶段支出：

（1）研究阶段的支出，应当于发生时计入当期费用。

（2）开发阶段的支出，先按合理方法进行归集，如果最终形成无形资产的，应当确认为无形资产；如果最终未形成无形资产的，应当计入当期费用。

（3）自行研究开发项目尚未进入开发阶段，或者确实无法区分研究阶段支出和开发阶段支出，但按法律程序已申请取得无形资产的，应当将依法取得时发生的注册费、聘请律师费等费用确认为无形资产。

【提示】单位应收账款、库存物品、固定资产、无项资产在财务会计中的相关核算原理与企业相同，只是会计科目不一致，可以对比学习。

6. 公共基础设施和政府储备物资

经管类资产的典型特征是政府会计主体控制的，供社会公众使用的经济资源，主要包括公共基础设施、政府储备物资、文物文化资产、保障性住房等。

（1）公共基础设施是指单位为满足社会公共需求而控制的，同时具有以下特征的有形资产：①是一个有形资产系统或网络的组成部分；②具有特定用途；③一般不可移动。

公共基础设施在取得时：应当按照其成本入账，其账务处理与固定资产基本相同。

（2）政府储备物资是指单位为满足实施国家安全与发展战略、进行抗灾救灾、应对公共突发事件等特定公共需求而控制的，同时具有下列特征的有形资产：①在应对可能发生的特定事件或情形时动用；②其购入、存储保管、更新（轮换）、动用等由政府及相关部门发布的专门管理制度规范。

政府储备物资在取得时应当按照其成本入账，会计处理与库存物品基本一致。

7. 受托代理资产

受托代理资产是指单位接受委托方委托管理的各项资产，包括受托指定转赠的物资、受托存储保管的物资等。

为了核算受托代理资产，单位应当设置“受托代理资产”科目。单位管理的罚没物资也应当通过本科目核算。单位收到的受托代理资产为现金和银行存款的，不通过本科目核算，应当通过“库存现金”“银行存款”科目进行核算。

【考点 230】负债业务★

单位的流动负债包括应付及预收款项、应缴税费、应付职工薪酬、应缴款项等；非流动负债包括长期应付款、预计负债等；其财务会计核算与企业会计基本相同。

1. 应缴财政款

单位应缴财政款，是指单位取得或应收的按照规定应当上缴财政的款项。包括应缴国库的款项和应缴财政专户的款项。

（1）单位取得或应收按照规定应缴财政的款项时：

借：银行存款 / 应收账款等

　　贷：应缴财政款

（2）单位上缴应缴财政的款项时，按实际上缴的金额：

借：应缴财政款

　　贷：银行存款

【提示】应缴财政的款项不属于纳入部门预算管理的现金收支，不进行预算会计处理。

单位按照国家税法等有关规定应当缴纳的各种税费，通过“应交增值税”“其他应交税费”科目核算，不通过“应缴财政款”科目核算。

2. 应付职工薪酬

单位的应付职工薪酬是指按照有关规定应付给职工（含长期聘用人员）及为职工支付的各种薪酬。

（1）单位计算确认当期应付职工薪酬时，根据职工提供服务的受益对象。

借：业务活动费用 / 单位管理费用 / 在建工程 / 加工物品 / 研发支出等

　　贷：应付职工薪酬

（2）按照税法规定代扣职工个人所得税、代扣社会保险费和住房公积金、水电费房租等。

借：应付职工薪酬——基本工资

　　贷：其他应交税费——应交个人所得税（代扣的个人所得税）

　　　　应付职工薪酬——社会保险费、住房公积金（代扣的个人保险费、公积金）

　　　　其他应收款（代垫水电费、房租等）

（3）单位向职工支付工资、津贴补贴等薪酬，或按照国家有关规定缴纳职工社会保险费和住房公积金。

借：应付职工薪酬

　　贷：财政拨款收入 / 零余额账户用款额度 / 银行存款等

第三节 民间非营利组织会计

【考点231】民间非营利组织会计概述★

1. 民间非营利组织的概念和特征

民间非营利组织，是指通过筹集社会民间资金举办的，不以营利为目的，从事教育、科技、文化、卫生、宗教等社会公益事业，提供公共产品的社会服务组织。

民间非营利组织应当同时具备以下三个特征：①该组织不以营利为宗旨和目的（这一特征与企业的营利性有本质区别）；②资源提供者向该组织投入资源不取得经济回报；③资源提供者不享有该组织的所有权。

我国的民间非营利组织主要包括在民政部门登记的社会团体、基金会、民办非企业单位。

【提示】强调民间非营利组织目的的非营利性，并不排除其因提供商品或者社会服务而获取相应收入或者收取合理费用，只要这些营利活动的所得最终用于组织的非营利事业。

行政事业单位尽管也属于非营利组织，但国家对这些组织及其净资产拥有所有权。

2. 民间非营利组织会计的特点

民间非营利组织会计的主要特点包括：①以权责发生制为会计核算基础；②在采用历史成本计价的基础上，引入公允价值计量基础（如通过接受捐赠等业务取得的资产，很难取得历史成本）；③由于民间非营利组织资源提供者既不享有组织的所有权，也不取得经济回报，因此，其会计要素不应包括所有者权益和利润，而是设置了“净资产”要素；④由于民间非营利组织采用权责发生制作为会计核算基础，因此设置了“费用”要素。

3. 民间非营利组织的会计要素

（1）反映财务状况的会计要素（资产－负债＝净资产）。

① 资产，是指过去的交易或者事项形成并由民间非营利组织拥有或者控制的资源，该资源预期会给民间非营利组织带来经济利益或者服务潜力，包括流动资产、长期投资、固定资产、无形资产和受托代理资产等。

② 负债，是指过去的交易或者事项形成的现时义务，履行该义务预期会导致含有经济利益或者服务潜力的资源流出民间非营利组织，包括流动负债、长期负债和受托代理负债等。

③ 净资产，是指民间非营利组织的资产减去负债后的余额，包括限定性净资产和非限定性净资产。

（2）反映业务成果的会计要素（收入－费用＝净资产变动额）。

① 收入，是指民间非营利组织开展业务活动取得的、导致本期净资产增加的经济利益或者服务潜力的流入。包括捐赠收入、会费收入、提供服务收入、政府补助收入、投资收益、商品销售收入等主要业务活动收入和其他收入。

② 费用，是指民间非营利组织为开展业务活动所发生的、导致本期净资产减少的经济利益或者服务潜力的流出，包括业务活动成本、管理费用、筹资费用和其他费用等。

4. 民间非营利组织的财务会计报告

民间非营利组织的财务会计报告由会计报表、会计报表附注、财务情况说明书组成。

会计报表至少应当包括资产负债表（财务状况）、业务活动表（营运成果）和现金流量表三张基本报表，同时民间非营利组织还应当编制会计报表附注。

财务会计报告分为年度财务会计报告和中期财务会计报告。在编制中期财务会计报告时，应当采用与年度会计报表相一致的确认与计量原则。

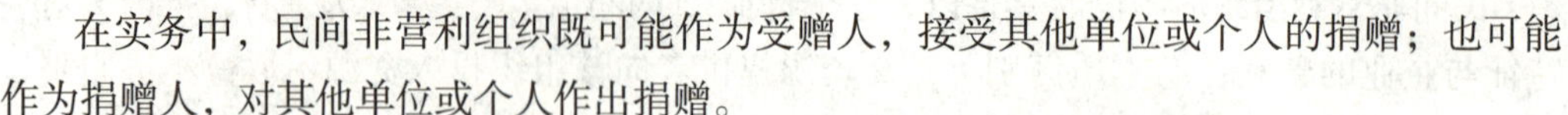

【考点 232】民间非营利组织特定业务的会计核算★★

1. 捐赠业务

（1）捐赠的概念和特征。

在实务中，民间非营利组织既可能作为受赠人，接受其他单位或个人的捐赠；也可能作为捐赠人，对其他单位或个人作出捐赠。

捐赠一般具有以下三个基本特征：

① 捐赠是无偿地转让资产或者取消负债，属于非交换交易。

② 捐赠是自愿地转让资产或者取消负债，从而区分于纳税、征收罚款等其他非交换交易。

③ 捐赠交易中资产或劳务的转让不属于所有者的投入或向所有者的分配。

【提示】应当将捐赠与受托代理交易等类似交易区分开来；可能某项交易的一部分属于捐赠交易，另一部分属于其他性质的交易；应当将政府补助收入与捐赠收入区分开来，分别核算和反映。

（2）捐赠资产的确认和计量。

① 接受捐赠的现金资产，按照实际收到的金额入账。

② 接受捐赠的非现金资产：

a. 捐赠方提供了相关凭据的，按照凭据上标明的金额入账（凭据上标明的金额与该资产的公允价值相差较大的，应当以公允价值入账）。

b. 捐赠方未提供相关凭据的，受赠资产应当以其公允价值入账。

（3）民间非营利组织不应确认的捐赠。

① 捐赠承诺，是指捐赠现金或其他资产的书面协议或口头约定等。捐赠承诺不满足非交换交易收入的确认条件，不应予以确认，但可以在会计报表附注中做相关披露。

② 接受的劳务捐赠，不应予以确认，但可以在会计报表附注中做相关披露。

（4）捐赠收入的核算。

捐赠收入应当根据相关资产提供者对资产的使用是否设置了限制，划分为限定性收入和非限定性收入分别进行核算。

项　目	内　容
处理原则	（1）无条件的捐赠，在捐赠收到时确认收入 （2）附条件的捐赠，取得捐赠资产控制权时确认
接受捐赠时	借：现金 / 银行存款 / 存货 / 长期股权投资 / 长期债权投资 / 固定资产 / 无形资产等 　贷：捐赠收入——非限定性收入 　　　捐赠收入——限定性收入

（续表）

项 目	内 容
限定性收入的限制得以解除	借：捐赠收入——限定性收入 　　贷：捐赠收入——非限定性收入
期末	借：捐赠收入——限定性收入（根据期末的账面余额结转） 　　贷：限定性净资产 借：捐赠收入——非限定性收入（根据期末的账面余额结转） 　　贷：非限定性净资产
【提示】对于接受的附条件捐赠，如果存在需要偿还全部或部分捐赠资产或者相应金额的现时义务时，按照需要偿还的金额同时确认一项负债和费用，借记“管理费用”，贷记“其他应付款”	

2. 受托代理业务

（1）受托代理业务的概念及界定。

受托代理业务，是指民间非营利组织从委托方收到受托资产，并按照委托人的意愿将资产转赠给指定的其他组织或者个人的受托代理过程。

在受托代理业务中，民间非营利组织只是起到中介人的作用。民间非营利组织的受托代理业务与其通常从事的捐赠活动存在本质上的差异。

（2）受托代理业务的核算。

民间非营利组织应当比照“接受捐赠资产”的原则确认和计量受托代理资产，同时应当按照其金额确认相应的受托代理负债。

收到受托代理资产时	在转赠或者转出受托代理资产时
借：受托代理资产 　　贷：受托代理负债	借：受托代理负债 　　贷：受托代理资产
【提示】收到的受托代理资产如果为现金、银行存款或其他货币资金，可以不通过“受托代理资产”科目核算，而在“现金”“银行存款”“其他货币资金”科目下设置“受托代理资产”明细科目进行核算	

3. 会费收入

一般情况下，民间非营利组织的会费收入为非限定性收入（除非相关资产提供者对资产的使用设置了限制）和非交换交易收入。

收到会费收入时	期末结转
借：现金 / 银行存款等 　　贷：会费收入——非限定性收入	借：会费收入——非限定性收入 　　贷：非限定性净资产
【提示】如果为限定性收入，则使用“会费收入——限定性收入”，转入“限定性净资产”	

4. 业务活动成本

业务活动成本，是指民间非营利组织为了实现其业务活动目标、开展某项目活动或者提供服务所发生的费用。

发生的业务活动成本	会计期末
借：业务活动成本 　　贷：现金 / 银行存款 / 存货 / 应付账款等	借：非限定性净资产 　　贷：业务活动成本

5. **净资产**

项　目	限定性净资产	非限定性净资产
期末结转收入	借：捐赠收入——限定性收入 　　政府补助收入——限定性收入 　　贷：限定性净资产	借：捐赠收入 / 会费收入 / 政府补助收入 / 商品销售收入 / 其他收入等 　　贷：非限定性净资产
期末结转费用	借：限定性净资产 　　贷：业务活动成本 / 管理费用 / 筹资费用 / 其他费用等	借：非限定性净资产 　　贷：业务活动成本 / 管理费用 / 筹资费用 / 其他费用等
限定→非限定	借：限定性净资产 　　贷：非限定性净资产	—
调整以前期间非限定性收入、费用项目	—	借：非限定性净资产（期初数） 　　贷：固定资产 / 无形资产等

历年真题演练

一、单项选择题

1.（2018 年）下列各项关于非营利组织会计处理的表述中，正确的是（　　）。

A. 捐赠收入于捐赠方做出书面承诺时确认

B. 接收的劳务捐赠按照公允价值确认捐赠收入

C. 如果捐赠方没有提供有关凭证，受赠的非现金资产按照名义价值入账

D. 收到受托代理资产时确认受托代理资产，同时确认受托代理负债

历年真题演练答案及解析

一、单项选择题

1.【答案】D

【解析】一般情况下，对于无条件捐赠，应当在捐赠收到时确认收入，对于附条件的捐赠，应当在取得捐赠资产控制权时确认收入，选项A错误；接收的劳务捐赠不予确认，但应在附注中披露，选项B错误；如果捐赠方没有提供有关凭证，受赠的非现金资产应以其公允价值作为入账价值，选项C错误。